新疆文物考古研究所丛刊之十三

新疆吉林台

（上册）

新疆文物考古研究所　编著

文物出版社

图书在版编目（CIP）数据

新疆吉林台／新疆文物考古研究所编著．—北京：
文物出版社，2020.6
ISBN 978 - 7 - 5010 - 6637 - 7

Ⅰ.①新…　Ⅱ.①新…　Ⅲ.①墓葬（考古）- 发掘报告
- 尼勒克县　Ⅳ.①K878.85

中国版本图书馆 CIP 数据核字（2020）第 021486 号

新疆吉林台

编　　著：新疆文物考古研究所

策划编辑：李　睿
责任编辑：卢可可
封面设计：程星涛
责任印制：张　丽

出版发行：文物出版社
社　　址：北京市东城区东直门内北小街 2 号楼
邮　　编：100007
网　　址：http：//www.wenwu.com
经　　销：新华书店
印　　刷：北京墨阁印刷有限公司
开　　本：889mm×1194mm　1/16
印　　张：66.75
版　　次：2020 年 6 月第 1 版
印　　次：2020 年 6 月第 1 次印刷
书　　号：ISBN 978 - 7 - 5010 - 6637 - 7
定　　价：1080.00 元（全二册）

中文提要

　　《新疆吉林台》详细公布了新疆文物考古研究所，2001～2006 年在伊犁河上游支流喀什河流域，配合吉林台水库区基本建设进行的大规模抢救性考古发掘的成果。内容主要为青铜时代到早期铁器时代的墓葬，少部分墓葬为汉晋时期，个别晚到宋元时期，合计发掘墓葬 800 余座，另外还有青铜时代的遗址及岩画。墓葬材料集中在早期铁器时代，发掘这一时期的墓葬 500 多座，余为其他时期的墓葬，出土有各类文物以千计。青铜时代的遗址发掘面积 425 平方米，出土陶片 3000 余片，还有少量的石器、骨器等。另外，还对喀什河岸的岩画进行了调查。2001～2006 年的吉林台水库区考古，是目前为止伊犁河上游规模最大的考古项目，考古成果丰硕，为研究伊犁河上游史前时期到历史时期文化遗存的结构、演变和研究伊犁河史提供了重要的基础材料。

英文提要

"Xin Jiang Ji Lin Tai" gave a detailed publication of the results of a large – scale rescue archaeological excavation in the Kashi River basin, a tributary of the upper reaches of the Ili River, from 2001 to 2006. The excavation was organized by the Xinjiang Institute of Cultural Relics and Archaeology, in support of the capital construction of the Jilintai Reservoir area. The main content is from cemeteries Bronze Age to Early Iron Age, with a small number of cemeteries during the Han and Jin dynasties, and a few from as late as the Song and Yuan dynasties. In total, over 800 cemeteries have been excavated, and there are also Bronze Age sites and rock paintings. The most of cemeteries material was from the Early Iron Age, with over 500 cemeteries from this period were excavated. The rest cemeteries were from other periods. Thousands of artefacts were unearthed from the Iron Age cemeteries. The Bronze Age sites were excavated over an area of 425 square metres and more than 3,000 pieces of pottery were unearthed, as well as a small number of stone and bone tools. In addition, the team also investigated the rocks paintings on the side of Kashi River. The archaeological excavations in the Jilintai Reservoir area from 2001 – 2006 are the largest archaeological project in the upper reaches of the Ili River so far, the archaeological results are significant and provide important basic materials for the study of the structure and evolution of culture remaining from the prehistoric to the historic period in the upper reaches of the Ili River, and the study of the history of the Ili River.

目　录

第一章　地理环境与发掘经过 ……………………………………………………………（ 1 ）

　　第一节　地理环境与历史沿革 ………………………………………………………（ 1 ）

　　第二节　田野考古发掘经过 …………………………………………………………（ 3 ）

第二章　穷科克一号墓地 …………………………………………………………………（ 6 ）

　　第一节　墓葬概述 ……………………………………………………………………（ 6 ）

　　第二节　墓葬记述 ……………………………………………………………………（ 7 ）

　　第三节　祭祀坛 ………………………………………………………………………（ 38 ）

　　第四节　出土器物 ……………………………………………………………………（ 38 ）

第三章　穷科克二号墓地 …………………………………………………………………（ 52 ）

　　第一节　墓葬概述 ……………………………………………………………………（ 52 ）

　　第二节　墓葬记述 ……………………………………………………………………（ 53 ）

　　第三节　出土器物 ……………………………………………………………………（ 77 ）

第四章　加勒克斯卡茵特一号墓地 ………………………………………………………（ 85 ）

　　第一节　墓葬概述 ……………………………………………………………………（ 85 ）

　　第二节　墓葬记述 ……………………………………………………………………（ 86 ）

　　第三节　出土器物 ……………………………………………………………………（177）

第五章　加勒克斯卡茵特二号墓地 ………………………………………………………（218）

　　第一节　墓葬概述 ……………………………………………………………………（218）

　　第二节　墓葬分述 ……………………………………………………………………（219）

　　第三节　出土器物 ……………………………………………………………………（223）

　　第四节　铺石遗址 ……………………………………………………………………（225）

第六章　别特巴斯陶墓地 ………………………………………………………………（226）

第一节　墓葬概述 ………………………………………………………………（226）

第二节　墓葬记述 ………………………………………………………………（226）

第三节　出土器物 ………………………………………………………………（259）

第七章　一棵树墓地 ……………………………………………………………………（281）

第一节　B 区墓葬 ………………………………………………………………（281）

第二节　A 区墓葬 ………………………………………………………………（282）

第三节　出土器物 ………………………………………………………………（284）

第八章　铁木里克沟口墓地 ……………………………………………………………（286）

第一节　墓地概述 ………………………………………………………………（286）

第二节　墓葬记述 ………………………………………………………………（287）

第三节　出土器物 ………………………………………………………………（299）

第九章　奇仁托海墓地 …………………………………………………………………（307）

第一节　墓地概述 ………………………………………………………………（307）

第二节　墓葬记述 ………………………………………………………………（308）

第三节　出土器物 ………………………………………………………………（345）

第十章　萨尔布拉克沟墓地 ……………………………………………………………（363）

第一节　墓地概述 ………………………………………………………………（363）

第二节　墓葬记述 ………………………………………………………………（364）

第三节　出土器物 ………………………………………………………………（379）

第十一章　阿克布早沟墓地与呼吉尔沟墓地 …………………………………………（393）

第一节　墓地概述 ………………………………………………………………（393）

第二节　墓葬记述 ………………………………………………………………（394）

第三节　呼吉尔沟墓地 …………………………………………………………（413）

第四节　出土器物 ………………………………………………………………（414）

第十二章　萨尔布拉克沟口高台墓地 …………………………………………………（424）

第一节　墓地概述 ………………………………………………………………（424）

第二节　墓葬记述 ………………………………………………………………（425）

第三节　出土器物 ………………………………………………………………（432）

第十三章　呼吉尔台沟墓地和乌图兰墓地 ···（437）

　　第一节　呼吉尔台沟墓地 ···（437）

　　第二节　乌图兰墓地 ···（439）

第十四章　彩桥门墓地和卡拉苏墓地 ·······································（447）

　　第一节　彩桥门墓地 ···（447）

　　第二节　卡拉苏墓地 ···（448）

第十五章　穷科克遗址 ···（455）

　　第一节　探方与遗迹 ···（455）

　　第二节　出土器物 ···（458）

第十六章　穷科克岩画 ···（486）

第十七章　结　语 ···（504）

　　第一节　伊犁河上游史前文化遗存的研究 ·······················（504）

　　第二节　伊犁河上游史前文化的结构 ·····························（509）

　　第三节　穷科克上层文化彩陶的分段 ·····························（516）

　　第四节　小　结 ···（518）

附　一　伊宁县墩麦里和额敏县铁厂沟墓葬的发掘 ·······················（519）

　　第一节　伊宁县墩麦里墓葬 ···（519）

　　第二节　额敏县铁厂沟墓葬 ···（524）

　　第三节　结　语 ···（528）

附　二 ···（530）

附　表 ···（531）

彩　版

图　版

后　记

插图目录

图一　喀什河位置示意图 …………………………………………………………………（ 4 ）

图二　吉林台墓群墓葬分布位置示意图 ……………………………………………………（ 5 ）

图三　穷科克一号墓地墓葬分布图 …………………………………………………………（ 7 ）

图四　M2 墓葬结构图 …………………………………………………………………………（ 8 ）

图五　M25 墓葬结构图 ………………………………………………………………………（ 9 ）

图六　M26 墓葬结构图 ………………………………………………………………………（ 9 ）

图七　M29 墓葬结构图 ………………………………………………………………………（ 10 ）

图八　M8 墓葬结构图 …………………………………………………………………………（ 11 ）

图九　M34 墓葬结构图 ………………………………………………………………………（ 11 ）

图一〇　M22 墓葬结构图 ……………………………………………………………………（ 12 ）

图一一　M5 墓葬结构图 ………………………………………………………………………（ 12 ）

图一二　M12 墓葬结构图 ……………………………………………………………………（ 13 ）

图一三　M57 墓葬结构图 ……………………………………………………………………（ 14 ）

图一四　M47 墓葬结构图 ……………………………………………………………………（ 14 ）

图一五　M10 墓葬结构图 ……………………………………………………………………（ 15 ）

图一六　M53 墓葬结构图 ……………………………………………………………………（ 16 ）

图一七　M9 墓葬结构图 ………………………………………………………………………（ 17 ）

图一八　M32 墓葬结构图 ……………………………………………………………………（ 18 ）

图一九　M24 墓葬结构图 ……………………………………………………………………（ 18 ）

图二〇　M27 墓葬结构图 ……………………………………………………………………（ 19 ）

图二一　M28 墓葬结构图 ……………………………………………………………………（ 20 ）

图二二　M37 墓葬结构图 ……………………………………………………………………（ 20 ）

图二三　M30 墓葬结构图 ……………………………………………………………………（ 21 ）

图二四　M33 墓葬结构图 ……………………………………………………………………（ 22 ）

图二五　M38 墓葬结构图 ……………………………………………………………………（ 23 ）

图二六　M39 墓葬结构图 ……………………………………………………………………（ 23 ）

图二七　M51 墓葬结构图 ……………………………………………………………………（ 24 ）

图二八　M1 墓葬结构图 ………………………………………………………………………（ 25 ）

图二九　M3 墓葬结构图 ………………………………………………………………………（ 25 ）

图三〇　M6 墓葬结构图 ………………………………………………………………………（ 26 ）

图三一　M7 墓葬结构图 ………………………………………………………（27）

图三二　M11 墓葬结构图 ………………………………………………………（28）

图三三　M14 墓葬结构图 ………………………………………………………（28）

图三四　M35 墓葬结构图 ………………………………………………………（29）

图三五　M36 墓葬地表结构图 …………………………………………………（29）

图三六　M44 墓葬结构图 ………………………………………………………（30）

图三七　M50 墓葬结构图 ………………………………………………………（31）

图三八　M55 墓葬结构图 ………………………………………………………（32）

图三九　M13 墓葬结构图 ………………………………………………………（33）

图四〇　M15 墓葬结构图 ………………………………………………………（34）

图四一　M16 墓葬结构图 ………………………………………………………（35）

图四二　M31 墓葬结构图 ………………………………………………………（36）

图四三　M45 墓葬结构图 ………………………………………………………（36）

图四四　M46 墓葬结构图 ………………………………………………………（37）

图四五　M56 墓葬结构图 ………………………………………………………（37）

图四六　一号祭祀坛结构图 ……………………………………………………（39）

图四七　二号祭祀坛结构图 ……………………………………………………（39）

图四八　穷科克一号墓地陶无耳罐 ……………………………………………（40）

图四九　穷科克一号墓地陶无耳罐 ……………………………………………（40）

图五〇　穷科克一号墓地陶无耳罐、陶缸形罐 ………………………………（41）

图五一　穷科克一号墓地陶单耳罐、陶壶 ……………………………………（42）

图五二　穷科克一号墓地陶圈足罐、陶鼓腹壶、陶仿皮囊壶、陶瓶 ………（43）

图五三　穷科克一号墓地陶单耳杯 ……………………………………………（44）

图五四　穷科克一号墓地陶勺杯 ………………………………………………（45）

图五五　穷科克一号墓地陶勺杯、陶带耳盆 …………………………………（46）

图五六　穷科克一号墓地陶钵、陶管流罐 ……………………………………（47）

图五七　穷科克一号墓地陶折沿罐、陶盆 ……………………………………（47）

图五八　穷科克一号墓地陶钵 …………………………………………………（48）

图五九　穷科克一号墓地出土器物 ……………………………………………（51）

图六〇　穷科克二号墓地山脚处平面分布图 …………………………………（52）

图六一　M13 墓葬结构图 ………………………………………………………（53）

图六二　M16 墓葬结构图 ………………………………………………………（54）

图六三　M29 墓葬结构图 ………………………………………………………（55）

图六四　M32 墓葬结构图 ………………………………………………………（55）

图六五　M37 墓葬结构图 ………………………………………………………（56）

图六六　M25 墓葬结构图 ………………………………………………………（57）

图六七　M40 墓葬结构图 ………………………………………………………（58）

图六八　M24 墓葬结构图　……………………………………………………………………（ 58 ）

图六九　M30 墓葬结构图　……………………………………………………………………（ 59 ）

图七〇　M35 墓葬结构图　……………………………………………………………………（ 60 ）

图七一　M38 墓葬结构图　……………………………………………………………………（ 60 ）

图七二　M20 墓葬结构图　……………………………………………………………………（ 61 ）

图七三　M21 墓葬结构图　……………………………………………………………………（ 62 ）

图七四　M10 墓葬结构图　……………………………………………………………………（ 63 ）

图七五　M22 墓葬结构图　……………………………………………………………………（ 64 ）

图七六　M23 墓葬结构图　……………………………………………………………………（ 65 ）

图七七　M26 墓葬结构图　……………………………………………………………………（ 65 ）

图七八　M27 墓葬结构图　……………………………………………………………………（ 66 ）

图七九　M6 墓葬结构图　………………………………………………………………………（ 66 ）

图八〇　M7 墓葬结构图　………………………………………………………………………（ 67 ）

图八一　M8 墓葬结构图　………………………………………………………………………（ 68 ）

图八二　M12 墓葬结构图　……………………………………………………………………（ 69 ）

图八三　M28 墓葬结构图　……………………………………………………………………（ 70 ）

图八四　M34 墓葬结构图　……………………………………………………………………（ 71 ）

图八五　M4 墓葬结构图　………………………………………………………………………（ 72 ）

图八六　M11 墓葬结构图　……………………………………………………………………（ 72 ）

图八七　M5 墓葬结构图　………………………………………………………………………（ 73 ）

图八八　M9 墓葬结构图　………………………………………………………………………（ 74 ）

图八九　M39 墓葬结构图　……………………………………………………………………（ 75 ）

图九〇　M18 墓葬结构图　……………………………………………………………………（ 75 ）

图九一　M33 墓葬结构图　……………………………………………………………………（ 76 ）

图九二　M15 墓葬结构图　……………………………………………………………………（ 77 ）

图九三　M17 墓葬结构图　……………………………………………………………………（ 78 ）

图九四　穷科克二号墓地陶罐、陶壶　…………………………………………………………（ 79 ）

图九五　穷科克二号墓地陶豆、陶罐　…………………………………………………………（ 79 ）

图九六　穷科克二号墓地陶罐、陶杯　…………………………………………………………（ 80 ）

图九七　穷科克二号墓地陶钵　…………………………………………………………………（ 81 ）

图九八　穷科克二号墓地陶钵　…………………………………………………………………（ 82 ）

图九九　穷科克二号墓地铁器、铜器、石器　…………………………………………………（ 84 ）

图一〇〇　加勒克斯卡茵特一号墓地中部梁地上墓葬平面分布图　…………………………（ 86 ）

图一〇一　M61 墓葬结构图　…………………………………………………………………（ 87 ）

图一〇二　M83 墓葬结构图　…………………………………………………………………（ 88 ）

图一〇三　M28 墓葬结构图　…………………………………………………………………（ 89 ）

图一〇四　M62 墓葬结构图　…………………………………………………………………（ 89 ）

图一〇五　M88 墓葬结构图 …………………………………………………………………………（90）

图一〇六　M89 墓葬结构图 …………………………………………………………………………（90）

图一〇七　M111 墓葬结构图 …………………………………………………………………………（91）

图一〇八　M126 墓葬结构图 …………………………………………………………………………（92）

图一〇九　M147 墓葬结构图 …………………………………………………………………………（92）

图一一〇　M172 墓葬结构图 …………………………………………………………………………（93）

图一一一　M138 墓葬结构图 …………………………………………………………………………（94）

图一一二　M141 墓葬结构图 …………………………………………………………………………（94）

图一一三　M148 墓葬结构图 …………………………………………………………………………（95）

图一一四　M149 墓葬结构图 …………………………………………………………………………（96）

图一一五　M159 墓葬结构图 …………………………………………………………………………（96）

图一一六　M177 墓葬结构图 …………………………………………………………………………（97）

图一一七　M178 墓葬结构图 …………………………………………………………………………（98）

图一一八　M182 墓葬结构图 …………………………………………………………………………（98）

图一一九　M186 墓葬结构图 …………………………………………………………………………（99）

图一二〇　M197 墓葬结构图 …………………………………………………………………………（99）

图一二一　M93 墓葬结构图 …………………………………………………………………………（100）

图一二二　M64 墓葬结构图 …………………………………………………………………………（101）

图一二三　M166 墓葬结构图 …………………………………………………………………………（101）

图一二四　M18 墓葬结构图 …………………………………………………………………………（102）

图一二五　M94 墓葬结构图 …………………………………………………………………………（103）

图一二六　M146 墓葬结构图 …………………………………………………………………………（103）

图一二七　M143 墓葬结构图 …………………………………………………………………………（104）

图一二八　M181 墓葬结构图 …………………………………………………………………………（105）

图一二九　M184 墓葬结构图 …………………………………………………………………………（106）

图一三〇　M194 墓葬结构图 …………………………………………………………………………（106）

图一三一　M195 墓葬结构图 …………………………………………………………………………（107）

图一三二　M174 墓葬结构图 …………………………………………………………………………（107）

图一三三　M35 墓葬结构图 …………………………………………………………………………（108）

图一三四　M43 墓葬结构图 …………………………………………………………………………（109）

图一三五　M189 墓葬结构图 …………………………………………………………………………（110）

图一三六　M19 墓葬结构图 …………………………………………………………………………（110）

图一三七　M127 墓葬结构图 …………………………………………………………………………（111）

图一三八　M98 墓葬结构图 …………………………………………………………………………（112）

图一三九　M10 墓葬结构图 …………………………………………………………………………（112）

图一四〇　M26 墓葬结构图 …………………………………………………………………………（113）

图一四一　M40 墓葬结构图 …………………………………………………………………………（114）

图一四二　　M74 墓葬结构图 …………………………………………………………（114）

图一四三　　M95 墓葬结构图 …………………………………………………………（115）

图一四四　　M78 封堆结构图 …………………………………………………………（115）

图一四五　　M81 墓葬结构图 …………………………………………………………（116）

图一四六　　M86 墓葬结构图 …………………………………………………………（117）

图一四七　　M92 墓葬结构图 …………………………………………………………（117）

图一四八　　M104 墓葬结构图 ………………………………………………………（117）

图一四九　　M137 墓葬结构图 ………………………………………………………（118）

图一五〇　　M31 墓葬结构图 …………………………………………………………（119）

图一五一　　M34 墓葬结构图 …………………………………………………………（119）

图一五二　　M105 墓葬结构图 ………………………………………………………（120）

图一五三　　M130 墓葬结构图 ………………………………………………………（121）

图一五四　　M124 墓葬结构图 ………………………………………………………（122）

图一五五　　M79 墓葬结构图 …………………………………………………………（123）

图一五六　　M17 墓葬结构图 …………………………………………………………（123）

图一五七　　M80 墓葬结构图 …………………………………………………………（124）

图一五八　　M82 墓葬结构图 …………………………………………………………（124）

图一五九　　M108 墓葬结构图 ………………………………………………………（125）

图一六〇　　M121 墓葬结构图 ………………………………………………………（125）

图一六一　　M122 墓葬结构图 ………………………………………………………（126）

图一六二　　M113 墓葬结构图 ………………………………………………………（126）

图一六三　　M99 墓葬结构图 …………………………………………………………（127）

图一六四　　M14 墓葬结构图 …………………………………………………………（128）

图一六五　　M109 墓葬结构图 ………………………………………………………（128）

图一六六　　M114 墓葬结构图 ………………………………………………………（129）

图一六七　　M97 墓葬结构图 …………………………………………………………（130）

图一六八　　M49 墓葬结构图 …………………………………………………………（131）

图一六九　　M48 墓葬结构图 …………………………………………………………（132）

图一七〇　　M13 墓葬结构图 …………………………………………………………（133）

图一七一　　M2 墓葬结构图 ……………………………………………………………（134）

图一七二　　M5 墓葬结构图 ……………………………………………………………（134）

图一七三　　M9 墓葬结构图 ……………………………………………………………（135）

图一七四　　M21 墓葬结构图 …………………………………………………………（136）

图一七五　　M41 墓葬结构图 …………………………………………………………（136）

图一七六　　M42 墓葬结构图 …………………………………………………………（137）

图一七七　　M50 墓葬结构图 …………………………………………………………（138）

图一七八　　M55 墓葬结构图 …………………………………………………………（138）

图一七九　M75 墓葬结构图 ………………………………………………………………（139）
图一八〇　M76 墓葬结构图 ………………………………………………………………（140）
图一八一　M96 墓葬结构图 ………………………………………………………………（140）
图一八二　M100 墓葬结构图 ……………………………………………………………（141）
图一八三　M103 墓葬结构图 ……………………………………………………………（142）
图一八四　M107 墓葬结构图 ……………………………………………………………（142）
图一八五　M110 墓葬结构图 ……………………………………………………………（143）
图一八六　M38 墓葬结构图 ………………………………………………………………（144）
图一八七　M4 墓葬结构图 …………………………………………………………………（145）
图一八八　M32 墓葬结构图 ………………………………………………………………（145）
图一八九　M37 墓葬结构图 ………………………………………………………………（146）
图一九〇　M39 墓葬结构图 ………………………………………………………………（147）
图一九一　M46 墓葬结构图 ………………………………………………………………（148）
图一九二　M51 墓葬结构图 ………………………………………………………………（148）
图一九三　M52 墓葬结构图 ………………………………………………………………（149）
图一九四　M53 墓葬结构图 ………………………………………………………………（150）
图一九五　M54 墓葬结构图 ………………………………………………………………（150）
图一九六　M56 墓葬结构图 ………………………………………………………………（151）
图一九七　M57 墓葬结构图 ………………………………………………………………（152）
图一九八　M58 墓葬结构图 ………………………………………………………………（153）
图一九九　M59 墓葬结构图 ………………………………………………………………（153）
图二〇〇　M65 墓葬结构图 ………………………………………………………………（154）
图二〇一　M67 墓葬结构图 ………………………………………………………………（155）
图二〇二　M68 墓葬结构图 ………………………………………………………………（156）
图二〇三　M69 墓葬结构图 ………………………………………………………………（157）
图二〇四　M70 墓葬结构图 ………………………………………………………………（157）
图二〇五　M71 墓葬结构图 ………………………………………………………………（158）
图二〇六　M72 墓葬结构图 ………………………………………………………………（159）
图二〇七　M90 墓葬结构图 ………………………………………………………………（160）
图二〇八　M8 墓葬结构图 …………………………………………………………………（160）
图二〇九　M139 墓葬结构图 ……………………………………………………………（161）
图二一〇　M132 墓葬结构图 ……………………………………………………………（162）
图二一一　M77 墓葬结构图 ………………………………………………………………（163）
图二一二　M85 墓葬结构图 ………………………………………………………………（164）
图二一三　M106 墓葬结构图 ……………………………………………………………（165）
图二一四　M115 墓葬结构图 ……………………………………………………………（166）
图二一五　M101 墓葬结构图 ……………………………………………………………（166）

图二一六　M1 墓葬结构图 ………………………………………………………………… （167）

图二一七　M3 墓葬结构图 ………………………………………………………………… （167）

图二一八　M6 墓葬结构图 ………………………………………………………………… （168）

图二一九　M11 墓葬结构图 ……………………………………………………………… （169）

图二二〇　M45 墓葬结构图 ……………………………………………………………… （170）

图二二一　M47 墓葬结构图 ……………………………………………………………… （171）

图二二二　M116 墓葬结构图 …………………………………………………………… （171）

图二二三　M128 墓葬结构图 …………………………………………………………… （172）

图二二四　M102 墓葬结构图 …………………………………………………………… （173）

图二二五　M125 墓葬结构图 …………………………………………………………… （174）

图二二六　M44 墓葬结构图 ……………………………………………………………… （175）

图二二七　M162 墓葬结构图 …………………………………………………………… （175）

图二二八　M123 墓葬结构图 …………………………………………………………… （176）

图二二九　M145 墓葬结构图 …………………………………………………………… （177）

图二三〇　加勒克斯卡茵特一号墓地陶无耳罐 ………………………………………… （179）

图二三一　加勒克斯卡茵特一号墓地陶无耳罐 ………………………………………… （179）

图二三二　加勒克斯卡茵特一号墓地陶无耳罐 ………………………………………… （180）

图二三三　加勒克斯卡茵特一号墓地陶无耳罐 ………………………………………… （181）

图二三四　加勒克斯卡茵特一号墓地陶无耳罐 ………………………………………… （181）

图二三五　加勒克斯卡茵特一号墓地陶无耳罐 ………………………………………… （182）

图二三六　加勒克斯卡茵特一号墓地陶单耳罐 ………………………………………… （183）

图二三七　加勒克斯卡茵特一号墓地陶无耳罐、陶单耳罐、陶双耳罐 ……………… （184）

图二三八　加勒克斯卡茵特一号墓地陶单耳罐、陶管流罐 …………………………… （185）

图二三九　加勒克斯卡茵特一号墓地陶球腹罐、陶双耳罐、陶管流罐 ……………… （186）

图二四〇　加勒克斯卡茵特一号墓地陶瓶、陶壶 ……………………………………… （187）

图二四一　加勒克斯卡茵特一号墓地陶单耳杯、陶勺杯 ……………………………… （188）

图二四二　加勒克斯卡茵特墓地陶钵、陶单耳直壁杯 ………………………………… （188）

图二四三　加勒克斯卡茵特一号墓地陶钵 ……………………………………………… （189）

图二四四　加勒克斯卡茵特一号墓地陶钵 ……………………………………………… （191）

图二四五　加勒克斯卡茵特一号墓地陶钵 ……………………………………………… （191）

图二四六　加勒克斯卡茵特一号墓地陶钵 ……………………………………………… （192）

图二四七　加勒克斯卡茵特一号墓地陶钵 ……………………………………………… （193）

图二四八　加勒克斯卡茵特一号墓地陶钵 ……………………………………………… （194）

图二四九　加勒克斯卡茵特一号墓地陶钵 ……………………………………………… （194）

图二五〇　加勒克斯卡茵特一号墓地陶钵 ……………………………………………… （195）

图二五一　加勒克斯卡茵特一号墓地陶钵 ……………………………………………… （196）

图二五二　加勒克斯卡茵特一号墓地陶钵 ……………………………………………… （197）

图二五三　加勒克斯卡茵特一号墓地陶钵、陶盆 ………………………………………（198）

图二五四　加勒克斯卡茵特一号墓地铁刀、铁剑、铁锥、铁簪 ………………………（199）

图二五五　加勒克斯卡茵特一号墓地铁刀、铁锥 ………………………………………（200）

图二五六　加勒克斯卡茵特一号墓地铁剑、铁刀 ………………………………………（201）

图二五七　加勒克斯卡茵特一号墓地铁钩、铁带扣、铁杵 ……………………………（202）

图二五八　加勒克斯卡茵特一号墓地铁钉 ………………………………………………（202）

图二五九　加勒克斯卡茵特一号墓地铜簪 ………………………………………………（203）

图二六〇　加勒克斯卡茵特一号墓地铜簪、铜匙 ………………………………………（204）

图二六一　加勒克斯卡茵特一号墓地铜锥、铜钉 ………………………………………（205）

图二六二　加勒克斯卡茵特一号墓地铜扣、铜挂饰 ……………………………………（206）

图二六三　加勒克斯卡茵特一号墓地铜环 ………………………………………………（206）

图二六四　加勒克斯卡茵特一号墓地铜耳环、铜管、铜刻刀、柱状铜件、银耳环 …（207）

图二六五　加勒克斯卡茵特一号墓地铜镜、骨牌饰、砺石 ……………………………（208）

图二六六　加勒克斯卡茵特一号墓地铜羊饰（M31：2） ………………………………（208）

图二六七　加勒克斯卡茵特一号墓地金耳环 ……………………………………………（209）

图二六八　加勒克斯卡茵特一号墓地刻纹骨牌（M76：2） ……………………………（210）

图二六九　加勒克斯卡茵特一号墓地骨簪首、骨剑鞘、骨牌饰、骨兽首骨饰 ………（211）

图二七〇　加勒克斯卡茵特一号墓地骨管、梭状骨饰 …………………………………（212）

图二七一　加勒克斯卡茵特一号墓地骨镞 ………………………………………………（213）

图二七二　加勒克斯卡茵特一号墓地石纺轮、石球、石磨棒盘、砺石 ………………（214）

图二七三　加勒克斯卡茵特一号墓地石磨盘、不规则形石器 …………………………（215）

图二七四　加勒克斯卡茵特一号墓地石磨盘、石杵 ……………………………………（216）

图二七五　加勒克斯卡茵特墓地石珠、碳精块 …………………………………………（217）

图二七六　加勒克斯卡茵特二号墓地部分墓葬分布图 …………………………………（218）

图二七七　M9 墓葬结构图 ………………………………………………………………（221）

图二七八　M7 墓葬结构图 ………………………………………………………………（222）

图二七九　M16 墓葬结构图 ……………………………………………………………（222）

图二八〇　M17 墓葬结构图 ……………………………………………………………（223）

图二八一　加勒克斯卡茵特二号墓地陶钵、陶罐、陶杯和铜耳环、石珠 ……………（224）

图二八二　别特巴斯陶墓地平面图 ………………………………………………………（227）

图二八三　M1 墓葬结构图 ………………………………………………………………（228）

图二八四　M2 墓葬结构图 ………………………………………………………………（228）

图二八五　M3 墓葬结构图 ………………………………………………………………（229）

图二八六　M15 墓葬结构图 ……………………………………………………………（229）

图二八七　M37 墓葬结构图 ……………………………………………………………（230）

图二八八　M68 墓葬结构图 ……………………………………………………………（231）

图二八九　M76 墓葬结构图 ……………………………………………………………（231）

图二九〇　M69 墓葬结构图 ……………………………………………………………（232）

图二九一　M20 墓葬结构图 ……………………………………………………………（233）

图二九二　M28 墓葬结构图 ……………………………………………………………（233）

图二九三　M80 墓葬结构图 ……………………………………………………………（233）

图二九四　M10 墓葬结构图 ……………………………………………………………（234）

图二九五　M12 墓葬结构图 ……………………………………………………………（235）

图二九六　M14 墓葬结构图 ……………………………………………………………（236）

图二九七　M26 墓葬结构图 ……………………………………………………………（237）

图二九八　M71 墓葬结构图 ……………………………………………………………（238）

图二九九　M72 墓葬结构图 ……………………………………………………………（238）

图三〇〇　M33 墓葬结构图 ……………………………………………………………（240）

图三〇一　M47 墓葬结构图 ……………………………………………………………（241）

图三〇二　M59 墓葬结构图 ……………………………………………………………（242）

图三〇三　M74 墓葬结构图 ……………………………………………………………（243）

图三〇四　M73 墓葬结构图 ……………………………………………………………（243）

图三〇五　M7 墓葬结构图 ………………………………………………………………（244）

图三〇六　M24 墓葬结构图 ……………………………………………………………（244）

图三〇七　M25 墓葬结构图 ……………………………………………………………（245）

图三〇八　M40 墓葬结构图 ……………………………………………………………（245）

图三〇九　M45 墓葬结构图 ……………………………………………………………（246）

图三一〇　M9 墓葬结构图 ………………………………………………………………（246）

图三一一　M35 墓葬结构图 ……………………………………………………………（247）

图三一二　M53 墓葬结构图 ……………………………………………………………（248）

图三一三　M54 墓葬 B 室结构图 ………………………………………………………（249）

图三一四　M54 墓葬 A 室结构图 ………………………………………………………（250）

图三一五　M60 墓葬结构图 ……………………………………………………………（250）

图三一六　M63 墓葬结构图 ……………………………………………………………（252）

图三一七　M81 墓葬结构图 ……………………………………………………………（252）

图三一八　M55 墓葬结构图 ……………………………………………………………（253）

图三一九　M56 墓葬结构图 ……………………………………………………………（253）

图三二〇　M49 墓葬结构图 ……………………………………………………………（254）

图三二一　M50 墓葬结构平面图 ………………………………………………………（257）

图三二二　土圈祭祀遗址内地表遗迹现象图 …………………………………………（258）

图三二三　土圈祭祀遗址平面图 ………………………………………………………（259）

图三二四　别特巴斯陶墓地陶无耳罐 …………………………………………………（260）

图三二五　别特巴斯陶墓地陶无耳罐 …………………………………………………（261）

图三二六　别特巴斯陶墓地陶单耳罐、陶单耳杯 ……………………………………（262）

图三二七　别特巴斯陶墓地陶带流罐、陶壶 ……………………………………………………（262）

图三二八　别特巴斯陶墓地陶单耳杯 ………………………………………………………（263）

图三二九　别特巴斯陶墓地陶钵 ……………………………………………………………（265）

图三三〇　别特巴斯陶墓地陶钵 ……………………………………………………………（265）

图三三一　别特巴斯陶墓地陶钵 ……………………………………………………………（266）

图三三二　别特巴斯陶墓地陶钵 ……………………………………………………………（267）

图三三三　别特巴斯陶墓地陶钵 ……………………………………………………………（267）

图三三四　别特巴斯陶墓地陶钵 ……………………………………………………………（268）

图三三五　别特巴斯陶墓地陶钵 ……………………………………………………………（269）

图三三六　别特巴斯陶墓地铁剑、铁刀、铁锥、金首铜簪 ………………………………（270）

图三三七　别特巴斯陶墓地铁刀、铁锥、铁针 ……………………………………………（271）

图三三八　别特巴斯陶墓地铜带柄镜 ………………………………………………………（272）

图三三九　别特巴斯陶墓地圆形铜镜 ………………………………………………………（272）

图三四〇　别特巴斯陶墓地铜钉、铜簪 ……………………………………………………（273）

图三四一　别特巴斯陶墓地铜耳环、铜镯、铜戒指、铜铃形器饰 ………………………（274）

图三四二　别特巴斯陶墓地金饰件 …………………………………………………………（275）

图三四三　别特巴斯陶墓地金饰件 …………………………………………………………（276）

图三四四　别特巴斯陶墓地石磨盘 …………………………………………………………（277）

图三四五　别特巴斯陶墓地石磨、石杵 ……………………………………………………（278）

图三四六　别特巴斯陶墓地石球、石杵、石祖 ……………………………………………（279）

图三四七　别特巴斯陶墓地石墨块、石纺轮、骨镞、骨管、陶片、石珠 ………………（280）

图三四八　别特巴斯陶墓地皮刀鞘 …………………………………………………………（280）

图三四九　一棵树墓地平面分布示意图 ……………………………………………………（282）

图三五〇　一棵树墓地 B 区 M1 结构图 ……………………………………………………（282）

图三五一　AM6 墓葬结构图 …………………………………………………………………（283）

图三五二　AM9 墓葬结构图 …………………………………………………………………（283）

图三五三　AM8 墓葬结构图 …………………………………………………………………（284）

图三五四　AM4 墓葬结构图 …………………………………………………………………（284）

图三五五　金戒指（BM1∶1） ………………………………………………………………（285）

图三五六　铁木里克沟口墓地墓葬平面示意图 ……………………………………………（286）

图三五七　M17 墓葬结构图 …………………………………………………………………（288）

图三五八　M12 墓葬结构图 …………………………………………………………………（289）

图三五九　M8 墓葬结构图 ……………………………………………………………………（291）

图三六〇　M14 墓葬结构图 …………………………………………………………………（292）

图三六一　M3 墓葬结构图 ……………………………………………………………………（294）

图三六二　M24 墓葬结构图 …………………………………………………………………（294）

图三六三　M26 墓葬结构图 …………………………………………………………………（295）

图三六四　M21 墓葬结构图 ·· （296）

图三六五　M5 墓葬结构图 ·· （297）

图三六六　M13 墓葬结构图 ·· （298）

图三六七　铁木里克沟口墓地陶无耳罐 ···································· （299）

图三六八　铁木里克沟口墓地陶无耳罐、陶壶 ···························· （300）

图三六九　铁木里克沟口墓地陶杯、陶罐 ·································· （300）

图三七〇　铁木里克沟口墓地陶单耳杯 ···································· （301）

图三七一　铁木里克沟口墓地陶单耳杯 ···································· （302）

图三七二　铁木里克沟口墓地陶钵 ·· （303）

图三七三　铁木里克沟口墓地陶钵、陶盆 ·································· （303）

图三七四　铁木里克沟口墓地铜马衔、铜马镳 ···························· （304）

图三七五　铁木里克沟口墓地兽面铜扣、铜钩 ···························· （305）

图三七六　铁木里克沟口墓地铜镜、铜柱状饰、铜镞、铜耳环、铜刀、铜簪 ··· （305）

图三七七　奇仁托海墓地位置示意图 ·· （307）

图三七八　M12 墓葬结构图 ·· （309）

图三七九　M149 墓葬结构图 ··· （309）

图三八〇　M159 墓葬结构图 ··· （310）

图三八一　M164 墓葬结构图 ··· （310）

图三八二　M165 墓葬结构图 ··· （311）

图三八三　M168 墓葬结构图 ··· （311）

图三八四　M171 墓葬结构图 ··· （312）

图三八五　M172 墓葬结构图 ··· （312）

图三八六　M181 墓葬结构图 ··· （313）

图三八七　M21 墓葬结构图 ·· （313）

图三八八　M106 墓葬结图 ··· （314）

图三八九　M169 墓葬结构图 ··· （314）

图三九〇　M146 墓葬结构图 ··· （315）

图三九一　M16 墓葬结构图 ·· （316）

图三九二　M167 墓葬结构图 ··· （316）

图三九三　M5 墓葬结构图 ·· （317）

图三九四　M28 墓葬结构图 ·· （318）

图三九五　M32 墓葬结构图 ·· （318）

图三九六　M114 墓葬结构图 ··· （319）

图三九七　M119 墓葬结构图 ··· （319）

图三九八　M127 墓葬结构图 ··· （320）

图三九九　M179 墓葬结构图 ··· （320）

图四〇〇　M104 墓葬结构图 ··· （321）

图四〇一　　　M108 墓葬结构图 ……………………………………………………………………（321）

图四〇二　　　M115 墓葬结构图 ……………………………………………………………………（322）

图四〇三　　　M126 墓葬结构图 ……………………………………………………………………（322）

图四〇四　　　M83 墓葬结构图 ………………………………………………………………………（323）

图四〇五　　　M54 墓葬结构图 ………………………………………………………………………（323）

图四〇六　　　M128 墓葬结构图 ……………………………………………………………………（324）

图四〇七　　　M98 墓葬结构图 ………………………………………………………………………（325）

图四〇八　　　M22 墓葬结构图 ………………………………………………………………………（325）

图四〇九　　　M23 墓葬结构图 ………………………………………………………………………（326）

图四一〇　　　M47 墓葬结构图 ………………………………………………………………………（326）

图四一一　　　M79 墓葬结构图 ………………………………………………………………………（327）

图四一二　　　M116 墓葬结构图 ……………………………………………………………………（328）

图四一三　　　M129 墓葬结构图 ……………………………………………………………………（328）

图四一四　　　M143 墓葬结构图 ……………………………………………………………………（329）

图四一五　　　M145 墓葬结构图 ……………………………………………………………………（330）

图四一六　　　M123 墓葬结构图 ……………………………………………………………………（330）

图四一七　　　M121 墓葬结构图 ……………………………………………………………………（331）

图四一八　　　M51 墓葬结构图 ………………………………………………………………………（332）

图四一九　　　M72 墓葬结构图 ………………………………………………………………………（332）

图四二〇　　　M73 墓葬结构图 ………………………………………………………………………（333）

图四二一　　　M152 墓葬结构图 ……………………………………………………………………（334）

图四二二　　　M6 墓葬结构图 ………………………………………………………………………（334）

图四二三　　　M130 墓葬结构图 ……………………………………………………………………（335）

图四二四　　　M17 墓葬结构图 ………………………………………………………………………（336）

图四二五　　　M24 墓葬结构图 ………………………………………………………………………（336）

图四二六　　　M75 墓葬结构图 ………………………………………………………………………（337）

图四二七　　　M76 墓葬结构图 ………………………………………………………………………（337）

图四二八　　　M85 墓葬结构图 ………………………………………………………………………（338）

图四二九　　　M86 墓葬结构图 ………………………………………………………………………（339）

图四三〇　　　M132 墓葬结构图 ……………………………………………………………………（339）

图四三一　　　M133 墓葬结构图 ……………………………………………………………………（340）

图四三二　　　M135 墓葬结构图 ……………………………………………………………………（340）

图四三三　　　M142 墓葬结构图 ……………………………………………………………………（341）

图四三四　　　M27 墓葬结构图 ………………………………………………………………………（342）

图四三五　　　M184 墓葬结构图 ……………………………………………………………………（342）

图四三六　　　M13 墓葬结构图 ………………………………………………………………………（343）

图四三七　　　M8 墓葬结构图 ………………………………………………………………………（344）

图四三八　M7 墓葬结构图 ……………………………………………………………（344）

图四三九　M77 墓葬结构图 …………………………………………………………（345）

图四四〇　奇仁托海墓地陶罐、陶杯 ………………………………………………（346）

图四四一　奇仁托海墓地陶杯 ………………………………………………………（347）

图四四二　奇仁托海墓地陶杯 ………………………………………………………（347）

图四四三　奇仁托海墓地陶钵、陶杯 ………………………………………………（348）

图四四四　奇仁托海墓地陶钵、陶杯 ………………………………………………（348）

图四四五　奇仁托海墓地陶钵 ………………………………………………………（349）

图四四六　奇仁托海墓地陶钵、陶盆 ………………………………………………（350）

图四四七　奇仁托海墓地铁刀 ………………………………………………………（351）

图四四八　奇仁托海墓地铁刀 ………………………………………………………（351）

图四四九　奇仁托海墓地铁刀 ………………………………………………………（352）

图四五〇　奇仁托海墓地铁锥、铁剑 ………………………………………………（353）

图四五一　奇仁托海墓地铁牌、铁带扣、铁钩 ……………………………………（354）

图四五二　奇仁托海墓地铜带扣、铜钩、铜耳环、铜环、骨簪首 ………………（354）

图四五三　奇仁托海墓地铜镯、铜碗、铜环、铜牌饰、卷曲铜丝 ………………（355）

图四五四　奇仁托海墓地铜刀、铜簪、铜钉 ………………………………………（356）

图四五五　奇仁托海墓地金簪首、铜带扣、铜扣 …………………………………（357）

图四五六　奇仁托海墓地骨带扣、骨牌、骨饰件、骨牌饰 ………………………（358）

图四五七　奇仁托海墓地骨纺轮、骨溺管、骨镞、骨弓弭、骨饰件 ……………（358）

图四五八　奇仁托海墓地石磨盘、圆盘状石研磨器、石球 ………………………（360）

图四五九　奇仁托海墓地石杵、圆盘状石研磨器、方形石磨盘 …………………（360）

图四六〇　奇仁托海墓地碳精手镯、砺石、石锥、石纺轮、石杵、石珠 ………（361）

图四六一　奇海仁托墓地皮制条带 …………………………………………………（362）

图四六二　萨尔布拉克沟墓地位置示意图 …………………………………………（363）

图四六三　M3、M4 墓葬结构图 ……………………………………………………（365）

图四六四　M10 墓葬结构图 …………………………………………………………（365）

图四六五　M14 墓葬结构图 …………………………………………………………（365）

图四六六　M78 墓葬结构图 …………………………………………………………（366）

图四六七　M80 墓葬结构图 …………………………………………………………（367）

图四六八　M86 墓葬结构图 …………………………………………………………（367）

图四六九　M17 墓葬结构图 …………………………………………………………（368）

图四七〇　M22 墓葬结构图 …………………………………………………………（368）

图四七一　M20 墓葬结构图 …………………………………………………………（369）

图四七二　M24 墓葬结构图 …………………………………………………………（370）

图四七三　M36 墓葬结构图 …………………………………………………………（370）

图四七四　M37 墓葬结构图 …………………………………………………………（371）

图四七五　M66 墓葬结构图 ……………………………………………………………（372）

图四七六　M72 墓葬结构图 ……………………………………………………………（373）

图四七七　M73 墓葬结构图 ……………………………………………………………（373）

图四七八　M74 墓葬结构图 ……………………………………………………………（374）

图四七九　M75 墓葬结构图 ……………………………………………………………（374）

图四八〇　M76 墓葬结构图 ……………………………………………………………（375）

图四八一　M82 墓葬结构图 ……………………………………………………………（375）

图四八二　M83 墓葬结构图 ……………………………………………………………（376）

图四八三　M68 墓葬结构图 ……………………………………………………………（377）

图四八四　M63 墓葬结构图 ……………………………………………………………（377）

图四八五　M64 墓葬结构图 ……………………………………………………………（378）

图四八六　M19 墓葬结构图 ……………………………………………………………（379）

图四八七　萨尔布拉克沟墓地陶无耳罐、陶壶 …………………………………………（380）

图四八八　萨尔布拉克沟墓地陶无耳罐、陶壶 …………………………………………（380）

图四八九　萨尔布拉克沟墓地陶带流罐、陶带流壶、陶钵 ……………………………（381）

图四九〇　萨尔布拉克沟墓地陶瓶、陶单耳罐、陶叠唇钵 ……………………………（381）

图四九一　萨尔布拉克沟墓地陶钵 ………………………………………………………（383）

图四九二　萨尔布拉克沟墓地陶钵、陶盆 ………………………………………………（384）

图四九三　萨尔布拉克沟墓地铁剑（M68A∶8） ………………………………………（385）

图四九四　萨尔布拉克沟墓地铁刀、铁剑 ………………………………………………（385）

图四九五　萨尔布拉克沟墓地铁刀 ………………………………………………………（386）

图四九六　萨尔布拉克沟墓地铜带扣、铁镞、铁钩 ……………………………………（386）

图四九七　萨尔布拉克沟墓地铜镜（M64∶1） …………………………………………（387）

图四九八　萨尔布拉克沟墓地铜扣、鹰喙状铜饰件、铜环、铜耳环、柱状铜件、铜簪 ………（388）

图四九九　萨尔布拉克沟墓地骨圆牌、骨环 ……………………………………………（389）

图五〇〇　萨尔布拉克沟墓地骨圆牌、骨扣、骨珠、石料珠 …………………………（389）

图五〇一　萨尔布拉克沟墓地骨镞 ………………………………………………………（390）

图五〇二　萨尔布拉克沟墓地石磨盘、石棒、石杵 ……………………………………（392）

图五〇三　阿克布早沟墓地位置示意图 …………………………………………………（393）

图五〇四　M49 墓葬结构图 ……………………………………………………………（395）

图五〇五　M46 墓葬结构图 ……………………………………………………………（396）

图五〇六　M50 墓葬结构图 ……………………………………………………………（397）

图五〇七　M34 墓葬结构图 ……………………………………………………………（398）

图五〇八　M23 墓葬结构图 ……………………………………………………………（398）

图五〇九　M12 墓葬结构图 ……………………………………………………………（399）

图五一〇　M11 墓葬结构图 ……………………………………………………………（400）

图五一一　M19 墓葬结构图 ……………………………………………………………（401）

图五一二　M24 墓葬结构图 ··· （401）

图五一三　M27 墓葬结构图 ··· （402）

图五一四　M31 墓葬结构图 ··· （403）

图五一五　M41 墓葬结构图 ··· （404）

图五一六　M42 墓葬结构图 ··· （404）

图五一七　M37 墓葬结构图 ··· （405）

图五一八　M16 墓葬结构图 ··· （406）

图五一九　M36 墓葬结构图 ··· （406）

图五二〇　M26 墓葬结构图 ··· （407）

图五二一　M38 墓葬结构图 ··· （408）

图五二二　M30 墓葬结构图 ··· （408）

图五二三　M17 墓葬结构图 ··· （410）

图五二四　M21 墓葬结构图 ··· （410）

图五二五　M25 墓葬结构图 ··· （411）

图五二六　M40 墓葬结构图 ··· （412）

图五二七　M43 墓葬结构图 ··· （412）

图五二八　M1 墓葬结构图 ·· （413）

图五二九　阿克布早沟墓地陶无耳罐 ··· （414）

图五三〇　阿克布早沟墓地陶无耳罐、陶单系耳罐 ·································· （415）

图五三一　阿克布早沟墓地陶单耳罐 ··· （416）

图五三二　阿克布早沟墓地陶单耳罐 ··· （417）

图五三三　阿克布早沟墓地陶单耳罐、陶双系耳罐 ·································· （417）

图五三四　阿克布早沟墓地陶单耳罐、陶单耳杯 ····································· （418）

图五三五　阿克布早沟墓地陶单耳罐、陶錾耳罐 ····································· （419）

图五三六　阿克布早沟墓地陶钵、陶勺杯 ·· （420）

图五三七　阿克布早沟墓地陶瓶、陶缸形罐 ··· （420）

图五三八　阿克布早沟墓地铁刀、铁锥、铁簪 ·· （421）

图五三九　阿克布早沟墓地石纺轮、铁钉、铁镞 ····································· （422）

图五四〇　阿克布早沟墓地骨镞 ·· （423）

图五四一　萨尔布拉克沟口高台墓地平面示意图 ····································· （424）

图五四二　M2 墓葬结构图 ·· （425）

图五四三　M14 墓葬结构图 ··· （426）

图五四四　M7 墓葬结构图 ·· （427）

图五四五　M9 墓葬结构图 ·· （428）

图五四六　M10 墓葬结构图 ··· （428）

图五四七　M11 墓葬结构图 ··· （429）

图五四八　M3 墓葬结构图 ·· （430）

图五四九　M4 墓葬结构图 ··· （430）

图五五○　M5 墓葬结构图 ··· （431）

图五五一　M6 墓葬结构图 ··· （431）

图五五二　M8 墓葬结构图 ··· （432）

图五五三　萨尔布拉克沟口高台墓地陶钵、陶单耳罐 ······························ （433）

图五五四　萨尔布拉克沟口高台墓地陶钵 ··· （434）

图五五五　萨尔布拉克沟口高台墓地陶钵、陶单耳杯 ······························ （434）

图五五六　萨尔布拉克沟口高台墓地铜耳环、圆形铜饰、石珠、铁环 ··········· （435）

图五五七　萨尔布拉克沟口高台墓地砺石（M10：1） ······························ （435）

图五五八　萨尔布拉克沟口高台墓地石磨棒、石磨盘 ······························ （436）

图五五九　M1 墓葬结构图 ··· （438）

图五六○　M3 墓葬结构图 ··· （438）

图五六一　M2 墓葬结构图 ··· （439）

图五六二　呼吉尔台沟墓地陶无耳罐、陶单耳杯 ···································· （440）

图五六三　06M3 墓葬结构图 ··· （440）

图五六四　06M2 墓葬结构图 ··· （441）

图五六五　06M4 墓葬结构图 ··· （442）

图五六六　01M2 墓葬结构图 ··· （443）

图五六八　01M4 墓葬结构图 ··· （443）

图五六七　01M1 墓葬结构图 ··· （444）

图五六九　乌图兰墓地陶无耳罐、陶无耳壶、陶单耳杯、陶单耳罐 ·············· （445）

图五七○　乌图兰墓地陶钵、陶单耳壶、陶管流罐 ································· （445）

图五七一　M1 墓葬结构图 ··· （447）

图五七二　M6 墓葬结构图 ··· （449）

图五七三　M2 墓葬结构图 ··· （449）

图五七四　M5 墓葬结构图 ··· （450）

图五七五　M4 墓葬结构图 ··· （450）

图五七六　彩桥门和卡拉苏墓葬陶器 ··· （451）

图五七七　卡拉苏墓地出土铁马镫 ·· （451）

图五七八　卡拉苏墓地铁镞、铁带钩、铁锥等 ·· （452）

图五七九　卡拉苏墓地出土铁扣、铁环扣等 ··· （453）

图五八○　卡拉苏墓地出土骨器和铁钳等 ··· （454）

图五八一　T2M1 墓葬结构图 ··· （456）

图五八二　T2 第②层下遗迹平、剖面图 ··· （457）

图五八三　T4 第③层下遗迹 ·· （457）

图五八四　穷科克遗址第①层陶片 ·· （460）

图五八五　穷科克遗址第②层口沿陶片 ·· （461）

图五八六　穷科克遗址第②层口沿陶片 ………………………………………………（462）

图五八七　穷科克遗址第②层口沿陶片 ………………………………………………（463）

图五八八　穷科克遗址第②层口沿陶片 ………………………………………………（464）

图五八九　穷科克遗址第②层陶器口沿 ………………………………………………（465）

图五九〇　穷科克遗址第②层口沿陶片 ………………………………………………（467）

图五九一　穷科克遗址第②层口沿陶片 ………………………………………………（469）

图五九二　穷科克遗址第②层陶器器底 ………………………………………………（470）

图五九三　穷科克遗址第②层陶器器底、陶环 ………………………………………（472）

图五九四　穷科克遗址第②层陶器器底 ………………………………………………（473）

图五九五　穷科克遗址第②层陶器器底 ………………………………………………（474）

图五九六　穷科克遗址第②层陶器器底 ………………………………………………（476）

图五九七　穷科克遗址第③层口沿陶片 ………………………………………………（478）

图五九八　穷科克遗址第③层陶器器底 ………………………………………………（479）

图五九九　穷科克遗址 H1 陶器口沿、器底陶片 ……………………………………（480）

图六〇〇　穷科克遗址 H8 陶器口沿、器底陶片 ……………………………………（480）

图六〇一　穷科克遗址压印纹陶片 ……………………………………………………（481）

图六〇二　穷科克遗址纹饰陶片 ………………………………………………………（482）

图六〇三　穷科克遗址纹饰陶片 ………………………………………………………（483）

图六〇四　穷科克遗址出土细石器 ……………………………………………………（485）

图六〇五　穷科克遗址骨镞、羊距骨 …………………………………………………（485）

图六〇六　穷科克岩画点位置示意图 …………………………………………………（486）

图六〇七　YNQY1 号岩石 ……………………………………………………………（487）

图六〇八　YNQY2 号岩石 ……………………………………………………………（487）

图六〇九　YNQY3 ~ YNQY5 号岩石 …………………………………………………（488）

图六一〇　YNQY6 号岩石 ……………………………………………………………（488）

图六一一　YNQY7 号岩石（YNQY7①）……………………………………………（489）

图六一二　YNQY7 号岩石 ……………………………………………………………（489）

图六一三　YNQY8①、② ……………………………………………………………（490）

图六一四　YNQY9 ~ YNQY11 号岩石 …………………………………………………（490）

图六一五　YNQY12 号岩石 ……………………………………………………………（490）

图六一六　YNQY12 号岩石 ……………………………………………………………（491）

图六一七　YNQY12 号岩石 ……………………………………………………………（491）

图六一八　YNQY12 号岩石 ……………………………………………………………（491）

图六一九　YNQY12 号岩石（YNQY12⑨）…………………………………………（492）

图六二〇　YNQY13 号岩石 ……………………………………………………………（492）

图六二一　YNQY14 号岩石（YNQY14①）…………………………………………（492）

图六二二　YNQY15、YNQY19、YNQY20 号岩石 …………………………………（493）

图六二三　YNQY17 号岩石（YNQY17①） ……………………………………………………（494）

图六二四　YNQY18 号岩石（YNQY18①） ……………………………………………………（494）

图六二五　YNQY21 号岩石（YNQY21①） ……………………………………………………（494）

图六二六　YNQY22 号岩石 …………………………………………………………………………（494）

图六二七　YNQY23 号岩石 …………………………………………………………………………（495）

图六二八　YNQY24、YNQY27、YNQY29、YNQY30 号岩石 …………………………………（496）

图六二九　YNQY25 号岩石 …………………………………………………………………………（496）

图六三〇　YNQY26 号岩石 …………………………………………………………………………（496）

图六三一　YNQY28 号岩石（YNQY28①） ……………………………………………………（497）

图六三二　YNQY31、YNQY35 号岩石 ……………………………………………………………（497）

图六三三　YNQY32 号岩石 …………………………………………………………………………（497）

图六三四　YNQY33 号岩石 …………………………………………………………………………（498）

图六三五　YNQY34 号岩石 …………………………………………………………………………（498）

图六三六　YNQY36 号岩石 …………………………………………………………………………（498）

图六三七　YNQY37、YNQY41、YNQY44、YNQY45、YNQY48 号岩石 ……………………（499）

图六三八　YNQY38 号岩石（YNQY38①） ……………………………………………………（499）

图六三九　YNQY39 号岩石 …………………………………………………………………………（500）

图六四〇　YNQY40 号岩石（YNQY40①） ……………………………………………………（500）

图六四一　YNQY40 号岩石（YNQY40②） ……………………………………………………（500）

图六四二　YNQY42 号岩石 …………………………………………………………………………（501）

图六四三　YNQY43 号岩石（YNQY43①） ……………………………………………………（502）

图六四四　YNQY46①、② ……………………………………………………………………………（502）

图六四五　YNQY47 号岩石（YNQY47①） ……………………………………………………（503）

图六四六　YNQY49 号岩石（YNQY49①） ……………………………………………………（503）

图六四七　穷科克下层文化的分段 …………………………………………………………………（511）

图六四八　穷科克上层文化彩陶分段 ………………………………………………………………（517）

第一章 地理环境与发掘经过

第一节 地理环境与历史沿革

发源于天山中部的伊犁河向西注入巴尔喀什湖，它是世界上最著名的内陆河，全长 1236 公里，其中中国境内的河长 442 公里。伊犁河在霍尔果斯河口以上称为上游，霍尔果斯河口以下至卡普恰盖为中游，以下为下游。伊犁河上游有三大支流——特克斯河、巩乃斯河和喀什河。特克斯河是主流，发源于汗腾格里峰北侧，由西向东流，穿过喀德明山脉与巩乃斯河汇合后称为伊犁河。伊犁河向西流至伊宁途中有喀什河注入，以下进入宽大的河谷平原，河床开阔，支叉众多，沟渠纵横。在接纳支流霍尔果斯河后流入哈萨克斯坦境内，其后相继有恰伦河、奇利克河、卡斯连克河注入，流经卡普恰盖水库，最后注入巴尔喀什湖。伊犁河的上游被天山环抱，河流流经区域有伊宁市、伊宁县、霍城县、巩留县、新源县、昭苏县、特克斯县、尼勒克县和察布查尔锡伯自治县九个行政单位。其南与阿克苏地区和巴音郭楞蒙古自治州毗邻，北同博尔塔拉蒙古自治州相接，西与哈萨克斯坦共和国交界。伊犁河中下游在哈萨克萨坦境内，由于有七条支流汇入，通常将这一地区称为七河流域。伊犁河上游区域有许多发育良好的山地植被，是著名的高原牧场，也是游牧民族理想的夏季牧场。伊犁河的中下游两岸地区，地势开阔，连成一望无际的平原。从地势上看，在伊犁河流域有一系列东西走向的山地河沟和开阔的谷地。上游谷地向西敞开，使西来的湿气长驱直入，形成较多的降水。巩乃斯河的那拉提草原部分地带年降水量在 800 毫米以上，是亚洲中部降水最多的地区之一。那拉提草原在春秋季节，草深没膝，是著名的风景区。

伊犁河在我国境内全长 442 千米，伊犁州直属县市基本处于伊犁河的上游。这一区域内地貌特征鲜明，天山支脉博罗科努山、科古尔琴山、乌孙山和那拉提山将本区分割成特克斯河谷、巩乃斯河谷、喀什河谷、伊犁河谷及昭苏—特克斯盆地，形成三面环山、由东向西逐渐敞开的喇叭状地形，地势由东向西倾斜。大西洋、里海等西来湿气顺利进入，形成湿润的大陆性温带气候。东部河谷山麓丘陵地带，雨量丰沛，属温凉半湿润区；西部河谷平原区，降水相对稀少，属半干旱区；昭苏—特克斯盆地，尤其是昭苏县，高寒多雨，属冷凉半湿润区。伊犁河谷气候湿润，水草丰茂，自然环境优越，素有"塞外江南"之称。

尼勒克县位于伊犁河支流喀什河中上游。尼勒克系蒙古语，意为"婴儿"。其西与伊宁县接壤，西南与巩留县隔河相望，东南与新源县毗邻，东与和静县巴音布鲁克大草原为界，北与精河县为界。全县由东向西延伸，呈长条形，似柳叶状，地势四周高山环绕，峡谷遍布，东北高，西南低，中间夹河谷阶地，西北面为科古尔琴山，北面为博罗科努山，东面为依连哈比尔尕山，南面为阿布热勒山，伊犁河三大支流之一的喀什河东西横贯全境南部，另有巩乃斯河流经巩乃斯草原。四山夹两河，自北向南相间排列。

尼勒克县属大陆性北温带气候，喀什河谷封闭、半封闭的特殊地形，北可抵御来自西伯利亚的干冷气流，东可抗拒来自哈密、吐鲁番等盆地的干热，南可阻止塔里木盆地沙漠风沙的入侵，致使该地区气候冬暖夏凉，夏季降雨充沛，造就优良的天然牧场，河流附近坡度平缓的二级台地则适于农耕，因此该地区的居民自古就形成了以游牧为主、农牧结合的生存方式，并且延续至今。夏季无酷暑，冬季无严寒，日照时间长，光能资源丰富，昼夜温差较大，降水丰富，无霜期短。全年日照时数为2795小时，太阳辐射全年总量为136千卡/平方厘米，平均气温在5.6℃，降水量在250~475毫米。尼勒克县的气候特点适宜多种农作物生长。

喀什河两岸风景优美，南北两岸为平缓的丘陵台地，河边树木丛生，流域内植被覆盖度为新疆最高的地区，平均覆盖度约90%。除雪线以上的常年冰雪带和雪线以下间有寒冻裸岩带外，其余地面均有植被。低山带为优质春秋草场，中山带为茂密云杉林，高山带为优质夏季草场。河上游是区内外著名的唐布拉风景区，中游新建的吉林台水库有"高峡出平湖"的壮美景观，下游有新疆最美、最大的河谷次生林公园。野生动物有天山马鹿、旱獭、雪豹、雪鸡、大头羊等。药用植物资源有沙棘、贝母、雪莲、党参、柴胡等名贵中草药100多种。雪鸡、雪莲、鹿茸和贝母被誉为尼勒克的"四大特产"。

伊犁河谷早在石器时代就有人类居住，在尼勒克穷科克遗址下层，发现两件细石核，与中亚地区新石器时代到青铜时代发现的细石器形态一致，这类细石器的年代从新石器时代延续到青铜时代的早期。青铜时代，新疆伊犁河流域广泛分布着类似中亚安德罗诺沃文化的遗存[①]，这类遗存基本发现于天山山麓地带，河流两岸的台地上，分布较为密集。从出土器物看，属于安德罗诺沃文化系统，并具有地方特征，时代为安德罗诺沃文化晚期。多年来，伊犁河流域采集的青铜时代的青铜器，大多属于穷科克下层文化的遗物，年代在公元前2千纪下半叶，到公元前1千纪初。公元前1千纪后，伊犁河谷地，特别是新疆的伊犁河流域，兴起了一支含有彩陶的文化，因为在尼勒克县穷科克台地上发现这支彩陶文化人群的古代墓地，建在穷科克下层文化人类的生活居址上，我们将其命名为穷科克上层文化。这些墓葬沿河分布，地表有较低的封堆，封堆边缘有环状围石，且墓葬分布相对集中。墓地年代在公元前1千纪初到公元前1千纪中叶前后。公元前1千纪后半叶，伊犁河域广泛分布土堆墓，有些土堆墓封堆规模较大，圆形封堆的直径有的超过百米，高数米，分布在山前平原，在辽阔的草原上格外醒目。发掘情况表明，这类墓葬年代在公元前1千纪末到公元后数世纪，与文献中记载的乌孙在这一区域活动的时间大体相合，考古和历史学界不少学者认为其属于乌孙人的墓葬，习惯上称这类墓葬为乌孙土墩墓。

秦汉之际，北方草原兴起的匈奴游牧政权，控制西域，生活在伊犁河流域的诸部很可能曾归顺匈奴。自汉代始，生活在这块土地上的族群有月氏、乌孙等。据史载，月氏和乌孙均是从新疆的东

---

① 阮秋荣：《新疆发现的安德罗诺沃文化遗存研究》，载西北大学丝绸之路文献遗产与考古学研究中心等编《西部考古》（第柒辑），三秦出版社，2014年，第125~154页。

部天山或河西地区迁到这里来的，或认为乌孙实为原来居住在西域的塞人中的一支①。月氏后来为乌孙所逼，继续向西远徙。乌孙占据伊犁河谷后，游牧的乌孙人利用伊犁河谷优越的自然条件，势力迅速增强。史载乌孙其户 12 万，口达 63 万之多，曾为伊犁河谷的开发做出了突出贡献。张骞出使西域后，汉在西域设西域都护，西域正式列入中国版图。之后汉与乌孙联姻，维护了西域的稳定。东汉、魏晋、南北朝时期，塞人与乌孙衰落，悦般、柔然和高车的势力曾到达伊犁河谷，后又归西突厥汗国统治。唐代时，伊犁河称伊丽水，伊丽水西归蒙池都护府，东归昆陵都护府，总归安西大都护府节制。西辽时，伊犁河谷诸部归西辽统领。元朝时期，伊犁河流域属成吉思汗次子察合台的封地。元明时期，尼勒克所在地被称为"阿日喀什"。清代乾隆三十年（1765 年）以后，厄鲁特营下五旗佐领在此地放牧，其地称"呢勒哈"，又称厄鲁特营下五旗十苏木，隶属伊犁将军管辖。乾隆三十五年（1770 年）建"其努克城"，又名"倪利克"，因驻有三百户回人，又称"喀什回子之城"，属伊宁县治。民国二十七年（1938 年）从伊宁县分出，设"巩哈设治局"，次年升格为巩哈县。1954 年更名为尼勒克县。

第二节　田野考古发掘经过

伊犁地区史前考古工作在新中国成立前基本无人涉足，中国学者对伊犁河谷的考古发掘与研究自 20 世纪 60 年代始，黄文弼、史树青先生首先对伊犁地区进行了考古调查。1958 年黄文弼先生在伊犁地区进行考古调查时，在昭苏的察布察尔县发现许多古代墓葬，但未进行发掘②。1961 年、1962 年和 1963 年，中国科学院新疆分院民族研究所考古组先后对萨尔霍布墓葬③、昭苏种马场④、夏台墓葬⑤进行了调查和发掘，其中对萨尔霍布和昭苏种马场墓地只是进行了试掘，夏台墓地发掘墓葬 30 座，出土了一批文物。1976 年，新疆维吾尔自治区博物馆考古队先后对昭苏波马墓地⑥、尼勒克哈拉图拜墓地进行了发掘⑦，波马墓地发掘墓葬 22 座，哈拉图拜墓地发掘墓葬 4 座。1978～1979 年，新疆维吾尔自治区博物馆考古队对特克斯一牧场⑧、巩乃斯种羊场墓葬⑨进行了发掘，在特克斯一牧场

①　中国科学院新疆分院民族研究所考古组：《昭苏县古代墓葬试掘简报》，《文物》1962 年第 7、8 期合刊。
②　薛宗正：《古川逝水——伊犁》，云南人民出版社，2002 年，第 11 页。
③　黄文弼：《新疆考古发掘报告（1987～1958）》，文物出版社，1983 年，第 19、20 页。
④　中国科学院新疆分院民族研究所考古组：《昭苏县古代墓葬试掘简报》，《文物》1962 年第 7、8 期合刊。
⑤　未发表，简要介绍见新疆维吾尔自治区博物馆、新疆社会科学院考古研究所：《1949 年以来新疆考古的主要收获》，《文物考古工作三十年（1949～1979 年）》，文物出版社，1979 年；穆舜英、王明哲：《论新疆古代民族考古文化》，《新疆古代民族文物》，文物出版社，1985 年。
⑥　资料未发表，简要介绍见穆舜英、王明哲：《论新疆古代民族考古文化》，《新疆古代民族文物》，文物出版社，1985 年。
⑦　新疆维吾尔自治区博物馆：《尼勒克县哈拉图拜乌孙墓的发掘》，《新疆文物》1988 年第 2 期。
⑧　张玉忠：《伊犁河谷土墩墓的发掘和研究》，《新疆文物》1989 年第 3 期。
⑨　新疆社会科学院考古研究所：《新疆新源巩乃斯种羊场石棺墓》，《新疆文物》1988 年第 2 期。

墓地发掘墓葬 30 座，在巩乃斯种羊场发掘墓葬 17 座。1981～1982 年，新疆维吾尔自治区考古研究所对新源铁木里克墓葬①、新源黑山头墓葬②进行了发掘，在铁木里克发掘墓葬 15 座，在黑山头发掘墓葬 6 座。1987 年③和 1990 年④，新疆维吾尔自治区考古研究所对察布查尔县索墩布拉克墓葬进行了考古发掘，发掘墓葬共计 36 座。1984 年，新疆维吾尔自治区博物馆文物队在新源县农四师七十一团一连鱼塘遗址发掘 6 座墓葬⑤。20 世纪，考古工作者在伊犁河流域发掘古代墓葬有 266 座。1988～1989 年新疆维吾尔自治区文物普查办公室和伊犁地区文物普查队对伊犁地区的文物进行了普查。调查发现古代墓地 142 处，调查并标出地表有封堆的墓葬 10000 余座，实际墓葬数量远高于此。进入 21 世纪后，为配合大型基本建设，新疆文物考古研究所先后在伊宁县、尼勒克县、特克斯县进行了多次考古发掘。2000 年，在伊宁县墩麦里发掘 4 座墓葬⑥。2001～2006 年，为配合当地基本建设工程，新疆文物考古研究所对尼勒克县吉林台墓群进行大规模发掘。2002～2004 年，特克斯河下游修建恰甫其海水库，在水库淹没区发现古代墓葬 300 座⑦，对部分墓葬进行了发掘⑧。上述工作为伊犁河流域古代文化的研究积累了材料（图版一；彩版一）。

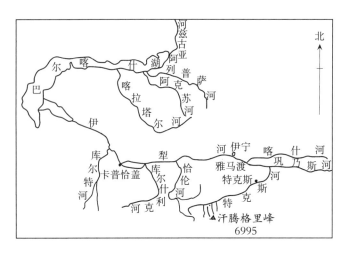

图一　喀什河位置示意图

吉林台墓群分布在喀什河上游河两岸的山前台地和山谷中，依墓葬分布的位置不同分为许多墓

---

① 新疆文物考古研究所：《新疆新源铁木里克古墓群》，《文物》1988 年第 8 期。

② 资料未发表，简要介绍见穆舜英、王明哲：《论新疆古代民族考古文化》，《新疆古代民族文物》，文物出版社，1985 年。

③ 新疆文物考古研究所：《察布查尔县索墩布拉克古墓葬》，《新疆文物》1988 年第 2 期。

④ 新疆文物考古研究所：《新疆察布查尔县索墩布拉克古墓群》，《考古》1999 年第 8 期。

⑤ 新疆维吾尔自治区博物馆文物队：《新疆新源县七十一团一连鱼塘遗址发掘简报》，《考古与文物》1991 年第 3 期。

⑥ 资料未发表，要介绍见刘学棠、李溯源：《新疆伊犁河流域考古新发现》，《西域研究》2002 年第 1 期。

⑦ 新疆维吾尔自治区文物普查办公室伊犁地区文物普查队：《伊犁地区文物普查报告》，《新疆文物》1990 年第 2 期。

⑧ 新疆文物考古研究所、伊犁州文物管理所：《特克斯县叶什克列克墓葬发掘简报》《新疆文物》2005 年第 3 期；新疆文物考古研究所、西北大学文博学院考古学系《特克斯恰甫其海 A 区 XV 号墓地发掘简报》，《新疆文物》2005 年第 4 期；新疆文物考古研究所、特克斯县文物管理所：《特克斯县恰甫其海 A 区 X 号墓地发掘简报》，《新疆文物》2006 年第 1 期；新疆文物考古研究所：《特克斯县恰甫其海 A 区 IX 号墓地发掘简报》《新疆文物》2006 年第 2 期。

地，不同的墓地又由许多小的墓区组成（图二）。其中，穷科克一号墓地发掘墓葬 55 座，发掘祭祀坛 2 座；穷科克二号墓地发掘墓葬 42 座；加勒克斯卡茵特一号墓地发掘墓葬 194 座；加勒克斯卡茵特二号墓地发掘墓葬 15 座；别特巴斯陶墓地发掘墓葬 80 座，发掘 2 座祭祀坛；一棵树墓地发掘墓葬 12 座；铁木里克沟口墓地发掘墓葬 26 座，发掘 1 座祭祀坛；奇仁托海墓地发掘墓葬 173 座，发掘祭祀坛 1 座；萨尔布拉克沟墓地发掘墓葬 79 座；阿克布早墓地发掘墓葬 56 座；萨尔布拉克沟口台地发掘墓葬 17 座；彩桥门墓地发掘墓葬 8 座；乌图兰和呼吉尔台沟墓地发掘墓葬 8 座；卡拉苏墓地发掘墓葬 8 座；合计发掘墓葬 773 座，发掘祭祀坛 6 座。穷科克遗址发掘面积 425 平方米，并对穷科克岩画进行了调查。本报告分章介绍墓地、遗址和岩画的发掘资料。另外，在吉林台墓群、遗址发掘的同时，对伊宁县墩麦里、额敏县铁厂沟、昭苏夏台墓地个别的墓葬进行了发掘和清理。相关材料在附录中进行了介绍。

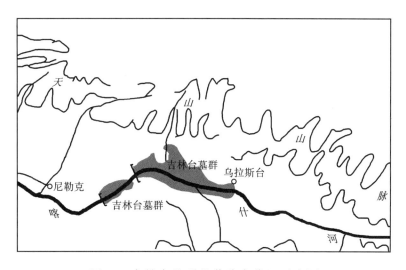

图二　吉林台墓群墓葬分布位置示意图

第二章　穷科克一号墓地

第一节　墓葬概述

"穷科克"为蒙古语，是天山峡谷中较为宽敞的河谷地段的名称，位于喀什河上游，尼勒克县区域内，一号墓地位于穷科克谷地喀什河南岸，在山前一宽阔平坦的台地上。台地依山势呈东西走向，东西长约2公里，南北宽窄不一，宽的地方600米，窄的地方300米。台地地表平坦，植被繁茂，大多地方曾被开垦成农田。台地向南，山体不高，山坡台地表面植被覆盖率较高，越过不高的山梁向南是一条东西向的山涧峡谷。台地北面是水流急湍的喀什河，台地邻河边缘被河水冲切呈高2米左右的断崖，边缘有少部分墓葬被河水冲切破坏，说明原来台地比现在还要宽一些，喀什河水曾由南向北摆动。喀什河在天山深处依山势、峡谷，曲折西流，汇入伊犁河。穷科克向东，河谷狭窄，两岸山壁陡直，山谷大体南北走向，水流甚急，进入穷科克谷地，转向西流，峡谷豁然开阔，正对喀什河出峡谷口的河南台地东侧，是一号墓地的东部边缘，这一区域不布列墓葬，但在靠河岸处台地的边缘，发现一座祭坛。河水向西，又进入峡谷地带，河南岸狭窄的台地上也发现一座祭坛。位于墓地两端的这两座祭坛，推测与河祭有关。河的北岸，山体高陡，岩石裸露，山腰处散见落下的石头，不少石头上刻有岩画。其中一块较大的石头落到河床侧，石头的一面平整，上面刻有较多的动物[1]。山腰上部个别岩石上，见有历史时期游牧民族刻绘的文字符号。考古发掘前，有数家蒙古族居民在此居住，是当地游牧民的冬窝子。

2001年，为配合当地基本建设工程，考古工作者在穷科克台地上发掘55座墓葬，并对墓地东西边缘的两处原始宗教遗址——祭祀坛进行了发掘。发掘过程中，发现穷科克一号墓地的墓葬建在一处早期遗址上，墓葬打破遗址，遗址和墓葬属于时代不同、文化性质迥异的史前遗存。前者属于青铜时代，后者属于早期铁器时代。另外，遗址下层还发现细石器。穷科克台地细石器遗存——青铜时代遗址——早期铁器时代遗存前后叠压和打破"三叠层"的发现非常重要，它为研究伊犁河流域史前文化发展序列，提供了科学的层位学证据。

穷科克一号墓地的墓葬基本分布在台地的中部和东部，靠河岸边的墓葬分布较为密集，台地南部墓葬分布逐渐稀少，台地南部沿山的边缘区域没有发现墓葬。沿河地带的墓葬有些可约略地看出成排布列，台地东西两端的墓葬，布列比较稀疏（图三）。

---

① 王明哲：《尼勒克县考古调查记》，《新疆文物》1986年第1期。

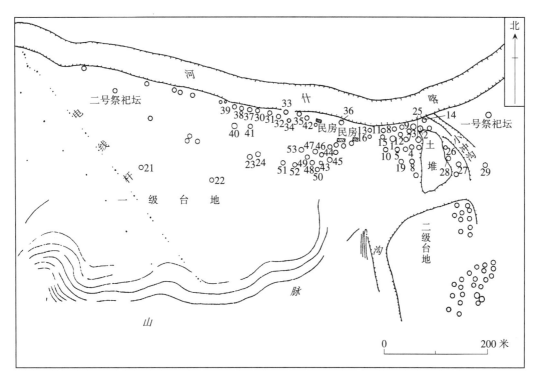

图三　穷科克一号墓地墓葬分布图

第二节　墓葬记述

穷科克一号墓地有3座墓葬地表未见封堆。M40和M41的封堆很可能被后人破坏，也可能地表原来就没有封堆标志，这两座墓的墓室保存完整。M43仅在地表上围成大的半圆形石圈，尚未修筑墓室（图版一三：下）。

M40为竖穴土坑墓，墓室口狭长，墓坑内填石。竖穴土坑的北侧有生土二层台。墓内葬单人，一次葬。头西脚东，仰身直肢。死者右趾骨无，其余指骨和趾骨不全。女，40岁以上。墓室的西端随葬陶无耳罐、陶瓶各1件，墓主头下有残铜簪1件（图版三七：下）。

M41为竖穴偏室墓，墓室口狭长，墓道内填石。偏室开在墓室北壁，偏室与墓道间留出生土二层台。墓室内葬单人，仰身直肢，头西脚东，右趾骨不全。女，25岁左右。随葬陶无耳罐、残木盆各1件和羊骶骨（图版二六：上）。

其余墓葬，依据地表封堆结构，可以分为石堆墓、土石封堆墓两类。

第一类　石堆墓

石堆墓墓葬的地表用卵石和砾石堆成石堆，石堆间夹有少量黄土。石堆平面多为圆形，卵石大小多在20～40厘米，这样的卵石在喀什河边及山脚随处可见。墓坑在石堆下中央处，挖在原地表的

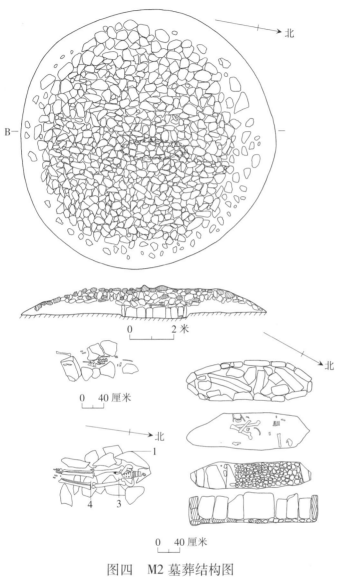

图四　M2 墓葬结构图

1. 铜刀　2. 圆盘状石器（封堆中）　3. 砺石　4. 骨饰（朽）

黄土堆积下。

M23　地表有近圆形石堆，石堆直径 6、高 0.7 米。墓室为竖穴土坑，墓坑中填石。墓内只发现牙齿 1 颗，无随葬品（图版三五：上）。

M2　墓葬石堆平面近圆形，直径均 11.5、高 1.2 米。封堆中部略平，西部有一近矩形的小坑，深约 0.1 米，坑内见人的盆骨片和尺骨。该坑是发掘前不久当地施工队为探地层打的探坑。石堆用卵石堆成，卵石大小在 20～40 厘米。封堆的卵石间，夹埋有属于 2 个个体的少量人骨。其中一个体的人骨葬在封堆偏上的部位，该个体骨骼零乱，计有胸骨、骶骨片、残股骨。从骶骨看为一位 20～25 岁女性。下面个体。墓室在封堆中部，在原地表上修出石棺。石棺用片石或板石砌成墓室壁，墓室中间填以卵石。石棺平面呈长条状，南北长 2.4、东西宽 0.7、高 0.6 米。石棺西壁略弧，东壁近直，棺内填以长条石、块石，底部偏北的大部铺以小片石，南部则铺以大片石。残存腰椎以下的基本骨骼，从葬式看，头北脚南，仰身直肢，股骨长 46 厘米，股骨较长，个体高大。石棺中散见有人的尺骨、胫骨、髌骨、肩胛骨、下颌骨和零星的肋骨等，为成年男性。在墓葬地表封堆土中出土圆盘状石器 1 件，石棺内人的盆骨处见有环首铜刀 1 件，股骨处发现砺石 1 件，墓底见有骨饰 1 件，已朽（图四；图版三六：下、三八；彩版一〇）。

M21　墓葬地表的封堆规模较大，被破坏，残存平面近橄榄形，长 24.3、宽 16、高 1.1 米。封堆下的石堆也呈橄榄形，石堆用卵石堆成，长 21.5、宽 11、高 1 米。墓室在封堆中下部，墓室口开在原地表，竖穴土坑墓。墓室口平面近方形，长、宽均约 2 米，墓深 1.6 米，墓坑中填土、石。墓坑中有散乱的人骨，上下无规律散布，计有头骨残片、股骨 2、胫骨 1、盆骨残片 1、残肋骨 2 节，为一个个体，男性，16～18 岁。墓室底部见牛和马的骶骨、铜刀（残）1 件，墓室口部见一堆彩陶片，经拼合后，为一个体较大的彩陶壶（图版一七：上）。

M25　墓葬地表的封堆平面近圆形，直径 13、高 1.2 米。封堆主要用卵石堆积而成，封堆上局部无卵石，填土，形成不规则形的石圈。墓室口上积石，墓室口四周的积石较少。墓室在封堆下中部，墓室口开在原地表，竖穴土坑墓。墓室口平面近方形，两端弧圆，东西长2.2、西北宽约1米，墓深0.86米，墓坑中填土、石。墓坑内有石棺，石棺在墓坑底用长板石围成，板石大者约长0.8、宽0.7米。墓坑中有散乱的人骨，墓室内有少量人骨，单人二次葬，有残的肋骨、椎骨和上肢骨等。随葬品仅在墓坑中见有数块陶片及铜刀（残）1件（图五；图版三五：下）。

M26　墓葬地表的封堆局部破坏，残存平面近橄榄形，长15、宽9.5、高0.5米。封堆下的石堆也呈橄榄形，石堆用卵石堆成，封堆上部铺石较少，局部形成不规则形的石圈，有的部位则形成略平行的两列石排。墓室口开在封堆下中部，竖穴土坑墓。墓室口平面近长方形，东西长2.2、南北宽1.5米，墓深1.75米。墓坑中填以土、石。墓坑底的石棺只围成半边，在墓坑的北壁立一排长石，构成石棺的北壁，相对南壁则未见石壁。坑中有散乱的人骨，上下无规律散布，有数节椎骨，在一

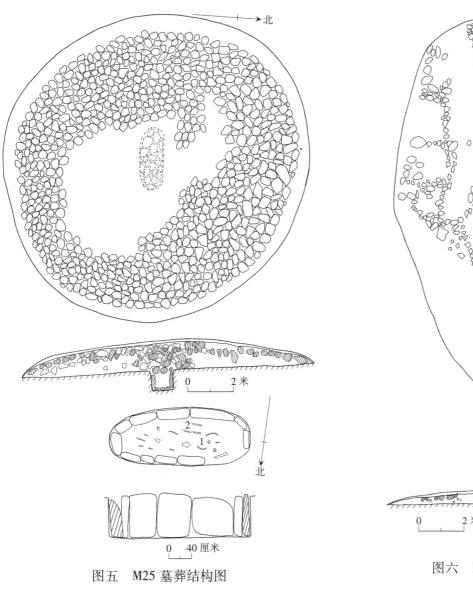

图五　M25墓葬结构图

1. 陶片　2. 铜刀（残）

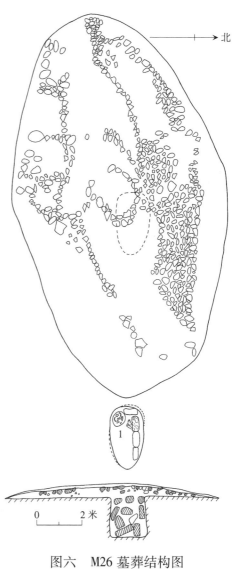

图六　M26墓葬结构图

1. 羊骶骨

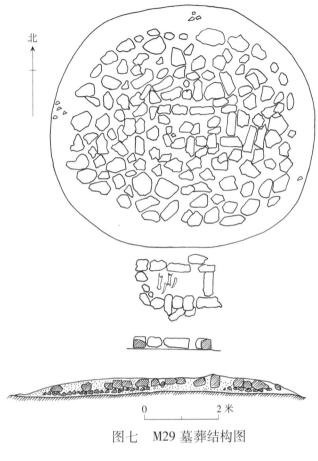

图七　M29 墓葬结构图

较大的石头下压有股骨 2 节、髋骨 1 块，疑为成年女性。随葬品仅在墓室底部见一羊骶骨（图六；图版五：上；彩版三：上）。

M29　墓葬石堆的平面近椭圆形，长径约 6、短径约 5 米，基本用一层卵石铺成，高 0.3 米。封堆中部略平，在石堆下中部地表，用一层片石或板石围成简易的石棺，石棺围砌草率，近长方形，东西长 2、南北宽约 1 米。石棺中有数节人的残肢骨。无随葬品（图七）。

第二类　土石封堆墓

这类墓葬地表有土石封堆标志。封堆用土堆封，在土堆上再用卵石围或铺成石圈，形成独特的地表建筑。因地表土石封堆结构情况不同，又可分为土堆铺石墓、土堆单石环圈墓、土堆双石环圈墓、土堆石圈铺石墓四型。

A 型　土堆铺石墓。这类型的墓葬，是在墓坑口的地表上堆以土堆，然后在土堆上平铺石头。

M8　墓葬的封堆不明显，平面近圆形，直径约 6、高约 0.2 米。封土堆上铺以零乱的石块。土石堆下有双墓室，墓口开在原地表，编号为 A、B 墓室。A 室在北，竖穴土坑墓，墓室口平面呈长方形，长 2.5、宽 0.7 米，墓深 0.6 米。墓坑内填以土、石。墓底葬 1 人，仰身直肢，头西脚东，成年女性。死者头骨右上侧随葬带柄木盆和陶勺杯各 1 件，木盆内放置一羊骶骨。B 室在南，与 A 室平行排列，竖穴土坑墓，墓室口平面近长方形，西窄东宽，中间略内弧，长 2.3、宽 0.6～0.7 米，墓深 0.6 米。墓坑内填以土、石。墓底葬 1 人，仰身直肢，头西脚东，男性，35 岁左右。死者右手无指骨，其他指骨和趾骨不全。无随葬品（图八；图版二七：下；彩版一二：上）。

M34　墓葬的封堆不明显，平面近椭圆形，长径 4.3、短径 3.6、高约 0.3 米。封堆下有 3 个墓室，编号为 A、B、C 墓室。3 个墓室平行排列，墓室口开在原地表。A 室在南，墓室较小，竖穴土坑墓，墓室口平面呈椭圆形，东西长 0.75、南北宽 0.7 米，墓深 0.25 米，墓坑内填少量石头。墓内葬 1 人，为幼儿骨架，杇，从杇骨看，仰身直肢，头西脚东。头骨左上侧随葬陶折沿罐 1 件。B 墓位于中间，墓室口平面呈长方形，东西长 1.7、南北宽 0.6 米，墓深约 1 米。墓内葬 1 人，仰身直肢，头西脚东，少量指骨散到身体各处，右手屈至盆骨处。男性，20～25 岁。头上端随葬羊骶骨 1 块。C 室在北，竖穴石棺墓，墓室口平面呈长方形，长 1.8、宽 0.7 米，深 1 米左右。墓坑底部用长板石围成石棺，石棺呈长方形，东西长 1.6、南北宽 0.7 米，深 0.4 米。石棺内葬 1 人，仰身直肢，头西脚东，指骨不全，右手屈至盆骨处。男性，20～25 岁。头骨右侧随葬陶钵 1 件（图九；图版五：下、

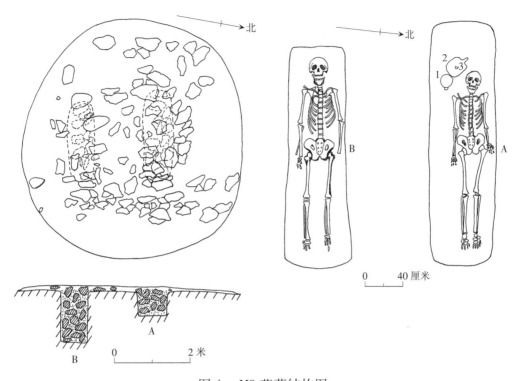

图八　M8 墓葬结构图

A：1. 陶勺杯　2. 带柄木盆（朽）　3. 羊骶骨

二四；彩版三：下）。

B 型　土堆单石环圈墓。这类型的墓葬，墓室口以上有土封堆，平面多近圆形。土封堆的外侧围以石环圈。按墓室的结构又分为竖穴土坑墓、竖穴偏室墓和多室墓三亚型。

Ba 型　竖穴土坑墓。

M22　墓葬地表封堆不明显，平面近椭圆形，直径 6.1～6.4、高 0.5 米。封土堆上用单排卵石围铺成椭圆形石圈，长径4.7、短径 4.1 米。墓室在封堆下中间，墓室口开在原地表，竖穴土坑墓，墓内填土、石。墓室口平面近梯形，西宽东窄，东西

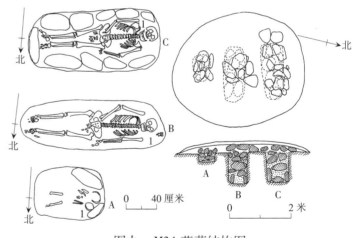

图九　M34 墓葬结构图

A：1. 陶折沿罐；B：1. 羊椎骨；C：1. 陶钵

长 2.7、宽 1.1～1.2 米，墓深 2 米。墓室底部见少量人骨，有排列整齐的小腿骨，从小腿骨排列情况看，死者头西脚东，上身部位只见零星的肢骨。随葬品仅在墓坑中见残陶片 2 块（图一〇；图版二八：下）。

Bb 型　竖穴偏室墓。

M5　墓葬地表封堆不明显，平面近椭圆形，直径 5～5.5、高约 0.2 米。封土堆外侧的边

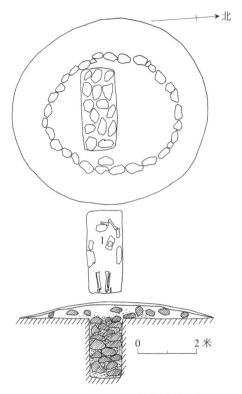

图一〇 M22 墓葬结构图
1. 陶片

缘铺以零乱的石块，大体围成石圈，石圈宽窄不一，最宽处约1.5 米。墓室在封堆下的中部，墓室口开在原地表，竖穴墓道内填土、石。墓室平面东西长，两端弧圆，近柳叶状，长2.5、宽 0.65 米，墓深 1.6 米。偏室开在墓室的北壁，进深0.6 米，与偏室相对一侧留生土二层台，二层台宽 0.1、高0.2 米。墓葬内葬 1 人，靠偏室北壁，仰身直肢，头西东脚。死者指骨和趾骨无，只在左胫骨的一侧发现有 2 节趾骨。女性，30 ~ 35 岁。死者头骨上侧随葬陶鼓腹壶 2 件、圜底木钵（杓）1 件、陶单耳杯（残）1 件，头侧有羊骨（图一一；图版三〇：上）。

M12　墓葬地表封堆平面近椭圆形，直径 7.9 ~ 8.7、高0.5 米。封土堆上中部偏北围铺石圈，石圈近椭圆形，大体用一排卵石围成。墓室在封堆下中部偏北，墓室口开在原地表，平面呈东西狭长的长方形，两端弧圆，长 2.4、宽 0.8 米，墓深 1.1 米。竖穴墓道内填土、石，上部填卵石，下部填以石块。偏室开在墓室的北壁，进深 0.25 米，与偏室相对一侧留生土二层台，二层台宽 0.1、高 0.2 米。墓葬内葬 1 人，靠偏室北壁，仰身直肢，头西脚东。死者右趾骨不全。女性，40

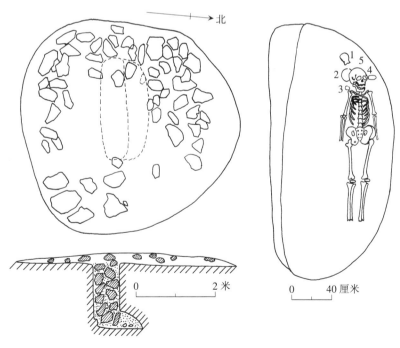

图一一 M5 墓葬结构图
1、5. 陶鼓腹壶　2. 陶单耳杯（残）　3. 羊骨　4. 木钵（杓）

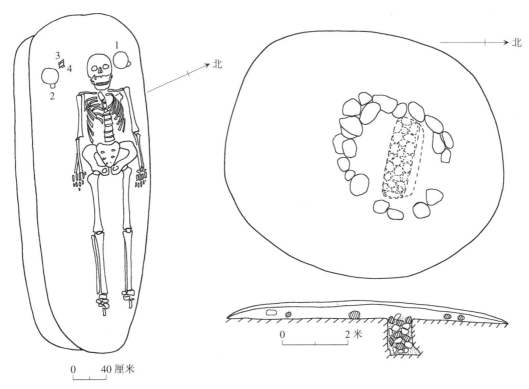

图一二　M12 墓葬结构图

1. 陶勺杯　2. 陶单耳杯　3. 羊骶骨　4. 铁刀（残）

岁左右。死者头骨上侧左右置随葬品，左侧为陶勺杯，右侧为陶单耳杯，单耳杯的一侧置 1 件小铁刀，铁刀一侧放一羊骶骨（图一二；图版一四：下、一五：下、二七：上；彩版九：上）。

　　M57　墓葬地表封堆平面近圆形，直径约 4.5、高 0.5 米。封土堆上围铺石圈，石圈略为圆形，石圈宽约 1 米。墓室口开在封堆下中部，平面东西狭长，两端弧圆，长 2、宽 0.62 米，墓深 0.9 米。竖穴墓道内填土、石。偏室开在墓室的北壁，进深 0.2 米，与偏室相对一侧留生土二层台，二层台宽 0.3、高 0.2 米。墓葬内葬 1 人，靠偏室北壁，仰身直肢，头西脚东。死者右手指骨无，其他指骨和趾骨不全，头骨左侧见有零星的人肋骨和一指骨。女性，25 岁左右。死者头骨上侧随葬陶勺杯 2 件、陶钵 1 件，陶钵旁有羊肋骨（图一三）。

　　M47　墓葬地表封堆较小，不明显，平面近椭圆形，直径 3.5～4.1、高 0.25 米。封土堆上用单排或双排卵石围铺成椭圆形石圈，长径 3.5、短径 3 米。墓室在封堆下中间，墓室口开在原地表，墓室口平面狭长，两端显得尖圆，东西长 2、宽 0.5 米，墓深 1.85 米。竖穴墓道内填土、石。上部填以卵石，下部填以块石。偏室开在墓室的北壁，进深 0.5 米，与偏室相对一侧留生土二层台，二层台宽 0.5、高 0.15 米。墓葬内葬 1 人，靠偏室北壁，仰身直肢，头西脚东。死者左手指骨不全。男性，30～35 岁。无随葬品（图一四；图版一四：上）。

　　Bc 型　多室墓。

　　M10　墓葬地表封堆平面近圆形，直径约 12、高 0.6 米。封堆外围铺石圈，石圈略为圆形，直径约 10 米。石圈围砌较为规整，圈的宽窄不一，中北部石圈的圈宽约 0.8 米，南部石圈的圈宽约 1.5 米。封堆下中部有 3 个墓室，编号为 A、B、C 墓室，墓室口开在原地表。3 个墓室的封堆土上有各

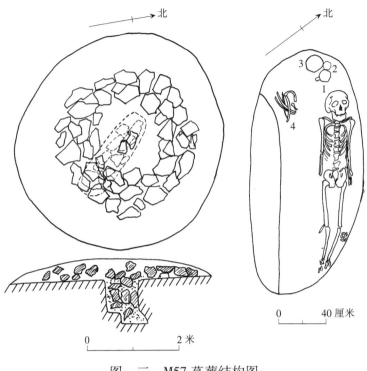

图一三　M57 墓葬结构图
1、2. 陶勺杯　3. 陶钵　4. 羊肋骨

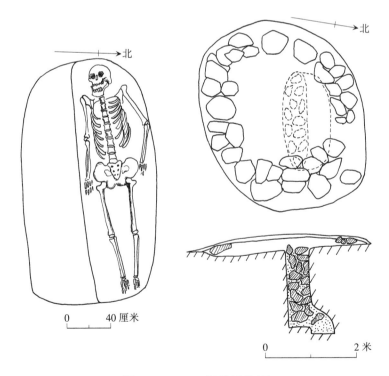

图一四　M47 墓葬结构图

有石圈，石圈大小不一，大体呈"品"字形排列。C室较大，墓室口封堆上的石圈也较大，呈椭圆形，直径3.5~4米，石圈的圈宽约0.7米，墓室为竖穴偏室，墓室口平面为长方形，长2.9、宽0.9米，墓深2米，竖穴墓道内填土、石。偏室开在墓道的北壁，进深0.5米，与偏室相对一侧留生土二层台，二层台宽0.1、高0.25米。偏室内葬1人，仰身直肢，头西脚东，死者的左手压在盆骨下。死者头骨右上侧随葬陶无耳罐1件。女性，25岁左右。B室在C室的南侧，墓室口上封堆的石圈呈圆形，直径约2.5米，石圈宽窄不一，最宽处1.3米。墓室为竖穴偏室，墓道内填土、石。墓室平面呈长方形，长1.9、宽0.4米，墓深0.95米。偏室内葬1人，仰身直肢，头南脚北。双手屈至盆骨。性别不明，8~9岁。头骨的右上侧随葬陶勺杯1件，杯侧置一羊骶骨。A室在C室和B室的北部，墓室很小，墓室口封堆上铺石。墓室口平面呈长方形，东西长0.7、宽0.3米，墓深0.34米。墓室口部填一层卵石。墓室底葬幼儿骨架1具，仰身直肢，头西脚东，骨朽。头侧随葬1件陶罐（残）（图一五；图版三二）。

　　M53　墓葬地表封堆不明显，平面近椭圆形，长径约7、短径5.7、高0.52米。土封堆下双墓室，编号为A、B墓室，墓室口开在原地表，均为竖穴偏室墓。A室在南，围绕墓室口围以卵石圈，呈不规则状，长2.2、宽1.6米。墓室平面呈长方形，长1.75、宽0.67米，墓深1.25米。竖穴墓道内填土、石。墓底葬1人，仰身直肢，头西脚东，趾骨无。性别不明，4~5岁。死者头骨右上侧随葬2件

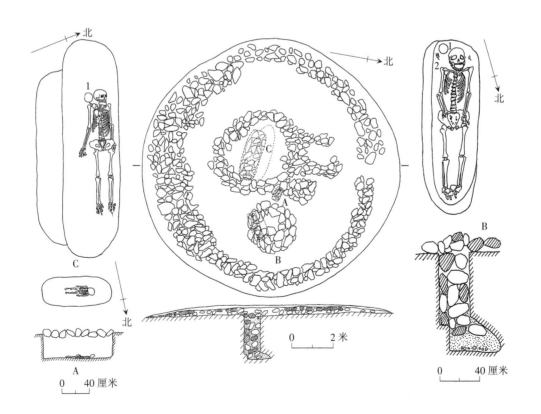

图一五　M10墓葬结构图
B：1. 陶勺杯　2. 羊骶骨；C：1. 陶无耳罐（残）

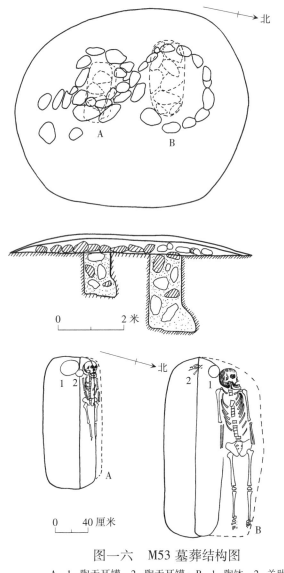

图一六　M53 墓葬结构图
A：1. 陶无耳罐　2. 陶无耳罐；B：1. 陶钵　2. 羊肋骨

陶器，均为无耳罐。B 室在北，与 A 室平行排列，墓室口平面略为长方形，两端弧圆。长 2.3、宽 1 米，墓深 2.4 米。墓道内填土、石。上部填卵石，下部填以块石。墓底葬 1 人，仰身直肢，头西脚东，死者右手指骨无，左手指骨不全。男性，20 ~ 25 岁。在死者头端上随葬数根羊肋骨和陶钵 1 件（图一六）。

C 型　土堆双石环圈墓。这型墓葬，在墓室口上有封土堆，土堆近圆形或椭圆形，封堆不高。一般先墓室口上封堆外围用卵石围以小的石圈，然后再在其上堆土，为上层封堆，在上层封堆的外侧，再用卵石围成石圈。按墓室的结构可分竖穴土坑墓、竖穴偏室墓两亚型。

Ca 型　竖穴土坑墓。

M54　墓葬地表的封堆不明显，平面近椭圆形，直径 5.5 ~ 6.2、高 0.2 米。封土堆上铺内、外两圈石圈，外石圈围着封堆外围铺，较为草率，大体用两排卵石围成，仅有南半部分，圈近椭圆形，长径 6 米，石圈的圈宽不足 1 米。内石圈用两排或三排卵石围成，石圈围着墓室口近椭圆形，石圈东西长 2.7、南北宽 2 米。墓室在封堆下的中部，墓室口开在原地表，平面呈长方形，两端弧圆，东西长 1.85、南北宽 0.5 米，墓深 1.1 米。竖穴墓道内填土、石。墓内葬 1 人，仰身直肢，头西脚东。左手指骨不全。男性，40 岁以上。死者头骨右上侧随葬陶勺杯（残）和骨节约各 1 件（图版二五：上）。

Cb 型　竖穴偏室墓。

M9　墓葬地表封堆平面近椭圆形，直径 8.2 ~ 8.5、高 0.45 米。封土堆上铺内、外两圈石圈，外石圈围着封堆外围铺，较为草率，石圈近椭圆形，直径 7 ~ 7.5 米，石圈的圈宽不足 1 米。内石圈用一排或双排卵石围成，石圈平面呈椭圆形，长径 3.7、短径 2.8 米。墓室口开在封堆下的中部，平面呈长方形，两端弧圆，东西长 2.1、宽 0.6 米，墓深 1.3 米。竖穴墓道内填土、石。上部填卵石，下部填以块石和板石。偏室开在墓道的北壁，进深 0.25 米，与偏室相对一侧留生土二层台，二层台宽 0.3、高 0.2 米。墓内葬 1 人，靠偏室北壁，仰身直肢，头西脚东。头骨略扰动，手指骨不全。男性，40 岁左右。死者头骨左上侧随葬彩陶钵 1 件，钵内放置小铁刀 1 件和羊骶骨 1 块（图一七；图版一六：上、二九：上）。

M32 封堆平面呈椭圆形，直径8.65、高0.55米。墓葬上层封土堆的外缘围铺以石圈，石圈呈椭圆形，铺石规整，直径7.8~9米，石圈的宽窄基本一致，宽约1米。下层封堆上铺卵石圈，平面近椭圆形，直径3~4、高0.3米。墓室口开在下层封堆的中部，平面呈长方形，两端弧圆，长2.25、宽0.75米，墓深1.55米。竖穴墓道中填土、石，墓坑上部填以卵石，下部填以块石。偏室开在墓室的北壁，进深0.35米，偏室另一侧留生土二层台，二层台宽0.3、高0.35米。偏室内葬1成年个体，头西脚东，仰身直肢。死者的手指和趾骨不全。男性，30岁左右。肩部右上侧放置陶鼓腹壶，陶壶口上盖一石片（图一八；图版九：下；彩版五：下）。

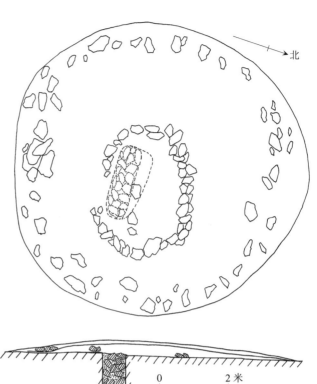

M24 封堆平面近椭圆形，直径6.25~7.2、高0.65米。封土堆的南缘围铺石圈，较为草率，石圈长5.5、圈宽约1米。封堆中部填铺以小的块石，大体呈椭圆形，直径3.5米。墓室口开在封堆下的中部，平面呈长方形，东西长2.2、南北宽1米，墓深1.2米。竖穴墓道内填土、石。墓内葬1人，死者骨骼较零乱，头在墓室的西部，仰面，缺下颌骨，其他零乱的骨骼散乱地放在墓室中部，有肢骨、肋骨、椎骨，

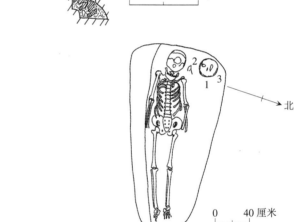

图一七 M9墓葬结构图
1. 陶钵 2. 铁刀 3. 羊骶骨

骶骨，椎骨较少。男性，55~60岁。墓底出土骨镞（残）一枚（图一九；图版一二：上；彩版八：上）。

M18 封堆平面近椭圆形，直径10.5~10.8、封堆高0.4米。封土堆上铺内、外两圈石圈，外石圈围着外层封堆外围铺，石圈近椭圆形，直径8.7~9.5米，石圈的宽窄不一，南北两侧的石圈较宽，宽1.9米，东西两侧的石圈较窄，最窄处0.3米。内石圈铺在下层封堆上，用两排或数排卵石围成，石圈平面呈椭圆形，长径3、短径2.5米。墓室口开在封堆下的中部，平面呈长方形，两端弧圆，东西长2.2、南北宽0.6米，墓深0.7米。竖穴墓道内填土、石。上部填卵石，下部填以块石或板石。偏室开在墓道的北壁，进深0.25米，与偏室相对一侧留生土二层台，二层台宽0.43、高0.3米。偏室内葬1人，靠偏室北壁，仰身直肢，头西脚东。头骨略扰动，指骨和趾骨不全，右手压在盆骨下。

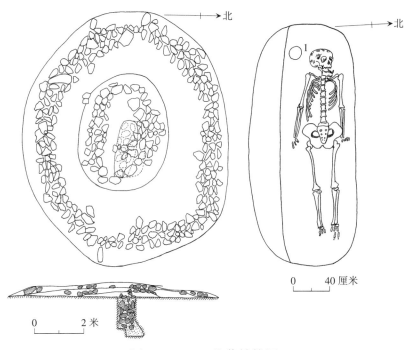

图一八　M32 墓葬结构图
1. 陶鼓腹壶

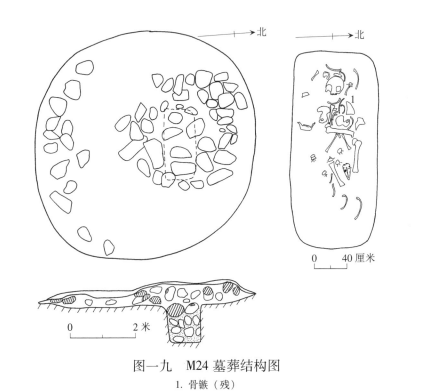

图一九　M24 墓葬结构图
1. 骨镞（残）

女性，20 岁左右。死者头骨右上侧随葬陶无耳罐 1 件，罐边放置铁刀 1 件和羊骶骨 1 块（图版一〇：上；彩版六：上）。

D 型 土堆石圈铺石墓。这类墓葬一般在墓室口上封土，在封土堆上铺石，然后再在封石上封土，在封土堆的外侧用卵石围铺石圈。按墓室的结构不同可分为竖穴土坑墓、竖穴石棺墓、竖穴偏室墓、多室墓四亚型。

Da 型 竖穴土坑墓。

M27 封堆平面近圆形，直径 8.25、高 0.65 米。封土堆的外缘围铺石圈，石圈用单层块石或卵石围成，围砌草率。封堆中部铺小的块石，大体呈椭圆形，直径 6～7米。墓室口开在封堆下的中部，平面呈东西长的不规则形，东西长 1.4、南北宽 0.62 米，墓深 0.8 米。竖穴墓道内填土、石。墓内葬 1 人，仰身直肢，头西脚东。死者骨骼较零乱。头骨只见下颌骨，肋骨散乱，不全，椎骨很少。骨骼大体依生理位置放置，成年，男性。无随葬品（图二〇）。

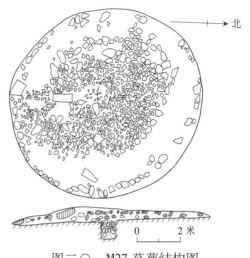

图二〇 M27 墓葬结构图

M28 封堆平面呈椭圆形，直径 8.5～9.5、高 0.95 米。墓葬上层封土堆的外缘围铺以石圈，石圈略为圆形，直径约 7.7 米，石圈的宽窄大体一致，最宽 1.5 米。封堆中部积石，铺石略为圆形，直径约 3.5 米。墓室口开在封堆下的中部，平面呈长方形，两端弧圆，长 2.8、宽 0.8 米，墓深 1.85米。竖穴墓道内填土、石，石多为块状。墓内葬 1 人，仰身直肢，头西脚东，指骨不全。女性，35岁左右。死者头部上侧置陶仿皮囊壶 1 件，一侧见铁刀（残）1 件和羊骶骨（图二一；图版一二：下；彩版八：下）。

M37 封堆平面近椭圆形，直径 8、高 0.85 米。墓葬上层封土堆的外缘围铺以石圈，围成石圈的卵石零乱，略为圆形，直径约 7.8 米，石圈的宽窄不一，宽 0.5～1.5 米。下层封堆上铺卵石，铺石零乱，平面呈不规则形，长、宽均约 3 米，高 0.5 米，铺石中间有长、宽均为 2～3 米的范围未见铺石。墓室口开在下层封堆的中部，平面近长方形，两端弧圆，长 2.3、宽 0.75 米，墓深1.15 米。竖穴墓道内填土、石墓内葬 1 人，仰身直肢，头西脚东，无左手指，右脚趾不全。男性，20～25 岁。死者头上侧见一节羊骶骨（图二二；图版一八：上）。

Db 型 竖穴石棺墓。

M30 封堆平面呈椭圆形，封堆直径约 9 米、高 0.5 米。墓室口上的土封堆上有积石，积石平面呈椭圆形，直径 4～5 米。墓室口开在下层封堆的中部，平面近长方形，两端弧圆，长 2、宽 0.9 米，墓深 1.6 米。竖穴墓道内填土、石。竖穴底部围着墓室四周用较规整的片石或卵石围一层，构成简易的石棺。石棺平面呈长方形，东西长 1.8、宽 0.9 米，墓室底部铺一层小卵石。棺内葬 1 人，仰身直肢，头西脚东。死者左手指不全。男性，20～25 岁。死者头右侧放置陶圜底钵和陶单耳盆各 1 件，均朽，盆中有羊肋骨和骶骨，死者右股处有一骨饰（图二三；图版二：上、五：中；彩版三：中）。

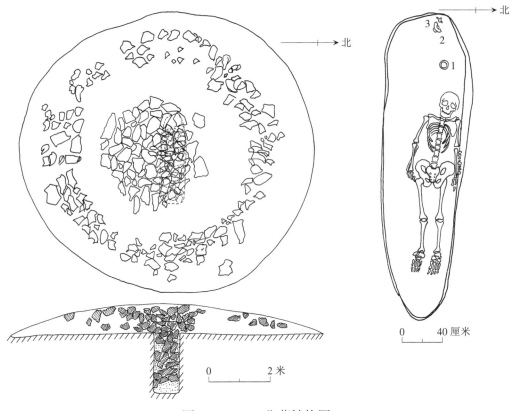

图二一　M28 墓葬结构图
1. 陶仿皮囊壶　2. 铁刀（残）　3. 羊骶骨

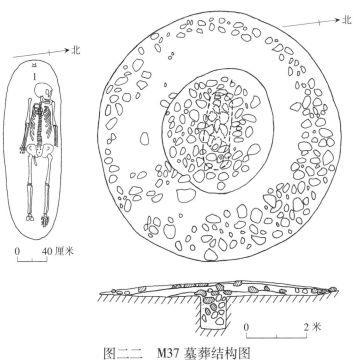

图二二　M37 墓葬结构图
1. 羊骶骨

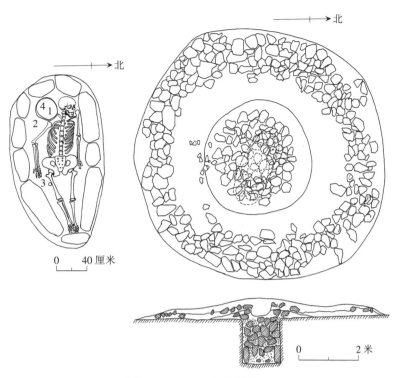

图二三　M30 墓葬结构图

1. 陶单耳盆　2. 陶圈底钵　3. 骨饰　4. 羊骶骨

M33　位于墓地中部偏东、北邻喀什河，墓葬封堆的北部部分被河水冲切破坏，封堆平面呈圆形，直径3.6、高0.65米。墓葬上层封土堆的外缘围铺以石圈，石圈较为规整，平面近圆形，直径约7.5米，石圈的宽窄基本一致，宽1～1.5米。下层封堆上铺卵石，铺石平面近圆形，直径约3、高0.5米。封堆中间有一小坑，平面近长方形，长1、宽0.6、深约0.4米。墓室口开在下层封堆的中部，平面近长方形，两端弧圆，长2.4、宽1.12米，墓深1.5米。竖穴墓道内填土、石。竖穴底部的东北部，围着墓室四周用较规整的片石或卵石围一层，构成石棺。石棺平面呈东西长的不规则形，长2、宽1.2米。棺内葬1人，仰身直肢，头西脚东。死者左手指不全。男性，25～30岁。死者头右侧放置残陶杯和陶钵各1件，钵内放置骨扣1件和羊骶骨，随葬品均残、朽（图二四；图版三三：下）。

M38　封堆平面呈椭圆形，直径8.5～9.85、封堆高0.55米。墓葬上层封土堆的外缘围铺以石圈，石圈规整，为椭圆形，直径6.7～8米，石圈的宽窄一致，宽约0.6米。墓室口的封堆上铺卵石，铺石较少，平面近长方形，长2.5、宽1、高0.15米。墓室口开在封堆下的中部，平面呈长方形，两端弧圆，长2.6、宽0.62米，墓深1.25米。竖穴底部围着墓室四周用较规整的块石围一层，构成简易的石棺。棺内葬1人，仰身直肢，头西脚东，左手指不全，一髋骨移位到头骨处，扰乱。男性，25～30岁。死者头前随葬羊骨（图二五；图版一八：下、三三：上）。

M39　封堆平面呈椭圆形，直径5、高0.25米。墓葬上层封土堆的外缘围铺以石圈，围成石圈的卵石零乱，平面近圆形，直径约4.5米，石圈的宽窄基本一致，宽约0.8米。下层封堆上铺卵石，铺石少而零乱，平面呈不规则形，长、宽均约1米，高0.15米。墓室口开在下层封堆的中部，平面呈长

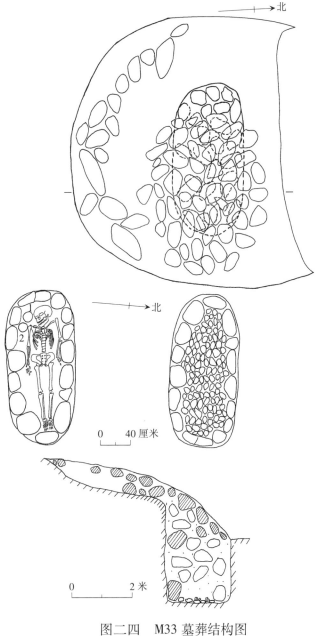

图二四　M33 墓葬结构图
1. 陶杯　2. 陶钵　3. 羊骶骨　4. 骨扣（均朽）

条形，两端弧圆，长 2.1、宽 0.92 米，墓深 0.75 米。墓室口南侧地表上，见一儿童骨骼，从残骨看，头西脚东，骨骼大部分已朽，残留有肢骨、头骨和下颌骨。竖穴墓道上中部填土、卵石。竖穴底部东北部，围着墓室四周用较规整的块石围一层，构成简易的石棺。棺内葬 1 人，仰身直肢，头西脚东。该个体的头骨扰乱，下颌离开原生理位置。右手指和左脚趾骨不全，肋骨散乱。男性，25 岁左右。死者头右侧放置陶管流罐和陶钵各 1 件，陶钵中放羊椎骨（图二六；图版一三：上、一五：中、三七：上）。

M52　封堆平面呈椭圆形，直径 8.3 ~ 9.5、高 0.8 米。墓葬上层封土堆的外缘围铺以石圈，封堆的南部铺石较多，东南部无铺石，石圈直径 9 米，石圈的宽窄不一，宽 1 ~ 2 米。下层封堆上铺卵石，铺石零乱，大体呈圆圈状，直径 4、高 0.6 米。墓室口开在下层封堆的中部，平面呈圆角长方形，长 2.7、宽 1 米，墓深 2.45 米。竖穴墓道中填土、石。竖穴底部墓室四壁用较规整的块石围一层，构成墓室的"石椁"，"石椁"中有木棺，朽，似用一截圆木刻成独木舟状，两端加挡板。木棺长 1.73、宽 0.45、高 0.55 米。木棺内东端有二次葬者，死者的腰椎骨和盆骨连在一起，另有零散的股骨、胫骨，其中一胫骨和股骨连在一起，乱骨下有一下颌骨。铜锈，放置一木盆，朽，木盆外随葬骨镞 1 件和一羊骶骨、羊距骨（图版八：上）。

M51　封堆平面呈椭圆形，直径 9.6 ~ 11、高 0.75 米。墓葬上层封土堆的外缘围铺以石圈，石圈带较宽，宽约 1 米，仅封堆南部半边有半圆形石圈，北部无石圈，直径 10.5 米。下层封堆上铺卵石，平面近圆形，直径 5.5、高 0.5 米，封堆中间有长、宽均约 1 米的长方形区域，内无铺石。墓室口开在下层封堆的中部，平面呈长方形，两端弧圆，长 2.5、宽 1.2 米，墓深 2 米。竖穴墓道上中部填土、卵石。竖穴底部围着墓室四周用较规整的块石围一层，构成简易的石棺。石棺内葬 1 人，位于墓室的西端，斜趴卧在乱石中，上半身超出石棺，头紧靠在西墓壁，双脚呈攀登状。依这一奇特葬式可以做如下推测：该个体在葬入石棺埋葬时，并未完全死亡，可能处于"假死状态"，其苏醒后，在试图挣扎着从石棺内逃出的过程中被"活埋"。死者男性，30 ~ 35 岁。无随葬品（图二七；图版一一：下；彩版七：下）。

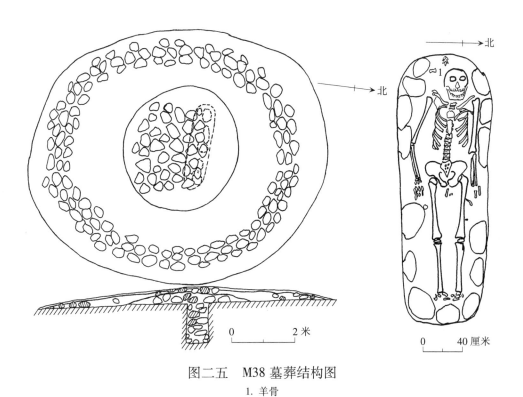

图二五　M38 墓葬结构图
1. 羊骨

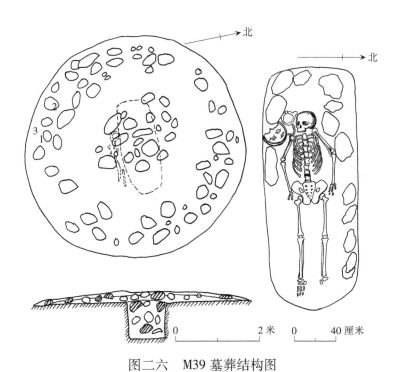

图二六　M39 墓葬结构图
1. 陶钵　2. 陶管流罐　3. 羊椎骨

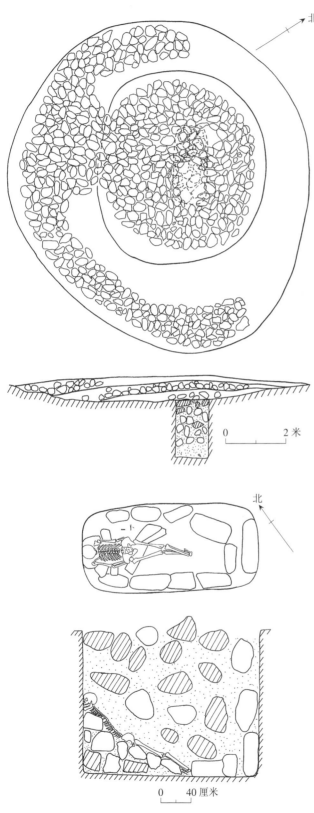

图二七　M51 墓葬结构图

Dc 型　竖穴偏室墓。

M1　封堆平面呈圆形，直径约10.5、高0.6米。墓葬上层封土堆的外缘围铺以石圈，围成石圈的卵石零散，平面近圆形，直径9.5米。下层封堆上铺卵石，铺石平面为圆形，中间石头多散至周边，直径约4.5米。墓室口开在下层封堆的中部，平面呈长方形，两端弧圆，长2.2、宽0.8米，墓深1.4米。竖穴墓道中填土、石。偏室开在墓室的北壁，进深0.25米。偏室内葬1人，头西脚东，仰身直肢。女性，20～25岁。死者头骨上端放一木盆，木盆一侧放羊骶骨（图二八；图版二九：下；彩版九：下）。

M3　封堆平面呈圆形，直径10、高0.6米。墓葬上层封土堆的外缘围铺以石圈，围成石圈的卵石少而零散，大体围成圆形，直径9米。下层封堆上铺卵石，铺石少而零乱。墓室口开在下层封堆的中部，平面呈长方形，两端弧圆，西窄东宽，长2.1、宽0.7米，墓深1.4米。竖穴墓道中填土、石。上部填长条石，下部填以块石。偏室开在墓室的北壁，进深0.31米。偏室内葬1人，头西脚东，仰身直肢，头骨压在胸上，手指骨不全。男性，20岁左右。无随葬品（图二九；图版二：下、一六：下、二八：上；彩版九：中）。

M4　封堆平面呈椭圆形，最大直径9、高0.5米。墓葬上层封土堆的外缘围铺以石圈，围成石圈的卵石零散，平面近圆形，直径8.75米，石圈的宽窄不一，最宽处1米余。下层封堆上铺卵石，平面近圆形，直径3、高0.3米。墓室口开在下层封堆的中部，平面呈长方形，两端弧圆，长0.84、宽0.25米，墓深1.32米。竖穴墓道中填土、卵石。偏室开在墓室的北壁，进深0.71米，偏室另一侧留生土二层台。偏室内葬1人，头西脚东，仰身直肢，左手指骨缺，右手指骨不全。

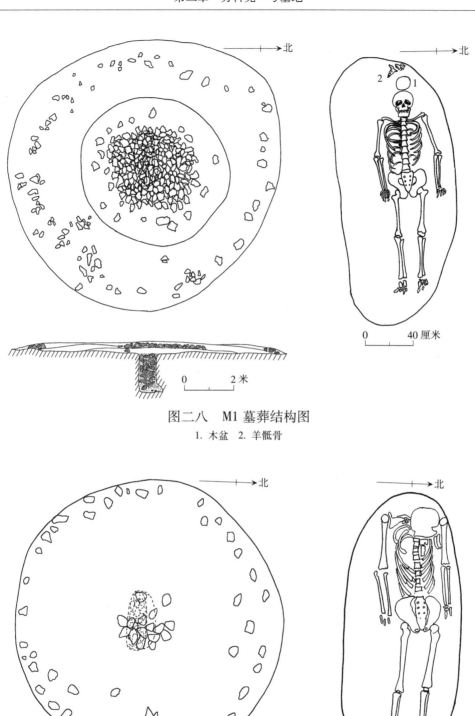

图二八 M1 墓葬结构图
1. 木盆 2. 羊骶骨

图二九 M3 墓葬结构图

男性，30~35 岁。死者双腿间有一白色球状物，直径约 5 厘米，经鉴定是结石。死者右肱骨的外侧置单耳彩陶杯 1 件，其下有一羊骶骨（图版一八：中、二二）。

　　M6　封堆平面呈椭圆形，直径 6~7.5、高 0.4 米。墓葬上层外缘围铺以石圈，围成石圈的卵石少而零散，大体围成椭圆形，直径 6~7.3 米。封堆上铺卵石，铺石少而零乱，用一圈零乱的卵石较随意地围成椭圆形。墓室口开在封堆下的中部，平面为窄长方形，两端弧圆，长 2.3、宽 0.75 米，墓深 1.15 米。竖穴墓道上部填土、卵石，下部填块石。偏室较浅，开在墓室的北壁，进深 0.15 米，偏室另一侧留生土二层台，二层台宽 0.1、高 0.2 米。偏室内葬 1 人，头西脚东，仰身直肢，手指骨无。男性，20 岁左右。死者头部右上侧置陶圈足罐 1 件，旁有羊骶骨（图三〇；图版三〇：下；彩版一三：中）。

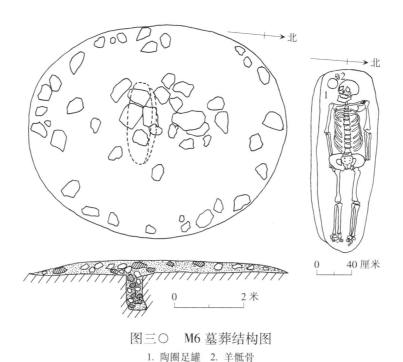

图三〇　M6 墓葬结构图
1. 陶圈足罐　2. 羊骶骨

　　M7　封堆平面近圆形，直径 6.7、高 0.45 米。墓葬上层封土堆的外缘围铺以石圈，围成石圈的卵石零散，表面近圆形，直径 6.3、高 0.3 米，石圈西南段缺，最宽处 1 米。下层封堆上铺卵石，铺石少而零乱。墓室口开在下层封堆的中部，平面呈长条形，两端弧圆，长 2.2、宽 0.5 米，墓深 1.45 米。竖穴墓道中填土、卵石，上部多填卵石，下部多填块石。偏室开在墓室的北壁，进深 0.5 米，偏室另一侧留生土二层台，二层宽 0.1、高 0.15 米。偏室内葬 1 人，头西脚东，仰身直肢，左手指压在盆骨下，脚趾骨不全。女性，16~18 岁。死者头部右上侧置方口彩陶钵、彩陶无耳罐各 1 件，旁置羊骶骨（图三一；图版三一：下；彩版一三：下）。

　　M11　封堆平面呈圆形，直径 8.5、高 0.5 米。墓葬上层封土堆的外缘围铺以石圈，围成石圈的卵石零散，近圆形，直径 7.5 米，围成的石圈最宽处 1 米。下层封堆上铺卵石，铺石散乱，近圆形，直径 4.3、高 0.25 米。墓室口开在下层封堆的中部，平面呈窄长方形，两端弧圆，长 2.5、宽 0.75 米，墓深 1.75 米。竖穴墓道上部填土、卵石，下部填以木头，木头分两层，圆木直径约 10 厘米。

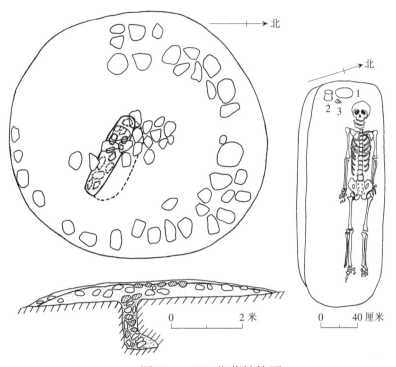

图三一　M7 墓葬结构图
1. 陶无耳罐　2. 陶钵　3. 羊骶骨

偏室开在墓室的北壁，进深 0.5 米，偏室另一侧留生土二层台，二层台宽 0.25、高 0.5 米。偏室内葬 1 人，头西脚东，仰身直肢，手指骨不全。女性，25 岁左右。死者头部右上侧置一彩陶单耳杯，陶杯旁置一木盆（杓），一侧放一把小铁刀（图三二）。

M14　封堆平面呈椭圆形，直径 5.6 ~ 6.9、高 0.35 米。墓葬上层封土堆的外缘围铺以石圈，围成石圈的卵石大小基本相同，石圈较规整，近椭圆形，直径 5.5 ~ 6.5 米，围成石圈的宽窄一致，宽约 0.7 米。下层封堆上铺卵石，平面近椭圆形，直径 2 ~ 3.25、高 0.3 米。墓室口开在下层封堆的中部，平面呈长方形，两端弧圆，长 1.7、宽 0.65 米，墓深 0.9 米。竖穴墓道中填土、卵石。墓坑上部多填卵石，下部多填块石。偏室开在墓室的北壁，进深 0.2 米，偏室另一侧留生土二层台。偏室内葬 1 人，头西脚东，仰身直肢，左手屈至盆骨处。男性，成年。死者头骨上见有人工穿孔现象。无随葬品（图三三；图版一六：中、三一：上）。

M19　封堆平面呈圆形，直径 6.5、高 0.4 米。墓葬上层封土堆的外缘围铺以石圈，石圈被破坏，仅留南段，近圆形，直径 7.5 米，围成的石圈最宽处 1 米。下层封堆上铺卵石，封堆南、北边缘有弧形石圈段，石圈宽 1 米。下层封堆上部铺石，平面近菱形，长 5、宽 2.6 米。墓室口开在下层封堆的中部，平面呈窄长方形，两端弧圆，长 2、宽 0.8 米，墓深 1.35 米。竖穴墓道上部填土、卵石，下部填以石块。偏室开在墓室的北壁，进深 0.2 米，偏室另一侧留生土二层台，二层台宽 0.35、高 0.25 米。偏室内葬 1 人，头西脚东，仰身直肢，盆骨以上骨骼残乱，无头骨。盆骨以下基本完整，依生理位置排列。脚趾骨不全。男性，成年。无随葬品（图版三六：上）。

M35　封堆平面呈圆形，直径约 8、高 0.75 米。北部局部被河水冲切破坏。墓葬上层封土堆的外

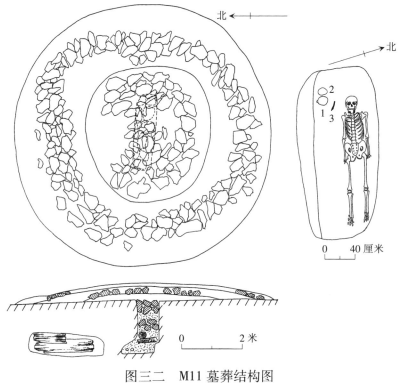

图三二　M11 墓葬结构图
1. 陶单耳杯　2. 木盆　3. 铁刀（残）

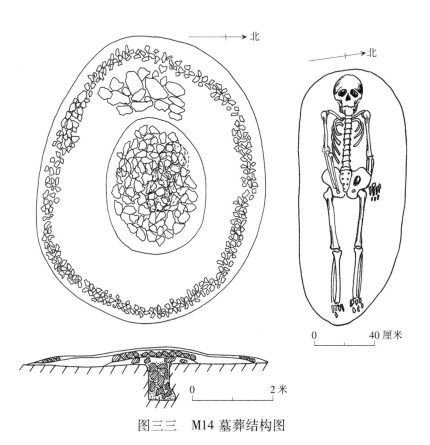

图三三　M14 墓葬结构图

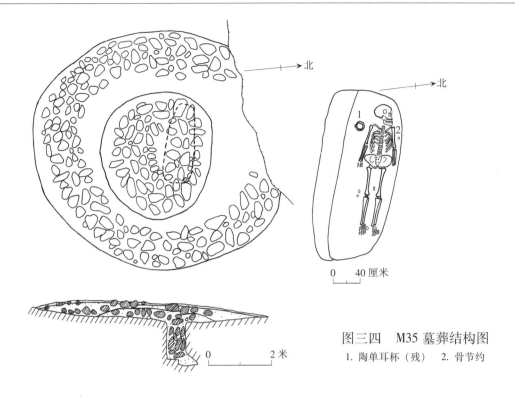

图三四　M35 墓葬结构图
1. 陶单耳杯（残）　2. 骨节约

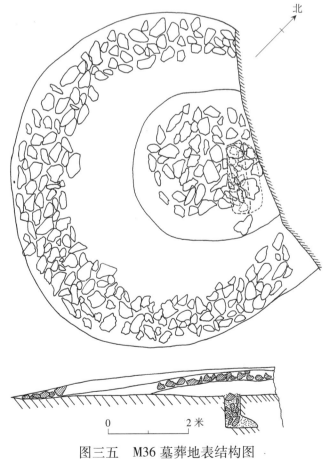

图三五　M36 墓葬地表结构图

缘围铺以石圈，石圈铺石规整，近圆形，直径7.5 米，石圈的宽窄一致，最宽处 1 米余。下层封堆上铺卵石，平面近椭圆形，直径 3.5 ~ 4、高 0.5 米。墓室口开在下层封堆的中部，平面呈长方形，西窄东宽，两端弧圆，长2.5、宽 0.9 米，墓深 1.42 米。竖穴墓道中填土、石，墓坑上部填以卵石，下部填以石块。偏室开在墓室的北壁，进深 0.4 米，偏室另一侧留生土二层台，二层台宽 0.4、高 0.3 米。偏室内葬 1 人，头西脚东，仰身直肢，死者右手指缺，左手指不全。男性，35 ~ 40 岁。死者肩部右上侧放置彩陶单耳杯 1 件，残，右侧出土骨节约 1 件（图三四；图版七：下、一五：上）。

M36　封堆平面呈椭圆形，直径 7 ~ 8、高0.65 米。北部局部被河水冲切破坏。墓葬上层封土堆的外缘围铺以石圈，石圈铺石规整，平面近圆形，直径 7.5 米，石圈的宽窄大体一致，最宽处 1 米余。下层封堆上铺卵石，平面近圆形，直径 3.75、高 0.5 米。墓室口开在下层封堆的中部，平面呈窄长方形，两端弧圆，长 1.75、宽 0.45 米，墓深 0.82 米。竖穴墓道中填土、石。偏室开口在墓室的北壁，进深 0.35 米，偏室内葬 1 人，头西脚东，仰身直肢。死者手指骨不全，脚趾骨只有跗骨。男性，35～40 岁。肩部右上部放置陶鼓腹壶，壶口上盖一石片（图三五；图版七：上；彩版二：下）。

M44　封堆平面呈圆形，直径 8.3、高 0.7 米。墓葬上层封土堆的外缘围铺以石圈，石圈铺石规整，平面近圆形，直径 7.5 米，石圈的宽窄一致，宽约 1.4 米。下层封堆上铺卵石，平面近椭圆形，直径 3～3.7、高 0.3 米。墓室口开在下层封堆的中部，平面为长方形，两端弧圆，长 2.5、宽 0.9 米，墓深 2.2 米。竖穴墓道中填土、石，墓坑上部填以卵石，下部填以块石。偏室开在墓室的北壁，进深 0.51 米，偏室另一侧留生土二层台，二层台宽 0.5、高 0.6 米。偏室内葬 1 人，头西脚东，仰身直肢，死者左手屈至盆骨处。身体高大，骨骼长约 2 米。男性，30～35 岁。死者头上侧放置彩陶单耳罐 1 件（图三六）。

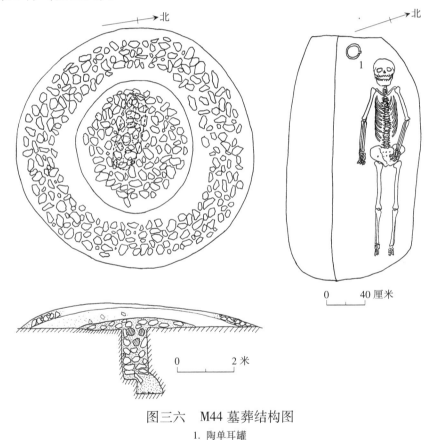

图三六　M44 墓葬结构图
1. 陶单耳罐

M48　封堆平面呈圆形，直径 6、高 0.45 米。墓葬上层封土堆的外缘围铺以石圈，平面呈圆形，直径 5.5 米，石圈的宽窄大体一致，最宽处 1 米余。下层封堆上铺卵石，平面近椭圆形，最大径 2.6、高 0.4 米。墓室口开在下层封堆的中部，平面呈圆角长方形，长 0.88、宽 0.31 米，墓深 1.52 米。竖穴墓道中填大小均匀的卵石、土。偏室开在墓室的北壁，进深 0.3 米。偏室另一侧留生土二层台。偏室内葬 1 人，头西脚东，仰身直肢。左脚趾骨无，右脚只有一骨，手指骨不全。儿童，性别不明。无随葬品（图版六：上）。

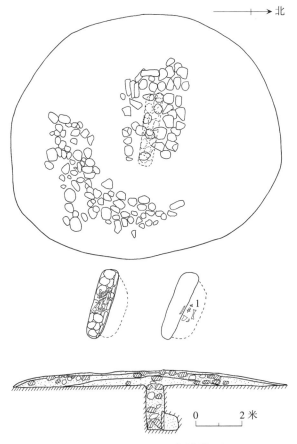

图三七 M50 墓葬结构图
1. 皮条（残）

M50 封堆平面呈椭圆形，直径 10.5～11.5、高 0.7 米。墓葬上层封土堆的外缘围铺以石圈，围成石圈的卵石零散，仅封堆东南有一段略为弧形的石圈，长 7、宽 2.5 米。下层封堆上铺卵石，零乱，封堆高 0.4 米。墓室口开在下层封堆的中部，平面呈窄长方形，两端弧圆，长 3.2、宽 0.75 米，墓深 2 米。竖穴墓道中填土、卵石。偏室开在墓室的北壁，进深 0.61 米，偏室口用一排规整的板石封堵。偏室内葬二次葬者，无头骨，部分肢骨、肋骨、椎骨置于竖穴墓坑的底部，少量肢骨、骶骨和腰椎在偏室内。偏室内的人骨大体依生理位置排列。男性，35 岁左右。墓底有一节残的皮条（图三七；图版一七：中）。

M55 封堆平面呈椭圆形，最大径 8.5、高 0.65 米。墓葬上层封土堆的外缘围铺以石圈，石圈的西部残缺，平面近圆形，直径 6 米，石圈的宽窄一致，最宽处 0.7 米余。下层封堆上铺卵石，平面近圆形，直径 3.5、高 0.5 米。墓室口开在下层封堆的中部，平面呈长条形，两端弧圆，长 2.5、宽 0.7 米，墓深 1 米。竖穴墓道中填土、卵石。偏室开在墓室的北壁，进深 0.41 米，偏室另一侧留生土二层台，二层台宽 0.4、高 0.1 米。偏室内葬 1 人，头西脚东，仰身直肢，下肢略屈。女性，25～30 岁。死者头骨上侧置平底陶盆 1 件（图三八；图版一〇：下；彩版六：下）。

Dd 型 多室墓。

M13 封堆平面近圆形，直径约 8 米、高 0.55 米。封土堆边缘铺石圈，石圈围铺十分规整，石圈呈圆环状，直径约 7 米，石圈的宽度一致，宽 0.4 米，用均匀的小卵石铺围而成。封堆中部下有双墓室，双墓室口的封土堆上铺石，封堆呈椭圆形，封堆上的铺石也很规整，椭圆形的边缘铺石较整齐，中间卵石大小相同，两封堆上的铺石连接在一起，平面呈横"8"字形。墓室口开在封堆下的中部，均为竖穴偏室墓。A 墓室在北部，平面呈东西狭长的长方形，两端弧圆，长 1.6、宽 0.45 米，墓深 0.96 米。竖穴墓道内填土、石。上部填以卵石，下部填以块石。偏室开在墓室的北壁，进深 0.2 米，与偏室相对一侧留生土二层台，二层台宽 0.1、高 0.25 米。墓内葬 1 人，靠偏室北壁，仰身直肢，头西脚东。死者右手指骨不全。性别不详，11～14 岁。死者头骨右上侧随葬木盆（朽）、铁刀（残）各 1 件，颈部随葬石项珠。B 墓室在南部，墓室较小，墓室口平面近长方形，长 1.2、宽 0.25 米，墓深 0.85 米。竖穴墓道内填土、石。上部填以卵石，下部填以块石。偏室开在墓室的北壁，进深 0.2 米，与偏室相对一侧留生土二层台，二层台宽 0.1、高 0.15 米。墓内葬 1 人，靠偏室北壁，仰身直肢，头西脚东。死者手指骨不全。性别不详，6～7 岁。死者头骨右上侧随葬木盆、木杯（均朽）各 1

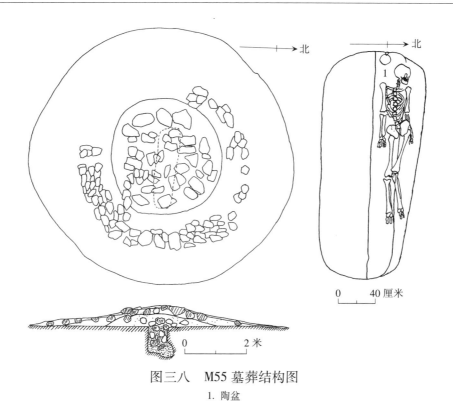

图三八　M55 墓葬结构图
1. 陶盆

件，木器之间有铁刀（残）1 件（图三九；图版九：上、一七：下、一九；彩版五：上、彩版一一：下）。

M15　封堆平面近椭圆形，直径 7 ~ 7.5、高 0.5 米。封土堆边缘铺石圈，仅存南部一段，长约 7.5 米，石圈圈宽约 1.4 米。封堆中部下双墓室，编号 A、B 墓室，均为竖穴偏室墓。A 室在北部，墓室口土封堆上用卵石围铺石圈，石圈近椭圆形，直径 2 ~ 2.5 米，墓室口平面呈狭长方形，两端弧圆，长 1.65、宽 0.6 米，墓深 1 米。竖穴墓道内填土、石。上部填以卵石，下部填以块石。偏室开在墓室的北壁，进深 0.2 米，与偏室相对一侧留生土二层台，二层台宽 0.15、高 0.2 米。墓内葬 1 人，靠偏室北壁，仰身直肢，头西脚东。死者左趾骨不全。女性，40 岁以上。死者头骨右上侧随葬彩陶罐（残）1 件、彩陶钵 1 件、木盆（朽）1 件、铁刀（残）1 件及一羊骶骨。B 室在 A 室南部，与 A 室平行排列，墓室口封土堆上铺石，铺石近圆形，直径约 2 米。墓室口狭长，东西长 2.5、宽 0.5 米，墓深 0.9 米。竖穴墓道内填土、石，上部填以卵石，下部填以块石。偏室开在墓室的北壁，进深 0.3 米，与偏室相对一侧留生土二层台，二层台宽 0.1、高 0.25 米。墓内葬 1 人，靠偏室北壁，仰身直肢，头西脚东。死者右指骨无，左手压在盆骨下，死者头骨上有人工穿孔现象。男性，20 ~ 25 岁。死者头骨右上侧随葬陶单耳杯 1 件、木盆 1 件、小木器 1 件（均朽）、铁刀（残）1 件（图四〇；图版一一：上、二〇；彩版七：上）。

M16　封堆平面近椭圆形，直径 4.8 ~ 5.6、高 0.65 米。封土堆边缘铺石圈，被破坏。封堆中部下双墓室，编号 A、B 墓室，均为竖穴偏室墓。A 室在北部，墓室口封土堆上用卵石围铺石圈，石圈近椭圆形，直径约 3.5 米，墓室口平面呈东西狭长的长方形，两端弧圆，长 2.35、宽 0.6 米，墓深 1.75 米。竖穴墓道内填土、石，上部填以卵石，下部填以块石。偏室开在墓室的北壁，进深 0.45

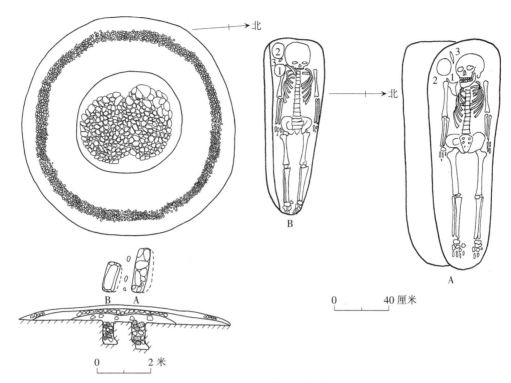

图三九　M13 墓葬结构图

A：1. 石项珠　2. 木盆　3. 铁刀（残）；B：1. 木盆　2. 木杯　3. 铁刀（残）（木器均朽）

米，与偏室相对一侧留生土二层台，二层台宽 0.15、高 0.5 米。墓内葬 1 人，靠偏室北壁，仰身直肢，头西脚东。男性，20～25 岁。死者的头骨右上侧随葬陶罐 1 件、陶无耳罐 1 件和一羊骶骨。B 室在 A 室南部，与 A 室平行排列，墓室口封土堆上铺石，铺石近圆形，直径约 2 米。墓室口狭长，长 2.1、宽 0.55 米，墓深 1.25 米，竖穴墓道内填土、石，上部填以卵石，下部填以块石。偏室开在墓室的北壁，进深 0.25 米，与偏室相对一侧留生土二层台，二层台宽 0.2、高 0.2 米。墓内葬 1 人，靠偏室的北壁，仰身直肢，头西脚东。双手压在盆骨下。女性，40 岁以上。死者右上侧随葬木盆 1 件、小木杯（朽）1 件、铁剑（残）1 件和一羊骶骨（图四一；图版二一）。

　　M31　封堆平面近椭圆形，封堆北部被河水冲切破坏。残封堆直径约 7、高 0.65 米。外层封土堆边缘围铺石圈，石圈围铺规整，石圈圈宽大体一致，宽约 1 米。封堆上铺石近椭圆形，残，长径残长 3.7、短径 2.25、高 0.3 米。封堆中部下有双墓室，编号 A、B 墓室，均为竖穴石棺墓。A 室在北部，墓室口平面近梯形，长 2.5、东端宽 1 米、西端宽 1.15 米，墓深 1 米。墓道内填土、石。墓坑底部用长板石围成石棺，石棺呈长方形，长 2.2、宽 0.65 米，深 0.4 米。石棺内葬 1 人，仰身直肢，头西脚东。手指骨无，脚趾骨不全。男性，30～35 岁。死者头骨南侧，围成石棺的长石板下压有铁刀（残）1 件、羊骶骨 1 件。B 室在 A 室的南侧，与 A 室平行排列。墓室口平面近长方形，两端圆弧，长 2.1、宽 0.75 米，深 0.8 米。墓道内填土、石。墓坑底部用长板石围成石棺，石棺呈长方形，长 1.9、宽 0.75 米，深 0.42 米。石棺内葬 1 人，仰身直肢，头西脚东。左手缺小臂骨，右手屈至盆骨处。无指骨。男性，40 岁以上。墓底见骨饰 1 件（图四二；图版八：下、三四）。

　　M45　封堆平面近圆形，直径约 9.5、0.75 米。外层封土堆边缘铺石圈，石圈围铺较为规整，石

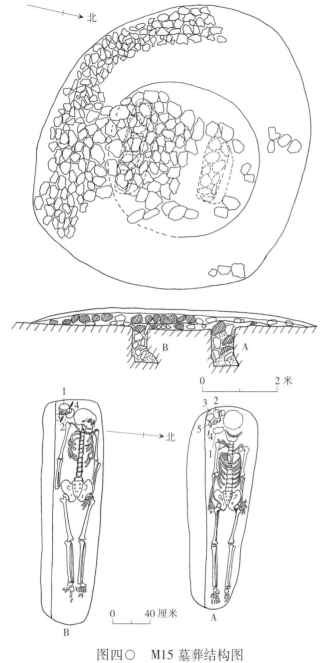

图四〇　M15 墓葬结构图

A：1. 陶钵　2. 陶罐　3. 木盆　4. 铁刀（残）　5. 羊骶骨；

B：1. 陶单耳杯　2. 木盆　3. 小木器（不辨器形）

4. 铁刀（残）（木器均朽）

圈圈宽大体一致，最宽处 2.5 米。下层封堆下有双墓室，编号为 A、B 墓室。A 室在北部，墓室口封土堆上用卵石围成椭圆形石圈，石圈用单排卵石围铺而成，平面呈椭圆形，长径 3.4、短径 3.2 米，石围上铺石，铺石平面呈椭圆形，长径长 3、短径 2.1、高 0.5 米。墓室为竖穴偏室墓，墓室平面呈东西狭长的长方形，两端圆弧，长 2.6、宽 0.5 米，墓深 1.1 米。竖穴墓道内填土、石，上部填以卵石，下部填以块石。偏室开在墓室的北壁，进深 0.3 米，与偏室相对一侧留生土二层台，二层台宽 0.15、高 0.2 米。墓内葬 1 人，靠偏室北壁，仰身直肢，头西脚东，左手指骨不全。男性，25 岁左右。死者头骨上部右侧放置 4 件随葬品，陶无耳罐 1 件、铁器（残）1 件、平底木盆（朽）1 件、羊骶骨 1 件。B 室在南部，墓室口封土堆上用单排卵石围铺而成椭圆形石围圈，长径 3.15、短径 2.4、高 0.3 米。石围圈上铺石，平面呈椭圆形，长径 2.7、短径 2 米。墓室为竖穴偏室墓，墓室平面呈东西狭长的长方形，两端弧圆，长 1.95、宽 0.45 米，墓深 1 米。竖穴墓道内填土、石。上部填以卵石，小的石块，下部填以块石。偏室开在墓室的北壁，进深 0.3 米，与偏室相对一侧留生土二层台，二层台宽 0.25、高 0.15 米。墓内葬 1 人，靠偏室北壁，仰身直肢，头西脚东，双手压在盆骨下。男性，20～25 岁。头骨上右侧放置 3 件随葬品，陶单耳杯（残）1 件、小铁器（朽）1 件、羊骶骨 1 件，在死者盆骨一侧放

骨节约 1 件（图四三；图版四、二六：下；彩版四）。

　　M46　封堆平面近圆形，直径约 10 米、封堆高 0.75 米。外层封土堆边缘铺石圈，石圈围铺较为规整，石圈圈宽大体一致，最宽处 1.5 米。下层封堆下有双墓室，编号为 A、B 墓室。A 室在北部，墓室口封土堆上用卵石围椭圆形石圈，石圈用单排卵石围铺而成，平面呈椭圆形，长径 3.5、短径 3 米，石围上铺石，铺石平面呈椭圆形，长径 3.3、短径 3、高 0.5 米。墓室为竖穴偏室墓，墓室平面呈东西狭长的长方形，两端弧圆，长 2.2、宽 0.7 米，墓深 1.45 米。竖穴墓道内填土、石。上部填以

卵石，下部填以块石。偏室开在墓室的北壁，进深0.3米，与偏室相对一侧留生土二层台，二层台宽0.2、高0.2米。墓内葬1人，靠偏室北壁，仰身直肢，头西脚东。男性，30～35岁。死者头骨上部右侧放置陶单耳杯1件、小铁刀1件，死者腰部放小骨器1件、双腿间放一羊距骨。B墓室在南部，墓室口封土堆上用单排卵石围铺而成椭圆形石围圈，石围圈的北边与A室石围圈的南边交错在一起，平面呈椭圆形，长径4.15、短径2.5、高0.3米。石围圈上铺石，围成石圈，呈椭圆形，长径4、南北短径1.5米。墓室为竖穴偏室墓，墓室平面呈东西狭长的长方形，两端弧圆，长2.3、宽0.75米，墓深1.35米。竖穴墓道内填土、石，上部填以卵石，下部填以块石。偏室开在墓室的北壁，进深0.2米，与偏室相对一侧留生土二层台，二层台宽0.3、高0.15米。墓内葬1人，靠偏室北壁，仰身直肢，头西脚东。手指骨不全，右手指骨只存一节指骨，脚趾骨不全。男性，16～18岁。头骨右上侧放置陶无耳罐1件、陶单耳杯1件，盆骨右侧放小骨器（杓）1件，左股骨外侧放砺石1件，小腿骨的右侧出土骨镞2件（图四四；图版三：下、二三）。

M56　封堆平面近圆形，直径约19.5、高0.85米。外层封土堆边缘铺石圈，石圈围铺较为规整，石圈圈宽大体一致，最宽处1.5米。下层封堆下有双墓室，编号为A室和B室。A室在北部，墓室口封土堆上铺以卵石，平面呈椭圆形，长径3.25、短径1.5、高0.7米。墓室为竖穴偏室墓，墓室平面呈东西狭

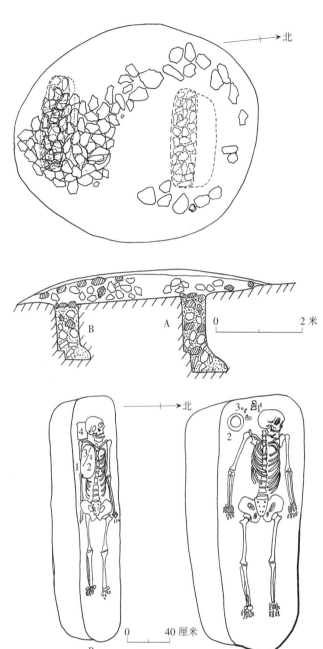

图四一　M16墓葬结构图
A：1. 陶罐（残）　2. 陶无耳罐　3. 羊骶骨；B：1. 木盆
2. 铁剑（残）　3. 羊骶骨　4. 木杯（？）（木器均杓）

的长方形，两端弧圆，长2.2、宽0.6米，墓深1.2米。竖穴墓道内填土、石，上部填以卵石，下部填以块石。偏室开在墓室的北壁，进深0.3米，与偏室相对一侧留生土二层台，二层台宽0.4、高0.2米。墓内葬1人，靠偏室北壁，仰身直肢，头西北脚东南。左手骨压在盆骨下。女性，25～30岁。头骨上侧放置陶钵1件、陶罐（残）1件。B室在南部，与A室平行排列，墓室口封土堆上用单排卵石围铺成三角石围圈，长2.5、宽1.5、高0.7米。墓室为竖穴偏室墓，墓室平面呈东西狭

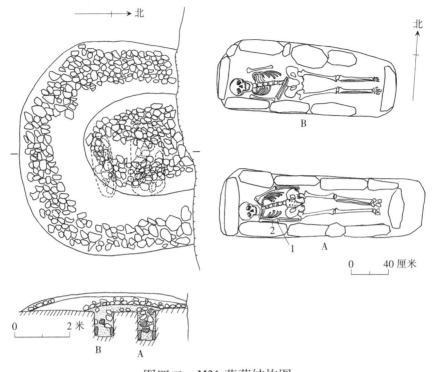

图四二　M31 墓葬结构图

A：1. 铁刀（残）　　2. 羊骶骨；B：1. 骨饰（杓）

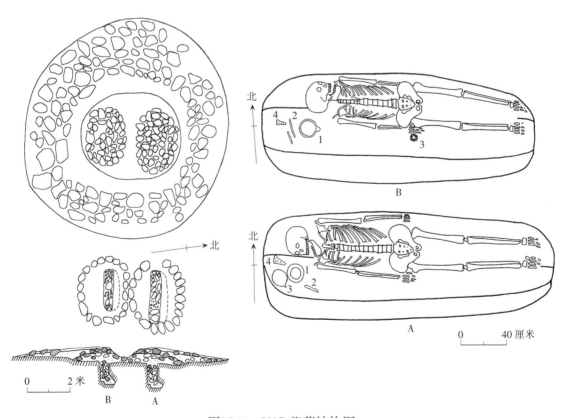

图四三　M45 墓葬结构图

A：1. 陶无耳罐　2. 铁器（残）　3. 木盆（杓）　4. 羊骶骨；B：1. 陶单耳杯（残）　2. 铁器（残）　3. 骨节约　4. 羊骶骨

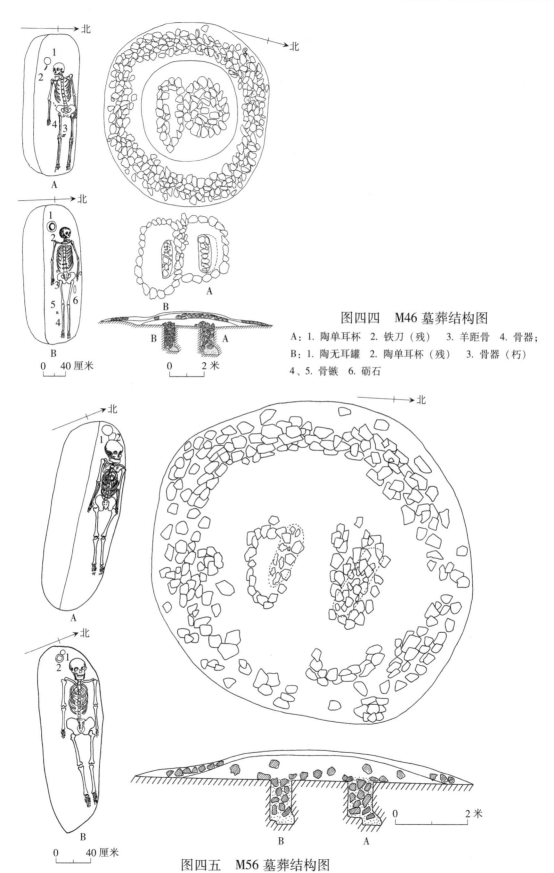

图四四　M46 墓葬结构图

A：1. 陶单耳杯　2. 铁刀（残）　　3. 羊距骨　4. 骨器；

B：1. 陶无耳罐　2. 陶单耳杯（残）　　3. 骨器（朽）

4、5. 骨镞　6. 砺石

图四五　M56 墓葬结构图

A：1. 陶钵　2. 陶罐（残）；B：1. 陶无耳罐　2. 陶钵

长的长方形，两端弧圆，长 1.9、宽 0.65 米，墓深 1.25 米。竖穴墓道内填土、石，上部填以卵石和小的石块，下部填以块石。偏室开在墓室的北壁，进深 0.15 米，与偏室相对一侧留生土二层台，二层台宽 0.23、高 0.1 米。墓内葬 1 人，靠偏室北壁，仰身直肢，头西北脚东南。手指骨和脚趾骨不全。男性，30~35 岁。死者头骨上部右侧放置陶无耳罐 1 件、陶钵 1 件（图四五；图版二五：下；彩版一二：下、一三：上）。

第三节　祭祀坛

一　一号祭祀坛

位于墓地东端临河的台地上，这里是喀什河穿越天山峡谷向西南开阔地带转折的地方。祭祀坛在地表由石堆堆成，外观为圆形石堆，中部平坦。石堆平面近圆形，直径约 12 米，上下 3 层石头，高 0.8 米。圆形石堆的外边缘，用 4~5 排卵石围铺成规整的石环圈，卵石从河床中挑选，大小基本一致，长多约 50 厘米。祭祀坛中部填以块状砾石，这些砾石大小差别不大；长多约 40 厘米，中间形成用砾石堆成的"圆心"，"圆心"略高于周边用卵石围成的石圈。周围无其他遗迹现象（图四六；图版三：上；彩版二：上）。

二　二号祭祀坛

位于墓地西部，临喀什河。外观为圆形土石堆，直径约 14、高 0.6 米。土石堆由黄土和小石块组成。石块均是用河卵石打碎而成，大小数厘米。祭坛堆土中出土 1 件彩陶无耳壶、1 件缸形陶罐。周围无其他遗迹现象（图四七）。

第四节　出土器物

穷科克一号墓地发掘 55 座墓葬中，44 座有随葬品，11 座无随葬品。44 座墓中出土随葬品 100 余件，每座平均随葬品 2~3 件。随葬品中常见的是陶器、木器、铁器和羊骶骨。另外还有石器、骨器、玛瑙珠等。墓地只出土了 1 件铜器。

一　陶　器

陶器共出土 40 余件。陶质均为夹砂红陶，手制，大多数陶器，器壁厚薄均匀，器体表面光滑平

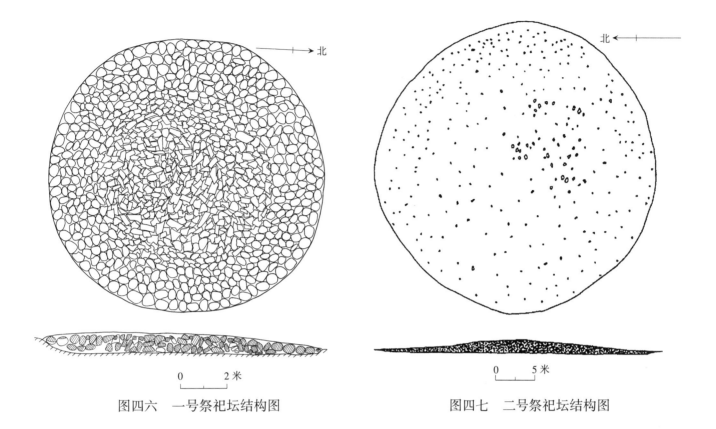

图四六　一号祭祀坛结构图　　　　　　　　图四七　二号祭祀坛结构图

整，器胎坚硬。器形基本为圜底器，少量平底器，个别有小圈足，大部分为无耳器，其次为单耳器，未见双耳器。出土1件带管流的陶器。器类常见的有杯、罐、钵、壶、盆等。墓地基本不见素面陶器，大部分陶器器表涂红色陶衣。有14件彩陶，器表绘有图案。从一些彩陶的绘制情况看，大部分彩陶是在绘彩之前，先在器表施一层陶衣，陶衣为白色或浅黄色。彩陶图案风格一致，均为直线几何纹。构成图案的母体纹样十分简单，以三角纹为主，三角纹有实体三角、平行线三角、棋盘格三角等，母体纹样还有网纹、平行线纹、折线纹。用母体纹样构成的图案表现了很强的一致性，一般是用不同的三角纹母体，成排布列，常见的是上下间错排列。墓地彩陶有局部图案和通体图案，局部图案大多是一组独立画面。通体图案的布局则是上下两组独立图案的重复，其余部分为大面积的网格纹。

（一）罐

有无耳罐、单耳罐、管流罐、圈足罐、折沿罐及缸形罐。

1. 无耳罐，10余件。分圜底罐、平底无耳罐和鼓腹罐三型。

A型　8件。圜底罐。直口，束颈，鼓腹，圜底。有通体彩和局部彩，图案以直线几何构图，局部彩图案分布在颈肩部，以上下交错的三角纹为母体，多为二方连续构图。三角纹中填以菱格、网状格或平行线。通体彩较少，一般分区布列图案，常见的是在口沿下绘一组带状彩，然后在腹部大面积布彩；还有一些彩陶，口沿下绘一周细带状彩，颈部绘一周带状彩，肩部绘一周带状彩，腹部大面积施彩。还有通体涂红衣或通体网纹的陶器。依颈部的高矮，分4式。

Ⅰ式　颈部较高，器体较瘦高。

　　M40∶1，夹砂红陶，手制。敞口，束颈，鼓腹，圜底。通体彩，彩分五区，每区间用平行线分开。口沿下一区，为上下交错的三角纹，上部为实体的倒三角，下为网状三角；颈部二区为一周网格纹；肩部一区为一周倒三角纹，上腹部一区为一周网纹；底部一区平涂红彩。口径8.8、最大腹径11.2、高16.8厘米（图四八∶1；图版三九∶4；彩版一六∶1）。

　　Ⅱ式　颈部略高。

　　M7∶1，夹砂红陶，手制。圆唇，敞口，束颈，溜肩，鼓腹，圜底。口沿内壁及腹部表面施红色彩，口沿外壁至颈部施白色陶衣，口沿至颈部依次饰上下交错的平行线三角纹、弦纹。口径8.8、最大腹径11.6、高15.2厘米（图四八∶2；图版三九∶2；彩版一六∶3）。

　　M46B∶1，夹砂红陶，手制。敞口，束颈，溜肩，鼓腹，圜底。通体彩，口沿下为粗细不等的平行短线，器体彩绘分二区，之间用平行线分开。颈部一区，为上下交错的三角纹，上部为倒平行线三角，下部为正的菱格三角；腹部一区，构图与颈部同。口径10.8、最大腹径14.4、高19.4厘米（图四八∶3；图版三九∶3；彩版一五∶2）。

　　M45A∶1，夹砂红陶，手制。敞口，束颈，溜肩，鼓腹，圜底。通身饰网格纹饰。口径8.4、最大腹径14.4、高17.2厘米（图四八∶4；图版四〇∶1）。

　　Ⅲ式　颈较短，器体矮胖。

　　M16A∶2。夹砂红陶，手制。敞口，方唇，束颈，鼓腹，圜底。局部彩，颈肩部绘上下交错的三角纹，上部为倒菱格三角，下部为网状三角，图案上下边缘绘以平行的线框。口径9.2、最大腹径13.2、高14厘米（图四九∶1；图版三九∶1；彩版一五∶1）。

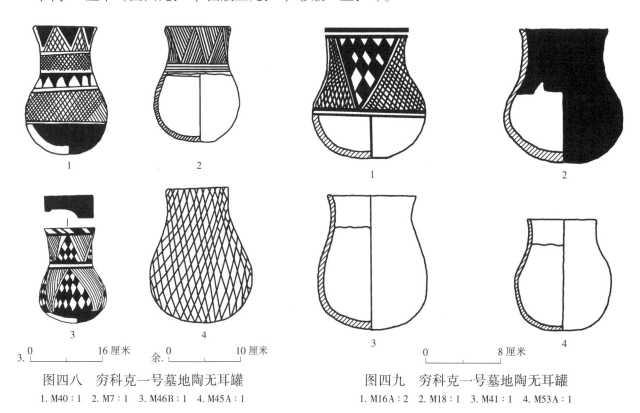

图四八　穷科克一号墓地陶无耳罐　　　　　图四九　穷科克一号墓地陶无耳罐
1. M40∶1　2. M7∶1　3. M46B∶1　4. M45A∶1　　　1. M16A∶2　2. M18∶1　3. M41∶1　4. M53A∶1

M18：1，夹砂红陶，手制。敞口，方唇，束颈，溜肩，鼓腹，圜底。器表及口沿内壁中上部施红色陶衣。器身残损。口径9.2、最大腹径12.2、高13.4厘米（图四九：2；图版四〇：4）。

M41：1，夹砂红陶，手制。敞口，方唇，束颈，溜肩，鼓腹，圜底。器表及口沿内壁施红色陶衣。口沿微残。口径10.2、最大腹径12、高15厘米（图四九：3；图版四〇：2）。

Ⅳ式，短领，器腹较直，陶器制作粗糙。

M53A：1 夹砂红陶，手制。敞口，圆唇，鼓腹，圜底。器表及口沿内壁施红色陶衣。口沿微残。口径6.2、最大腹径10.6、高11.6厘米（图四九：4；图版四〇：3）。

B型　1件。平底无耳罐。

M56B：1，夹砂红陶，手制。敞口，方唇，高领，束颈，溜肩，鼓腹，平底。器表及口沿内壁施红色陶衣。口沿残损。口径7.6、最大腹径9.8、高13.4厘米（图五〇：1；图版四一：4）。

C型　1件。鼓腹罐。

M53A：2，夹砂红陶，手制。敞口，圆唇，束颈，圆鼓腹，平圜底。口径8.2、最大腹径14、高14.1厘米（图五〇：2）。

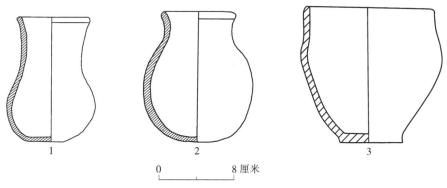

0　　　　8厘米

图五〇　穷科克一号墓地陶无耳罐、陶缸形罐
1. M56B：1　2. M53A：2　3. 二号祭祀坛：2

2. 单耳罐，1件。

M44：1，夹砂红陶，手制。敞口，高领，束颈，溜肩，鼓腹，圜底，腹耳。通体彩，图案分二区布局，区间用平行线隔开。口沿下绘平行线，高领部一周绘交错三角，上为平行线三角，下为菱格纹三角。腹部图案和领部图案基本相同，为上下交错的三角，上部为平行折线三角，下部为菱格纹三角。耳部饰梯状纹。口径11.2、最大腹径16.4、高26厘米（图五一：1；彩版一四）。

3. 管流罐，1件。

M39：2，夹砂红陶，手制。敞口，方唇内斜，鼓腹，圜底，管形流，流口朝天。腹部有耳，残损。侧面和底部有烟炱痕迹。口径12.4、高13.2厘米（图五六：5；图版四四：3）。

4. 圈足罐，1件。

M6：1，夹砂红陶，手制。敞口，圆唇，束颈，溜肩，鼓腹，圈足。器表及口沿内壁施红色陶衣。口沿残损。口径9、最大腹径10.4、高16厘米，足高0.8厘米（图五二：1；图版四一：3）。

5. 折沿罐，1件。

M34A：1，敞口，微折沿，圆唇，鼓腹，小平底。器表及口沿内壁施红色陶衣。口沿残损。口径

17、高8.4厘米（图五七：1）。

6. 缸形罐，1件。

二号祭祀坛：2，灰砂灰陶，手制。直口，方唇，肩微折，下腹微收，平底较厚。口径8.9、高14.6厘米（图五〇：3）。

图五一　穷科克一号墓地陶单耳罐、陶壶
1. M44：1　2. 二号祭祀坛：1

（二）壶

有鼓腹壶和仿皮囊壶两类。

1. 鼓腹壶，因腹鼓情况不同分高腹壶、鼓腹壶两型。

A 型　1件。高腹壶，器形较大。

二号祭祀坛：1，二号祭祀坛的堆积中出土的残陶片，经修复后，为1件基本完整的陶器。口沿残，小口，溜肩，鼓腹，平底。颈肩一周附加凸弦纹，上压印纹。图案分二区，中间用附加弦纹分开。口沿至颈部绘一周交错三角纹图案，上为菱格三角，下为网状三角。肩腹部图案同领部。口径12、腹径22、高30厘米（图五一：2；彩版一八）。

B 型　4件。鼓腹壶。高领，鼓腹。部分彩陶。依底部形态分为3式。

Ⅰ式　口较大，领较高，腹较浅，近垂腹。

M36：1，夹砂红陶，手制。敞口，束颈，溜肩，鼓腹，圜底。口沿内壁及腹部表面施红色彩，口沿外壁至颈部施白色陶衣，由于器身上部残损，腹部以上纹饰模糊不清。腹部有折线纹、三角纹。最大腹径11.2、高14厘米（图五二：2；图版四二：3）。

Ⅱ式　领较高。

M5：1，夹砂红陶，手制。口沿形状不规则。敞口，方唇，束颈，溜肩，鼓腹，圜底。口沿内壁

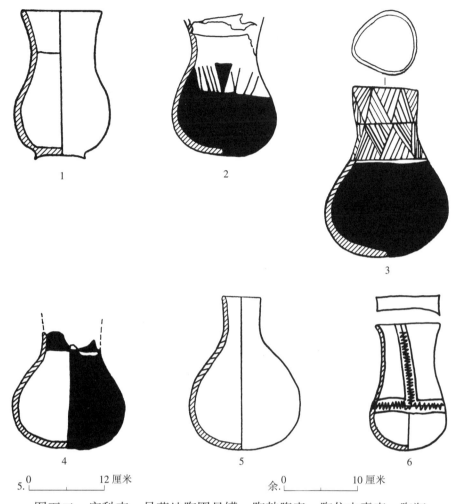

图五二　穷科克一号墓地陶圈足罐、陶鼓腹壶、陶仿皮囊壶、陶瓶

1. M6：1　2. M36：1　3. M5：1　4. M32：1　5. M40：2　6. M28：1

及腹部表面施红彩，口沿外壁至颈部施白色陶衣，白色陶衣上饰两层纹样，图案相同，均为上下交错的平行线三角纹。口径7.2、最大腹径13.6、高18厘米（图五二：3；图版四一：1；彩版一六：2）。

M5：5，夹砂红陶，手制。圆唇，敞口，长束颈，溜肩，垂腹，圜底。口径7.4、高13厘米（图版四二：2）。

Ⅲ式　领较矮，口较小。

M32：1，夹砂红陶，手制。敞口，方唇，束颈，溜肩，鼓腹，圜底，口沿残。器表及口沿内壁施红色陶衣。最大腹径12、残高12厘米（图五二：4；图版四二：1）。

2. 仿皮囊壶，1件。

M28：1，夹砂红陶，手制。敞口，方唇，束颈，鼓腹，圜底。器上腹和下腹有对称的仿皮囊缝线装饰，器表及口沿内壁施红色陶衣。口径7.2、最大腹径8.4、高13.6厘米（图五二：6）。

（三）瓶

小口，细颈，鼓腹，腹较高。1件。

M40：2，夹砂红陶，手制。敞口，口较小，束颈，溜肩，鼓腹下垂，圜底。口径6.4、最大腹径

18.4、高24.8厘米（图五二：5；图版四一：2）。

（四）杯

大口，平底或圜底，单耳。少量为彩陶。有单耳杯和腹较浅的勺杯，后者多用来舀盛食物，与现在勺子的功能一样，故名勺杯，两者之间没有严格的界限。

1. 单耳杯，依底的形状分为平底、圜底两型。

A 型　平底。分3式。

Ⅰ式　口略敛，器腹略鼓，平底，部分为彩陶。

M15B：1，夹砂红陶，手制。方唇，鼓腹，平底，腹耳。通身饰交错的平行三角纹。口径12、最大腹径15.6、底径7.5、高15.6厘米（图五三：1；彩版一七：2）。

M33：1，口残。腹径10.4、残高10.2厘米（图版四三：5）。

Ⅱ式　口略敛，腹微鼓。

M45B：1，夹砂红陶，手制。敞口，束颈，溜肩，鼓腹。口径8.4、最大腹径12.4、高11.2厘米（图五三：5；图版四四：4）。

Ⅲ式　器壁较高，较直，器物显得瘦高。

M46A：1，夹砂红陶，手制。微敛口，方唇，鼓腹，平底，腹耳残损。器表及口沿内壁施红色陶衣。侧面有烟炱痕迹。口径9.2、最大腹径11.6、高12厘米（图五三：3；图版四三：4）。

B 型　圜底。分3式。

Ⅰ式　鼓腹，器形矮胖。

M4：1，敛口。器腹上部绘上下交错的平行线三角纹，下腹纹样漫漶不清。口径8、高9厘米（图五三：6；彩版一七：1）。

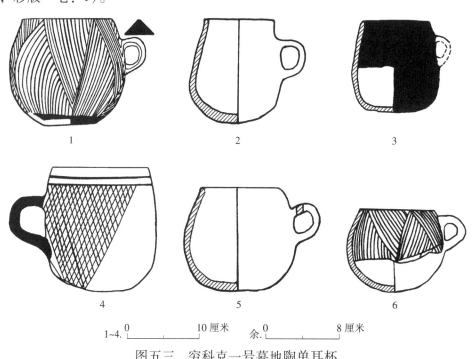

图五三　穷科克一号墓地陶单耳杯

1. M15B：1　2. M12：2　3. M46A：1　4. M11：1　5. M45B：1　6. M4：1

Ⅱ式　器腹较直，器体较高。

M11：1，夹砂红陶，手制。口微敛，方唇，鼓腹，圜底，腹部有宽带单耳，耳上有槽。口沿内壁及耳上饰红彩，口沿外壁饰弦纹，杯身半壁饰网格纹，另半壁纹饰漫漶不清。侧部有烟炱痕迹。口径13.2、最大腹径14.8、高16厘米（图五三：4；图版四三：3；彩版一七：4）。

Ⅲ式　口斜敛，器壁直，器体瘦高。

M12：2，夹砂红陶，手制。方唇，斜直腹，圜底，腹耳。全身施红色陶衣。口径10、最大腹径12.4、高14厘米（图五三：2；图版四四：5）。

M35：1，矮领，腹微鼓，陶杯圜底较平。通体饰网格纹。口径6.2、高8.5厘米（图版四二：4；彩版一七：3）。

2. 勺杯，器体较低矮，器沿微敛。依器腹分为3式。

Ⅰ式　器体较高。

M57：1，夹砂红陶，手制。敛口，鼓腹，圜底，腹耳。器表及口沿内壁施红色彩。口径10.2、最大腹径13.2、高9.6厘米（图五四：1）。

M8A：1，夹砂红陶，手制。敞口，方唇，鼓腹，圜底，腹耳。口径11.6、最大腹径13.2、高11.2厘米（图五四：2；图版四四：6）。

Ⅱ式　器体略矮胖。

M54：1，夹砂红陶，手制。敞口，口沿略上卷，方唇，鼓腹，圜底，腹耳。器表及口沿内壁施红色陶衣。器表有烟炱痕迹。口沿微残。口径11.2、最大腹径15.2、高12.2厘米（图五五：2；图版四四：1）。

M57：2，夹砂红陶，手制。微敛口，方唇内斜，鼓腹，圜底，腹耳。器表及口沿内壁施红色陶衣。口径11.6、最大腹径14、高10.2厘米（图五五：4；图版四四：2）。

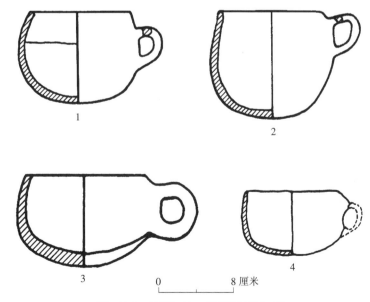

图五四　穷科克一号墓地陶勺杯

1. M57：1　2. M8A：1　3. M12：1　4. M10B：1

M49：1，夹砂红陶，手制。敞口，圆唇，鼓腹，圜底，宽带单耳。器表及口沿内壁施红色陶衣。底部有烟炱痕迹。口径10.6、最大腹径14.5、高12.6厘米（图五五：1；图版四三：2）。

Ⅲ式　器体低矮。

M12：1，夹砂红陶，手制。敛口，斜平唇，鼓腹，圜底，单耳。外部施不均匀的红褐色陶衣，内壁到底部施浅红彩。口径12.4、最大腹径16、高10厘米（图五四：3；图版四三：1）。

M10B：1，夹砂红陶，手制。敞口，方唇，鼓腹，圜底，腹耳残损。底部有烟炱痕迹。口径10.8、高6.8厘米。器形不规则，制作较粗糙（图五四：4；图版四三：6）。

（五）钵

大敛口，腹略鼓，圜底。部分为彩陶。依口部形状分圆口钵、方口钵和敛口钵三型。

A型　圆口钵。依腹部的高低分3式。

Ⅰ式　敛口，深腹，沿微外卷。

M56B：2，方唇，束颈，溜肩，鼓腹。器表及口沿内壁施红色陶衣。口沿残损。口径1.6、最大腹径1.8、高13.4厘米（图五八：2）。

Ⅱ式　腹较深。

M15A：1，敛口，鼓腹，方唇，圜底。口沿下饰一周交错的平行线三角纹。器底有随意涂的两道红彩。口径13、高8厘米（图五六：4；图版四五：4）。

M56A：1，敛口，鼓腹，圜底。腹上部饰网格纹，下部涂红色陶衣。口径15.5、高9.7厘米（图五六：3）。

Ⅲ式　腹较浅。

M34C：1，敞口，圆唇，鼓腹，圜底。器表及口沿内壁施红色陶衣。口沿残损。口径17、高8.4厘米（图五八：1）。

M33：2，敞口，方唇，圜底，口沿略残。口径11.2、高7.1厘米（图版四五：1）。

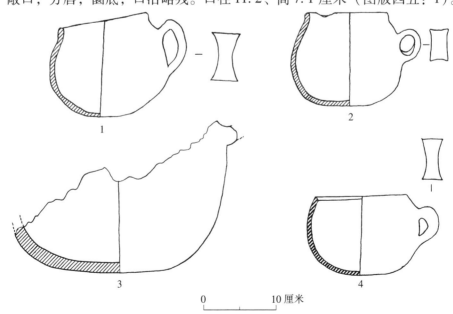

图五五　穷科克一号墓地陶勺杯、陶带耳盆
1. M49：1 2. M54：1 3. M30：1 4. M57：2

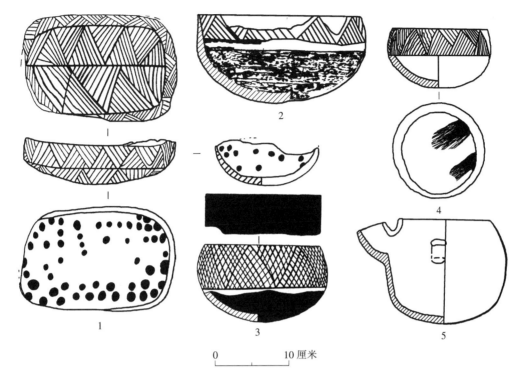

图五六 穷科克一号墓地陶钵、陶管流罐
1. M7：2 2. M9：1 3. M56A：1 4. M15A：1 5. M39：2

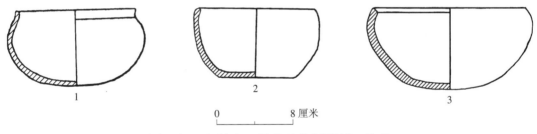

图五七 穷科克一号墓地陶折沿罐、陶盆
1. M34A：1 2. M55：1 3. M39：1

B 型 方口钵，1 件。

M7：2，口平面略呈方形，方唇，鼓腹，圜底。器表包括底部分区皆饰有交错三角平行线纹，器内壁有不规则圆点装饰。口沿残损。最大口径20.8、高5.6厘米（图五六：1；彩版一六：4）。

C 型 敛口钵。依据器腹的高低分为3 式 。

Ⅰ式，腹较深。

M53B：1，夹砂红陶，手制。方唇，微敛口，鼓腹，圜底。器形不规则，制作较粗糙。口径19、高9厘米（图五八：3；图版四五：5）。

Ⅱ式 深腹。

M57：3，微敛口，方唇内斜，鼓腹，圜底。器表及口沿内壁施红色陶衣。口径15.5、高10.1厘米（图五八：4；图版四五：6）。

Ⅲ式 器腹较浅，近直口，底平圜。

M9：1，敛口，微鼓腹，圜底。口沿下一周饰上下交错的平行线三角纹，下为两周平行线。底部涂红陶衣。口径24.4、高13.2厘米（图五六：2）。

（六）盆（碗）

口近直，器壁略直或微鼓，平底。依壁的深浅分2式。

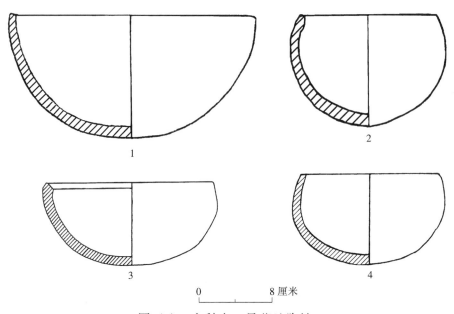

图五八　穷科克一号墓地陶钵
1. M34C：1　2. M56B：2　3. M53B：1　4. M57：3

Ⅰ式　腹较鼓，较浅。

M39：1，敛口，方唇，鼓腹，圜底。口沿残损。口径17.2、高8.8厘米（图五七：3；图版四五：3）。

Ⅱ式　腹近直，较深。

M55：1，微敛口，方唇，鼓腹，平底。器表及口沿内壁施红色陶衣。口径12.6、高7.2厘米（图五七：2；图版四五：2）。

（七）带耳盆

1件。M30：1，口残，一侧有残的单耳。残径30、残高18厘米（图五五：3）。

二　木　器

穷科克一号墓地多数墓葬中发现有木钵或木盆的印迹，能辨器形者13件，多为圆形口，少数为方形口。仅采集了一件完整的标本。其他严重残朽，未提取标本。

（一）盆

M8A：2，用一块木材削挖而成。口为椭圆形，浅腹，平底。带一柄和一小嘴流。长26、宽2.4、高6.6厘米（图五九：9）。

三 铁 器

穷科克一号墓地，大多数墓葬中见有铁器，仅15件铁器可辨器形，基本为小铁刀，另外有铁锥等。一般1墓中1件，个别墓中随葬2件铁器。铁刀和锥一般与羊骨放在一起，显然是用来食用羊肉的工具，有的放在陶钵、陶盆、木钵或盆中。保存情况很差，大部分只有残的铁渣。只有两件铁刀可基本复原。

（一）刀

2件。圆锥状，顶端呈圆球状。

M12：4，残长5.8厘米。M15B：4，残长8.2厘米（图五九：11、12；图版四六：5、6）。

四 铜 器

穷科克一号墓地仅出土铜刀2件，铸造。

M2：1，环首，直背凹刃，单面刃，柄扁平，刀柄的一面有凹槽。通长17.6、宽1.6厘米（图五九：8；图版四六：7）。

M25：2，出土于填土中，残，残长3.5厘米。

五 骨 器

穷科克一号墓地共出土骨器14件，大部分为骨镞，另有节约、骨饰等。

（一）骨镞

7枚，分3式。

Ⅰ式 2枚。三棱形，单翼，扁平铤。

M24：1，长5.3厘米。M46B：4，长5.8厘米（图五九：17、18）。

Ⅱ式 4枚。三棱形，双翼，扁平铤。

M46B：5，长5.9厘米（图五九：15）。

M52：1，4枚。长分别为6.1、6.9和残长4.2厘米（图五九：13、14、19）。

Ⅲ式 1枚。

M52：1，三棱形，无翼，带一倒刺，扁平铤。长7.2厘米。

（二）节约

4件。均用动物骨骼磨、钻而成。

M45B：3，圆柱状，一周对钻出4个圆孔。直径3.5、高1.6厘米（图五九：7）。

M35：2，圆柱状，中空，对钻出2个圆形孔。直径3.5、高1.8厘米（图五九：6；图版四七：4）。

M35：1，管状，中有孔，对铝口张。径2、高3厘米（图五九：22）。

M54：2，圆柱状，中空，一周对钻出4个圆形孔，残，留有一半。直径2.4、高2.1厘米（图版四七：1）。

（三）骨饰

3 件，系用动物小骨骼磨钻孔而成，形似喇叭。

M46A：3，圆台状，中有孔。径 1.8、高 1.3 厘米。

M46B：3，凸扣状。中间有孔。残，高 1.1 厘米（图五九：22）。

M30：3，六瓣花状，中间有圆形孔。长 3.2、孔径 1 厘米（图五九：2；图版四七：2）。

六　石　器

石器除 M2 封堆中出土有一件圆盘状研磨器外，还出土 2 件石砺石。

（一）砺石

2 件。以扁平的岩石磨制而成，为长条状，一端有对钻的孔。

M2：3，长 15.2、宽 4.2 厘米（图五九：4；图版四六：2）。

M46B：6，长 13.8、宽 3.8 厘米（图五九：5；图版四六：3）。

（二）圆盘状研磨器

M2：2，出土自封堆土中。圆形石块打制而成，一面加工成利于手握的圆台，另一面磨成凹面。直径 9.5、厚 5 厘米。

七　其　他

（一）项链

M13A：1，由 25 颗玛瑙和 1 颗料珠串成，串绳朽，玛瑙大多为圆形或棱柱状，料珠为圆形（图五九：23；图版四六：4）。

（二）皮条

M50：1，皮条。残长 15 厘米。

八　羊　骨

穷科克一号墓地大多墓葬出有羊骨。在骨骼前头骨一侧多放一羊骶骨，少数放一排羊肋骨。羊距骨在墓室中集中出土，可能有特殊用途。

（一）羊距骨

主要见于两座墓葬中。

M46A：3，M46A 墓室中出土 2 件。M52：1，M52 墓室中出土 19 件，集中堆放（图版四七：3、5）。

（二）羊骶骨

出有羊骶骨的墓葬有 M1、M4～M10、M12、M15、M16、M18、M26、M28、M30、M31、M33、M34、M37～M39、M41、M45。

（三）羊肋骨

只有 M53 一座墓出土。

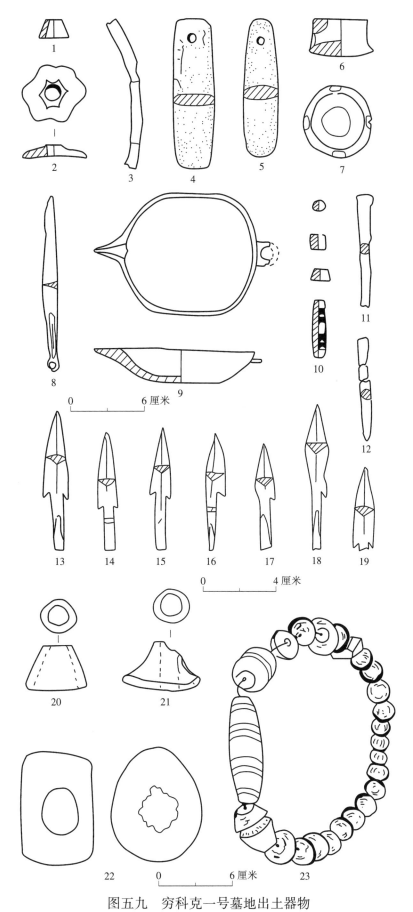

图五九　穷科克一号墓地出土器物

1、2. 骨饰（M46A：4、M30：3）　3. 皮条（残）（M50：3）　4、5. 砺石（M2：3、M46B：6）　6、7. 骨节约（M35：2、M45B：3）　8. 铜刀（M2：1）　9. 木盆（M8A：2）　10、23. 项珠（M13A：1）　11、12. 铁刀（M12：4、M15B：4）　13~19. 骨镞（M51：2-1、M51：2-2、M46B：5、M46B：4、M24：1、M52：2、M51：2-3）　20、21. 骨器（M46A：4、M46B：3）　22. 节约（M35：1）　23. 项链（M13A：1）

第三章 穷科克二号墓地

第一节 墓葬概述

穷科克二号墓地位于尼勒克县喀什河南岸一座山前的二级坡地上，西隔一条小沟是穷科克一号墓地，相距约500米，东和南为天山，东隔一条小沟为陡峭的山崖，北为水流急湍的喀什河。喀什河在这里出峡谷，进入穷科克相对宽阔的小谷地。墓葬分布在由山麓向北展开、南北延伸的坡状台地上，坡地向北被喀什河冲切成断崖。墓地所在坡地南高北低，坡度不大，这里分布有墓葬44座，发掘清理40座，另外，清理2座被严重盗扰的墓葬。墓地南部近山脚处的墓葬排列较为密集，大体成片状分布，这一区域分布墓葬32座。坡地向南，墓葬排列逐渐稀疏，一些墓葬大体呈南北向的链状排列。2座墓葬严重盗扰，另有8座墓葬位于墓葬密集排列区西部山腰处（图六〇）。

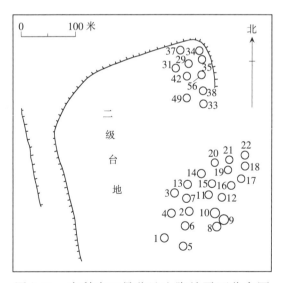

图六〇 穷科克二号墓地山脚处平面分布图

二号墓地墓葬分两大类，一类是地表有封堆的墓，另一类地表无封堆。地表有封堆的墓葬，部分存在一个封堆下有多个墓室的现象，即竖穴多室墓，多室墓南北排列。墓葬大多为一次葬，个别为二次葬。一次葬者仰身直肢，头多朝西；二次葬者骨骼不全，多只有残的肢骨，散置，少数墓室内的死者上半身缺头骨，有的则缺失趾骨或手指骨。墓室中一次葬者处于主要位置，二次葬者常被埋在墓室的一角或零散地置于墓室内。墓葬中随葬品贫乏，一般一座墓中 1~3 件，常见的有陶器、铁器、石器等。陶器等生活用具随葬在死者的头骨附近，装饰器和工具则放置在死者随身携带的位置。

第二节　墓葬记述

第一类　土石封堆墓

穷科克二号墓地墓葬主要为土石封堆墓。根据封堆结构情况，分为四型。

A 型　封堆铺石墓。根据墓室结构情况，分为竖穴石棺墓和多室墓两亚型。

Aa 型　竖穴石棺墓。这种墓葬，由原地表在生土上挖一竖穴土坑，沿坑壁下部用长石板、卵石修石棺。石棺一般无底，石棺口多用石板封盖。

M13　封堆平面呈圆形，不明显，直径约 5、高 0.2 米。墓葬封土堆上铺以零散的卵石。墓室口开在封堆下中部的原地表，墓室平面呈长方形，长 1.85、宽 1 米，墓深 0.8 米。墓室为竖穴土坑，墓坑中填土、石，墓坑底部以石块围成简易的石棺，石棺不规整，平面近长方形，长 1.8、宽 1、高 0.5米。石棺上盖板石。棺内葬 1 人，一次葬，仰身直肢，头西脚东，右小臂骨缺失，手指骨和脚趾骨无。幼儿。无随葬品（图六一）。

M16　封堆平面呈椭圆形，不明显，长径约 9、短径 8、高 0.2 米。墓葬封土堆上铺以零散的卵石，中部用小石头围成椭圆形石圈，长径 3.5、短径约 3 米。墓室口开在封堆下中部的原地表，

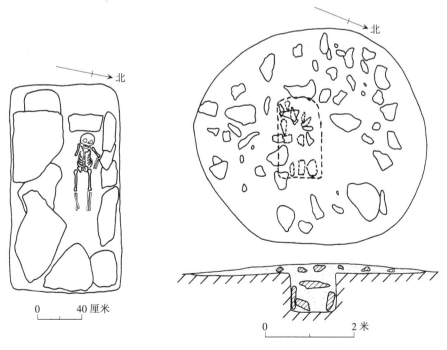

图六一　M13 墓葬结构图

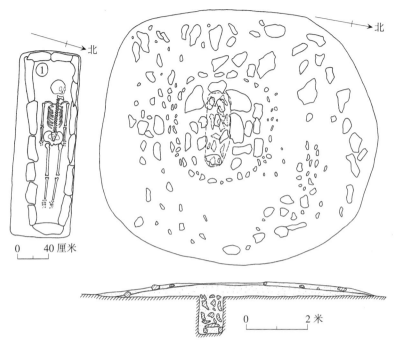

图六二　M16 墓葬结构图
1. 陶钵

墓室平面呈长方形，两端弧圆，东西长 2.4、宽 0.8 米，墓深 1.13 米。墓室为竖穴土坑，墓坑中填土、石，墓坑底部以石块围成石棺，石棺规整，平面近梯形，西宽东窄，东西长 2.3、西端宽 0.74、东端宽 0.5、高 0.2 米，石棺口用规整的板石封盖。棺内葬 1 人，一次葬，仰身直肢，头西脚东。女性，成年。死者头骨右上侧随葬陶钵 1 件（图六二；图版五三：上；彩版二七：下）。

　　M29　封堆平面呈圆形，规模较小，不明显，直径约 3.8、高 0.3 米。墓葬封土堆上铺以零散的卵石。墓室口开在封堆下中部的原地表，墓室平面呈长方形，两端弧圆，东西长 2.5、宽 1.1 米，墓深 1.1 米。墓室为竖穴土坑，墓坑中填土、石，墓坑底部用 1 层石块围成石棺，石棺规整，平面呈长方形，西端未封堵，东西长 2.3、宽 1.1、高 0.25 米，石棺口用石块封盖。棺内葬 1 人，一次葬，仰身直肢，头西脚东。死者盆骨以上扰乱，只有少量零乱的肢骨、肋骨和几节椎骨，无头骨。盆骨以下完整。男性，成年。墓室西壁下放置 2 件铁刀（残）（图六三；彩版二四：上）。

　　M32　封堆平面呈椭圆形，规模较小，不明显，长径 3.3、短径 2.23、高 0.3 米。墓葬封土堆上铺以零散的卵石。墓室口开在封堆下中部的原地表，墓室平面呈长方形，东西长 1、宽 0.6 米，墓深 0.5 米。墓室为竖穴土坑，墓坑中填土、石，墓坑底部用 1 或 2 层石块围成石棺，石棺为长方形，东西长 0.9、宽 0.5、高 0.2 米，石棺口用石块封盖。棺内葬 1 人，仰身直肢，头西脚东。为一婴儿朽骨。填土中有陶勺杯 1 件（图六四；图版五七：上右）。

　　M36　封堆平面呈圆形，规模较小，不明显，直径 2.8、高 0.1 米。墓葬封土堆上铺零乱的块石。墓室口开在封堆下中部的原地表，墓室平面呈长方形，东西长 2.1、宽 1 米，墓深 1.25 米，

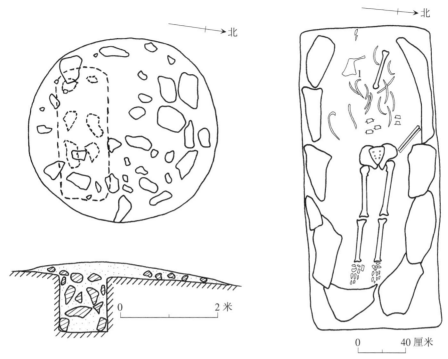

图六三　M29 墓葬结构图

1. 铁刀

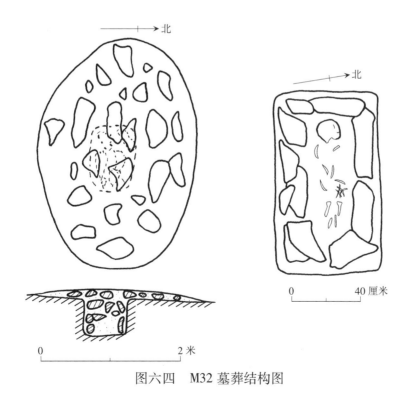

图六四　M32 墓葬结构图

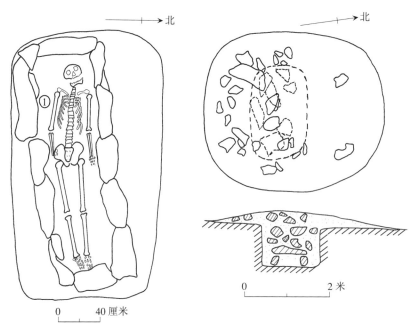

图六五　M37 墓葬结构图
1. 陶钵（朽）

墓坑中填土、石，墓坑底部用 1 层石块围成石棺，石棺近长方形，西端用长板石封堵，两壁用片石立砌，上再铺以小的片石，东西长 2.2、宽 1、高 0.3 米，石棺口用石块封盖。棺内葬 1 人，一次葬，仰身直肢，头西脚东。女性，成年。头骨右上侧随葬羊骶骨、铁刀（残）、铜饰（残）各 1件（图版五二：上）。

M37　封堆平面呈椭圆形，规模较小，不明显，长径 4.3、短径 3.6、高 0.3 米。封土堆上铺零乱的块石。墓室口开在封堆下中部的原地表，墓室平面呈长方形，东西长 2.4、宽 1.3 米，墓深 1 米。墓室为竖穴土坑，墓道中填土、石，墓坑底部用 1 层石头围成石棺，石棺呈长方形，两端用长板石封堵，两壁用扁卵石立砌，东西长 2.3、宽 1、高 0.82 米，石棺口用石块封盖。棺内葬 1 人，一次葬，仰身直肢，头西脚东。男性，成年。死者右臂外侧放陶钵（杅）1 件（图六五）。

Ab 型　多室墓。这种类型的墓葬，一个封堆下有 2 个或 2 个以上的墓室。墓室内多有石棺葬具。

M25　封堆平面呈椭圆形，不明显，长径 4.5、短径 3.65、高 0.24 米。墓葬封土堆上铺零乱的块石。封堆下中部有 2 个墓室，均为竖穴石棺墓，大体南北排列。A 室在南，墓室口平面呈长方形，东西长 2.1、宽 1.24 米，墓深 0.96 米。墓坑中填土、石，墓坑底部用 2 层石头围成石棺，石棺较为规整，平面呈长方形，长 2、宽 1.3、高 0.34 米，石棺口用板石封盖。石棺内葬 1 人，一次葬，仰身直肢，头西脚东。男性，成年。死者头右侧放置陶勺杯 1 件。B 室在 A 室北，墓室口平面呈长方形，长 2.2、宽 1.1 米，墓深 0.8 米。墓坑内填以石块，墓坑底部用长板石围成石棺，石棺较为规整，平面呈梯形，西宽东窄，长 2.15、西端宽 1、东端宽 0.6、高 0.2 米。石棺内葬 1 人，一次葬，仰身直肢，头西脚东。男性，成年。死者头右上侧放置陶钵 1 件（图六六；图版六〇：下）。

B 型　封堆石环圈墓。根据墓室结构情况，分四亚型。

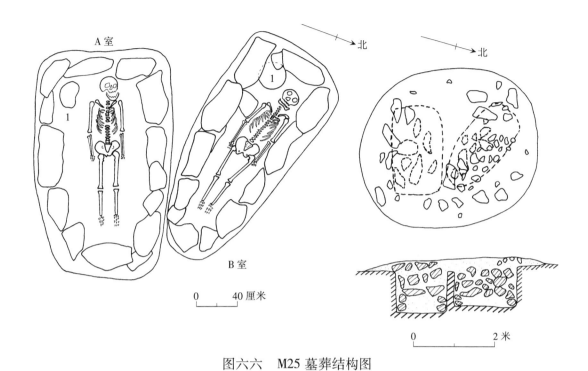

图六六 M25 墓葬结构图

A：1. 陶勺杯；B：1. 陶钵

Ba 型 竖穴土坑墓。这种类型的墓葬，由原地表向下挖一竖穴土坑，墓底的一侧留出生土二层台。

M40 封堆平面呈圆形，不明显，直径约 3.5、高 0.24 米。墓葬封土堆上铺零乱的小砾石，大体围成圆圈，且只在封堆的南部见较明显的石圈，直径 3、圈宽约 0.2 米。墓室口开在封堆下中部原地表，为竖穴二层台墓，东西长约 2.2、宽 0.77，墓深 1.57 米。墓内葬 1 人，一次葬，仰身直肢，头西脚东。男性，成年。无随葬品（图六七；图版六一：上右）。

Bb 型 竖穴石棺墓。这种类型的墓葬，由原地表向下挖一竖穴土坑，墓底用长板石、卵石围成石棺葬具。

M24 封堆平面呈圆形，直径约 6.25、高 0.4 米。墓葬封土堆的外缘围铺以石圈，石圈围铺草率，卵石小而零乱，大体呈椭圆形，长径约 6 米，石圈圈宽大体一致，宽约 0.5 米。墓室口开在封堆下中部原地表，平面呈长方形，东西长 2.9、宽 1 米，墓深 1.2 米。墓坑内少量填石，墓坑底部用长板石围成石棺，石棺较为规整，平面近梯形，长 2、西端宽 1 米，东端宽 0.6、高 0.25 米。石棺内葬 1 人，一次葬，仰身直肢，头西脚东，左手压在石棺的北壁下，男性，成年。死者头骨右侧放置铁刀 1 件，两股骨间放穿孔石器 1 件（图六八；彩版二九：上）。

M30 封堆平面呈圆形，直径约 5.5、高 0.4 米。墓葬封土堆的外缘围铺以石圈，石圈围铺草率，卵石较小，大体围成圆形，直径约 5 米，石圈圈宽大体一致，宽约 1 米。墓室口开在封堆下中部的原地表，平面呈长方形，东西长 2.3、宽 1 米，墓深 1.3 米。墓坑内少量填石，墓坑底部用石块围成石棺，石棺较为规整，平面近梯形，东西两端用长板石封堵，石棺东西长 2.2、西端宽 0.8、东端宽 0.5、高 0.2 米，石棺口用长板石封盖。石棺内葬 1 人，一次葬，仰身直肢，头西脚东，脚趾骨不全。

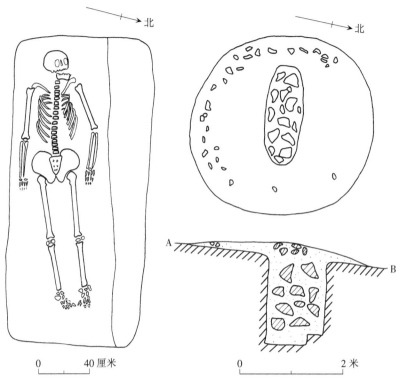

图六七　M40 墓葬结构图

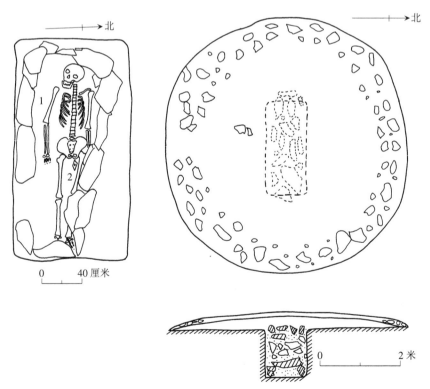

图六八　M24 墓葬结构图

1. 铁刀（残）　　2. 穿孔石器

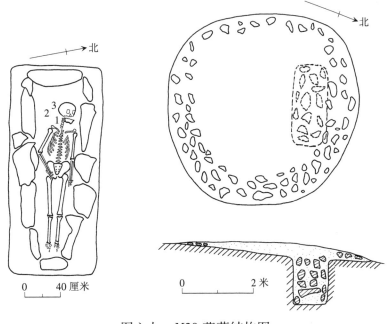

图六九 M30 墓葬结构图
1. 铜耳环 2. 铁簪 3. 铁刀

女性，成年，20 岁左右。死者右耳戴铜耳环，头骨右侧放置铁簪、铁刀各 1 件（图六九；彩版二四：下）。

M35 封堆平面呈椭圆形，长径 6.6、短径 6.1、高 0.53 米。墓葬封土堆的外缘围铺以石圈，石圈围铺草率，围石圈的卵石较小，围成圆形，直径约 6 米，石圈的宽窄大体一致，圈宽约 0.5 米。墓室口开在封堆下中部原地表，平面呈长方形，东西长 2.5、宽 1.4 米，墓深 2 米。墓坑内填石、土。墓坑底部用石块围成石棺，石棺较为规整，平面近梯形，东西两端用长板石封堵，两长边以扁卵石立砌，卵石上平盖以小的片石，棺东西长 2.2、西端宽 1.3、东端宽 0.8、高 0.6 米，石棺口用长板石封盖。石棺内葬 1 人，一次葬，仰身直肢，头西脚东，脚趾骨不全。女性，成年，20 岁左右。随葬品放在死者头骨上侧，有陶钵、铁锥、铜针（残）、碳精石、羊骶骨各 1 件（图七〇；图版五二：下）。

M38 封堆平面近椭圆形，长径 8、短径 7、高 0.53 米。封堆的东部有扰坑，墓葬封土堆的外缘围铺以石圈，石圈围铺草率，围石圈的砾石较散乱，大体围成椭圆形，长径 7.6、短径 6 米，石圈的宽窄大体一致，圈宽约 1 米。墓室口开在封堆下中部原地表，平面呈长方形，东西长 3.4、宽 1.2 米，墓深 1.7 米。墓坑内填石、土，墓坑西部的填石被扰动。墓坑底部用 2 层石块围成石棺，石棺较为规整，平面呈长方形，东西两端用长板石封堵，两长边以扁卵石立砌，卵石上平盖以小的片石，棺东西长 2.2、宽 1、高 0.4 米，石棺口用长板石封盖。石棺内葬 1 人，一次葬，仰身直肢，头西脚东，手指骨零乱，左手压在盆骨下，无头骨，头骨部位仅见一颗牙齿，很可能和扰乱有关。女性，成年。头骨右上侧随葬陶罐（残）1 件，石棺北壁处见铁锥（残）1 件（图七一；图版五五：上）。

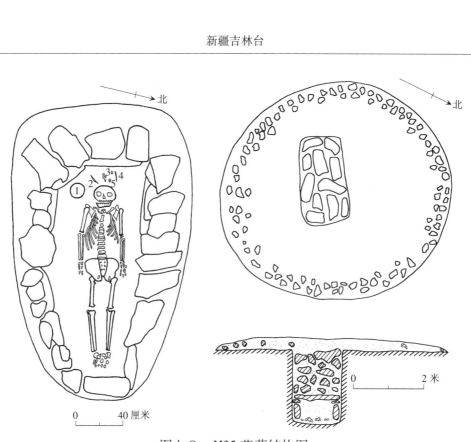

图七〇　M35 墓葬结构图

1. 陶钵　2. 铜针（残）　3. 羊骶骨　4. 铁锥　5. 碳精石

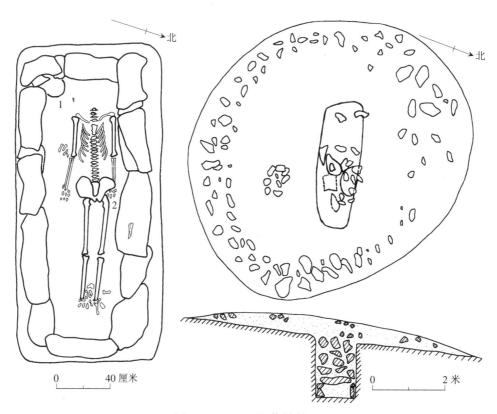

图七一　M38 墓葬结构图

1. 陶罐（残）　2. 铁锥（残）

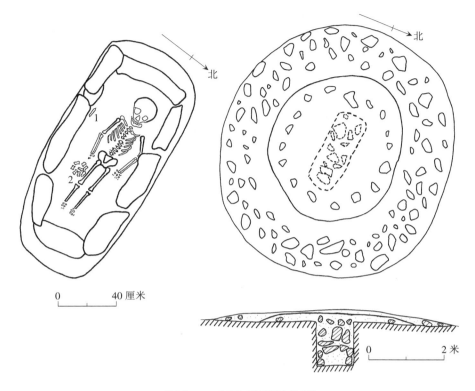

图七二　M20 墓葬结构图
1. 铁刀（残）　　2. 羊距骨（19 枚）

M20　封堆平面呈椭圆形，长径约 6.5、短径 6、高 0.3 米。墓葬封土堆的外缘围铺以石圈，石圈围铺草率，卵石零乱，大体呈椭圆形，长径 6、短径 5.5 米。封土堆上部用一排稀疏的卵石围成椭圆形，长径 3.2、短径 3 米。墓室口开在封堆下中部原地表，平面呈长方形，东西长 2.1、宽 0.8 米，墓深 1.2 米。竖坑中填土、石，填石为块石。墓坑底部用长板石围成石棺，石棺较为规整，平面呈长方形，长 1.4、宽 0.72、高 0.2 米。棺内葬 1 人，一次葬，仰身直肢，头西脚东，幼儿。幼儿的右手旁放置 19 枚羊距骨，墓室的南壁下有铁刀（残）1 件（图七二；图版五七：上左）。

Bc 型　竖穴偏室墓。这一类型的墓葬，在墓坑一侧修出偏洞室，尸体陈放在偏室内，部分偏室口用长板石封盖。

M21　封堆平面呈椭圆形，长径约 8.5、短径 7.5、高 0.5 米。墓葬封土堆的外缘围铺以石圈，石圈围铺草率，围石圈的卵石小而零乱，大体呈椭圆形，长径约 8、短径约 7 米。石圈的宽窄大体一致，圈宽约 1 米。墓室口开在封堆下中部原地表，平面呈长方形，东西长 2.9、宽 1 米，墓深 1.2 米，偏室在墓道的北壁，进深 0.25 米，与偏室相对一侧留生土二层台，二层台宽 0.4 米，高 0.1 米。偏室内葬 1 人，一次葬，仰身直肢，上肢略向左屈，死者的左手屈至盆骨处。女性，成年。死者头骨右上侧随葬一排羊椎骨及一根羊肋骨，另在左膝外侧和脚下各放一根羊肋骨（图七三；图版六二：上）。

Bd 型　多室墓。这一类型的墓葬，由原地表挖出 2 个或 2 个以上墓坑，大多平行排列，墓坑一般用长板石等围成石棺葬具。

M10　封堆平面呈椭圆形，长径约 7.5、短径 6.5、高 0.4 米。墓葬封土堆的外缘围铺以石圈，石

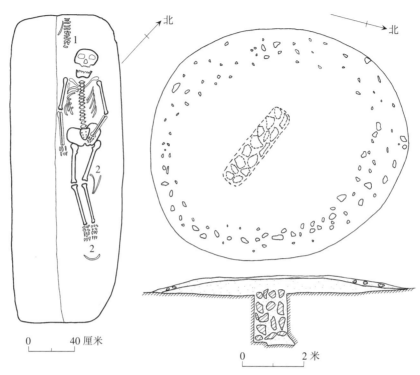

图七三　M21 墓葬结构图
1. 羊椎骨　2. 羊肋骨

圈围铺零乱、稀疏，平面呈圆形，直径约 6.5 米，石圈的圈宽大体一致，圈宽约 0.5 米。封堆下中部有 3 个墓室，均为竖穴石棺墓，南北平行排列，编号为 A、B、C 墓室。A 室在南，墓室口平面呈长方形，东西长 2.6、宽 1 米，墓深 1.6 米。竖穴墓道中填土、石，填石为较大的块石，大者长、宽约 1 米左右。墓坑底部用长板石围成石棺，石棺较为规整，平面呈长方形，长 2.5、宽 1、高 0.4 米。棺内葬 1 人，一次葬，仰身直肢，头西脚东。男性，成年。死者头右上侧放置陶钵 1 件，钵内盛羊骶骨，钵外侧有铁刀（残）1 件。B 室与 A 室之间隔有一段距离，B 室北为 C 室，B 室的北墓壁压在 C 室的南墓壁上。B 室平面呈长方形，长 2.3、宽 0.95 米，墓深 1.5 米。墓坑内填以石块，墓坑底用长板石围成石棺，石棺较为规整，平面呈长方形，长 2、宽 0.9、高 0.23 米。棺内葬 1 人，一次葬，仰身直肢，头西脚东。男性，成年。死者头右上侧放置陶钵 1 件。C 室口长 2.5、宽 1 米，墓深 2.1 米。墓坑内填以大的石块，石块大者长、宽约 1 米。墓坑的底部用长板石围成石棺，平面呈长方形，长 2、宽约 1.2 米。棺内葬 1 人，一次葬，仰身直肢，头西脚东。男性，成年。无随葬品（图七四；图版五九；彩版二五：上）。

　　M22　封堆平面近圆形，直径 11、高 0.7 米。墓葬封土堆的外缘围铺以石圈，石圈围铺规整，平面呈圆形，直径约 11 米，石圈的圈宽大体一致，圈宽约 1 米。封堆下中部有 4 个墓室，墓室口开在封堆下中部原地表。均为竖穴石棺墓，南北平行排列。编号为 A、B、C、D 墓室。A 室在南，墓室口平面呈长方形，东西长 2.3、宽 1.2 米，墓深 1 米。墓坑中填土、石，填石为较大的块石，大者长、宽约 1 米。墓坑底部用 2 层板石围成石棺，石棺较为规整，平面呈长方形，长 2.2、宽 1.1、高 0.2 米，石棺口用板石封盖。石棺内葬 1 人，一次葬，仰身直肢，头西脚东。死者上半身扰乱，骨骼散

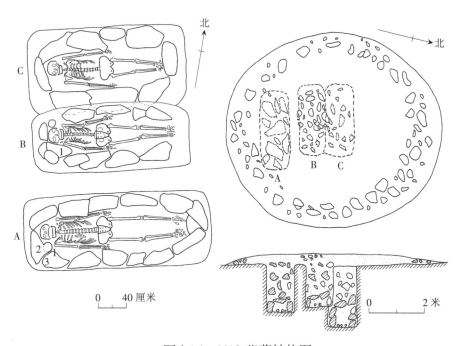

图七四　M10 墓葬结构图

A：1. 陶钵　2. 羊骶骨　3. 铁刀（残）；B：1. 陶钵

乱，头骨发现于墓坑口部的南端。男性，成年。石棺的西端出土铜簪 1 件，散乱的人骨间见骨珠。B、C 室在同一个墓坑，为同穴合葬墓，但各有自己的石棺。墓坑平面呈长方形，东西宽约 3、南北宽约 2.5 米，墓坑深 1.5 米。墓坑中填以巨石块，最大的石块长、宽在 1 米以上。B、C 两石棺在墓坑中南北排列，依靠在一起。B 石棺平面呈长方形，南北两壁用 2 层块石垒成，东西两端用长板石封堵，石棺长 2.4、宽 1.4、高 0.25 米，石棺口上盖以石板。石棺内葬 1 人，一次葬，仰身直肢，头西脚东。死者小腿骨以上扰动，骨骼散乱，头骨发现在石棺中部南墓壁下。小腿骨两侧发现平行的圆木痕迹。墓室的西壁下放置小口陶壶 1 件。C 石棺平面呈长方形，南北两壁用 2 层块石垒成，东西两端用长板石封堵，石棺长 2.7、宽 1.4、高 0.5 米，石棺口上盖以石板。石棺内葬 1 人，一次葬，仰身直肢，头西脚东。死者小腿骨以上扰动，骨骼散乱，盆骨和右股骨扰至南石棺的壁上，上身主要骨骼大体依生理位置放置，无头骨。死者的右腿骨外侧放一羊骶骨。D 室在北，墓室口平面呈长方形，墓室口长 2.5、宽 1.35 米，墓深 1.2 米。墓坑内填土、石。石棺平面呈长方形，南北两壁用 2 层块石垒成，东西两端用长板石封堵，石棺长 2.3、宽 1.3、高 0.25 米，石棺口上盖以石板。石棺内葬 1 人，一次葬，仰身直肢，头西脚东。男性，成年。死者头骨右侧放置牛骶骨和羊骶骨各 1 件（图七五；图版六〇：上、中；彩版二五：下）。

M23　封堆平面近椭圆形，长径 6、短径 5.5、高 0.3 米。墓葬封土堆的外缘围铺以石圈，石圈围铺草率，平面近圆形，直径约 5.5 米，石圈的圈宽大体一致，圈宽约 1 米。封堆下中部有 2 个墓室，墓室口开在封堆下中部原地表。均为竖穴石棺墓，南北平行排列。编号为 A、B 墓室。A 室在南，墓室口平面呈长方形，东西长 2.2、宽 1.1 米，墓深 1.2 米。墓坑中填土、石，填石为较大的块石，墓坑底部用 2 层板石围成石棺，石棺较为规整，平面呈长方形，长 2.1、宽 1、高 0.85 米，石棺口用板

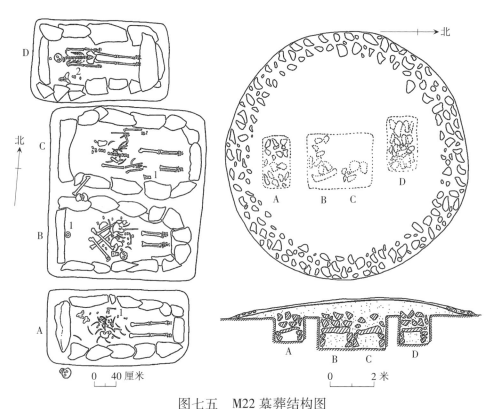

图七五　M22 墓葬结构图

A：1. 骨珠　2. 铜簪；B：1. 陶壶；C：1. 羊骶骨；D：1. 羊骶骨　2. 牛骶骨

石封盖。石棺内葬 1 人，一次葬，仰身直肢，头西脚东。死者的脚趾骨扰乱，缺右侧腓骨，1 节脚骨发现于膝盖处。女性，成年。死者头骨右侧随葬 1 件陶钵。B 室口平面呈长方形，长 2、宽 1 米，墓深 1.25 米。墓坑内少量填石。石棺平面呈长方形，南北两壁用 2 层块石垒成，东西两端用长板石封堵，长 1.7、宽 1.1、高 0.6 米，石棺口上盖以石板。石棺内葬 1 人，一次葬，仰身直肢，头西脚东。上身扰乱，无头骨，其他骨骼大体在生理位置。儿童。死者的上身右侧放置 1 牛骶骨，左腿骨外侧放 1 羊骶骨（图七六；图版五八：下左）。

M26　封堆平面近椭圆形，长径 5.8、短径 5、高 0.5 米。墓葬封土堆的外缘围铺以石圈，石圈围铺草率，平面近圆形，直径约 5 米，石圈的圈宽大体一致，圈宽约 1 米。封堆下中部有 1 个墓坑，墓坑中有 2 个墓室，均为竖穴石棺墓，南北平行排列。墓坑口开在封堆下中部原地表，平面呈长方形，东西长 2.5、宽 2 米，墓深 1.5 米。墓坑中填土、石，填石为较大的块石，块石大者长、宽约 1 米。墓坑底部用 2 层板石围成双石棺，双石棺共用一壁。编号为 A、B 墓室。其中 A 石棺在南，平面近长方形，长 2.4、宽 1.12、高 0.4 米，石棺口用板石封盖。石棺内葬 1 人，一次葬，仰身直肢，头西脚东，其左手畸形，左股骨严重劈裂，趾骨不全。女性，成年。B 石棺在北，平面呈长方形，长 2.3、宽 1.2、高 0.4 米，石棺口上盖以石板。石棺内葬 1 人，一次葬，仰身直肢，头西脚东。男性，成年。A 石棺人骨右侧有羊骶骨，B 石棺无随葬品（图七七；彩版二八：下、二九：下）。

M27　封堆平面近椭圆形，长径 9、短径 8.25、高 0.5 米。墓葬封土堆的外缘围铺以石圈，石圈围铺草率，平面近圆形，直径 7.5～8.5 米，石圈的圈宽大体一致，围宽约 1 米。封堆下 2 个墓室，

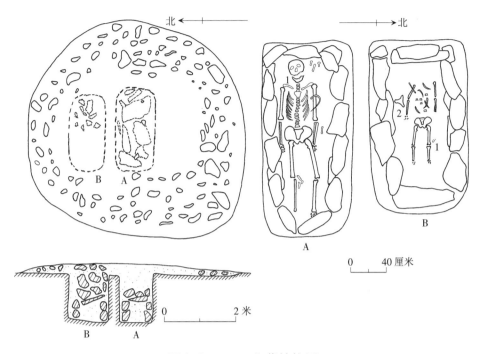

图七六　M23 墓葬结构图

A：1. 陶钵；B：1. 羊骶骨　2. 牛骶骨

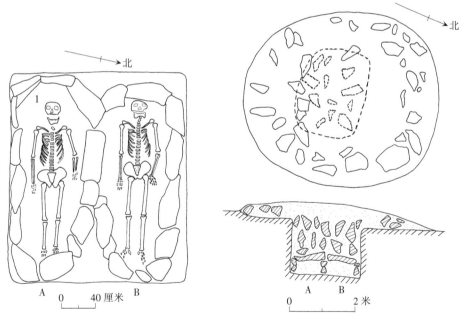

图七七　M26 墓葬结构图

A：1 羊骶骨

均为竖穴土坑，南北排列，墓坑口开在封堆下中部原地表。A 室在南，墓室口平面呈长方形，东西长 2.9、宽 1.35 米，墓深 1.5 米。墓坑中填土、石，填石为较大的块石。墓坑底部用 1 或 2 层板石围成石棺，石棺规整，平面呈长方形，长 2.3、宽 1、高 0.5 米，石棺口用板石封盖。石棺内葬 1 人，仰身直肢，头西脚东。死者双臂缺，仅见左手指骨压在盆骨下，右下肢从股骨中间折断，下部无存。男

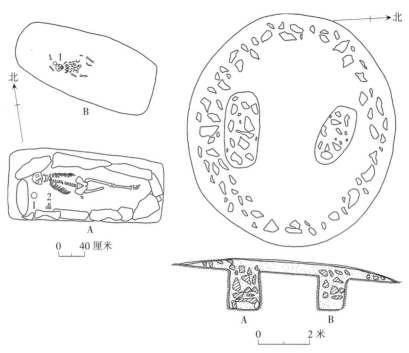

图七八　M27 墓葬结构图

A：1. 陶钵　2. 羊骶骨；B：1. 陶勺杯

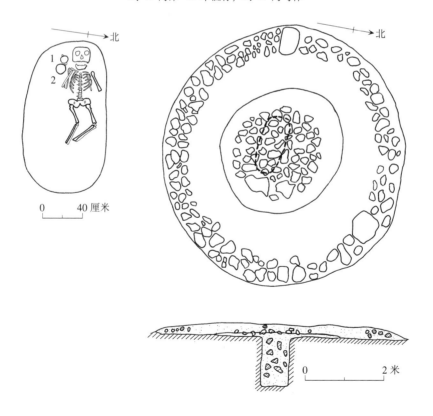

图七九　M6 墓葬结构图

1. 陶双耳罐　2. 陶钵

性，成年。死者头骨右上侧放置陶钵1件和羊骶骨1件。B室在北，两墓室相距约2米。墓室口平面近长方形，长2.4、宽1.25米，墓深1.2米。墓坑内填土、石。墓内葬1人，一次葬，为一婴儿朽骨，从葬骨看，仰身直肢，头西脚东。死者头骨左侧放置陶勺杯1件（图七八）。

C型 土堆石环圈铺石墓。根据墓室结构，分为竖穴土坑墓、竖穴偏室墓、竖穴石棺墓和多室墓四亚型。

Ca型 竖穴土坑墓。这一类型的墓葬，由原地表下挖一竖穴土坑，竖穴中填石。地表用卵石围以石圈。

M6 封堆平面呈椭圆形，长径6.5、短径6、高0.3米。墓葬上层封土堆的外缘围铺以石圈，石圈围铺规整，平面呈椭圆形，长径6.25、短径6米，石圈的圈宽一致，圈宽0.6米。墓室口开在封堆下中部原地表，墓室口上的封土堆上铺石，铺石平面呈圆形，直径2.25米。墓室口平面呈圆角长方形，长1.4、宽0.6米，墓深1.25米。墓室为竖穴土坑，墓坑中填土、石。墓内葬未成年个体，一次葬，头西脚东，仰身，下肢略屈，手指和脚趾骨无。死者头右侧放置陶双耳罐、陶钵各1件（图七九；图版五〇：下；彩版二三：下）。

M7 封堆平面呈圆形，直径7、高0.3米。墓葬上层封土堆的外缘围铺以石圈，平面呈椭圆形，长径6.5、短径6米，石圈的西部一段未铺石，石圈的宽窄基本一致，圈宽红1米。墓室口开在封堆下中部原地表，墓室口上的封土堆上铺石，铺石平面呈椭圆形，长径4、短径2.5米。墓室口平面呈圆角长方形，长2.2、宽1米，墓深1.1米。墓室为竖穴土坑，墓坑中填土、石。墓内葬1人，一次葬，头西脚东，仰身，下肢略向右屈，脚趾骨不全。男性，成年。无随葬品（图八〇；彩版二〇：下；图版五四：上）。

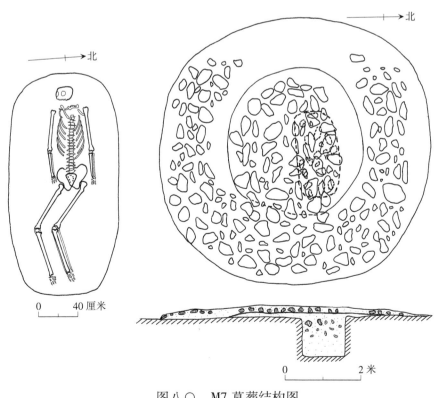

图八〇 M7墓葬结构图

Cb 型　竖穴偏室墓。这一类型的墓葬，由原地表下挖一竖穴土坑，竖穴中填石。竖穴北壁再修建偏室，以陈放尸体和随葬品。部分偏室口用长石板封堵。

M8　封堆平面近圆形，直径 7、高 0.5 米。墓葬上层封土堆的外缘围铺以石圈，石圈围铺零散，南部卵石稀疏，平面呈椭圆形，长径 6.25、短径 6 米，石圈的圈宽一致，圈宽 0.5 米。墓室口开在封堆下中部原地表，墓室口上的封土堆上铺石，铺石平面呈椭圆形，中间部分铺较大的卵石，周边部分铺小的石块，直径 2.75～3.4 米。墓室口平面呈圆角长方形，长 2.85、宽 1.15 米，墓深 2.3 米。墓室为竖穴偏室，墓道中填土、石。偏室开在墓室的北壁，进深 0.3 米，与偏室相对一侧留生土二层台，二层台宽 0.25、高 0.4 米。偏墓内葬 1 人，一次葬，头西脚东，仰身，上半身的右侧肋骨和上臂骨扰至头骨上侧，左侧的肢骨完整，手指和脚趾不全。头骨仅见下颌骨。下肢保存较好。手指和脚趾骨无。女性，成年，20～25 岁。无随葬品（图八一）。

Cc 型　竖穴石棺墓。这一类型的墓葬，由原地表下挖一竖穴土坑，竖穴中填石。墓室底用长板石、卵石围成石棺。

M12　封堆平面呈圆形，直径约 10、高 0.7 米。墓葬上层封土堆的外缘围铺以石圈，铺石零乱，围成为椭圆形，长径 10、短径 9 米，石圈的宽窄基本一致，圈宽约 2 米。墓室口开在封堆下中部原地表，墓室口上的封土堆上铺石，铺石平面呈椭圆形，长径 3.2、短径 3 米。墓室口外缘墓口在原地表用单排卵石围成石围，呈椭圆形，长径 3.2、短径 3 米。墓室口平面呈长方形，长 2.4、宽 1.8 米，墓深 2 米。墓室为竖穴土坑，墓道中填土、石，填石为较大的块石，大者长、宽约 1 米。墓坑底部用

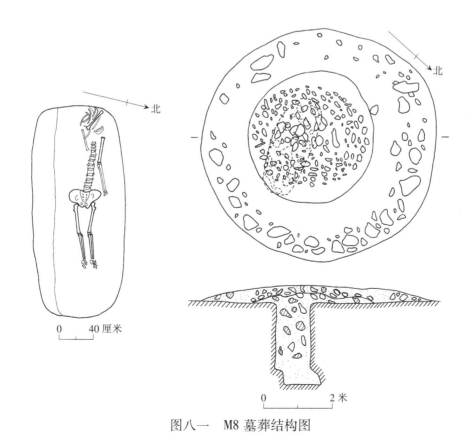

图八一　M8 墓葬结构图

3 层长板石围成石棺，石棺不规整，平面近长方形，长 2.2、宽 1.7、高 1.2 米，石棺上盖板石。棺内葬 1 人，一次葬，仰身直肢，头西脚东，头骨部位严重扰动，头骨扰至死者肩部的左侧，小腿骨压在墓室东壁下。死者右手指骨无。成年，性别不明。在石棺北壁一块大石头上，殉葬 1 条狗，狗骨架完整，头西向。死者头骨的位置见有牛（或马）骶骨，并见铁刀（残）1 件（图八二；彩版二一：下、二八：上左）。

M28　封堆平面呈圆形，直径约 6.1、高 0.3 米。墓葬上层封土堆的外缘围铺以石圈，铺石稀疏、零乱，围成圆形，直径约 6 米，石圈的宽窄基本一致，圈宽约 0.5 米。墓室口开在封堆下中部原地表，墓室口的封土堆上铺石，铺石平面呈不规则形，长 3、宽约 2 米。墓室口外绕墓口在原地表用单排卵石围成石围，呈圆形，直径约 3 米。墓室口平面呈长方形，长 2.25、宽 1 米，墓深 1.6 米。墓室为竖穴土坑，墓坑中填土、石，填石为块石。墓坑底部用 1 层石块围成石棺，石棺平面呈长方形，长 2.15、宽 0.85、高 0.2 米，石棺上盖板石。棺内葬 1 人，一次葬，仰身直肢，头西脚东。死者右手指骨不全，左手屈至盆骨处。男性，成年。死者头骨右上侧放置陶钵 1 件，钵内放羊骶骨和铁刀（残）各 1 件。墓坑中出土带足的陶豆 1 件（图八三；图版四八：下、五八：下右）。

M34　封堆平面呈圆形，直径约 8.5、高 0.5 米。墓葬上层封土堆的外缘围铺以石圈，石圈围铺草率，断续围成圆形，直径约 8 米，石圈的圈宽基本一致，圈宽约 1 米。下层土封堆呈圆丘状，封堆上铺石，平面呈椭圆形，长径 5、短径 4.5 米。封堆东部有近长方形的盗扰洞，盗扰洞至墓室。墓室

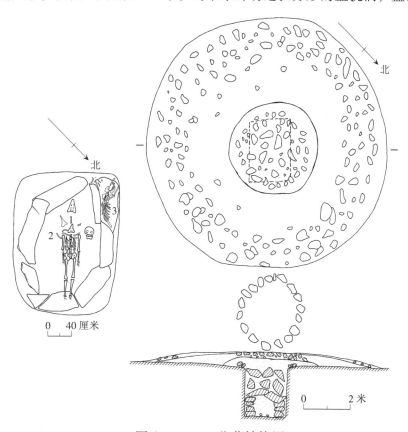

图八二　M12 墓葬结构图

1. 牛（马?）骶骨　2. 铁刀（残）　3. 狗骨

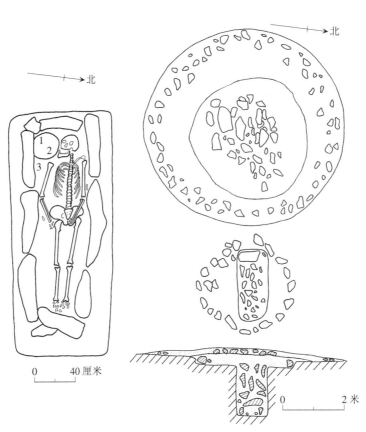

图八三　M28 墓葬结构图

1. 铁刀（残）　2. 陶钵　3. 陶豆　4. 羊骶骨

口开在封堆下中部原地表，平面近长方形，长 3、宽 1.4 米，墓深 2.4 米。墓坑中填土、石，填石为较大的块石，大者长、宽约 1 米。墓坑底部用 1 层板石围成石棺，石棺规整，平面近弧边梯形，西宽东窄，长 2.83、西端宽 1.43、东端宽 0.6、高 0.4 米。石棺上盖板石，其中东侧的盖板石扰动，盖板石被撬至墓坑中。石棺上墓坑的乱石中，夹埋 1 人，死者头下脚上，头东脚西，蜷屈在石缝中。死者缺手指骨和脚趾骨，在一侧的石头上见有乱置的一节胸肋、肩胛。女性，成年。石棺内葬 1 人，腰椎以上扰乱，无头骨，有零乱几节椎骨、肋骨等，左小臂在生理位置放置。男性成年。该墓是一座二次扰乱葬墓，由封堆的扰洞进入石棺，对石棺内个体的上部进行扰乱，并将一个体头下脚上地葬在封堆中。石棺的乱骨间出土金耳环 1 件、玛瑙珠 1 颗、铁刀（残）1 件（图八四；图版五一；彩版二六：上）。

　　M4　封堆规模较大、较高，平面呈圆形，直径 13、高 1.5 米。墓葬上层封土堆的外缘围铺以石圈，石圈围铺较规整，平面呈椭圆形，长径 12、短径 11.5 米，石圈的圈宽基本一致，圈宽 2 米。下层土封堆呈圆丘状，封堆上铺石，平面呈圆形，直径 5.5、高 1.3 米，封堆的西部有盗扰洞，盗洞直到墓室。墓室口开在封堆下中部原地表，平面近椭圆形，长径 2.7、短径 2 米，墓深 1.8 米。墓室为竖穴土坑，墓坑中填土、石，上部填以较大的块石，大者长约宽约 1 米。墓坑底部用 1 层板石围成石棺，石棺不规整，平面近长方形，长 2.3、宽 1.7、高 0.4 米，石棺上盖板石，石棺的南壁西端被盗扰破坏。棺内葬 2 人，均仰身直肢，头西脚东。2 个体的上身部位严重扰动。盗洞由封堆到墓室石棺

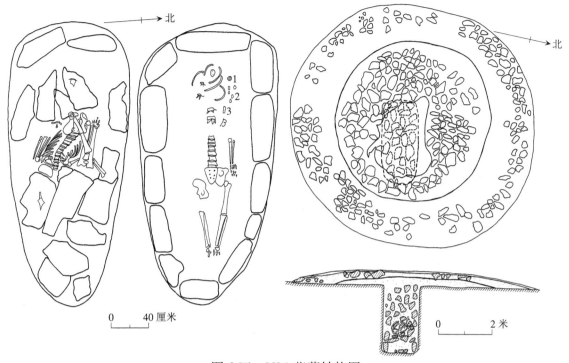

图八四　M34 墓葬结构图

1. 金耳环　2. 玛瑙珠　3. 铁刀（残）

的西部，盗洞中的"回填"土很松散，填土中见有零星人的骨骼，如人的下颌骨等。石棺内 2 个体上部，为盗扰所致，骨骼零乱。其中一人为男性，成年；另一人成年，性别不明。随葬品仅在乱骨中见铁块和铁刀（残）（图八五；图版四八：上；彩版二六：下）。

M11　封堆平面近圆形，直径 9、高 0.7 米。墓葬上层封土堆的外缘围铺以石圈，平面呈椭圆形，铺石零乱，长径 8.5、短径 8 米，石圈的宽窄基本一致，圈宽约 1 米。墓室口开在封堆下中部原地表，墓室口上的封土堆上铺石，铺石平面呈椭圆形，长径 3、短径 2 米。墓室口外原地表用单排卵石围成石围，呈椭圆形，长径 3.2、短径 2.6 米。墓室口平面呈长方形，长径 2.8、宽 1.3 米，墓深 1.6 米。墓室为竖穴土坑，墓坑中填土、石，填石为块石，封堆中有一"盗洞"。墓坑底部用长板石围成石棺，石棺较为规整，平面呈长方形，长 2.7、宽 1.2、高 0.62 米。棺内葬 1 人，一次葬，仰身直肢，头西脚东，无头骨，在墓坑口部位置见有零散的脚趾骨。成年，性别不明。死者头右上侧放置铁刀（残）1 件（图八六；图版五〇：上、五五：下；彩版二一：上）。

Cd 型　多室墓。这一类型的墓葬，由地表挖出 2 个或 2 个以上墓坑，平行或垂直排列，多数墓室沿坑壁用长板石围砌石棺。

M5　封堆平面呈圆形，直径约 8、高 0.25 米。墓葬上层封土堆的外缘围铺以石圈，石圈较规整，平面呈圆形，直径约 7.5 米，石圈的圈宽约 0.4 米。墓室口封土堆上铺石，大体为圆形，直径约 4.5 米。封堆下中部双墓室，编号 A、B 墓室。A 室在东，为竖穴偏室墓，墓室口平面呈长方形，长 1.6、宽 0.85 米，墓深 1.75 米。竖穴墓道中填土、石。偏室开在墓室的北壁，进深 0.3 米。偏室内葬 1 人，一次葬，身体半部在竖穴墓道内，半部在偏室内，仰身直肢，头西脚东。儿童，性别不明。死者头右上侧放置陶钵 1 件，钵口上盖一石片。B 室在 A 室西部，与 A 室大体呈垂直方向布列，为竖穴

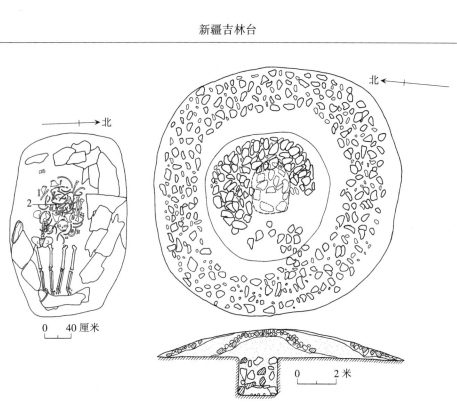

图八五　M4 墓葬结构图

1. 残铁块　2. 铁刀

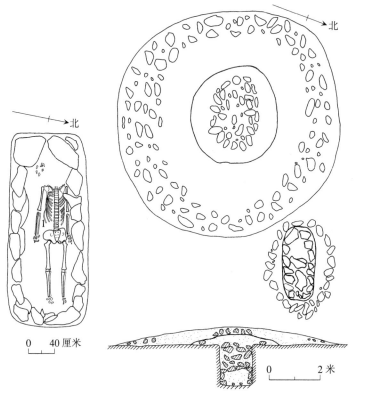

图八六　M11 墓葬结构图

1. 铁刀（残）

石棺墓。墓室口平面呈长方形，南北长2.5、宽0.9米，墓深1.75米，墓坑中填石、土。墓室的底部墓室四周用较规整的块石围上下2层，构成石棺，石棺南北两侧用较长的板石封堵，石棺口盖以石板。石棺平面呈长方形，长2.24、宽0.8、深0.5米。石棺内葬1人，一次葬，仰身直肢，头北脚南。无头骨，死者的左右肢骨部分被石棺两侧的石头叠压。男性，成年。在死者头部的右上侧，被石棺压有陶无耳罐1件（图八七；图版四九：上；彩版二三：上、二七：上）。

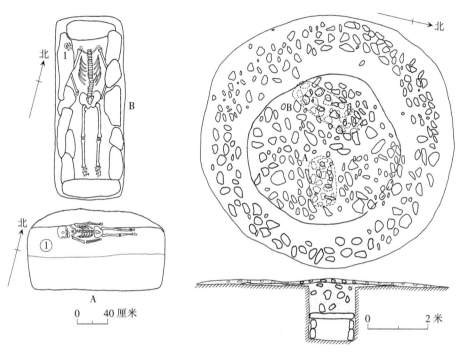

图八七 M5墓葬结构图

A：1. 陶钵；B：1. 陶无耳罐

M9 封堆平面呈椭圆形，长径约9、短径7.8、高0.45米。墓葬上层封土堆的外缘围铺以石圈，石圈围铺草率，卵石零乱，大体呈椭圆形，长径8.5、短径约7.5米。封堆下中部双墓室，编号A、B墓室。A室在北侧，为竖穴土坑墓，墓室口平面呈长方形，长1.8、宽1米，墓深1.3米，墓坑中填土、石。墓室口封土上铺石，近椭圆形，直径1~1.8米。墓室内葬1人，一次葬，侧身向左，头西脚东。女性，成年。B室在A室南侧，与A墓室平行排列。竖穴土坑墓，墓室口平面呈长方形，南北长2.2、宽1米，墓深1.75米，墓坑中填石、土。墓室口封土上铺石，近椭圆形，直径2.1~2.7米。墓室内葬1人，一次葬，仰身直肢，头西脚东，左手压在盆骨下，指骨不全。男性，成年。无随葬品（图八八；图版五六）。

第二类 无封堆墓

无封堆墓分竖穴土坑墓、竖穴偏室墓、竖穴石棺墓和多室墓四型。

A型 竖穴土坑墓。这类墓葬直接由原地表向下挖一竖穴土坑，土坑中多填石。

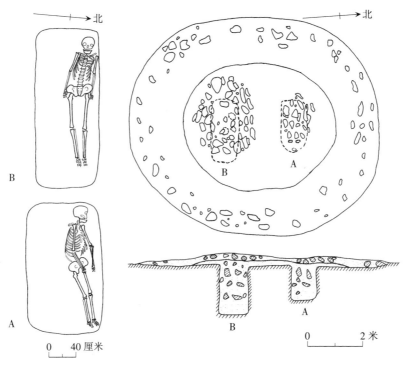

图八八　M9 墓葬结构图

M39　墓葬位于台地北部山坡的东端，地表仅显出一小块石头。墓葬仅在地表挖出很浅的小坑，平面近椭圆形，长径 3、短径 2.7 米，深 0.4 米。绕着小坑围有一圈卵石，较为草率。坑内葬二次葬者，仅有 1 头骨、4 节颈椎、1 手指骨、1 肩胛骨及若干肋骨。成年。在头骨的左侧随葬夹砂灰陶罐（残）1 件（图八九；图版五七：下）。

B 型，竖穴偏室墓。地表无封堆标识，仅见零星的石头露出地表。

M19　墓室口平面呈长方形，东西长 1.9、宽 0.78 米，墓深 1.24 米。墓道中填土、石，填石以块石为主。偏室在墓坑北部，未向北壁内掏挖，墓坑另一侧留生土二层台，二层台宽 0.34、高 0.1 米。偏室内葬 1 人，一次葬，仰身直肢，头西脚东。女性，成年。死者头骨右上侧随葬陶钵、陶单耳罐各 1 件（图版六二：下；彩版二八：上右）。

C 型　竖穴石棺墓。地表无封堆标识，仅见零星的石头露出地表。

M18　墓室口平面呈长方形，东西长 2.4、宽 0.8 米，墓深 1.2 米。墓坑中填土、石，填石以块石为主。墓坑底部用 1 层长板石围成石棺，石棺围砌规整，平面近长方形，长 2.1、宽 0.75、高 0.2 米。石棺上盖长板石。石棺内葬 1 人，一次葬，仰身直肢，头西脚东。男性，成年。无随葬品（图九〇）。

M33　墓室口平面呈长方形，东西长 2.14、宽 1.12 米，墓深 1.08 米。墓坑中填土、石，填石以块石为主。墓坑底部用 1 层块石围成石棺，石棺围砌规整，棺的西端用长板石封堵。石棺平面近长方形，长 2.1、宽 1、高 0.25 米。石棺上盖长板石。石棺内葬 1 人，一次葬，仰身直肢，头西脚东。女性，成年。死者头骨右上侧随葬陶管流罐（残）1 件（图九一；图版五三：下）。

D 型　多室墓。地表无明显封堆标识，墓室口石圈石头露出地表。

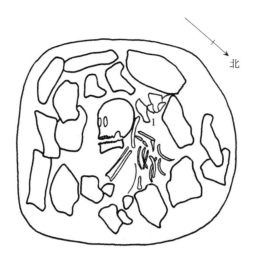

北

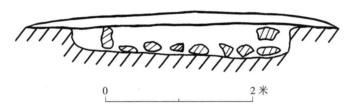

0　　　　　　　　　　　2 米

图八九　M39 墓葬结构图

1. 陶罐（残）

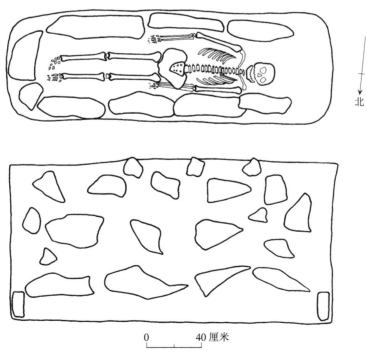

北

0　　40 厘米

图九〇　M18 墓葬结构图

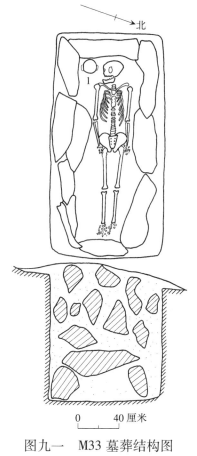

图九一　M33 墓葬结构图

1. 陶管流罐（残）

　　M14　双墓室，均为竖穴偏室墓，编号 A、B 墓室。A 室在南侧，墓室口平面呈长方形，东西长 2.1、宽 0.9 米，墓深 1.3 米。墓道中填土、石。偏室开在墓室的北壁，进深 0.3 米。偏室内葬 1 人，一次葬，仰身直肢，头西脚东。死者半身在偏室内，半身在墓道内。男性，成年。死者头骨左上侧随葬陶钵 1 件。B 室在 A 室北侧，与 A 室平行排列，两墓室间用 3 块卵石隔开。墓室口平面呈长方形，长 1.7、宽 0.8 米，墓深 1.4 米。墓道中填土、石，填石为块状石。偏室开在墓室的北壁，进深 0.1 米，与偏室相对一侧留生土二层台，二层台宽 0.4、高 0.1 米。偏室口用大的板石封堵。偏室内葬 1 人，一次葬，仰身直肢，头西脚东。未成年个体。墓室口部见有婴儿的零星骨骼。死者头骨右上侧随葬陶勺杯、陶钵各 1 件（彩版一九；图版五四：下）。

　　M15　双墓室，均为竖穴偏室墓，编号 A、B 墓室。A 室在南侧，墓室口平面呈长方形，长 2.5、宽 0.9 米，墓深 1 米，墓道中填土、石，填石以块石为主。偏室开在墓室的北壁，进深 0.1 米，与偏室相对一侧留生土二层台，二层台宽 0.4、高 0.05 米。偏室内葬 1 人，一次葬，仰身直肢，头西脚东。女性，成年。死者头骨右上侧随葬陶体（残）、陶无耳罐各 1 件。B 室在北，与 A 室平行排列，两室间用 3 块卵石隔开。墓室口平面呈长方形，长 2.5、宽 0.88 米，墓深 1 米，墓道中填土、石，填

石为块石。偏室开在墓室的北壁，进深 0.3 米，与偏室相对一侧留生土二层台，二层台宽 0.6、高 0.04 米。偏室内葬 1 人，一次葬，仰身直肢，头西脚东。男性，成年。死者头骨右上侧随葬陶钵 2 件，其中 1 件残（图九二；图版六一：上左、下）。

　　M17　双墓室，均为竖穴石棺墓，编号 A、B 墓室。A 室在南，墓室口平面呈长方形，长 2.2、宽 0.8 米，墓深 1.6 米，墓坑中填土、石，填石较多，多为较大的块石。墓坑底部用 1 层长板石围成石棺，石棺围砌规整，平面近梯形，西宽东窄，长 2.1、西端宽 0.8、东端宽 0.5、高 0.3 米。石棺上盖长板石。棺内葬 1 人，一次葬，仰身直肢，头西脚东，头骨和胸部严重扰动，头骨扰至死者腰部，死者的左上肢屈至腰部，肋骨和椎骨扰乱。男性，成年。墓室中见有几节羊椎骨。B 室在 A 室北侧，与 A 室平行排列，两墓室相距数厘米。墓室口平面呈长方形，长 2.2、宽 1 米，墓深 1.08 米，墓坑中填土、石，填石为较大的块石。墓坑底部用 1 层长板石围成石棺，石棺围砌规整，平面近梯形，西宽东窄，长 2、西端宽 0.95、东端宽 0.6、高 0.3 米。石棺上盖长板石。棺内葬 2 人。A 个体为一次葬，仰身直肢，头西脚东，左手屈至盆骨处。成年。B 个体为二次葬者，骨骼散堆在墓室东部、一次葬者的下肢上，骨骼较全。成年。B 个体上躯的右侧放置陶钵 1 件，陶钵上有数个锯眼（图九三；图版四九：下、五八：上；彩版二二：下）。

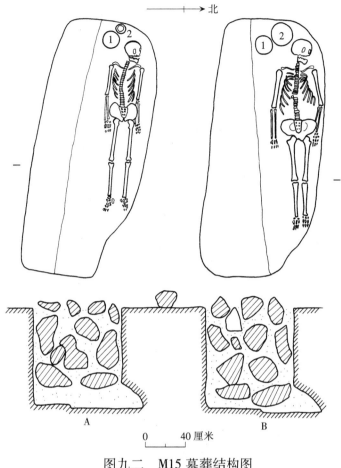

图九二　M15 墓葬结构图

A：1. 陶无耳罐　2. 陶钵；B：1. 陶钵（残）　2. 陶钵

第三节　出土器物

穷科克二号墓地发掘的 40 座墓葬中，20 座有随葬品，共出土随葬品 40 多件，其他墓中无随葬品。有随葬品的墓中，一般一座墓的随葬 1 件，个别数件，最多者 4～5 件。随葬品有陶器、铁器、铜器、羊距骨等。

一　陶　器

共出土 30 余件。陶质均为夹砂红陶，手制。器类主要有陶罐、钵或盆等，少见吉林台墓群其他墓地常见的陶杯。大部分陶器器表涂红色陶衣，偶见有图案的彩陶，图案简单草率。

（一）罐

有无耳罐、单耳罐和双耳罐。

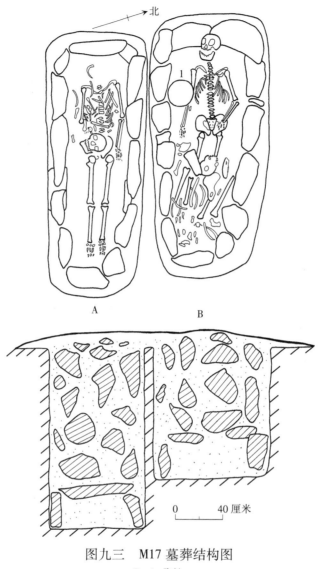

图九三　M17 墓葬结构图

B：1. 陶钵

1. 无耳罐，3 件。分 2 式。

Ⅰ式　1 件。器体较高。

M5B：1，器身已残破。敞口，沿略外卷，圆唇，溜肩，鼓腹，圜底。器表及口沿内壁施红色陶衣。口径 9.6、高 14.8 厘米（图九四：4）。

Ⅱ式　2 件。器体较矮。

M15A：1，圆唇，敞口，溜肩，鼓腹，圜底。内外皆施红色陶衣。口径 8、高 9.2 厘米（图九四：1；图版六三：2）。

M31：1，器身已残损。敞口，腹略鼓，圜底。器表有烟炱痕迹。口径 7.8、高 8 厘米（图九四：2）。

2. 单耳罐，1 件。

M19：2，敞口，圆唇，直颈，溜肩，鼓腹，圜底，腹耳残损。器表及口沿内壁施红色陶衣。口

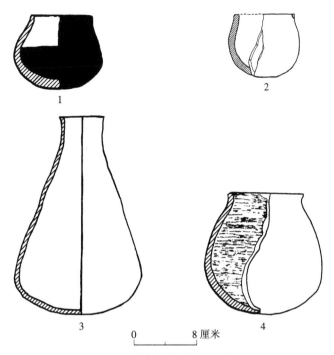

图九四　穷科克二号墓地陶罐、陶壶
1. M15A：1　2. M31：1　3. M22B：1　4. M5B：1

沿残损。口径 10、最大腹径 12、高 13.6 厘米（图九六：1；图版六三：3）。

3. 双耳罐，1 件。

M6：1，敞口，圆唇，束颈，肩上有两耳，鼓腹，圜底。器表及口沿内壁施红色陶衣。底部有烟炱痕迹。口径 7.4、最大腹径 10.8、高 11 厘米（图九五：2）。

（二）壶

1 件。M22B：1，呈葫芦状，器形不规则，制作较粗糙。口小，束颈，溜肩，长斜腹，下腹垂收，圜底。内外皆施红色陶衣。有烟炱痕迹。口径 5.9、最大腹径 16.4、高 24.5 厘米（图九四：3；图版六三：6）。

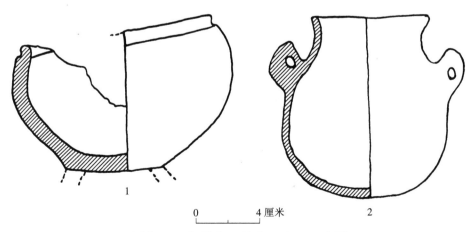

图九五　穷科克二号墓地陶豆、陶罐
1. M28：3　2. M6：1

（三）豆

1件。M28∶3，足残，豆盘呈罐状，敛口，沿微外折卷，鼓腹，平底。口径12.2、残高8.5厘米（图九五∶1；图版六五∶6）。

（四）杯

有单耳杯和勺杯。

1. 单耳杯，1件。

M3∶1，敛口，微鼓腹，圜平底。通体彩绘，为上下交错的三角纹，上为平行线三角，下为菱格纹，耳部绘折梯纹，口沿内有一周彩带。口径11、高12.1厘米（图版六三∶1）。

2. 勺杯，4件。分2式。

Ⅰ式　3件。器口较大，微鼓腹，圜底或圜平底。

M25A∶1，器身已残损。敛口，方唇，鼓腹，圜底。口径16、最大腹径18.8、高13.6厘米（图九六∶3；图版六三∶4）。

M14B∶2，器身已残损。微敛口，鼓腹，圜底，腹耳残损。最大腹径12.4、残高8.4厘米（图九六∶4）。

M32∶1，器身残损。敛口，圆唇，鼓腹，圜底，器物放置不稳。口径16.4、最大腹径19.6、高15厘米（图九六∶5）。

Ⅱ式　1件。器口较小，底尖圆。

M27B∶1，微敛口，圆唇，鼓腹，圜底，腹耳残损。器表及口沿内壁施红色陶衣。底部有烟炱痕

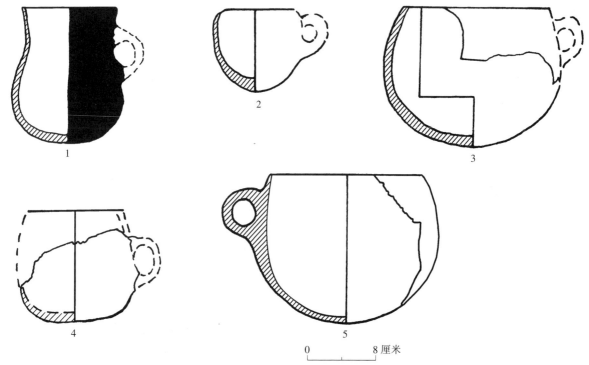

图九六　穷科克二号墓地陶罐、陶杯

1. M19∶2　2. M27B∶1　3. M25A∶1　4. M14B∶2　5. M32∶1

迹。口径9.2、最大腹径9.6、高8厘米（图九六：2；图版六三：5）。

（五）钵

17件。大口，圜底。分折沿钵、敞口钵和敛口钵三型。

A型 折沿钵。分2式。

Ⅰ式 折沿不明显，器腹较深。

M17B：1，敞口，圆唇，鼓腹。器表及口沿内壁施红色陶衣。器身有条裂纹，沿裂纹凿有4对小孔。口径24、高12厘米（图九七：6）。

M23A：1，敞口，圆唇微外卷，鼓腹。器表及口沿内壁施红色陶衣。底部有烟炱痕迹。口径27、高11.8厘米（图九七：2）。

M14A：1，敞口，圆唇微外卷，鼓腹。器表及口沿内壁施红色陶衣。底部有烟炱痕迹。口径15.8、高9.5厘米。器内盛有羊骨（图九七：5；图版六四：1）。

M27A：1，敞口，圆唇微外卷，鼓腹。器表及口沿内壁施红色陶衣，腹内壁有不规则条状图案。侧面有烟炱痕迹。口径13.9、高9厘米（图九七：7）。

M6：2，敞口，圆唇，鼓腹。器表及口沿内壁施红色陶衣。底部有烟炱痕迹。口沿残损。口径15、高8.2厘米（图九七：3；图版六五：4）。

Ⅱ式 3件。折沿明显，器腹较浅。

M14B：1，内侧胎体呈灰色，手制。敞口，圆唇，鼓腹。器表及口沿内壁施红色陶衣。口径15.2、高6.8厘米（图九七：4；图版六五：2）。

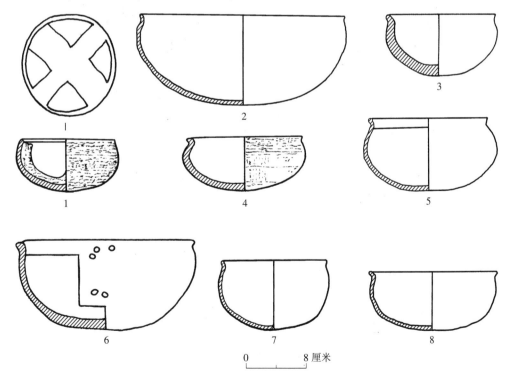

图九七 穷科克二号墓地陶钵

1. M19：1 2. M23A：1 3. M6：2 4. M14B：1 5. M14A：1 6. M17B：1 7. M27A：1 8. M35：1

M35：1，敞口，圆唇，鼓腹。口径17.3、高7.8厘米（图九七：8；图版六四：6）。

M25B：1，敞口，圆唇，鼓腹。器表及口沿内壁施红色陶衣。口径23.4、高11.6厘米（图九八：6；图版六五：1）。

B型　敞口钵。分3式。

Ⅰ式　3件。微口敛，腹较深。

M15A：2，方唇内斜，鼓腹。底部有烟炱痕迹。口沿残损。口径18.8、高10.4厘米（图九八：2；图版六五：5）。

M15B：2，器形不规则，制作较粗糙。微敛口，圆唇，鼓腹。器表及口沿内壁施红色陶衣。底部有烟炱痕迹。口沿残损。口径24.4、高11.2厘米（图版六四：4）。

M5A：1，微敛口，圆唇，鼓腹。器表及口沿内壁施红色陶衣，腹内壁有不规则的对顶三角形图案，三角形内填红彩。底部有烟炱痕迹。口径18、高9.2厘米（图九八：4；图版六四：2）。

Ⅱ式　2件。敞口，腹较浅。

M10A：1，器形不规则，制作较粗糙。方唇，鼓腹。器内外皆有烟炱痕迹。口径23.8、高11.2厘米（图九八：1；图版六五：3）。

M16：1，圆唇，鼓腹。器表及口沿内壁施红色陶衣。底部有烟痕迹。口沿残损。口径21、高8.2厘米（图九八：5）。

Ⅲ式　1件。浅腹。

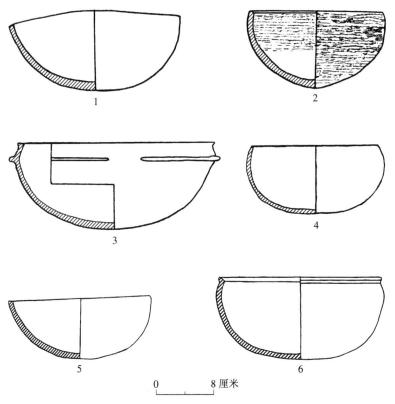

图九八　穷科克二号墓地陶钵

1. M10A：1　2. M15A：2　3. M28：2　4. M5A：1　5. M16：1　6. M25B：1

M28：2，敞口，折沿，方唇，沿下有凸棱，鼓腹。器表及口沿内壁施红色陶衣，内壁饰对顶三角形图案，三角内填红彩。口径28、高12厘米（图九八：3）。

C 型　敛口钵。

M19：1，敛口，方唇，腹微鼓。钵内壁绘"十"字纹。口径13、高7厘米（图九七：1）。

M10B：1，方唇，腹微鼓，大圜底。口径12、高6厘米（图版六四：5）。

M27A：1，地表封堆出土。方唇，直壁，下腹折收，平圜底。口径9.8、高6.1厘米（图版六四：3）。

二　其　他

穷科克二号墓地，大部分墓葬发现有铁器，个别墓见有铜器、金器和骨器，部分墓葬中随葬羊椎骨、骶骨和马骨等。

（一）铁器

大多残朽。以刀为主，少数为锥。

1. 刀，大多残朽。

M36：1，保存大体完整，柄部为椭圆柱状，刃部略为三角状。长13.8、宽1.3、厚0.9厘米（图九九：6）。

M29：1，整体呈三角状，柄部为椭圆柱状，柄着圆鼓，刃部为三角状。长15.4、宽2.7、厚1.8厘米（图九九：9）。

M4：2，只保存刀的刃部一截。长7.2、宽2、厚0.9厘米（图九九：4）。

M29：2，残铁刀。长15.4、宽2.7、厚1.8厘米。

2. 簪，1件。

M30：3，首部残，整体呈椭圆柱状，一端呈尖锥状。残长14.9、直径0.9厘米（图九九：1）。

3. 铁锥，多残朽。

M35：4，残长2厘米。

（二）铜器

有簪、锥，大多残朽。

1. 簪。

M22A：2，首端残，下部呈圆柱状。长11、直径0.5厘米（图九九：3）。

M1：1，柄大部残，只留下部一段。长3.5、直径0.4厘米（图九九：7）。

2. 铜耳环，2件。

M30：1，残。

M4：1 椭圆形，截面略为圆形。内径2.5、外径3.2厘米（图九九：8）。

3. 饰件。

M30：2，卷筒状，中空，上口径0.6、下口径0.2、高1.3厘米（图九九：2）。

M36 出土1件，残。

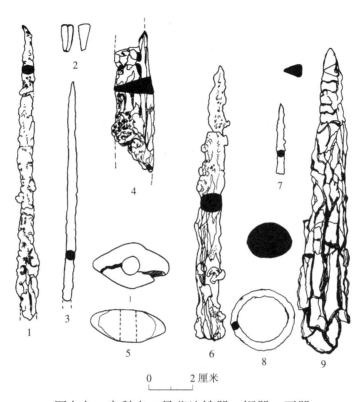

图九九　穷科克二号墓地铁器、铜器、石器

1. M30：3　2. M30：2　3. M22A：2　4. M4：2　5. M24：2　6. M36：1　7. M1：1　8. M4：1　9. M29：1

4. 针，1件。

M35：1，残长2厘米。

（三）金器

1. 金耳环，1件。

M34：1，圆圈状，直径1厘米。

（四）石器

有石器和碳精石。

1. 饰件，1件。

M24：2，呈菱形。中间有孔。长4、厚1.6厘米，孔径0.8厘米（图九九：5）。

2. 玛瑙珠。

M34：2，珠状，中间有小孔。径1.3厘米。

3. 碳精石。

M35：5，长1.5厘米，宽1厘米。

（五）骨珠

M2、M3、M22A室中散见有骨珠。管状大小，直径0.3厘米左右。

羊骨，主要为羊椎骨和羊骶骨及羊距骨、羊肋骨。

随葬羊椎骨的墓葬有M35、M21、M23；出土羊骶骨的墓葬有M10、M22、M23、M28；M20出土19枚羊距骨；M21随葬2根羊肋骨。另外，M12墓坑中出土牛（马？）骶骨；M22D墓室中还出土有牛骶骨。

第四章　加勒克斯卡茵特一号墓地

第一节　墓葬概述

　　加勒克斯卡茵特墓地位于尼勒克县喀什河南岸，天山北麓加勒克斯卡茵特山北二级台地上，加勒克斯卡茵特是天山支脉的山名。墓葬所分布的台地，沿山麓东西走向，长5公里，南北宽数十米到一百余米不等。台地结构为冲积形成的黄土堆积，黄土堆积下是水冲的卵石层。山坡和台地表面植被茂盛，发掘前被当地居民开垦为农田，种植麦子和胡麻。台地东西间隔数十米或数百米不等，被山前冲沟切割成不同的土梁，墓葬大多沿着这些矩形或长方形的梁地分布，多数墓葬呈大体南北向的链状分布，其中位于中部深地上的墓葬有序密集分布（图一○○；彩版三○：上）。

　　2003年4~9月，新疆文物考古研究所、西北大学文化遗产与考古学研究中心、伊犁哈萨克自治州文物局等单位组成联合考古队，对加勒克斯卡茵特一号墓地进行了全面发掘，发掘墓葬194座。加勒克斯卡茵特墓地的墓葬，大多沿山前梁地呈南北链状分布。其中位于中部梁地上的45座墓葬，有序密集排列（图一○○）。绝大多数墓葬地表封堆明显，封堆平面呈圆形或椭圆形，直径大者约30米，小者数米，一般在6~10米；封堆高者约2米，一般墓葬封堆高不超过1米。封堆直径15米以上的墓葬，封堆的外围环绕以壕沟，壕沟宽一般在0.5~1米。墓葬间距数米到数十米不等。极少数墓葬地表有封石堆，大部分墓葬地表有石圈标志，属于土石封堆墓，部分墓葬为封土墓。封土堆的墓葬，多沿山前梁地呈链状分布，有石圈标志的土石封堆墓，分布相对集中。墓室结构以竖穴土坑为主，少量竖穴墓中用长石围砌成石室。部分墓葬为竖穴偏室，在封土堆下常见竖穴偏室。一个封堆下一般一个墓室，少数同一封堆下有两个墓室。墓室内大多葬1人，多为一次葬，头向多朝北或西北。封土墓的葬式多为仰身直肢，多数个体头向北，上肢骨多屈至腰部。其他墓葬，死者采取仰身直肢葬式，头多朝西北。个别为二次葬，二次葬者的骨骼散乱。二次葬者的骨骼，大多也按头西北脚东南放置。个别墓葬，死者的上身散乱，下身保存基本完整，这种情况很可能与二次扰乱有关。随葬品贫乏，一般一座墓1或2件，个别3或4件，很少几座墓葬的随葬品在5件以上。主要有陶器、铁器、木器、骨器，以及少量金器、铜器等。陶器等生活用品一般放在死者头骨部位，其他装饰品和生产用具，随身佩挂在死者身上。随葬品中的陶器，大多保存完好，个别因墓坑填石将陶器压碎，这样的陶器，大多可以复原。铁器、木器、铜器等，大多残蚀，个别保存较好。

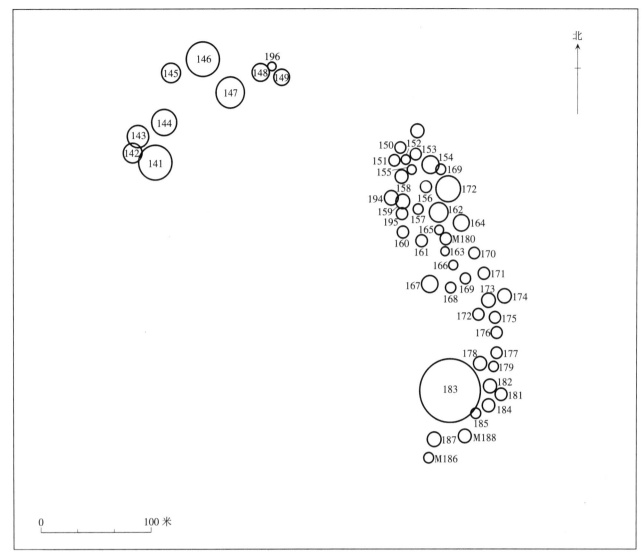

图一〇〇　加勒克斯卡茵特一号墓地中部梁地上墓葬平面分布图

第二节　墓葬记述

加勒克斯卡茵特一号墓地的墓葬，依封堆结构情况可以分为封土墓和土石封堆墓两类。

第一类　封土墓

封土墓的地表有土堆标志，一般规模较小，个别规模较大，封堆结构复杂。因墓室结构情况不同分为竖穴土坑墓、竖穴偏室墓、竖穴土坑二层台墓、竖穴洞室墓、双室墓和多室墓、无墓室墓六型。

A 型　竖穴土坑墓。这类墓葬由原地表挖出竖穴土坑，墓坑中填石或填土，有些墓坑中发现木头。从木头在墓坑底部排列的情况看，个别墓葬可能有木框式葬具。M63 只见木头，未见人骨。多一次葬，少数二次葬，二次葬的骨骼少且零乱。

M61　封堆平面呈圆形，直径 15.3、高 1 米。封堆外有围沟，围成圆形，直径 15.5、沟宽约 1、深 0.65 米。该墓的北端围沟打破 M62 的南端围沟。墓室位于封堆底西南部，竖穴土坑墓，平面呈椭圆形，长 1.72、宽 1、深 0.6 米。墓室东侧 0.5 米处有一祭祀坑。祭祀坑平面呈椭圆形，长 1.36、宽 0.86、深约 0.46 米，为竖穴土坑，坑内填土上部为灰白色，土质较硬，有人工踩踏痕迹，下部为深灰色。填土上部发现一段人的上臂骨，已残缺，填土发现木炭碎块及一些石块，其中包括一件有使用痕迹的石棒。墓室内发现人骨 1 具，二次葬，人骨较齐，集中位于墓室南端，最下层为手骨和两根大腿骨，中间为脊椎骨，上层为臂骨、肋骨和盆骨，头骨位于墓室中央偏西，上下颌分离，头骨下压有肩胛骨。从大腿骨的方向来看，人骨应为南北向摆放。成年男性。头骨旁有一节羊肢骨（图一〇一）。

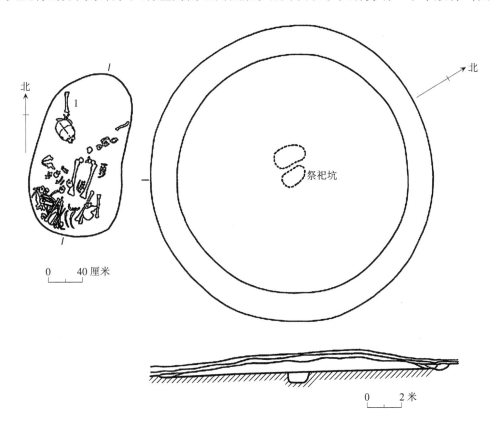

图一〇一　M61 墓葬结构图
1. 羊肢骨

M83　封堆规模较小，不明显，平面呈圆形，直径 6、高 0.25 米。墓室在封堆下中部，墓室口开在原地表，平面呈梯形，西北宽东南窄，长 1.92、西北宽 1.1、东南宽 0.61 米，墓深 0.85 米。墓坑内填土。墓内葬 1 人，仰身直肢，头西北脚东南。死者手指骨无，脚趾骨不全。成年。死者右肩外侧放陶钵（残）1 件（图一〇二）。

M28　封堆平面呈椭圆形，长径 6.5、短径约 5.5、高 1 米。封堆上有零星的铺石。墓室在封堆下

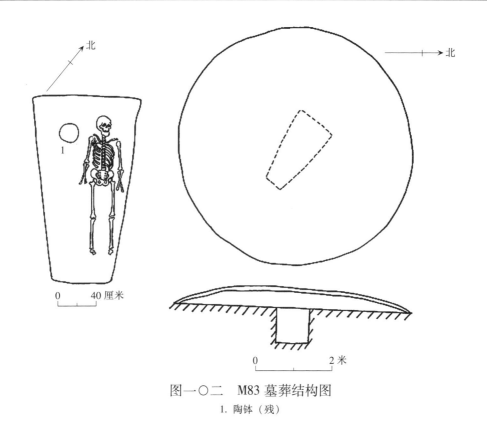

图一〇二　M83 墓葬结构图

1. 陶钵（残）

中部，竖穴土坑墓，墓室平面呈长方形，长约 1.9、宽约 1、深 1.5 米。墓室内葬 1 人，仰身直肢，头西北脚东南，右手指骨无，左手指骨不全。成年女性。死者头骨的右上侧随葬羊椎骨 1 排，身下压铜匙、铜簪各 1 件（图一〇三）。

M62　封堆平面呈圆形，直径约 12.5、高 1 米。围沟紧贴封堆，宽约 1、深约 0.3 米。墓室在封堆下偏西部，竖穴土坑墓，墓室长约 2.3、宽约 0.8、深约 0.5 米。墓室东侧约 1 米处有一似为圆形的祭台，直径约 1 米，土色发白，土质较坚硬，顶部平铺有石头。墓室葬 1 人，仰身直肢，头东北脚西南，成年女性。死者头骨的西侧随葬陶罐（残）1 件，头骨上方有羊的几节肋骨、1 节肢骨（图一〇四）。

M88　封堆规模较小，不明显，平面呈圆形，直径 4.9、高 0.25 米。墓室在封堆下中部，墓室口开在原地表，平面近长方形，长 2.2、宽 0.8 米，墓深 1 米。墓道内填土。墓内葬 1 人，仰身直肢，头西北脚东南。指骨和趾骨不全。成年。死者右肩外放几节羊椎骨（图一〇五；图版八九：上）。

M89　封堆规模较小，不明显，平面呈圆形，直径 5、高 0.5 米。墓室在封堆下中部，墓室口开在原地表，平面近梯形，西北宽东南窄，长 2、西北端宽 0.85、东南端宽 0.6 米，墓深 1.3 米。墓道内填土。墓内葬 1 人，仰身直肢，头西北脚东南。手指骨和脚趾骨散乱不全。成年。无随葬品（图一〇六；彩版三九：下；图版八六：下）。

M111　封堆规模较小，封堆不明显，平面呈圆形，直径约 10、高 0.5 米。墓室口开在封堆下偏北部的原地表。墓室平面呈长方形，两端弧圆，长 2.8、宽 0.8 米，墓室上大下小，墓底长 2.2 米，墓深 1.3 米。墓室内葬 1 人，仰身直肢，头西北脚东南。死者手指骨缺失。脚趾骨不全。成年女性。死者头端放铜簪（残）1 件，墓室西端放几节羊椎骨（图一〇七；图版九九：中）。

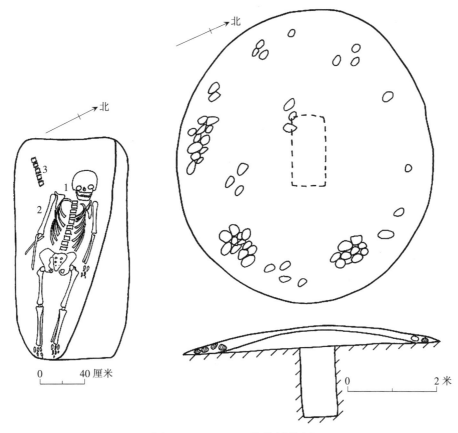

图一〇三　M28 墓葬结构图

1. 铜簪　2. 铜匙　3. 羊椎骨

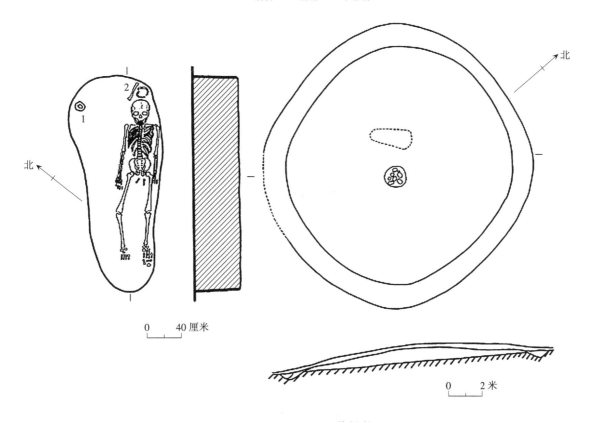

图一〇四　M62 墓葬结构图

1. 陶罐（残）　2. 羊肋骨、肢骨

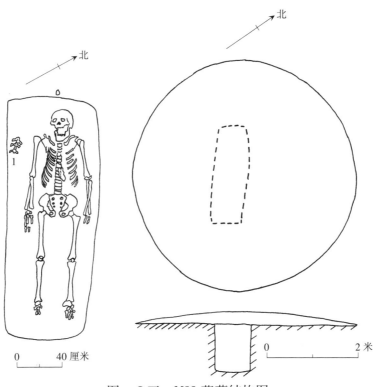

图一〇五　M88 墓葬结构图

1. 羊椎骨

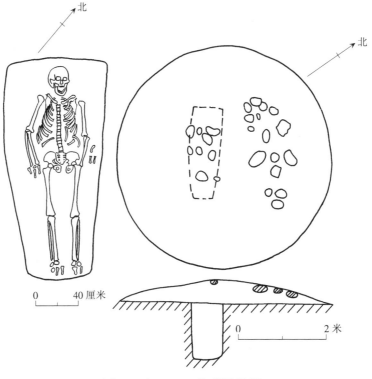

图一〇六　M89 墓葬结构图

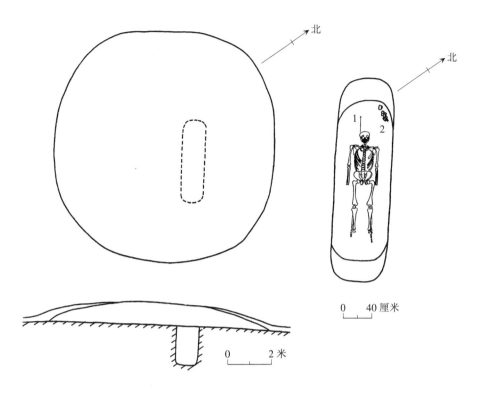

图一〇七 M111 墓葬结构图
1. 铜簪（残） 2. 羊椎骨

M126 封堆规模较小，不明显，平面呈圆形，直径7、封堆高0.5米。墓室在封堆下中部，墓室口开在原地表，平面近梯形，西北宽东南窄，长2.1、西北端宽0.83、东南端宽0.6米，墓深0.73米。墓坑内填土。墓内葬1人，仰身直肢，头西北脚东南。死者手指骨、脚趾骨散乱不全。成年。死者右臂处放陶钵1件，残朽，钵内盛羊椎骨，左髋骨下放砺石1件（图一〇八；彩版四〇：下；图版一〇六：下）。

M142 地表封堆不明显，平面呈不规则形，长12.5、宽10米，封堆略平，高0.5米。外围有环沟，沟宽0.65、深0.25米。墓室在封堆下偏西部，墓室口开在原地表，竖穴土坑墓，平面呈长方形，长2.2、宽0.7米，墓深0.6米。墓坑填土土质疏松，土色为黑色，夹有少量木头。墓内葬1人，仰身直肢，头北脚南。死者手指骨缺失，右脚的趾骨缺失，左趾骨不全，在两膝盖内侧见有三指骨。成年女性，年龄不祥。死者头右侧放置石纺轮1件，左侧放置花色石头2件和绿石头1件，左肩处有一节羊肢骨（图版一〇八：上）。

M147 封堆平面呈椭圆形，长径18、短径16米，封堆顶平缓，封堆高0.8米。外围有环沟，沟宽1.5~2、深0.25~0.5米。墓室在封堆下偏西部，墓室口开在原地表。大封堆下的西北部有一烧坑，基本为圆形。坑的底部有红烧土，坑内填土中见灰渣。墓室平面呈长圆形，两端尖弧，长2.6、最宽1.2米。墓内葬1人，二次葬，死者的骨骼集中在墓室的东端，骨骼不全。未成年女性。墓室中随葬石磨1件，人骨下随葬石球1件。地表烧坑中出土陶纺轮（残）1件（图一〇九）。

M172 封堆平面呈圆形，直径10.5米，封堆顶平缓，封堆高0.5米。外围有环沟，沟宽约2、

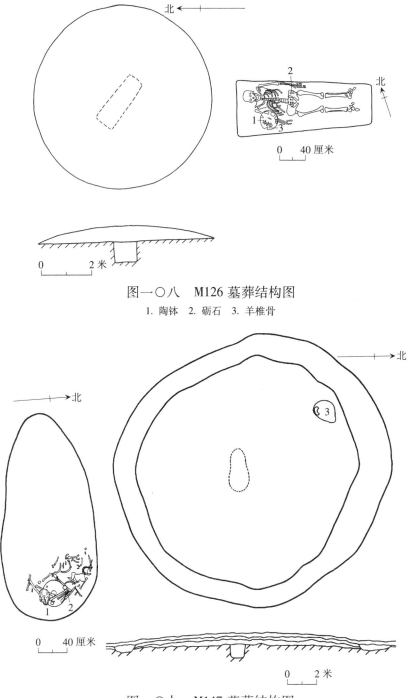

图一〇八　M126 墓葬结构图

1. 陶钵　2. 砺石　3. 羊椎骨

图一〇九　M147 墓葬结构图

1. 石磨　2. 石球　3. 陶纺轮（残）

深 0.5 米。该墓打破 M162，墓口偏南一侧有一直径约 0.6 米的盗洞。墓道内发现有三层非常坚硬的封木痕迹，每层厚约 0.07 米，封堆底部西北角发现一石堆。墓室位于封堆中部偏西南，呈西北—东南走向，平面呈椭圆形，长 2.9、宽 1.7 米，深 2.1 米。由于该墓已被盗，骨架也较凌乱，仅发现碎裂的头盖骨，一根股骨和一些断折的腿骨，均较粗壮。成年男性。在封土中发现有一些零散的陶片（图一一〇）。

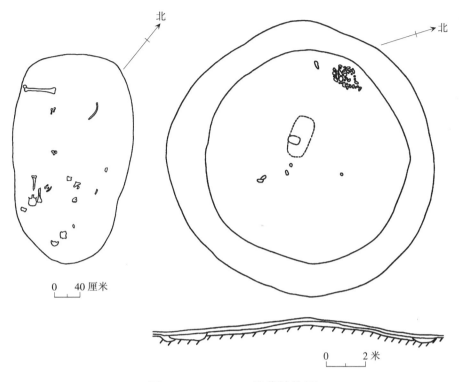

图一一〇　M172 墓葬结构图

　　B 型　竖穴偏室墓。这类型的墓葬由原地表挖出竖穴土坑，由墓坑长边一侧挖出偏室。墓坑中多填石。偏室相对一侧多见生土二层台。偏室口用长板石封盖。

　　M91　封堆不明，地表略凸起。平面呈圆形，直径 6、高 0.5 米。墓室口开在封堆下偏北部，开口在原地表，墓室平面呈长方形，南北长 2.4、宽 0.5 米，墓深 1.6 米。竖穴偏室墓，偏室开在墓室的北壁，进深 0.5 米，与偏室相对一侧留出生土二层台，二层台宽 0.3、高 0.21 米，偏室较大。偏室内葬 1 人，仰身直肢，头西北脚东南。死者的左手指骨无，其余指骨和脚趾骨不全。成年。墓室西壁头的外侧上端随葬羊椎骨 1 排、铁刀残 1 件，耳部随葬铜耳环（残）1 只，头下发现料珠 1 颗。

　　M138　封堆不明，地表略凸起。平面呈圆形，直径 7、封堆高 0.5 米。墓室口开在封堆下偏北部，开口在原地表，墓室平面呈长方形，南北长 2.45、宽 1.07 米，墓深 2 米。竖穴偏室墓，墓坑中填以砾石块。偏室开在墓室的北壁，进深 0.6 米，与偏室相对一侧留出生土二层台，二层台宽 0.35、高 0.41 米，偏室口用石板封堵。偏室较大，偏室的长大于墓道的长，长 2.9 米。偏室内葬 1 人，仰身直肢，头西北脚东南。左手屈至下腰处，无指骨，其余指骨和脚趾骨不全。成年男性。墓室西壁头的上端随葬陶无耳罐 1 件、羊椎骨 1 排（图一一一）。

　　M141　封堆平面呈椭圆形，长径 9.5、短径 7.23、封堆高 0.95 米。封堆外围有环沟，椭圆形，长径 14.5、短径 13.5 米，环沟浅而宽，沟宽 3.5、深 0.35 米。墓室在封堆下中部，墓室口开在原地表。竖穴偏室墓，墓道为南北向长方形，长 1.9、宽 0.7 米，墓深 1.2 米。偏室开在墓室的西壁，进深 0.45 米，与偏室相对一侧修出熟土二层台，高 0.3 米。偏室位置偏墓道的西北，偏室口用竖排木条和树枝封偏室。偏室内葬 1 人，仰身直肢葬，头北脚南，左侧手指骨缺失。成年男性。死者左臂东侧随葬有羊肢骨。人骨的脊柱处发现铁器（残）1 件，头骨一侧放置陶单耳罐 1 件（图一一二）。

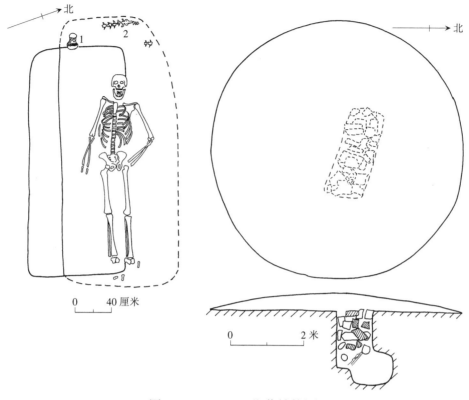

图一一一　M138 墓葬结构图

1. 陶无耳罐　2. 羊椎骨

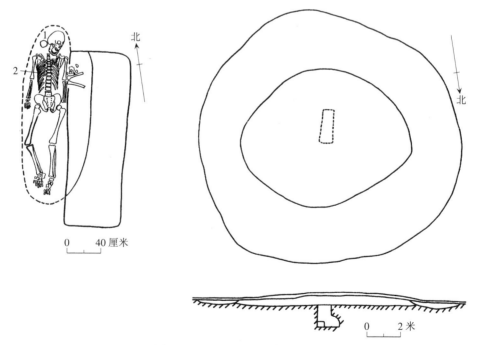

图一一二　M141 墓葬结构图

1. 陶单耳罐　2. 铁器（残）

　　M148　封堆平面呈椭圆形，长径8.7、短径7.7米，高0.7米。封堆外有围沟，沟宽1.2、深0.45米。墓室位于封堆中部偏西，竖穴偏室墓，偏室位于竖穴西侧，平面近长方形，长2.2、宽1米，墓深1米。与偏室相对一侧留生土二层台，二层台高0.3、宽0.4米。偏室内葬1人，仰身直肢，头西北脚东南，左臂屈，手置于腹部，右臂向上弯曲。成年女性。在墓坑中发现少量零散陶片。封土中发现铜管1件（图一一三）。

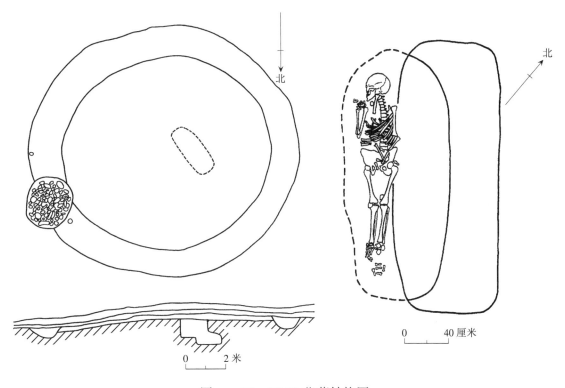

图一一三　M148墓葬结构图

　　M149　封堆平面近椭圆形，长径7.2、短径6.5、高0.9米。封堆外有围沟，沟宽1～2、深0.2～0.5米。墓室位于封堆下中部，墓室口开在原地表。竖穴偏室墓，墓室平面呈长方形，长2.25、宽1米，墓深0.88米。与偏室相对一侧留生土二层台，二层台宽0.4、高0.26米。墓室内葬1人，仰身直肢，头西北脚东南，死者的左手屈至盆骨处。成年男性。无随葬品（图一一四）。

　　M159　封堆平面呈椭圆形，直径3.5～3.7、高0.44米。墓室口开在封堆下偏西部，开口在原地表，墓室平面呈长方形，南北长1.7、宽0.72、墓深1.2米。竖穴偏室墓，偏室开在墓室的西壁，进深0.36米，与偏室相对一侧留出生土二层台，二层台宽0.5、高0.21米。偏室内葬1人，仰身直肢，头北脚南。双手屈至下腰处。成年女性。无随葬品（图一一五）。

　　M177　封堆平面呈圆形，直径8.5、高0.6米。封堆外围有环沟，圆形，直径10米，沟宽0.9、深0.2米。墓室在封堆下中部，墓室口开在原地表，平面呈长方形，长2、宽0.8米，墓深1.2米。竖穴偏室墓，偏室开在墓室的西壁，进深0.6米，与偏室相对一侧修出二层台，二层台宽0.4、高0.1米。偏室内葬1人，仰身直肢，头西北脚东南。双手屈至下腰处。值得注意的是，死者的头骨顶部被整齐切去。成年男性。无随葬品（图一一六；彩版四四：下）。

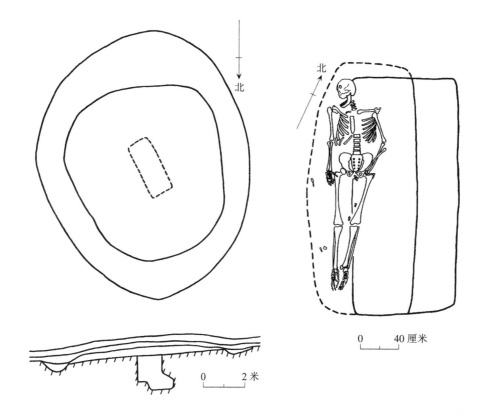

图一一四　M149墓葬结构图

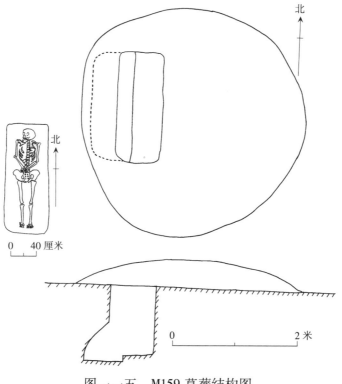

图一一五　M159墓葬结构图

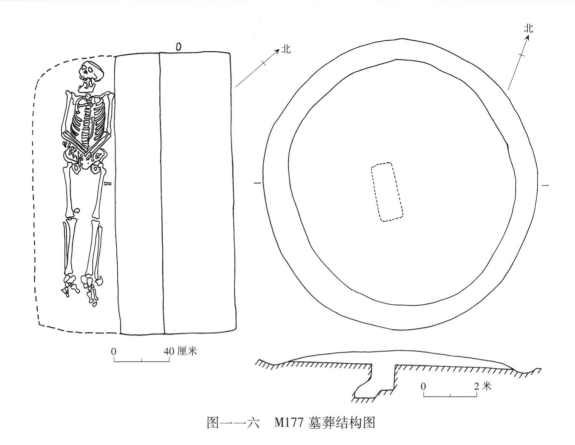

图一一六　M177 墓葬结构图

M178　封堆平面呈椭圆形，长径 6.5、短径 5.7、高 0.6 米。封堆外围有环沟，椭圆形，长径 8.25、短径 7.8 米，沟宽 1、深 0.4 米。墓室在封堆下中部，墓室口开在原地表，平面呈长方形，南北长 2.2、宽 0.9 米，墓深 0.8 米。竖穴偏室墓，偏室开在墓室的西壁，进深 0.5 米，与偏室相对一侧修出二层台，二层台宽 0.5、高 0.16 米。偏室口用片石封堵。偏室内葬 1 人，仰身直肢，头北脚南。双手被盆骨所压。成年男性。无随葬品（图一一七；图版七六：下）。

M182　封堆平面呈圆形，直径 9、封堆高 0.8 米。墓室在封堆下中部，墓室口开在原地表，平面呈长方形，长 2.4、宽 0.8 米，墓深 2 米。竖穴偏室墓，偏室开在墓室的北壁，进深 1 米，与偏室相对一侧修出二层台，二层台基本将偏室封堵。偏室内葬 1 人，仰身直肢，头东北脚西南。左手屈至盆骨处，压在盆骨下。头骨与身体分开，锁骨和几节颈椎与头骨在一起。头骨处出土有铁器（残），右手处放有棱形骨器 1 件。二层台上葬一匹马，无头，躯体完整。从马躯体看，头西南脚东北（图一一八；图版一〇七：下）。

M186　封堆平面呈椭圆形，长径 9.3、短径 8、封堆高 0.85 米。墓室在封堆下中部，墓室口开在原地表，墓室平面呈梯形，长 2.4、北端宽 0.9、南端宽 0.67 米，墓深 1.2 米。竖穴偏室墓，偏室开在墓室的西壁，进深 0.5 米，与偏室相对一侧修出二层台，二层台宽 0.32、高 0.15 米。偏室内葬 1 人，仰身直肢，头西北脚东南。双臂屈到下腰处。手指骨缺失，左脚趾缺失，右脚只留一节趾骨。成年男性。无随葬品（图一一九；图版八一：上）。

M197　封堆平面呈圆形，直径 6.5、封堆高 0.6 米。墓室在封堆下中部，墓室口开在原地表，平面呈长方形，长 2、宽 0.57 米，墓深 1.2 米。竖穴偏室墓，偏室开在墓室的南壁，进深 0.25 米。墓

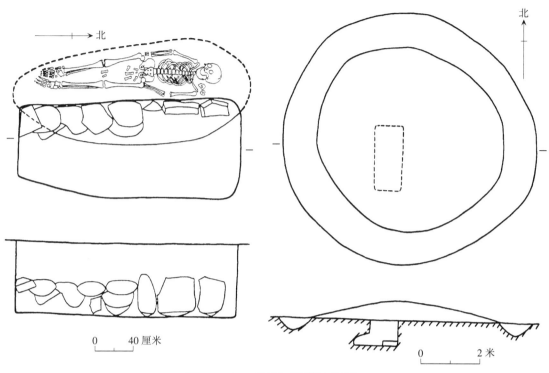

图一一七　M178 墓葬结构图

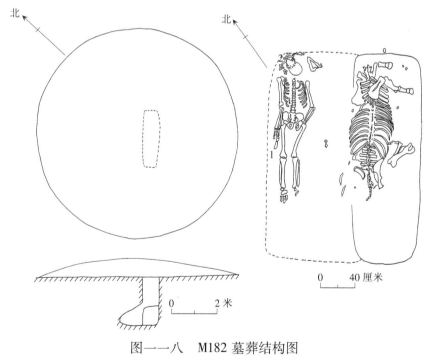

图一一八　M182 墓葬结构图

1. 棱形骨器　2. 铁器（残）

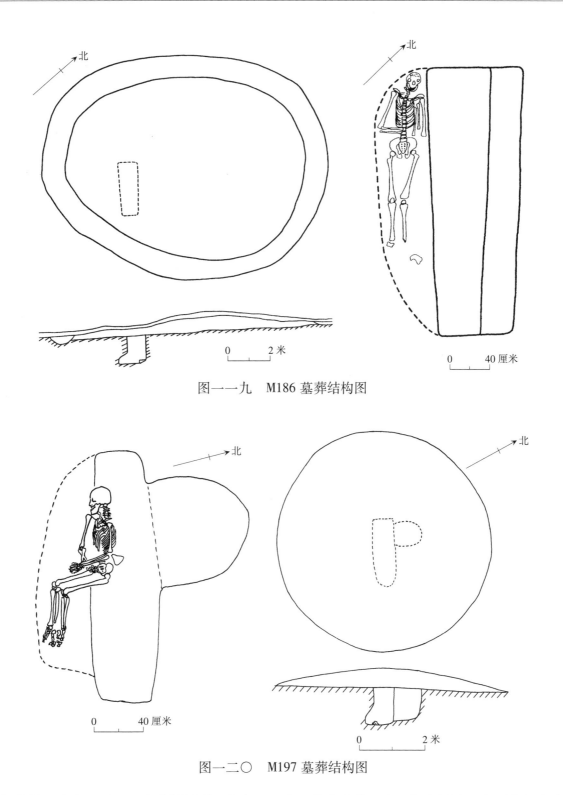

图一一九　M186 墓葬结构图

图一二〇　M197 墓葬结构图

道西部掏挖一龛室，平面呈大半椭圆形，径长 0.8 米。偏室内葬 1 人，侧身屈肢，头西北脚东南。双手屈至腹前，呈交叉状，下肢向右屈。无随葬品（图一二〇；图版一〇八：中）。

　　C 型　竖穴土坑二层台墓。这类型的墓葬，由地表挖竖穴土坑，在竖穴土坑的两长边或单边留出生土二层台。

　　M93　封堆规模较小，不明显，平面呈圆形，直径6.8、高0.4米。墓室在封堆下中部，墓室口开在原地表，平面呈长方形，长2.3、宽0.8米，墓深1.6米。墓坑内填土。墓室两长边留生土二层台，二层台宽0.1、高1米。墓内葬1人，仰身直肢，头西北脚东南。死者手指骨不全，左手屈至盆骨处。成年。头骨左上侧随葬陶直壁杯1件（图一二一；图版九○：下）。

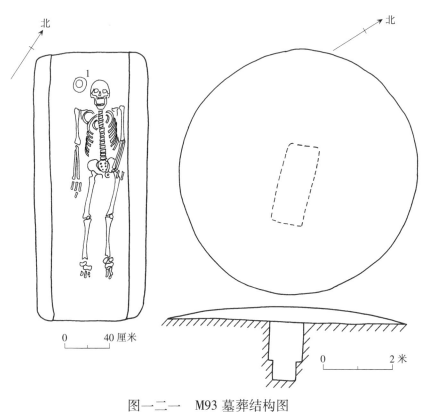

图一二一　M93墓葬结构图
1. 陶直壁杯

　　M64　封堆平面呈圆形，直径约11.5、高0.9米。封堆外有围沟，圆形，直径14.5米。此墓已被盗扰，墓室在封堆下偏南部，墓室口开在原地表。墓葬被盗扰，故墓口形状不规则，东西向长约2.4、南北向宽1.5米，墓深1.25米。墓道上部填土表层比较硬，似曾踩踏；下层填土疏松。距地表0.2米处，出土有3节人的脊椎骨及一段上臂骨，0.4米处有一小铁件及零星木炭。墓底北壁有低的二层台。墓内人骨上肢扰乱比较严重，盆骨以下保存非常完整；根据下肢骨可确定为头西北脚东南。其中，肋骨、脊柱及上肢骨被成堆地堆放在一起，头骨被塞到西南角。成年女性。无随葬品（图一二二）。

　　D型　竖穴洞室墓。

　　M168　封堆中有一层红土，墓道的北端掏出半圆形空间，为洞室，洞室内有乱骨。

　　M166　封堆平面呈圆形，直径约4.1、高0.4米。封堆土中发现马鞍形石磨盘1件。墓室在封堆下中部，墓室口开在原地表，平面呈长方形，长2.13、宽0.6米，墓深0.76米。墓坑内填土。墓室西北端挖出洞室，进深0.4米。墓内葬1人，仰身直肢，头西北脚东南。死者头部和胸部在洞室内，

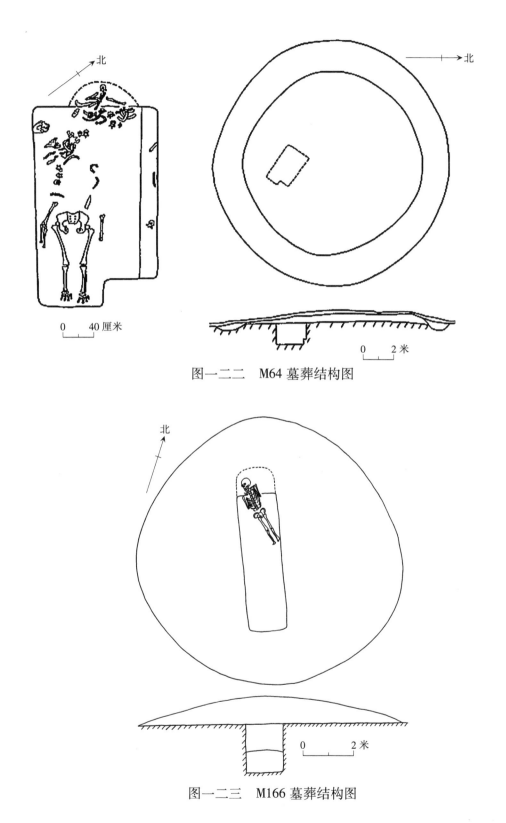

图一二二　M64 墓葬结构图

图一二三　M166 墓葬结构图

其他部分在墓坑中。死者的胳膊屈至颌骨处，手指和脚趾无。无随葬品（图一二三）。

E 型　双室墓和多室墓。这类型的墓葬，由原地表向下多挖 2 个墓室，个别 3 个墓室。

　　M18　封堆规模较小，平面呈椭圆形，长径 6、短径 5.5、高 0.55 米。封堆下双墓室，墓室口开在原地表，编号 A、B 室。A 室在西侧，平面呈长方形，长 2.13、宽 0.7 米，墓深 1 米。墓坑内填土。墓室为竖穴土坑墓。墓内葬 1 人，仰身直肢，头北脚南，左脚趾骨不全。成年女性，右臂内侧有一婴儿骨。死者头骨右上侧随葬铁马镫 1 件，肩部有铜锥 1 件。B 室在东侧，与 A 室相距 1.65 米，墓室大体呈东西向，与 A 室方向基本垂直。墓室较小，长 1.22、宽 0.82 米，墓深 0.46 米。墓室内仅有一头骨及尺骨、肱骨各 2 根。头颅变形。无随葬品（图一二四）。

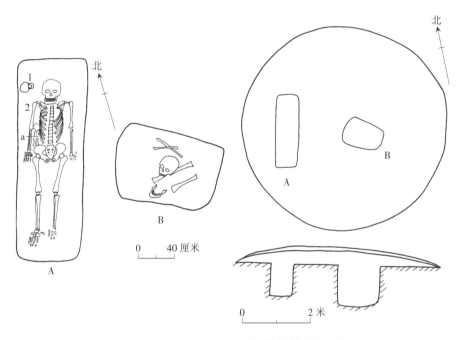

图一二四　M18 墓葬结构图

A：1. 铁马镫　2. 铜锥　a. 幼婴骨骼

　　M94　封堆规模较小，不明显，平面呈圆形，直径 6、高 0.65 米。封堆下双墓室，墓室在封堆下中部，墓室口开在原地表，编号 A、B 室。A 室在南侧，平面呈长方形，长 2.9、宽 1 米，墓深 1.5 米。墓坑内填土。墓室为竖穴二层台墓，在墓室长边留生土二层台，二层台宽 0.1、高 0.25 米。墓内葬 1 人，仰身直肢，头西北脚东南。指骨无，脚趾骨散乱不全。成年。头骨右上侧随葬陶钵（残）1 件，钵旁放羊椎骨 1 排。B 室在北侧，墓室较小，墓室口封土上铺石。墓室为竖穴土坑墓，平面呈长方形，长 0.8、宽 0.6 米，墓深 0.55 米。墓室内葬 1 人，幼儿。骨朽，从残朽情况判断头西北脚东南，仰身直肢。无随葬品（图一二五；图版八九：下）。

　　M146　封堆平面呈椭圆形，长径 11.5、短径约 9.5、高 0.45 米。外围有环沟，椭圆形，长径 16、短径 14.5 米，沟宽约 2、深 0.25 米。在封土东南靠近围沟处发现一片红烧土。封堆下中部偏西有双墓室，编号 A、B 室。A 室为竖穴土坑墓，平面呈方形，边长 1.7 米，墓深 3.2 米。墓内葬 2 个体，两头骨在墓室中间，靠在一起，其一为男性，另外一个体成年，性别不详。在墓室的西部有依生理位置排列的完整下腿骨，东部骨骼散乱。B 室在 A 室西部，相距 0.3 米，竖穴土坑墓，平面呈圆角

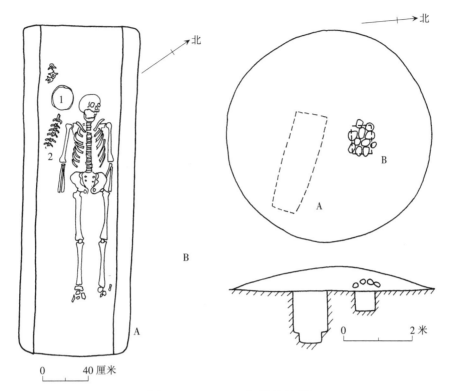

图一二五　M94 墓葬结构图

A：1. 陶钵（残）　2. 羊椎骨

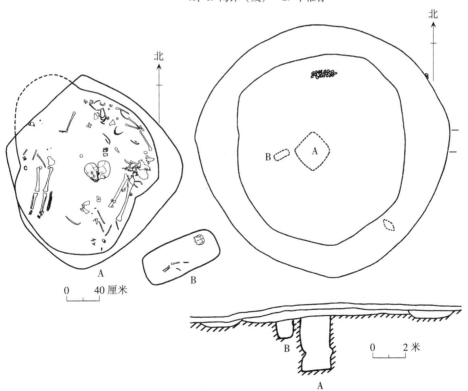

图一二六　M146 墓葬结构图

A：1. 骨管　2. 铁圈（残）　3. 铜泡（残）

长方形，长1、宽0.46、深0.66米。B墓内葬2人，为小孩朽骨，有两头骨和若干肋骨，头东北脚西南。A室部分肢骨下有一片黑色物，墓室出土铁圈（残）2个、铜泡（残）2个、骨管1件，都在墓底散放（图一二六）。

　　M143　封堆平面呈椭圆形，长径19、短径约17.5、高1.5米。外围有环沟，卵形，长径23.5、短径20.5米，沟宽约2、深0.5~1米。封堆底部西南有一段长约3.8、高约1米的石圈。封堆下发现有两个墓室，编号A、B室。A室在封堆下中部，B室在A室的西南，二者相距0.7米。A室封堆土中有一层长6、厚约0.3米的木棍，木棍直径0.01~0.04米。封堆底部发现有两处踩踏面，一处踩踏面在A室的西侧，宽约1米；另一处踩踏面在封堆下中部。封堆底部A室南北、两侧各一圆坑；封堆底部的西部，有两个灰坑，一坑中出土有烧骨、陶片、石块；另一坑中发现陶片。封堆中出土有羊骨、陶片、半个石磨盘、残骨器及铜环1只。封堆底部东北角长方形灰坑，出土有羊骨，陶片，仅余底部。封堆底的西部距A室约5米处有一小坑，坑中埋一羊头。在封堆东南角，有一小浅坑，坑中有石头，石头下有婴儿骨骼。A室平面呈长方形，长2、宽约1.5、深约2.25米，竖穴土坑，墓室填土为黄灰花土，被盗扰，底部被破坏，只有少量的残骨。B室为竖穴土坑，长约1.3、宽约0.45、深0.15米。墓内葬小孩，仰身直肢，头南脚北。无随葬品（图一二七）。

　　M173　封堆平面圆形，长径17、短径14、高1.2米。封堆下双墓室，均竖穴偏室，偏室口用土坯封堵，编号A、B室。均单人一次葬，仰身直肢，性别不明。A室死者右臂屈至盆骨处。B室死者为儿童；双手屈至胸部。无随葬品（彩版三五：下）。

　　M181　封堆平面呈圆形，直径约8、高0.5米。封堆下双墓室，编号A、B室。均为竖穴偏室

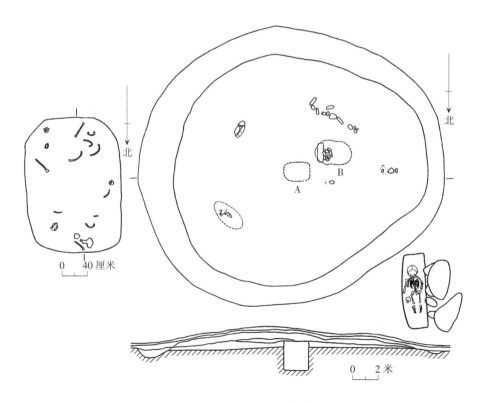

图一二七　M143墓葬结构图

墓，墓室在封堆下中部，墓室口开在原地表。A室在南侧，平面呈长方形，长2.3、宽0.9米，墓深0.9米。墓道内填土。偏室开在墓室南壁，进深0.4米。偏室内葬1人，头西北脚东南，仰身直肢。死者的左手屈至盆骨处，手指骨无，脚趾骨不全。B室在北，与A室平行排列，相距1.5米，墓室口平面呈长方形，长1.9、宽0.8米，墓深1.1米。墓道中填土。偏室开在墓室南壁，进深0.4米，与偏室相对一侧留生土二层台，二层台宽0.2、高0.25米。偏室内葬1人，仰身直肢，头西北脚东南。死者的左手屈至盆骨处，手指骨无，脚趾骨不全。均成年，无随葬品（图一二八）。

M184　封堆平面呈圆形，直径约9.8、高0.85米。封堆下双墓室，编号为A、B室。均为竖穴偏室墓，墓室口开在封堆下偏西部的原地表。在封堆下的东部原地表上见用土坯铺的长尺形土台，东西长3.4、宽1.25米。A室在西，平面呈长方形，长2.3、宽0.84米，墓深1.1米。墓道内填土。偏室开在墓室西壁，进深0.9米，与偏室相对一侧留生土二层台，二层台宽0.7、高0.1米，偏室口用石板封堵。偏室

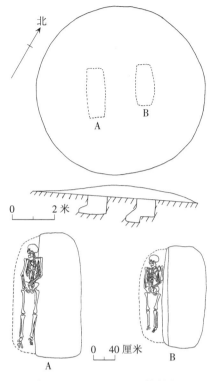

图一二八　M181墓葬结构图

内葬1人，头西北脚东南，仰身直肢。死者的双手屈至下腰骨处，手叠压在一起，脚趾骨不全。B室在东，与A室平行排列，相距0.15米，墓室口平面为长方形，东北西南长2.2、宽1米，墓深1.1米。墓道中填土。偏室开在墓室南壁，进深0.24米，与偏室相对一侧留生土二层台，二层台宽0.47、高0.25米。仅在填土中见几节手指骨。均成年。无随葬品（图一二九；图版七六：中）。

M194　封堆平面呈椭圆形，长径约7、短径6、高0.4米。封堆外围有环沟，环沟呈椭圆形，长径9.25、短径8米，沟宽0.75～1、深0.3米。封堆下3个墓室，均为竖穴偏室墓，东西排列，墓室口开在原地表，自东向西依次编号为A、B、C墓室。A室平面呈长圆形，南北长1.3、宽0.6、深0.45米。偏室开在西壁，进深0.23米，与偏室相对一侧留生土二层台，二层台宽0.3、高0.15米。墓室内葬1人，仰身直肢，头西北脚东南，上肢骨缺失、腿骨不全，婴儿。B墓平面近长方形，长2.1、宽0.8、深1米。偏室开在墓室西壁，进深0.34米，与偏室相对一侧留生土二层台，二层台宽0.4、高0.34米，偏室内葬一成年女性，双臂屈至下腰处，手指骨缺失。C墓平面呈长方形，长1.8、宽0.64米，深0.9米。偏室开在墓室西壁，进深0.3米，与偏室相对一侧留生土二层台，二层台宽0.43、高0.32米。偏室内葬一成年男性，头西北脚东南，仰身直肢，双上肢一前一后屈至胸前。均无随葬品（图一三〇；图版八一：下）。

M195　封堆平面呈圆形，直径约8.5、高0.6米，封堆外围有环沟，环沟呈圆形，直径10.5米，沟宽1.2、深0.25米。封堆下双墓室，均为竖穴偏室墓，墓室在封堆下中部，墓室口开在原地表，编号为A、B墓室。A室在西，平面呈长方形，南北长1.43、宽0.71米，墓深1.25米。墓道内填土。偏室开在墓室西壁，进深0.5米，与偏室相对一侧留生土二层台，二层台宽0.7、高0.25米。偏室内葬1人，头北脚东南，仰身直肢。死者的左手屈至腰处，右小臂骨无，手指骨无，脚趾骨不全。

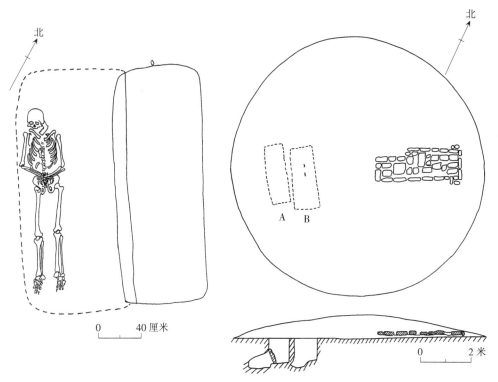

图一二九　M184 墓葬结构图

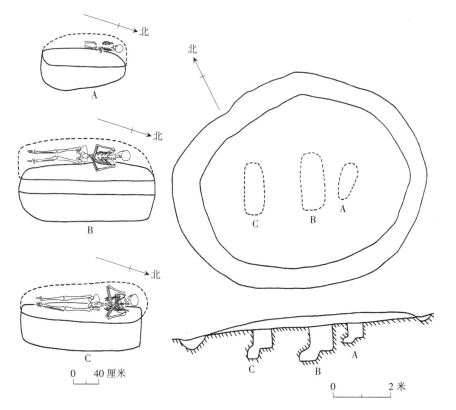

图一三〇　M194 墓葬结构图

B 室在东，与 A 室平行排列，相距 1.25 米。墓室口平面呈长方形，长 1.5、宽 0.6 米，墓深 1.31 米。墓道内填土。偏室开在墓室南壁，进深 0.6 米，与偏室相对一侧留生土二层，二层台宽 0.47、高 0.25 米。偏室内葬 1 人，仰身直肢，头北脚南，骨骼因朽，不全，儿童。均无随葬品（图一三一）。

　　F 型　无墓室墓。这类型的墓葬，将死者直接陈放在地表上，然后用土封埋之。有 M174。

　　M174　封堆平面呈圆形，不明显，直径约 7、高 0.1 米。封堆下偏东部的原地表上有一块板石，边长约 0.7 米，石板下压人的个体，该个体甚倦屈，身体呈俯卧状。一侧有一排呈弧形的卵石。成年。无随葬品（图一三二；图版一〇八：下；彩版四四：上）。

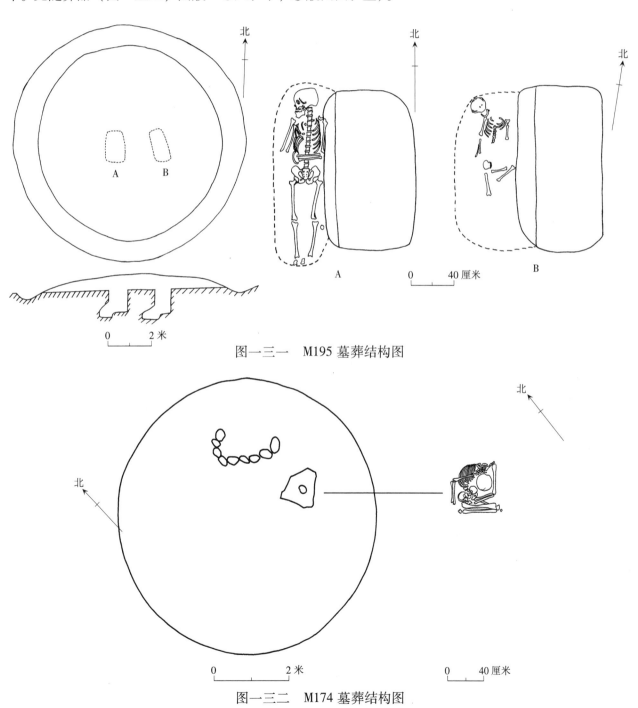

图一三一　M195 墓葬结构图

图一三二　M174 墓葬结构图

第二类 土石封堆墓

土石封堆墓，由原地表挖出竖穴土坑，部分墓葬竖穴中填石，墓口上封土。部分墓葬在封土堆上铺一层卵石；部分墓葬在土堆的外缘，环铺一周卵石，围成石圈；部分墓葬先在墓室上的封土堆上铺一层卵石，然后再次封土，形成新的封土堆，再围着封堆的外缘环铺卵石，围成石圈。多数墓葬，外围挖一环沟，环沟所圈为墓的茔区。分为土堆铺石墓、土堆单石环圈墓、土堆双石环圈墓、土堆石环铺石墓、方形石环圈墓、铺石石环圈墓六型。

A 型　土堆铺石墓。这类墓葬，只在墓口封土堆上铺石。根据墓室结构的不同，又分为竖穴土坑墓、竖穴偏室墓、竖穴二层台墓、双室墓四亚型。

Aa 型　竖穴土坑墓。

M35　封堆平面呈椭圆形，长径7.6、短径7.3、高0.6米。封堆上铺石，所铺卵石大小均匀，平面呈椭圆形，长径4.5、短径3.8米。封堆中偏南部有盗洞，盗入墓室，盗洞壁上见有明显的铁锹痕，由此可知盗扰时间不长。墓室在封堆下中部，口开在原地表。平面近长方形，长2、宽1.5米，墓深1.6米。墓内葬1人，位于墓室南壁下，仰身直肢，头北脚西南。盆骨以上部盗扰破坏，部分人骨盗至盗洞内。成年男性。墓内有陶无耳罐和铁块（残）（图一三三）。

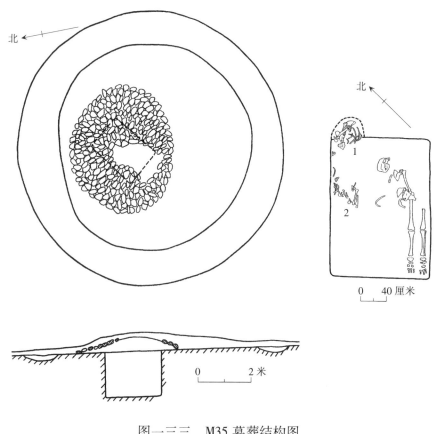

图一三三　M35 墓葬结构图

1. 陶无耳罐　2. 残铁块

M43　封堆不明显，近圆形，直径约13、高0.14米。地表上在长、宽4.5米的不规则形区间里分布零星的石头。墓室在封堆下中部，口开在原地表。平面近长方形，长2.3、宽0.8米，墓深1.4米。墓内葬1人，仰身直肢，头西北脚东南。成年男性。墓室有发黑的硬土，可能经过踩踏。墓室西侧随葬陶钵1件（图一三四；图版九六：中）。

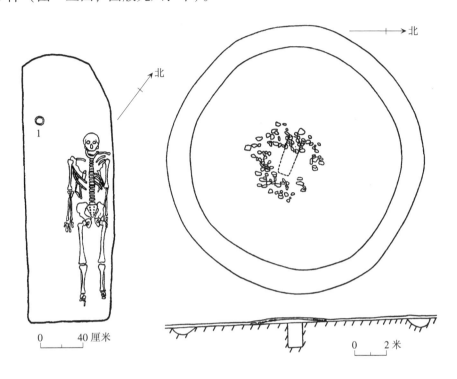

图一三四　M43墓葬结构图

1. 陶钵

M189　封堆平面近圆形，直径11、高0.8米。封堆上有零星的铺石。封堆外有围沟，沟宽1.3、深0.5米。墓室在封堆下中部，口开在原地表。平面呈梯形，南北长2.05、北端宽0.94、南端宽0.68米，墓深1.3米。墓室口部填石，墓内葬1人，二次葬，骨骼零乱。头骨位于墓室的东北角，墓室中有少量肋骨、肢骨和残的肩胛骨等。墓内出土残铁块1件（图一三五）。

Ab型　竖穴偏室墓。

M19　土堆较小，平面呈椭圆形，长径6.3、短径5米。土堆上铺石，铺石较为密集，铺石大小均匀，平面呈椭圆形，长径5.7、短径4.4米。墓室在封堆下中部，墓室口开在原地表。墓口平面呈长方形，长2.35、宽1米，墓深1.7米。偏室开在墓道的北壁，进深0.54米。墓内葬1人，仰身直肢，头西北脚东南。死者手指骨和脚趾骨不全。成年男性。右小腿的外侧置1截圆木（图一三六；图版八四：上）。

M133　土堆较小，平面呈圆形，直径3.5米，高0.55米。土堆上铺石，铺石较为松散。墓室在封堆下中部，墓室口开在原地表。竖穴偏室开在墓道的北壁，进深0.4米，与偏室相对一侧留生土二层台，二层台宽0.25、高0.4米。墓内葬1人，仰身直肢，头脚西北东南。死者右手指骨缺失。成年，性别不明。墓室的西北角随葬羊骶骨（图版一〇一：上）。

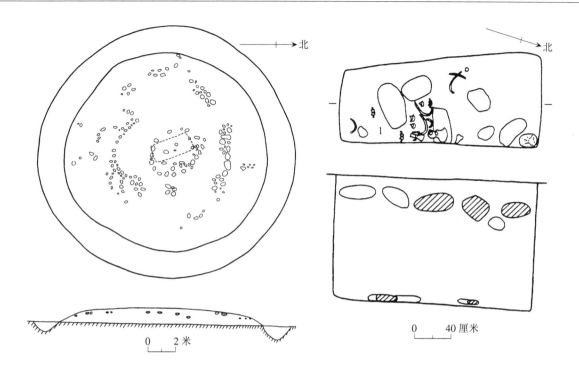

图一三五　　M189 墓葬结构图
1. 残铁块

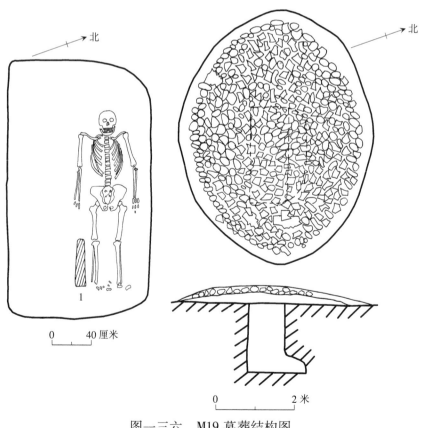

图一三六　　M19 墓葬结构图
1. 圆木

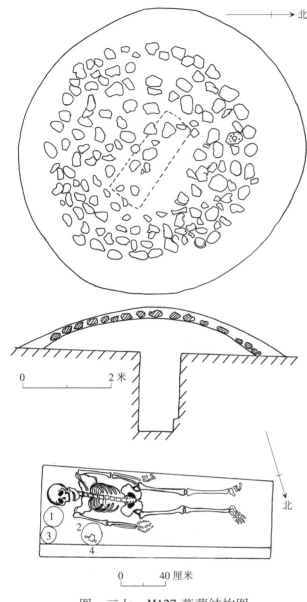

图一三七 M127墓葬结构图

1. 陶折沿钵 2. 陶折沿钵 3. 陶单耳杯 4. 羊椎骨

Ac型 竖穴二层台墓。

M127 封堆平面呈圆形，直径约6、高1米。墓葬封土堆上铺石，平面呈圆形，直径约5米。墓室在封堆下中部，墓室口开在原地表，平面近梯形，长2.1、东南端宽0.8、西北端宽0.7米，墓深1.75米。墓内填土。墓底的北壁留出生土二层台，二层台宽0.09、高0.11米。墓内葬1人，仰身直肢，头东南脚西北。成年男性。死者头骨右上侧随葬陶器3件，包括陶单耳杯、陶折沿钵2件，1件陶钵内盛羊椎骨（图一三七；图版七八：上）。

Ad型 双室墓。

M98 封堆平面呈椭圆形，长径6.5、短径6、封堆高0.5米。封堆下双墓室。墓葬封土堆铺石，铺石集中在两墓室口上的封土堆上，编号为A、B墓室。A室在南侧，墓室口封土上铺石较多，大体呈椭圆环状，长径4.5、短径3.8米，环宽1.3米。墓室为竖穴土坑，墓室平面呈长方形，长2.2、宽0.9米，墓深1.7米。墓室内葬1人，位于墓室偏北侧，仰身直肢，头西北脚东南。死者左手指骨无、左尺骨无。成年。墓室西部随葬陶钵2件，羊椎骨1件（彩版四二：下）。B室在北，两墓室平行排列，相距1.1米，墓室口上封土堆较小，与B室上的封堆连为一体。B室为竖穴土坑墓，墓室平面呈长方形，长1.8、宽0.85米，墓深1米。墓室内葬1人，儿童，骨骼朽。从残骨看，死者仰身直肢，头西北脚东南。无随葬品（图一三八）。

B型 土堆单石环圈墓。在墓室口上封土堆的外缘，用卵石围石圈。依墓室结构不同，又分为竖穴土坑墓、竖穴偏室墓、竖穴土坑二层台墓、竖穴石棺墓、双室墓五亚型。

Ba型 竖穴土坑墓。

M10 封堆平面呈圆形，直径约6、高0.5米。墓葬封土堆的外缘围铺零星石头，大体围成圆形石环圈，直径约5米。墓室口开在封堆下中部的原地表上，封堆中出土马鞍形石磨盘1件。墓室平面近长方形，长2.1、宽1米，墓室向西掏出半圆形空间，墓深1米。墓室内葬1人，仰身直肢，头西北脚东南。成年女性。无随葬品（图一三九；图版一〇一：中）。

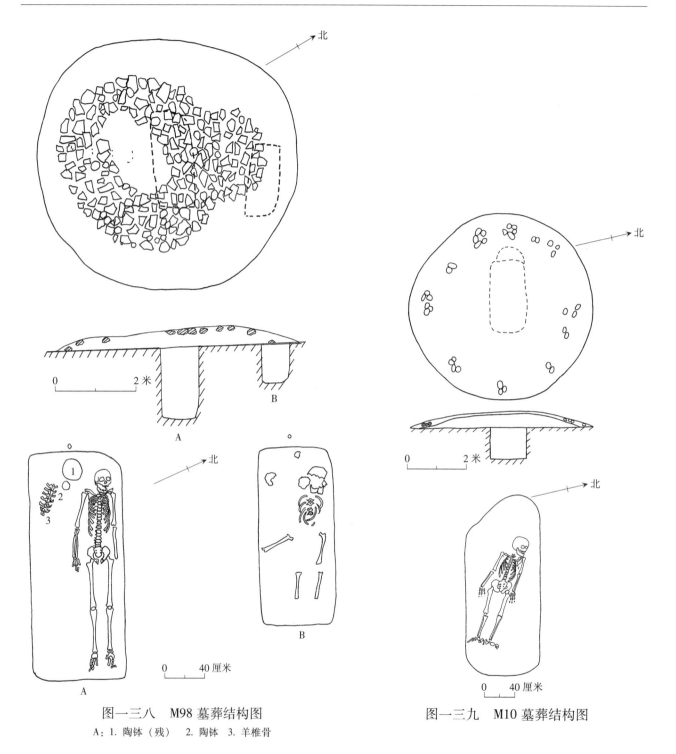

图一三八　M98 墓葬结构图
A：1. 陶钵（残）　2. 陶钵　3. 羊椎骨

图一三九　M10 墓葬结构图

　　M26　封堆平面呈圆形，直径约6、高0.5米。墓葬封土堆的外缘围铺石环圈，石环圈基本规整，围成圆形，直径约5米。石圈的宽窄不一，宽0.5～1米。墓室口开在封堆下中部的原地表上。墓室平面呈梯形，长1.62、西端宽0.94、东端宽0.7米，墓深1.5米，墓道内少量填石。墓室内葬1人，二次葬，人骨很少，只在墓的东侧有一堆人骨，有头骨、少量肢骨等。成年。墓室西部放置陶钵2件（图一四〇；图版八七：上）。

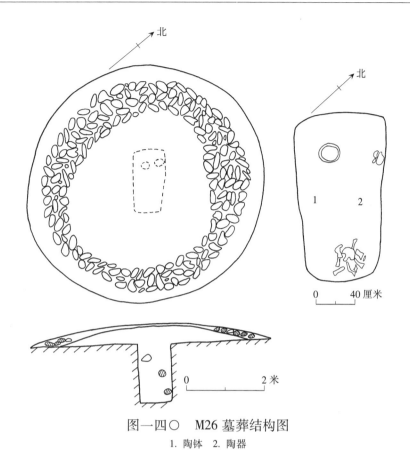

图一四〇　M26 墓葬结构图
1. 陶钵　2. 陶器

　　M40　封堆平面呈椭圆形，长径约 19、短径 18.5、高 0.9 米。墓葬封土堆的外缘围铺石环圈，石环圈围铺草率，大体围成椭圆环形，长径 11、短径约 10 米。石环圈圈宽不一致，宽 0.5 ~ 1 米。墓室口开在封堆下中部偏西，墓室口开在原地表。墓室平面近长方形，长 2.23 米，墓室口小底大略呈袋状，上宽 0.8、下宽 1.12 米，墓深 1.08 米。墓室内葬 1 人，仰身直肢，头西北脚东南，位于墓室的东侧。成年男性。人骨上部发现大量木炭，有部分木头。封堆出土铜钉 1 枚。墓室内随葬 1 排羊椎骨（图一四一；图版九六：上）。

　　M74　封堆平面呈圆形，直径约 7.5、高 0.9 米。墓葬封土堆的外缘围铺石环圈，石环圈围铺规整，铺石环圈的卵石大小均匀，石环圈边缘整齐，圆环状，直径约 7.3 米。石环圈的圈宽基本一致，宽 1 米。墓室在封堆下中部，墓室口开在原地表，封堆东部有一大的盗洞，盗洞由墓室东壁至墓室。封土中出土铁钉 1 枚。墓室平面呈长方形，长 1.27、宽 0.7 米，墓深 1.23 米。墓内填土。墓室内葬 1 人，严重扰乱，只留有少量人骨，盗洞内部有几节椎骨及少量肋骨，墓室的东部有几节肢骨，无头骨。无随葬品（图一四二）。

　　M29　地表封堆被破坏，封土堆的外缘围铺石环圈，破坏。墓室为竖穴土坑，东西向，墓口近圆角三角形，长 2.85、宽 0.95、深 1.4 米，墓室近底部南北两壁有生土二层台。墓室内葬 1 人，仰身直肢。成年女性。死者右侧随葬陶无耳罐、钵及羊骶骨，头部随葬铜簪、铜牌饰，右腿旁有铁短剑（残）（彩版三七：上、中）。

　　M95　封堆平面呈圆形，直径约 11、高 0.8 米。墓葬封土堆的外缘围铺石环圈，石环圈围铺较为

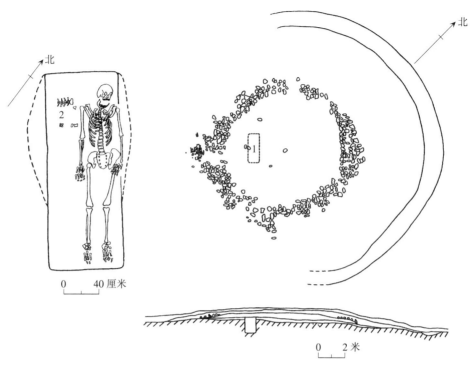

图一四一　M40 墓葬结构图

1. 铜钉　2. 羊椎骨

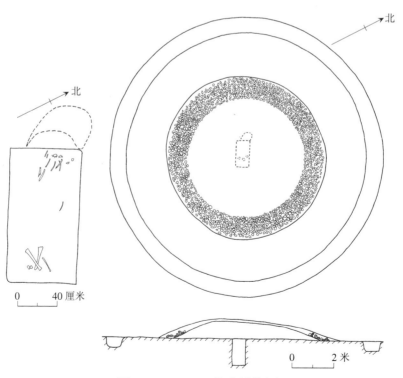

图一四二　M74 墓葬结构图

规整，大体为圆环形，直径约 10 米。石环圈的圈宽基本一致，宽约 1 米。封堆中部铺有零星的石头。墓室在封堆下中部，墓室口开在原地表，平面呈长方形，长 1.75、宽 0.7 米，墓深 1.75 米。墓内填土。墓室内葬 1 人，二次葬，只有少量人骨，主要有 2 股骨、下肢骨、盆骨片、骶骨、几节肋骨和椎骨。成年。无随葬品（图一四三）。

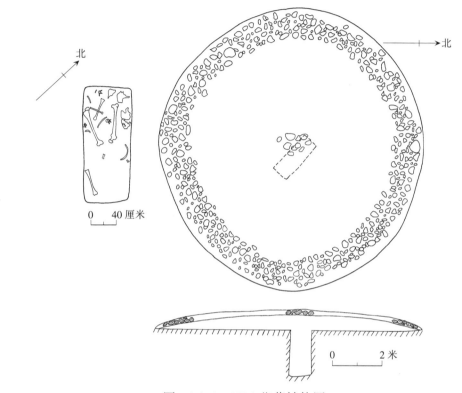

图一四三　M95 墓葬结构图

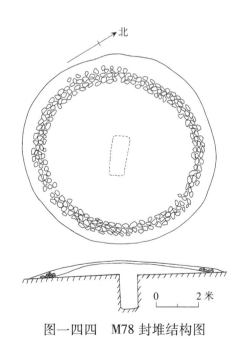

图一四四　M78 封堆结构图

M78　封堆平面呈圆形，直径约 9、高 0.54 米。墓葬封土堆的外缘围铺石环圈，石环圈围铺较为规整，大体为圆环形，直径约 8 米，围石环圈的卵石大小均匀。石环圈的圈宽基本一致，宽约 0.5 米。墓室在封堆下中部，墓室口开在原地表，平面呈长方形，长 2.1、宽 0.64 米，墓深 1.56 米。墓内填土。墓室内葬 1 人，仰身直肢，头西北脚东南，手指骨和脚趾骨无。成年。死者头端左侧随葬木盆（朽）、陶无耳罐（残）各 1 件（图一四四）。

M81　封堆平面呈椭圆形，长径约 6.7、短径 5.6、高 0.65 米。墓葬封土堆的外缘围铺石环圈，石环圈围铺较为规整，大体为椭圆环形，长径 5.5、短径约 4.6 米。石环圈的圈宽基本一致，宽约 1 米。墓室在封堆下中部，墓室口开在原地表，平面近长方形，长 2、宽 0.84 米，墓深 1.72 米。墓内填土。墓室内葬 1 人，仰身直肢，头西北脚东

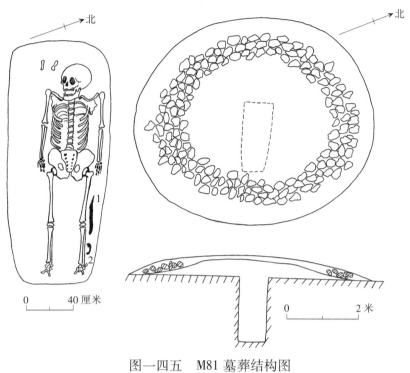

图一四五　　M81 墓葬结构图

1. 铁剑（残）　　2. 铁钩（残）

南。成年，性别不明。头端有 2 节趾骨。腿骨一侧随葬铁剑 1 件，另有铁钩 1 件，均残（图一四五）。

　　M86　封堆平面呈圆形，直径约 6.73、高 0.65 米。墓葬封土堆的外缘围铺石环圈，石环圈围铺较为规整，大体为圆环形，直径约 6.5 米。石环圈的圈宽基本一致，宽约 0.9 米。墓室在封堆下中部，墓室口开在原地表，平面近长方形，长 2.3、宽 0.8 米，墓深 1.23 米。墓内填土。墓室内葬 1人，仰身直肢，头西北脚东南。成年。无随葬品（图一四六）。

　　M92　封堆平面呈椭圆形，长径 7.5、短径 7、高 0.6 米。封土堆的外缘围铺石环圈，石环圈围铺较为规整，大体为圆环形，直径约 7 米。石环圈的圈宽基本一致，宽约 1 米。墓室在封堆下中部，墓室口开在原地表，平面呈长方形，长 2.3、宽 0.9 米，墓深 1.5 米。墓内填土。墓室内葬 1 人，仰身直肢，头西北脚东南，左手屈至骨盆处。手指骨和脚趾骨不全。成年。死者右上肢外侧放一牛骶骨，墓室东端放一根马肋骨（图一四七）。

　　M104　封堆平面呈椭圆形，长径 7、短径 6、高 0.5 米。封堆边缘用卵石松散地铺石环圈，石环圈围成椭圆环形，环圈的宽窄不一，宽一般约 1 米。墓室在封堆下的东部，为东西向长方形竖穴土坑，长 2、宽 0.8、深 1.2 米。墓室内上部填土为黄土，坚硬，其下为鹅卵石铺的石面，再下部为一层由 5 根纵向排列的直径约 0.1 米的木头。墓室内葬 1 人，仰身直肢，头向西北，手指不全。成年女性。在封堆正南部有长约 2.5、宽约 0.8 米的由石头砌成的石围，疑为祭台。死者的右臂旁有一素面陶盆，头侧随葬铁簪 1 件，墓室的西南角有一羊骶骨（图一四八；图版八六：上；彩版四三：下）。

　　M137　封堆平面呈椭圆形，长径 12.2、短径 10.2、高 1.1 米。封土堆的外缘围铺石环圈，石环圈围铺较为规整，大体为椭圆环形，长径约 12 米。石环圈的圈宽不一，北部宽 2.5、南部宽约 0.7 米。墓

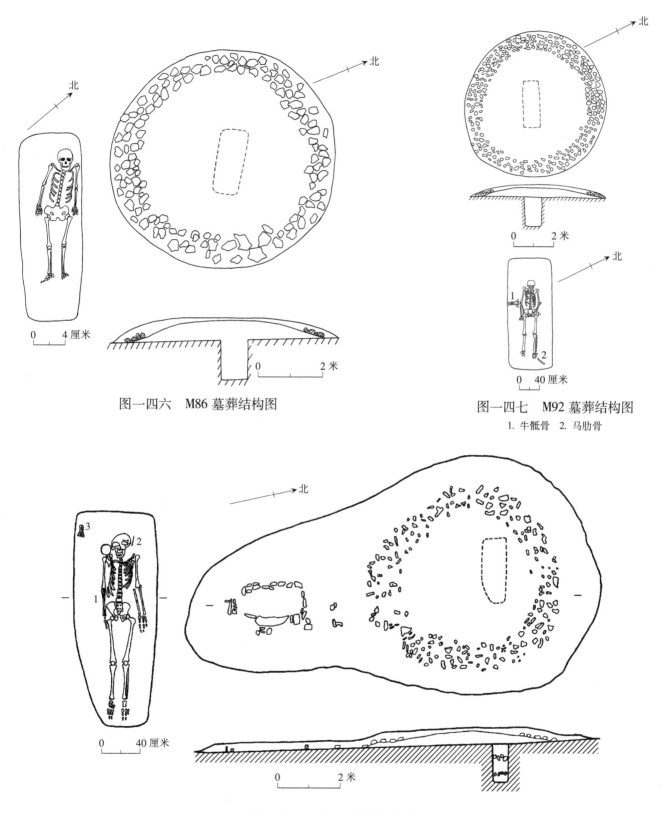

图一四六　M86 墓葬结构图

图一四七　M92 墓葬结构图
1. 牛骶骨　2. 马肋骨

图一四八　M104 墓葬结构图
1. 陶盆　2. 铁簪（残）　3. 羊骶骨

室在封堆下中部，墓室口开在原地表，平面呈梯形，长 2.3、宽 0.7～1 米，墓深 1.8 米。墓内填土。墓室内葬 1 人，仰身直肢，头西北脚东南，指骨不全。成年男性。死者右侧放陶钵 2 件及几节羊椎骨（图一四九；图版九二：下）。

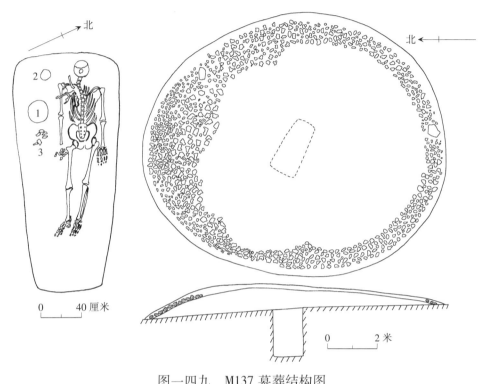

图一四九　　M137 墓葬结构图
1、2. 陶钵　3. 羊椎骨

Bb 型　竖穴偏室墓。

M31　封堆平面呈圆形，直径约 7、高 0.4 米。封土堆的外缘围铺石环圈，石环圈围铺成较为规整的圆环形，直径约 6.5 米。石环圈的圈宽基本一致，宽约 0.3 米。墓室在封堆下中部，墓室口开在原地表，平面呈长方形，长 2、宽 1 米，墓深 1.55 米。墓道中填土、石，墓坑的下部填以砾石块。偏室开在墓室东壁，进深 0.4 米，与偏室相对一侧留生土二层台，二层台宽 0.6、高 0.2 米。偏墓室内葬 1 人，仰身直肢，头东北脚西南，成年男性。死者头右上侧放置陶钵 1 件，身侧下有铜羊饰件 1 件（图一五〇；图版七四：下）。

M34　封堆平面呈圆形，直径 11.5、高 1.7 米。封土堆的外缘围铺石环圈，石环圈围铺较为规整，大体呈菱形环状，长 10.8、宽约 10 米，石环圈的圈宽不一，宽 1～2 米。封堆内出土长方形石研磨器 1 件。墓室在封堆下中部，墓口开在原地表。墓道平面呈长方形，长 3.06、宽 0.92 米，墓深 1.6 米。墓道内填石。偏室开在墓室的东北壁，进深 0.3 米，与偏室相对一侧留生土二层台，二层台宽 0.6、高 0.3 米。偏室内葬 1 人，仰身直肢，头西北脚东南。死者脚趾骨不全。成年女性。死者头骨上侧随葬残铁器 1 件，陶无耳罐 1 件和数颗小石珠（图一五一；图版六六：上；彩版三二上）。

M105　封堆平面呈椭圆形，长径约 9、短径 8.5、约 0.5 米。封土堆边缘铺石环圈，石环圈呈椭圆环状，长径 8.5、短径 8 米。石环圈围铺不甚规整，石环圈的圈宽不一致，宽 1～2 米。封堆中间

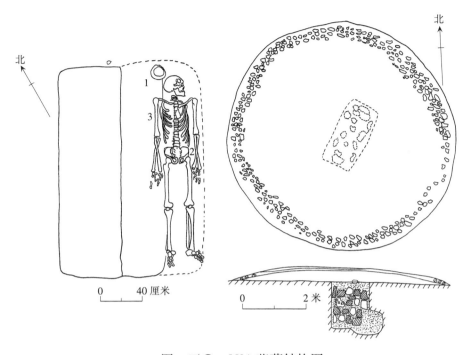

图一五〇　M31 墓葬结构图

1. 陶钵（残）　2. 铜羊饰件　3. 羊椎骨

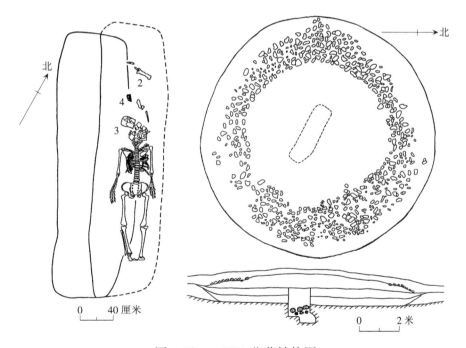

图一五一　M34 墓葬结构图

1. 研磨器（封堆中）　2. 残铁器　3. 陶无耳罐　4. 石珠

铺有零星的石头。墓室在封堆下中部，墓室口开在原地表，呈圆角长方形竖井式墓道，长 2.3、宽 0.8、深 1.4 米。墓道底有南、北两偏室。南偏室为 A，进深 0.53 米，平面呈长方形，长 2、宽 0.56、高约 0.6 米，以石块封口；北偏室为 B，进深 0.47 米，平面呈长方形，长 1.9、宽 0.7、高

0.7 米，以木头封口。两偏室内均葬 1 人，仰身直肢，头西北脚东南。A 室内个体盆骨以上扰乱，骨骼散乱；B 室内人骨保存较好，左上肢扰动。均成年。无随葬品（图一五二）。

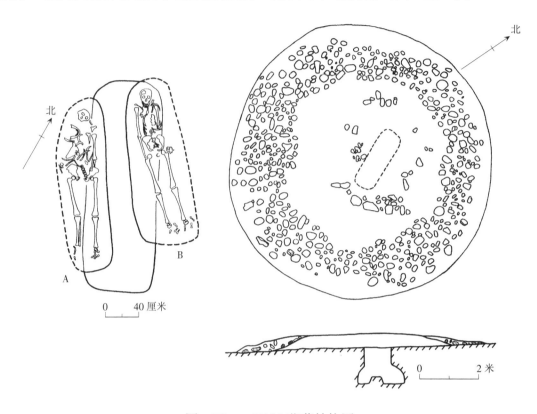

0　　40 厘米

0　　2 米

图一五二　　M105 墓葬结构图

　　M130　封堆平面呈椭圆形，长径 10.7、短径 10、高 1.1 米。封土堆的外缘围铺石环圈，石环圈围铺较为规整，圆环形，直径约 9.5 米。石环圈的圈宽不一，宽 0.7~1.5 米。墓室在封堆下中部，墓室口开在原地表，平面近长方形，长 3、宽 0.8 米，墓深 1.9 米。墓道中填土。偏室开在墓室北壁，偏室较小，偏室西北部较宽，东南部较窄，进深 0.45 米，与偏室相对一侧留生土二层台，二层台宽 0.46、高 0.2 米。偏室内葬 1 人，仰身直肢，头西北脚东南，死者手指骨无，左脚趾骨无，右脚趾骨不全。成年男性。死者头右侧放置一羊骶骨，上侧放一羊椎骨（图一五三）。

　　M124　封堆平面呈圆形，直径 10.2、高 1 米。封堆边缘铺石环圈，石环圈基本规整，圆环状，直径 9.5 米，圆宽约 1 米。墓室在封堆下偏北部，墓口开在原地表，平面呈长方形，长 2.56、西北端宽 1.1、东南端宽 0.9 米，墓深 1.86 米。墓道内填土。偏室开在北壁，进深 0.5 厘米，与偏室相对的一侧留生土二层台二层台宽 0.6、高 0.3 厘米。墓内葬单人，仰身直肢，头西北脚东南。死者的左手指骨无，其余指骨和脚趾骨不全。死者头和右臂外侧随葬 1 排羊椎骨（图一五四）。

　　Bc 型　竖穴二层台墓。

　　M79　封堆平面呈圆形，直径约 9、高 0.6 米。墓葬封土堆的外缘围铺石环圈，石环圈围铺十分规整，铺石环圈的卵石大小均匀，石环圈边缘整齐，圆环形，直径 6.8 米。石环圈的圈宽一致，宽 0.7 米。封堆外围有环沟，圆形，直径 15 米，沟宽 1.3、深 0.5 米。墓室在封堆下中部，墓室口开在

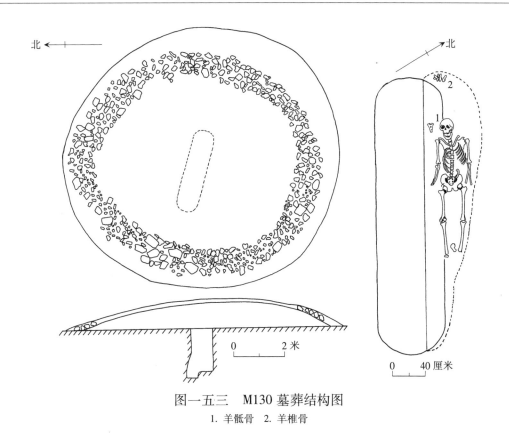

图一五三　M130 墓葬结构图

1. 羊骶骨　2. 羊椎骨

原地表，封堆北部有一大的盗洞，盗洞由墓室东壁至墓室。墓室平面近梯形，西北宽东南窄，长1.4、西北端宽 0.8 米，东南端宽 0.6 米，墓深 1 米。墓道中填石。墓道西部严重扰乱。墓道底两长边留生土二层台，宽 0.2、高 0.1 米。墓室内葬单人，严重扰乱，只留有少量人骨，盗洞口部有几节残肢骨，零星的肋骨。填土中有陶钵、陶杯各 1 件（图一五五）。

M17　封堆平面呈椭圆形，长径 5、短径 3.8、封堆高 0.5 米。大体围成椭圆环形，长径 4.5、短径 3.2 米，石环圈圈宽 1～1.55 米，铺石密集。墓室在封堆下中部，墓口开在原地表。墓道平面呈长方形，长 2.3、宽 1 米，墓深 0.82 米。墓道内填少量的石头。偏室开在墓室的东北壁，进深 0.43 米，与偏室相对一侧留生土二层台，二层台宽 0.46、高 0.48 米。偏室内葬 1 人，仰身直肢，头西南脚东北。死者脚趾骨缺失。成年男性。死者头骨上侧放陶壶 1 件（图一五六）。

M80　封堆平面呈圆形，直径约 8.5、高 0.7 米。墓葬封土堆的外缘围铺石环圈，石环圈围铺十分规整，铺石环圈的卵石大小均匀，石环圈边缘整齐，呈圆环形，直径 7.6 米。石环圈的圈宽基本一致，宽 0.7 米。封堆外围有环沟，圆形，直径 12.7 米，沟宽 0.7、深 0.5 米。封堆有一大的盗洞，盗洞由墓室东壁至墓室。墓室在封堆下中部，墓室口开在原地表。墓室平面近梯形，西北宽东南窄，长 2、西北端宽 1.2、东南端宽 1.1 米，墓深 1.3 米。墓道中填土。墓道西部严重扰乱。墓道底两长边留生土二层台，宽 0.12、高 0.25 米。墓室内葬 1 人，严重扰乱，只在墓室西角留有少量人骨，有几节残肢骨，零星的肋骨，头骨片。墓室北有残陶片（图一五七）。

M82　封堆平面呈圆形，直径约 8.3、高 0.5 米。墓葬封土堆的外缘围铺石环圈，石环圈围铺规整，铺石环圈的卵石大均匀，石环圈呈圆环形，直径 7.5 米。石环圈的圈宽一致，宽 1.6 米。墓室在封堆下中部，墓室口开在原地表。墓室平面近梯形，西北宽东南窄，长 2.1、西北端宽 1.1、东南端宽 0.6 米，墓深 0.83 米。墓道中填土。墓道底南侧长边和东侧短边留生土二层台，宽 0.12～0.7、高 0.25 米。墓室内葬 1 人，位于墓室的北侧，仰身直肢，头西北脚东南，手指骨无，左尺骨无，脚趾骨不全。死者头骨右侧和右臂外侧随葬陶钵 1 件和陶片，在墓室的西角处随葬羊骨 1 件和残铁锥 1 件（图一五八；图版九〇：上）。

M108　封堆平面近椭圆形，长径 11、短径 10、高 0.6 米。上层封堆边缘铺石环圈，围铺基本规整，平面近心形，长 10.5、宽 9.5 米。石圈的圈宽基本相同，宽约 1.5 米。墓室在封堆下中偏北，为长方形竖穴土坑二层台墓。墓室长约 2.2、宽约 1 米，墓深 2.5 米。墓葬的上部填土厚约 0.5 米，土质坚硬，应为夯土，深 0.7 米以下为铺垫封木，封木厚约 0.7 米，纵向一层、横向一层排列，也有斜向排列。封木下为生土二层台，二层台南、北两壁都有，宽约 0.2、高约 0.3 米。墓室内葬单人，仰身直肢，头西北脚东南。老年男性。墓室西角随葬有一羊骶骨，死者肩部随葬陶钵、环首铁刀各 1 件（图一五九；图版九三：下）。

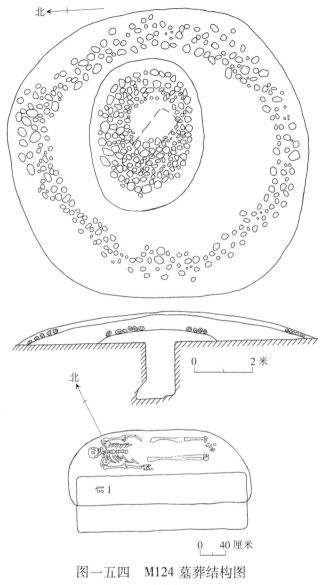

图一五四　M124 墓葬结构图
1. 羊椎骨

M121　封堆平面呈椭圆形，墓葬临断崖，封堆西部局部破坏，残长径 9、短径 8.5、高 0.9 米。封堆边缘铺石环圈，石环圈基本规整，椭圆环状，残长径 8、短径 7.55 米，石圈的圈宽基本一致，宽约 1 米。墓室在封堆下中部，墓口开在原地表，平面呈梯形，西北宽东南窄，长 2.5、西北端宽 0.92、东南端宽 0.6 米，墓深 1.62 米。墓道中填土。墓道底南北长边留生土二层台，二层台修造整齐，南边宽 0.19、北边宽 0.1、高 0.5 米。墓室内葬 1 人，仰身直肢，头西北脚东南。左手压在盆骨下。成年。死者的头部右侧随葬陶无耳罐 1 件，头下压铜针（残）1 枚，胸部有一铁锥（图一六〇）。

M122　封堆平面呈圆形，直径 11、高 1 米。封堆边缘铺石环圈，石环圈基本规整，圆环形，直径 10 米。石圈的圈宽不一，一般宽 0.7 米，最宽约 1.5 米。墓室在封堆下中部，墓口开在原地表，平面呈梯形，东北宽西南窄，长 2.3、东北端宽 1.1、西南端宽 0.6 米，墓深 1.81 米。墓道中填土。墓道底东西长边留生土二层台，二层台修造整齐，宽 0.15、高 0.35 米。墓内葬 1 人，仰身直肢，头

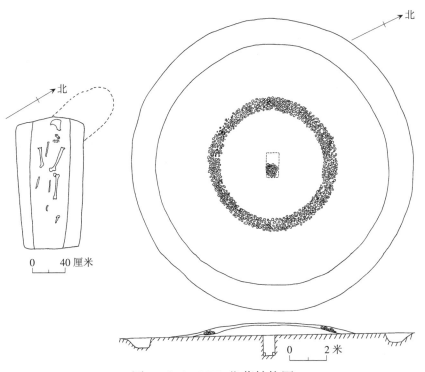

图一五五　M79 墓葬结构图
1. 陶钵（扰土中）　2. 陶杯（扰土中）

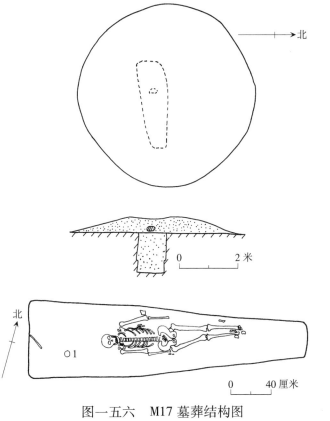

图一五六　M17 墓葬结构图
1. 陶壶

东北脚西南。死者的手指骨无，左手压在盆骨下。
成年，性别不明。死者头部右侧随葬陶器 5 件，
包括钵 3 件及无耳罐、细颈瓶各 1 件，在其中 1
件陶钵内盛羊椎骨（图一六一；图版七八：下）。

　　M113　封堆平面呈椭圆形，长径 10.2、短
径 9.5、高 1 米。封堆边缘铺石环圈，石环圈基
本规整，呈椭圆环形，长径 9、短径 8.5 米，圈
宽 0.9~1.5 米。墓室在封堆下南部，墓口开在
原地表。平面呈长方形，西宽东窄，长 2.2、西
端宽 0.9、东端宽 0.6 米，墓深 1.4 米，墓道南
北长壁下修二层台，墓壁的北部二层台宽 0.3、
南部二层台宽 0.1 米，高 0.32 米。墓道内人骨
上部发现大量木头，排列整齐。墓室内葬 1 人，
仰身直肢，头西北脚东南，指骨无。成年女性。
死者右肩外侧随葬陶钵 2 件，陶钵上端随葬有 1
排羊椎骨（图一六二；图版一〇六：上；彩版
四三：上）。

　　Bd 型　竖穴石棺墓。

　　M99　封堆平面近圆形，最大径 8.5、高
0.65 米，封堆外铺石环圈，外石圈南高北低。

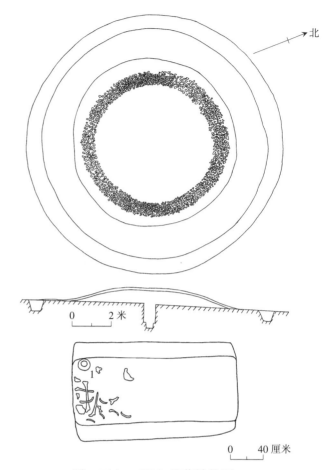

图一五七　M80 墓葬结构图

1. 残陶片（填土中）

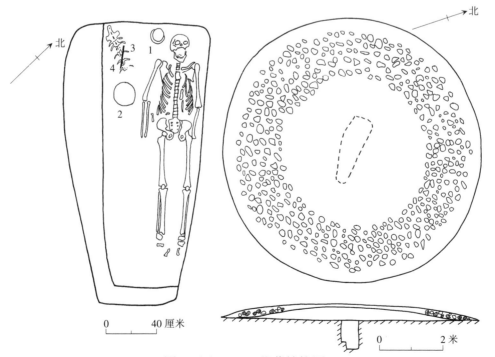

图一五八　M82 墓葬结构图

1. 陶片　2. 陶钵　3. 铁锥（残）　4. 羊骨

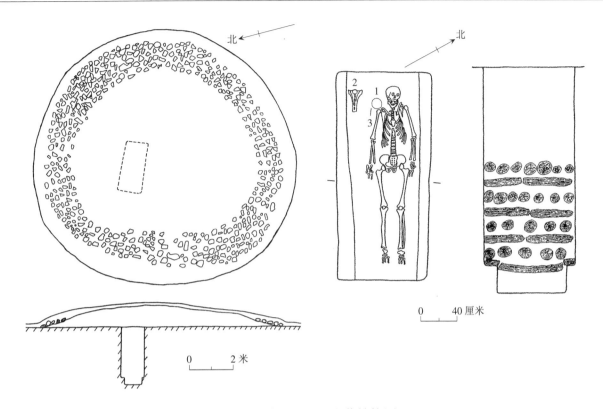

图一五九　M108 墓葬结构图
1. 陶钵　2. 羊骶骨　3. 环首铁刀

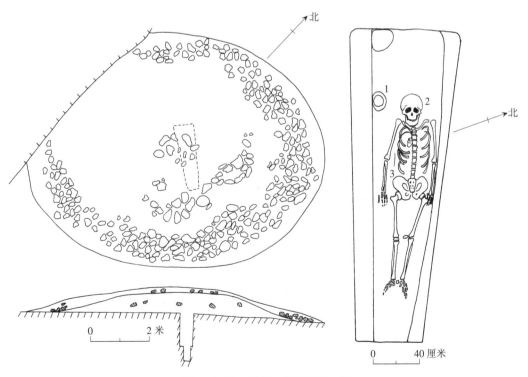

图一六〇　M121 墓葬结构图
1. 陶无耳罐　2. 铜针（残）　3. 铁锥

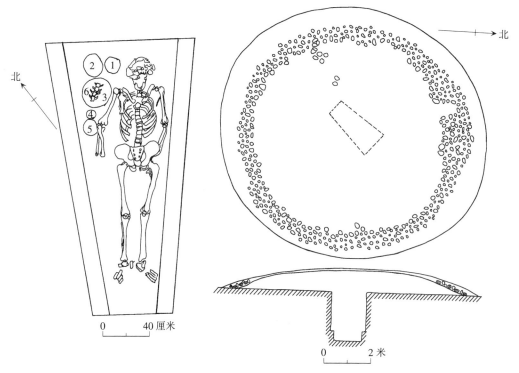

图一六一　M122 墓葬结构图

1. 陶无耳罐　2~4. 陶钵　5. 陶瓶　6. 羊椎骨

墓室口有三块鹅卵石。竖穴土坑石棺墓，平面呈长方形，正东西方向，长 2、宽 1.2、深 1.2 米。底部四周以长方形石条围成一周，长边用较短的板石砌，两端用长板石封堵，上盖一层石板，石板排列紧密，缝隙极小，其上盖数层石板，顶部以大石块封口。墓室内葬 1 人，仰身直肢，头东脚西，青年女性。人骨周围发现散落的项链，由玛瑙珠、六棱状玻璃珠、骨珠、煤精珠等，在左肩部发现一玛瑙项坠，人头骨右侧有一段羊椎骨（图一六三；图版九四：上）。

Be 型　双室墓。

M14　封堆平面呈圆形，直径 6.25、高 0.55 米。封堆边缘铺石环圈，石环圈基本规整，圆环形，

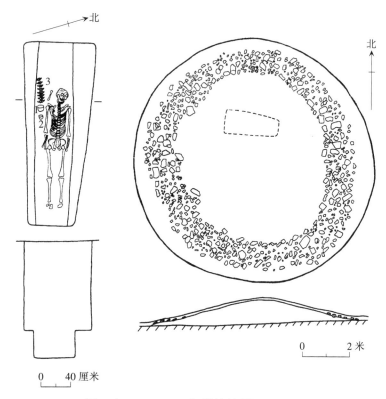

图一六二　M113 墓葬结构图

1、2. 陶钵　3. 羊椎骨

直径 5 米，环圈的宽窄不一，宽 0.5～1 米。封堆下 2 个墓室，平行排列，均在封堆下中部，墓口开在原地表，编号 A、B 墓室。A 室在南，平面近梯形，长 1、西北端宽 0.6、东南端宽 0.5 米，墓深 0.66 米。墓道中填石。墓室为单边二层台，二层台在墓室的北壁，宽 0.2、高 0.12 米。墓室内葬 1 人，为一儿童的残骨，墓室的东部有陶双耳罐 1 件。B 室在北，距 A 室 0.55 米，平面呈长方形，长 1.1、宽 0.53 米，墓深 1.1 米。墓室葬 1 人，只有双小腿骨依生理位置并列，其他残骨堆放在墓室的北角处。骨骼很少。无随葬品（图一六四）。

　　M109　封堆平面呈圆形，直径 8.5、高 0.9 米。封堆边缘铺石环圈，石环圈基本规整，圆环形，直径 7.5 米，环圈宽约 1 米。封堆下 2 个墓室，均为坚穴土坑墓，编号 A、B 墓室。B 室在封堆中部，墓口开在原地表，平面呈长方形，长 2.71、宽 0.9 米，墓深 1.6 米。墓内填土。墓室内葬 1 人，置于墓室的东南角，仰身直肢，头西北脚东南。死者头的右上方随葬陶钵 1 件，身体右侧随葬小铜牌、铜簪、铜针各 1 件，左侧耳部出土铜耳环 1 件。身体右侧还有牛和羊的骶骨。成年性别。A 室在 B 室南侧，墓室的东壁打破 A 室西壁的南部。墓室平面呈长方形，长 2.2、宽 1.4 米，墓深 0.6 米。墓室内葬双人，平列与墓室偏东处。b 个体在东，仰身直肢，头西北脚东南；a 个体在西，葬式奇特，仰身屈肢，左臂上举，右臂屈至胸处，右腿直伸，左腿向左屈，压在右腿上。无随葬品（图一六五；

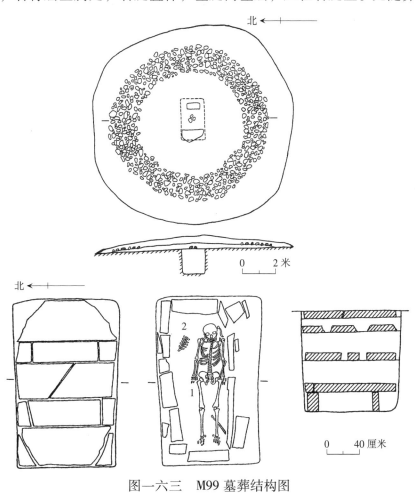

图一六三　M99 墓葬结构图

1. 项珠　2. 羊椎骨

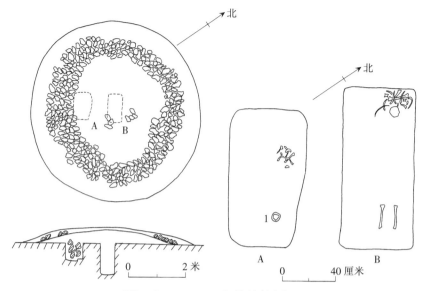

图一六四　M14 墓葬结构图

A：1. 陶双耳罐

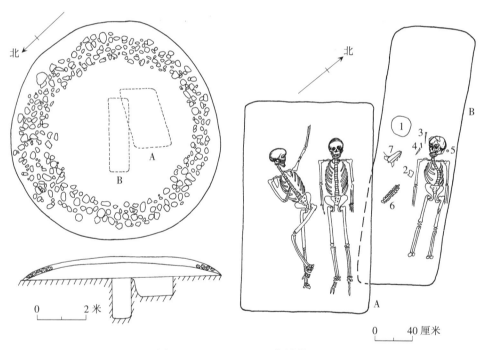

图一六五　M109 墓葬结构图

B：1. 陶钵　2. 铜牌饰　3. 铜簪　4. 铜针（残）　5. 铜耳环　6. 羊骶骨　7. 牛骶骨

图版七九；彩版三六：下）。

　　M114　封堆平面呈椭圆形，长径 16、短径 14.7、高 0.8 米。封堆边缘铺石环圈，石环圈基本规整，椭圆环形，长径 11、短径 10.5 米，石环圈宽窄一致，用大小不同的砾石围铺而成，石环圈的环宽约 1.3 米。封堆下 2 个墓室，东北为 A 墓室，西南为 B 墓室，均为长方形竖穴土坑墓。A 室长 2.85、宽 1.8 米，墓深 1.85 米，底部南、北两侧有熟土二层台，二层台的高 0.3、宽 0.1 米，二层台上排列木头。墓室填土中有大量石块。墓室内葬成年男女各 1 人，皆为仰身直肢，头西北脚东南。两个体并列，胸骨略有扰动。a 个体为女性，在南侧，头骨上方发现毛毡片，毛毡片中包裹铜簪 2 根，头侧有铜簪 2 件（其中 1 件残），头骨右侧随葬一牛骶骨，骶骨旁见 1 件锈蚀严重的铁器痕；b 个体为男性，在北侧，头骨右上方随葬陶无耳罐 1 件。B 室距 A 室 1.4 米，长 1.1、宽 0.45 米，墓深 1.84 米。墓室底用石板围成石棺室，石板厚 0.04 ~ 0.06、高 0.25 米。墓室填土上部有石堆，高出墓室开口层面。墓室内葬一婴儿，尸骨保存状况较差，从残朽情况判断头西北脚东南。无随葬品（图一六六；图版九四：下）。

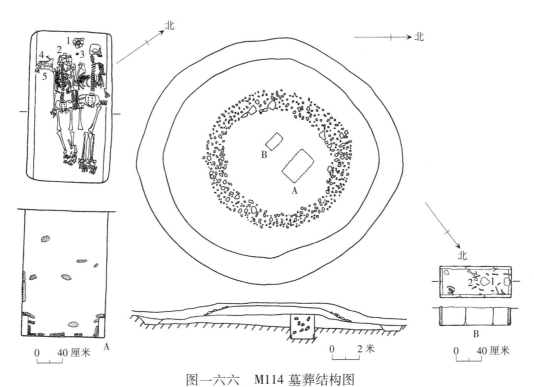

图一六六　M114 墓葬结构图

A：1. 陶无耳罐　2. 铜簪（2 件）　3. 铜簪（残）、铁簪　4. 牛骶骨　5. 铁器（残）

　　C 型　土堆双石环圈墓。这类型墓葬在原地表挖出竖穴墓坑，部分墓坑中填石。墓室口上封土，封堆外缘用卵石围一石圈，然后再封土，再在外围封堆的外缘，用卵石铺一周石圈。依墓室结构不同，分三亚型。

　　Ca 型　竖穴土坑墓。

　　M97　封堆平面呈椭圆形，长径 9、短径 8.5、高 1.2 米。墓葬上层封土堆的外缘围铺石环圈，石环圈围铺规整，卵石大小均匀，环边整齐，围成椭圆环形，与封堆大小一样，石环圈的环宽基本一致，宽 1 米。下层土封堆呈圆丘状，封堆的边缘铺以石环圈，石环圈围铺规整，卵石大小均匀，环边整齐，围成圆环形，直径 5 米，环的西部有一段缺口，缺口宽约 1 米。封堆外围有圆形环沟，直径 17 米，沟宽约 1、深 0.7 米。墓室在封堆下中部，墓室口开在原地表，平面呈梯形，西北宽东南窄，长 2.7、西北端宽 1.1、东南宽 0.96 米，墓深 1.53 米。墓内填土。墓室南壁有很窄的二层台，二层台宽 0.1、高 0.15 米。墓室的西北有一盗洞至墓室。墓内葬 1 人，仅小腿骨保存完好，依生理位置排列，

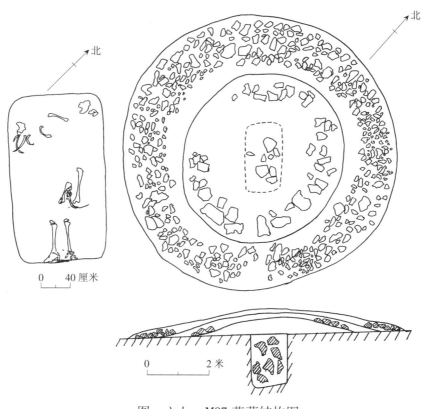

图一六七　　M97 墓葬结构图

其他骨骼较少，散乱，被盗扰，人的一些残骨盗扰至盗洞中。成年。无随葬品（图一六七）。

M84　封堆平面呈圆形，直径约7、高0.6米。墓葬上层封土堆的外缘围铺石环圈，石环圈围铺较为规整，大体为圆环形，直径约6.5米，石环圈的环宽基本一致，宽约1米。下层土封堆呈圆丘状，封堆上有零散的铺石，大体铺成圆环形，圆环的南部铺石很少，直径4、环宽约0.5米。墓室在封堆下中部，墓室口开在原地表，平面近长方形，长1.7、宽1米，墓深1.3米。墓内填土、石，填石较少。墓室内葬1人，仅小腿骨保存完好，依生理位置排列，人的其他骨骼较少，散乱，仅有1节股骨、几节肋骨和盆骨残片。从小腿骨排列情况看，死者仰身直肢，头西北脚东南。成年。无随葬品（图版八八：下）。

M49　封堆平面呈椭圆形，长径13、短径12.5、高0.85米。上层封土堆的外缘围铺石环圈，石环圈围铺较为规整，围成椭圆环形，长径12、短径11.5米，围铺石环圈的卵石大均匀，石环圈宽窄不一，石环圈的西部窄，东部宽，西部宽约1、东部宽1.5米。下层封堆呈圆丘状，封堆边缘铺石，构成内侧石圈，围成椭圆环形，长径5.8、短径4.1米，环圈的宽窄一致，宽1.5米。封堆中有一盗坑，未盗至墓室。封堆外围有环沟，环沟呈圆形，直径18.5米，沟宽约2、深约0.6米。竖穴土坑墓，平面呈长方形，长3、宽1.5米，墓深2.5米，墓内距地表约0.7米处有一层比较平整的填石，距地表约1.5米处在墓道南侧有纵向排列的原木，北侧填大块的岩石，上面用木头横向排列封口。墓室内葬1人，仰身直肢，头东北脚西南。死者手指骨不全。成年男性。在头部上方随葬有1排羊骶骨（图一六八；图版七〇：上、七五：上、九九：下；彩版三三：上）。

Cb 型　竖穴偏室墓。

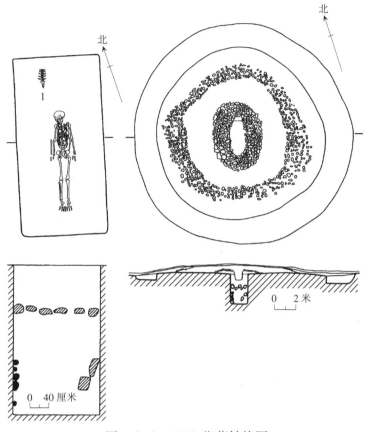

图一六八　M49 墓葬结构图

1. 羊骶骨

M191　封堆平面呈椭圆形，长径5.8、短径4.25、高0.4米。上层封土堆的外缘围铺石环圈，石环圈大部破坏，仅有东南侧局部，长3.5、环圈宽1米。下层封堆为平缓的圆丘状，封堆上多用双排卵围成桃形石环圈，长2、环圈宽0.7米。墓室在封堆下中部，墓室口开在原地表。墓道平面呈长椭圆形，长2.3、宽0.9米，墓深1.9米。偏室开在墓道北壁，进深0.4米。墓道内填石。偏室内葬1人，骨骼零乱，但骨骼较全。墓室西侧有头骨和肢骨等，东侧有人的下肢骨等。成年。乱骨间有羊椎骨2排、铁器（残）1件。

Cc 型　竖穴二层台墓。

M15　封堆为圆形土丘，顶部较平，外围环沟已经被耕地破坏，不十分明显。封堆上面铺石，然后再封土，铺石围。墓室为竖穴土坑二层台墓。墓室东西向，西宽东窄，墓口长3.2、西端宽1.4、东端宽1.3米，墓深2.6米。二层台上原铺一层木头，西端被扰，铺木厚0.3～0.4米。墓室内葬1人，一次葬，死者颈骨以下在生理位置，无头骨，上部零乱，原葬式应为仰身直肢。头骨附近随葬有彩陶勺杯和陶钵各1件（图版八七：下）。

M48　封堆平面呈椭圆形，长径11.5、短径10.5、高1米。上层封土堆的外缘围铺石环圈，石环圈围铺较为规整，围成椭圆环形，长径10、短径9米，围铺石环圈的卵石大均匀，石环圈宽窄基本相同，宽1～1.5米。下层封堆呈圆丘状，封堆边缘铺石，围成内侧石圈，呈椭圆环形，长径5.5、短径4.5米，环圈宽1～1.5米。封堆外围有环沟，环沟平面呈椭圆形，长径24、短径23米，沟宽约

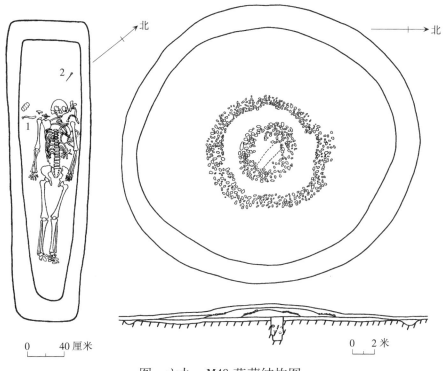

0　　40 厘米

0　　2 米

图一六九　　M48 墓葬结构图

1. 铜匙　2. 羊椎骨

1.5、深约 0.5 米。墓室在封堆下中部，墓室口开在原地表。墓室平面呈长梯形，西北宽东南窄，长
3、西北端宽 0.8、东南端长 0.6 米，墓深 1.98 米。墓室填土中有许多零星的石块，墓道中有一根长
约 1 米斜向上方的立木。墓道下部四壁留出生土二层台。东西端头的二层台宽，宽 0.5 米，南北长边
的二层台窄，宽 0.3 米。墓室内葬 1 人，仰身直肢，头西北脚东南，脖颈处的骨略乱。成年女性。墓
室内随葬铜匙 1 件，死者头骨北侧随葬几节羊椎骨（图一六九；图版七〇：下、一〇〇：下）。

　　M13　封堆平面呈椭圆形，长径 10.92、短径 9.2、高 0.7 米。上层封土堆的外缘围铺石环圈，石
环圈围铺较为规整，围成椭圆环形，长径 9.3、短径 8 米，围铺石环圈的卵石大均匀，石环圈宽窄不
一，东部宽 0.9 米，南部宽 2 米。下层封堆呈圆丘状，封堆边缘铺石，构成内侧石圈，围成椭圆环
形，长径 4、短径 3.4 米，环圈宽 0.5～1.5 米。墓室在封堆下中部，墓室口开在原地表。墓室平面呈
长方形，长 2.3、宽 1.3 米，墓深 0.65 米。墓道填土中有少量石块，填土中出土铜耳环、牛、羊残
骨。墓道下南北长边留出生土二层台，南侧的二层台宽 0.25 米，北侧在北壁的西部有二层台，宽
0.15 米，二层台高 0.13 米。墓室内葬 1 人，仰身直肢，头西北脚东南，手指骨和脚趾骨不全。成年
男性。无随葬品（图一七〇）。

　　D 型　土堆石环圈铺石墓。这类墓葬，由原地表挖出墓坑，部分墓坑中填石。在墓室口的封土堆
上铺卵石，然后再在其上封土，形成新的封土堆，再在新的封土堆外缘铺卵石，形成外围卵石圈。
大多数墓葬在封堆的外围，挖一圆形环沟，表示墓的茔区。依墓室结构不同，分为五亚型。

　　Da 型　竖穴土坑墓。

　　M2　封堆平面呈椭圆形，长径 9、短径 7.5、高 1 米。上层封土堆的外缘围铺石环圈，石环圈围铺

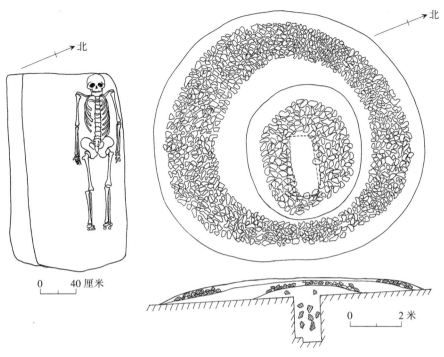

图一七〇　M13 墓葬结构图

规整，围成椭圆环形，长径 8.25、短径 7 米，围铺石环圈的卵石大均匀，环宽约 1.15 米。下层封堆上铺石，平面呈椭圆形，长径 2.8、短径 2 米，封堆中长宽均约 1 米的区间不铺石。封堆外围有环沟，环沟呈圆形，直径 17.5 米，沟宽约 1.15、深约 0.45 米。墓室在封堆下中部，墓室口开在原地表。墓内填土中有少量填石。墓室平面呈梯形，长 2.76、西端宽 1.4、东端宽 1.3 米，墓深 1.2 米。墓室内葬 1 人，二次葬。有平行排列的腿骨及散置的盆骨、头骨，上肢、椎骨和肋骨很少。墓内随葬羊下颌骨 1 块、陶钵（残）1 件（图一七一；图版七一：下）。

　　M5　封堆平面呈圆形，直径约 8、高 0.9 米。上层封土堆的外缘围铺石环圈，石环圈围铺规整，石环圈边缘整齐，围成椭圆环形，长径 6.7、短径 6.5 米，围铺石环圈的卵石均匀，环宽 0.8～1.2 米。下层封堆上铺石，平面呈圆形，卵石大小均匀，铺石密集，直径 3 米。封堆外围有环沟，环沟呈圆形，直径 12.85 米，沟宽 0.8、深约 0.3 米。墓室在封堆下中部，墓室口开在原地表。墓内填土中有少量填石。墓室平面近长方形，长 2.6、西端宽 1、东端宽 0.6 米，墓深 1 米。墓室内葬 1 人，仰身直肢，头西北脚东南。死者的手指骨和脚趾骨不全。成年男性。随葬有陶罐、铜镜、鸟首状铜簪（残）、铁器（残）、金片、石珠等（图一七二；图版七一：上、九五：下）。

　　M9　封堆平面呈圆形，直径约 7.5、高 0.75 米。上层封土堆的外缘围铺石环圈，石环圈围铺规整，石环圈边缘整齐，围成圆环形，直径约 4.5 米。围铺石环圈的卵石大小均匀，环宽基本一致，宽约 0.5 米。下层封堆上铺石，平面呈圆形，直径 1.5 米，卵石大小均匀，铺石密集。墓室在封堆下中部，墓室口开在原地表。墓内填土中有少量填石。墓室平面近长方形，长 2、宽 0.7 米，墓深 0.9 米。墓室内葬 1 人，仰身直肢，头西北脚东南。死者的手指骨和脚趾骨不全。青年女性。死者右肩外侧放置几节羊肋骨和陶单耳罐 1 件，右小臂外放陶钵 1 件（图一七三；彩版四〇：上）。

　　M21　封堆平面呈椭圆形，长径 7.3、短径 6.5、高 1.75 米。上层封土堆的外缘围铺石环圈，石

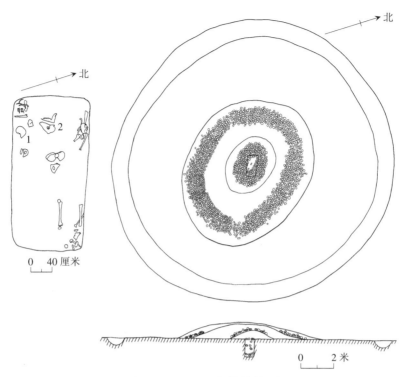

图一七一　M2 墓葬结构图
1. 陶钵（残）　2. 羊下颌骨

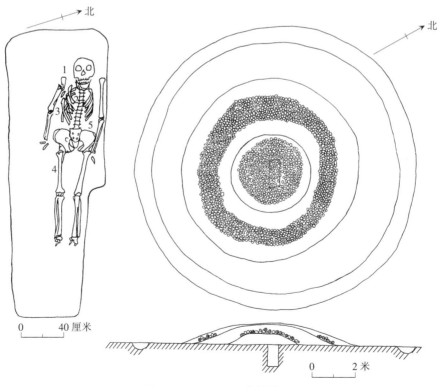

图一七二　M5 墓葬结构图
1. 铜镜　2. 鸟首状铜簪（残）　3. 铁器（残）　4. 金片　5. 石珠

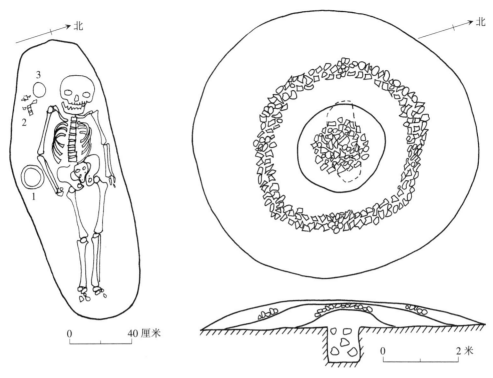

图一七三　M9 墓葬结构图
1. 陶钵　2. 羊肋骨　3. 陶单耳罐

环圈围铺不甚规整，环大体呈椭圆形，长径 6.5、短径 5.5 米。石环圈的环宽不一，南部窄，北部宽，南端环宽约 1、北部环宽 1.25 米。下层封堆呈圆丘状，上部铺石，平面近椭圆形，南部局部未铺石，环长径 3.25、短径 2.7 米。墓室在封堆下中部，墓室口开在原地表。墓室平面近梯形，东西长 1.83、西端宽 0.9、东端宽 0.6 米，墓深 1.2 米。墓室葬 1 人，仰身直肢，头西北脚东南，双手指骨缺失，脚趾骨不全。儿童。死者头骨右上侧随葬陶钵 1 件、羊椎骨 1 排（图一七四；图版一〇三：下）。

M41　封堆平面呈椭圆形，长径 13、短径 12、高 1.1 米。上层封土堆的外缘围铺石环圈，石环圈围铺草率，围成椭圆环形，长径 12.5、短径 11.5 米，围铺石环圈的卵石大小均匀，环宽约 1.5 米。下层封堆上铺石，平面呈椭圆形，长径 4.5、短径 3.35 米，封堆中长宽约 1 米的区间不铺。封堆外围有环沟，环沟呈椭圆形，长径 19.5 米，短径 20.5 米。沟宽 1.5 米左右，沟深 0.5 米左右。墓室在封堆下中部，墓室口开在原地表。墓内填土中有少量填石。墓室平面呈长方形，长 2.6、宽 1 米，墓深 1.6 米。墓底南侧有二层台，宽 1、高 0.3 米。墓室内葬 2 人，均一次葬，仰身直肢，头西北脚东南。二人不在一个层位上。南侧个体 a 置于二层台上，位置偏东，头与北侧个体的盆骨平齐，右手屈至盆骨处。成年男性。北侧个体置于墓室底。成年女性。封堆内出土了一些零散的陶片，墓室内无随葬品（图一七五；图版六七：上、八三：上；彩版三一：上）。

M42　封堆平面呈椭圆形，长径 13、短径 11、高 1.1 米。上层封土堆的外缘围铺石环圈，石环圈围铺较为规整，围成椭圆环形，长径 11.5、短径 9.7 米，围铺石环圈的卵石大小均匀，石环圈宽窄不一，宽 1 ~ 2.5 米。下层封堆上铺石，平面呈椭圆形，长径 4.1、短径 3 米，封堆中长 1.6、宽 0.5 米的范围内不铺石。封堆外围有环沟，环沟呈椭圆形，长径 21、短径 19.5 米，沟宽约 1.5、深约 0.5

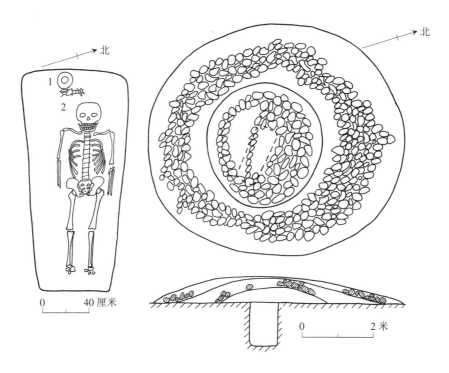

图一七四　M21 墓葬结构图
1. 陶钵　2. 羊椎骨

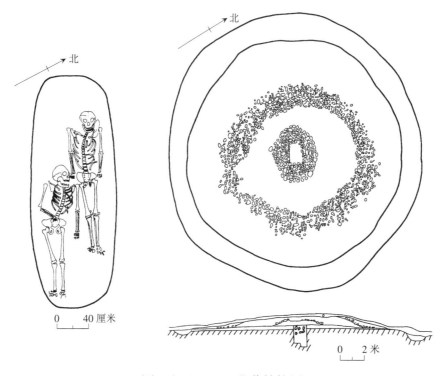

图一七五　M41 墓葬结构图

米。墓室在封堆下中部，墓室口开在原地表。墓室平面呈长方形，长 2.15、宽 0.7～0.8 米，墓深 1.6 米。墓内上部层层填石，下部顺墓室铺 2 层圆木，圆木直径约 0.2 米，圆木和填石之间填隔 1 层土，圆木间也有隔层土。墓内葬 1 人，仰身直肢，头西北脚东南。男性，50 岁左右。死者头部右上侧随葬陶器 3 件，包括无耳罐 2 件、钵 1 件，随葬羊椎骨 1 排，东北角随葬牛椎骨 3 节（图一七六；图版八三：下；彩版三六：上）。

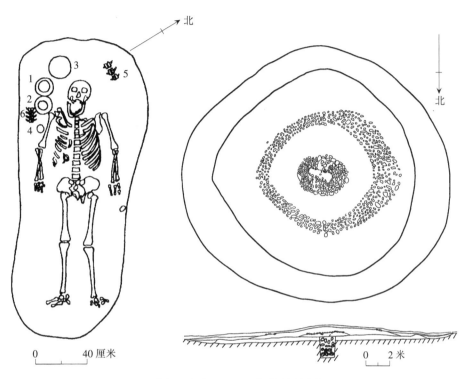

图一七六　M42 墓葬结构图

1～3. 陶无耳罐　4. 陶钵　4. 羊椎　5. 牛椎骨

M50　封堆平面呈椭圆形，长径 9、短径 8、高 0.6 米。上层封土堆的边缘围铺石环圈，围铺成椭圆形石环圈状，长径 8.3、短径 7.5 米，石环圈的宽窄不一，宽 1～2 米。下层封堆呈圆丘状，封堆上铺石近椭圆形，长径 4、短径 3 米，卵石大小均匀。封堆外围有环沟，环沟围成椭圆形，长径 16、短径 15 米，沟宽约 1、深约 0.5 米。墓室平面呈长方形，长 2.26、宽约 0.66 米，墓深约 1.3 米。墓内填有少量卵石。墓室内葬 1 人，仰身直肢，头西北脚东南，无手指骨，上肢扰乱，为小女孩。头顶部随葬羊椎骨 1 排，墓室西北角出有陶钵 1 件（图一七七；图版七三：上、九九：上）。

M55　封堆平面呈圆角方形，直径 13 米，高 1 米。外层封堆的边缘围铺石环圈，围铺十分整齐，平面呈圆角方形，直径 12.6 米，石环圈的宽窄一致，边缘整齐，卵石围铺均匀，宽 2 米。下层封堆呈圆丘状，封堆上铺石近椭圆形，长径 5、短径 4.5 米，封堆中部下凹。封堆外围有环沟，环沟围成圆形，直径 23 米，沟宽约 1.5、深 0.5 米。墓室在封堆下中部，墓室口开在原地表。墓室平面近椭圆形，长径 2.9、短径约 2 米，墓深约 2.4 米。墓内填土为灰黑色，从开口到墓底都有填石，填石分数层，每层之间有约 0.4 米的填土。墓底中央从距地表 1.8 米处至底纵向竖立一排板状砂质岩石，将墓道分为南、北两部分。墓道内从深 2 米处至墓室底均有人骨，散乱分布于板状岩石两侧。墓室内葬 1

人，骨骼散乱。除头骨缺失外，其余部分均比较齐全，两下肢骨摆放规整，判断头向西北。成年男性。墓室西部发现羊椎骨1排，封石堆下墓室东南随葬石磨盘1套，磨盘一大一小，并排放置，墓室底部发现骨镞4枚（图一七八）。

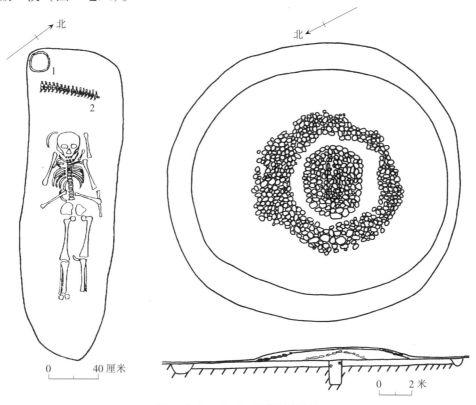

图一七七　M50墓葬结构图

1. 陶钵　2. 羊椎骨

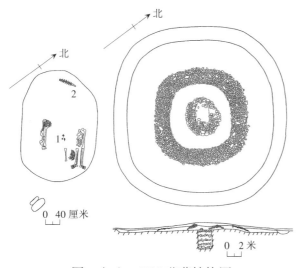

图一七八　M55墓葬结构图

1. 骨镞（4枚）　2. 羊椎骨

M75　封堆平面呈圆形，直径8、高0.75米。上层封土堆的外缘围铺石环圈，石环圈围铺规整，呈圆环状，石环圈围铺规整，卵石大小均匀，直径8、环宽约0.6米。下层封堆呈圆丘状，上铺石平面呈圆形，直径2.5米。墓室在封堆下中部，墓室口开在原地表，平面呈长方形，长2.5、宽1米。墓内填土，墓深1.9米。墓室内葬1人，位于墓室的西南，仰身直肢，头西北脚东南。死者双手指骨无，脚趾骨不全。成年女性。死者头上端墓室西角放牛骶骨1块，墓底见残铁杵、铁钩、环首铁刀各1件（图一七九）。

M76　封堆平面呈椭圆形，长径10、短径9、高0.75米。上层封土堆的外缘围铺石环圈，

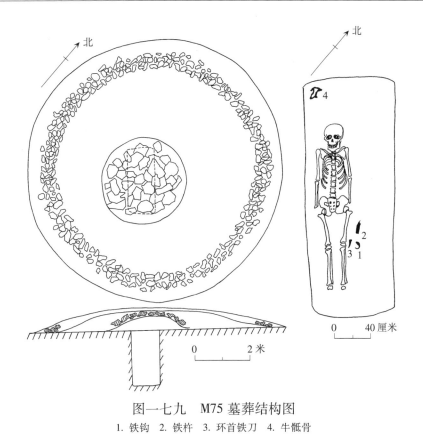

图一七九　M75 墓葬结构图

1. 铁钩　2. 铁杵　3. 环首铁刀　4. 牛骶骨

石环圈围铺规整，椭圆环形，长径 9、短径 8.5 米，围铺石环圈的卵石大小均匀，环宽约 0.5 米。下层封堆上铺石，平面呈椭圆形，长径 4.7、短径 4 米。墓室在封堆下中部，墓室口开在原地表，平面呈梯形，长 2.3、西北宽 1、东南宽 0.7 米，墓深 1.5 米，墓内填土。墓室内葬 1 人，位于墓室的东南，仰身直肢，头西北脚东南。死者的右手指骨无，右脚趾骨不全。墓底出土刻纹骨牌 1 件，死者臂骨右侧随葬陶钵 1 件，还有残铁器，陶钵一侧随葬见一具小动物骨骼（图一八〇；图版八五：上）。

M96　封堆平面近圆形，直径约 8.5、高 0.7 米。封土堆的外缘围铺石环圈，石环圈围铺较为规整，大体为圆环形，直径约 8 米。石环圈的环宽基本一致，宽约 1 米。下层封堆中部铺石，平面近椭圆形，长径 1.8、短径 1.5 米。墓室在封堆下中部，墓室口开在原地表，平面呈长方形，长 1.8、宽 0.8 米，墓深 1.7 米。墓内填土。墓室内葬 1 人，仰身直肢，头西北脚东南。死者的左手指骨无，其他指骨和趾骨不全。成年。死者头骨的右侧随葬陶钵、铜耳环各 1 件，腰的右侧随葬羊和牛骶骨各一（图一八一）。

M100　封堆平面呈椭圆形，长径 7.5、短径 7、高 0.67 米。上层封土堆的外缘围铺石环圈，石环圈围铺较为规整，为圆环形，直径约 7 米。石环圈的环宽基本一致，宽约 1 米。下层封堆呈圆丘状，中部铺石，平面近椭圆形，长径 3.78、短径 3.5 米。墓室在封堆下中部，墓室口开在原地表，平面呈梯形，西北窄东南宽，长 1.72、西北宽 1、东南宽 1.18 米，墓深 1.37 米。墓内填土。墓室内葬 1 人，位于墓室西北侧，骨骼残乱，大体呈仰身直肢，头西北脚东南。成年。死者头骨的右侧随葬陶钵 2 件、陶杯（残）1 件，耳部随葬玛瑙珠 1 颗（图一八二）。

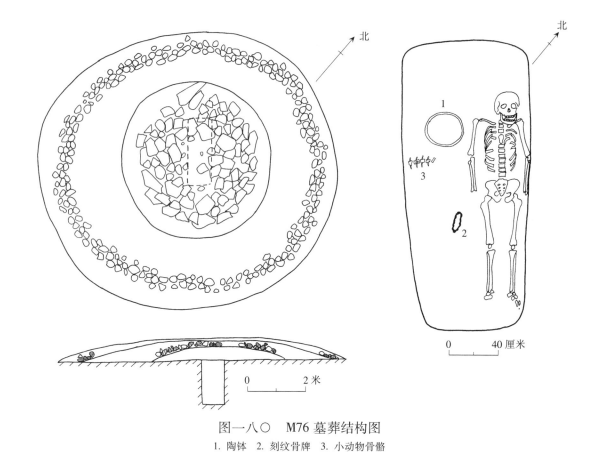

图一八〇　　M76 墓葬结构图
1. 陶钵　2. 刻纹骨牌　3. 小动物骨骼

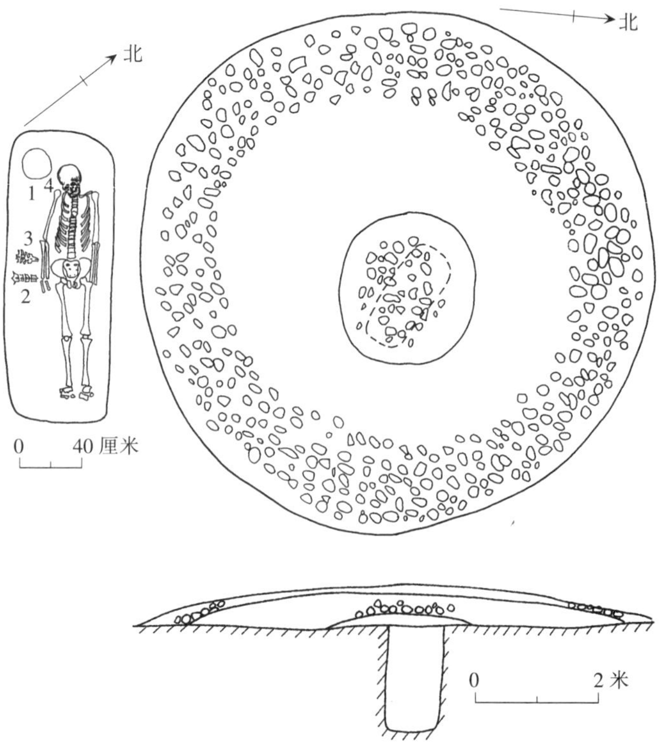

图一八一　　M96 墓葬结构图
1. 陶钵　2. 羊骶骨　3. 牛骶骨　4. 铜耳环

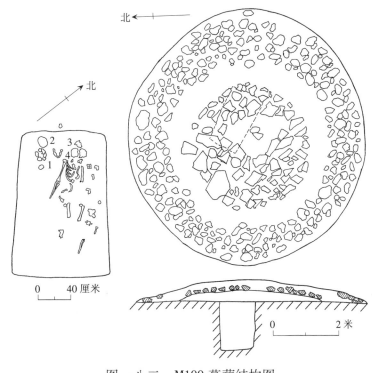

图一八二　M100 墓葬结构图
1. 陶杯（残）　2、3. 陶钵　4. 玛瑙珠

M103　封堆平面近椭圆形，长径 9、短径 8.5、高 0.8 米。上层封堆边缘铺石环圈，石环圈围铺规整，平面呈椭圆形，长径 8.5、短径 7.9 米，环宽相同，宽 1.4 米。下层封堆呈圆丘状，封堆上铺石，平面近椭圆形，长径 4.5、短径 4 米。墓室在封堆下中部，平面呈长方形，长 2.54、北部宽约 0.6、南部宽约 0.8 米，墓深约 2.04 米。墓室中有圆木构成的"井"字葬具，头端有两根横梁，长 1.8、宽 0.65 米。墓室内葬 1 人，仰身直肢，头西北脚东南，肢骨较齐全。成年女性。头骨西侧随葬铁器（残）、铜匙各 1 件，墓底有陶罐 1 件（图一八三；图版九六：下）。

M107　封堆平面呈椭圆形，长径 13、短径 12、高 1.45 米。外层封堆边缘围铺石环圈，围成椭圆形，长径 12、短径 10.6 米。石环圈围铺规整，环宽基本相同，宽约 2 米左右。下层封堆呈圆丘状，上面铺石平面呈椭圆形，长径 5.5、短径 4.5 米。墓室在封堆下中部，墓室口开在原地表，平面呈长方形，长 2.04、宽 1.04 米，墓深 2.04 米。墓内有零星木头。墓室内葬 2 人，骨骼基本完整，均为仰身直肢，均头西北脚东南，北侧个体为成年男性，南侧个体为成年女性。死者手指骨无，脚趾骨不全。女性头骨西侧随葬有陶钵 2 件、陶单耳罐 1 件，男女头骨之间出土银耳环 1 件、铜簪 1 件。男性左侧盆骨下随葬头骨牌饰 1 件，女性右手附近随葬有铁器，女性头骨上侧随葬铜耳环 1 件，女性右上肢骨附近随葬有一动物头骨（图一八四；图版一〇七：上）。

M110　封堆平面呈椭圆形，长径 13、短径 10.5、高 0.7 米。外层封堆边缘围铺石环圈，石环圈围成椭圆形，长径 12、短径 9.6 米。石环圈围铺基本规整，环宽不一，最窄处 0.5、最宽处 2 米。下层封堆上铺石，铺石零散，铺以卵石或砾石，平面呈不规则形，长 7、宽 6 米。墓室在封堆下中部，墓室口开在原地表，平面呈长方形，长 1.8、西北宽 1.3、东南宽 0.9 米，墓深 2.15 米。墓内上层填

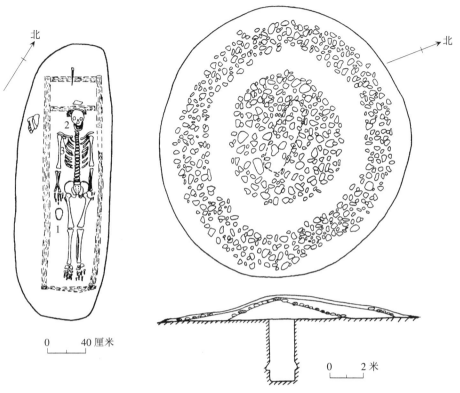

图一八三　M103 墓葬结构图

1. 陶罐　2. 铜匙　3. 铁器（残）

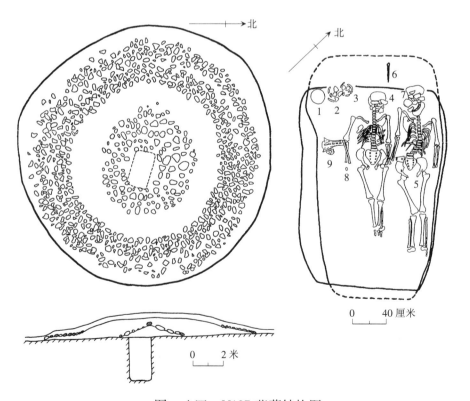

图一八四　M107 墓葬结构图

1、3. 陶钵　2. 陶单耳罐　4. 铜簪　5. 骨牌饰　6. 铜耳环　7. 银耳环（残）　8. 铁器（残）　9. 动物头骨

土土质坚硬，似经过踩踏，墓室的底部西南角扩出。墓室内葬1人，仰身直肢，头西北脚东南，胸骨扰乱。成年男性。死者头骨附近有陶钵1件，上身外侧出土铜扣1件，左下肢骨外侧出土砺石1件，右下肢骨外侧放铁剑1把，木鞘已朽（图一八五；图版一〇四：上）。

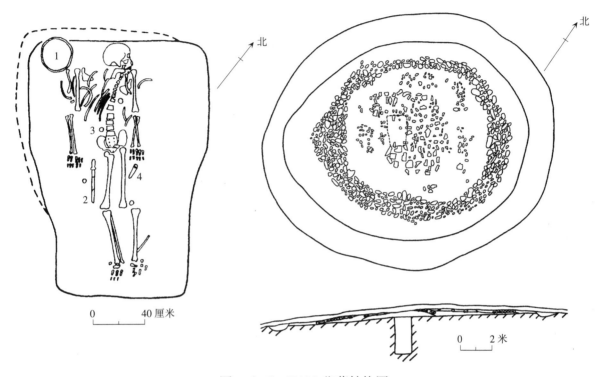

图一八五　M110 墓葬结构图

1. 陶钵　2. 铁剑（残）　3. 铜扣　4. 砺石

　　M38　封堆为椭圆形，长径15、短径14、高1.8米。外层封堆边缘围铺石环圈，围成椭圆状，长径14、短径12.6米。石环圈围铺规整，卵石大小均匀，环宽1.5～3米，石环圈围的内部空间大体为长方形。下层封堆呈圆丘状，上面铺石平面呈椭圆形，长径5、短径4米，封堆中间长、宽1～2米的长方形范围内无铺石。封堆外围有圆环形壕沟，围成椭圆形，长径26.8、短径24.6米，沟宽2、深0.85米。墓室在封堆下中部，墓室口开在原地表，平面呈长方形，长2.7、宽0.8米，墓深2米。墓内层层填石。墓室口小底大略呈袋状。墓室内葬1人，位于墓室的南壁下，仰身直肢，头西北脚东南。墓室内见有朽的圆木，似有木质葬具。死者头骨右上侧随葬陶单耳罐1件，墓室西壁下有羊椎骨1排和铁刀（残）1件，死者肋骨上方左右各出土金箔片1件，右小臂骨到盆骨下、左大腿骨上端内侧、左手指骨下方各见有残铁器，左大腿骨下出土骨镞6枚、羊距骨1块（图一八六；图版六七：下；彩版三一：下）。

　　Db 型　竖穴偏室墓。

　　M131　封堆平面近椭圆形，直径8、高1.3米。封堆外缘铺石环，石环带平面近椭圆形。墓室为偏室，内葬1人。一次葬，仰身直肢。儿童。无随葬品（图版七二：上）。

　　M4　封堆平面呈圆形，直径10、高1.6米。上层封土堆的外缘围铺石环圈，石环圈围铺不甚规整，大体呈椭圆形，长径9.5、短径8.5米。石环圈的宽窄不一，断续相连，南端窄，北端宽，南端

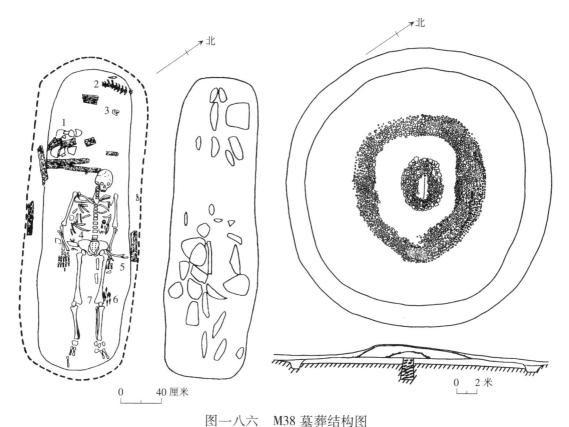

图一八六　M38 墓葬结构图

1. 陶单耳罐　2. 羊椎骨　3. 铁刀（残）　4. 金箔片　5. 铁器（残）　6. 骨镞（6枚）　7. 羊距骨

环宽约 1、北端环宽 2 米。下层封堆呈圆丘状，上部铺石，平面近椭圆形，长径 4.5、短径 3.5 米。墓室在封堆下中部，墓室口开在原地表。墓道平面呈圆角长方形，长 2.1、宽约 1 米，墓深 0.81 米。墓道中有坚硬的黄土，可能经过踩踏，下有少量填石。偏室开在墓室的北壁，进深 0.6 米，与偏室相对一侧留生土二层台。偏室内葬 1 人，仰身直肢，头西北脚东南，手压在盆骨下。成年男性。死者头骨右上侧随葬陶钵 1 件、羊椎骨 1 排，身体一侧有木板痕（图一八七；图版九五：上）。

　　M32　封堆平面呈椭圆形，长径 18.3、短径 12.8、封堆高 1.5 米。上层封土堆的外缘围铺石环圈，石环圈围铺较为规整，大体呈弧边菱形，长 17、宽 11.5 米。石环圈的环宽不一，宽 1 ~ 2.5 米。下层封堆呈圆丘状，上部铺石，平面近椭圆形，长径 6、短径 4.5 米，用卵石或块状砾石铺成，铺石大小均匀，中间长 2.7、宽 0.7 米的范围内无铺石。封堆外有围沟，呈椭圆形，长径 24、短径 20 米，沟宽约 1.5、深 0.5 米。墓室在封堆下中部，墓室开在原地表。墓道平面呈圆角长方形长 2.8、宽 1 米，深 1.6 米。墓道中有坚硬的黄土，可能经过踩踏，下有少量填石。偏室开在墓室的东北壁，进深 0.7 米，与偏室相对一侧留生土二层台，宽 1、高 0.2 米。偏室内葬 1 人，仰身直肢，头西北脚东南，右手手骨上绘有图案，疑为纹身。成年男性。死者头骨右上侧随葬陶瓶 1 件、铁器 1 件、羊椎骨 1 排（图一八八；图版六八：上）。

　　M37　封堆平面呈椭圆形，长径 13、短径 10、高 1.8 米。上层封土堆的外缘围铺石环圈，石环圈围铺较为规整，大体为椭圆环形，长径 11.5、短径为 10 米。石环圈的环宽窄不一，宽 1.5 ~ 2 米。下层封堆呈圆丘状，上部铺石，平面近椭圆形，长径 4.4、短径 3.8 米，用卵石或块状砾石铺成，封堆

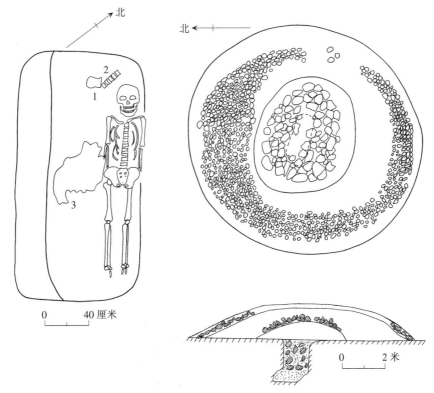

图一八七　M4 墓葬结构图

1. 陶钵　2. 羊椎骨　3. 木板痕

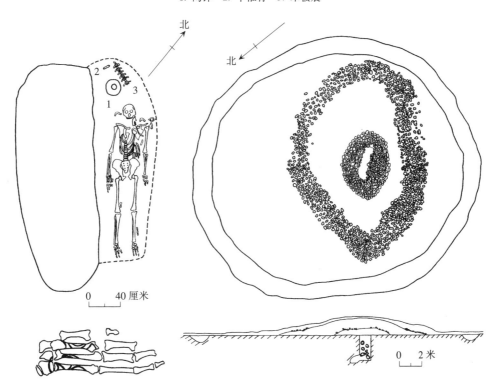

图一八八　M32 墓葬结构图

1. 陶瓶　2. 铁器（残）　3. 羊椎骨

中间未铺石。封堆外围有环沟，围成椭圆形，长径 20、短径 17.5 米，沟宽约 1.2、深 0.5 米。墓室在封堆下中部，墓室口开在原地表，平面呈长方形，墓道长 2.5、最宽处 1.5、最窄处 0.8 米，墓深1.9 米，墓道内填石。偏室开在墓室的北壁，进深 0.35 米，与偏室相对一侧留生土二层台，二层台宽 0.4、高 0.25 米。偏室口用圆木封，封木外积石。偏室内葬 1 人，仰身直肢，头西北脚东南。青年女性。头部附近随葬羊椎骨 1 排、骨簪首 1 件，腰间随葬铁钩 1 件（图一八九；图版六九：下、八二）。

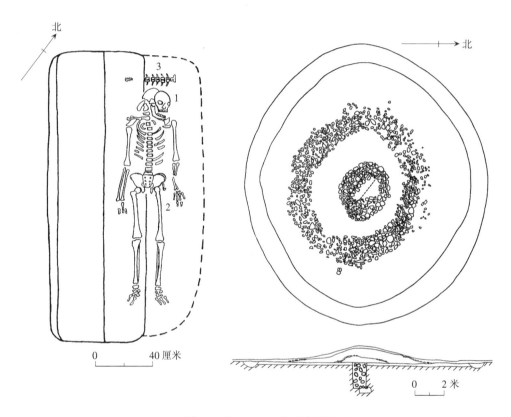

图一八九　M37 墓葬结构图

1. 骨簪首　2. 铁钩　3. 羊椎骨

M39　封堆平面呈圆形，直径约 8.5、高 1.5 米。上层封土堆的外缘围铺石环圈，石环圈围铺较为规整，卵石大小均匀，围成圆环状，环的边缘整齐，直径 8 米。石环圈的环宽相同，宽1.14 米。下层封堆呈圆丘状，上部铺石，平面近椭圆形，长径 2.2、短径 1.6 米，封堆上有盗洞，盗洞直到墓室，封堆中间铺石被破坏。封堆外围有环沟，围成椭圆形，长径 14.5、短径 14米，沟宽约 1、深 0.35 米。墓室在封堆下中部，墓室口开在原地表，平面呈长椭圆形，墓道长2.7、宽 0.8 米，墓深 1 米。墓道内有填石。偏室开在墓室的北壁，进深 0.4 米。偏室内葬 1 人，小腿骨以上严重盗扰，骨骼凌乱，偏室有排放整齐的小腿骨，墓道底部有股骨，墓室的西端有残的肢骨、骶骨、髋骨、几节椎骨、肋骨等，大致可判断人骨架头西北脚东南。成年男性。墓道中出有残铁件（图一九〇）。

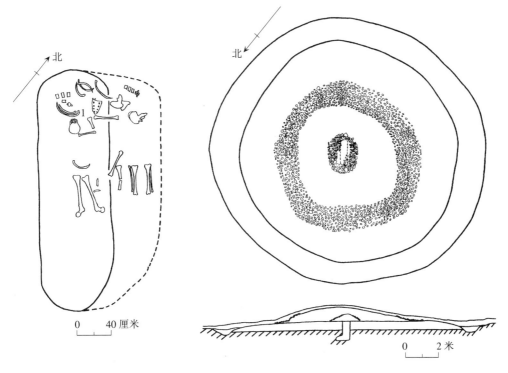

图一九〇　M39 墓葬结构图
1. 铁器（残）

M46　封堆平面呈椭圆形，长径 10.9、短径 9.5、高 1 米。上层封土堆的外缘围铺石环圈，石环圈围铺较为规整，卵石大小均匀，围成椭圆环形，环的边缘整齐，长径 10、短径 9 米。石环圈的环宽不同，西部窄，东部宽，西部环宽约 1、东部环宽约 2 米。下层封堆呈圆丘状，上部铺石，平面近圆形，直径 4 米。封堆外围有环沟，围成椭圆形，长径 12、短径 11 米，沟宽约 0.8、深 0.65 米。地表封堆土中出土石研磨器 1 件，残。墓室在封堆下中部，墓室口开在原地表，平面呈长方形，墓道长 2.85、宽 0.85 米，墓深 2.3 米。偏室开在墓室的北壁，进深 0.3 米。墓道上部填少量石头，下部填少量细圆木。偏室内葬 1 人，仰身直肢，头西北脚东南。死者手指骨缺失，脚趾骨不全，双腿向内弯曲。死者半身在偏室内，半身在墓道内。成年女性。死者右臂外侧放羊椎骨 1 排，头旁有铜耳环（残）1 件（图一九一；图版七七：上）。

M51　封堆平面呈椭圆形，长径 10、短径 8.5、高 1 米。上层封土堆的外缘围铺石环圈，石环圈围铺较为规整，大体为椭圆环形，长径 9、短径 8 米。石环圈的环宽窄不一，宽 0.5～1 米。下层封堆呈圆丘状，上部铺石，平面近圆形，直径约 4.4 米，用卵石或块状砾石铺成。封堆外围有环沟，围成椭圆形，长径 12.5、短径 11.5 米，沟宽约 1.2、深 0.5 米。墓室在封堆下中部，墓室口开在原地表，平面呈长方形，墓道长 3.1、宽 0.8 米，墓深 2.1。墓道中填土。偏室开在墓室的北壁，进深 0.65 米，与偏室相对一侧留生土二层台，二层台宽 0.4、高 0.2 米。偏室内葬 1 人，仰身直肢，头西北脚东南。成年女性。墓室的西端随葬陶无耳罐、金耳环、铁刀（残）各 1 件及羊椎骨 1 排（图一九二）。

M52　封堆平面呈圆形，直径 10、高 0.7 米。封土堆的外缘围铺石环圈，石环圈围铺较为规整，大体为椭圆环形，长径 9.5、短径 9 米。石环圈的环宽窄不一，宽 0.5～1.5 米。下层封堆呈圆丘状，

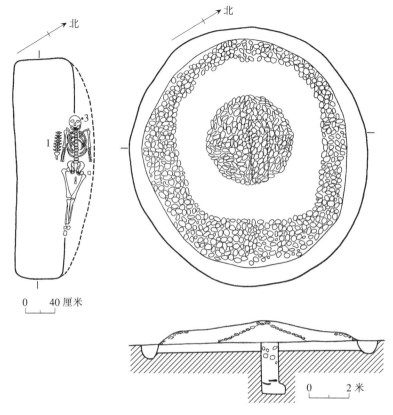

图一九一　M46 墓葬结构图

1. 羊椎骨　2. 石研磨器（残，封土中）　3. 铜耳环（残）

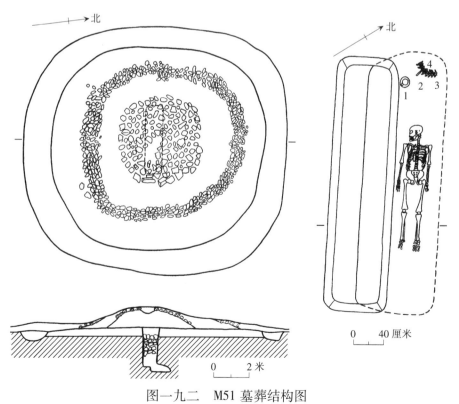

图一九二　M51 墓葬结构图

1. 陶无耳罐　2. 金耳环　3. 铁刀（残）　4. 羊椎骨

上部铺石，铺石均为块状砾石，平面近椭圆形，长径 4、短径 3 米，封堆外围有环沟，围成圆形，直径 16 米，沟宽约 1、深 0.5 米。墓室在封堆下中部，墓室口开在原地表，平面近长方形，墓道长 3、宽 0.6，墓深 1.8 米，墓道中填石。偏室开在墓室的北壁，进深 0.32 米。偏室内葬 1 人，仰身直肢，头西北脚东南。成年女性。墓底西北壁发现牛骶骨 1 块、羊椎骨 1 排、铁刀（残）1 件，头骨旁出土金耳环 1 件，颈部出土料珠（图一九三；图版九七：上）。

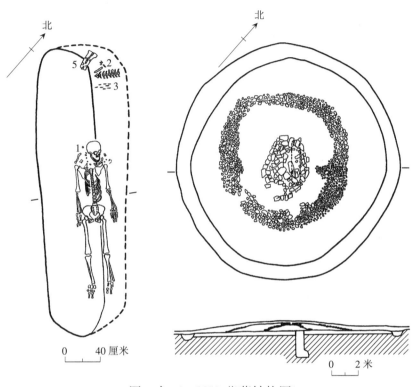

图一九三　M52 墓葬结构图
1. 金耳环　2. 铁刀（残）　3. 羊椎骨　4. 料珠　5. 牛骶骨

M53　封堆平面呈椭圆形，长径 8、短径 7、高 0.9 米。封土堆的外缘围铺石环圈，石环圈围铺较为规整，大体为椭圆环形，长径 7.5、短径 6.7 米。石环圈的环宽窄不一，宽 0.5～1 米。下层封堆呈圆丘状，上部铺石，平面近椭圆形，长径 4、短径 3.5 米，用卵石或块状砾石铺成。封堆外围有环沟，围成椭圆形，长径 16、短径 13.5 米，沟宽约 1.2、深 0.7 米。墓室在封堆下中部，墓室口开在原地表，平面呈长方形，墓道长 3.1、宽 0.7 米，墓深 1.8 米。墓道中填土。偏室开在墓室的北壁，进深 0.37 米。偏室内葬 1 人，仰身直肢，头西北脚东南，右脚趾骨不全。成年。头骨附近出土金耳环 1 对、玛瑙珠 24 颗、残铁器 1 件及羊骶骨，腰间出土铁带扣 1 件（图一九四；彩版四〇：中）。

M54　封堆平面呈椭圆形，长径 13、短径 11.7、高 1.3 米。封土堆的外缘围铺石环圈，石环圈围铺较为规整，大体为椭圆环形，长径 11.5、短径 11 米。石环圈的环宽窄基本相同，宽约 1.5 米。下层封堆呈圆丘状，上部铺石，平面近椭圆形，长径 4.5、短径 3.5 米，封堆外围有环沟，围成椭圆形，长径 24、短径 23 米，沟宽约 1.2、深 0.7 米。墓室在封堆下中部，墓室口开在原地表，平面呈长方形，墓道长 2.71、宽 1 米，墓深 2.5 米。墓道中填土、石。偏室开在墓室的北壁，进深 0.8 米。偏室内葬 1 人，仰身直肢，头西北脚东南，右脚趾骨无，其他指趾骨不全。成年男性。墓道中出土柱

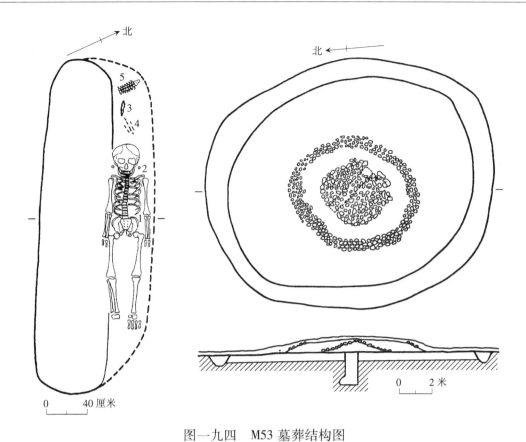

图一九四　M53 墓葬结构图

1. 铁带扣　2. 金耳环（1 对）　3. 铁器（残）　4. 玛瑙珠（24 颗）　5. 羊骶骨

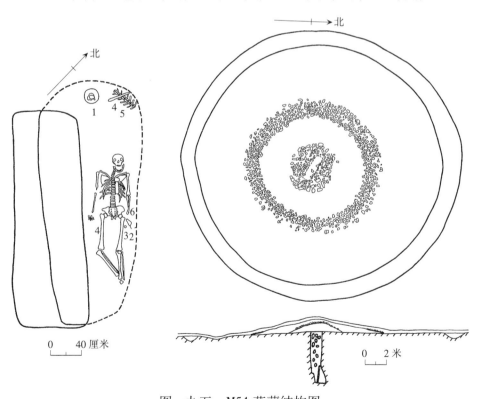

图一九五　M54 墓葬结构图

1. 陶单耳罐　2. 柱状铜饰　3. 铜扣　4. 铁刀（残）　5. 羊椎骨　6. 不规则形石器

状铜饰件 1 件，死者头骨上方随葬陶单耳罐 1 件，罐口盖小片石，旁边有羊椎骨，羊椎骨旁置残铁刀
1 件，腿骨旁置残铁刀、铜扣各 1 件，墓坑中出土不规则形石器 1 件（图一九五；图版九七：下；彩
版三四：上）。

M56　封堆平面呈椭圆形，长径 11、短径 10、高 1 米。上层封土堆的外缘围铺石环圈，石环圈
围铺较为规整，大体为椭圆环形，长径 10.5、短径 10 米。石环圈的环宽窄不一，宽 1.5 ~ 3 米。下层
封堆呈圆丘状，上部铺石，平面近椭圆形，长径 3.5、短径 3 米，用卵石或块状砾石铺成。封堆外围
有环沟，围成椭圆形，长径 17、短径 15 米。沟宽约 1、深 0.35 米。墓室在封堆下中部，墓室口开在
原地表，平面呈长方形，墓道长 2.4、宽 1 米，墓深 1.2 米。墓道中填土。偏室开在墓室的东壁，进
深 0.42 米。偏室内葬 1 人，仰身直肢，头西北脚东南。成年男性。死者头骨右上方随葬有陶钵 1 件、
羊椎骨 1 排及小铁刀 1 件（图一九六；图版一〇一：下；彩版四二：下）。

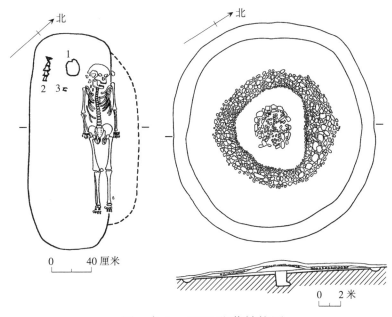

图一九六　M56 墓葬结构图
1. 陶钵　2. 羊椎骨　3. 残铁刀

M57　封堆平面呈椭圆形，长径 8、短径 7.5、高 0.6 米。上层封土堆的外缘围铺石环圈，石环圈
围铺较为规整，大体呈圆形，直径 7.6 米。石环圈的环宽窄不一，宽 1 ~ 1.6 米。下层封堆呈圆丘状，
上部铺石，平面近圆形，直径 3.5 米，用卵石和块状砾石铺成。封堆外围有两条环沟，均围成圆形，
内侧围沟直径 9 米，沟宽约 0.5、深 0.25 米；外侧围沟直径 13.2 米，沟宽 0.5、深 0.25 米。墓室在
封堆下中部，墓室口开在原地表，平面呈圆角长方形，墓道长 1.8、宽 0.6 米，墓深 1.2 米。墓道中
部填以块状砾石。偏室开在墓的东壁，进深 0.6 米。与偏室相对一侧留生土二层台，二层台宽 0.2、
高 0.3 米。偏室口用石板封堵。偏室内葬 1 人，仰身直肢，头西北脚东南，为一小孩。小孩头骨的右
上侧随葬有铁刀 1 件、陶无耳罐 1 件和羊椎骨 1 排，墓底有铁带扣 1 件（图一九七；图版七五：下；
彩版三四：下）。

M58　封堆平面呈椭圆形，长径 13.8、短径 12.5、高 1.4 米。上层封土堆的外缘围铺石环圈，石

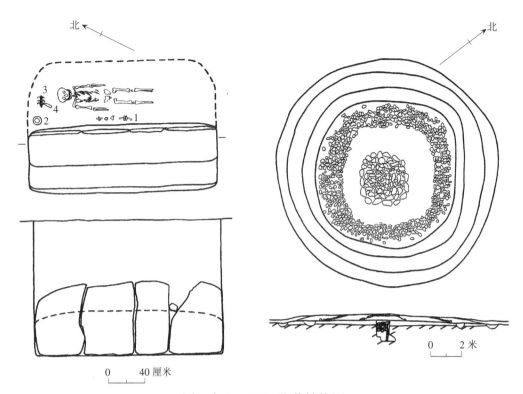

图一九七　　M57 墓葬结构图

1. 铁带扣　2. 陶无耳罐　3. 羊椎骨　4. 铁刀（残）

环圈围铺较为规整，大体呈椭圆形，长径 13、短径 12 米。石环圈的环宽窄不一，南部宽 2、北部宽 3.5 米。下层封堆呈圆丘状，上部铺石，平面近椭圆形，长径 4.5、短径 3.5 米，封堆中部被破坏。封堆外围有环沟，围成椭圆形，长径 20.5、短径 19 米，沟宽 2.4、深约 0.8 米。墓室在封堆下中部，墓室口开在原地表，平面呈圆角长方形，长 2.64、宽 0.7 米，墓深 2.14 米。墓道内填满大石块，且夹杂有散乱的骨骼。偏室开在墓的东壁，进深 0.9 米，与偏室相对一侧留生土二层台，二层台的宽 0.42 米，高 0.3 米，偏室靠近西侧一头较宽，东侧较窄，偏室口被长板石封堵。墓室及墓道内人骨散乱不全。封堆中部有盗洞，盗至墓室。墓内葬 1 人，骨骼扰乱，仅存少量人骨，主要有残肢骨、少量肋骨、髋骨等集中发现于墓道的西角和偏室的西角，无头骨。成年男性。在墓室中部，随葬有陶无耳罐 1 件、骨镞 1 件和铁刀（残）1 件（图一九八；图版七三：下）。

M59　封堆平面近圆形，直径 8、高 0.84 米。上层封土堆的外缘围铺石环圈，石环圈围铺较为规整，大体成圆形，直径 7.5 米。石环圈的环宽窄基本相同，宽约 1.5 米。下层封堆呈圆丘状，上部铺石，平面近椭圆形，长径 3.6、短径 3 米。封堆外围有环沟，围成椭圆形，长径 19.3、短径 18 米，沟宽 1、深约 0.7 米。墓室在封堆下中部，墓室口开在原地表，平面呈东西向长方形，墓道长约 2.4、宽约 0.5 米，墓深 1.68 米。偏室开在墓的北壁，进深 0.7 米。偏室内葬 1 人，仰身直肢，头西北脚东南，死者的手指骨无。成年男性。头骨右侧随葬陶钵 1 件、羊椎骨 1 排，羊椎骨上有残铁刀 1 件（图一九九；图版七七：中）。

M65　封堆平面呈圆形，直径约 10、高 1.2 米。上层封土堆的外缘围铺石环圈，石环圈围铺较为规整，圆形，直径 9.5 米。石环圈的环宽窄相同，宽 0.9 米。下层封堆呈圆丘状，上部铺石，平面近

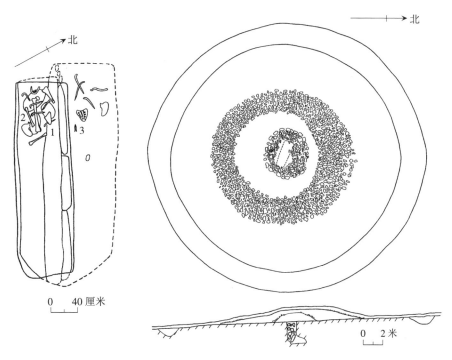

图一九八 M58 墓葬结构图
1. 陶无耳罐 2. 铁刀 3. 骨镞（残）

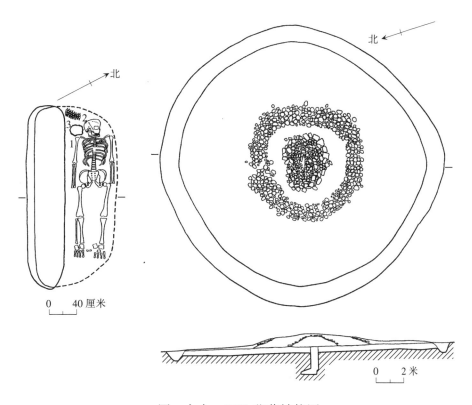

图一九九 M59 墓葬结构图
1. 陶钵 2. 羊椎骨 3. 铁刀（残）

椭圆形，长径 4.5、短径 3.5 米，封堆中部被破坏，有盗坑，盗入墓室西部。封堆外围有环沟，围成椭圆形，长径 22、短径 21 米，沟宽 1.2、深约 0.5 米。在外围石圈北部发现 3 处烧土痕迹，其中 1 处在外层石圈上，1 处位于外石圈内，1 处在外石圈外，土色暗红，夹杂黑土，并有木炭痕迹。墓室开口于内石堆之下原地表，平面呈圆角长方形，长 2.88、宽 1.56 米，墓深 1.8 米。偏室开在墓道东壁，进深 0.8 米。墓道内有少量填石。偏室内葬 1 人，仰身直肢，头西北脚东南。15～16 岁的少年。死者头西部随葬羊椎骨，墓室最西侧随葬陶单耳杯 1 件，头骨附近随葬铁簪 1 件及羊椎骨 1 排（图二〇〇；图版九八：上）。

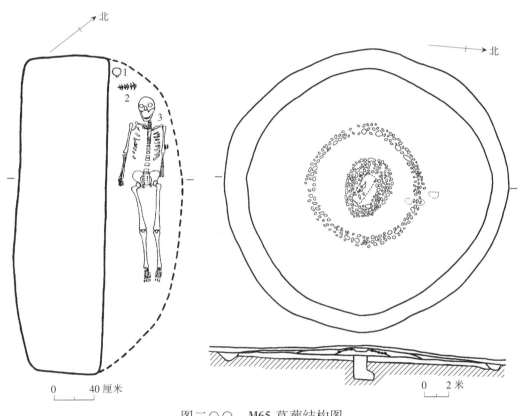

图二〇〇　M65 墓葬结构图

1. 陶单耳杯　2. 铁簪　3. 羊椎骨

M66　封堆平面呈椭圆形，长径 10、短径 8、高 0.8 米。上层封土堆的外缘围铺石环圈，石环圈围铺草率，西部石环圈断续不全，东部石环圈围铺较好，大体围成椭圆环形，长径 9.9、短径 7 米。下层封堆呈圆丘状，上部铺石，平面近椭圆形，长径 3.5、短径 2.5 米。封堆外有围沟，呈椭圆形，长径 21、短径 16.5 米，沟宽约 1.5、深约 0.7 米。墓室在封堆下中部，平面呈东西向长方形，墓道长约 2.5、宽约 0.6 米，墓深 1.66 米。偏室开在墓的东壁，进深 0.6 米。与偏室相对一侧留生土二层台，二层台宽约 0.18、高约 0.38 米。偏室西部向内掏成龛状，放置随葬品。偏室内葬 1 人，仰身直肢，头西北脚东南，左手骨无，其他手指和脚趾不全。成年男性。墓室西北的头龛中随葬陶无耳罐、马鞍形石磨盘各 1 件和羊椎骨 1 排。

M67　封堆平面呈椭圆形，长径 10、短径 8、高 1.1 米。上层封土堆的外缘围铺石环圈，石环圈

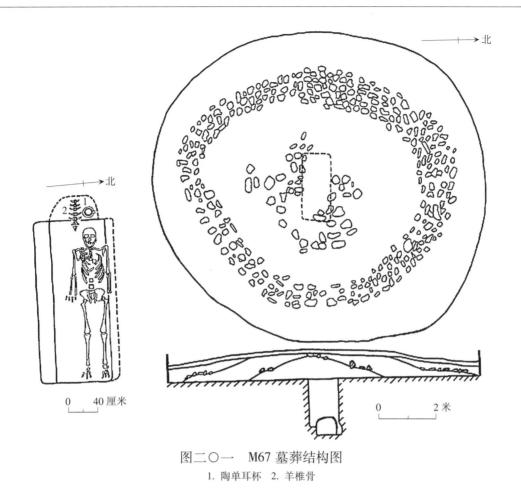

图二〇一　M67 墓葬结构图
1. 陶单耳杯　2. 羊椎骨

围铺较规整，围铺的卵石大小均匀，石环圈为椭圆环形，长径 9、短径 7.2 米。石环圈的环宽窄不一，西部较宽，宽 1.2 米，东部较窄，宽 0.4 米。下层封堆呈圆丘状，上部有零散的铺石。墓室在封堆下中部，平面呈长方形，墓道长约 2、宽约 0.9 米，墓深 1.7 米。墓道内部填土非常松软，且土质较黑。偏室开在墓的北壁。与偏室相对一侧留生土二层台，二层台宽 0.2、高约 0.25 米。在墓道的西壁掏出头龛，龛中放置随葬品。龛呈半圆形，宽 0.6、深 0.3 米。墓室内葬 1 人，仰身直肢，头西脚东，死者左手指骨无，其他手指和脚趾不全。成年男性。头龛内随葬有羊椎骨 1 排及陶单耳杯 1 件（图二〇一）。

M68　封堆平面呈圆形，直径 13.5、高 0.9 米。上层封土堆的外缘围铺石环圈，石环圈围铺较规整，围铺的卵石大小均匀，石环圈为圆环形，直径 11.9 米。石环圈宽窄基本相同，宽 2~2.5 米。下层封堆呈圆丘状，上部铺石，呈椭圆形，长径 4、短径 3 米。封堆中间未铺石，有浅的盗坑。墓室在封堆下中部，墓室开在原地表，平面呈长椭圆形，墓道长 2.5、宽 1.1 米，墓深 1.7 米。墓道内有大量填石。偏室开在墓室北壁，进深 0.2 米。与偏室相对一侧留生土二层台，宽 0.3、高 0.2 米。墓室内葬 1 人，仰身直肢，头西脚东，肢骨略扰乱，手指骨无，脚趾骨不全。成年男性。死者头骨右上方随葬陶无耳罐、铁锥各 1 件及羊椎骨 1 排（图二〇二；图版六八：下、九八：下）。

M69　封堆平面呈圆形，直径 9、高 1.7 米。上层封土堆的外缘围铺石环圈，石环圈围铺较规整，围铺的卵石大小不均匀，外侧围铺较大的卵石，内侧围铺小的卵石。石环圈为圆环形，直径 8.5 米。

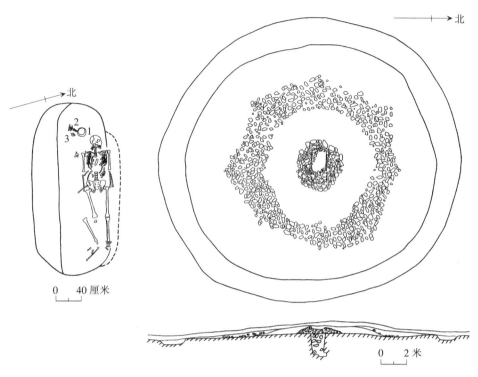

图二〇二　M68 墓葬结构图
1. 陶无耳罐　2. 铁锥　3. 羊椎骨

石环圈宽窄基本相同，宽约 2 米左右。下层封堆呈圆丘状，上部铺石，呈圆形，直径 3.5 米。封堆中间铺石较少。封堆外有围沟，围沟呈圆形，直径 24 米，沟宽 1.9~2.2、深 0.4~0.5 米。墓室在封堆下中部，墓室口开在原地表，平面呈长方形，墓道长 2.5、宽 0.85 米，墓深 2.02 米，偏室开在墓室北壁，进深 0.3 米。与偏室相对一侧留生土二层台，二层台宽 0.5、高 0.35 米。墓道内填有卵石，偏室开口处有封木。墓室内葬 1 人，仰身直肢，头西北脚东南。成年男性。头骨西北侧随葬羊椎骨 1 排，旁边有残铁器 1 件（图二〇三）。

M70　封堆平面呈椭圆形，长径 10、短径 9、高 1 米。上层封土堆的外缘围铺石环圈，石环圈围铺较规整，围铺成椭圆环形，围铺的卵石大小均匀，长径 9.8、短径 8.8 米。石环圈宽窄基本相同，宽约 1 米。下层封堆呈圆丘状，上部铺石，近椭圆形，椭圆形铺石的外缘铺以较大石板，内铺散乱的卵石，直径 3.8 米，封堆中间铺石较少。封堆外有围沟，围沟呈椭圆形，长 13.5、短径 13 米，沟宽 0.7~0.75、深 0.3 米。封堆中出土马鞍形石磨盘 1 件。墓室在封堆下中部，墓室开在原地表，平面呈圆角长方形，墓道开口长 3、宽 0.8 米，墓道底长 2.8、宽 0.6 米，深 1.5 米。墓道填土中夹杂大石块。偏室开在墓的北壁，进深 0.4 米。与偏室相对一侧留生土二层台，二层台宽 0.4、高 0.25 米。偏室口用长板石封堵。偏室内葬 1 人，仰身直肢，头西北脚东南，手指骨、脚趾骨部分缺失。成年男性。死者头上端随葬陶无耳罐、双耳罐各 1 件，双耳罐罐口盖小石片，还有铁器（残）1 件、羊椎骨 1 排。右手下放铜环 1 件，双腿间放马鞍形石磨盘 1 件，左腿外侧随葬骨镞 3 枚（图二〇四；图版一〇二：下）。

M71　封堆平面呈椭圆形，长径 13.5、短径 12、高 0.8 米。上层封土堆的外缘围铺石环圈，石环

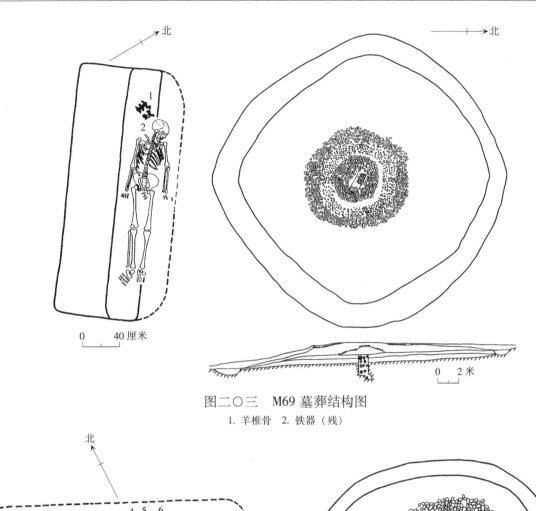

图二〇三　M69 墓葬结构图

1. 羊椎骨　2. 铁器（残）

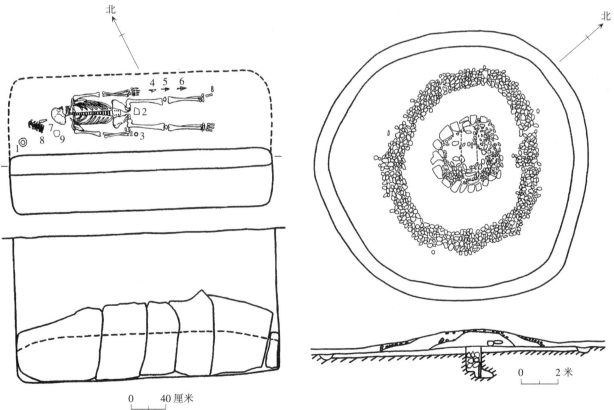

图二〇四　M70 墓葬结构图

1. 陶无耳罐　2. 马鞍形石磨盘　3. 铜环　4~6. 骨镞　7. 铁器（残）　8. 羊椎骨　9. 陶双耳罐

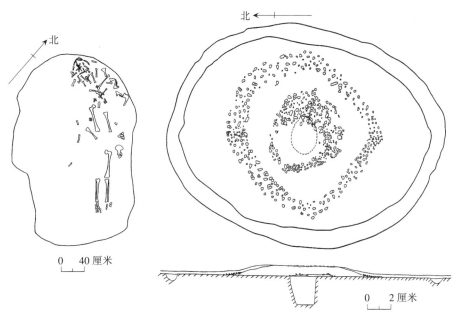

图二〇五　M71 墓葬结构图

圈围铺较为松散、零乱，大体围铺成椭圆环形，围铺的卵石大小均匀，长径 12.5、短径 11 米。石环圈宽窄基本相同，宽约 1.2 米。下层封堆呈圆丘状，上部铺石呈椭圆形，铺石散乱，长径 6、短径 5 米。封堆中间铺石较少，封堆中有盗洞，盗入墓室内。封堆外有围沟，呈椭圆形，长 22.5、短径 17 米，沟宽约 1、深约 0.5 米。墓室因盗扰坍塌，原为竖穴偏室，墓道平面呈圆角长方形，墓道长 3、宽 0.8 米，深 2.15 米。墓道内有坚硬黑红色土，可能经人工踩踏，内有填石。偏室开在墓室北壁，进深 0.5 米。偏室内葬 1 人，仰身直肢，头西北脚东南。腿骨以上严重盗扰，骨骼零乱，下肢保存较好，左下肢全，右下肢只有小腿骨。墓内人骨与羊骨混杂，疑为男性。墓道内见马牙 1 颗（图二〇五）。

　　M72　封堆平面呈椭圆形，长径 9、短径 8、高 0.8 米。上层封土堆的外缘围铺石环圈，石环圈围铺较为规整，围铺成椭圆环形，围铺的卵石大小均匀，长径 8.5、短径 7 米。石环圈宽窄不一，宽 0.5～1.5 米。下层封堆呈圆丘状，上部铺石，呈椭圆形，长径 3.5、短径 2.6 米，封堆中间铺石较少。封堆外有围沟，围沟呈圆形，直径 13 米，沟宽约 0.7、深 0.4 米。石环圈内，封堆外东南约 1.2 米处，发现有祭祀遗迹，平面近圆形，表面为红色，有灰白色遗物，可能为烧火祭祀遗迹，长约 0.5、宽约 0.4 米。墓室在封堆下中部，墓室口开在原地表，平面呈长方形，墓道长约 2.66、宽约 0.6 米，深约 1.54 米。偏室开在墓的北壁，进深 0.32 米。与偏室相对一侧留生土二层台，二层台宽 0.3、高 0.2 米。墓道下部填有大量石块。墓室内葬 1 人，仰身直肢，头西北脚东南，脚趾骨无，左手指骨不全。成年女性。死者头骨上侧随葬铁器 1 件（图二〇六）。

　　M73　封堆平面呈椭圆形，长径 11.5、短径 11、高 0.8 米。上层封土堆的外缘围铺石环圈，石环圈围铺较为规整，围铺成椭圆环形，围铺的卵石大小均匀，长径 11、短径 10 米。石环圈宽窄不一，宽 1～2 米。下层封堆呈低圆丘状，上部铺石，铺石平面呈不规则形，长 5、宽 3.6 米。封堆外有围沟，只在封土北部、西部和东部有发现，南半部未见围沟，围成半圆圈状，直径 19 米，沟宽约 1、深约 0.35 米。石堆外北部东西各有两个小石堆，堆上发现两根木柱，堆内有木头和铁钉，木头有火

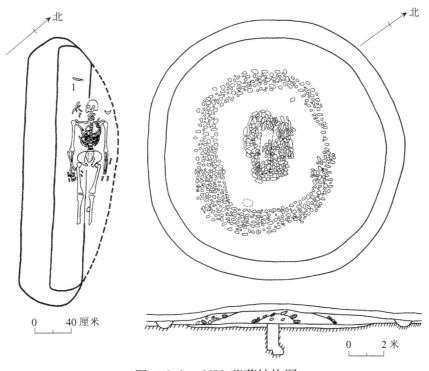

图二〇六 M72 墓葬结构图

1. 铁器（残）

烧痕迹。墓室在封堆下中部，墓室口开在原地表。墓室口外用单排卵石围成椭圆形石围圈，宽 4 米。墓室平面呈长方形，墓道长 2.8、宽 0.6 米，墓深 2.7 米，墓道底部有排列整齐的木头。偏室开在墓室的北壁，进深 0.44 米，偏室口从底部向上有高约 1 米的封木。偏室内葬 1 人，仰身直肢，头东北脚西南。成年男性。死者头骨上方随葬铁刀、铁钉（残）各 1 件和羊椎骨 1 排（图版一〇二：上）。

M90　封堆平面呈圆形，直径约 11.25、高 1.1 米。封土堆的外缘围铺石环圈，石环圈围铺较为规整，大体为圆环形，直径约 11 米。石环圈宽窄基本一致，宽约 0.8 米。下层封堆呈圆丘状，上部铺石，平面近圆形，直径约 3.5 米。墓室在封堆下中部，墓室口开在原地表，平面呈长方形，墓道长 2.2、宽 0.8 米，墓深 2.1 米。墓道中填土。偏室开在墓室的北壁，进深 0.45 米。与偏室相对一侧留生土二层台，二层台宽 0.4、高 0.3 米。墓内葬 1 人，仰身直肢，头西脚东，死者上身大部在竖穴墓道中，下肢大部在偏室内。死者右上肢外侧放羊椎骨 1 排（图二〇七；图版八五：下）。

M8　封堆平面呈圆形，直径 11、短径 10、高 0.8 米。封土堆的外缘围铺石环圈，石环圈围铺较规整，大体为椭圆环形，长径 9.1、短径 8 米。石环圈宽窄不一，宽 0.8~1 米，铺石较为松散。下层封堆呈丘状，上部铺石，平面呈椭圆形，长径 5.8、短径 5.6 米。墓室在封堆下中部，墓室口开在原地表，平面呈长方形，墓道长 2.7、宽 1.2 米，墓深 0.9 米。墓道中填土。偏室开在墓室的东壁，进深 0.2 米。与偏室相对一侧留生土二层台，二层台宽 0.1、高 0.12 米。墓内葬 1 人，仰身直肢，头西北脚东南，手指骨和脚趾骨不全。成年男性。死者右侧墓壁下见有圆木，头骨右上侧置陶无耳罐 2 件和羊尾骨 1 块（图二〇八）。

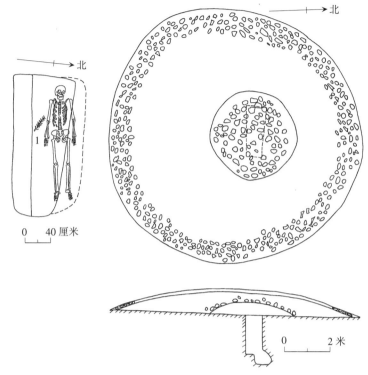

图二〇七　M90 墓葬结构图

1. 羊椎骨

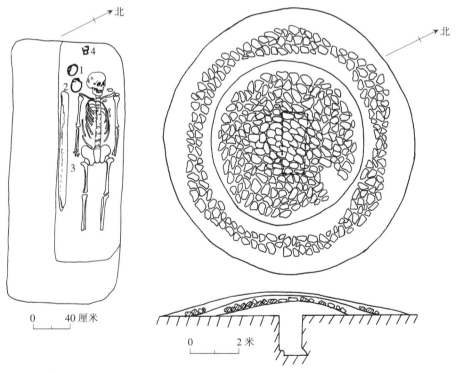

图二〇八　M8 墓葬结构图

1、2. 陶无耳罐　3. 圆木　4. 羊尾骨

M139　封堆平面呈椭圆形，长径5.5、短径5.2、高0.45米。封土堆的外缘围铺石环圈，石环圈围铺规整，为圆环形，直径约4.25米。石环圈的环宽相同，边缘整齐，宽0.3米。下层封堆上部铺石，铺石稀疏，平面呈圆形，直径约3米。墓室在封堆下中部，墓室口开在原地表，平面近长方形，墓道长1.6、宽0.8米，墓深1.6米。墓道中填土、石，上部填以卵石，下部填以块石。偏室开在墓室的东壁，进深0.42米。与偏室相对一侧留生土二层台，二层台宽0.5、高0.2米。墓内葬1人，仰身直肢，头西北脚东南。死者盆骨以上骨骼零乱，大体依生理位置放置，脚趾骨无。成年女性。墓室的北壁下随葬陶无耳罐2件（图二〇九）。

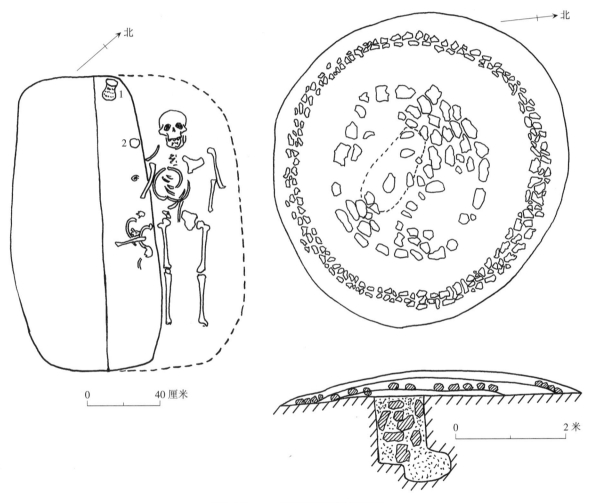

图二〇九　M139墓葬结构图
1、2. 陶无耳罐

M132　封堆平面呈椭圆形，长径11、短径10、高0.8米。上层封土堆的外缘围铺以石环圈，石环圈围铺较规整，铺石零散，石环圈呈椭圆环形，长径10、短径9.5米。石环圈宽窄不一，南部环窄、北部环宽，南部环宽0.5、北部环宽1.6米。下层封土堆呈圆丘状，上部铺石，平面呈椭圆形，长径3.6、短径3米。墓室在封堆下中部，墓室口开在原地表，平面近椭圆形，长2.2、宽0.63～0.92米，墓深1.64米。墓道上部填土，下部填石。偏室开在墓的北壁，进深0.4米。与偏室相对一

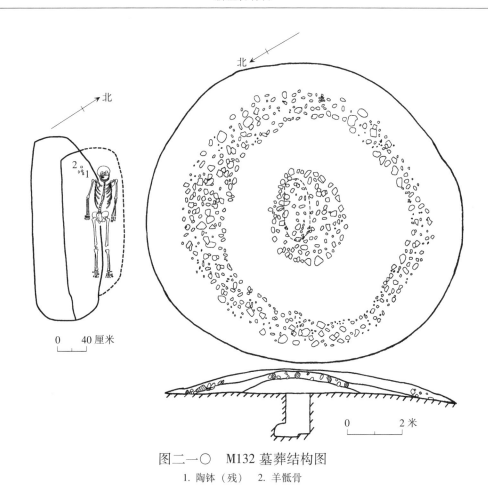

图二一〇　M132 墓葬结构图

1. 陶钵（残）　2. 羊骶骨

侧留生土二层台，二层台宽 0.5、高 0.2 米。偏室内葬 1 人，仰身直肢，头西北脚东南。手指骨散乱。成年。死者的右臂外侧放陶钵 1 件，钵内盛羊骶骨（图二一〇；图版七二：下）。

Dc 型　竖穴土坑石棺墓。

M77　封堆平面呈椭圆形，长径 12、短径 10.9、高 1.15 米。上层封土堆的外缘围铺石环圈，大体呈椭圆环形，长径 11.5、短径 10 米，围铺石环圈的卵石不均匀，环宽 1～2 米。下层封堆呈圆丘状，上部铺石，平面呈圆形，直径 4 米。墓室在封堆下中部，墓室口开在原地表，平面呈长方形，长 3、西北宽 1.2、东南宽 0.7 米，墓深 1.35 米，墓内填土，下部层层铺填板石。墓室四壁用板石围砌成石棺，石棺围砌较为规整，两长边用较短的板石砌，两端用长板石封堵。平面呈长方形，长 2.23、宽 1.14 米，高 0.2 米。石棺口盖以板石。石棺内葬 1 人，位于偏墓室的北部，仰身直肢，头西北脚东南。成年，性别不明。死者右臂外侧放陶钵 1 件，上身处置残铁钩 1 件（图二一一；图版九二：上；彩版四一：上）。

M85　封堆平面呈圆形，直径约 12.6、高 0.8 米。墓葬上层封土堆的外缘围铺以石环圈，石环圈围铺较为规整，大体为圆环形，直径约 11 米，石环圈宽窄基本一致，宽约 1.5 米。下层封土呈圆丘状，上部铺石，铺石零乱，平面呈不规则形，长 5、宽 4.5 米。墓室在封堆下中部，墓室口开在原地表，平面近梯形，长 2.8 米，西北宽、东南窄，西北端宽 1.6、东南端宽 1.2 米，墓深 1.24 米。墓道底填以板石。墓室四壁用 2～4 层板石围砌成石棺，石棺围砌较为规整，平面呈梯形，长 2.7、宽 1～

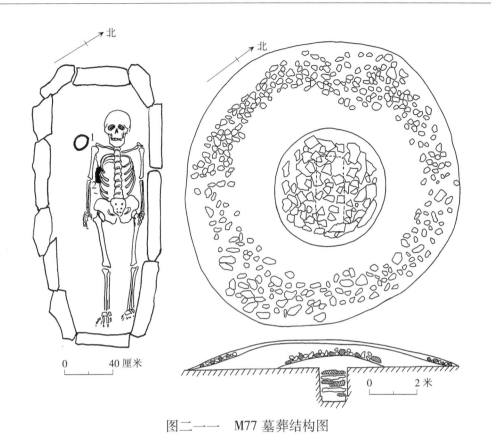

图二一一 M77墓葬结构图

1. 陶钵 2. 铁钩（残）

1.4、高0.5米。石棺口盖以板石。石棺内葬1人，仰身直肢，头西北脚东南。墓室的西南随葬陶钵1件，死者右臂外侧放牛（马）的骶骨1块（图二一二；图版九一：下；彩版四一：下）。

M106 封堆平面呈椭圆形，长径10、短径9、高0.75米。外层封堆边缘围铺石环圈，石环圈基本规整，围成椭圆环形，长径9.5、短径8.5米。石环圈宽窄基本一致，宽约1米。下层封堆上铺石近椭圆形，长径6、短径5米。墓室位于封堆下中部，平面呈长椭圆形，长3.04、宽约1.3米，墓深1.78米。墓内填土为灰黑色，从墓室开口到底部均有填石，主要为页岩；从深1.5米处至墓底部由长方形石条沿墓室壁砌成石棺，沿墓室底部环列一周，高0.3米。石棺内葬1人，人骨散乱，头骨等缺失，盆骨与右腿骨摆放规整，头西北脚东南，左腿骨和左上肢骨无。墓室西北端随葬陶钵1件，旁边有羊椎骨1排（图二一三；图版九二：中；彩版四一：中）。

M115 封堆平面呈圆形，直径约10、高0.8米。墓葬上层封土堆的外缘围铺以石环圈，石环圈围铺较为规整，大体为圆环形，直径约9米。石环圈的环宽窄基本一致，宽约1.5米。下层封堆呈圆丘状，上部铺石，平面呈不规则形，长4.5、宽3.5米。墓室规模较大，墓室在封堆下中部，墓室口开在原地表，平面近长方形，长2.9、宽1.85米，墓深1.24米。墓道中填土、石，填石较少。墓坑底部用2~4层石块沿周壁围成石棺，石棺围砌规整，平面近弧边长方形，长2.83、宽1.83米，高0.3~0.5米。石棺口不封盖。石棺内葬2人，均仰身直肢，头西北脚东南。二者相依并列，西为男、东为女，成年。男性右臂压在女性左臂上，双手平齐，男手掌向下，女手掌向上，呈握状，男面上，女面向男，呈亲密状。女性左手屈至盆骨处。墓室西侧随葬陶钵1件、牛（马？）骶骨1块，另有铁

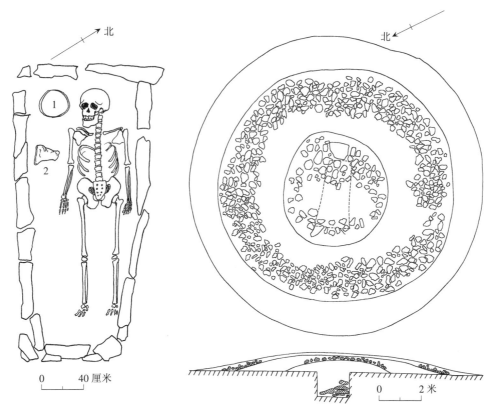

图二一二　M85 墓葬结构图

1. 陶钵　2. 牛（马）骶骨

刀 1 件（图二一四；图版九一：上；彩版三九：上）。

M101　封堆平面呈圆形，直径 10.5、高 1.05 米。上层封堆的边缘用卵石铺石环圈，石环圈围铺规整，呈圆环形，直径约 10 米。上层封堆上铺石，多为块状砾石，散乱，平面近圆形。直径约 4 米。墓室位于内石堆中部偏南，墓室口开在原地表，平面呈圆角长方形，长 2.9、宽 1.3 米，深 1.78 米。墓室四壁用长数十厘米的石板砌成高约 0.5 米的石棺，大体呈长方形，长 2.7、宽 1 米，两端用长 1 米余的大石板封堵。石棺之上棚架南北向木头，再盖直径约 1 米的石板。石棺内葬 1 人，仰身直肢，头西南脚东北，面侧下，保存较好。右手指骨不全，脚趾骨无。成年男性。头骨之下压陶无耳罐 1 件，身体右侧随葬羊椎骨 1 排，股骨之间随葬羊骶骨（图二一五；图版九三：上）。

Dd 型　竖穴二层台墓。

M1　封堆平面呈椭圆形，长径 8.5、短径 8、高 1.1 米。上层封土堆的外缘围铺以石环圈，石环圈围铺规整，呈椭圆环形，长径 7.5、短径约 7 米，围铺石环圈的卵石大小均匀。石环圈的环宽窄一致，宽约 1.2 米。下层封土堆呈圆丘状，上部铺石，铺石十分规整，卵石大小均匀，平面呈椭圆形，长径 3.2、短径 3 米。封堆中间有一大的盗洞，长 2、宽 1.5 米，盗入墓室内。封土中有数十根羊小腿骨，还有羊头、牛头、羊排等。封堆外围有环沟，环沟呈椭圆形，长径 14、短径 13 米，沟宽 0.7、深 0.5 米。墓室在封堆下中部，墓室口开在原地表，平面呈长方形，长 2.9、宽 1.6 米，口大底小，底宽 0.8 米。墓室下部两长边留生土二层台，二层台宽 0.15、高 0.25 米。墓室内葬 1 人，仰身直肢、头西北脚东南。左腿只留小腿骨，腿部以上严重盗扰，骨骼残乱，无头骨，只有髋

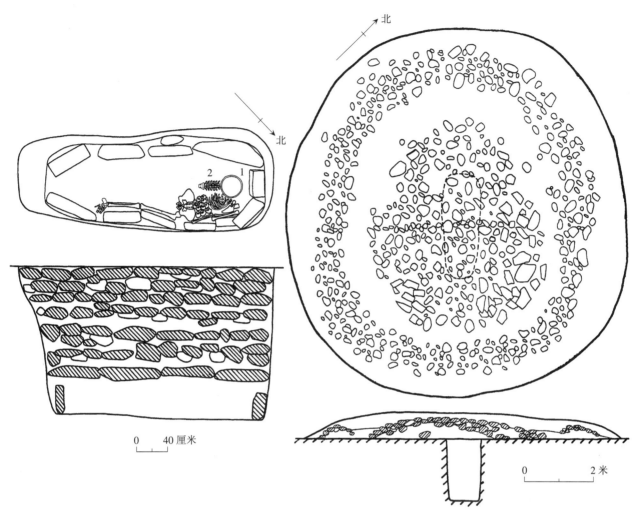

图二一三　M106 墓葬结构图
1. 陶钵　2. 羊椎骨

骨片、残肢骨及少量肋骨、肩胛骨、几节椎骨等。成年，性别不明。在墓坑内见羊头和马头及羊的腿骨等（图二一六）。

M3　封堆平面呈圆形，直径约 7、高 0.85 米。上层封土堆的外缘围铺以石环圈，石环圈围铺规整，呈圆形，直径 6 米。环的边缘整齐，环宽 0.7 米，围铺石环圈的卵石大小均匀。下层封土堆呈圆丘状，上部铺石，铺石十分规整，卵石大小均匀，平面呈规整的圆形，直径 3.5 米。封堆外围有环沟，圆形，直径 9 米，沟宽 0.8、深 0.25 米。墓室在封堆下中部，墓室口开在原地表。墓室平面呈梯形，长 2.8 米，西北宽、东南窄，西北端宽 1.4、东南端宽 1.2 米，墓深 1 米。墓室下部两长边留生土二层台，二层台宽 0.2、高 0.4 米。二层台上纵铺圆木，墓室口的东南端铺横木，圆木直径约 0.2 米。墓室内葬 1 人，二次葬，骨骼集中在墓室的西北端，人骨不全，有头骨、肢骨和少量肋骨等。成年，性别不明。封堆中见有零星陶片，人骨下见有残铁件（图二一七）。

M6　封堆平面呈圆形，直径 12.5、高 0.9 米。上层封土堆的外缘围铺以石环圈，石环圈围铺规整，呈圆环形，直径约 8.5 米，石环圈宽窄基本一致，宽约 0.7 米。值得注意的是，在南侧石环圈下

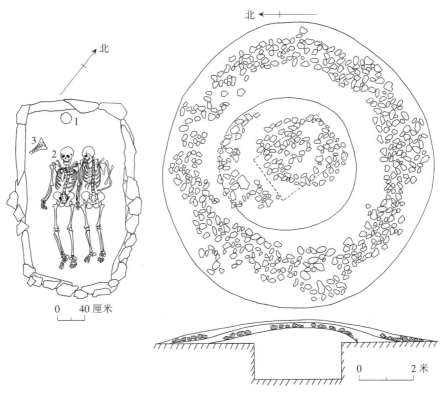

图二一四　M115 墓葬结构图

1. 陶钵　2. 铁刀　3. 牛（马?）骶骨

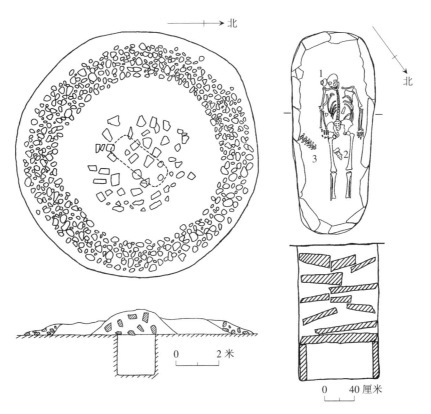

图二一五　M101 墓葬结构图

1. 陶无耳罐　2. 羊骶骨　3. 羊椎骨

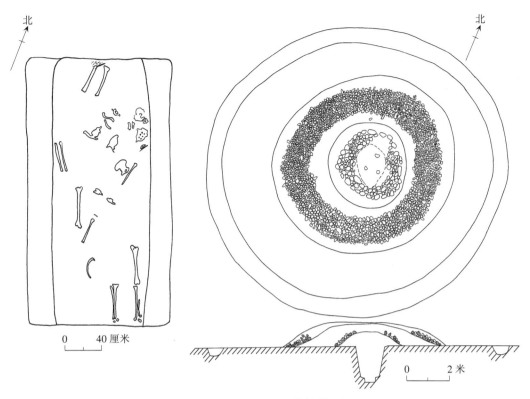

图二一六　M1 墓葬结构图

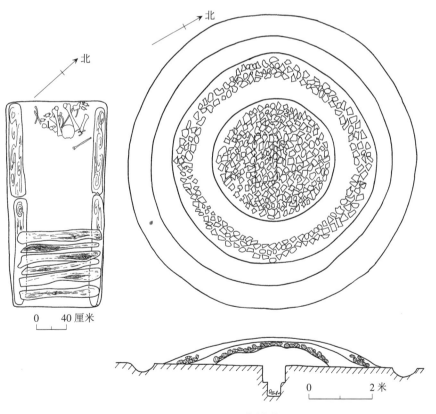

图二一七　M3 墓葬结构图

1. 铁器（残）

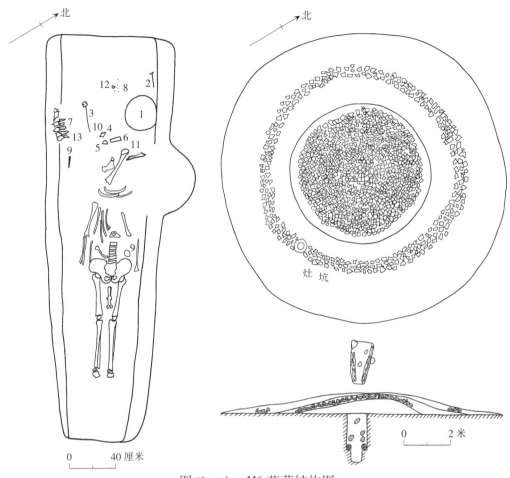

图二一八　M6 墓葬结构图

1. 马鞍形石磨盘　2、3、5. 铜簪　4. 铜镜　6. 铁器（残）　7、12. 铜挂饰（残）　8. 铜牌饰
9. 骨剑鞘　10、12. 铜环　11. 骨挂饰　13. 羊椎骨

的封堆中修有一简单的灶坑，灶坑留有圆形火膛，火膛壁烧成红的烧结面，直径约0.5米。下层封土堆呈圆丘状，上部铺石，铺石十分规整，卵石大小均匀，平面呈圆形，直径5米。封堆中出土马鞍形石磨盘1件。墓室在封堆下中部，墓室口开在原地表，平面呈梯形，西北宽、东南窄，长3.4、西北端宽1、东南端宽0.6米，墓深2米。墓内填少量石头。墓室下部两长边留生土二层台，二层台宽0.15、高0.5米，二层台上铺圆木。墓坑的东壁偏北部有一盗洞，直入墓室。墓室内葬1人，仰身直肢，头西北脚东南。腰部以上盗扰，骨骼残乱，无头骨。成年，性别不明。死者头骨上部放置马鞍形石磨盘、铜镜、铜簪3件、铜牌饰、铜环2件、骨剑鞘、2件铜挂饰（残）、骨挂饰及残铁块等（图二一八；图版九五：中）。

M11　封堆平面呈圆形，直径约7、高0.6米。上层封土堆的外缘围铺以石环圈，石环圈围铺十分规整，铺石大小均匀，石环圈呈圆环形，直径5.5米。石环圈宽窄一致，边缘整齐，宽1米。下层封土堆呈圆丘状，上部铺石，铺石十分规整，卵石大小均匀，平面呈椭圆形，长径2.1、短径1.9米，顶部有一盗洞，盗洞直达墓室。墓室在封堆下中部，墓室口开在原地表，平面呈梯形，西北宽、东南窄，长2、西北端宽1.4、东南端宽0.8米，墓深1.8米。墓内填少量石头。墓呈下部两长边留生土二层台，二层台的东南端铺一圆木，圆木架在二层台上，二层台宽 0.2、高 0.25 米。墓坑偏西北部有一盗洞，直入墓室。墓室内葬 1 人，仰身直肢，头西北脚东南。双腿骨以上严重盗扰，双腿骨依生理位置排列，无趾骨，其余骨骼残乱，集中在墓室的北角，有少量肋骨、肢骨等，头骨完好。成年，性别不明。死者头右侧放陶钵、残铁件各 1 件（图二一九）。

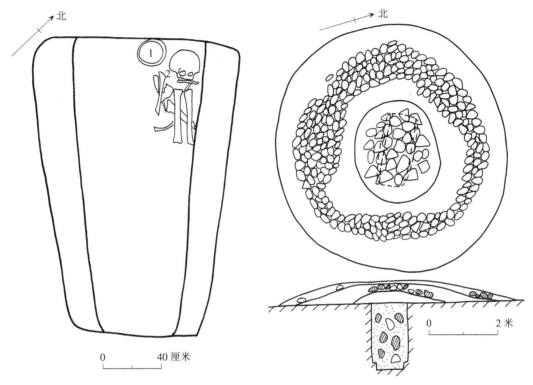

图二一九　M11 墓葬结构图
1. 陶钵　2. 残铁器

M24　封堆平面呈圆形，直径 7、高 0.6 米。上层封土堆的外缘围铺以石环圈，石环圈围铺不甚规整，铺石大小均匀，呈圆环状，直径 5.5 米。石环圈宽窄不一，宽 0.5～1.5 米。下层封土堆呈圆丘状，封堆上铺砾石，平面呈圆形，直径 2 米。墓室在封堆下中部，墓室口开在原地表，平面呈梯形，西北宽、东南窄长 2、西北端宽 1.2、东南端宽 0.7 米，墓深 0.78 米。墓内填少量石头。墓室下部两长边留生土二层台，二层台宽 0.2、高 0.25 米。墓室内葬 1 人，二次葬，骨骼集中在墓室的北角，有头骨、肢骨及少量肋骨。头骨上侧放置陶钵 1 件（图版八八：上）。

M45　封堆平面呈椭圆形，长径 13、短径 12、高 0.5 米。上层封土堆的外缘围铺石环圈，石环圈围铺较为规整，围成椭圆环形，长径 12、短径 10.5 米，围铺石环圈的卵石大小均匀。石环圈宽窄不一，宽 1～2.5 米。下层封堆上铺石，平面呈椭圆形，长径 5、短径 3 米。封堆外围有环沟，环沟呈椭圆形，长径 21、短径 19.5 米，沟宽约 1.3、深约 0.5 米。墓室在封堆下中部，墓室口开在原地表。墓室平面呈长方形，墓口长 2.7、宽 0.9 米，墓底长 2.3、宽 0.75 米，墓深 1.8 米。墓室填土中夹杂大石块，下部有一层封木，纵铺，圆木直径约 0.2 米。圆木铺在二层台上。墓室下四壁留出生土二层台，东西长边的二层台很窄，宽 0.1 米，南北端的二层台宽 0.2 米，高 0.2 米。墓室内葬 1 人，仰身直肢，头西北脚东南。双股骨对称弯曲，死者生前为罗圈腿。成年男性。死者头骨右上侧随葬陶单耳杯、钵各1件，西端墓壁下随葬羊椎骨1排（图二二〇；图版六九：上、一〇〇：上；彩版三二：下）。

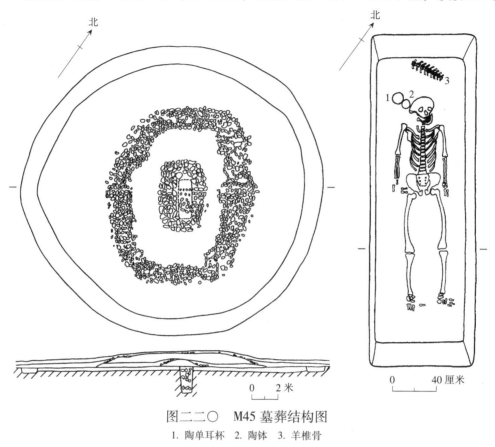

图二二〇　M45 墓葬结构图

1. 陶单耳杯　2. 陶钵　3. 羊椎骨

M47　封堆平面呈椭圆形，长径17、短径16、高1.4米。上层封土堆的外缘围铺石环圈，石环圈围铺较为规整，围成椭圆环形，长径15.5、短径13.5米，围铺石环圈的卵石大小均匀，石环圈宽窄不一，宽2~3米。下层封堆呈圆丘状，上部铺石，平面呈椭圆形，长径8、短径5米，中间部位铺石较少，有圆形凹坑。封堆外围有环沟，环沟呈圆形，直径26米，沟宽约1.5、深约0.5米。墓室在封堆下中部，墓室口开在原地表。墓室平面呈长方形，墓口长2.5、宽1.5米，墓深2米。墓室底部南北两侧有二层台，二层台宽0.25、高约0.35米。墓内上部填石，下层夯土。二层台上支架有圆形封木。墓室内葬1人，仰身直肢，头西北脚东南，右手指骨无，左手指骨不全，头微向左侧屈。成年男性。死者盆骨处随葬有铁块1件，头骨右上侧随葬羊椎骨1排（图二二一；图版七七：下）。

M116　封堆平面呈椭圆形，长径13、短径12、高0.7米。上层封土堆的外缘围铺以石环圈，石环圈围铺规整，呈圆环状，直径约12米。石环圈宽窄基本一致，宽约1.5米。下层封土堆呈圆丘状，封堆上铺石，平面呈椭圆形，长径5、短径4.5米。墓室在封堆下中部，墓室口开在原地表，平面呈梯形，西北宽、东南窄，长2.2、西北端宽1.2、东南端宽0.9米，墓深2.1米。墓内上部填土，下部填石，填石多为块状砾石。墓室下部两长边留生土二层台，二层台上铺小片石，二层台宽0.1、高0.45米。墓室内葬1人，仰身直肢，头西北脚东南。手指骨散乱。成年，性别不明。死者的右臂外侧放羊骶骨1块（图二二二）。

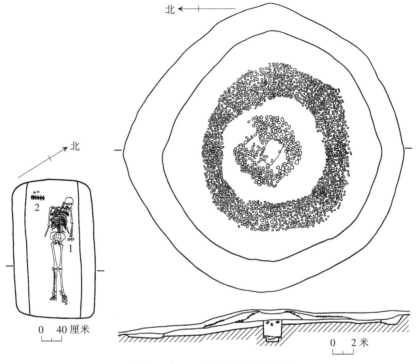

图二二一　M47 墓葬结构图

1. 铁器（残）　2. 羊椎骨

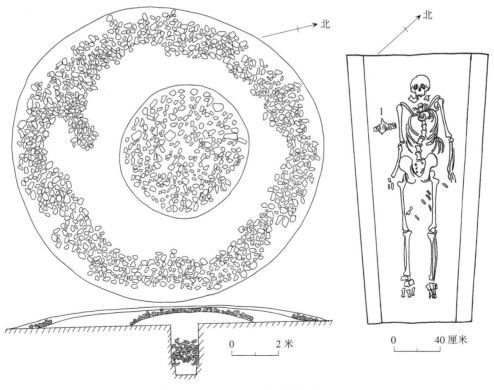

图二二二　M116 墓葬结构图

1. 羊骶骨

M128 封堆平面呈椭圆形，长径9.5、短径9、高1米。上层封土堆的外缘围铺以石环圈，石环圈围铺规整，呈圆环状，直径约8.5米。石环圈宽窄基本一致，宽1~1.5米。下层封土堆呈圆丘状，上部铺石，平面呈圆形，直径4米。墓室在封堆下中部，墓室口开在原地表，平面呈梯形，西北宽、东南窄，长2.2、西北端宽0.92、东南端宽0.63米，墓深1.64米。墓内上部填土。墓室下部两长边留生土二层台，二层台上铺小片石，二层台宽0.21、高0.3米。墓室内葬1人，仰身直肢，头西北脚东南，手指骨散乱。成年，性别不明。死者的右臂外侧放陶钵2件，钵内盛羊椎骨（图二二三；图版七八：中）。

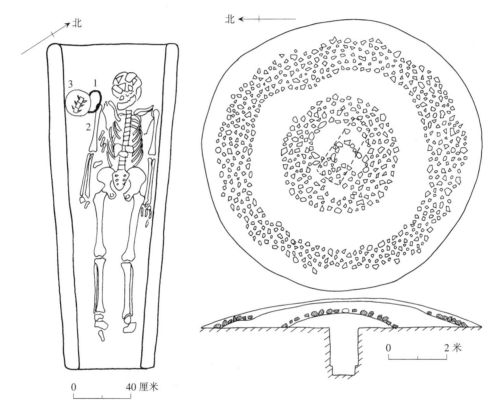

图二二三 M128墓葬结构图

1、2. 陶钵 3. 羊椎骨

De 型 双室墓。

M36 封堆平面呈圆形，封堆外有环沟，封堆上铺一层卵石，卵石上再封土。在上层封土堆外缘铺一圈卵石。双墓室。A室平面呈长方形，长2.9、宽0.9米，深2.2米。竖穴偏室，南壁下有二层台，人骨在偏室内。B室平面呈长方形，长3.15、宽0.9米，深2.3米。墓坑中填石，竖穴偏室，南壁下有二层台，人骨在北侧偏室，仰身直肢，头向西。A室头骨上方放置有陶无耳罐1件及动物残骨，骨上放残铁刀。B室头骨上方有动物残骨（图版六六：下；彩版三〇：下）

M20 封堆平面呈圆形，直径约7.4、高0.9米。上层封堆边缘铺石环圈，石环圈基本规整，呈椭圆环形，长径7、短径6.5米。石环圈的宽窄基本相同，宽0.7米。下层封堆上铺石，平面近圆形，中间有一小的长方形空间未铺石，直径约3.5米。封堆下双墓室，平行排列，墓室口开在原地表，均竖穴土坑墓。A室在南，平面近梯形，长1.93、西北端宽0.8、东南端宽0.5米，墓深0.6米。墓内有少量填石。墓室只有很少的残朽的骨骼。墓室西北端有一头骨残片，墓室中间有几节肢骨，为儿童。死者头前随葬曲柄钵1件、骨镞1枚，右臂上套一铁环，残，头左上侧放羊椎骨1排。B室在北，与A室相距0.75米，平面呈长方形，长2.6、宽1.05米，墓深0.53米。墓室内葬1人，仰身直肢，头西北脚东南，手指骨和脚趾骨不全。成年男性。死者头的右上方随葬动物骶骨1块（图版七四：上，一〇三：上、中；彩版三五：上）。

M102 封堆平面呈圆形，直径11.5、高0.9米。上层封堆边缘铺石环圈，石环圈基本规整，圆环状，直径11米。石环圈的宽窄基本相同，宽约1.2米。下层封堆呈圆丘状，封堆上铺石近圆形，用块状砾石铺成，直径约6.2米。封堆下双个墓室，均竖穴土坑墓。A室在南，平面呈长方形，长2.3、宽0.82米，墓深1.76米。墓内填土。墓室内葬1人，仰身直肢，头西北脚东南，手指骨无，脚趾骨不全。成年，性别不明。死者头骨左上方随葬羊骶骨1块。B室在北，A、B室平行排列，相距1.2米。平面呈梯形，西北宽、东南窄，长1.8、西北端宽0.7、东南端宽0.6米，墓深1.5米。墓内填土。墓室内葬1人，仰身直肢，头西北脚东南。成年。头骨右上侧随葬残陶钵1件（图二二四；图版八四：下）。

M125 封堆平面呈圆形，直径9～9.5、高0.9米。上层封堆边缘铺石环圈，石环圈基本规整，圆环状，直径8.5米。石环圈宽窄不一，宽0.75～1米。下层封堆呈圆丘状，封堆上铺石近椭圆形，用块状小砾石铺成，长径4.5、短径4米。封堆下中部双个墓室，墓室口开在原地表，均竖穴土坑二层台墓。A室在南，平面呈梯形，西北宽、东南窄，长2.2、西北端宽0.8、东南端宽0.6米，墓深1.3米。墓中填砾石。墓底的南长边留生土二层台，二层台宽0.1、高0.2米。墓室内葬1人，仰身直肢，头西北脚东南，手指骨、脚趾骨不全，左小腿骨外侧有一幼儿的小腿骨。墓室内个体为成年女性。死者头骨右上侧随葬陶钵2件。B室在北，与A室平行排列，相距0.8米。

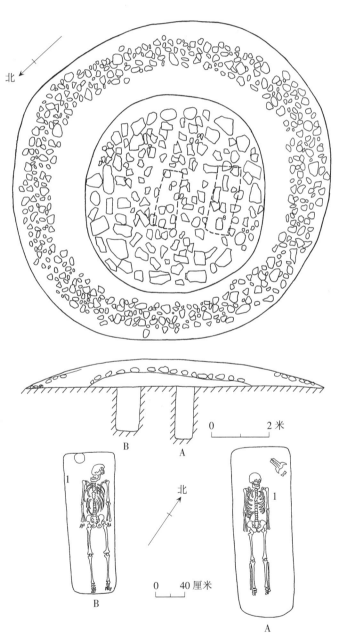

图二二四 M102 墓葬结构图

A：1. 羊骶骨；B：1. 陶钵（残）

平面呈梯形，西北宽东南窄，长1.95、西北端宽0.8、东南端宽0.58米，墓深1.5米。墓中填土。墓室内葬1人，仰身直肢，头西北脚东南，脚趾骨不全。成年男性。头骨右上侧随葬陶钵2件（图二二五；图版一〇五）。

M44 封堆平面呈圆形，长径11、短径10、高0.75米。上层封堆边缘铺石环圈，石环圈基本规整，用2~3排卵石围成大椭圆环形，长径9.5、短径9米。石环圈宽窄不一，宽0.5米。下层封堆呈平缓的丘状，封堆下中部双墓室，墓室口开在原地表，墓室口上的封堆上均铺石，呈椭圆形，两墓室封堆上的铺石相连，大体呈亚腰状，长4.7、宽3.5米，墓室封土顶小范围缺铺石。封堆外有围沟，呈椭圆形，长径17、短径14.7米，沟宽0.9~1、深0.5米。双墓室均为竖穴土坑墓，相距0.65米。A室在北，B室在南。A室平面呈长椭圆形，长2.2、宽0.9米，墓深1.5米。墓内上层填石，下部填圆木，圆木成层分布。墓内葬1人，仰身直肢，头西北脚东南，双腿骨向内微弯曲，略呈外"八"字形。死者头骨的右上侧随葬几节羊椎骨。B室平面呈长椭圆形，长2.4、宽1.1米，墓深1.05米。墓内填卵石。死者头骨右上侧随葬陶钵1件，另在封土内出土1件石球（图二二六；彩版三八）。

E型 方形石环圈墓。

M162 封堆平面呈方形，边长约10、高1米。封土堆的外缘围铺石环圈，石环圈围铺规整，围成方形环形，边长9~9.5米。围成石环圈的卵石大小一致，环的边缘整齐，宽窄一致，宽1米。墓室在封堆下中部，墓室口开在原地表，墓室口封土堆上铺石，平面呈不规则形，长1.8、宽1米，墓深2.25米。墓道中填土。墓室为竖穴偏室，偏室开在墓室南壁，进深0.5米。与偏室相对一侧留生土二层台，二层台宽0.4、高0.25米。偏室内葬1人，二次葬，只有少量人的散乱骨骼。无随葬品（图二二七）。

F型 铺石石环圈墓。只有M123一座。

M123 封堆平面呈圆形，直径约11、高1.3米。上层封土堆上铺小的砾石。下层封土堆呈圆丘

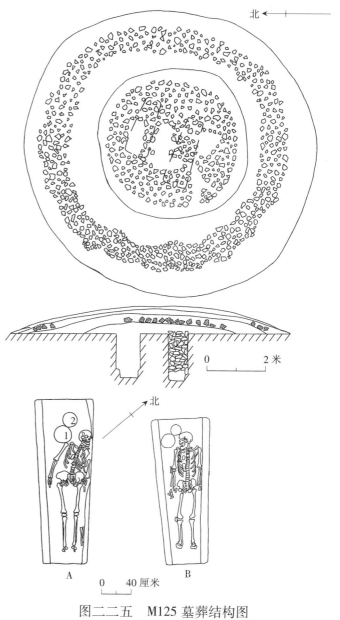

北

图二二五 M125墓葬结构图
A：1. 陶钵　2. 陶钵；B：1、2. 陶钵

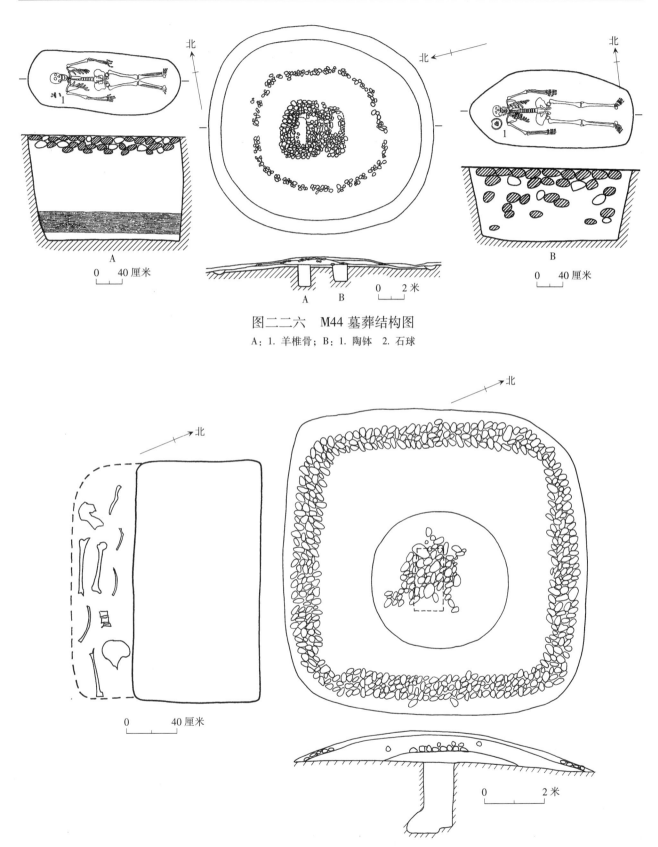

图二二六 M44 墓葬结构图

A：1. 羊椎骨；B：1. 陶钵 2. 石球

图二二七 M162 墓葬结构图

状，封堆的边缘用卵石铺石环圈，石环圈铺成圆环状，直径6.5米，石环圈宽窄一致，宽约1米，围成石环圈的卵石大小一致。墓室在封堆下中部，墓室口开在原地表，平面呈梯形，西北宽、东南窄，长2.8、西北端宽1、东南端宽0.7米，墓深1.65米。墓内填土。墓室为竖穴土坑二层台，墓底南北长边留生土二层台，二层台宽0.1、高0.25米。墓室内葬1人，仰身直肢，头西北脚东南。成年女性，左腿骨外侧放一婴儿骨，朽，保存有头和少量肋骨、腿骨等。死者头骨的右上侧放残陶钵1件，陶钵外置羊骶骨，头上端有残铁器1件，耳部有玛瑙珠1颗（图二二八；图版一〇四：中）。

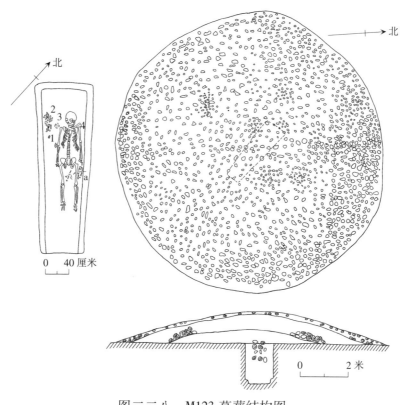

图二二八　M123墓葬结构图
1. 陶钵　2. 羊骶骨　3. 铁器（残）　4. 玛瑙珠　a. 婴儿骨架

第三类　巨型封土堆墓

这类墓葬，地表有巨大的封土堆。封土堆情况复杂，大多可以分层，不同层的土质、土色不相同。可见封堆是分层形成，有些层上还有踩踏面。

M145　地表有大的圆形土封堆，直径约30、高2.2米。周围有圆形环沟，沟宽2.2、深0.3米。封土堆分层，第①层为表土层；第②层为浅黄色土层，土质坚硬；第③层为黑色土层，土层中包含大量黏土，土质松散，局部有踩踏面；第④层为深黄色土层，土质疏松；第⑤层为花土层，该层经过平整处理。封土下南部见火烧痕迹。封堆中出土青铜小刀1件。墓室在封堆下中部，墓室开口在原地表。墓室结构复杂，由墓道、墓室、偏室、龛室组成。墓道为竖井式，平面近靴状，长2.6米，西窄东宽，宽约1.6、深1.8米。墓室在墓道西部，墓室与墓道间有过洞，长1米，墓室平面呈椭圆形，

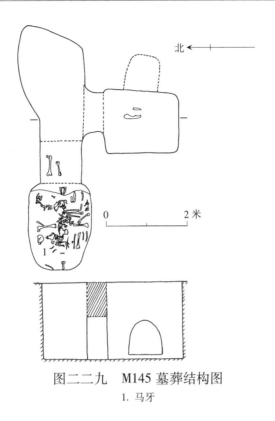

图二二九　M145 墓葬结构图
1. 马牙

长 2.2、宽 1~1.4 米，墓室平面低于墓道 0.56 米，与过洞间由 2 级台阶连通，深 1.8 米。偏室在墓道的南部，与墓道间有长 1、宽 0.5 米的过洞连通。偏室平面呈长方形，长 1.9、宽 1.4、深 1.8 米。在偏室的东壁上开一小龛室，龛口平面呈半圆形，距墓道底 0.1 米，宽 0.8、高 0.8、深 0.8 米。墓室内有二次葬的乱骨，在乱骨间见骨弓弭（残），股骨发现于过洞中。偏室内葬马骨，只见马牙。龛内无随葬品（图二二九）。

第三节　出土器物

一　概　述

加勒克斯卡茵特一号墓地墓葬中随葬品贫乏，墓葬中常常只有 1 件陶器，大多没有随葬品，个别墓葬随葬 2 件或 3 件随葬品。出土器物主要有陶器、铁器，其次为石器、骨器等。陶器均为夹砂红陶，手制。器形主要为无耳罐、单耳罐、杯、钵等，另外发现少量管流罐、壶、瓶等。大多数为素面，少量彩陶，彩陶有通体彩和局部彩。彩陶一般施红彩，大部分陶器器表施一层红色陶衣，少量彩陶器身绘出纹样，彩陶纹样基本为几何纹，构图以方格、三角、平行线、网格纹为母体。一般一座墓中随葬 1 件陶器，少数墓葬中随葬 2 件或数件陶器。铁器较为普遍。最常见的组合是在墓室西北的死者头端附近，即多在头骨的右侧，放置 1 件陶器，多为陶钵，个别为陶盆。钵或盆内、外面放 1 件铁刀，铁刀多残。一些墓葬用木盆或木钵代替陶盆或陶钵。绝大多数墓葬在死者的头端放羊骶骨或椎骨，不少墓葬羊的腰椎和骶骨连为一体随葬。个别墓葬中见有铁锥、剑和耳环。石器主要为磨石，磨石大多出自墓葬地表的封堆中，还见有成套的磨石出自墓葬的封堆中。骨器较少，有锥和牌饰。个别墓葬中见有金器，为金箔片、牌饰等。

二　陶　器

（一）罐

有无耳罐、单耳罐、球腹无耳罐、球形鋬耳罐、双耳小罐、管流罐、双耳罐等。

1. 无耳罐。多敞口，束颈，鼓腹。部分为彩陶，图案为直线几何纹样。通体彩一般分区布局，常见的纹样有三角纹、菱格纹、网纹、平行线纹等。依器底不同，分两型。

A型　圜底。分4式。

Ⅰ式　敞口，高领，束颈，圜底，垂腹。器体较瘦高，多彩陶。

M68∶1，口微敞，方唇。通体彩。自口沿至腹部分四区布局纹样，每区纹样间用单线或三线分开。底部平涂红彩。口沿下绘一周倒实体三角纹，颈上部绘一周交错三角，上为平行线倒三角，下为菱格纹三角，颈部为三条平行线，将颈肩纹样分开；肩部为一周倒三角；腹部为上下交错的三角纹样，上部为倒平行线三角，下部为菱格纹三角。口径9.2、腹径12、高19.5厘米（图二三〇∶1；彩版四六∶2；图版一〇九∶1）。

M57∶2，自口沿至腹部分三区布局纹样，每区纹样间用单线或双线分开。底部平涂红彩。口沿下绘一周倒实体三角纹，颈上部绘一周交错三角，上为平行线倒三角，下为菱格纹三角；颈腹部上下有双平行线，将颈肩纹样分开，中间有一周实体倒三角纹；腹部为上下交错三角，上部为平行线倒三角，下部为菱格纹三角。口径8.5、腹径11.2、高16.8厘米（图二三〇∶2；彩版四五∶2；图版一〇九∶2）。

M8∶1，微敞口。二区布局纹样，二区图案间用平行线分开。口沿下绘两周平行线纹，颈部有一周交错三角纹，上为平行线三角，下为菱格纹三角；腹部有一周交错实体三角纹，多漫漶。口径8、最大腹径11、高14.7厘米（图二三〇∶3；图版一一〇∶5）。

M42∶2，圆唇。器表及口沿内壁施红色陶衣。口沿损。口径8.4、最大腹径12、高16.8厘米（图二三〇∶4；图版一一〇∶2）。

M136∶1，表面有烟炱痕迹。口沿残损。口径8、最大腹径11.5、高16.2厘米（图二三一∶1；图版一一〇∶1）。

M66∶2，卷沿。器表及口沿内壁施红色陶衣。口径8.5、高17厘米（图二三一∶2）。

Ⅱ式，敞口，领较高，鼓腹。

M8∶2，微敞口，溜肩。口径8、最大腹径12.7、高15.5厘米（图二三一∶3；图版一一〇∶4）。

M138∶1，方唇，溜肩。口沿微残。器表底部及口沿内壁施红色陶衣。通体彩，器身纹样分二区，二区间用平行线隔开。颈部绘上下交错的三角纹，上为倒网状三角，下为菱格纹三角；腹部为

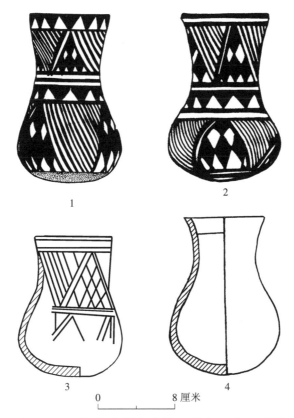

图二三〇　加勒克斯卡茵特一号墓地陶无耳罐

1. M68：1　2. M57：2　3. M8：1　4. M42：2

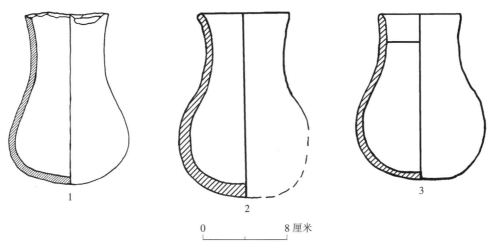

图二三一　加勒克斯卡茵特一号墓地陶无耳罐

1. M136：1　2. M66：2　3. M8：2

上下交错的三角纹，上部为倒网状三角，下部为折线三角。口径10、最大腹径14、高17.2厘米（图二三二：1、2）。

M139：1，方唇。器表底部及口沿内壁施红色陶衣。通体彩，分二区布局纹样，二区间用平行线分开。口沿下有一周粗细不同、间距不同的斜短线；颈部有上下交错的三角纹，上为倒平行线三角，下为菱格纹三角；腹部纹样同颈部纹样。口径11、最大腹径14.4、高18.3厘米（图二三二：3）。

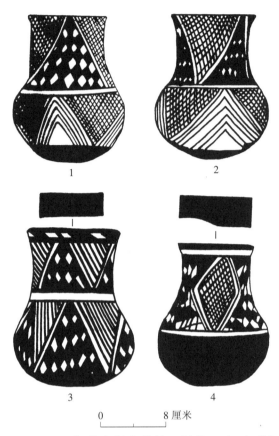

0 ———— 8 厘米

图二三二　加勒克斯卡茵特一号墓地陶无耳罐
1、2. M138：1　3. M139：1　4. M139：2

　　M139：2，方唇。器表底部及口沿内壁施红色陶衣。通体彩，颈部绘一周菱格纹，菱格纹间填两个对称的菱形纹样，菱形纹样中绘网格纹，腹底部平涂红彩。口径 9.6、最大腹径 13.4、高 13.3 厘米（图二三二：4；彩版四六：3；图版一〇九：3）。

　　M101：1，口较小，微敞。口径 6.8、最大腹径 14.7、高 19.1 厘米（图二三三：1；图版一一二：2）。

　　Ⅲ式　敞口或敛口，口较小，领部较低矮，束颈，溜肩，垂腹。

　　M114：1，敞口，方唇，底部有烟炱痕迹。口径 8.4、腹径 13.2、高 14.6 厘米（图二三三：2）。

　　M35：1，器表略经打磨，罐口系原口残后二次加工打磨而成。微敞口，方唇。口径 5.2、最大腹径 11.4、高 15.6 厘米（图二三三：3；图版一一一：2）。

　　M70：1，敞口微外卷。领颈部绘一周网纹。口径 7.8、最大腹径 12.7、高 15.9 厘米（图二三三：4；彩版四七：1）。

　　M78：1，敞口，圆唇。器表及口沿内壁施红色陶衣。底部有烟炱痕迹。口径 7.6、最大腹径 12.7、高 15.2 厘米（图二三四：1）。

　　M42：3，敞口，圆唇，器表及口沿内壁施红色陶衣。口沿残损。口径 7.2、最大腹径 15.2、高 17.2 厘米（图二三四：2；图版一一〇：3）。

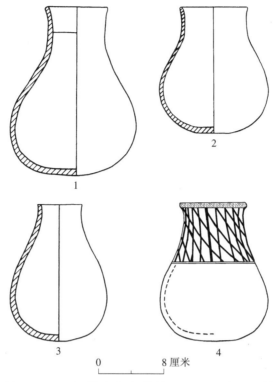

图二三三　加勒克斯卡茵特一号墓地陶无耳罐

1. M101：1　2. M114：1　3. M35：1　4. M70：1

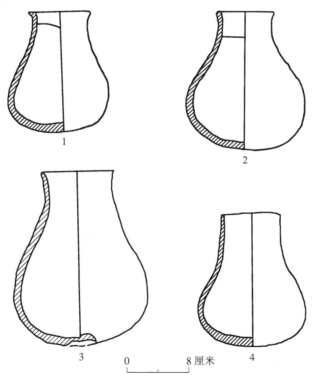

图二三四　加勒克斯卡茵特一号墓地陶无耳罐

1. M78：1　2. M42：3　3. M58：1　4. M42：4

M42：4，圆唇，口微敛，斜颈，溜肩，垂鼓腹，圜底。器表及口沿内壁施红色陶衣。口沿残损。口径7.8、最大腹径14.1、高17.1厘米（图二三四：4）。

M58：1，口微敞，圆唇，器表及口沿内壁施红色陶衣。底略损。口径9、最大腹径18.3、高22厘米（图二三四：3；图版一一〇：6）。

Ⅳ式　矮领微束，鼓腹，圜底。器体矮胖。

M122：1，敞口，圆唇。器表及口沿内壁施红色陶衣，器表有不规则的点状图案。口径9.6、最大腹径12、高11.6厘（图二三五：1；图版一一二：4）。

M121：1，敞口，圆唇。器表及口沿内壁施红色陶衣。口径9.6、最大腹径12.8、高12厘米（图二三五：2；图版一一二：3）。

M193：1，敞口。口沿下绘一周倒三角纹，多漫漶。肩部有一周附加堆纹，其上有压印纹。口径9.6、最大腹径11.6、高12厘米（图二三五：3；图版一一二：1）。

M29：5，敞口略外卷。口径7.8、最大腹径9.8、高10厘米（图二三五：4）。

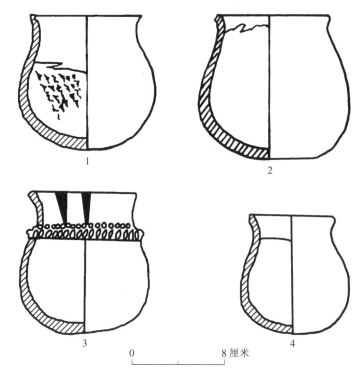

图二三五　加勒克斯卡茵特一号墓地陶无耳罐
1. M122：1　2. M121：1　3. M193：1　4. M29：5

B型　平底。分2式。

Ⅰ式　1件。敞口，方唇，领较高，束颈，鼓腹。

M34：3，唇面、内壁上部及底外壁均饰红色陶衣。领肩部饰一周网纹，上下绘平行线。口径9.4、最大腹径11.4、高16厘米（图二三七：1）。

Ⅱ式　1件。敞口，方唇，领较矮，束颈，垂鼓腹。器体瘦高。

M36A：1，口径7.8、最大腹径12.6、高21厘米（图二三七：2；图版一一一：1）。

2. 单耳罐。直口或敛口，肩部单耳。分四型。

A 型　高领平底罐。1 件。

M34：4，方圆唇，直颈，鼓腹，宽带单耳。唇面、口沿内壁、腹下部及耳面上均施以褐色。口沿下绘平行线，领部饰不规则的倒三角纹，有实体三角、平行线三角，上腹饰疏简不规则的网纹。图案草率。口径8.8、最大腹径11.2、高17厘米（图二三六：1；彩版四六：1）。

图二三六　加勒克斯卡茵特一号墓地陶单耳罐
1. M34：4　2. M27：1　3. M9：3　4. M30：1　5. M141：1　6. M107：2

B 型　圜底垂腹罐。分 4 式。

Ⅰ式　器腹较高。1 件。

M38：1，口较小，领较直，溜肩，器腹高，肩部弓状条形小单耳，平圜底。口沿下和肩部饰直线纹，直线之间绘以规整的棋盘格纹。口径 12.2、最大腹径 24.4、高 31 厘米（图二三八：1；彩版四五：1；图版一一三：1）。

Ⅱ式　领较高，束颈。1 件。

M54：1，敞口，方唇，鼓垂腹，圜底，颈部宽带状耳。颈肩部施彩，口颈部绘平行纹和棋盘格纹，肩部饰三条平行线；肩下部绘一周实体三角纹。口径 13、最大腹径 26.3、高 29.2 厘米（图二三八：2）。

M25：1，夹砂灰陶，轮制。尖唇，溜肩，平圜底，一侧有桥形耳，残无。肩部有弦纹。口径 8.4、底径 6.3、高 11.6 厘米（图二三七：4）。

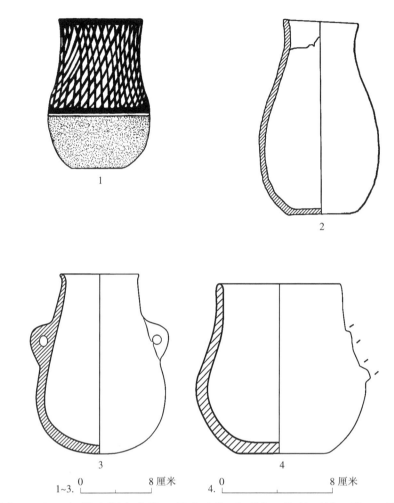

图二三七　加勒克斯卡茵特一号墓地陶无耳罐、陶单耳罐、陶双耳罐

1. M34：3　2. M36A：1　3. M70：9　4. M25：1

Ⅲ式　小口，矮领，垂腹。

M107：2，敞口，圆唇，溜肩，鼓腹，圜底，腹耳残损。器表及口沿内壁施红色陶衣。口沿残损。口径8.8、最大腹径16.8、高15.2厘米（图二三六：6；图版一一五：5）。

M27：1，敞口，圆唇，溜肩，鼓腹，腹耳残损。全身施红色陶衣。侧面有烟炱痕迹。口径8、最大腹径13.2、高14.8厘米（图二三六：2；图版一一四：3）。

Ⅳ式　侈口，矮领，垂腹。

M9：3，单条状耳上翘。口径8.8、最大腹径13.1、高14.6厘米（图二三六：3）。

M30：1，器体较低矮，单耳外翘。口径8.8、最大腹径11.4、高10.6厘米（图二三六：4；图版一一四：4）。

C型　高腹平底罐。1件。

M141：1，敞口，圆唇微外卷，溜肩，鼓腹，平底，耳残损。通身呈黑色，在器表侧面局部黑色中露出红色陶衣。口径6.4、最大腹径10.4、高12厘米（图二三六：5；图版一一四：5）。

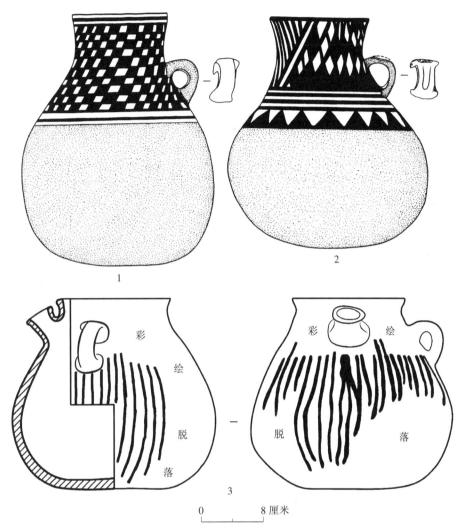

图二三八　加勒克斯卡茵特一号墓地陶单耳罐、陶管流罐
1. M38：1　2. M54：1　3. M60：6

3. 球腹无耳罐。

M51：1，敞口，圆唇，圜底。器表及口沿内壁施红色陶衣，器表饰有不规则短弧线纹。口径10.4、最大腹径13.6、高9.6厘米（图二三九：3；彩版四七：3）。

M15：2，夹砂红陶，手制。口微敞，圆鼓腹，平圜底。口沿内外有一周彩绘，肩部有一周倒三角纹，上腹绘上下交错的平行线三角纹。口沿内壁施暗红色彩衣。口径17、底径7.7、高20.5厘米（图二三九：5；图版一一三：2；彩版四七：2）。

4. 球腹錾耳罐，1件。

M103：1，敛口，沿微外折，圆球腹，圜底，肩部有单錾耳。口径13、最大腹径18.4、高13.6厘米（图二三九：1）。

5. 双耳小罐，1件。

M14：1，敛口，方唇，鼓腹，圜底，肩部有一对弓形耳，其中一耳残损。口径9.6、高10厘米

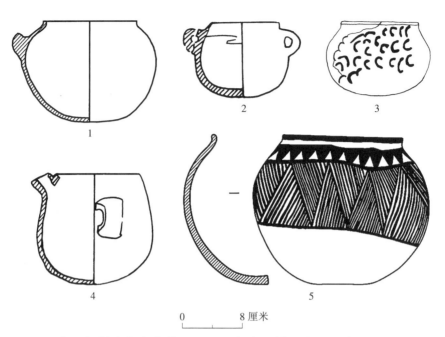

图二三九　加勒克斯卡茵特一号墓地陶球腹罐、陶双耳罐、陶管流罐
1. M103：1　2. M14：1　3. M51：1　4. M150：1　5. M15：2

（图二三九：2；图版一一五：2）。

　　6. 管流罐，2 件。

　　M150：1，微敛口，方唇，鼓腹，圜底，管状流，侧面腹部有宽带单耳。口径 12、最大腹径 16、高 15.2、管长 2.8 厘米（图二三九：4）。

　　M60：6，口外侈，溜肩，腹略下垂，大平底，一侧有管状短流，与管流垂直的上腹部有竖耳。通体饰不规则的竖条纹。口径 12、高 24 厘米（图二三八：3；彩版四九）。

　　7. 双耳罐，1 件。

　　M70：9，敛口，口沿略外折，下垂腹，圜底，器腹中部有对称双小竖耳。口径 9.5、高 21.0 厘米（图二三七：3）。

　　（二）壶

　　小口，高鼓腹，平底。1 件。

　　M17：1，溜肩，鼓腹，平底。内外皆施红色陶衣。颈部以下瓶身饰密集的弦纹。口残。最大腹径 16、高 18.8 厘米（图二四〇：2）。

　　（三）瓶

　　小口，细颈，鼓圆腹。分两型。

　　A 型　平底。1 件。

　　M32：1，敞口，圆唇，束颈，溜肩，鼓腹，平底。全身施红色陶衣。口沿残损。口径 8、最大腹径 18.6、高 27.6 厘米（图二四〇：3；图版一一一：4）。

　　B 型　圜底。2 件。

　　M122：5，束颈，溜肩，鼓腹，圜底。器表及口沿内壁施红色陶衣。底部有烟炱痕迹。口径 6.8、

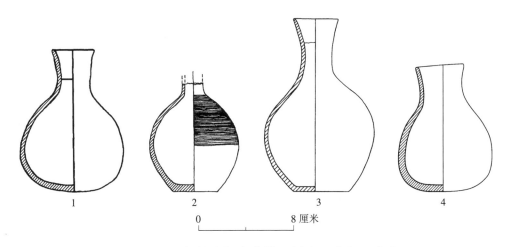

图二四〇 加勒克斯卡茵特一号墓地陶瓶、陶壶
1. M122：5 2. M17：1 3. M32：1 4. M60：10

最大腹径17.2、高23.2厘米（图二四〇：1；图版一一一：3）。

M60：10，夹砂红陶，手制。尖唇，高颈，溜肩，鼓腹，平圜底。口径7.7、高20.2厘米（图二四〇：4）。

（四）杯

直口，鼓腹，圜底或平底。有单耳杯、勺杯、直壁杯。

1. 单耳杯。依腹部的不同情况，分3式。

Ⅰ式 器体较高。直口，圜底。

M45：1，口微敞，方唇，溜肩，鼓腹，腹耳残损。器表及口沿内壁施红色陶衣。侧面有烟炱痕迹。口径12.8、最大腹径16、高16.4厘米（图二四一：1；图版一一四：6）。

Ⅱ式 器较低矮。口微敛。

M127：3，圆唇，鼓腹，圜底，腹耳残损。器表及口沿内壁施红色陶衣。侧面有烟炱痕迹。口径10.4、腹径12.8、高11.6厘米（图二四一：6；图版一一五：1）。

Ⅲ式 器体低矮。敛口，沿微外卷。

M65：1，圆唇，鼓腹，圜底，腹部有宽带单耳。器表及口沿内壁施红色陶衣。侧面有烟炱痕迹。口径10.4、最大腹径13.2、高12厘米（图二四一：2；图版一一五：3）。

M25：1，圆唇，鼓腹，圜底，腹耳。全身施红色陶衣。器表严重剥蚀，口沿残损。口径10.8、高12厘米（图二四一：4；图版一一五：6）。

M67：1，圆唇，卷沿，鼓腹，平底，腹耳。器表及口沿内壁施红色陶衣。口径10.6、高12厘米（图二四一：5；图版一一五：4）。

2. 勺杯。器体低矮，用来舀盛食物。

M15：1，敛口，圆唇，鼓腹，圜底，腹耳。口径7.2、高6厘米（图二四一：3）。

3. 直壁杯。壁直或略弧，平底，有单耳。

M93：1，敞口，圆唇，鼓腹，平底，腹耳残损。侧面有大面积烟炱痕迹。口沿残损。口径8.4、

图二四一　加勒克斯卡茵特一号墓地陶单耳杯、陶勺杯

1. M45：1　2. M65：1　3. M15：1　4. M25：1　5. M67：1　6. M127：3

最大腹径 11.2、高 14 厘米（图二四二：2；图版一一四：2）。

M79：2，直口，圆唇，直颈，鼓腹，平底，腹耳残损。颈部饰两周弦纹。口径 10、最大腹径 10.4、高 14 厘米（图二四二：1；图版一一四：1）。

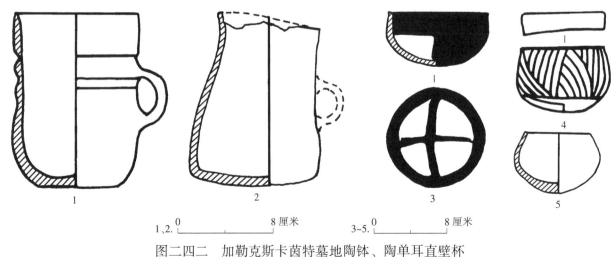

图二四二　加勒克斯卡茵特墓地陶钵、陶单耳直壁杯

1. M79：2　2. M93：1　3. M117C：1　4. M100：3　5. M120：2

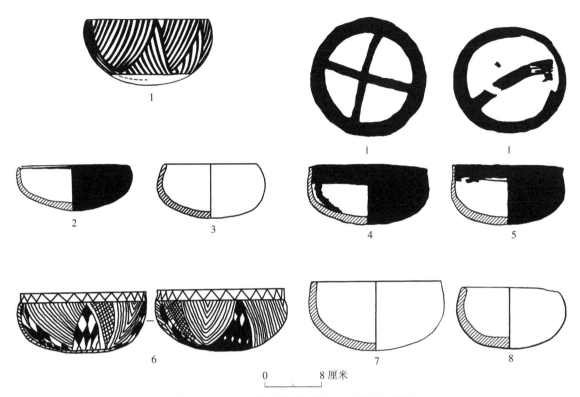

图二四三　加勒克斯卡茵特一号墓地陶钵

1. M42：1　2. M50：1　3. M122：4　4. M117：3　5. M29：3　6. M128：1　7. M96：1　8. M43：1

（五）钵

口的大小不一，有的口部较大，有的口部较小。直口或微敛，圜底。少量为彩陶。依口沿敛折不同分为敛口钵和折沿钵两类。

1. 敛口钵。敛口，微鼓腹，圜底。依器形大小不同，分两型。

A 型　大口钵。微鼓腹，圜底。个别为彩陶。依腹的深浅不同，分2式。

I 式　腹较深。

M42：1，方唇。器表施白色陶衣，腹部以上绘有上下交错的红褐色三角纹，均为平行线纹。口径17.6、高9.6厘米（图二四三：1；图版一一六：1）。

M117：3，圆唇。器表及口沿内壁施红色陶衣，器内底部绘有"十"字形图案。口径16.8、高8厘米（图二四三：4）。

M29：3，方唇，口沿略卷。器表及口沿内壁施红色陶衣，器内底部绘有"一"字形图案。口径16、高8厘米（图二四三：5）。

M122：4，圆唇。底部有烟炱痕迹。口径13.2、高8厘米（图二四三：3；图版一一七：2）。

M96：1，方唇。口径18.8、高9.6厘米（图二四三：7；图版一二三：2）。

M43：1，方唇。底部有烟炱痕迹。器形不规则，制作较粗糙。口径15.8、高8.4厘米（图二四三：8；图版一一七：1）。

II 式　腹较浅。

M128：1，圆唇。口沿内壁施红色彩，器表饰彩。口沿下饰一周折线纹，腹部为上下交错的三角纹，上部三角内填的纹样不一，有平行线、折线、网纹，下部为菱格纹三角。口径18、高8.4厘米（图二四三：6；图版一一三：3；彩版四八）。

M50：1，方唇。器表及口沿内壁施红色陶衣。口径16.4、高6厘米（图二四三：2；图版一二二：1）。

B型　小口钵。分2式。

Ⅰ式　腹较深。

M100：3，方唇，微敛口。口沿内壁施红彩，器表施白色陶衣，陶衣上绘上下交错的平行线三角纹。底部有烟炱痕迹。口径9.2、高6.4厘米（图二四二：4；图版一一六：5）。

M120：2，圆唇，尖圜底。口径7.2、高6.2厘米（图二四二：5；图版一二三：6）。

Ⅱ式，腹较浅。

M117C：1，圆唇。器表及口沿内壁施红色陶衣，内壁绘有"十"字形图案。口径10.4、高5.6厘米（图二四二：3；图版一二〇：5）。

2. 折沿钵。大口或小口，口沿多外折，折成平斜直面，圜底。分两型。

A型　大口钵，常见。依腹的深浅，分3式。

Ⅰ式　腹较深。

M125B：1，口沿微外折，平圜底，方唇，敞口，鼓腹。口径22.8、高14.4厘米（图二四四：1；图版一二〇：3）。

M83：1，夹砂红陶，手制。口微侈，圆唇，鼓腹，底较平。器表及口沿内施暗红色陶衣。器底有烟炱痕。口径18.3、高13.8厘米。

M44B：1，微折沿，鼓腹。全身施红色陶衣。口径19、高8.9厘米（图二四五：2；图版一一六：6）。

M4：1，微折沿，鼓腹。全身施红色陶衣。口径17.8、高8.7厘米（图二四六：3）。

M113：1，微折沿，鼓腹，圜底。全身施红色陶衣。口径27、高15厘米（图二四四：3；图版一一八：5）。

M77：1，折沿，圆唇，略鼓腹。器表及口沿内壁施红色陶衣。器内有不规则条状图案。底部有烟炱痕迹。口径19.8、高11.6厘米（图二四五：1）。

M113：2，方唇，折沿，鼓腹。全身施红色陶衣。口径18、高9.2厘米（图二四六：1；图版一一九：3）。

M107：1，圆唇，折沿，鼓腹。器表及口沿内壁施红色陶衣。底部有烟炱痕迹。口径17.2、高9.2厘米（图二四六：4；图版一一八：1）。

M100：2，圆唇，颈部起棱，鼓腹。器表及口沿内壁施红色陶衣。口径16.2、高18.2厘米（图二四六：6；图版一一六：4）。

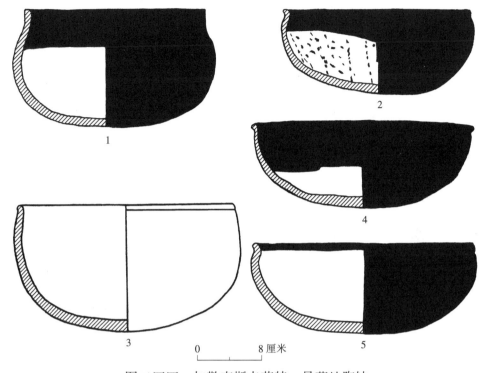

图二四四　加勒克斯卡茵特一号墓地陶钵
1. M125B∶1　2. M79∶1　3. M113∶1　4. M82∶2　5. M122∶3

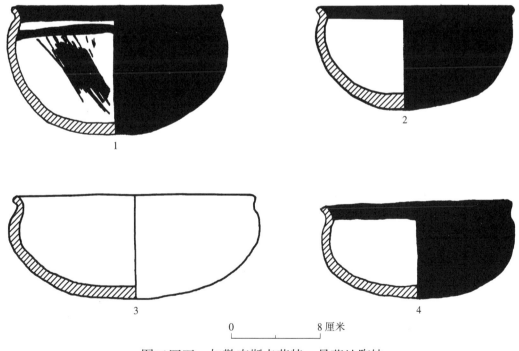

图二四五　加勒克斯卡茵特一号墓地陶钵
1. M77∶1　2. M44B∶1　3. M76∶1　4. M15∶3

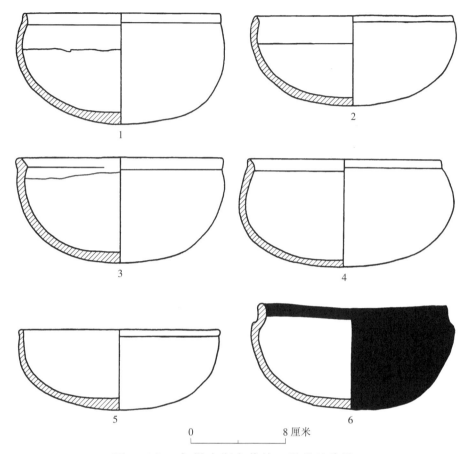

图二四六　加勒克斯卡茵特一号墓地陶钵

1. M113：2　2. M108：1　3. M4：1　4. M107：1　5. M45：2　6. M100：2

M10：1，方唇，微鼓腹，大圜底。口径 16.1、高 7.2 厘米（图版一一八：4）。

Ⅱ式　腹略深。

M79：1，圆唇，鼓腹。器表及口沿内壁施红色陶衣。器表有烟炱痕迹，器内壁有不规则点状图案。口径 24、高 10.4 厘米（图二四四：2；图版一二二：2）。

M15：3，圆唇，鼓腹。器表及口沿内壁施红色陶衣。底部有烟炱痕迹。口径 17.6、高 8 厘米（图二四五：4；图版一一八：3）。

M108：1，圆唇，微折沿，鼓腹。器表及口沿内壁施红色陶衣。器表有烟炱痕迹。口径 17.2、高 8 厘米（图二四六：2；图版一一七：4）。

M137：2，方唇，鼓腹。器表及口沿内壁施红色陶衣。口径 24.7、高 11.2 厘米（图二四七：2）。

M85：1，圆唇，鼓腹。器表及口沿内壁施红色陶衣。口径 21.6、高 10 厘米（图二四七：3；图版一二二：4）。

M98A：2，尖圆唇，卷沿，腹曲鼓，大平圜底。口径 23.5、高 11.2 厘米（图二四八：2）。

M98A：1，圆唇，鼓腹。器表及口沿内壁施红色陶衣。口沿处有 4 个钻孔。口径 22.8、高 10.4 厘米（图二四九：1；图版一一六：2）。

M127：1，圆唇，鼓腹。器表及口沿内壁施红色陶衣。表面有烟炱痕迹。口径 24.6、高 10.4 厘

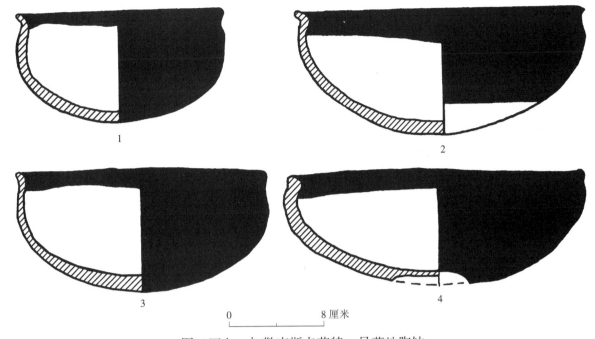

0 ├────┼────┤ 8 厘米

图二四七　加勒克斯卡茵特一号墓地陶钵

1. M127：2　2. M137：2　3. M85：1　4. M27：2

米（图二四九：2；图版一一九：1）。

M128：2，方唇，鼓腹。器表及口沿内壁施红色陶衣，腹内壁有不规则红色彩点。口径 24.5、高 10 厘米（图二四九：3；图版一一八：6）。

M125B：2，圆唇微外卷，鼓腹。器表及口沿内壁施红色陶衣。底部有烟炱痕迹。口径 17.5、高 8 厘米（图二四九：4；图版一一八：2）。

M59：1，口略直，圆唇微外卷。器表及口沿内壁施红色陶衣。底部有烟炱痕迹。口径 26、高 12 厘米（图二五〇：1；图版一二一：1）。

M106：1，卷沿，圆唇，鼓腹。器表及口沿内壁施红色陶衣，钵内壁绘以束腰状彩。口径 25.4、高 12 厘米（图二五〇：2；图版一一九：5）。

M110：1，圆唇外卷起棱。器表及口沿内壁施红色陶衣。口径 28.8、高 12.6 厘米（图二五〇：3；图版一一九：6）。

M56：1，方唇外折，微鼓腹。器表及口沿内壁施红色陶衣。口径 20.8、高 9.6 厘米（图二五〇：4；图版一二一：4）。

Ⅲ式　浅腹。

M122：3，圆唇外卷起棱，鼓腹。器表及口沿内壁施红色陶衣。底部有烟炱痕迹。口径 28.4、高 11.2 厘米（图二四四：5；图版一二二：3）。

M82：2，圆唇，鼓腹。器表及口沿内壁施红色陶衣。口径 28、高 10.8 厘米（图二四四：4；图版一一九：2）。

M76：1，圆唇，鼓腹。底部有烟炱痕迹。口沿残损。口径 22、高 9.2 厘米（图二四五：3；图版一二一：6）。

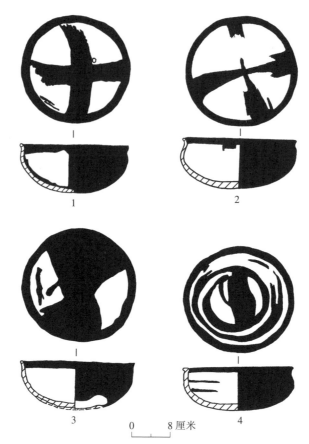

图二四八　加勒克斯卡茵特一号墓地陶钵
1. M125A：1　2. M98A：2　3. M87：1　4. M109B：1

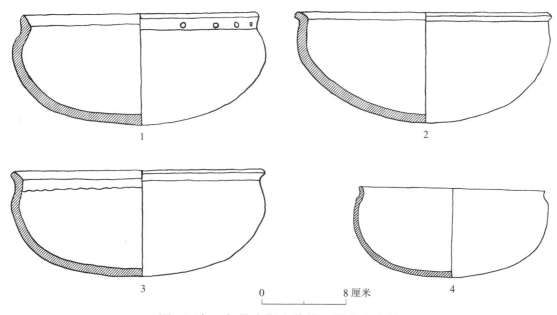

图二四九　加勒克斯卡茵特一号墓地陶钵
1. M98A：1　2. M127：1　3. M128：2　4. M125B：2

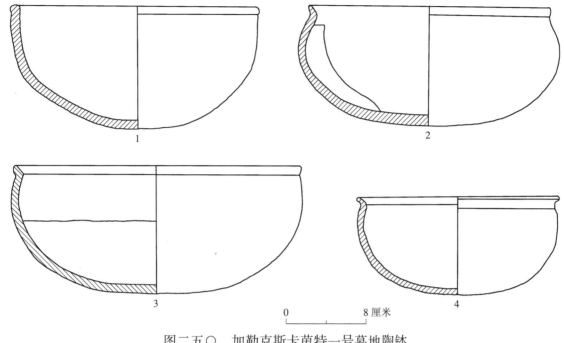

图二五〇 加勒克斯卡茵特一号墓地陶钵
1. M59∶1 2. M106∶1 3. M110∶1 4. M56∶1

M45∶2，口略直，圆唇微外折，鼓腹。口径17.2、高6.8厘米（图二四六∶5；图版一二二∶5）。

M27∶2，圆唇微外折，鼓腹。器表及口沿内壁施红色陶衣。底部钻有4个小孔。底部外壁有烟炱痕迹。口径25.6、高10厘米（图二四七∶4；图版一二一∶2）。

M125A∶1，圆唇，卷沿，鼓腹。器表及口沿内壁施红色陶衣，器内底部有"十"字形图案。器底有2个小钻孔。底部有烟炱痕迹。口径23.2、高10厘米（图二四八∶1；图版一一九∶4）。

M87∶1，圆唇微外卷，鼓腹。器表及口沿内壁施红色陶衣。器内绘有不规则对顶三角形图案，三角形内填红彩。口径24.8、高10.4厘米（图二四八∶3；图版一二一∶3）。

M109B∶1，夹砂红陶，手制。圆唇外卷起棱。器表及口沿内壁施红色陶衣，器内壁绘有不规则的环形图案。底部有烟炱痕迹。口径18.2、高9.2厘米（图二四八∶4；图版一二一∶5）。

M127∶2，夹砂红陶，手制。圆唇外卷起棱。器表及口沿内壁施红色陶衣。口径17.2、高9.5厘米（图二四七∶1；图版一二二∶6）。

M126∶1，夹砂红陶，手制。口微折，鼓腹，大圜底。器表及口沿内壁施暗红色陶衣。口径25.3、高10厘米（图二五一∶5）。

B型 小口，器形较小。依腹的深浅，分3式。

Ⅰ式 深腹。

M107∶1，圆唇，鼓腹。器表及口沿内壁施红色陶衣。器身残损。口径10、高10厘米（图二五一∶1；图版一二三∶4）。

M9∶1，折沿，鼓腹。器表及口沿内壁施红色陶衣，内壁有随意涂抹的条状图案。底部有烟炱痕迹。口径12.8、高7.6厘米（图二五二∶5）。

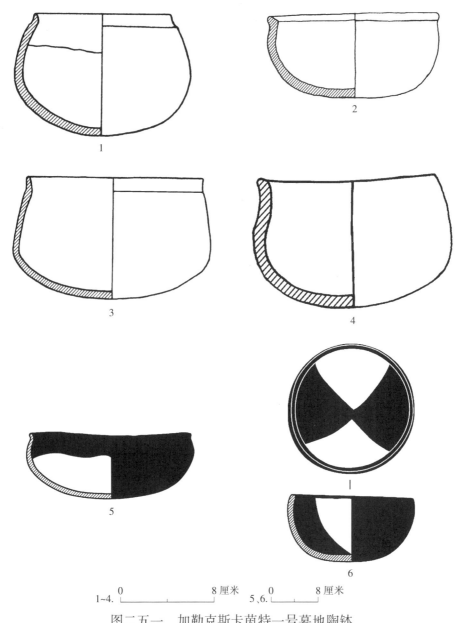

图二五一　加勒克斯卡茵特一号墓地陶钵

1. M107：1　2. M26：1　3. M112：1　4. M137：1　5. M126：1　6. M26：2

M24：1，圆唇，鼓腹。器表及口沿内壁施红色陶衣。口径16、高9.2厘米（图二五二：4；图版一二〇：4）。

M26：2，夹砂红陶，手制，敛口，平圜底。通体红彩，口沿内有对顶大三角纹。口径20、高10.8厘米（图二五一：6；图版一二〇：6）。

Ⅱ式　腹较深。

M26：1，折沿，鼓腹。器表及口沿内壁施红色陶衣。器表有烟炱痕迹。口径14.5、高7.2厘米（图二五一：2）。

M137：1，方唇，鼓腹。器表及口沿内壁施红色陶衣。口径14.8、高11.2厘米（图二五一：4；

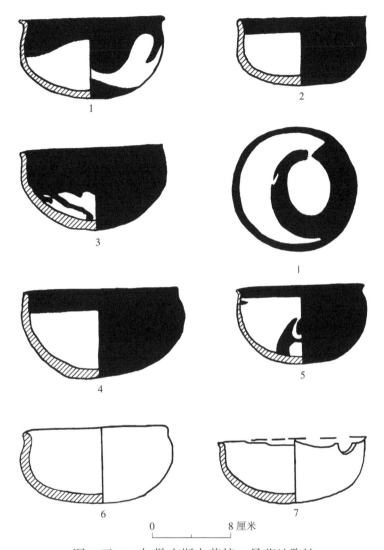

图二五二　加勒克斯卡茵特一号墓地陶钵
1. M11:1　2. M21:1　3. M117A:1　4. M24:1　5. M9:1　6. M123:1　7. M115:1

图版一二〇:1)。

　　M11:1,圆唇外卷,鼓腹,圜底。器表及口沿内壁施红色陶衣。口沿残损,底部表皮剥蚀。口径15.4、高8厘米(图二五二:1;图版一二三:1)。

　　M21:1,圆唇,鼓腹。器表及口沿内壁施红色陶衣。器表有烟炱痕迹。口径13.6、高6.8厘米(图二五二:2;图版一一七:5)。

　　M117A:1,圆唇,鼓腹。器表及口沿内壁施红色陶衣。内壁绘有不规则的条形图案。口径14.8、高8.4厘米(图二五二:3)。

　　Ⅲ式　腹较浅。

　　M123:1,圆唇微外卷,鼓腹。器表及口沿内壁施红色陶衣。口沿残损。口径15.2、高7.6厘米(图二五二:6;图版一一七:6)。

　　M115:1,微折沿,鼓腹。口沿残损。口径16、高6.4厘米(图二五二:7;图版一一六:3)。

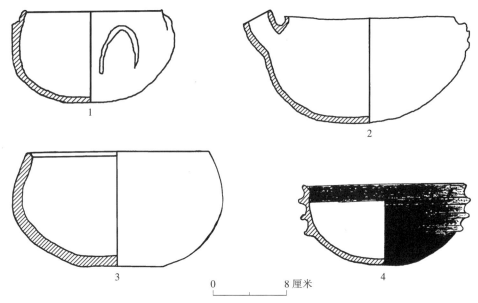

图二五三　加勒克斯卡茵特一号墓地陶钵、陶盆
1. M83：1　2. M167：1　3. M104：1　4. M125A：2

3. 叠唇钵，1 件。

M125A：2，折沿，圆唇，鼓腹，圜底。口沿下至腹部有三周平行的附加泥条，附加泥条宽 0.8 厘米。口径 18、高 8 厘米（图二五三：4）。

4. 錾耳钵，1 件。

M83：1，敛口，鼓腹，平圜底。腹部有对称的四个月牙状錾耳。口径 15.4、高 10 厘米（图二五三：1；图版一一三：4）。

5. 管流钵，1 件。

M167：1，敛口，鼓腹，圜底，一侧带有一管流，管流上翘，另一侧有单錾耳，残。口径 18、高 11.2 厘米（图二五三：2）。

6. 曲柄钵，1 件。

M20A：1，口沿略敞，鼓腹，圜底一侧有曲状柄，残。口径 12、高 10 厘米（图版一二三：5）。

7. 深腹钵，1 件。

M112：1，沿略外折，直壁，大圜底。口径 13、高 10 厘米（图二五一：3；图版一二三：3）。

（六）盆

1 件。M104：1，敛口，圆唇，鼓腹，平底。内外皆有烟炱痕迹。口径 20、高 12 厘米（图二五三：3；图版一一七：3）。

二　铁　器

加勒克斯卡茵特墓地较多墓葬中出土有铁器。大多残朽，形状已不可辨。可辨器形者主要有刀、锥、牌饰、剑和残铁块等。

（一）刀

少量为环首刀，大部分为直柄刀，刀首鼓凸，部分凸成蘑菇状首。另外，大量铁刀只保存了刀的残段，具体器形不明。

1. 环首刀。

M73∶1，环首，孔呈椭圆形，柄刃之间有三角形凸起的栏，刀背平弧，单面刃，柄截面为长方形。长19.5厘米（图二五四∶1）。

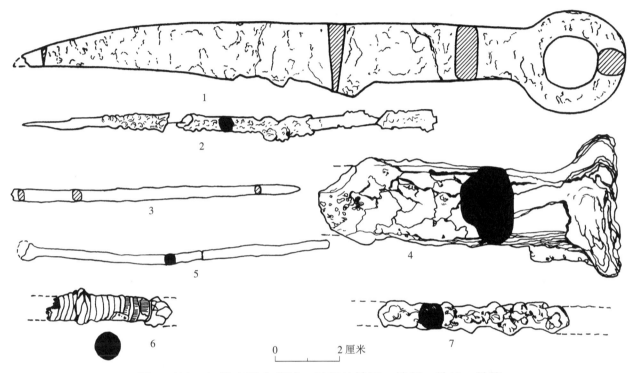

图二五四　加勒克斯卡茵特一号墓地铁刀、铁剑、铁锥、铁簪
1. M73∶1　2. M68∶2　3. M121∶3　4. M110∶3　5. M65∶2　6. M82∶3　7. M25∶3

2. 直柄刀。

M25∶2，柄局部保存较好，截面为椭圆形。残长11、残宽2厘米（图二五五∶1）。

M58∶2，保存很少一段刃部，截面为三角形。残长7.2、宽约1.7、厚约1.8厘米（图二五五∶2）。

M115∶2，柄部一段保存相对较好，截面为椭圆形。残长8.3、宽1.7、厚1.2厘米（图二五五∶3）。

M108∶3，刃部局部可辨器形，截面为三角形。残长9.5、宽1.2厘米（图二五五∶5）。

M75∶3，大体保存完整。柄与刃间没有明显的界限，柄截面为椭圆形。残长12.5，残宽2.5厘米（图二五六∶2）。

（二）锥

均仅局部略为完整，可辨器形者一端尖圆。

M25∶1，锥端截面为椭圆形。残长9.6厘米（图二五五∶4）。

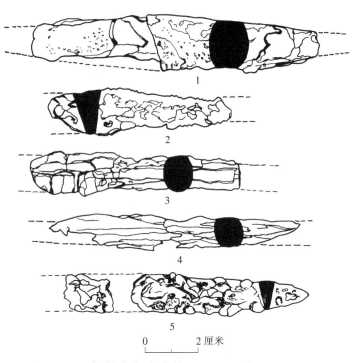

图二五五　　加勒克斯卡茵特一号墓地铁刀、铁锥
1. M25：2　2. M58：2　3. M115：2　4. M25：1　5. M108：3

M25：3，锥体较细。残长6、宽0.7厘米（图二五四：7）。

M82：3，保留柄部大体形态，柄首圆凸，柄与锥间有低的凸栏。截面为椭圆形。残长4、宽0.7厘米（图二五四：6）。

M121：3，锥体细长，保存相对较好。长9.2、宽0.7厘米（图二五四：3）。

M68：2，锥体细长，一端尖，柄首圆凸。残长13厘米（图二五四：2）。

M123：4，圆锥状。残长11.2厘米（图版一三一：4）。

M38：1，尖头。残长9厘米（图版一三一：5）。

M38：2，锥状。残长9.5厘米（图版一三一：6）。

（三）剑

M110：3，只保留柄首残段，从器体看可推测为剑。首圆凸近蘑菇状，柄截面为椭圆形。残长9.6、宽2.6、首端宽4.4、厚1.8厘米（图二五四：4）。

M81：1，只保留柄首残段，从器体看可推测为剑。首圆凸近蘑菇状，柄截面近椭圆形。残长10、宽2.6、首端宽6.3、厚3.4厘米（图二五六：1）。

（四）簪

M65：2，基本完整。端部残，一端有圆球状凸，簪体细长，端部尖。残长9.8、宽0.4厘米（图二五四：5）。

（五）铁钩

一端有弯钩。

M37：2，钩尖部残，钩尾有环。残长8.5厘米（图二五七：3）。

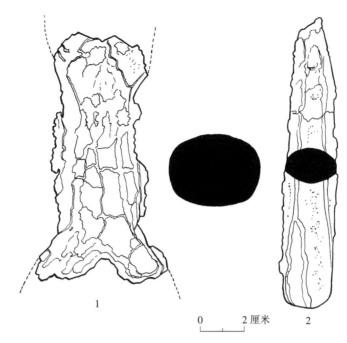

1

0　　2厘米

2

图二五六　加勒克斯卡茵特一号墓地铁剑、铁刀
1. M81：1　2. M75：3

M77：2，残，保存弯钩变分。残长4.3厘米（图五二七：1）。

M81：4，残，保存弯钩部分。残长5厘米（图二五七：5）。

（六）带扣

M53：1，残，保存桃形环，环外有残柱。环柱的截面呈U形。残长5、宽3.7厘米（图二五七：2）。

M57：1，方形，截面呈扁环状，中间有孔。皮带等可从中间穿过。残长5、宽4.6厘米（图二五七：4）。

（七）钉

M73：2，一端有帽，出土时插在木头里。截面呈圆形，一端弯曲，尖端残。残长14厘米（图二五八：1）。

M74：1，截面为圆形，一端弯曲，尖端残。残长14.4厘米（图二五八：2）。

（八）杵

M75：2，柱状的一端有椭圆环孔，中间有凹槽，一端残。残长6.5、柱径0.6厘米（图二五七：7）。

M77：1，残，柱状。残长4.4厘米（图二五七：6）。

（九）手镯

M20A：1，戴在死者左手腕。直径8厘米。

（十）马镫

M18A：1，残，形态不明。

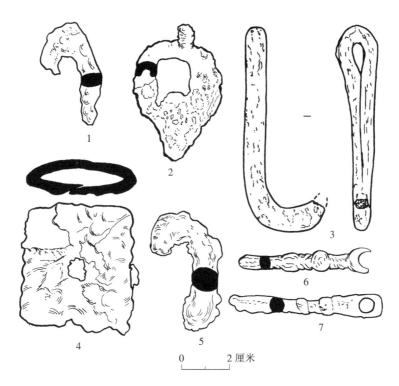

0   2 厘米

图二五七 加勒克斯卡茵特一号墓地铁钩、铁带扣、铁杵

1. M77：2 2. M53：1 3. M37：2 4. M57：1 5. M81：4 6. M77：1 7. M75：2

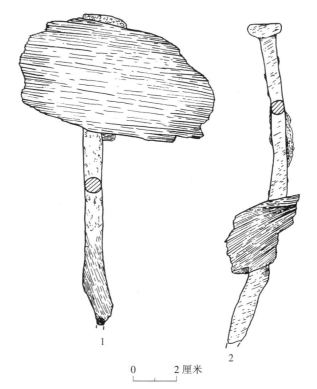

0   2 厘米

图二五八 加勒克斯卡茵特一号墓地铁钉

1. M73：2 2. M74：1

三　铜　器

铜器较少，常见有簪、匙、扣、牌、耳环、钉、锥等。

（一）铜簪

细长柱状，一端尖，另一端有装饰。分五型。

A 型　端头有塔形装饰。

M29：1，端头为圆形塔基形饰，中空，上有六周环状圆凸。长15.1、底端径1.5、柱径0.4厘米（图二五九：1；图版一二八：9；彩版五二：4）。

M109B：3，端头有塔形装饰，塔基为方形，中空，塔顶上有四周环状圆凸。长13厘米塔形装饰长、宽1.3厘米（图二五九：2；图版一二八：11；彩版五二：3）。

M107：4，端头有塔形装饰，塔基为方形，中空，塔顶有扁圆桃状装饰。长12厘米，塔形装饰长、宽1.5厘米，柱径0.2厘米（图二五九：3；图版一二八：12；彩版五二：2）。

B 型　细长柱状，一端尖，另一端有人面形饰。

M6：5，锈蚀。端头有人面饰，轮廓呈蕉叶状，头端出角，对称两孔表示眼，下颌的双孔表示嘴。长16、人面宽3厘米（图二五九：4；图版一二八：14；彩版五二：1）。

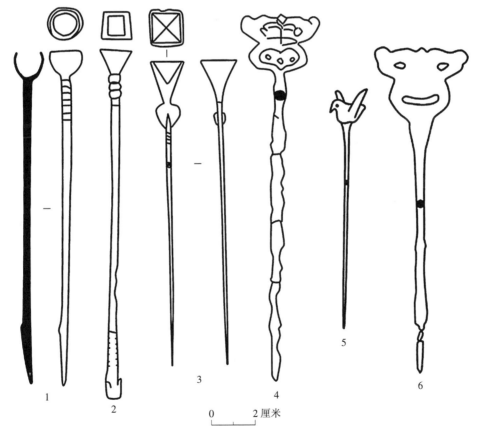

0　　　2厘米

图二五九　加勒克斯卡茵特一号墓地铜簪

1. M29：1　2. M109B：3　3. M107：4　4. M6：5　5. M6：3　6. M6：2

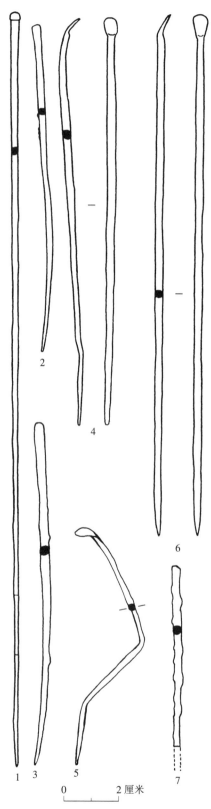

图二六〇　加勒克斯卡茵特一号墓地铜簪、铜匙
1. M114：2　2. M114：2-2　3. M114：3　4. M48：1
5. M28：2　6. M103：2　7. M114：4

M6：2，锈蚀。端头有人面饰，轮廓呈蕉叶状饰，头端出角，对称两孔表示眼，下颌的孔表示嘴。长14、人面宽3.8厘米（图二五九：6；图版一二八：15；彩版五二：5）。

C型　细长柱状，端头有鸟形装饰。

M6：3，细柱状，一端尖，另一端铸出飞翔的鸟，鸟双翼展翅，鸟喙尖直朝下，卧于柱端。铸造形象。长12厘米（图二五九：5）。

D型　细长柱状，端头有小的圆凸。

M114：2，细长，是墓地发现的最长的铜簪。端头有蘑菇状大圆凸。长27.4、柱径0.2厘米（图二六〇：1）。

M121：2，长10.5厘米（图版一二八：1）。

M111：1，长9厘米（图版一二八：2）。

M109B：1，残长9厘米（图版一二八：3）。

M28：1，长10.3厘米（图版一二八：4）。

E型　细长柱状，一端头尖，一端头粗，无装饰。

M114：2-2，头端粗圆，截面呈方形，下部弯。长12.4、柱径0.2厘米（图二六〇：2）。

M114：3，略弯曲，圆首，上部截面圆形弧弯。长12.5、柱径0.2厘米（图二六〇：3）。

M114：4，残。残长6.5、柱径0.2厘米（图二六〇：7）。

（二）匙

M48：1，细长柱状，一端尖细，另一端扁凹近勺状，略弯曲变形。长14.8、柱径0.2厘米（图二六〇：4；图版一二八：5）。

M28：2，一端为小匙，一端为尖状。器物已被扭折。长8.5、柱径0.15厘米（图二六〇：5；图版一二八：6）。

M103：2，保存完整。长18.8、柱径0.25厘米（图二六〇：6）。

（三）铜锥

M18A：2，柱锥状，一端尖圆，一端扁平，截面为长方形。长10.5、柱宽0.7厘米（图二六一：1）。

（四）钉

M40：1，顶端有扁平帽，钉体呈方形柱状。长11.3、柱边长0.5厘米（图二六一：2；图版一二八：7）。

（五）扣

形态基本相同。正面圆鼓，为伞帽形，背面有过梁。

M110：3，3件。直径和高分别为3.1、0.9厘米，3.1、0.9厘米，2.7、0.9厘米（图二六二：1~3）。

M54：3，背面过梁上见有皮带痕。直径2.1、高0.7厘米（图二六二：7；图版一二七：1）。

M110：5，伞帽状，中间有圆孔。直径3.2、高2.1厘米（图版一二七：3）。

（六）挂饰

形状各不同，多数一端有孔便于系挂。

M6：10，水滴状，上端有孔。长2.7、宽约1.5、厚0.1厘米（图二六二：4；图版一二七：4）。

M23：1，鱼形，一端有细孔。长2.3、高0.5、厚0.1厘米（图二六二：5；图版一二六：2）。

M6：9，圆形，上端有系孔。直径1.6、厚约0.2厘米（图二六二：8；图版一二六：3）。

M6：12，半圆形，上有一錾。残损。长3.3、厚0.4厘米（图二六二：6；图版一二七：5）。

（七）环

圆形环。

M143：1，用方形铜柱弯曲成圆环状，端头接触不严。外径3.3、内径1.9厘米（图二六三：1）。

M70：3，圆柱状铜柱弯曲成圆形环。外径4、内径2.9厘米（图二六三：2）。

（八）耳环

分三型。

A型　用粗铜丝弯成圆形环，相接处多不完全闭合。

M107：6，残。直径1.6厘米（图二六四：5）。

M96：1，一端粗，另一端略细。直径1.5厘米（图二六四：9）。

M7：1，不闭合，略为方形。长3、宽2厘米（图版一二九：1）。

B型　大环圈外再弯曲出一个小环圈为穿耳。

M91：2-1，大环呈椭圆形。大环径2~3.2、小环直径0.7厘米（图二六四：2；图版一二九：4）。

M91：2-2，残。大环直径2~3、小环直径0.6厘米（图版一二九：5）。

M109B：5，大环呈不规则形。大环直径1.3~1.8、小环直径0.7厘米（图二六四：4；图版一二九：2）。

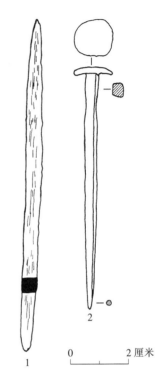

图二六一　加勒克斯卡茵特
一号墓地铜锥、铜钉
1. M18A：2　2. M40：1

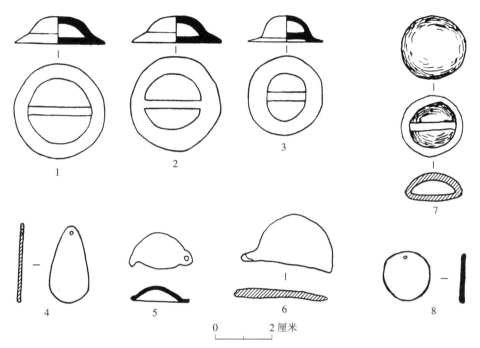

图二六二　加勒克斯卡茵特一号墓地铜扣、铜挂饰

1～3. M110：3　4. M6：10　5. M23：1　6. M6：12　7. M54：3　8. M6：9

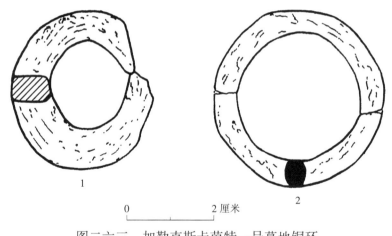

图二六三　加勒克斯卡茵特一号墓地铜环

1. M143：1　2. M70：3

　　M154：1，一对，用铜丝弯曲成椭圆形，上有小的方形挂穿。大环直径 4.2 厘米（图版一二九：7）。

　　C 型　铜环下挂有石坠。

　　M13：3，粗铜丝弯曲成圆形，其中一部分相叠在一起，下坠一亚腰形的小石坠。长 4.4、环直径 1.5～1.8 厘米（图版一二七：6）。

　　（九）铜管

　　1 件。M148：1，截面呈圆环形。直径 1.3、长 5 厘米（图二六四：6）。

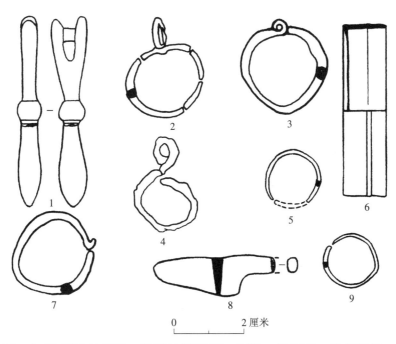

图二六四　加勒克斯卡茵特一号墓地铜耳环、铜管、铜刻刀、柱状铜件、银耳环
1. M54：2　2. M91：2-1　3. M157：1　4. M109B：5　5. M107：6　6. M148：1　7. M157：2　8. M145：1　9. M96：1

（十）刻刀

1件。M145：1，有短柄，柱状，刀体呈三角形，单面刃。柄残。残长 3.6 厘米（图二六四：8；图版一二七：7）。

（十一）柱状饰件

1件。M54：2，一端呈棒锥状，一端分叉，中间有短梁，柱中间有圆形鼓凸。用途不明。长 5.5、柱径约 0.5 厘米（图二六四：1）。

（十二）铜镜

M5：1，圆形，背有残纽，部分边缘残损。直径约 9 厘米（图二六五：1；图版一二六：1）。

M6：4，圆形，直板状。直径 7 厘米。

（十三）铜牌饰

有长方形牌饰、叉状牌饰。

M109B：2，近长方形，残损。长 6.8、宽 4.5、厚 0.2 厘米（图二六五：2；图版一二六：5）。

M29：5，叉状。长 3.9、宽 2.3、厚 0.2 厘米（图二六五：6；图版一二七：8）。

（十四）小喇叭状铜器

M56：1，中间有孔。底径 4、高 5 厘米（图版一二七：2）。

（十五）羊饰件

大型器物的装饰配件。

M31：2，羊双角踩一铜片上，站立状，弓步，昂首，平视前方，为大角羊，双角直叉呈"八"字形，双眼和嘴简约表示。高 3.4、宽 3.4 厘米（图二六六；图版一二六：4）。

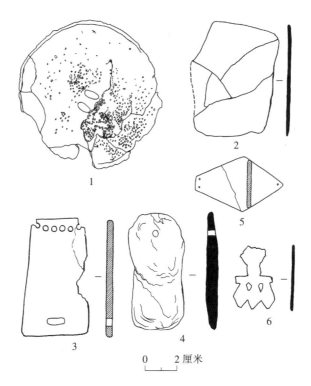

图二六五　加勒克斯卡茵特一号墓地铜镜、骨牌饰、砺石
1. M5：1　2. M109B：2　3. M107：5　4. M126：2　5. M6：11　6. M29：5

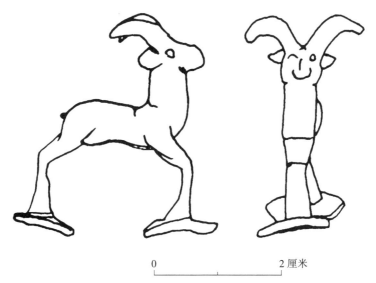

图二六六　加勒克斯卡茵特一号墓地铜羊饰（M31：2）

四　金银器

金器有耳环、金箔片、牌饰，银器有耳环等。

（一）耳环

分四型。

A 型　用金丝弯成圆环状，端头套叠，外加有弹簧状小环。

M52：1，1 对。其中一只大环直径 2.2、外弹簧状小环直径 0.1 厘米，另一只大环直径 1.5～2、小环直径 0.7 厘米（图二六七：1）。

B 型　用金丝弯成小环，下有小的覆盆状坠。

M53：2，1 对。大小形状完全相同。长 1.2、下坠覆盆状坠直径 0.6 厘米（图二六七：2）。

C 型　用金丝弯曲成圆环，两端相叠套压，下有小喇叭状坠。

M53：1，1 对。大小完全相同。长 2.2、环径约 1.7、坠直径 0.8 厘米（图二六七：4）。

D 型　用金丝弯曲成大环，外坠以小环。

M51：2，大环直径 2～2.2 厘米，小环近桃形，最大径 0.5 厘米（图二六七：3；图版一二九：3）。

（二）金箔片

大小不同，多剪成几何叶状。

M5：4，长 0.5 厘米。

M38：4，长 0.4 厘米。

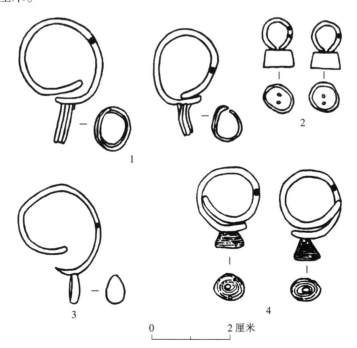

图二六七　加勒克斯卡茵特一号墓地金耳环

1. M52：1　2. M53：2　3. M51：2　4. M53：1

（三）银耳环

M157：1、2，1对。用粗银丝弯曲成一个大环，外部再绕成一个很小的系环，其中一小系环残。大环直径2.5厘米（图二六四：3、7；图版一二九：6）。

五　骨　器

主要有牌饰、镞、兽头骨雕、剑鞘、簪首、管梭状饰件、镞等。

（一）骨牌饰

有长方形、菱形牌饰。

M76：2，1对。大小基本一致。M76：2 - 1，扁平，平面呈梯形。宽的一端有2×0.5厘米的方形孔，窄的一端有三个钻孔。边缘饰有一圈半圆形花纹。内有一框，框内绘有野兽图案，两腿朝向窄的一端，兽首位于宽的一端，呈回望状。兽身周围饰有云状纹饰及三棱形三角纹饰。以刻划点纹填充兽身。野兽图案表现抽象。长16.5、宽6.2、厚0.4厘米。M76：2 - 2，扁平，平面呈梯形。窄的一端有三个钻孔。边缘饰有一圈半圆形花纹。内有一框，框内绘有野兽图案，两腿朝向窄的一端，兽首位于宽的一端，呈回望状。兽身周围饰有云状纹饰及三棱形三角纹饰。以刻划点纹填充兽身。野兽图案表现抽象。残损严重。长16.8、宽5.3、厚0.4厘米（图二六八；图版一三〇：上、下；彩版五〇）。

M107：5，长方形，一端有较大长方形孔，另一端有一字形排列的六个小孔，其中两侧的孔残。长7.2、宽4.2、厚0.4厘米（图二六五：3；图版一三一：2）。

M6：11，菱形。上部有两钻孔，下部有一钻孔。长5.4、厚2.8厘米（图二六五：5）。

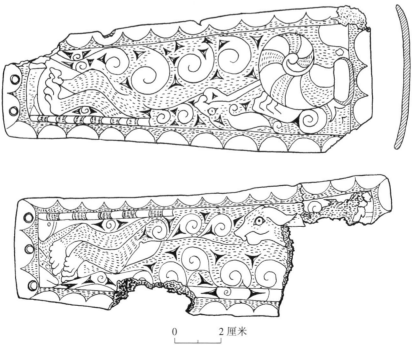

0　　　2厘米

图二六八　加勒克斯卡茵特一号墓地刻纹骨牌（M76：2）

（二）兽头骨雕

1件。M6：2，用动物的粗骨管截断刻成，很可能是簪首部分。雕刻的猫科动物面部，采用雕刻、打磨技术，刻出动物的双小耳、圆眼和大鼻子。表现富有特征，双小耳简约位于骨雕上部左右两边，下部双眼呈柳叶状，眼珠为圆形，葫芦状鼻子成下垂态。宽2.7、高2.3厘米（图二六九：2；彩版五一：3）。

（三）剑鞘

1件。M6：9，出自人骨架的股骨间，只有对合的一半。用动物的长骨雕成，外形为短剑状，首部为相对半圆形，中部两侧为两对称的半圆形凸栏。背面刻出长方形槽。外通体线刻动物纹样。纹样不清晰。首部相对的半圆内刻相对回首相视的鸟头。鞘身上下是连续的五个鸟喙相互衔接，之间用细梯状纹隔开，鸟喙呈鹰嘴钩状，眼尖圆形。长15.2、宽4厘米（图二六九：3；彩版五一：1）。

（四）簪首

1件。M37：1，用动物骨精雕而成。呈长方形，簪杆残，只留簪首装饰部分。似弦乐首部，正侧面有七个穿孔，孔中插尖锥状柱，偏侧有对应的七个小孔。长8、宽1.4～1.6、厚0.7～1.7厘米

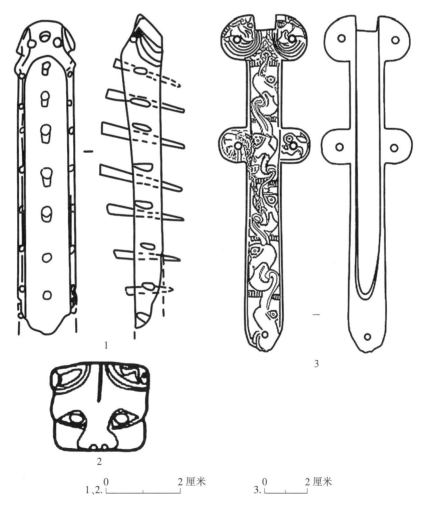

图二六九　加勒克斯卡茵特一号墓地骨簪首、骨剑鞘、骨牌饰、骨兽首骨饰
1. M37：1　2. M6：2　3. M6：9

（图二六九：1）。

（五）管

1件。M146：1，系用动物肢骨切割加工而成，保留动物骨管的原状，一端为关节部分，一端有钻孔。是男性儿童小便的溺管。长19.2厘米（图二七〇：1）。

M154：1，短管状，一端为斜面。长6厘米（图版一三一：1）。

（六）梭状骨饰

1件。M182：1，用动物的长骨片制成，两端有对称的飞鹰状钩。长8.8、厚0.2厘米（图二七〇：2；图版一三一：3）。

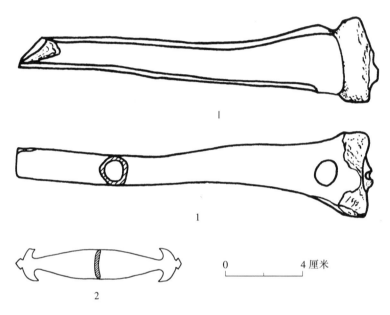

图二七〇　加勒克斯卡茵特一号墓地骨管、梭状骨饰
1. M146：1　2. M182：1

（七）镞

出土较多。分四型。

A型　三棱镞，无翼，镞体截面为三角形。

M38：6-2，残，铤截面为长方形。残长5厘米（图二七一：2）。

B型　单翼，镞体截面为三角形。

M38：6-3，无铤。长6厘米（图二七一：3；图版一三二：3）。

M55：1～4，镞体截面为三角形，铤扁平。分别长7.1、7.2、7.5、6.5厘米（图二七一：11～14；图版一三二：4）。

M70：4，扁平铤。长7.4厘米（图二七一：15）。

M38：1，残长4.8厘米。

C型　双翼，镞体截面为三角形。

M38：6-4，长7.2厘米（图二七一：4）。

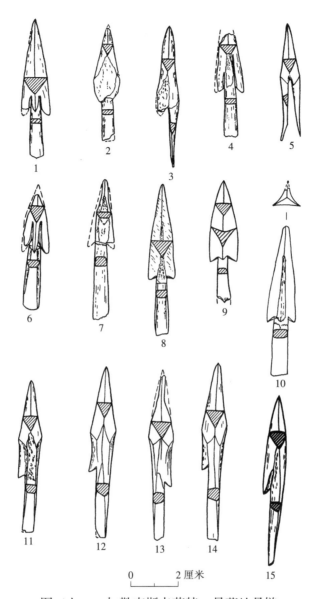

图二七一　加勒克斯卡茵特一号墓地骨镞

1. M38：12　2. M38：6-2　3. M38：6-3　4. M38：6-4　5. M58：1　6. M38：13　7. M38：14
8. M70：6　9. M70：5　10. M20A：6　11. M55：4　12. M55：2　13. M55：1　14. M55：3　15. M70：4

M38：14，残。长 5.8 厘米（图二七一：7；图版一三二：2）。

M58：1，双翼，翼长尖。长 5.9 厘米（图二七一：5）。

M70：6，长 6.3 厘米（图二七一：8）。

M5：4，长 6.6 厘米（图版一三二：1）。

D 型　三翼，镞体截面为三角形，扁平铤。

M38：12，长 5.9 厘米（图二七一：1；图版一三二：5）。

M70：5，铤残。残长 5 厘米（图二七一：9）。

M20A：6，一翼残。长 6.3 厘米（图二七一：10）。

六　石　器

石器有砺石、纺轮、磨盘、球。

（一）砺石

长条状。上部有钻孔。

M126：2，长7.1、宽3.5、厚0.7厘米，孔径0.4厘米（图二六五：4；图版一二五：2）。

M110：4，中部略宽。长14、宽2.6厘米，孔径0.5厘米（图二七二：4；图版一二五：1）。

（二）纺轮

圆盘状，中间穿孔。

M142：1，直径6.6、厚2.5厘米，穿孔直径1.2厘米（图二七二：5）。

（三）球

圆球状，大小不一。

M44B：2，直径约8厘米（图二七二：6）。

M147：3，直径4.5厘米（图二七二：2）。

（四）马鞍形磨盘

这类磨盘由磨盘和磨棒组成，大部分只保存有磨底盘或磨棒中的一件，个别成套出土。大多完整，也有残断的石磨盘或石磨棒。

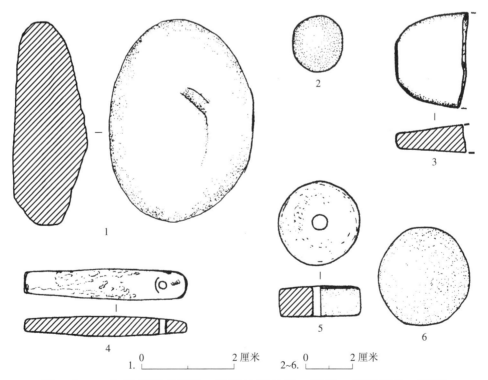

图二七二　加勒克斯卡茵特一号墓地石纺轮、石球、石磨棒盘、砺石

1. M66：1　2. M147：3　3. M70：2　4. M110：4　5. M142：1　6. M44B：2

　　M55:6，石磨盘一套，在墓葬封堆中成套出土。磨盘近长椭圆状，两边直，两端弧，上面为平的研磨面，略凹，下面为略凸的底面。磨棒为长椭圆形，上面中部为凹面，使用时压套在磨盘上，这样来回推研，以磨粮食类作物或其他。磨棒长 26、最宽 9.5、厚 3.4 厘米，磨盘长 29、最宽 18、厚 6.7 厘米（图二七三：1；图版一二四：1；彩版五三：2）。

　　M70:2，石磨底盘的残段。残长 6、宽 8 厘米（图二七二：3）。

　　M170:3，石磨底盘，略长方形，面上有疤痕。长 16、宽 10.5、厚 6.5 厘米（图二七三：4）。

　　M166:1，石磨底盘，残。残长 11、宽 13、厚 2.5 厘米（图二七三：6；图版一二五：3）。

　　M10:1，石磨盘，残。残长 12、宽 11.5、厚 8.5 厘米（图二七四：1）。

　　M6:1，石磨盘，残。残长 21、宽 20、厚 9.5 厘米（图二七四：2）。

　　M170:2，近长方形，长 19.2、宽 10.8、厚 7.2 厘米（图二七四：3）。

　　M66:1，近扁椭圆体，一面为平的磨面。径 13～17、厚 6.5 厘米（图二七二：1；图版一二四：3）。

　　M147:1，长方形，残。残长 14、宽 9.8、厚 5.4 厘米（图二七三：8）。

　　M143:2，残，残长 9 厘米。

　　M55:7，长椭圆形，面较平。长 18.5、宽 10.2、厚 0.8 厘米（图二七三：3）。

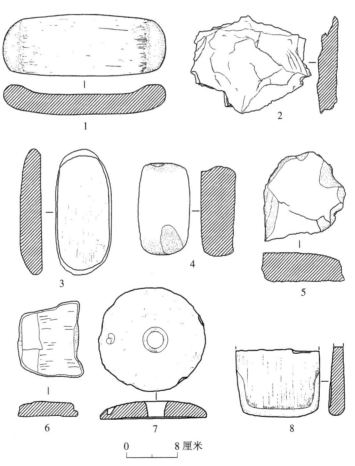

0 ⸺ 8 厘米

图二七三　加勒克斯卡茵特一号墓地石磨盘、不规则形石器
1. M55:6　2. M54:6　3. M55:7　4. M170:3　5. M60:3　6. M166:1　7. M147:1　8. M147:1

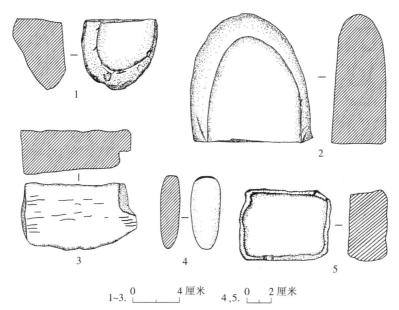

图二七四 加勒克斯卡茵特一号墓地石磨盘、石杵
1. M10：1 2. M6：1 3. M170：2 4. M61：1 5. M34：1

（五）圆形石磨

上下两石磨相对，大多只出土圆形石磨的上或下部一半。

M147：1，只存石磨的上半部。圆盘状，中间凸鼓，底面平。中间钻圆孔，边缘有一略圆的孔槽，是磨盘旋转时的孔槽。直径33、厚5.5厘米，中间孔径6厘米（图二七三：7；图版一二四：2；彩版五三：1）。

（六）研磨器

多长方形，中间有凹的研磨面，多残。

M46：2，残余局部。残长21、宽26.8、厚5.5厘米（图版一二五：4）。

M34：1，略长方形，中间有不明显的研磨面。长15.3、宽11.5、厚6.4厘米（图二七四：5）。

（七）杵

椭圆柱体，一端弧，一端尖圆。

M61：1，长12、最宽5厘米（图二七四：4）。

（八）不规则形石器

器体上有人工加工痕迹。

M54：6，不规则形。长36、宽30、厚8厘米（图二七三：2）。

M60：3，略为圆盘状，一面有磨面。长30、宽26、厚8.8厘米（图二七三：5）。

（九）石珠项饰

M99、M53各出土1串，有的呈算盘珠状，有长有短；有的呈猫眼状。另外，M5、M52、M53、M100、M91、M123、M72出土1颗或2颗猫眼珠，长0.2～0.4厘米（图二七五：1～48）。

（十）碳精块

M48：2，碳精，中间有圆孔。宽3、高2.2厘米（图二七五：49）。

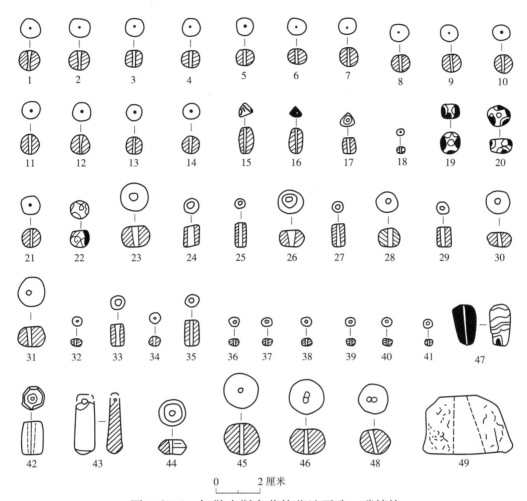

图二七五　加勒克斯卡茵特墓地石珠、碳精块

1～26. M99：1　27～41. M53：3　42. M100：4　43. M5：6　44. M52：5　45. M91：4　46、47. M123：4　48. M72：3
49. M48：2

　　另外，M1封堆中有40余根小羊腿、羊头、牛头、牛排，M2封堆中出土羊头。出土有羊椎骨、尾骨和羊肋骨的墓葬还有M4、M8、M20、M21、M28、M32、M36、M37、M40、M42、M44～M57、M59、M63、M66～M70、M73、M76、M85、M88、M90、M91、M96、M98、M99、M101、M104、M106、M108、M109、M111、M113、M115、M116、M122、M124、M126～M128、M130、M132、M133、M137、M138、M141、M142、M191。随葬牛骶骨的墓葬有M75、M92、M114。

第五章　加勒克斯卡茵特二号墓地

第一节　墓葬概述

　　加勒克斯卡茵特二号墓地，位于尼勒克县喀什河南岸山前的一级台地上。墓地所在台地地表平坦，地势开阔，是喀什河冲积形成的河床滩地。冲积形成的台地，有较厚的黄土堆积，台地地表植被繁茂，大多地方开垦成农田。2003年，新疆文物考古研究所在这里发掘墓葬15座。部分墓葬相对集中，可见排列顺序（图二七六）。墓葬分布零散，其中有八座墓葬分布相对集中。原编号 M1、M8、M11 的土堆经发掘未见墓室，无其他遗迹现象，是自然土堆，地表有不高的封堆，部分地表因耕田垦植导致封堆被破坏。多数墓葬在墓室口上封土，然后在封土堆外缘围铺一圈卵石，石圈或呈方形，或呈圆形。少量墓葬在墓室口的封土上平铺卵石。墓室多为竖穴土坑，个别为竖穴偏室。墓室内大多埋葬一个个体，多为一次葬，葬式仰身直肢，头西脚东，个别死者骨架不全。墓地东部有一座墓葬，形制特殊，是在墓室口地表封土上围以三层、平面呈橄榄形的石围圈，规模较大，围砌规整。墓室内骨架散乱，只有少量骨骼，墓室底用不同颜色、大小基本一致的河卵石平铺一层。加勒克斯卡茵特二号墓地墓葬中随葬品贫乏，有陶器、石器、铁器等，随葬品多放在死者的头骨附近。墓地采集有青铜时代的夹砂灰陶片，陶片上有刻划的几何纹样。

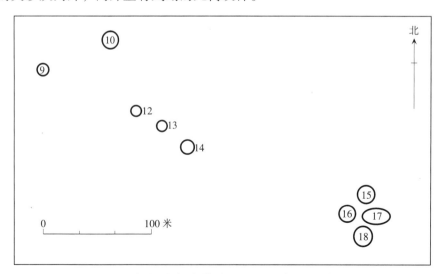

图二七六　加勒克斯卡茵特二号墓地部分墓葬分布图

第二节　墓葬分述

加勒克斯卡茵特二号墓地墓葬的地表多有土石封堆，少数为土封堆墓。

第一类　土封堆墓

M18　地表有封堆，平面呈椭圆形，长径10.5、短径10米。地表有零星铺石，封堆高0.55米。封堆下3个墓室，东西排列。A室在西，竖穴土坑墓，平面呈长方形，长2.3、宽1.03、深1.4米。墓内有少量填石。墓室底平铺一层卵石。墓室内葬1人，残留有一对依生理顺序排列的股骨，还有肱骨、几节椎骨、肋骨等。无随葬品。B室在中间，西距A室1.75米，竖穴土坑墓，平面呈长方形，长2.1、宽0.78、深1.2米。墓内少量填石。墓室内葬1人，仰身直肢，头西北脚东南。右手指骨缺失，胸部骨骼散乱，其他手指骨和脚趾骨不全。成年，性别不详。死者颈部发现小玻璃珠。C室在东，西距B室0.35米，竖穴土坑墓，平面呈梯形，西北宽东南窄，长2.6、西北宽1.4、东南宽0.8、深1.15米。墓内有少量填石。墓室内葬1人，仰身直肢，头西北脚东南。胸骨处略乱，手指骨缺失，脚趾骨不全。成年，性别不明。墓室见有玻璃珠、铜锥等。

第二类　土石封堆墓

土石封堆墓，由原地表挖出竖穴土坑，部分墓葬竖穴中填石，墓口上封土。部分墓葬在封土堆上铺上一层卵石；部分墓葬在土堆的外缘，环铺一周卵石，围成方形或圆形石圈。依墓室结构不同，可以分为竖穴土坑墓、竖穴偏室墓、竖穴二层台墓、方形石环圈墓、橄榄状石环圈墓五型。

A型　竖穴土坑墓。

M4　地表封堆被耕地破坏，外侧石环圈被破坏，仅留内侧铺石，铺石平面呈椭圆形，长径2.7、短径2.5、残高0.5米。铺石密集。墓室在封堆下中部，竖穴土坑墓，平面呈长方形，长1.9、宽0.84、深0.72米。墓内填以密集的卵石。墓室内葬1人，仰身直肢，头西北脚东南。尸骨位于墓室偏南侧，手指骨和脚趾骨缺失。儿童，性别不详。死者头左上侧放残陶钵1件（图版一三八：上）。

B型　竖穴偏室墓。

M2　地表封堆被耕地破坏，残封堆平面呈椭圆形，长径9、短径7.5、高0.7米。封堆仅西部留有局部石环圈，用大小均匀的小卵石铺围而成，铺石密集。石围圈残长7、最宽处1.75米。下层墓室口封堆外围铺石环圈，用1或2排砾石围铺成椭圆形，长径3、短径2.7米。墓室在封堆下中部，墓室口开在原地表。墓道平面狭长，近长方形，长2、宽0.9米，墓道中填以密集的卵石。偏室开在墓室的北壁，进深0.25米。偏室内葬1人，仰身直肢，头西北脚东南。成年女性。死者头右上侧放置陶钵和陶罐各1件，均残（图版一三八：下）。

M3　地表封堆被耕地破坏，残封堆平面呈圆形，直径7.5、高0.8米。封堆外缘用卵石围铺成石环圈，石环圈不规整，个别地方围铺草率，略围成圆形，直径6.5米，石环圈北部窄、南部宽，北部宽约0.3、南部宽约1.3米。下层封堆上铺石近椭圆形，长径3.5、短径3米，铺石密集。墓室开在封堆下中部，墓室口开在原地表。墓道平面呈长方形，长2.3、宽0.6米，墓深1.3米。墓道内填以密集的卵石。偏室在墓室的北壁，进深0.3米。与偏室相对一侧留生土二层台，二层台宽0.5、高0.12米。偏室内葬1人，仰身直肢，头西北脚东南。死者的右小胳膊骨、左上胳膊骨缺失，手指骨缺失。成年，性别不详。死者头骨左上侧随葬陶单耳小杯（图版一三八：中）。

M5　封堆平面呈椭圆形，长径9.5、短径9、高0.9米。封堆外缘用卵石围铺成石环圈，石环圈不规整，局部断续相连，略围成椭圆形，长径8.7、短径7.5米。石环圈宽窄不一，最宽处1.5、最窄处0.3米。下层封堆上铺石近圆形，铺以卵石，铺石密集，直径3.5米。墓室开在封堆下中部，墓室口开在原地表。墓道平面呈长方形，长2.7、宽0.76米，墓深0.7米。墓道内填以密集的卵石。偏室开在墓室的北壁，进深0.32米。与偏室相对一侧留生土二层台，二层台宽0.7、高0.32米。偏室口用长板石封堵。偏室内葬1人，仰身直肢，头西北脚东南。死者的左手指骨缺失，脚趾骨不全。成年，性别不详。头部随葬陶单耳罐1件（图版一三七：上；彩版五六：上）。

M10　封堆平面呈椭圆形，长径8、短径7米，高0.5米。封堆外缘用卵石围铺成石环圈，石环圈不规整，局部断续相连，略围成椭圆形，长径8、短径6米。石环圈的宽窄不一，最宽处1.5、最窄处0.53米。下层封堆上铺石近圆形，铺以卵石，铺石密集，直径3.5米。墓室在封堆下中部，墓室口开在原地表。墓道平面呈长方形，长2.7、宽0.76米，墓深0.7米，墓道内填以密集的卵石。偏室开在墓室的北壁，进深0.32米。与偏室相对一侧留生土二层台，二层台宽0.7、高0.32米。偏室口用长板石封堵。偏室内葬1人，仰身直肢，头西北脚东南。死者的左手指骨缺失，脚趾骨不全。成年，性别不详。死者头端放陶钵1件（图版一三四：下）。

M12　墓室口封土上平铺一层卵石，平面呈椭圆形。外围石圈被破坏，墓室口上平铺卵石呈椭圆形，长径6、短径5米。墓室为竖穴偏室，墓道口长1.6、宽0.7米，墓深1.9米。偏室开在墓室的北壁，进深0.6米。偏室内葬1人，仰身直肢，头西脚东，右手肢骨不全，头骨上发现少量手指骨。成年男性。无随葬品（图版一三五：下、一三七：下；彩版五六：下）。

C型　竖穴二层台墓。

M14　地表封堆平面呈椭圆形，长径8.7、短径7.3、高0.5米。封堆外缘用卵石围铺成石环圈，石环圈围铺较为规整，卵石大小均匀，围铺密集，局部断续相连，大体围成椭圆环形，长径8.2、短径6米。石环圈宽窄基本相同，宽约1米。下层封堆上铺石近椭圆形，局部破坏，长径3.5、短径2米。墓室在封堆下中部，墓室平面呈梯形，西宽东窄，长2、西端宽1、东端宽0.8米，墓深0.85米。墓道内填少量卵石。墓底南侧留出二层台，二层台宽0.5、高0.12米。墓室内葬1人，仰身直肢，头西脚东北。死者左手指骨缺失，其他手指骨和脚趾骨不全。成年男性。在死者的头骨右上侧随葬陶杯1件，旁边有羊椎骨1排（图版一三四：上）。

M9　地表封堆被耕地破坏，残封堆平面呈椭圆形，长径8.5、短径7.5、高0.6米。封堆外缘用卵石铺以石环圈，卵石大小均匀，铺石密集，局部断续相连。石环圈的外缘近椭圆形，长径7.5、短径6.5米，石环圈的内缘大体为方形，边长4米。下层墓室口封堆上铺以卵石，直径约3.5米。墓室在封堆下中部，墓室口开在原地表。墓室平面呈长方形，长2.2、宽1米，墓深1.15米。墓室的北壁修出二层台，二层台宽0.5、高0.2米。墓室内葬1人，仰身直肢，头西脚东。老年女性。墓底出土陶单耳杯和残铁刀各1件（图二七七；图版一三三：下；彩版五五：下）。

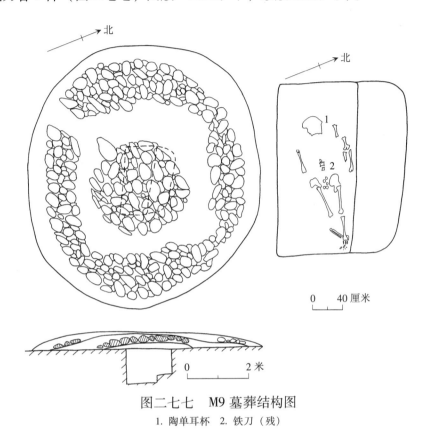

图二七七　M9墓葬结构图
1. 陶单耳杯　2. 铁刀（残）

D型　方形石环圈墓。

M7　封堆平面近圆角方形，边长约9.5、高0.5米。封土堆的外缘围用卵石铺石环圈，石环圈围铺规整，围成方形环状，外边缘为弧边，边长约8米；内边缘为直边，边长约7.5米。围成石环圈的卵石大小一致，环的宽窄不一，最宽处0.8米，折角处窄，宽0.1米。下层封堆上铺一层卵石，近椭圆形，长径4.1、短径3.5米。墓室在封堆下中部，墓室口开在原地表。墓道平面为狭长的方形，长2.5、宽0.75米，墓深1.5米。墓道内填以密集的卵石。偏室开在墓室的北壁，进深0.25米。与偏室相对一侧留生土二层台，二层台宽0.25、高0.3米。偏室内葬1人，上身仰身直肢，下身向右侧屈，头西北脚东南。死者头右上侧放残陶钵1件（图二七八；图版一三三：上；彩版五五：上）。

M16　地表封堆被耕地破坏，残封堆平面呈方形圆角方形，边长12、高0.56米。封堆外缘用卵石铺以石环圈，卵石大小均匀，铺石密集。石环圈围成，边长10米。墓室在封堆下中部，墓室口开在原地表。墓道平面呈长方形，长2.1、宽1.2、深1.3米，墓道内填以密集的卵石。墓室底铺一层卵石。卵石中有部分为红色或白色石头，墓室西南角一侧的铺石被破坏。墓坑中到处是散乱的人骨，头骨只有朽的下颌，墓底有少量人的碎骨殖。少年女性。无随葬品（图二七九）。

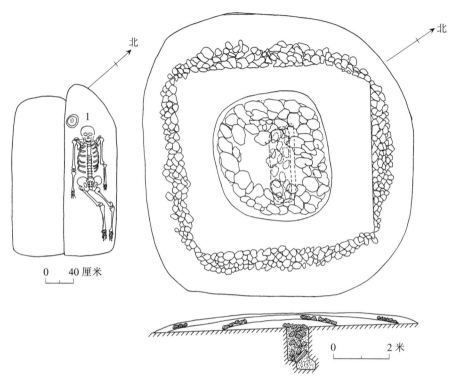

图二七八　M7 墓葬结构图

1. 陶钵（残）

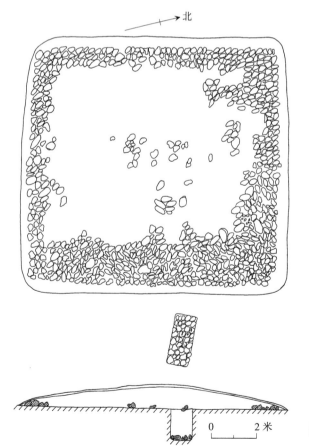

图二七九　M16 墓葬结构图

F 型　橄榄状石环圈墓。

M17　地表有长椭圆形封堆，长 18.5、宽 10.7、高 1.5 米。封堆分上、中、下三层。上层铺石呈橄榄形环，长 16.3、宽 8.55 米，铺成石环圈的卵石规整，大小一致，是经过挑选的卵石。石环圈的宽窄不一，宽 2.5～3.5 米。环中部有铺石带，宽 2.35 米。中层封堆亦为橄榄形，外围铺以橄榄形石环圈，长 16、宽 8.2 米，石环圈宽 0.75 米。下层封堆亦为橄榄形，外围铺以橄榄形石环圈，长 14.4、宽 5.6 米。墓室在封堆下中部，墓室口开在原地表。墓室口上有圆丘状封堆，封堆外堆卵石，平面呈橄榄形，局部破坏，残长 6、宽 2.7 米。墓室为竖穴土坑，平面呈长方形，长 2.25、宽 1、深 1.7 米。墓室内填以少量石头。墓室内葬 1 人，二次葬，有头骨、肢骨残、少量椎骨、骶骨、髋骨、几节椎骨。无随葬品（图二八〇；图版一三六；彩版五四）。

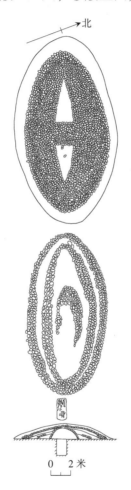

图二八〇　M17 墓葬结构图

第三节　出土器物

加勒克斯卡茵特二号墓地墓葬中随葬品贫乏。出土器物主要有陶器、铁器，其次为石器、骨器等。陶器主要为夹砂红陶，手制。器形主要有钵、单耳杯、无耳杯等。陶器器表多施红色陶衣，一般一座墓中随葬1件陶器。多数墓葬中发现铁器，部分墓葬死者头端有羊骶骨或椎骨，个别墓葬中见料珠。依质地介绍如下。

一　陶　器

陶器基本为夹砂红陶，手制，器形主要有钵和杯。

（一）钵

1件。M10：1，大敞口，沿外折，鼓腹，圜底。器内有一周窄线纹。器体涂红彩。口径22、高9.6厘米（图二八一：1）。

（二）单耳杯

口近直，腹微鼓，圜底或平底。分2式。

Ⅰ式　1件。M9：1，口微敛，鼓腹，圜底，宽带单耳，耳略上翘。器表及口沿内壁施红色陶衣，腹侧有烟炱痕迹。口径10、高12厘米（图二八一：4）。

Ⅱ式　1件。M14：1，沿微外侈，略有束颈，腹略垂，平底，单耳略上翘。内外皆施红色陶衣。口径11.2、最大腹径14、高13.6厘米（图二八一：5）。

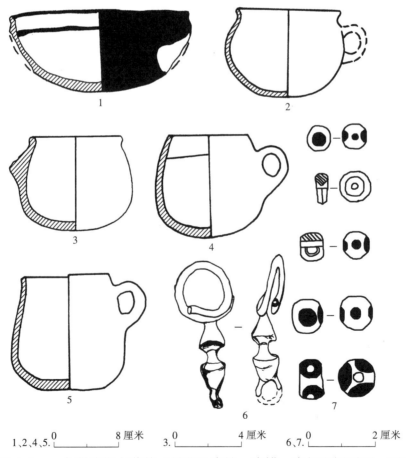

图二八一　加勒克斯卡茵特二号墓地陶钵、陶罐、陶杯和铜耳环、石珠

1. M10：1　2. M5：1　3. M3：1　4. M9：1　5. M14：1　6. M13：1　7. M18：1

（三）单耳罐

1件。M5：1，敞口，圆鼓腹，圜底，单耳残。口径12、高5.6厘米（图二八一：2）。

（四）单耳小杯

1件。M3：1，口微敛，深鼓腹，圜底，单耳残。口径6、高5厘米（图二八一：3）。

二　其　他

有铁器，均为小铁刀，均残。另外还有铜锥、铜耳环、玻璃珠等。个别墓中有羊椎骨。

（一）铜耳环

1件。M13：1，上用铜丝弯成环，端头套压，下坠有石珠。环下的石坠饰呈亚铃状，中间有凹槽，下部有小环，残。长4.4、环内径1.2、环外径1.8厘米（图二八一：6）。

（二）玻璃珠饰

数颗。M18：1，有算盘珠状，有圆形，也有长柱状。有部分为彩色石珠直径多约1厘米（图二八一：7）。

第四节　铺石遗址

墓地北部沿河附近，原地表见有一片铺石，未见其他遗迹。遗存的原编号为M1，疑为祭祀遗址（图版一三五：上）。

第六章　别特巴斯陶墓地

第一节　墓葬概述

别特巴斯陶墓地位于尼勒克县喀什河的南岸，吉林台墓群东部山前的二级台地上。别特巴斯陶为哈萨克语，意为山脚下的泉水。这里山根处有一泉水，四季长流，墓边有一座有较高封堆的墓葬。别特巴斯陶墓地墓葬分布在 8 个山前梁地上，可以再分为不同的小区。墓葬地表起封堆，封堆有两种，一为封土堆，二为土、石封堆，即在封土堆外围铺单圈或双圈石环。墓群墓葬规模大小差别较大，规模大的墓葬封堆直径 25~60、高 2~3 米，这样的墓葬较少。大多数墓葬封堆直径 10~15、高约 1 米。多数墓葬在封堆外围一圈或两圈卵石，两圈卵石上下叠压，石圈多数围砌规整。规模较大的墓葬封堆土为纯黄土，结构均匀。一般同一封堆下有 1 个墓室，个别封堆下有 2 个或多个墓室。大型墓葬结构复杂，墓室口外原地表上有燎祭坑，墓室较深，为前方后圆式墓室结构。这类墓葬大多扰乱，只有少数金片出土。墓室多为竖穴土坑，墓室内填土或填石。少部分为竖穴偏室墓，个别为竖穴石棺墓。墓室内多葬 1 人，个别为 2 人。死者多一次葬，个别为二次葬，头向多朝西或西北。一次葬者葬式为仰身直肢，少数墓葬上身被扰，另外有少数死者缺手指或脚趾骨。大多数墓葬随葬品贫乏，个别墓葬随葬品较为丰富，相当一部分墓葬无随葬品。随葬品大多放在死者的头端，个别放在死者的两侧。随葬品以陶器为主，其次为铁器、铜器、石器和骨器。相当一部分墓葬用羊尾骨或马骨随葬。墓区的一个梁地有一座大型土块结构的祭祀建筑，规模较大，结构复杂，还有一座祭祀建筑地表封堆情况同墓葬，封堆下压有祭坑。

别特巴斯陶墓地共发掘墓葬 80 座，发掘祭祀坛 2 座。除编号 M63、M66 位于山坡草地处，其余密集有序分布（图二八二；图版一三九：上）。发掘的墓葬中 M11、M22 地表有稍凸起的土堆，土堆下无墓室。M43 地表有小封堆，封堆下西侧有一堆残乱人骨。编号为 M61 和 M52 经发掘是两座祭祀遗址。

第二节　墓葬记述

依地表封堆情况，有土堆墓、土石封堆墓、巨型封土堆墓和祭祀遗址四类。

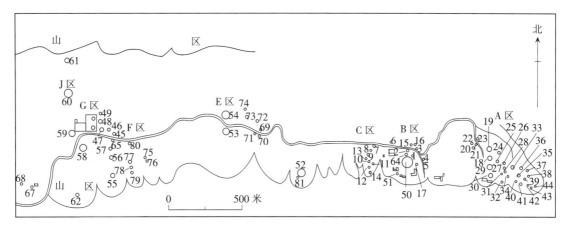

图二八二　别特巴斯陶墓地平面图

第一类　土堆墓

依据墓室结构可分竖穴土坑墓、竖穴偏室墓、竖穴二层台墓、双室和多室墓，另外还有土堆下无墓室的墓葬，共五型。

A 型　竖穴土坑墓。

M1　地表封堆平面近圆形，直径约 13、高 0.45 米。墓室在封堆下中部，墓室口开在原地表，平面呈不规则形，南窄北宽，长 2.39、南部宽 0.5、北部宽 1.55 米，墓坑浅，深 0.62 米。墓室内葬 2 人，均一次葬，位于墓室中央的为成年男性，仰身直肢，头东北脚西南。其西侧增扩的不规则空间里葬一儿童，仰身直肢，头东北脚西南。两个体各有自己的随葬品。成年男性的左侧有大一木盘，内放置羊椎骨、羊腿骨和羊髋骨，大木盘的南侧有一小木碗。儿童西侧也放置一大木盘，内放置羊腿骨和椎骨，两木盘都放铁刀（残）。儿童一侧、大木盘的南侧放置小木碗（图二八三；图版一六三：上）。

M2　地表封堆平面呈椭圆形，长径 11.2、短径 9、高 0.7 米。墓室在封堆下中部，墓室口开在原地表，平面近梯形，北宽南窄，长 2.45、北端宽 1.12、南端宽 0.7、深 0.4 米。墓室内葬 1 人，二次葬。墓室的南部有头骨、肢骨及少量椎骨、髋骨，北部有骶骨、肢骨和少量椎骨。成年男性。墓室西南角随葬陶无耳罐 1 件（图二八四；图版一五九：下）。

M3　地表封堆平面呈椭圆形，长径 9、短径 7.2、高 0.65 米。墓室在封堆下中部，墓室口开在原地表，平面近长方形，北侧弧圆，长 2.15、宽 1.2、深 1.16 米。墓室内填少量块石。墓室内葬 1 人，一次葬，位于墓室中央，仰身直肢，头东北脚西南。死者头骨和手指骨缺失。成年，性别不详。无随葬品（图二八五；图版一七〇：下）。

M15　地表封堆平面呈椭圆形，长径 10.5、短径 9、高约 1 米。墓室在封堆下偏南，墓室口开在原地表，平面呈狭长的长方形，长 2.3、宽 0.8、深 0.56 米。墓内葬 1 人，一次葬，仰身直肢，头北脚南。死者手指骨缺失，脚趾骨不全。成年。无随葬品（图二八六）。

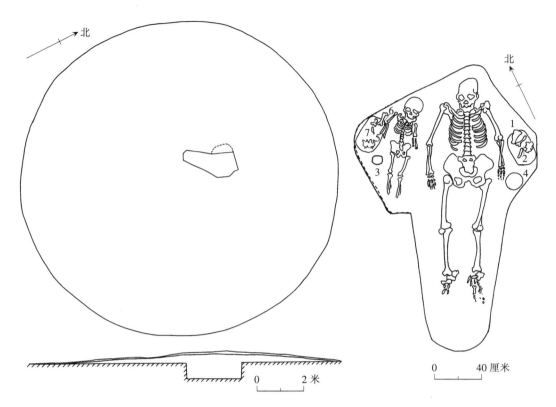

图二八三　M1 墓葬结构图

1、7. 大木盘　3、4. 木碗　2、5. 羊骨　6. 铁刀（2）

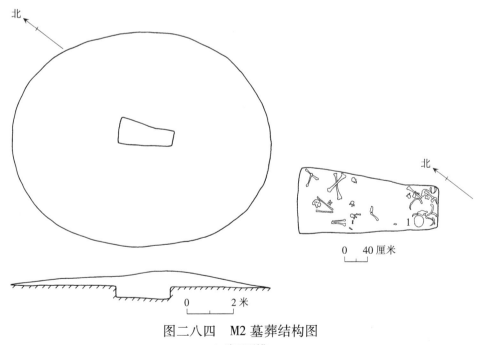

图二八四　M2 墓葬结构图

1. 陶无耳罐

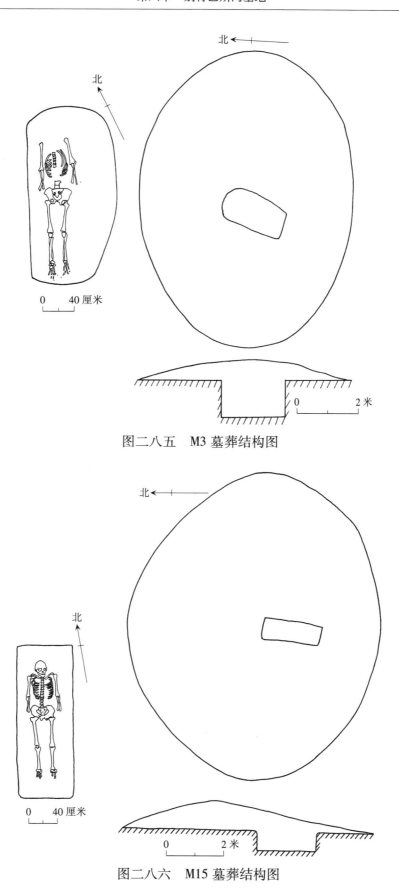

图二八五　M3 墓葬结构图

图二八六　M15 墓葬结构图

M37　地表封堆平面近圆形，直径约 6、高 0.45 米。封堆上有零星铺石。墓室在封堆下中部，墓室口开在原地表，平面呈梯形，西宽东窄，长 2.2、西端宽 0.7、东端宽 0.5、深 1.16 米。墓室内填少量块石。墓室内葬 2 人，其中一个体一次葬，位于墓室中央，仰身直肢，头西北脚东南。成年男性。死者头骨的右臂内侧随葬几节羊椎骨。另一个体为二次葬者，位于墓室东端，堆放在一起，计有头骨、肢骨、椎骨、骶骨、髋骨及少量肋骨等。成年女性。无随葬品（图二八七；图版一六四：下）。

M68　封堆平面近圆形，直径约 9.5、高 0.7 米，封堆上有零星铺石。墓室在封堆下中部偏西南处，墓室口开在原地表，墓室平面呈狭长长方形，长 1.27、宽约 1、深 1 米。墓内填以密集的石头。墓内上部的石头中夹埋一具狗的骨架。墓室底有属于一个个体的二次葬乱骨。骨骼集中在墓室的东部，有肢骨、肋骨、骶骨、髋骨及几节椎骨等，无头骨。成年女性。无随葬品（图二八八）。

M76　封堆平面呈圆形，直径 7.6、高 0.7 米。墓室在封堆下中部，墓室口开在原地表，平面呈梯形，

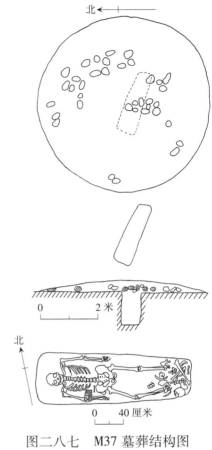

图二八七　M37 墓葬结构图
1. 羊椎骨

西宽东窄，长 1、西端宽 0.92、东端宽 0.43、深 0.8 米。墓内填土。墓室内葬 1 人，一次葬，仰身直肢，头西脚东。右手屈至腹部，脚趾骨缺失。成年女性。随葬品有铜耳环 1 件、残铜件 1 件，另有铁针 1 件（图二八九；图版一五四：上）。

M75　封堆平面呈圆形，直径 6.7、高 0.7 米。墓室在封堆下中部偏南，墓室口开在原地表，平面近长方形，长 8.8、宽 0.8、深 0.8 米。墓室内葬 1 人，一次葬，仰身直肢，头 4 脚东，手指骨和脚趾骨不全。成年，性别不明。死者盆骨右侧放置 1 节羊骨，头左侧放置陶钵 2 件（图版一五三：中）。

M69　封堆平面呈圆形，直径约 8、高 0.97 米。墓室在封堆下中部偏南，墓室口开在原地表，平面近长方形，长 2.5、宽 0.8、深 1 米。墓室口盖石板，墓内填少量石板。墓室内葬 1 人，一次葬，仰身直肢，头西北脚东南，位于墓室的西北角。死者左手指骨缺失，其余指骨和趾骨不全。成年，性别不详。死者头骨上侧放羊骶骨，右侧放马骶骨（图二九○；图版一五五：下）。

B 型　竖穴偏室墓。

M21　封堆平面近椭圆形，长径 8.7、高 1.2 米。墓室在封堆下中部。墓道平面呈圆角长方形，长 2.1、宽 0.9 米，墓深 1.4 米。偏室开在墓道西壁。墓室内葬 1 人，骨架乱，骨骼较全，头西北脚东南。成年女性。随葬石磨盘、残铁块（图版一六七：上）。

M20　地表封堆平面近椭圆形，长径 8、短径 7、高 0.7 米。墓室在封堆下中部，墓口开在原地表，平面呈长方形，墓道长 2.4、西端宽 0.73 米，墓深 2.51 米。墓道中填石。偏室开在墓道北壁，

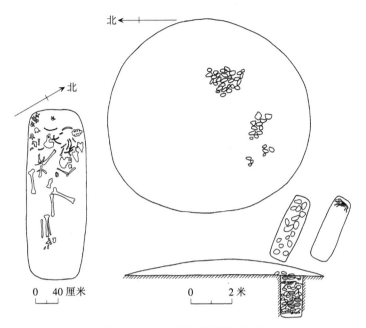

图二八八　M68 墓葬结构图

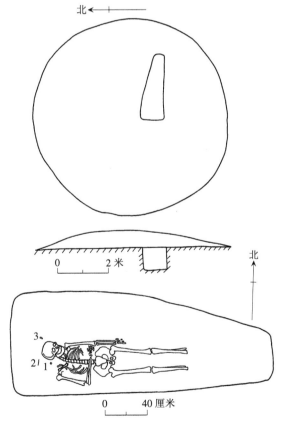

图二八九　M76 墓葬结构图

1. 铜耳环　2. 铁针　3. 铜件（残）

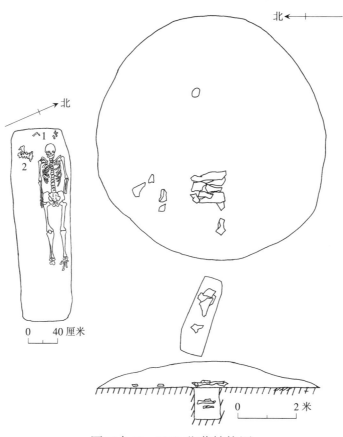

图二九〇　M69 墓葬结构图
1. 羊骶骨　2. 马骶骨

进深 0.2 米。与偏室相对一侧留生土二层台，二层台宽 0.45、高 0.2 米。偏室内葬 1 人，仰身直肢，头西北脚东南。死者腿骨以上扰乱。左腿骨只有小腿，右腿骨全，依生理位置排列，其余骨骼散乱，有头骨、残肢骨及少量椎骨、骶骨、髋骨。人骨上铺一层石头。成年男性。乱骨间出土皮刀鞘 1 件和残布片（图二九一）。

M28　地表封堆平面近圆形，直径 6.65、高 0.75 米。墓室在封堆下中部，墓口开在原地表，平面呈梯形，西宽东窄，墓道长 2.2、西端宽 0.83、东端宽 0.6 米，墓深 1 米。偏室开在墓道北壁，进深 0.4 米。墓室内葬 2 人，一次葬，偏室内葬 1 人，墓道内葬 1 人，均仰身直肢，头西北脚东南。葬在偏室内的个体，手指骨和脚趾骨不全。葬在墓道中的个体，位置略偏下，两者相依。均成年，性别不详。在死者头部附近随葬铜簪、铁刀（残）、铜耳环（残），葬在墓道个体的手上戴铜戒指（图二九二；图版一六六：上）。

M80　封堆平面呈圆形，直径 10、高 0.75 米。墓室在封堆下中部，墓口开在原地表，平面呈长方形，墓道长 2.5、宽 0.82 米，墓深 1.6 米。墓道内填石。偏室开在墓道北壁，进深 0.6 米。与偏室相对一侧留生土二层台，二层台宽 0.5、高 0.25 米。偏室内葬 1 人，一次葬，仰身直肢，头西北脚东南。头骨上侧放置陶钵 1 件、羊椎骨 1 排和铁刀（残）1 件，在偏室口见有零星马骨（图二九三）。

C 型　竖穴二层台墓。

M78　封堆平面呈圆形，直径约 8、高 0.8 米。墓室在封堆下偏西部，墓室口开在原地表，平面

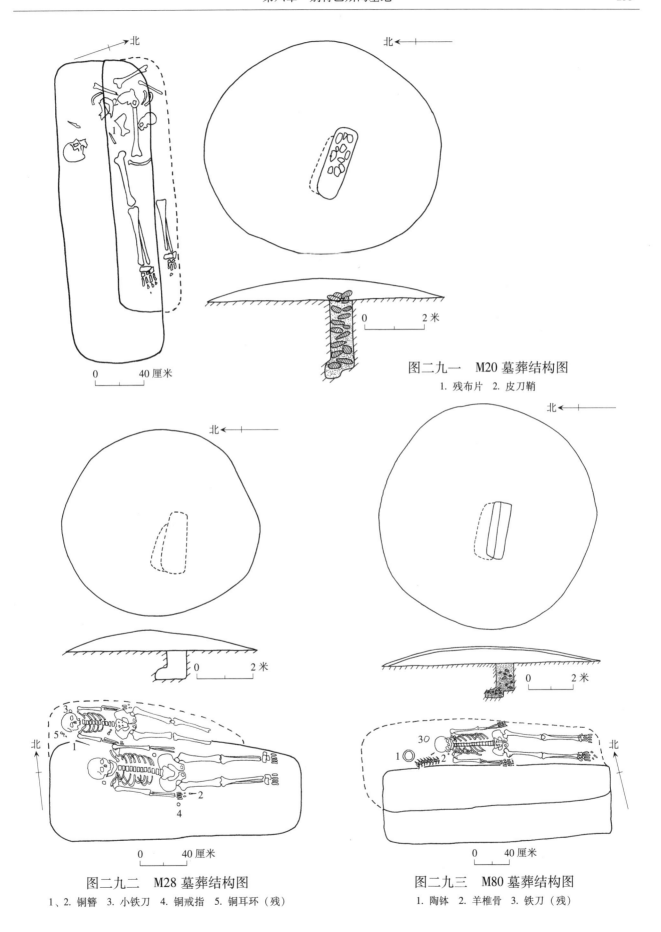

图二九一 M20 墓葬结构图
1. 残布片 2. 皮刀鞘

图二九二 M28 墓葬结构图
1、2. 铜簪 3. 小铁刀 4. 铜戒指 5. 铜耳环（残）

图二九三 M80 墓葬结构图
1. 陶钵 2. 羊椎骨 3. 铁刀（残）

呈长方形，长 2.1、宽 1.5、深 1 米。墓内填土。墓室西壁下部有单侧二层台，二层台宽 0.65、高 0.15 米。墓室内葬 1 人，一次葬，仰身直肢，头西脚东。成年男性。头骨上侧放置几节羊椎骨（图版一五四：下）。

D 型　双室墓和多室墓。

M10　地表封堆平面呈椭圆形，长径 12.5、短径 9、高 1.2 米。墓室在封堆下中部，封堆下有 2 个墓室，南北排列，墓室口开在原地表。A 室在南，竖穴偏室墓，平面呈长方形，墓道长 2.3、宽 1 米，墓深 0.6 米。偏室开在墓道南壁，偏室内葬 1 人，二次葬，骨骼较全，成年女性。无随葬品（图二九四）。

M12　封堆平面呈椭圆形，长径 10.8、短径 10、高 0.7 米。封堆用纯黄土堆成，填土中有陶钵 1 件。墓室在封堆下中部，同一封堆下有 4 个墓室，3 个南北排列，均为竖穴偏室墓。A 室在南，墓道口平面呈长方形，长 1.9、宽

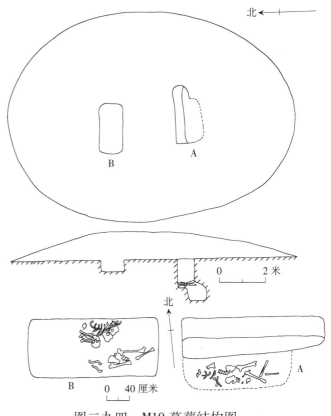

图二九四　M10 墓葬结构图

0.6 米，墓深 1.4 米。墓道中部纵铺一层圆木。偏室开在墓的北壁，进深 0.4 米。与偏室相对一侧留生土二层台，二层台宽 0.4、高 0.25 米。偏室内葬 1 人，一次葬，仰身直肢，头西脚东。死者右手指缺失，脚趾骨不全。成年男性。死者右肩外放陶无耳罐 1 件。B 室在封堆下中部，南距 A 墓室 1.45 米。墓道平面呈长方形，长 2.54、宽 0.6 米，墓深 1.46 米。墓道中部竖铺一层圆木。偏室开在墓室的北壁，进深 0.75 米。与偏室相对一侧留生土二层台，二层台宽 0.3、高 0.3 米。偏室内葬 1 人，一次葬，仰身直肢，头西脚东。死者右手指骨缺失，其余指骨和趾骨不全。成年女性。死者头部右侧随葬陶单耳罐和左侧铁簪（残）各 1 件。D 室在北南距 B 室 1.1 米。墓室较小。墓道平面呈长方形，长 0.95、宽 0.4 米，墓深 0.4 米。偏室开在墓道北侧，进深 0.2 米。与偏室相对一侧留生土二层台，二层台宽 0.35、高 0.07 米。偏室内葬 1 人，一次葬，仰身直肢，头西脚东。儿童，疑为女性。右手指骨缺失，脚趾骨不全。无随葬品。C 室在封堆下西部，墓道平面呈长方形，长 1.5、宽 0.63 米，墓深 1 米。偏室开在墓道北侧，进深 0.7 米。与偏室相对一侧留生土二层台，二层台宽 0.35、高 0.3 米。偏室内葬 1 人。一次葬，仰身直肢，头西北脚东南。死者右手指骨缺失，脚趾骨不全。儿童。死者右肩外侧随葬陶钵 1 件（图二九五）。

M14　封堆平面呈椭圆形，长径 10.5、短径 10、高 0.75 米。墓室在封堆下偏西，有 2 个墓室，均为竖穴土坑墓。B 室在东北，东西向，平面近梯形，长 1.4、西端宽 0.7、东端宽 0.6、深 0.54 米。墓内葬 1 人，一次葬，侧身屈肢，头西脚东，面南。成年女性。无随葬品。A 室位于封堆下中部，东北西南向，平面呈长方形，长 2、宽 0.8、深 1.15 米。墓内葬 1 人，一次葬，仰身直肢，头东北脚西南。成年男性。无随葬品（图二九六）。

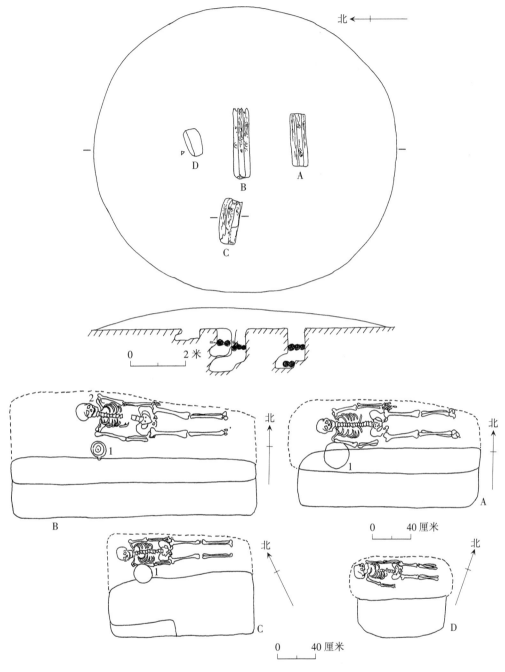

图二九五　M12 墓葬结构图

A：1. 陶无耳罐；B：1. 陶单耳罐　2. 铁簪（残）；C：1. 陶钵

M26　封堆平面呈椭圆形，长径 7.2、短径 5.5、高 0.65 米。墓室在封堆下中部，2 个墓室，墓室口开在原地表，均为竖穴土坑墓。A 室在北，平面呈长方形，长 1.8、宽 0.7、深 0.56 米。墓内葬 1 人，一次葬，仰身直肢，头西北脚东南。成年男性。A 室填土中出金片 1 件，死者右手外侧随葬陶杯 1 件。B 室在南，与 A 室相距 0.85 米。墓室平面呈梯形，西宽东窄，长 1.6、西端宽 0.8、东端宽 0.5、深 0.75 米。墓内葬 1 人，二次葬，骨骼很少，有头骨、残肢骨及少量肋骨、几节椎骨等。成

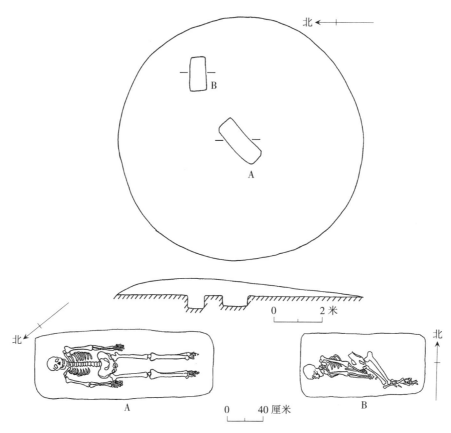

图二九六　M14 墓葬结构图

年，性别不明。墓内随葬陶管流罐 1 件。填土中有小金片（图二九七；图版一六八：上）。

M71　封堆平面呈圆形，直径 8、高 0.96 米。封堆上有零星铺石。封堆下 4 个墓室，南北排列，均为竖穴土坑墓。A 室在南，平面呈长方形，长 2.1、宽 0.4～1.15、深 0.56 米。墓内有一块填石。墓内葬 1 人，一次葬，仰身直肢，头西南脚东北。成年女性。B 室较小，平面呈长方形，长 1.3、宽 1.3～1.6、深 0.65 米、墓内填土。墓内葬一儿童，3～5 岁，骨架朽，仰身直肢，骨架位于墓室的西北部，头西脚东。C 室平面呈梯形，长 2.7、宽 0.8～1、深 0.8 米。墓内葬 1 人，一次葬，仰身直肢，头西南脚东北，左手屈至盆骨处，脚趾骨不全。成年男性。D 室平面呈梯形，长 2.72、宽 0.8～1、深 1.3 米。D 室内有 2 具骨架，均一次葬，其中一具置于墓室中间，头西北脚东南，仰身直肢，手指骨和脚趾骨不全；另一具骨架位于墓室的东南壁下，紧贴墓壁，俯身，呈趴状。成年女性。头骨发现在墓室中间个体的脚下，怀疑为女性殉葬者。A 室内随葬陶钵 1 件，B 室随葬陶杯（残）1 件，C 室死者身体外侧有羊骶骨、陶钵（残）和铁刀（残），D 室无随葬品。值得注意的是，在墓封堆下的北侧边缘下，压有一儿童骨架，仰身直肢，头西脚东（图二九八；图版一六九；彩版六一：下）。

M77　封堆平面呈椭圆形，长径 8.5、短径约 8、高 0.86 米。封堆上有零星铺石。封堆下 3 个墓室，南北排列。A 室在南，竖穴偏室墓。墓道平面呈长方形，长 1.9、宽 0.65 米，墓深 0.53 米。墓道中填石。偏室开在墓道的北壁，向西北掏挖长椭圆形墓室，进深 0.5 米。与偏室相对一侧留生土二

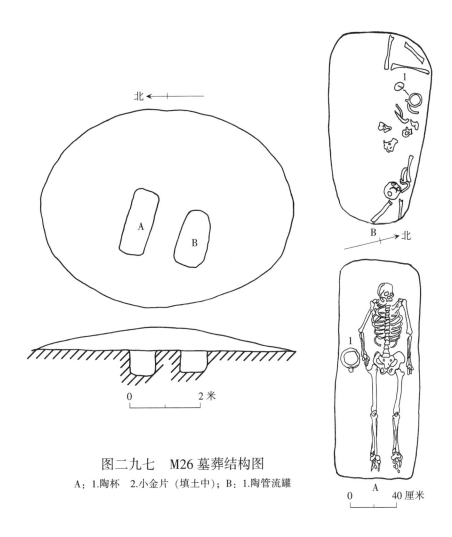

图二九七　M26 墓葬结构图
A：1.陶杯　2.小金片（填土中）；B：1.陶管流罐

层台，二层台宽 0.25、高 0.25 米。偏室内葬 1 人，仰身直肢，头西脚东。死者脚趾骨散乱。B 室在中，与 A 室紧邻。墓室平面呈长方形，长 2、宽 0.59、深 0.25 米。墓室内葬 1 人，仰身直肢，头西脚东，右手屈至盆骨处，手指不全。C 室在北，距 B 室 0.5 米，墓道中填土。竖穴偏室墓，偏室开在墓室北壁，进深 0.25 米，与偏室相对一侧留生土二层，二层台宽 0.2、高 0.1 米。偏室内葬 1 人，一次葬，头西脚东，仰身直肢。死者的左手指缺失。均为成年男性。C 室人骨头端随葬陶杯、陶钵各 1 件（图版一六二；彩版六二：上）。

　　M72　封堆平面呈圆形，直径约 9、高 1 米。封堆下 2 个墓室，南北排列，均为竖穴土坑墓。A 室在南，平面呈梯形，长 2.2、西端宽 1.1、东端宽 0.8、深 0.7 米。墓内填石。墓室内葬 2 人，墓室中间的一次葬者，仰身直肢，头西脚东，成年男性。一次葬者的左上紧依墓室壁另葬一个二次葬个体，骨骼散乱，堆放在一起，成年女性。一次葬者头右侧随葬陶无耳罐 1 件，头端随葬铜簪 1 件，右手外侧随葬铁针 1 件。B 室在北，与 A 室相距 0.75 米，墓室平面呈长方形，长 2.2、宽 0.85、深 0.7 米。墓室内葬 1 人，一次葬，仰身直肢，头西脚东，左手指缺失。未成年女性。无随葬品（图二九九；图版一六五）。

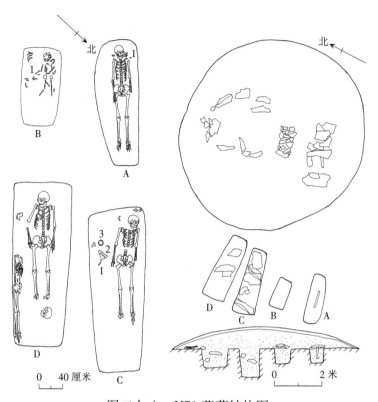

图二九八　M71 墓葬结构图

A：1. 陶钵；B：1. 陶杯（残）；C：1. 铁刀（残）　2. 羊骺骨　3. 陶钵（朽）

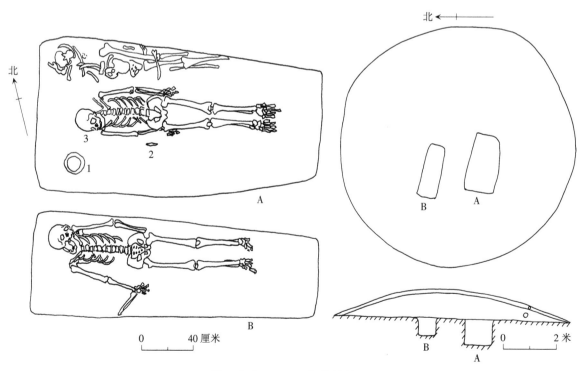

图二九九　M72 墓葬结构图

A：1. 陶无耳罐　2. 铁针　3. 铜簪

第二类　土石封堆墓

依封堆的结构，分为土堆铺石墓、土堆单石环圈墓、土堆双石环圈墓、土堆石环铺石墓四型。

A 型　土堆铺石墓。只有竖穴土坑墓。

M27　地表封堆呈椭圆形，长径 8、短径 7、高 0.5 米。墓室在封堆下北部近边缘处，墓室口封土堆上有铺石，平面呈长椭圆形，长 2.6、宽 1.65 米，铺石中间有小长方形范围内不铺石。墓室平面呈长方形，长 1.46、宽 0.8、深 1.2 米。墓坑内填土。墓室底有一幼儿朽骨，残，头西脚东，仰身直肢。无随葬品。

B 型　土堆单石环圈墓。依墓室的结构分竖穴土坑墓、竖穴偏室墓、竖穴二层台墓、双室和多室墓四亚型。

Ba 型　竖穴土坑墓。

M33　地表封堆平面近椭圆形，长径 13.7、短径 13 米。封堆的外缘，铺以石环圈，呈椭圆环形，长径约 12.5、短径 12 米。石环圈围铺规整，卵石大小均匀，用砾石围铺，砾石密集，环圈宽窄不一，宽 0.8～1.6 米。封堆土为纯黄土层。墓室在封堆下中部，墓室口开在原地表。平面呈梯形，西宽东窄，长 3.62、西端宽 1.5、东端宽 1.17、深 1.8 米。墓室口部有少量积石。墓室南侧有二层台，二层台宽 0.4、高 0.1 米。墓室内葬 1 人，一次葬，仰身直肢，头西北脚东南。成年，性别不详。随葬品丰富，多置于墓室西部，有铜镜、铜钉、铜耳环、圆形小铜片、铜簪、铁锥、石饰件等；陶器有陶钵 2 件和陶细颈壶 1 件（图三〇〇；图版一五〇：下）。

M47　封堆平面近圆形，直径约 12、高 0.75 米。封堆外缘铺以石环圈，呈椭圆环形，直径约 11 米。石环圈围铺规整，卵石大小均匀，用砾石围铺，砾石密集，环圈宽窄不一，宽 0.76～1 米。封堆土为纯黄土层。墓室在封堆下中部，墓室口开在原地表。墓室平面呈梯形，西宽东窄，长 2.8、西端宽 1.13、东端宽 0.7、深 1.76 米。墓室内填少量块石。墓室内葬 1 人，二次葬，人骨散乱地集中在墓室西端，有头骨、肢骨、椎骨、骶骨、髋骨及少量肋骨等。成年，性别不详。乱骨间发现残陶钵、铁刀各 1 件（图三〇一）。

M59　地表有巨大封堆，平面呈圆形，封堆的西部小半部分被当地农民的羊圈破坏。封堆直径 25、高 2 米。封堆土分 3 层，第①层是风积表层土，厚 0.2 米；第②层为纯黄土层，土质均匀，中部厚 1 米，在这层封堆的外缘铺以石环圈，石环圈围铺规整，卵石大小均匀，围铺密集，宽窄不一，宽 1～3 米；第③层位置在最下部，中部厚 0.8 米，土色较深，为灰褐土。墓室在封堆下中部，墓室口平面呈梯形，西宽东窄，长 3、西部宽 2、东部宽 1.5、深 2.1 米。墓道内填以大石块。在墓室下部的西侧殉葬一匹马，马头无，其余骨完整，马头朝北，四肢朝东。另外，墓室底还有羊肢骨、下颌、肋骨。墓内葬 1 人，二次葬，骨骼散乱，头骨在墓室的西部，大量的骨骼集中在墓室的东南侧，有盆骨、股骨及残乱的肢骨等。成年男性。乱骨中发现陶无耳罐 1 件、残铁刀 2 件，封堆土中出土石杵 2 件（图三〇二；图版一六一：下）。

M74　封堆平面呈椭圆形，长径 11.75、短径 10.5、高 1 米。土堆的外缘围铺石环圈，石环圈规整，铺石密集，卵石大小均匀，环宽约 1.5 米。墓室在封堆下中部，墓室口开在原地表。墓室平面呈梯形，长 2.32、西端宽 1、东端宽 0.8、深 0.9 米。墓内填石、土。墓室内葬 1 人，一次葬，头西北

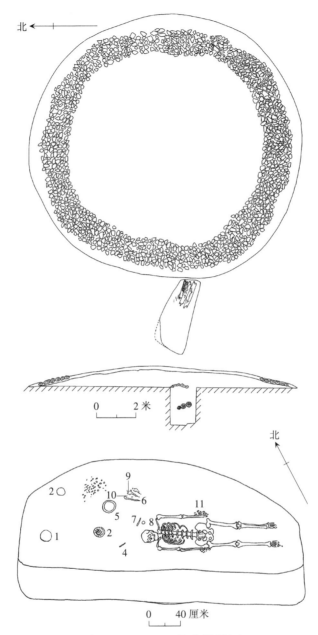

图三〇〇　M33 墓葬结构图

1、2. 陶钵　3. 陶壶　4. 铜簪　5. 铜镜　6. 铜钉　7. 石饰件　8. 铜耳环　9. 铁锥　10. 铁簪　11. 铜镯

脚东南，仰身直肢，小腿骨以上扰乱，扰骨集中在墓室的西部，骨骼较全，盆骨完整。成年男性。小腿旁放残陶钵 1 件，乱骨间出土铁刀 1 件，随葬羊骶骨（图三〇三；图版一五七：中）。

　　M73　封堆平面呈圆形，直径 7.8、高 0.85 米。土堆的外缘围铺石环圈，石环圈不规整，北部松散，断续相连，南部密集。石环圈大体呈圆形，直径 6.4 米，石环圈北部宽 0.5、南部宽 1.3 米。墓室在封堆下中部，墓室口开在原地表。墓室平面呈长方形，长 2.2、宽 0.78、深 0.6 米。墓内填土，下部铺以圆木。墓室内葬 1 人，头西北脚东南，仰身直肢。成年男性。死者上身右侧随葬有陶钵 1 件、牛骶骨、铁刀（残）（图三〇四；图版一五三：上）。

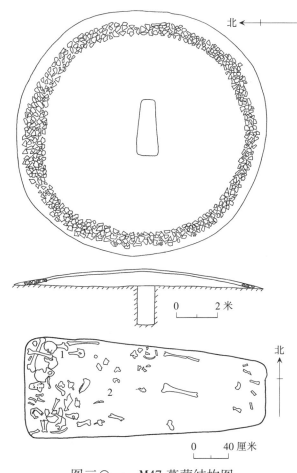

图三〇一　M47 墓葬结构图

1. 残陶罐　2. 残铁刀

Bb 型　竖穴偏室墓。

M32　封堆平面近椭圆形，长径 9.4、高 0.9 米。封堆上铺石环圈。偏室开在墓坑的西部，偏室较浅，进深 0.9 米。偏室内葬 1 人，一次葬，仰身直肢，头西北脚东南。成年女性。头侧随葬一把铁刀（残）（图版一五二：上、一六六：下）。

M7　封堆平面呈圆形，长径 9.85、高 1 米。封堆外缘用卵石铺以石环圈，石环圈围铺规整，卵石大小均匀，围铺密集。环圈围成圆环形，直径约 9 米。石环圈宽窄基本相同，宽 0.75～1 米。墓室在封堆下中部，墓室口开在原地表。墓室口平面呈梯形，西宽东窄，长 2.1、西端宽 0.9、东端宽 0.7 米，墓深 1.63 米。墓道内填土。偏室开在墓道北壁，偏室较深，进深 1.1 米。偏室内葬 2 人，均为一次葬，仰身直肢，头西北脚东南。均为成年女性。靠偏室内部的死者手骨处有一短锥状骨管（图三〇五）。

M24　封堆平面呈圆形，直径约 10.5、高 0.65 米。封堆外缘用卵石铺以石环圈，石环圈围铺规整，卵石大小均匀，围铺密集。石环圈围成圆环形，直径约 9.5 米。环圈的宽窄基本相同，宽 1～1.5 米。墓室在封堆下中部，墓室口开在原地表。墓道口平面呈长方形，长 2.25、宽约 0.68 米，墓深 2 米。墓道内填土。偏室开在墓道北壁，进深 0.73 米。与偏室相对一侧留生土二层台，二层台宽 0.25、高 0.3 米。偏室内葬 1 人，一次葬，仰身直肢，头西北脚东南。成年男性。死者头骨一侧随葬零散的羊椎骨和陶无耳罐 1 件，右手的外侧放陶钵 1 件（图三〇六）。

M25　封堆平面呈椭圆形，长径 9.5、短径约 9、高 0.75 米。封堆外缘用卵石铺以石环圈，石环圈围铺规整，卵石大小均匀，围铺密集。石环圈围成圆环形，直径约 8.5 米。石环圈宽窄基本相同，宽 1～1.5 米。墓室在封堆下中部，墓室口开在原地表。墓道口平面呈长方形，长 2.25、宽约 0.96 米，墓深 1.1 米。墓道内横置数根圆木，直径约 0.1 米。墓道内填土。偏室开在墓道北壁，进深 0.53 米。与偏室相对一侧留生土二层台，二层台宽 0.23、高 0.25 米。偏室内葬 1 人，一次葬，仰身直肢，头西北脚东南。死者手指骨缺失，左手压在盆骨下。成年男性。死者头部南侧墓道西端随葬陶无耳罐、陶钵各 1 件，下身见牛骶骨 1 块（图三〇七）。

M40　封堆平面呈椭圆形，长径 10、短径约 9、高 0.65 米。封堆外缘用卵石铺以石环圈，石环圈围铺规整，卵石大小均匀，围铺密集。石环圈围成椭圆环形，长径 9.5、短径 8.85 米。石环圈的宽窄相近，宽 1～1.5 米。墓室在封堆下中部，墓室口开在原地表。墓道口平面呈长方形，长 2.67、宽

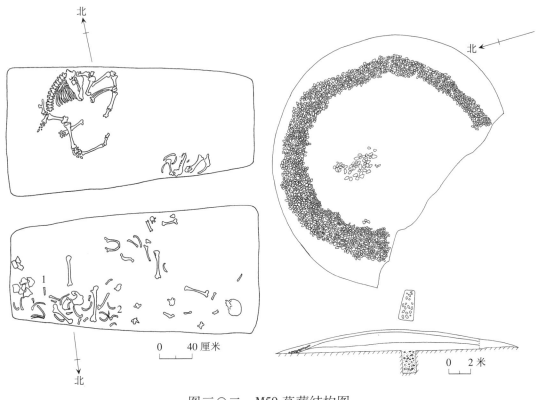

图三〇二　M59 墓葬结构图
1. 残陶罐　2. 残铁刀

约 0.8 米，墓深 1.4 米。墓道内横置 5 根圆木、竖立 1 根圆木，直径约 0.15 米。墓道内填土。偏室开在墓道北壁，进深 0.3 米。与偏室相对一侧留生土二层台，二层台宽 0.31、高 0.25 米。偏室内葬 1 人，一次葬，仰身直肢，头西北脚东南。死者右手指骨缺失，其余手指和脚趾骨不全。成年，性别不详。死者右上侧随葬牛骶骨和几节羊椎骨（图三〇八）。

M45　地表封堆呈圆形，直径约 11.5、高 1.2 米。封堆外缘用砾石铺以石环圈，石环圈围铺规整，卵石大小均匀，围铺密集。石环圈围成椭圆环形，长径 10.5、短径 10 米。石环圈的宽窄不一，宽 1.25～1.8 米。墓室在封堆下中部，墓室口开在原地表。墓道口平面呈梯形，西宽东窄，长 2、西端宽 0.7、东端宽 0.2 米，墓深 1.4 米。墓道内竖立 3 根立木，直径约 0.15 米。墓道内填土。偏室开在墓道北壁，进深 0.25 米，与偏室相对一侧留生土二层台，二层台宽 0.1、高 0.15 米。偏室内葬 1 人，一次葬，仰身直肢，头西北脚东南。死者右手指骨缺失，其余手指和脚趾骨不全。成年，性别不详。死者上身右侧随葬陶钵 3 件、陶杯 1 件，随葬基本完整的羊骨（图三〇九；图版一六七：下）。

Bc 型　竖穴二层台墓。

M9　地表封堆呈圆形，直径约 9.5、高 0.5 米。封堆外缘用砾石铺以石环圈，石环圈围铺规整，卵石大小均匀，围铺密集。石环圈围成圆环形，直径 8.75 米。石环圈的宽窄相近，宽 0.5～0.8 米。墓室在封堆下中部，墓室口开在原地表。墓室口外侧有零星积石。墓由墓道和墓室组成。墓道上窄下宽，平面呈长方形，长 2.2、宽 1 米，墓道底宽 1.4 米，墓道内有少量填石。墓室为二层台，二层台在墓道的东、南、北三面，南北窄、东宽，南、北宽 0.2 米，东部宽约 1 米，墓深 2 米，墓室

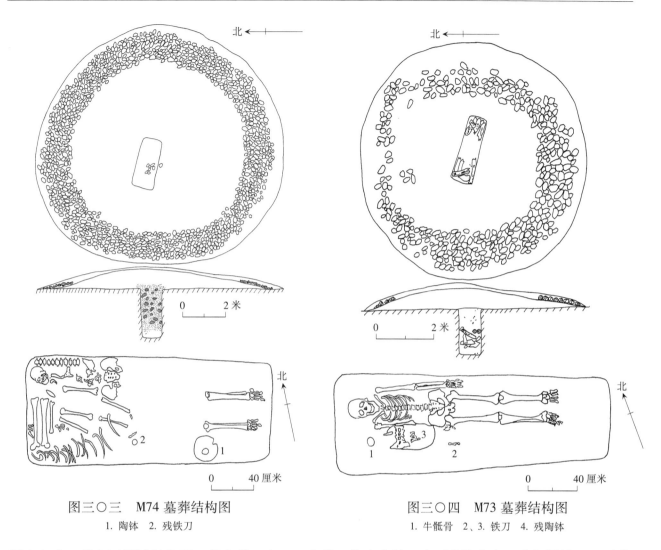

图三〇三　M74 墓葬结构图
1. 陶钵　2. 残铁刀

图三〇四　M73 墓葬结构图
1. 牛骶骨　2、3. 铁刀　4. 残陶钵

深 0.9 米，墓室四周填以卵石。墓内葬 1 人，一次葬，仰身直肢，头西北脚东南。成年男性。无随葬品（图三一〇）。

Bd 型　双室墓和多室墓。

M35　地表封堆平面近椭圆形，长径 14.5、短径 13.5、高 0.8 米。表层为厚约 0.2 米的风积层，封堆为黄土，土质均匀，土层间有踩踏面。封堆土边缘铺石环圈，大体铺成椭圆环形，长径 13.5、短径 12.5 米。石环圈围铺规整，铺石大小均匀、密集。石环圈宽窄相近，最窄处 2 米，最宽处 2.5 米。墓室在封堆下中部，有 2 个墓室，南北并列，墓室口开在原地表。A 室在北，竖穴偏室墓。墓道口平面呈窄长的梯形，西宽东窄，长 3.3、西端宽 0.8、东端宽 0.5 米，墓深 1.95 米。墓道下部顺墓室竖铺 3 层圆木，圆木直径约 0.2 米。偏室开在墓道北侧，进深 0.5 米。与偏室相对一侧留生土二层台，二层台宽 0.5、高 0.2 米。偏室内葬 1 人，扰乱，盆骨以上骨骼零乱，盆骨以下保存完好，骨骼依生理位置排列。随葬陶钵 1 件。B 室在南，距 A 室约 1.5 米。竖穴二层台墓，墓室口平面呈梯形，东宽西窄，长 3.8、东宽 1.5、西宽 1.2 米，墓深 1.6 米。墓道内有上下两排圆木。二层台在南侧，宽 0.3、高 0.15 米。死者双腿以上扰乱，骨骼散乱，双腿完好，依生理位置排列，右髋骨和股骨衔接。随葬陶钵 3 件均残。两墓室内均葬成年女性（图三一一；图版一五七：下；彩版六二：中）。

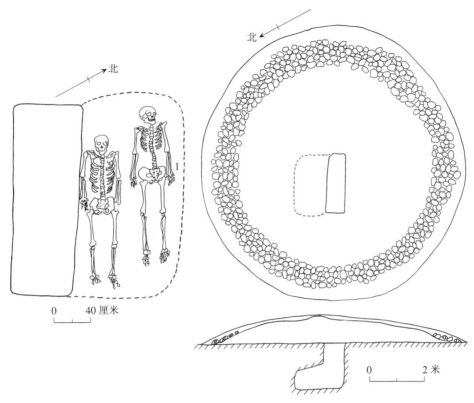

图三〇五　M7 墓葬结构图

1. 锥状骨管

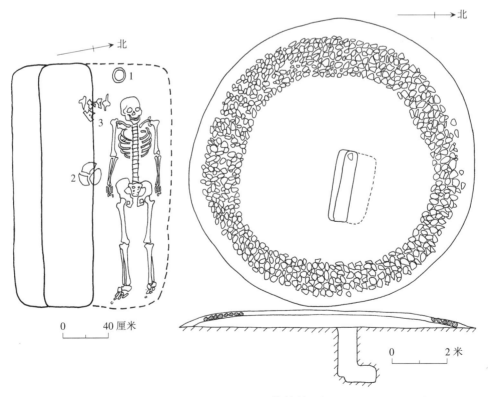

图三〇六　M24 墓葬结构图

1. 陶无耳罐　2. 残陶钵　3. 羊椎骨

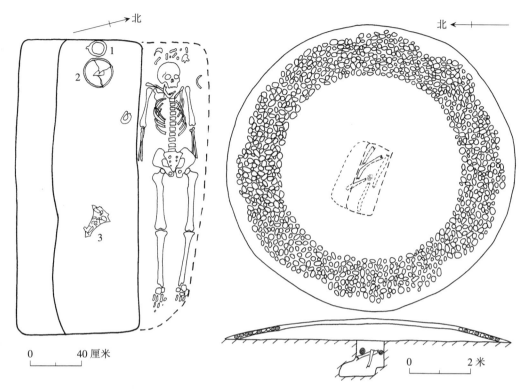

图三〇七　M25 墓葬结构图

1. 陶罐　2. 陶钵　3. 牛骶骨

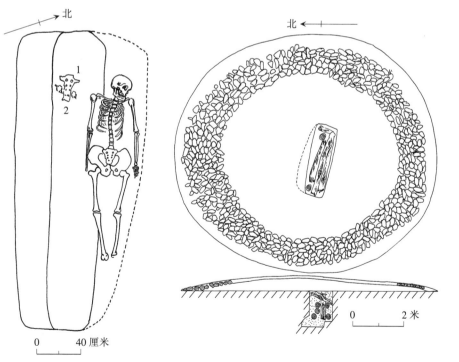

图三〇八　M40 墓葬结构图

1. 牛骶骨　2. 羊椎骨

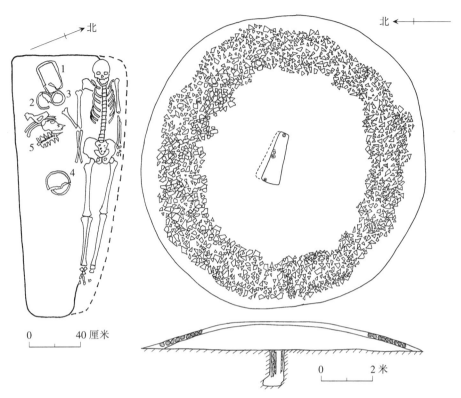

图三〇九　M45 墓葬结构图

1、2、4. 陶钵　3. 陶杯　5. 羊骨

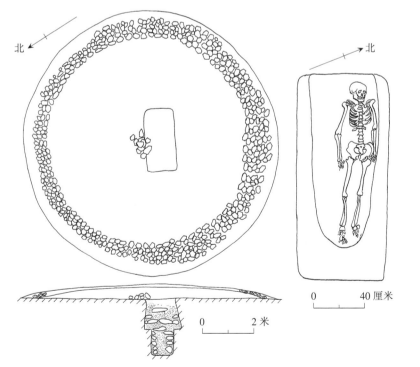

图三一〇　M9 墓葬结构图

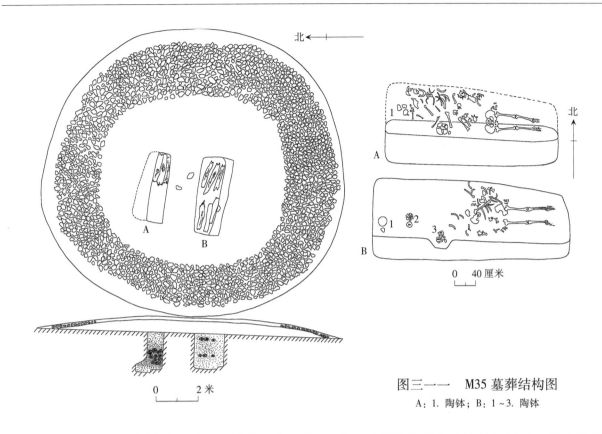

图三一一　M35 墓葬结构图

A：1. 陶钵；B：1～3. 陶钵

　　M53　地表有巨大封堆，平面近圆形，直径约 28 米。表层为厚约 0.2 米的风积层，下为高约 2.8 米的纯黄土层，黄土层土质均匀，土层间有踩踏面。封堆土边缘铺石环圈，圆形，直径约 26 米。石环圈围铺规整，铺石大小均匀、密集。石环圈的宽窄不一，宽 2～3 米。墓室在封堆下中部，2 个墓室，东西并列，墓室口开在原地表，均为竖穴土坑墓。A 室在西，墓室口周围地表铺以小的卵石，卵石下铺以细木，细木下铺以席片。墓室口平面近长方形，长 4、宽 2.6 米，墓深 2.6 米。墓室的四壁用直径约 0.2 米的圆木竖向叠铺，形成椁室。墓室的四角掏出半圆形柱槽，槽内固定圆木，墓室内的圆木并列，以固定墓壁的立铺木，另还在墓室南北立一斜木，用来支撑墓壁铺木。封堆中有巨大的盗洞，两个盗洞由墓室的北壁进入墓室，墓室严重盗扰。墓内填石，上下多见零乱的木头、人骨和碎陶片等。墓室西壁掏出长方形的在墓壁上、下梯状排列的脚窝，以利于出入墓室。墓室底部的东南部有一长方形小坑，南北长 0.5、东西宽 0.4、深 0.3 米。坑的四周围以细木柱，坑底铺细木，细木下铺小石子，小石子层下铺以纯净沙土。坑中填以石头。墓室底铺以小的卵石，卵石下铺纯净沙土。墓室的西北部较集中地发现羊骨，有成排的羊椎骨，还有零散的羊肢骨、肋骨等。墓室的东部有一个体，一次葬，仰身直肢，头西北脚东南，手指骨无，脚趾骨不全。成年男性。墓室内乱土中出土残漆耳杯（杓）1 件、铜耳环（残）、无耳罐（残）。B 室在 A 室的东部，紧邻在一起。平面近长方形，墓室口周围铺木情况同 A 室。墓室长 4.2、宽 2.4 米，墓深 2.3 米。墓室四壁下部用圆木叠铺成椁室。墓室的南北壁留出生土二层台，北壁的二层台呈窄月牙状，中部最宽处宽 0.7、高 0.9 米，南壁只在墓壁的东端留生土二层台，长 1.2、宽 0.44、高 0.9 米。墓室人骨零乱，有头骨、残肢骨、少量椎骨、骶骨、髋骨、几节肋骨等。成年，性别不详。墓室内乱土中出土有金丝、金环状饰、铜镜等（图三一二；图版一四一：下、一四三、一四四；彩版五七、六〇：下）。

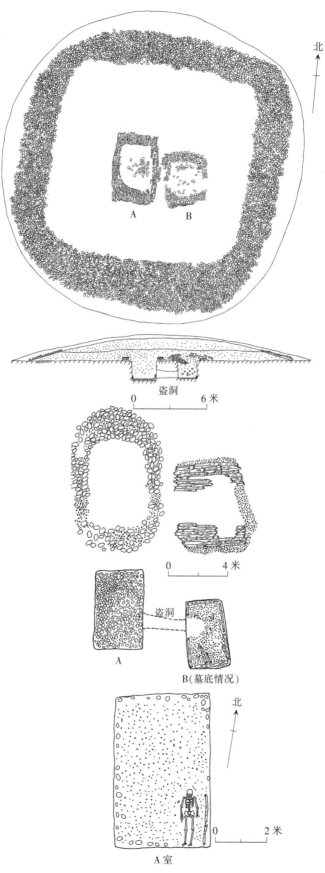

图三一二　M53 墓葬结构图

M54　地表有巨大封堆，平面近圆形，直径35米。表层为厚0.2米的风积层，下为高约3米的纯黄土层，黄土层土质均匀，土层间有踩踏面。封堆土边缘铺石环圈，大体铺成方形，边长31米，石环圈围铺规整，铺石大小均匀、密集。石环圈的宽窄不一，最窄处2米，最宽处5.5米。墓室在封堆下中部，2个墓室，东西并列，墓室口开在原地表。A室在西，墓室口竖铺圆木，圆木粗细不一，最粗的直径0.25米左右，一般在0.2米左右。墓室周围铺以小石子。墓室口部有盗洞，将墓口封木破坏。墓室平面近长方形，长4.4、宽2.7米，墓深2.1米。墓葬盗洞进入墓室，将墓室大部破坏，墓室填土严重扰乱，填土中零乱地布满人骨。墓底在一层小的石子上，再铺一层卵石。A室的东部葬1人，一次葬，仰身直肢，头北脚南。成年女性。墓室底部散见有陶罐、漆耳杯（残）、金鹿饰、金马饰、铁刀、金饰件等。盗洞由A室进入B室，对B室进行了严重的破坏。B室在东，南距A室2.8米。墓室口上有横的铺木，木头塌入墓室内。墓室平面近梯形，长3.8、宽2~2.4米，墓深2米。墓道内填石，并见有零星的人骨。墓室底铺一层小石子。有零星的人骨。墓底和墓室口部边缘的圆木下，散乱的出土有铜簪3件、料珠数颗、金饰件、铁簪等（图三一三、三一四；图版一四二）。

C型　土堆双石环圈墓。分竖穴土坑墓、竖穴偏室墓和多室墓三亚型。

Ca型　竖穴土坑墓。

M60　地表有巨大的封堆，平面呈椭圆形，长径32、短径30、高2.6米。封堆土分4层，第①层是风积表层土，厚约0.2米；第②层是很厚的纯黄土层，土质均匀，厚约1.1米，在这层封堆土的边

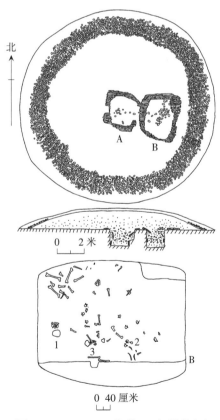

图三一三　M54墓葬B室结构图

B：1. 木器（杓）　2. 金环状饰　3. 铜簪（其余编号为朽的木器，不辨器形，器物均出自扰土）

缘铺以石环圈，石环圈围铺规整，卵石大小均匀，密集
有序，石环宽窄基本一致，宽约 4 米；第③层封堆土色
较深，平面呈圆形，直径约 17 米，呈灰褐色，顶部厚约
0.4 米，土质均匀，在这层封堆的外缘，铺内层石环圈，
比上层石环圈略窄，宽约 2.5 米。内层石环圈的南部边
缘，有一处烧土痕，边长 1～1.5 米，可能是祭祀活动面
的遗留；第④层封堆土在最下层，墓室口上部，平面呈
圆形，直径约 7 米，土色较杂，呈灰白杂土，顶部厚约
0.5 米。墓室在封堆下中部，墓室口开在原地表。平面
呈梯形，西宽东窄，长 5.2、西端宽 2.5、东端宽 1.6
米，墓深 2 米。墓室口横铺圆木，东部墓室口铺木被破
坏，大部坍塌到墓室内。墓内填以大石块。墓室的南壁
有 2 根立木，直径 5～10 厘米。墓室填土较硬，墓室东
半部分填土分层清晰，经过踩踏或夯实处理。墓室内葬
2 人，仰身直肢，头西北脚东南，平列于墓室的东部。a
个体在南侧，颈骨以下完整，头骨缺失；b 个体在北，下
肢完整，盆骨处只留一髋骨，以上缺失。墓室的西半部严
重扰动，无人骨和随葬品。a、b 个体均成年，性别不明。
墓室内无随葬品，只在封堆土中见有石磨盘、陶片等（图三一五；图版一五六；彩版六二：下）。

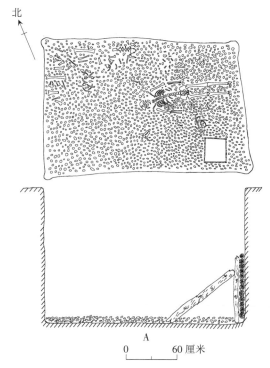

图三一四　M54 墓葬 A 室结构图

A：1. 陶无耳罐　6、7. 几何形和动物形金饰件（8 件）
（余编号均为朽的木器，不辨器形，器物均出自扰土）

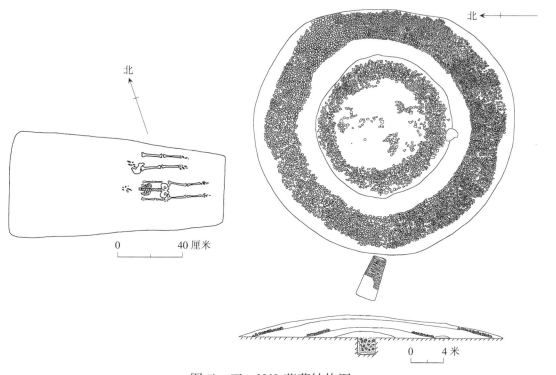

图三一五　M60 墓葬结构图

M63 封堆平面呈椭圆形，长径11.2、短径9.7、高1米。上层封土堆的外缘围铺石环圈，石环圈不规整，断续围成椭圆形，长径10.2、短径8米。石环圈宽窄一致，宽0.52米。下层圆呈丘状，封堆上铺石，大体围成椭圆环形，长径6.25、短径4.2米。石环圈宽窄不一，宽0.5~1.5米。墓室在封堆下中部，墓室口开在原地表，平面呈长方形，长2.6、宽1.1、深1.52。墓内填以片石块。墓室内葬1人，二次葬，骨骼散乱，有头骨、桡骨、锁骨、肋骨、椎骨、骶骨、髋骨。成年，性别不明。在墓的东北角放陶带流罐1件，乱骨中发现几节牛的椎骨（图三一六；图版一五九：上）。

Cb型 竖穴偏室墓。

M81 封堆平面呈圆形，直径10.5、高1米。上层封土堆的外缘围铺石环圈，石环圈基本完整，南部窄，铺石松散，北部铺石密集。石环圈宽窄不一，宽0.25~1米。下层封堆呈圆丘状，封堆上铺石，大体围成椭圆环形，长径4.5、短径约4米，石环圈宽1.5米，用砾石铺围而成。墓室在封堆下中部，墓室口开在原地表，墓道平面呈狭长的长方形，长2.2、宽0.8米，墓深0.8米。偏室开在墓道北壁，进深0.45米。墓道内填石。与偏室相对一侧留生土二层台，二层台宽0.25、高0.35米。偏室内葬1人，头西北脚东南，仰身直肢。成年，性别不明。死者头骨附近随葬羊椎骨1排及铁刀、铁簪各1件，另外，还出土有木器4件、石磨盘、石饰件等（图三一七；图版一五〇：上）。

M55 封堆平面呈圆形，直径约17、高1.5米。上层封堆外围用卵石围成石环圈，石环圈规整，卵石围铺密集，呈圆环状，直径16米，环的宽窄相近，宽1.5~2米。下层封堆平面近圆形，直径约6.5米，封堆外缘用卵石铺成石环圈，围铺规整，砾石密集，石环圈呈椭圆环形，长径6、短径5.2米。石环圈的宽窄不一，宽0.5~1米。封堆均用纯黄土堆成。墓室在封堆下中部，墓室口开在原地表。墓道平面近梯形，西宽东窄，长3.54、西端宽1.52、东端宽1.25米，墓深3.25米。墓道内填以块状砾石。偏室开在墓的北侧，进深0.2米，偏室的长大于墓道，两端超出墓道。偏室平面近梯形，长3.8米，东端宽1.2、西端宽0.64米。偏室口用圆木封堵。墓坑内葬有马骨，马头和椎骨连在一起，有成排肋骨。偏室内葬1人，仰身直肢，头西北脚东南。双腿骨以上严重扰乱。人骨散乱，有盆骨、残肢骨、椎骨、胛骨、尺骨等，2节椎骨扰至墓道底部。成年男性。扰土中出有石磨盘、饰件，乱骨间出土残铁刀1件和若干颗料珠（图三一八；图版一五二：下、一六一：上、中）。

M56 封堆平面呈圆形，直径17.2、封堆高1.9米。上层封堆外围用卵石围成石环圈，石环圈规整，卵石围铺密集，呈圆环形，直径17米，环的宽窄基本一致，宽约2.5米。石环圈的东部内侧，置一羊头，南部内侧置一石祖。下层封堆平面近椭圆形，长径9.5、短径8.5米，封堆外缘用砾石铺成石环圈，围铺规整，砾石密集，石环圈呈椭圆环状，长径9、短径8米。封堆均用纯黄土堆成。墓室在封堆下中部，墓室口开在原地表。墓道平面呈长方形，长3.2、宽1.4米，墓深3.25米。墓道下部填以块状砾石。偏室开在墓的北侧，进深0.6米。偏室比墓道长，两端超出墓道，平面近梯形，长3.9、西端宽1.3、东端宽0.9米。偏室口用圆木封堵。偏室内葬1人，一次葬，仰身直肢，头西脚东。腰椎以上严重扰乱。人骨散乱，有头骨、残肢骨、椎骨，一对肩胛骨和尺骨扰至墓道底部。成年男性。随葬品丰富，集中在死者头骨上方，墓室的西端。有6件陶器，其中1件陶单耳罐、3件陶钵。陶器内侧有基本完整的羊骨、铁刀（残）死者双腿间随葬1件铜饰件，陶器附近放1件铃形铜饰、铁剑（残），墓室东部见石祖、铁剑（残）、石磨盘（图三一九；图版一四九、一五七：上；彩版五八、六一：上）。

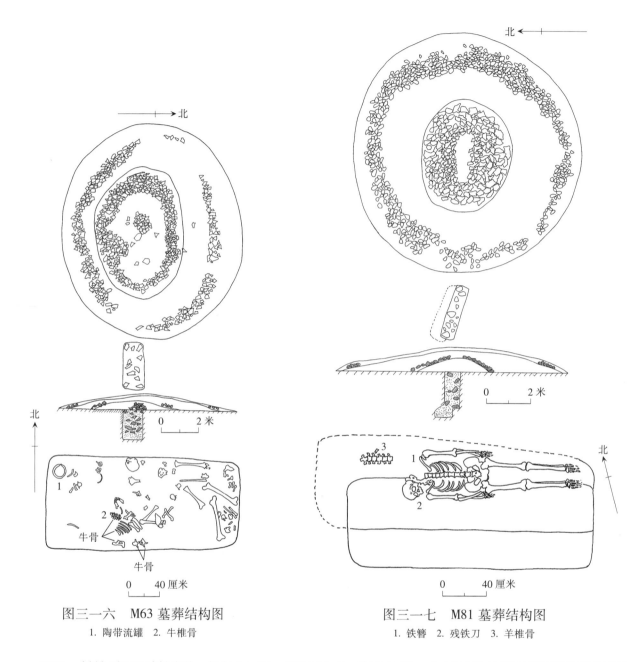

图三一六　M63 墓葬结构图
1. 陶带流罐　2. 牛椎骨

图三一七　M81 墓葬结构图
1. 铁簪　2. 残铁刀　3. 羊椎骨

　　M49　封堆平面呈椭圆形，长径 11.74、短径 10.9、高 0.7 米。上层封堆外围以卵石围铺石环圈，呈圆环形，直径 10.6 米，环的宽窄基本一致，宽约 2 米。下层封堆平面呈圆形，直径约 7 米、高 0.4 米，封堆外缘铺石环圈，石圈呈圆环形，直径约 6.6 米。石环圈的宽窄不一，宽 0.5～1 米。墓室在封堆下中部，墓室口开在原地表。墓道口平面呈梯形，西宽东窄，长 1.74、西端宽 0.7、东端宽 0.5 米，墓深 1.82 米。偏室开在墓的北侧，进深 0.25 米。与偏室相对一侧留生土二层台，二层台宽 0.35、高 0.3 米。偏室口及二层台顺墓室纵排圆木。偏室内无人骨，只有一排完整的羊椎骨，一侧有陶钵 1 件（图三二〇；图版一五八：中）。

　　Cc 型　多室墓。

　　M18　封堆平面呈圆形，直径约 15、高 1.1 米。上层封堆外围以石环圈，呈圆环形，直径 13.6

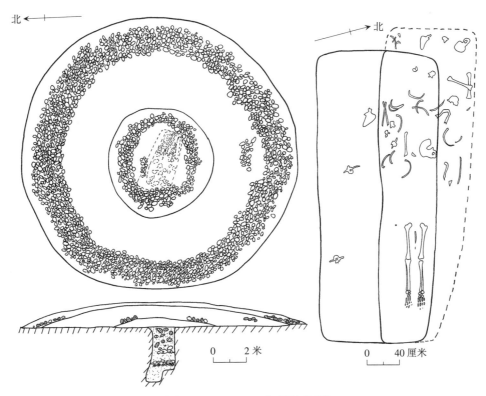

图三一八　M55 墓葬结构图

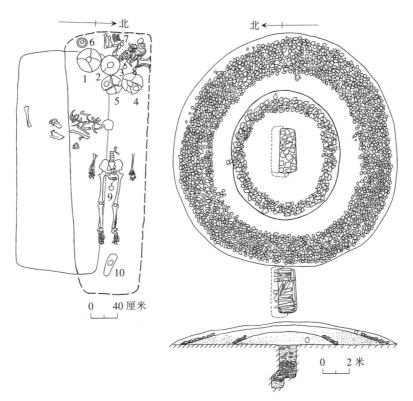

图三一九　M56 墓葬结构图

1. 陶单耳罐　2、5、6. 陶钵　3. 石磨盘　4. 铃形铜饰　7. 铁剑（残）　8. 残铁刀　9. 铜饰（残）　10. 石祖　11. 陶片（填土中）

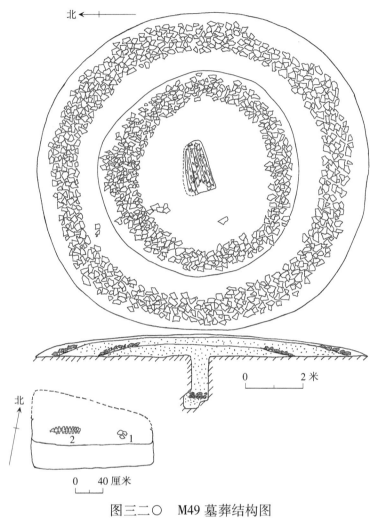

图三二〇　M49 墓葬结构图

1. 残陶钵　2. 羊椎骨

米。石环圈规整，围成石环的卵石密集，最窄处 2 米，最宽 3 米。封堆下 2 个墓室，A 室在封堆下中部，墓室口上封堆较大，平面呈椭圆形，封堆的边缘铺以石环圈，石环铺成椭圆环状，长径 4.72、短径 4.37 米，石环规整，铺成石环的卵石大小均匀，密集，石环圈宽约 1 米。A 室南部为 B 室，两墓室相距约 2 米。B 室口上有少量的积石。A 室墓道平面呈长方形，长 2.4、宽 1 米，墓深 2.3 米。竖穴偏室墓，偏室开在墓室北壁的西段，偏室深，进深 1.25 米。与偏室相对一侧留生土二层台，二层台宽 0.6、高 0.45 米。偏室口部有少量填石。偏室内葬 1 人，二次葬，骨骼散乱，有肢骨残段、少量椎骨、骶骨、髋骨等。成年，性别不明。无随葬品。B 室平面近梯形，两端弧圆，西窄东宽，长 2.2、西宽 1.1、东宽 1.4 米，墓深 1 米。竖穴二层台墓，二层台在墓室南壁的东段，长 1.4、宽 1、高 0.2 米。墓室葬 1 人，一次葬，仰身直肢，头西北脚东南，死者上肢缺失。成年男性。死者上身的左侧有两堆陶片拼合成一件陶钵（图版一五一：上）。

　　D 型　土堆石环圈铺石墓。

　　M13　封堆平面呈椭圆形，长径 7.5、短径 7 米。上层土堆外围围铺石圈，围成圆环形，直径 6.8

米，用卵石围铺的石环圈宽窄不一，宽0.25~0.75米。下层封堆上铺石，平面近椭圆形，长径3.3、短径2.8米。墓室口在封堆下中部，墓室口开在原地表。墓室为竖穴偏室，竖穴墓道内填石。偏室开在墓的北壁，进深0.4米。与偏室相对的一侧有二层台，二层台宽0.5、高0.45米。偏室内葬1人，一次葬，仰身直肢，头西脚东，死者手指骨无。儿童。无随葬品。

M19 封堆平面呈椭圆形，长径18、短径16.5、高1.3米。上层封堆外围用卵石围铺石环圈，呈椭圆环形，长径17、短径15米。石环圈规整，围成石环的卵石密集。石环圈的宽窄不一，最窄处2米，最宽处约3米。封堆下3个墓室，南北排列，墓室口封堆外各围以椭圆形石环圈。自南向北编号为A、B、C墓室。A室地表封堆呈椭圆形，封堆外各围以椭圆形石环圈，石环圈规整，卵石大小均匀，长径4.7、短径3.5米，石环圈宽窄不一，最窄处0.7米，最宽处2.3米。墓室为竖穴偏室，墓道口平面呈长方形，长2.4、宽0.75米，墓深3.2米，墓道内少量填石。偏室在墓道北侧，偏室较大，偏室的南部超出墓道0.5米，进深0.85米。与偏室相对一侧留生土二层台，二层台宽0.3、高0.5米。偏室口用圆木封堵。偏室内葬1人，仰身直肢，头西脚东。双下肢以上扰乱，有头骨、残肢骨、少量椎骨、骶骨、髋骨等。左脚趾骨缺失，右脚趾骨不全。成年男性。乱骨中见有羊椎骨，墓室的西部随葬陶杯1件，一侧有羊骨。B室在封堆下中部，南距A室2.25米。墓的地表封堆呈椭圆形，封堆边缘铺石环圈，长径6.5、短径4.75米，石环规整，铺成石环圈的卵石大小均匀、密集。石环圈的宽窄不一，最宽处1.5米，最窄处0.8米。墓道平面呈长方形，长3.4、宽2.1米，墓深3.05米。墓道内填以密集的卵石，一盗洞由封堆进入墓道，将墓道上部破坏。墓室为竖穴偏室，偏室在墓室的北侧，进深1.12米。与偏室相对一侧留生土二层台，二层台宽0.65、高0.35米。盗洞由墓道进入墓室，并由偏室向北进入C室。偏室内葬1人，二次葬，骨骼严重扰乱，散置，骨架较全。成年男性。乱骨间有牛的肢骨、骶骨等，以及陶罐、铁刀各1件。C室南距B室1.5米。墓的地表封土堆外缘铺石环圈，A、B、C墓室地表封堆外的石环圈相接。C室封堆上的石环圈较小，平面呈椭圆形，长径4.5、短径4米。石环圈的宽窄不一，最宽处2米，最窄处0.5米。墓道平面呈长方形，长2.6、宽0.74米，偏室开在墓的北壁，偏室较深，偏室西部超出墓道，偏室长3.07、宽0.7~1.2米。偏室内葬1人，仰身直肢，头西脚东。头骨缺失。墓室的西端有一堆羊骨，有羊肢、下颌、椎、少量肋骨等。成年女性。随葬陶杯1件（图版一五三：下）。

第三类 巨型封土堆墓

M50 位于别特巴斯陶墓地偏东的一处山前梁地上，梁地的西侧有一条水冲沟。台地以M50为中心，周围围以若干中小墓葬。M50北不远有一座小墓，结构同M50，可能是M50的祔葬墓，遗憾的是，该墓因盗扰，严重破坏。墓葬地表有巨型封堆。封堆的北部被牧民老乡的羊圈破坏。封堆呈平面圆形，直径约40、高3米。封堆土分7层，第①层为风积土，厚约0.2米；第②层封堆土层为纯黄土中夹白土，土层多显白色；第③层，土层中夹有大量红黏土，土层泛红；第④层，土层中夹有大量火烧灰的灰渣，局部有未烧彻底的木炭；第⑤层，灰土层，层中夹大量火烧灰；第⑥层，为灰褐土层；第⑦层为深灰土层。从封堆情况分析，营建墓葬时，古人先将地面平整，地面上铺一层纯净的灰土，灰土来自附近的地层。后在埋葬过程中，在墓室周围，在圆环形的范围内火烧木头，进行燎祭。从封堆内火烧木分布情况看，很可能存在环墓室的燎祭坑，一边烧烟燎祭，一边封土。由于土层中包含的炭灰和灰烬不同，形成不同的层，很可能人们在进行燎祭时，环墓室形成一条宽窄不同的燎祭沟，因燎祭的同时封土，这一燎祭沟未完整保存下来。燎祭进行完后，又在上面铺一层红黏土。这层红土在近处的地层中没有见到，是从远处运来作封堆土的。巨型封堆外围有圆环形壕沟，直径 54 米，环沟宽约 6、深约 3 米。环沟中的土很可能用作墓的封堆土。

墓室在封堆下中部，墓室口开在原地表。竖穴土坑墓，平面略呈前圆后方形，外形似靴底状。前圆部分为墓室，后方部分为墓道，总长 7.2 米。前圆部分长 2.8、宽 2.9 米，后方部分长 4.4、宽 2 米，深 5 米。推测为洞室墓，坍塌严重。墓道和墓室填土坚硬，似经踩踏。墓道的南壁，挖出两排马蹄状脚窝，每排上下 4 个。墓室内只有少量人的残骨，有头骨片及少量残肢骨、肋骨等。成年男性。在乱骨中见有金饰片、镶宝石金饰件和圆盘状石器、石球（图三二一；图版一四〇、一四五；彩版五九）。

第四类　祭祀遗址

（一）石圈祭祀遗址（原编号 M61）

石圈祭祀遗址位于墓地南部的山脚下，这里植被茂盛，两侧为高起的山前坡地，山前坡地间是一条的沟壑，沟的近山底有一处自然泉眼。泉水四季长流，是方圆数公里内唯一的山前泉。石圈祭祀遗址独立地位于山泉的近处。外表呈高大的椭圆形土堆，长径 21、短径 19、高约 2 米。封堆上部用纯的黄土堆成，土质均匀。封堆中出土石磨盘 1 件。巨型封堆的外围铺环圈，石环圈呈椭圆形，长径 19.5、短径 17.5 米，选用大小均匀的卵石围铺，石环圈宽窄不一，宽 1～2 米。封堆下中部偏北，有一小的方坑，坑中置石祖 1 件。方形小坑长 2.5、宽 2、深 0.2 米。在小方坑的西部有一大的燎祭坑，坑平面呈梯形，长 5.5、南端宽 5、北端宽 3.8、深 1.6 米。封堆的上部堆黄土，下部数十厘米是土夹灰烬，坑壁被烧成红的烧结面，特别是下层，灰烬层十分明显。人们在这里进行了长时间的燎祭活动。燎祭坑的南面，又有一小坑，平面呈梯形，长 2.9、西端宽 1.9、东端宽 1.1、深 1.2 米。坑内有残乱的人骨和动物骨骼。人骨十分残乱，有 2 个人头骨片，其中 1 个人头骨片上有明显的砍痕。头骨均为成年男性。其余主要的骨骼还有髋骨、股骨等，无规律放置。

从遗存特殊的地理位置和结构看，这是一处祭祀遗址。中间小坑中的石祖是祭祀的对象。考虑到祭祀遗构与泉水的关系，推测是一处祈求子孙繁衍的生殖祭祀圣地（图版一四七、一四八；彩版六〇：上）。

（二）土圈祭祀遗址（原编号 M50）

这一祭祀遗址位于墓区中部偏北的一处不高的长方形台地上，台地略经修整，台地北边为断崖。在台地边缘修一近方形的土堆围墙，北部被破坏，东西长 121、南北残宽约 84 米。土堆围墙略凸起，高约 1.8 米。围墙内的土地略经平整，地表平坦。祭祀遗址的主体建筑在土围墙围成院落的中间。

祭祀遗址外观呈巨大的椭圆形土封堆，南北长径 30、东西短径 29 米。表层是厚 0.2 米的风积土。表层风积土下，为纯黄沙质封堆土，封堆土松散均匀，厚逾 1 米。这层封堆土下，是圆形的地面建筑。

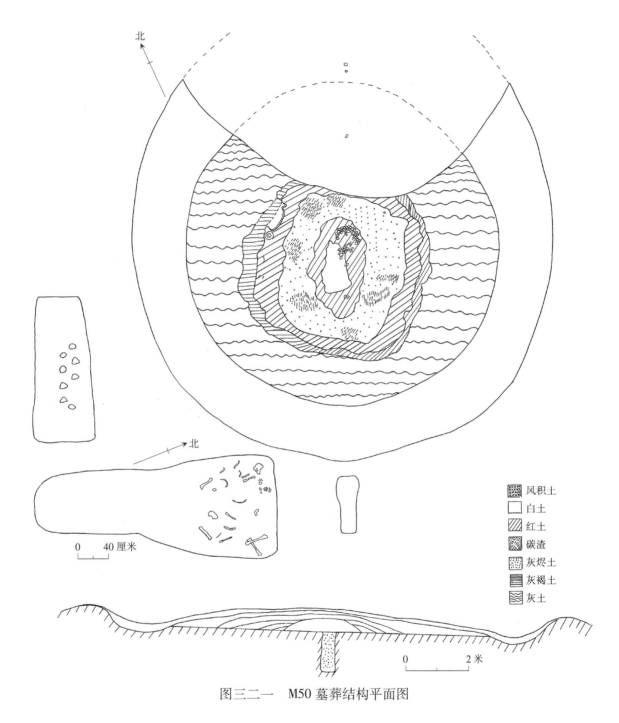

图三二一　M50 墓葬结构平面图

　　建筑的主体是一处用泥块垒成的近长方形的围墙。东西长17.2、南北宽15、高1.25米。用周边地层中的黄土和成形的干埂土，制成大小适中的土块，直接堆垒成土墙，这种方法既不是现在当地农民用的"干打垒"法，也不是用模制的"土坯"垒的墙。一些土块不规整，十分随意，在一些土块上见有脚印和手印，表明在制泥块时曾用脚踩或用手捏成形，泥块边长约0.2米。墙体呈坡式围墙，顶面有约1.2米宽的环带状平面，宽面经过修整。向内的一面为直立的墙壁，墙壁内面涂一层稀泥，为墙皮。向外堆成斜坡，底宽4.8米。围墙建立在一层垫土上，垫土上有火烧面，垫土外围有一圆形灰沟，直径23米，灰沟宽约0.5、深约0.5米，沟内填以火烧的灰烬。

　　围成的院墙内，填以十分松散的杂灰土，杂灰土中包含物很多，主要有泥块，部分泥块相对集中，这些泥块是堆垒围墙时所余，无规律地堆放在院墙内。在杂灰土中见有大量动物残骨、火烧灰、炭渣等。动物残骨主要有羊、马和牛的残骨等。院内西部有一略呈曲尺形的凸起矮墙，长、宽均约6米，厚1.8、高0.3米。院内上层有一层垫土，经过踩踏，地表较硬。在这个硬面上见有无规律密集分布的小孔洞，有的小孔洞中残有木柱。孔洞的大小均匀，直径数厘米。垫土上局部经过火烧。在这层垫土下，曲尺形矮墙的南部，无规律地分布有4个圆形灰坑、4个长方形灰坑和1个椭圆形灰坑。圆形灰坑直径一般不足1米，口小底大略呈袋状，灰坑中填以松散的灰土，并伴出动物骨骼。长方形灰坑的长、宽也不足1米，填土中见有红烧土块，深约0.5米。围墙的东西墙体上，各开有门道。东墙体上的门道宽1.2米，西墙体上的门道宽2米，后用泥块封堵。

　　经过发掘，可以大体上复原祭祀建筑的建造过程。在基本平整的台地上，用矮墙围成边长120米的矩形空间，是祭祀区的范围，在祭祀区的中间，边长约30米的范围进行平整，在这一范围的外围挖出浅沟，沟内填以灰烬，表明这时曾在沟内进行燎祭活动。然后在其上垫黄土，再在黄土上用泥块修筑院墙，院墙内有些方形灰坑被墙体所压，很可能院墙内的这些灰坑是在墙体建筑前就已存在。在院墙建好后，又在其上垫黄土，成为活动面，这一活动面上密集的小孔洞表明，当时人们主要利用这一活动面，在其上插有大量的小木柱。在这一活动面上局部地进行燎祭，留下了火烧痕迹。在这次大的祭祀活动后，进行封埋。有一盗洞从院墙北侧外，由地下进入祭祀建筑的院内（图三二二、三二三；图版一四六）。祭坛内出土1件羊首动物骨雕（彩版六九：1）。

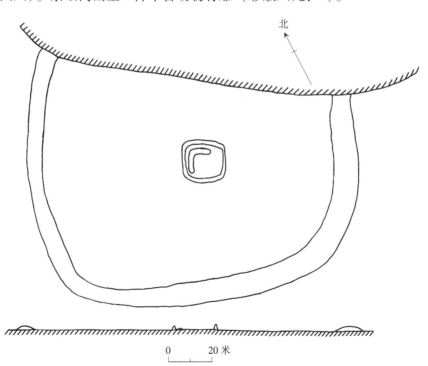

图三二二　土圈祭祀遗址内地表遗迹现象图

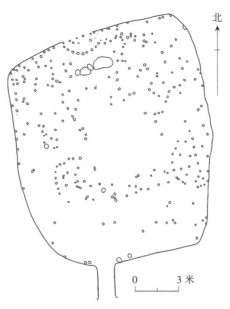

图三二三　土圈祭祀遗址平面图

在这一祭祀建筑的东北，有一小的圆形祭祀建筑，严重破坏，形制不明，这里发现有直径 1 米的灰烬，推断应是这一祭祀建筑的附属建筑。院墙内发现的大量烧骨，很可能和这一小的祭祀遗址有关。偶见灰陶陶片，口沿截面呈三角形，为汉晋时期陶器口沿，祭坛的年代推测在汉晋时期。

第三节　出土器物

别特巴斯陶墓地出土有陶器、铁器、铜器、金器、石器、骨器、皮刀鞘等。

一　陶　器

别特巴斯陶墓地出土的陶器，陶质基本为夹砂红陶，个别为夹砂红褐陶。手制。器类简单，主要为无耳罐、圜底钵等，其次为单耳杯。多数陶器的器表施一层红色陶衣，个别陶器绘出几何纹样。

（一）罐

有无耳罐、单耳罐、管流罐、带流罐、平底罐等。

1. 无耳罐，依颈腹的情况，分 3 式。

I 式　颈较长，垂腹。

M2 : 1，敞口，束颈，鼓腹，圜底。口径 10、最大腹径 14.4、高 18 厘米（图版一七一 : 1）。

M53A : 3，方唇，直颈，平底。通体有卷枝纹样。口径 9.3、底径 7.6、高 25.9 厘米。

M62 : 1，口沿略外卷，颈较直，平圜底。器表及口沿内壁施红色陶衣。口径 10、最大腹径 14.8、高 18 厘米（图三二四 : 1；图版一七一 : 5）。

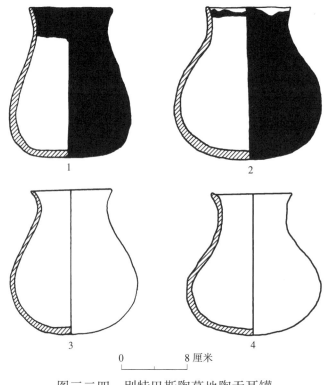

图三二四　别特巴斯陶墓地陶无耳罐

1. M62：1　2. M58A：1　3. M12A：1　4. M59：1

　　Ⅱ式　颈较短，束颈，鼓腹，圜底。

　　M58A：1，敞口，溜肩。器表及口沿内壁施红色陶衣。口沿残损。口径8.6、最大腹径17.3、高17.4厘米（图三二四：2；图版一七一：4）。

　　M19B：1，夹砂红陶，手制。圆唇，平圜底。口径8.8、高14.5厘米（图版一七一：6）。

　　M54A：1，敞口，溜肩。器表及口沿内壁施红色陶衣。口沿残损。口径8.6、最大腹径13.6、高16.4厘米（图三二五：1；图版一七一：2）。

　　M12A：1，敞口，尖圆唇，溜肩，平圜底。口径10、最大腹径16.8、高16.5厘米（图三二四：3）。

　　M6：1，敞口，圆唇，溜肩。口沿残损，底部有烟炱痕迹。口径6、最大腹径14.8、高18厘米（图三二五：2）。

　　M6：2，敞口，圆唇，直颈。器表及口沿内壁施红色陶衣。口沿残损。口径10、最大腹径13.2、高16.8厘米（图三二五：3；图版一七一：3）。

　　M59：1，敞口，圆唇。器表及口沿内壁施红色陶衣。口径10、大腹径16、高16.3厘米（图三二四：4）。

　　Ⅲ式　无明显颈部，多敛口。

　　M19C：1，微敛口，圆唇，直颈，溜肩，垂腹，圜底。器身内外皆施黑色陶衣。口沿残损。口径7.6、腹径10.8、高12厘米（图三二五：4）。

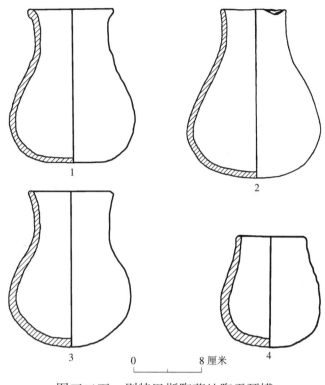

图三二五　别特巴斯陶墓地陶无耳罐
1. M54A：1　2. M6：1　3. M6：2　4. M19C：1

M72：1，夹砂红褐陶，手制。侈口，圆唇，束颈，溜肩，垂腹，平圜底。腹部有烟炱痕。口径 12.8、高 18.8 厘米。

2. 单耳罐，敞口或直口，圜底，单耳。依领腹形态，分 3 式。

Ⅰ式　颈较直，高领。

M19A：1，敞口，圆唇，直颈，溜肩，垂腹，单环腹耳。口径 12、最大腹径 13.6、高 17.4 厘米（图三二六：2）。

Ⅱ式　领较短，鼓腹。

M24：2，敞口，圆唇外卷，溜肩，圜底，耳残损。器底有烟炱痕迹。口径 10.4、腹径 14.8、高 13.6 厘米（图三二六：5；图版一七三：1）。

M25：1，敞口，圆唇，圜底，腹耳残。器表及口沿内壁施红色陶衣，底部有烟炱痕迹。口径 11.2、腹径 10.4、高 15.2 厘米（图三二六：4；图版一七三：2）。

Ⅲ式　敛口，无明显颈部，垂腹。

M56：1，圆唇，溜肩，圜底，腹耳。器表及口沿内壁施红色陶衣。口沿和底部残损。口径 11.2、最大腹径 18.2、高 26.8 厘米（图三二六：1；图版一七二：2）。

3. 管流罐，1 件。

M26B：1，微敛口，圆唇，鼓腹，圜底，带管形流，腹耳残损。器表及口沿内壁施红色陶衣，腹部绘有不规则的条形纹。器表有烟炱痕迹。口径 14.4、腹径 19.2、高 18 厘米（图三二七：3；图版一七二：1；彩版六四：1）。

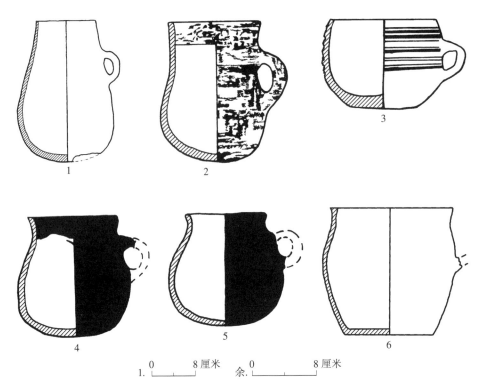

0　　　　8厘米　　　　0　　　　8厘米
1.└──┴──┘　　余.└──┴──┘

图三二六　别特巴斯陶墓地陶单耳罐、陶单耳杯
1. M56:1　2. M19A:1　3. M12B:1　4. M25:1　5. M24:2　6. M64:1

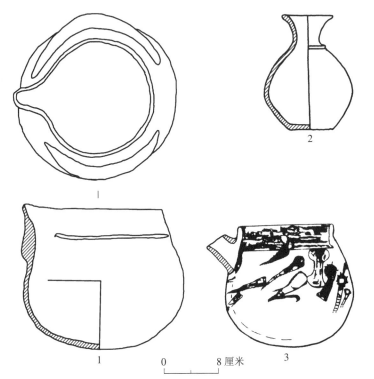

0　　　　8厘米
└──┴──┘

图三二七　别特巴斯陶墓地陶带流罐、陶壶
1. M63:1　2. M33:3　3. M26B:1

4. 带流罐, 1 件。

M63:1, 微敛口, 鼓腹, 圜底, 器一侧有短流嘴。口沿下有附加泥条装饰, 流下有半月形鋬耳装饰。口径16、最大腹径24、高20.2厘米 (图三二七: 1; 彩版六四: 3、4)。

5. 平底罐, 1 件。

M64:1, 整体呈缸形。夹砂灰陶。直口微敞, 鼓腹, 大平底, 单耳残。口径15.6、最大腹径17、底径11.6厘米 (图三二六: 6)。

(二) 壶

1 件。M33:3, 侈口呈喇叭状, 圆唇, 细颈, 溜肩, 鼓腹, 平底, 颈部有凸棱。器表及口沿内壁施红色陶衣。口沿残损。口径7.6、颈径4.8、最大腹径13.3、高16.8厘米 (图三二七: 2; 图版一七二: 5; 彩版六四: 2)。

(三) 杯

敛口, 微鼓腹, 圜底, 单耳。分两型。

A 型　圜底杯。依口腹部情况, 分2式。

Ⅰ式　口微敛, 鼓腹较浅。

M45:3, 圆唇外卷, 圜底, 腹耳残损。器表及口沿内壁施红色陶衣。底部有烟炱痕迹。口径11.2、高10.4厘米 (图三二八: 3; 图版一七三: 3)。

0　　　　　　　8厘米

图三二八　别特巴斯陶墓地陶单耳杯

1. M30:2　2. M26A:1　3. M45:3　4. M77C:1

M26A：1，圆唇，圜底，腹部有弓形耳。器表及口沿内壁施红色陶衣。口径10.4、高11.6厘米（图三二八：2；图版一七二：6）。

Ⅱ式 腹壁较直，器体较高。

M30：2，敞口，圆唇，鼓腹，圜底，腹耳残损。器表及口沿内壁施红色陶衣。器表侧面及底部有烟炱痕迹。口径10、最大腹径12.4、高13.6厘米（图三二八：1；图版一七三：4）。

M77C：1，夹砂红陶，手制。敞口，圆唇，鼓腹，圜底，腹单耳。器身内外皆有烟炱痕迹。口径10.4、高13.3厘米（图三二八：4；图版一七二：4）。

B型 平底杯，1件。

M12B：1，微敛口，圆唇，鼓腹，平底，腹部有弓形耳。器表施青灰色陶衣，杯身饰弦纹。口径13.2、高11.2厘米（图三二六：3；图版一七二：3）。

（四）钵

常见，分敛口钵和折沿钵。

1. 敛口钵。依据口的大小，分两型。

A型 大口钵，钵的口径较大，器体较大。依腹的深浅，分2式。

Ⅰ式 腹较深，口内敛明显。

M18：1，夹砂红陶，手制。圆唇，斜腹，圜底。器表及内壁施暗红色陶衣。口径27.5、高11厘米（图三二九：2）。

M12C：1，方唇，鼓腹，圜底。底部有烟炱痕迹。口径21、高10.4厘米（图三二九：7；图版一七四：1）。

M79：1，方唇，腹微鼓，平圜底。口径22.8、高6.2厘米（图版一七四：4）。

M77A：1，方唇，鼓腹，圜底。器表及口沿内壁施红色陶衣。口径23.2、高10.4厘米（图三三〇：2；图版一七五：4）。

M6：4，圆唇，鼓腹，圜底。口径19.2、高8厘米（图三二九：6；图版一七五：2）。

Ⅱ式：敞口，腹较浅。

M75：1，圆唇，圜底。器身内外皆有烟炱痕迹。口沿残损。口径26.4、高10.8厘米（图三三〇：1）。

M74：1，圆唇，圜底。器表及口沿内壁施红色陶衣。底部有烟炱痕迹。口沿残损。口径28.8、高10.4厘米（图三三〇：4；图版一七五：6）。

B型 小口钵。口径较小，器体较小。依腹的深浅不同，分3式。

Ⅰ式 腹较深，口明显内敛。

M71A：1，夹砂红陶，手制。方唇，鼓腹，圜底。器表及口沿内壁施红色陶衣。口径10.2、高6.4厘米（图三二九：3）。

Ⅱ式 腹较直、较浅，敞口或直口。

M33：2，敞口，方唇，圜底。口沿制作不规整。器表侧面有烟炱痕迹。口径15.6、高8厘米（图三二九：1；图版一七五：5）。

M58：2，器体甚小。敞口，圆唇微外卷，圜底。器表及口沿内壁施红色陶衣，侧面有烟炱痕迹。

口径5.6、高2.8厘米（图三二九：4；图版一七七：4）。

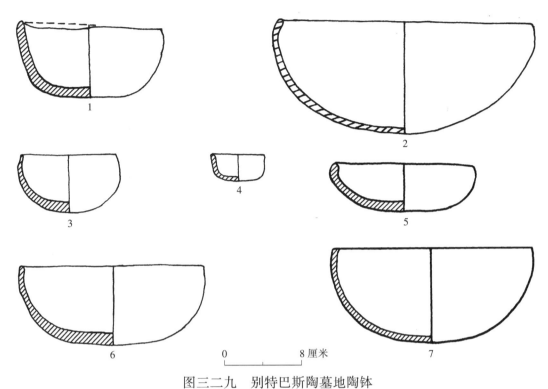

图三二九　别特巴斯陶墓地陶钵

1. M33：2　2. M18：1　3. M71A：1　4. M58：2　5. M31：1　6. M6：4　7. M12C：1

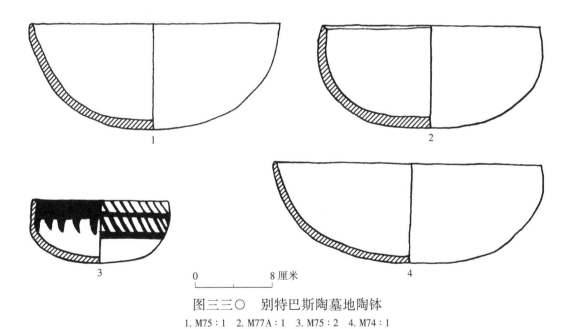

图三三〇　别特巴斯陶墓地陶钵

1. M75：1　2. M77A：1　3. M75：2　4. M74：1

　　M75：2，直口，圆唇，鼓腹，圜底。器表及口沿内壁施红色陶衣。器表口沿处绘简易栅栏状纹，口沿内侧绘一周彩带，彩带下绘犬牙状倒三角纹。器内腹壁印有布纹。口沿残损。底部有烟炱痕迹。口径14.8、高10.4厘米（图三三〇：3；图版一七四：2）。

Ⅲ式　浅腹。

M31：1，口微敛，圜底。口径14.9、高6.1厘米（图三二九：5）。

2. 折沿钵。口沿向外折。依大小，分两型。

A 型　大口钵。口径较大，直径在20厘米以上。依腹的深浅不同，分3式。

Ⅰ式　腹较深。

M58：3，敞口，圜底。器表及口沿内壁施红色陶衣。口径26.4、高12.4厘米（图三三一：4；图版一七五：3）。

M25：2，敞口，圆唇，鼓腹，圜底。器表及口沿内壁施红色陶衣。口径23.2、高11.2厘米（图三三二：3；图版一七六：5）。

Ⅱ式：腹较浅。

M56：2，敞口，圆唇，圜底。器表及口沿内壁施红色陶衣，底部有烟炱痕迹。口径34、高15.2厘米（图三三一：1；图版一七七：3）。

M59：2，夹砂红陶，手制。口微折，圆唇，平圜底。通体红彩，口沿内有一周红彩。通体有烟炱痕。器表及口沿内施暗红色陶衣。口径15、高8.1厘米。

M30：1，敞口，圆唇外卷，鼓腹，圜底。口径23.6、高10.4厘米（图三三一：3；图版一七六：1）。

M45：4，敞口，圆唇，鼓腹，圜底。器表及口沿内壁施红色陶衣。口径22、高9.2厘米（图三三二：1；图版一七六：3）。

Ⅲ式　浅腹，大敞口。

M6：6，圆唇，鼓腹，圜底。器表及口沿内壁施红色陶衣。口径21.6、高8厘米（图三三三：2；图版一七六：6）。

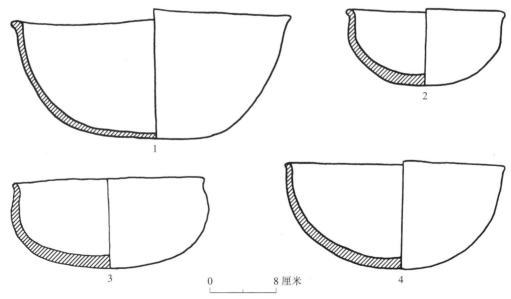

图三三一　别特巴斯陶墓地陶钵
1. M56：2　2. M24：2　3. M30：1　4. M58：3

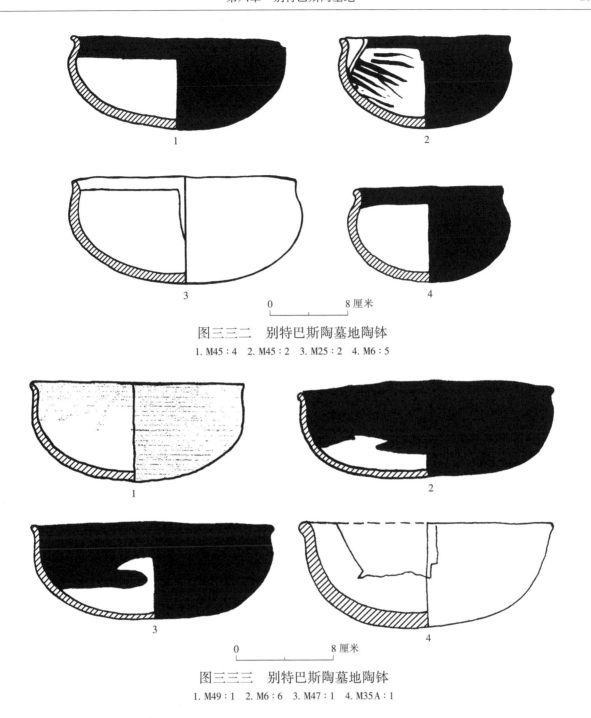

图三三二 别特巴斯陶墓地陶钵

1. M45：4 2. M45：2 3. M25：2 4. M6：5

图三三三 别特巴斯陶墓地陶钵

1. M49：1 2. M6：6 3. M47：1 4. M35A：1

M47：1，圆唇，鼓腹，圜底。器表及口沿内壁施红陶衣。口径20、高7.6厘米（图三三三：3；图版一七六：4）。

M35A：1，圆唇微外卷，敞口，鼓腹，圜底。底部有烟炱痕迹。残损。口径21.6、高8.6厘米。（图三三三：4）。

M56：5，敞口，圆唇，鼓腹，圜底。器表及口沿内壁施红色陶衣，内壁绘有"十"字纹，外壁底部有不规则条形纹，底有不规则划纹。口沿残损。底部有烟炱痕迹。口径30、高9.6厘米（图三三四：1；图版一七四：6）。

M56：3，敞口，圆唇，鼓腹，圜底。全身施红色陶衣。器表有烟炱痕迹。口径29.2、高9.4厘米（图三三四：3；图版一七七：1）。

M56：6，椭圆形口，圆唇，鼓腹，圜底。全身施红色陶衣。口径31.6、高9.6厘米（图三三四：4；图版一七五：1）。

M49：1，口内敛，方唇，平圜底。口沿略残。口径20、高6.8厘米（图三三三：1；图版一七七：2）。

B型　口径较小，口径在20厘米以下。依腹的深浅，分3式。

Ⅰ式　深腹，口内敛明显。

M80：1，圆唇，圆鼓腹，圜底。器表侧面有烟炱痕迹。口径11.2、高10.4厘米（图三三五：2）。

M79：1，圆唇，鼓腹，圜底。口径10.4、高7.6厘米（图三三五：4；图版一七四：4）。

Ⅱ式　腹较深。

M45：2，敞口，圆唇，鼓腹，圜底。器表及口沿内壁施红色陶衣。底部有烟炱痕迹。口径16、高9.6厘米（图三三二：2；图版一七七：6）。

M33：1，敞口，圆唇微外卷，鼓腹，圜底。口径14.4、高8.8厘米（图三三五：3；图版一七七：5）。

M12：5，尖圆唇，圜底。口径13、高2.8厘米。

Ⅲ式　浅腹，敞口。

M24：2，圆唇外卷，鼓腹，圜底。口径19.2、高8.8厘米（图三三一：2；图版一七四：5）。

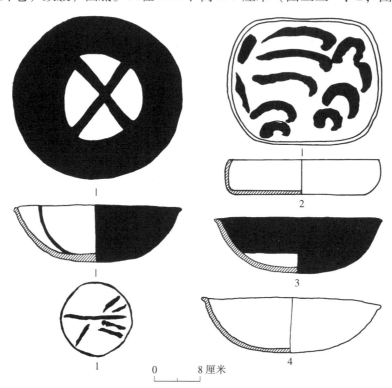

0　　　　8厘米

图三三四　别特巴斯陶墓地陶钵
1. M56：5　2. M45：1　3. M56：3　4. M56：6

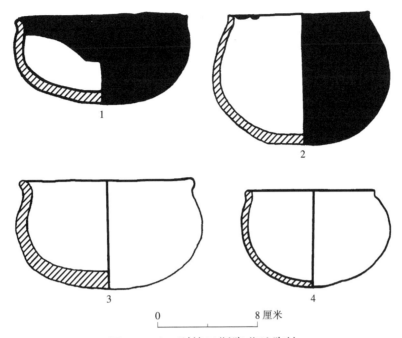

图三三五　别特巴斯陶墓地陶钵
1. M6：3　2. M80：1　3. M33：1　4. M79：1

M6：3，圆唇，敞口，卷沿，鼓腹，圜底。器表及口沿内壁施红色陶衣。口径14、高6.8厘米（图三三五：1）。

3. 方口钵。浅腹，平底。

M45：1。方圆口。钵内绘长逗号状纹样，绘制草率。长16、宽6.5、高4.6厘米（图三三四：2）。

（五）陶片

1件。M56：11，口沿残片。夹砂灰陶，手制。敞口，圆唇。口沿下部有棱，棱上有刻划纹，棱下为一倒三角刻划图案，倒三角内填充点状刻划纹。长6、宽5.8、厚0.6厘米（图三四七：1）。

二　铁　器

别特巴斯陶墓地多数墓中随葬有铁器，器类主要有小铁刀，其次为铁锥，另外为铁簪、铁剑等。大多铁器残损、锈蚀严重，难辨器形。绝大多数残朽，只留有局部残段。

（一）剑

1件。M32：1，锈蚀，可辨大体轮廓。柄部截面为椭圆形。长16.4、宽2.2、厚1.55厘米（图三三六：1）。

（二）刀

大多残朽。

M19B：2，两端残朽，残长12、宽1.5厘米（图三三六：2）。

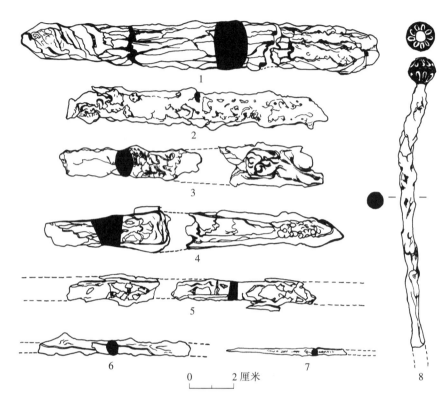

图三三六　别特巴斯陶墓地铁剑、铁刀、铁锥、金首铜簪
1. M32：1　2. M19B：2　3. M59：2　4. M56：7　5. M73：2　6. M33：10　7. M76：2　8. M70A：2

M59：2，2件。柄部宽，刃部窄，柄部截面为椭圆形。一件长6.5、宽1.2、厚0.8厘米，另一件长11.8、宽1.8、厚0.8厘米（图三三六：3）。

M56：7，2件。刃部窄，截面为三角形。一件残长5.8、宽2、厚1.4厘米，另一件长13.2、宽1.6、厚1.4厘米（图三三六：4）。

M73：2，2件。刀体较窄。一件长11、宽0.8、厚0.4厘米（图三三六：5），另一件长4.3、宽1.4、厚0.4厘米。

M1：6，弧背，凹刃。残长8.4、宽1.8、厚0.8厘米（图三三七：5）。

M74：2，残有柄部，截面为椭圆形。残长9.3、宽1.4、厚1.2厘米（图三三七：2）。

M64：1，残有刃部一段，刃截面为三角形。残长4.5、宽1.8、厚0.9厘米（图三三七：4）。

M16：1，残有刃部大部，弧背，截面呈尖叶状。残长5.5、宽1.8、厚0.9厘米（图三三七：1）。

M55：1，残有刃部一段，弧背，刃截面为三角状。残长7.9、宽2、厚0.8厘米（图三三七：7）。

M46：2，残有柄部一段，截面为长椭圆形。残长6.6、宽1.3、厚0.8厘米（图三三七：9）。

M70A：3，残有柄部一段，截面为椭圆形。残长5.5、宽1、厚0.7厘米（图三三七：10）。

M71C：1，残，截面为长椭圆形。残长6.8、宽2.1厘米（图三三七：8）。

（三）簪

细柱状，刃端尖，柄端粗。均残朽。

M33：10，残柄部一段。残长7、直径0.6厘米（图三三六：6）。

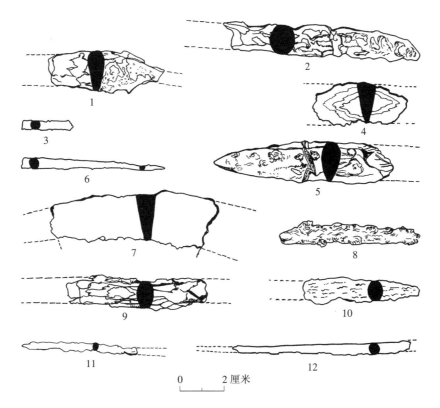

图三三七　别特巴斯陶墓地铁刀、铁锥、铁针

1. M16：1　2. M74：2　3. M33：9 - 1　4. M64：1　5. M1：6　6. M33：9 - 2　7. M55：1　8. M71C：1　9. M46：2　10. M70A：3　11. M72A：2　12. M65：12

M65：12，残。残长8.4、直径0.5厘米（图三三七：12）。

（四）针

细柱状，一端尖锐。

M76：2，残长5.2、直径0.3厘米（图三三六：7）。

M72A：2，残长5.4、直径0.3厘米（图三三七：11）。

（五）锥

一端略粗，一端细尖，均残朽。

M33：9，2件。一件长6.6、直径0.4厘米（图三三七：6），另一件长2.4、直径0.4厘米（图三三七：3）。

三　铜　器

有铜镜、簪、钉、扣、耳环等。

（一）镜

分带柄镜和圆形镜两型。

A 型　带柄镜。圆形镜面，带一长方形细柄。

M58A：1，镜面直径 10.3、厚 0.3、柄长 7.5 厘米（图三三八：1；图版一七九：3；彩版六九：4）。

M53B：1，柄残损，镜面有布的残迹。镜面直径 7.4、柄残长 0.6 厘米（图三三八：2；图版一七九：5）。

B 型　圆形镜。

M33：5，镜面破裂，一边有两孔眼。镜面直径 10.8、厚 0.2 厘米（图三三九：1；图版一七九：2）。

M57：1，边缘有一排四个孔眼，其中一孔眼残。直径 10、厚 0.5 厘米（图三三九：2；图版一七九：1）。

（二）簪

有人面形首、鸟首形首、塔形首和蘑菇状首、塔首、细柱状、叶蕾状首、球首等类型。

A 型　1 件。人面形首簪。

M70A：3，铸出芭蕉叶状的人面，上两侧出角，对称双眼为三角状，高鼻，月牙状嘴。簪体为细柱状，一端尖。长 11.1、人面宽 3.8、厚 0.3 厘米（图三四〇：6；图版一七八：3；彩版六八：6）。

B 型　1 件。鸟首状簪。

M33：7，簪首端有一立鸟装饰，铸造。鸟仰首，鸟喙向前，平视，神态安详，双翼向下展开。簪弯曲断裂。长 27.3、直径 0.4 厘米（图三四〇：1；图版一七八：6；彩版六八：5）。

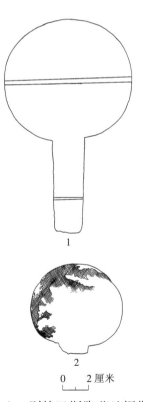

0　2 厘米

图三三八　别特巴斯陶墓地铜带柄镜
1. M58A：1　2. M53B：1

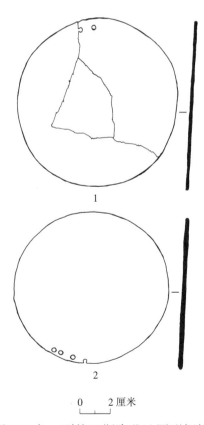

0　2 厘米

图三三九　别特巴斯陶墓地圆形铜镜
1. M33：5　2. M57：1

C 型　1 件。抽象动物首状簪。

M33：4，簪首为爬行动物，四肢弯曲，头为三角状，簪体为柱状。长 8.8 厘米（图版一七八：2；彩版六八：1）。

D 型　1 件。蘑菇状首簪。

M6：7，顶部为圆形，顶部以下饰有五道棱形装饰。长 18.6、直径 0.4 厘米（图三四〇：4）。

E 型　2 件。塔首状簪。

M44：1，尖部残缺，顶部呈圆角方形，中空，顶部以下有三周螺旋饰。长 10、直径 0.5 厘米，塔形首内径 0.8、外径 1.5、高 1.5 厘米（图三四〇：8；图版一七八：4；彩版六八：4）。

M33：3，头部呈圆角塔状，中空，上部有五周螺旋纹。长 13、直径 0.3 厘米（图版一七八：5）。

F 型　细柱状簪。一端粗，一端细。

M6：9，残长 14.9、直径 0.1 厘米（图三四〇：3）。

M28：2，尾部尖锐。长 7 厘米（图版一七八：8）。

M54B：3，2 段。皆弯折。一段长 10.2、直径 0.3 厘米，另一段长 16.8、直径 0.3 厘米（图三四〇：5）。

M28：1，头端扁圆，弯折。长 11.8、直径 0.3 厘米（图三四〇：7；图版一七八：9）。

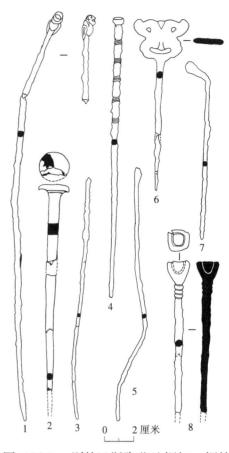

图三四〇　别特巴斯陶墓地铜钉、铜簪
1. M33：7　2. M33：6　3. M6：9　4. M6：7　5. M54B：3
6. M70A：3　7. M28：1　8. M44：1

G 型　1 件。叶蕾状首簪。

M33：5，首都呈叶蕾状，中有圆孔，簪柱残。残长 7.3 厘米（图版一七八：1；彩版六八：2）。

H 型　球状首。

M70A：2，一头有球状首。长 10.1 厘米（图三三六：8；图版一七八：7）。

（三）钉

1 件。M33：6，钉首为圆形帽状，钉柱截面为方形。一段长 7.8、直径约 0.4 厘米，另一段长 5.4、直径约 0.7 厘米（图三四〇：2）。

（四）耳环

有的呈圆环状，有的用铜丝卷成大小两个圆环，有的环下坠有装饰。分三型。

A 型　圆环状，端头对接。

M33：8，6 只。内径 1.7～1.9、外径 2.2～2.5 厘米（图三四一：1～6）。

M76：1，残长 1.4 厘米（图三四一：9）。

B 型　用一根细铜丝弯曲成大小两个环。

M78：3，大环直径 2、小环直径 0.4 厘米（图三四一：8）。

C 型　上端扣状环下坠一亚腰状环。

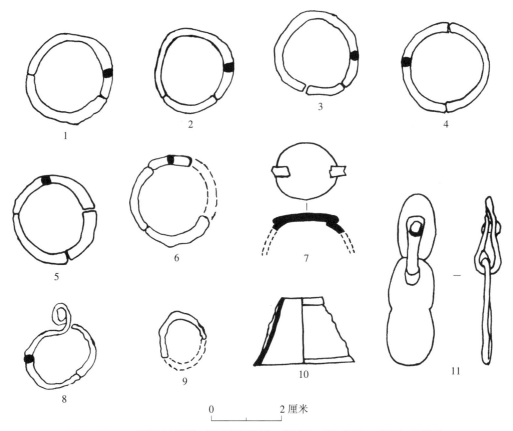

图三四一　别特巴斯陶墓地铜耳环、铜镯、铜戒指、铜铃形器饰
1～6. M33：8　7. M28：4　8. M78：3　9. M76：1　10. M56：4　11. M67：1

M67：1，残损，分为两部分，上部为扣，下部为坠饰。上部长2.3、宽1.1厘米，下部长3、宽1.3厘米（图三四一：11）。

（五）镯

1件。M33：11，圆形，两端头不封闭，端头铸对望的兽首。直径8厘米（彩版六九：3）。

（六）戒指

1枚。M28：4，残，保留椭圆形戒面。残长2.1、戒面直径1.6厘米（图三四一：7）。

（七）铃形饰

1件。M56：4，呈圆形敞口的杯状。上口径1.2、下口径2.8、高1.8厘米（图三四一：10）。

（八）环

1件。M53B：3，圆环状。环宽0.4、环外径2.8厘米。

四　金　器

别特巴斯陶墓地出土一些小的金叶状饰件，有叶形、几何形、条形、环形等，还有的剪成动物形。

（一）几何形和叶形饰件

M54A：6-1。金箔片呈三叶草形。长3.2、宽2.6厘米（图三四二：3）。

M54A：6-2，金箔呈叶形，上有水滴状图案。长5.3、宽2.1厘米（图三四二：9）。

M54A：6-3、7，2片，水滴状。长3.2、宽0.9厘米（图三四二：6、8）。

M54A：6-4，长菱形。长4.2、宽1厘米（图三四二：7）。

M50：5，2件。大小一样，剪呈叶片状。一件长3.2、宽2.4厘米，另一件长3.5、宽2.3厘米（图三四三：1）。

（二）条状饰件

M54：6-5，6片。每片两端有钻孔，表面有竖棱装饰。平均大小为长1.8、宽0.8厘米（图三四二：1）。

M54A：6-9，3片。呈条带状。一侧平直有条带装饰，一侧呈水波状，每片有倒三角装饰。金叶片上有若干钻孔，分布不规则。长12、宽1.1厘米（图三四二：2）。

（三）冠形饰件

1件。M54：6-6，呈皇冠状，中间剪成桃形，两侧为鸟首形。长2.4、宽1.6厘米（图三四二：4）。

（四）环状饰

M53B：2，2件。环上有小孔。每件直径1.6厘米（图三四二：5）。

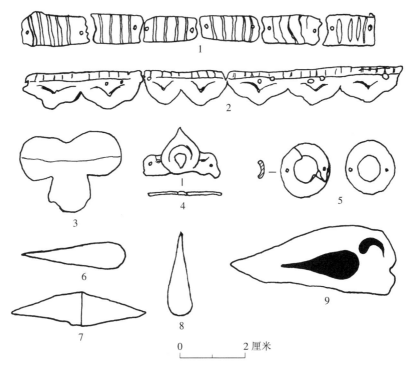

图三四二　别特巴斯陶墓地金饰件

1. M54A：6-5　2. M54A：6-9　3. M54A：6-1　4. M54A：6-6　5. M53B：2　6. M54A：6-3　7. M54A：6-4　8. M54A：6-7
9. M54A：6-2

（五）马（鹿）形饰

2件。M54A：7，用金片剪成抽象的卧马形象。马头前伸，四肢蜷曲，短尾。是其他大型器物的配件。长5、高5厘米（图三四三：2；图版一八〇：3；彩版六六：2）。

M54A：6，马鹿形金饰件。用金片剪成一鹿的形象。鹿头平伸，前视，剪出鹿角，鹿前肢后卷，后肢前弓屈，呈腾起状。短尾。鹿身上有小孔，是附着在别的器物上的饰件。长7.7、高8.1厘米（图三四三：3；图版一八〇：2；彩版六六：1）。

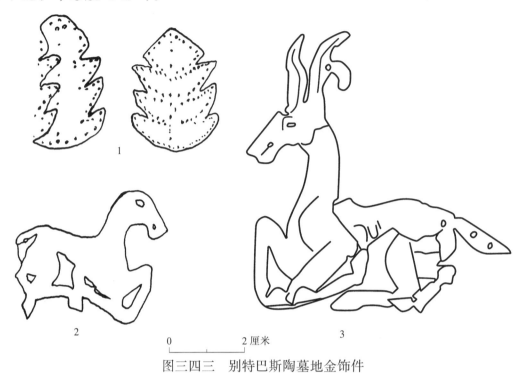

图三四三　别特巴斯陶墓地金饰件
1. M50：5　2. M54A：7　3. M54A：6

（六）镶宝石挂饰

M50：1，上有金丝提梁，下有镶红宝石的大半圆形坠饰。周边是两圈焊接的金珠，外圈为一周焊金珠的宝葫芦状饰。长2.9、宽1.9厘米（彩版六七：1）。

M58：1，长方形，上下两节，中间镶红宝石，边缘焊接细金珠。长2.8、宽0.8厘米（彩版六七：2）。

（七）动物纹金箔片

2件。M38：2，用打压的方法压出卷体动物，动物带翅。残长6.5、宽4.8厘米（图版一八〇：1；彩图六五：1）。

M38：5，残，仅能辨卷尾和挤压变形的面部。长9.3、宽6.1厘米（彩图六五：2）。

五　石　器

别特巴斯陶墓地出土的石器主要有磨盘、磨棒、球、杵、石祖等。

（一）磨盘、磨棒

磨盘一般为马鞍状，磨棒多为长条形。

M61：1，磨盘。长条圆形，中间有凹的磨面。长24.4、最宽11、厚3厘米（图三四四：1）。

M36：1，磨盘。长条形，中间有凹的磨面，残。残长10、宽6.8、厚3厘米（图三四四：2）。

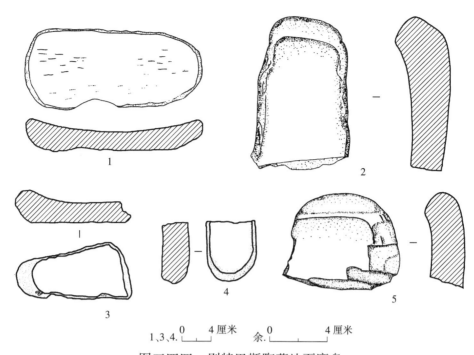

图三四四　别特巴斯陶墓地石磨盘

1. M61：1　2. M36：1　3. M56：3 - 1　4. M56：3 - 2　5. M81：1

M56：3 - 1，磨盘。长条形，中间宽两端窄，中间有凹的磨面，残。残长 15.4、最宽处 8、厚 3.4 厘米（图三四四：3；图版一八一：3）。

M56：3 - 2，磨盘。长椭圆形，中间有凹的磨面，残。残长 8、宽 6.8、厚 3.6 厘米（图三四四：4；图版一八一：6）。

M31：1，长条形，中间宽两端窄，中间有凹的磨面，残。残长 23.4，最宽处 9、厚 3.4 厘米（图版一八一：4）。

M32：1，长条形，中间宽两端窄，中间有凹的磨面，残。残长 12.4、最宽处 7.9、厚 3.1 厘米（图版一八一：5）。

M81：1，磨盘。长椭圆形，中间有凹的磨面，残。残长 6.5、宽 7.6、厚 2.3 厘米（图三四四：5）。

M55：3，椭圆形，一面有凹的磨面。残留一截，长 4、宽 5.5 厘米（图三四五：5）。

M21：1，中间有凹的磨面，残。残长 13、残宽 13、厚 1.8 厘米（图三四六：6；图版一八一：7）。

M50：1，磨棒。长椭圆状，一面平有磨面。残长 10.4、宽 5.4、厚 3.2 厘米（图三四五：1）。

M50：4，圆盘状，中间有孔。直径 12、厚 7 厘米（图版一八一：8）。

（二）杵

长柱状，截面多为椭圆形。

M50：2，完整，长条椭圆状，粗端头有使用痕迹。长 16、最宽 4.8 厘米（图三四五：2）。

M55：4，完整，长条椭圆状，一端有磨痕。长 7.8、宽 2 厘米（图三四五：4）。

M59：1，完整，平面略为椭圆状，一端粗，一端尖圆。尖圆的一端有使用痕。长 8.3、最宽 3 厘米（图三四五：3）。

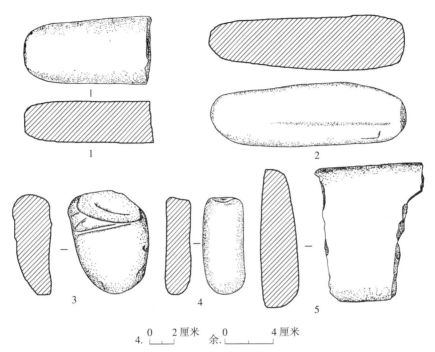

图三四五　别特巴斯陶墓地石磨、石杵
1. M50：1　2. M50：2　3. M59：1　4. M55：4　5. M55：3

M59：5，平面近三角圆形，中间有一细槽，用以系绳。长11.3、宽11.5、厚5.4厘米（图三四六：1）。

（三）球

M5：1，椭圆球状，直径8~9.2厘米（图三四六：2）。

M50：3，椭圆球状，直径5~6.2厘米（图三四六：3）。

（四）石祖

圆柱状，一端弧圆，一端粗。

石圈祭坛：1，首端为圆蘑菇状帽，有细颈，下端略粗。高19、直径5厘米（图三四七：3；图版一八一：2；彩版六九：2）。

M56：10，首尾残，只留下中间的圆柱体。残高9、直径3~4厘米（图三四六：5；图版一八一：1）。

（五）石墨块

化妆用的石墨。中间有磨的圆形凹槽。

M6：10，粉白色。宽2.5、高2.7厘米（图三四七：4）。

（六）饰件

方形或长方形。

M5：1，近正方体，中间有圆孔。长5.2、宽2.8、厚1厘米（图三四七：5）。

M81：8，长条状，残。宽4.7~5.3、厚1.9厘米（图三四六：4）。

M79A：1，圆形石珠。直径2、高0.5厘米，中间孔径0.6厘米（图三四七：8）。

M55：2，坠。长1、宽1厘米（图三四七：7）。

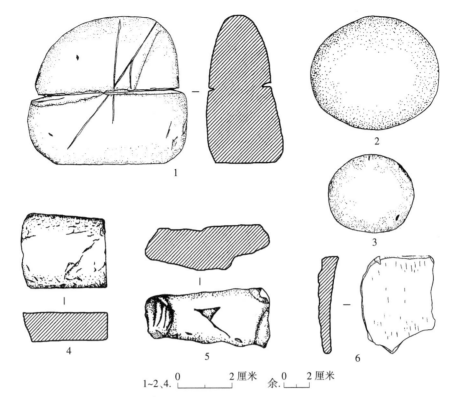

图三四六　别特巴斯陶墓地石球、石杵、石祖
1. M59：5　2. M5：1　3. M50：3　4. M81：8　5. M56：10　6. M21：1

M33：7，大量出土。圆形串珠（图版一八二、一八三：1、2；彩版七〇：1、2）。

M39：1，圆形石串珠，大量出现（图版一八三：3）。

M53：4，用玻璃珠、石珠等串连成的项珠（彩版七〇：3）。

六　骨　器

别特巴斯陶墓地出土骨器有镞、管、牌饰及羊首状饰等。

（一）镞

1件。M61：1，三棱形，三翼，扁平铤。长7.5厘米（图三四七：2）。

（二）管

1件。M7：1，锥骨，中空，磨光。长3.2、直径0.6厘米（图三四七：6）。

（三）骨片

1件。M53：8，残，有穿孔。长6.9、宽1.4、厚0.4厘米（图三四七：9）。

（四）羊首状饰

1件。土墙祭坛：1，用动物胸骨（？）雕成羊头状。长嘴，长鼻，环眼，双角弯弓。长6、宽5.3厘米（彩版六九：1）。

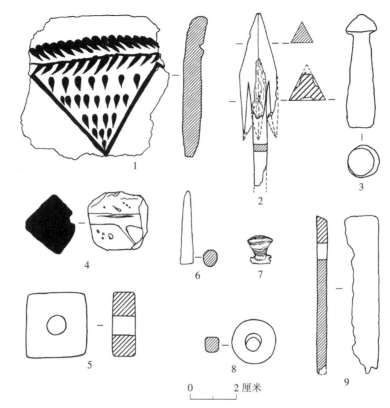

图三四七　别特巴斯陶墓地石墨块、石纺轮、骨镞、骨管、陶片、石珠
1. M56：11　2. M61：1　3. 石圈祭坛：1　4. M6：10　5. M5：1　6. M7：1　7. M55：2　8. M79A：1　9. M53：8

七　皮刀鞘

2 件。M23：1，正面缝合。长 17.2、宽 2.3 厘米（图三四八：1）。

M20：2，皮质泛绿色，为铜锈。正面缝合。长 13.4、宽约 2.4 厘米（图三四八：2）。

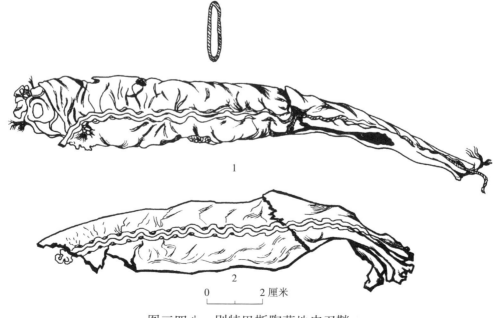

图三四八　别特巴斯陶墓地皮刀鞘
1. M23：1　2：M20：2

第七章　一棵树墓地

　　一棵树墓地位于天山支脉加勒克斯卡茵特山北的台地上，台地平坦，台地上植被茂盛，大部分区域曾被开垦为农田。由于相邻几个台地上只有一棵树，当地居民称这里为"一棵树"，故我们称其为一棵树墓地。一棵树墓地被山洪冲成两片独立的台地，两个不同的台地上墓葬布局、结构和规模不同，因而分为两个不同的墓区，即 A 墓区和 B 墓区。A 区和 B 区，共发掘墓葬 12 座。其中 A 区发掘 10 座，B 区发掘 2 座。A 区墓葬编号 M4 的墓，位于台地边缘，其他墓葬相对集中分布（图三四九；图版一八四：上）。

第一节　B 区墓葬

　　B 墓区与 A 墓区之间隔一水冲沟。台地大体呈长方形，东西长逾 300、南北宽逾 160 米。台地四周为壕沟环绕。长方形台地地表平坦，台地长满杂草。台地东西两侧是由山坡自北向南冲的自然冲沟，南北两侧的东西向冲沟，是人工挖的护沟。经对台地一侧勘探，台地四周护坡经人工修整。台地地表也被大体修整。整个台地是利用自然台地后经人工修整而成。在台地偏西南处有一巨冢。有圆形封堆，编号为 B 区 M1，M1 东约 15 米处有一小墓，编号为 B 区 M2。两座墓均被严重盗扰，墓葬形制几被破坏，从残存情况判断，均为洞室墓。

　　M1　位于人工台地的偏西南部，封堆直径 30、高 2 米，十分显眼，封堆用均匀的黄土堆成。巨大的土封堆下有东西排列的两个墓坑，其中东侧的墓室，完全破坏，墓葬形制不明，残存的墓坑深 5 米。两墓室外，墓室外围均有环沟，环沟宽 1.5、深不足 1 米，环沟内是未烧尽的圆木，有的圆木直径约 25 厘米，长数十厘米，是环墓室的燎祭沟。西墓室保存有斜坡墓道，洞室前有矩形墓道，洞室坍塌。严重破坏，洞室结构不明。斜坡墓道大体东西向，长 5、宽 1.5 米，东近墓室处，向北弯曲，呈五级阶梯状，斜坡墓道填土均匀，可分 5 层，依次是黄土、灰土、红黏土、白土、五花土。洞室前矩形墓道和圆形洞室均坍塌，矩形墓道在北，洞室在南。矩形墓道长、宽约 2 米，圆形洞室直径 2.5、深 9 米。墓室底部有零星的人骨，有男性的股骨、髋骨、腰椎。其腰椎因骨质增生，发现时弯曲地连为一体。墓室内只有极残的骨渣。在盗洞口外一侧，发现金戒指 1 枚。旁边发现有现代生活用品等，可见此墓近年仍有盗墓活动（图三五○；图版一八四：下、一八五；彩版七一～七三）。

　　M2　规模较小，土封堆直径 7、高 1 米。封堆土为均匀的黄土，近墓室处填土坚硬，似经夯打。墓室完全破坏，墓室中填以大量灰烬土。墓葬结构不明。

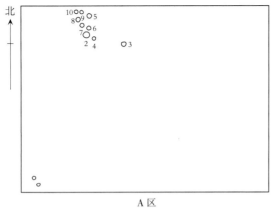

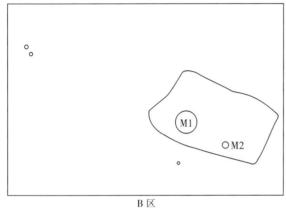

图三四九　一棵树墓地平面分布示意图

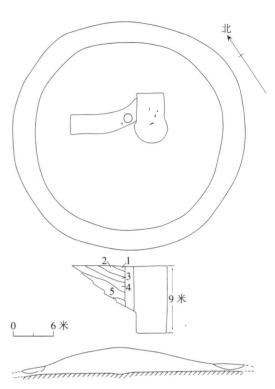

图三五〇　一棵树墓地 B 区 M1 结构图
1. 黄土　2. 灰土　3. 红黏土　4. 白土　5. 五花土

第二节　A 区墓葬

　　A 墓区墓葬较多，靠台地边缘有一座规模比较大的墓，周围围绕着几座小墓。M1 地表有不明显封堆，下无墓室，余地表有中小封堆，封堆土为当地的纯黄土。封堆平面均呈圆形，直径 5～10、高约 0.5 米。墓室有竖穴土坑墓和竖穴偏室墓两型。

　　A 型　竖穴土坑墓。墓室一般较浅，骨骼保存较差。

　　M6　封堆平面呈圆形，直径 8、高 0.5 米。墓室在封堆下中部，墓室口开在原地表。墓室平面呈长椭圆形，一端弧圆，一端尖圆，呈柳叶状，长 2.1、宽 0.65 米。墓室内葬 1 人，仰身直肢，头西北脚东南。手指骨散乱，在下肢处散见手指骨。成年男性。头的左侧随葬铜针（残）1 枚（图三五一）。

　　M9　封堆平面呈圆形，直径 6、高 0.55 米。墓室在封堆下中部，墓室口开在原地表。墓室平面呈长方形，长 2.2、宽 0.8 米。墓室内葬 1 人，仰身直肢，头西北脚东南。成年男性。无随葬品（图三五二）。

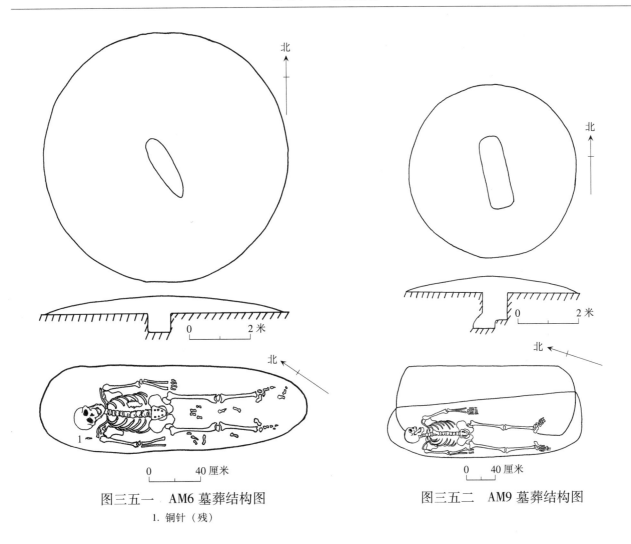

图三五一 AM6 墓葬结构图
1. 铜针（残）

图三五二 AM9 墓葬结构图

M8 封堆平面呈圆形，直径5.9、高0.65米。墓室在封堆下中部，墓室口开在原地表。在墓室口的西部，距墓室口1.65米处有一婴儿骨架，残朽，仰身直肢，头北脚南。墓室平面呈长方形，长2.3、宽0.8、深0.9米。墓室内葬1人，一次葬，仰身直肢，头西北脚东南。成年男性。无随葬品（图三五三）。

B型 竖穴偏室墓。

M4 封堆平面呈圆形，直径8.8、高0.7米。墓室在封堆下中部，墓室口开在原地表。墓道平面呈长方形，长2.4、宽0.9米。偏室开在墓室的西侧，进深0.8米。与偏室相对一侧留生土二层台，二层台宽0.6、高0.3米。偏室内葬1人，仰身直肢，头北脚南。成年男性。死者头端随葬羊骨架和残铁釜1件，身侧还随葬有铜饰件、铁刀、绿松石珠、残骨器（图三五四；图版一八六）。

M5 封堆平面呈圆形，直径9、高0.7米。墓室在封堆下中部，墓室口开在原地表。墓道平面呈长椭圆形，两端尖圆，呈柳叶状，长2.4、宽1米。偏室开在墓室的西北侧，偏室较深，进深0.34米。与偏室相对一侧留生土二层台，二层台宽0.6、高0.35米。偏室内葬1人，仰身直肢，头北脚南，下肢呈交叉状。成年男性。死者头骨北侧、头骨上端随葬铁釜，腰部和上肢处随葬有铁器残件、骨器、铜饰件、铁刀等，墓室北端随葬较完整的羊骨。

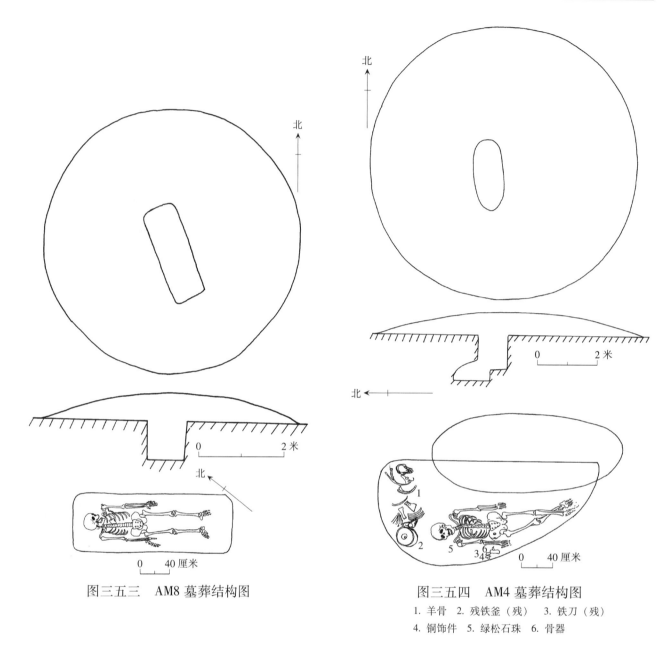

图三五三　AM8 墓葬结构图

图三五四　AM4 墓葬结构图

1. 羊骨　2. 残铁釜（残）　3. 铁刀（残）

4. 铜饰件　5. 绿松石珠　6. 骨器

第三节　出土器物

一棵树墓地墓葬中随葬品很少。有铁器、铜饰、玛瑙珠和金器。

（一）A 区

出土有铁器、铜器、石器等。另外，在 A 区 M10 的填土中还零星出土铜、铁器的残件，以及残的石珠。M4 还出土一绿松石珠。

1. 铁器。

M4：2，釜残。残长 9.5、宽 2.3、厚 0.4 厘米。

另外，在 M10 死者头端发现有铁器，但严重朽蚀，不辨器形。

2. 铜饰。

M4：4，上部为环状，下有条状坠饰。上部内径 1.3、外径 2 厘米，下部长 2.2 厘米（图版一八七：4）。

3. 石器，纺轮 1 件。石块 1 件。玛瑙珠 1 颗。

M5：1，方形，中间有圆孔。长 4、厚 2 厘米，中间圆孔直径 0.8 厘米（图版一八七：3）。

M7：5，略显短柱体，上有磨的沟槽。长 3.2、宽 2.1 厘米（图版一八七：6）。

M10：1，内径 0.6、外口径 1.6、高 1.9 厘米（图版一八七：5）。

4. 骨器

M7：2，弹头形，表面光滑，中有孔。长 8.9、直径 0.9 厘米（图版一八七：2）。

（二）B 区

仅在 M1 的西侧墓室口部，发现一枚金戒指。这枚金戒指在盗扰过的墓室口一侧地面被发现。金戒指工艺复杂。两端似蟾蜍首状，蟾蜍脖颈鼓粗，双目圆睁，周边镶细金珠粒，口大张，口中衔金珠。戒面中镶嵌椭圆红宝石，宝石外镶粘一周细金粒。宝石上镌刻出贵妇形象。贵妇体态纤细，高额头，面容略瘦，端庄清秀，前胸略丰。头戴王冠，安座于一折椅上，一手曲至胸前，手腕戴镯，手中持握一束花草，屈臂握持一杯戒指长 4.9、宽 1.9、高 2.6 厘米，宝石长径 1.9、短径 1.5 厘米（图三五五；图版一八八；彩版七四、七五）。

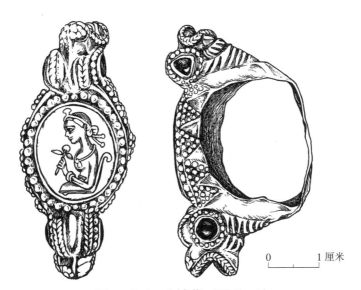

图三五五 金戒指（BM1：1）

第八章　铁木里克沟口墓地

第一节　墓地概述

　　铁木里克沟口墓地位于喀什河南岸的铁木里克沟口二级台地和一级台地上。发掘墓葬 26 座，发掘 1 座祭祀坛。一级台地上的墓葬大体呈南北链状排列，地表多有封堆标志，封堆直径一般在 10 到 20 米，高不过数十米。封堆下大多有石圈或石环，石环中间原地表上有小的土堆，土堆上铺一层卵石。墓室多为竖穴石室墓，少数为竖穴偏室墓。竖穴土坑墓内填石或填以圆木。竖穴偏室的墓道内有的也填石或填以圆木。偏室口多开在墓道的西壁。墓室口常用片石或板石封堵，不少墓葬封盖较严。个别墓葬墓道的墓壁上发现有明显的工具痕。工具痕为很窄的长方形，范围在 5 米左右。大多的

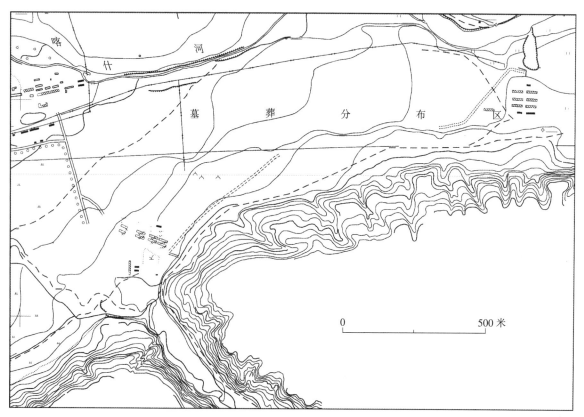

图三五六　铁木里克沟口墓地墓葬平面示意图

墓葬，死者的尸体直接放在原生土上，个别墓葬中发现有葬具。一座墓的墓底先用卵石围成椭圆形石壁，内再放一独木舟式的木棺，木棺用一截圆木挖空中间而成。这种类型的木棺过去在天山以南塔里木盆地汉晋时期的墓葬中较常见，在北疆地区这种葬具尚属首次发现。另一座墓中见有尸床。尸床平面为西宽东窄的梯架式，两侧有竖梁，竖梁间有多根横梁，横梁与竖梁间为榫卯结构，横梁间有向上的小方孔，方孔中见残的细木，可能在尸床的上部有"床帮"。基本同类的"尸床"，过去在吐鲁番地区史前时期的墓葬中多有发现，在北疆地区这类葬具尚属首次发现。墓内多葬一次葬者，绝大多为单人葬，葬式仰身直肢，头西北脚东南。个别为二次葬者，骨架散乱。绝大多数墓葬一个封堆下一个墓室，少数墓葬一个封堆下有两个墓室。在个别墓葬中发现死者手指骨或脚趾骨残缺及头骨被环锯的奇特习俗。墓葬中随葬品贫乏，部分墓葬中无随葬品。有随葬品的墓葬，一般一墓中一件或两件随葬品，少数墓葬随葬品四或五件，最多的有九件随葬品。随葬品放在死者头骨一侧，有陶器、木器、铁器、铜器等（图三五六）。

第二节　墓葬记述

第一类　土封堆墓

土封堆墓，依据墓室结构分三型。

A型　竖穴土坑墓。

M18　地表有零星的铺石。墓室平面呈柳叶状，长1.85、宽0.9、深1.1米。墓内葬1人，二次葬。成年。随葬铜镞1枚（图版二〇九：上）。

M16　封堆平面近圆形，直径7.55、高0.7米。墓室在封堆的南部。墓室口开在原地表，平面近梯形，西宽东窄，两端呈弧圆状，长2.7、西端宽1.2、东端宽0.65、深0.5米，墓室口周围围以卵石。墓内填以密集的卵石。墓底有一用圆木掏挖的独木舟式棺，棺四周壁外填以卵石。棺内葬1人，二次葬，骨骼散乱，多集中在墓室的西端，有肢骨、少量椎骨、骶骨、髋骨，无头骨。成年。死者身边见染红的细木棍（图版一九七：下、二〇九：下）。

B型　竖穴二层台墓。

M17　封堆平面近圆形，直径约6、高0.45米。墓室在封堆下中部。墓室口开在原地表，平面近梯形，西宽东窄，长2.82、西端宽0.85、东端宽0.52，深1.2米。在墓底墓室南、北两长边留生土二层台，二层台宽0.1、高0.4米。墓内葬1人，一次葬，仰身直肢，头西南脚东北。手指骨缺失，左尺骨发现在墓室西壁下，脚趾骨不全。成年，性别不明。死者身边发现有陶片、铜簪、残铁器（图三五七；图版二〇五：下）。

M25　地表封堆不明显，且被破坏。墓室口开在原地表，平面呈长圆形，两端弧圆，西宽东窄，长3.45、西端宽1.25、东端宽0.8、深2.03米。墓室呈口宽底窄的袋状，墓道底宽1.23米，墓内填以密集的卵石，墓室下部不规则地填以圆木。墓室下墓壁四周有生土二层台，二层台宽窄不一，平

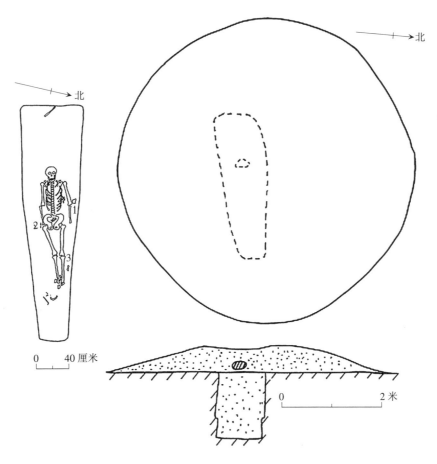

图三五七　M17 墓葬结构图
1. 陶片　2. 铜簪　3. 铁器（残）

均宽 0.2、高 0.54 米。墓室口盖以长板石，长板石塌入墓室内。墓室底见一长梯式结构的尸床，用削成四方形的长条方木制成。尸床西宽东窄，东西木枨长 2.4、西端宽 0.65、东端宽 0.37、高 0.05 米，长枨间有基本等距的 8 根短的横短枨，短枨和长枨间用榫卯结构相接，短枨和长枨相接处之间的长枨上又有竖的榫眼，榫眼呈长方形孔。尸床上葬 1 人，一次葬，仰身直肢，头西脚东。双手骨压在盆骨下。成年，性别不明。随葬品在尸床的西南处，随葬陶无耳罐、木盆各 1 件及铁刀 2 件，另有羊骶骨（图版一九九、二〇一：下；彩版七七：下）。

C 型　双室墓和多室墓。

M12　封堆平面近椭圆形，长径约 8、短径 7.5、高 0.75 米。封堆下有 2 个墓室，东西布列，均为竖穴偏室。西侧编号为 A 室，墓室呈东西向，平面呈长条状，两端弧圆，长 2.3、宽 0.65 米，墓深 1.23 米。墓道内密集地填以卵石。偏室开在墓的北壁，偏室较深，进深 0.7 米。与偏室相对一侧留生土二层台，二层台宽 0.35、高 0.3 米。偏室口用长木板封堵。偏室内葬 1 人，一次葬，仰身直肢，头西北脚东南。盆骨以下下肢扰乱。成年。出土皮件、项珠各 1 件。B 室在 A 室的东部，墓室呈西北东南向，墓室口开在原地表。墓室口平面呈窄长方形，两端弧圆，长 2.3、宽 0.67 米，墓深 1 米。墓道内填以密集的卵石。偏室开在墓的东南壁，偏室较深，进深 0.8 米。与偏室相对一侧留生土二层台，二层台宽 0.6、高 0.45 米，偏室口用板石封堵。偏室内葬 1 人，

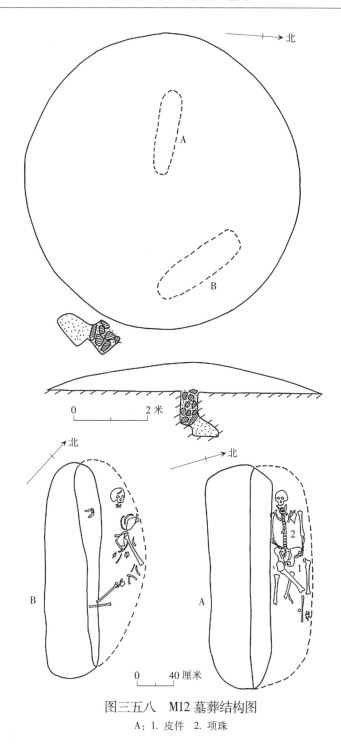

图三五八　M12 墓葬结构图

A：1. 皮件　2. 项珠

推测为二次葬，骨骼散乱，人骨有头骨、残肢骨、少量椎骨、骶骨、髋骨等。成年。无随葬品（图三五八；图版一八九：上、一九六：下、二〇三：上）。

第二类　土石封堆墓

A 型　土堆铺石墓。又分竖穴偏室墓、竖穴二层台墓、竖穴双室墓三型。

Aa 型　竖穴偏室墓。

M11　地表封堆近椭圆形，长径7、短径5米，土堆上有石圈铺石。平面呈长椭圆形，长1.9、宽0.7米，墓深1.8米。偏室开在墓坑北侧，偏室口用长条石封堵，墓道中填石。偏室内葬1人，一次葬，仰身直肢。成年，性别不明。随葬砺石1件（图版一九二：下、一九八：上、二〇四：上）。

M23　封土堆平面近椭圆形，长径7.8、短径6米，封堆上有铺石，平面近椭圆形，长径2.5、短径1.8米。墓室在封堆下中部。平面呈长椭圆形，长1.7、宽0.9米，墓深1.3米，墓坑中填石。偏室开在墓的北壁，偏室口用长条石封堵。偏室内葬1人，一次葬，仰身直肢。成年，性别不明。随葬有木盆（朽）、羊骶骨、铁刀（残）（图版二〇六：上）。

M6　封堆平面近圆形，直径约6、高0.45米。封土堆上铺石，铺石平面近椭圆形，长径3.5、短径2.3米。墓室在封堆下中部。墓室口平面呈长方形，两端弧圆，长2.33、宽0.37米，墓深1.8米。墓道内填以密集的卵石。偏室开在墓的北壁，偏室口用圆木封堵。与偏室相对一侧留生土二层台，二层台宽0.35、高0.45米。偏室葬1人，一次葬，仰身直肢，头西北脚东南。成年。头部西南随葬有陶罐、细颈壶、钵各1件，另有木盆1件和羊椎骨1排（彩版七八：上）。

M8　封堆平面近圆形，直径约7、高0.5米。封土堆上铺石，铺石平面近圆形，铺石外围卵石散乱，直径约4米。封堆下墓室口外围有石环圈，用1排或2排卵石围成长方形，长3.8、宽2.5米。墓室在石环中部下方，墓室口开在原地表。墓室平面呈长方形，两端弧圆，长2、宽0.8米，墓深1.9米。墓道内填以密集的块石，墓室壁上有明显的工具痕。偏室开在墓的北壁，进深0.35米。偏室口用长板石封。与偏室相对一侧留生土二层台，二层台宽0.45、高0.25米。偏室葬1人，一次葬，仰身直肢，头西南脚东北。死者手指骨和脚趾骨不全。成年。头部西南有1件陶无耳罐、1件铜镜、1件木盆（朽），另有玛瑙珠2颗、1件残铁刀（图三五九；图版一九三：上、一九五：下、一九六：上、二〇八）。

Ab 型　竖穴二层台墓。

M15　地表封堆近椭圆形，长径18、短径12米，封土堆上有零散铺石。墓室在封堆下中部，墓室平面西端宽圆，东部尖锐，长7.9、宽0.8、深1.2米。墓底的南北有二层台，二层台宽0.16、高0.2米。墓内填石。墓室内葬1人，一次葬，仰身直肢，头西脚东，指骨和趾骨缺。成年，性别不明。无随葬品（图版二〇四：下）。

M14　墓葬规模较小。封堆平面近圆形，直径约4.5、高0.5米。封土堆上有少量的铺石。墓室在封堆下中部，墓室口开在原地表。墓室平面西端宽圆，东端尖圆，长2、宽0.9、深1米。墓底南北两长边修二层台，二层台宽0.15、高0.15米。墓室葬1人，一次葬，仰身直肢，头西南脚东北。死者右手屈至盆骨处。死者上身右侧一字排列4件随葬品，包括陶钵1件，余为小木碗（图三六〇）。

Ac 型　竖穴双室墓。

M7　封堆平面近圆形，直径约11、高0.65米。封土堆中央下部有2个墓室，墓室口开在原地表，东西排列。A室在西，墓室口上地表封堆上铺石，略散乱，大体呈椭圆环形，长径5、短径4米。封堆下墓室口外围有石环圈，用2排卵石围成，圆形，直径约1.8米，环圈宽0.3米。墓室为竖穴土坑墓，平面呈狭长长方形，长2.2、宽0.6米，墓室两端弧圆，墓深0.8米。墓内上部填以卵石。墓内葬1人，仰身直肢，头西北脚东南。股骨成对依生理位置排列，其余骨骼扰乱，零散。成年。墓

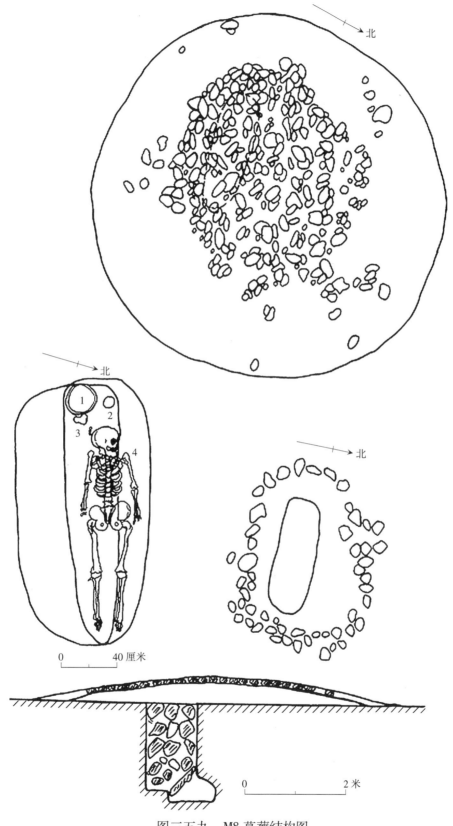

图三五九　M8 墓葬结构图

1. 铜镜　2. 陶无耳罐　3. 木盆（朽）　4. 玛瑙珠　5. 铁刀（残）

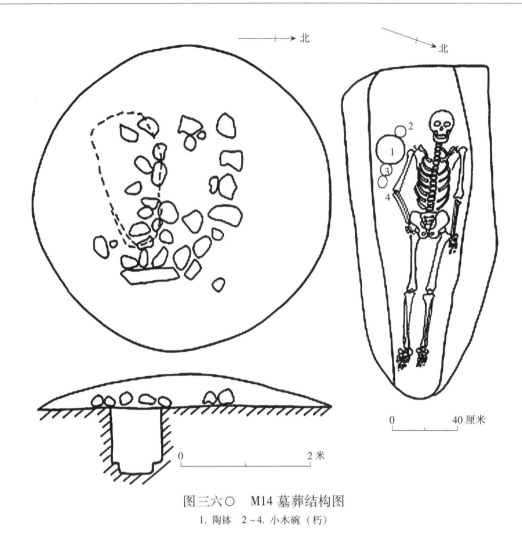

图三六〇　M14 墓葬结构图

1. 陶钵　2~4. 小木碗（杓）

室的西端有一头骨、一肱骨在生理位置，其余骨骼很少。无随葬品。B 室在 A 室的西北，规模较小，墓室口上有少量堆石，平面近长方形，边长 1.5~1.8 米。墓室平面近长方形，东端尖圆，长 1.5、宽 0.55 米，墓深 1 米，墓道上部填以卵石。墓室内见有婴儿的零星碎骨。无随葬品（图版一九一：下、一九四：上、二〇二：上）。

B 型　土堆单石环圈墓。分竖穴土坑墓、竖穴二层台墓两亚型。

Ba 型　竖穴土坑墓。

M1　封堆平面呈圆形，直径 36、高 2 米。封土堆外缘铺石环圈，石环圈用卵石围成圆形，直径 35 米。环圈围铺规整，卵石大小一致，环宽 0.5 米。封堆土为纯黄土，墓室口上及外侧封堆土十分坚硬，墓室口上封土经过夯实处理。墓室在封堆下中部，墓室口开在原地表。墓室平面呈长方形，东西长 4、宽 0.8 米，墓深 1.7 米。墓底四周围以卵石。墓室见零星的人骨。成年，性别不明。无随葬品。

Bb 型　竖穴二层台墓。

M9　封堆平面呈圆形，直径 10、高 0.5 米。封土堆外缘围铺石环圈，石环圈外缘呈圆形，直径 16 米，石环圈围铺规整，一些地方卵石显得散乱。环圈的宽窄一致，宽约 1 米。墓室在封堆下中部，墓室口开在原地表。墓室平面呈梯形，四壁修挖平齐，长 2.2、西端宽 1.21、东端宽 0.9 米，墓深

1.3 米。墓内纵铺两层圆木，圆木直径一般在 0.2 米左右。墓道南北两壁下修出二层台，二层台宽
0.12、高 0.4 米。二层台上横铺两层圆木。墓室内葬 1 人，一次葬，仰身直肢，头西脚东。死者身体
两侧各铺一圆木。成年。随葬品丰富，在墓室西壁下，一字排列放置 4 件陶器，有 2 件钵和 2 件单耳
杯。身体右侧，沿墓室的南壁依次放置 3 件圆口木钵和 1 件长方形口的木盆，均朽，木盆中放置 1 排
羊椎骨和 1 件残铁刀（图版一九三：下、一九八：下、二〇七：下）。

M19　封堆平面呈椭圆形，长径 17.5、短径 15.4、高 0.75 米。封土堆外缘铺石环圈，石环圈外
缘呈椭圆形，长径 16、短径 13 米，石环圈围铺不太规整，一些地方卵石显得散乱。环圈的宽窄不
一，窄的地方 1 米左右，宽的地方 3 米，石环圈的内缘围成长方形，长 10、宽 8.5 米。墓室在封堆下
中部，墓室口开在原地表。墓室平面呈梯形，东西长 1.8 米，墓室西宽东窄，西端宽 1.31、东端宽
0.62 米，墓深 1.7 米。墓道内有少量填石。墓道下南北两壁下修出二层台，二层台宽 0.18、高 0.4 米。
墓道上部发现完整的狗骨架，狗骨位于西南侧，头向东，面向北卧。墓室底葬单人，二次葬，乱骨，集
中在墓室的东端，有肢骨残、少量椎骨、骶骨、髋骨，无头骨。女性，少年。无随葬品（图版二〇六：
下、二〇七：上）。

C 型　土堆双石环圈墓。

M3　封堆平面近椭圆形，长径 9.8、短径 9.2、高 0.5 米。上层封土堆边缘用卵石围铺石环圈，
石环圈呈椭圆形，长径 8.5、短径 8 米。石环圈的宽窄不一，最窄的地方约 1 米，最宽的地方约 1.5
米。下层封堆平面近椭圆形，封堆上铺石，铺石呈椭圆形，长径 4.2、短径 3 米，封堆的中西部局部
地方未铺石。墓室在封堆下中部，墓室口开在原地表。墓室平面呈长方形，两端弧圆，长 2.24、宽
0.66 米，墓深 1.3 米。墓口用长板封盖，墓内填土。墓室内葬 1 人，一次葬，仰身直肢，头西脚东。
少年。头右侧随葬有 1 件陶钵、1 件木盆、1 件残铁器，木盆中放 1 排羊尾椎骨（图三六一；图版一
九〇：上、一九二：上、二〇〇：上）。

M4　封堆平面近椭圆形，长径 10、短径 9、高 1 米。上层封土堆边缘用卵石围铺石环圈，石环
圈呈椭圆形，长径 8、短径 7.4 米。石环圈宽窄不一，最窄的地方约 1 米，最宽的地方约 1.5 米。下
层封堆平面近椭圆形，封堆上铺石，铺石呈椭圆形，长径 4.2、短径 3.6 米。墓室在封堆下中部，墓
室口开在原地表。墓室平面呈长梯形，长 1.94 米，西端墓壁平直，宽 0.8 米，东端弧圆，宽 0.25
米，墓深 1.2 米。墓口用长石板封盖，墓内填土。墓室内葬 1 人，一次葬，仰身直肢，头西脚东。成
年，性别不明。头西南侧随葬 5 件陶器，包括无耳罐 2 件及直腹罐、竖耳罐、钵各 1 件，另有 1 件口
呈长方形的木盆，木盆中放 1 件残铁刀和 1 排羊椎骨。死者盆骨左侧放 1 件铜刀和 1 对带环的铜柱形
器（图版二〇二：下；彩版七八：下）。

M24　封堆平面近椭圆形，长径 10.8、短径 9.8、高 0.56 米。上层封土堆边缘用卵石围铺成
石环圈，石环圈呈椭圆形，西部石环圈铺石略显零乱，长径 9.7、短径 9 米。石环圈宽窄不一，最
窄的地方约 1 米，最宽的地方 1.9 米左右。下层封堆平面近椭圆形，封堆上铺石，平面近椭圆形，
长径 3.6、短径 3 米。墓室在封堆下中部，墓室口开在原地表，墓室平面呈长方形，两端弧圆，长
2.45、宽 0.66 米，墓深 1.6 米，墓道内密集地填以卵石。墓室内葬 1 人，一次葬，仰身直肢，头西
脚东。成年，性别不明。死者头骨右上侧随葬 1 件陶罐、1 件长木盆，长木盆中放有羊骨和残铁刀
（图三六二；图版二〇五：上）。

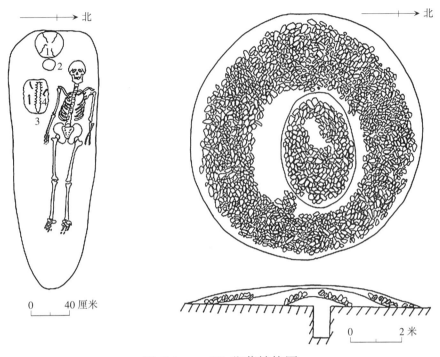

图三六一　M3 墓葬结构图
1. 陶钵　2. 铁器（残）　3. 木盆（朽）　4. 羊椎骨

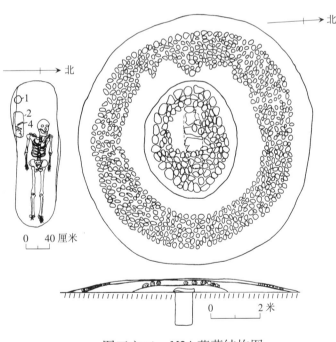

图三六二　M24 墓葬结构图
1. 陶罐　2. 木盆（朽）　3. 羊肋骨　4. 铁刀（残）

M26　封堆平面近椭圆形，直径 11.8、高 0.8 米。上层封土堆边缘用卵石围铺石环圈，石环圈呈椭圆形，长径 11、短径 10 米。围成石环圈的卵石大小一致，围铺密集，环的宽窄基本相同，宽约 2 米。下层封堆平面近椭圆形，封堆上铺石，平面近椭圆形，长径 4.6、短径 3.8 米。墓室在封堆下中部，墓室口开在原地表。墓室平面呈长方形，两端弧圆，长 2.4、宽 0.93 米，墓深 2.03 米，墓内上部和下部密集地填以数层卵石。墓室内葬 1 人，二次葬，有残肢骨、少量椎骨、骶骨、髋骨，无头骨。成年，性别不明。随葬有兽首状铜带钩和铜扣各 1 件，还有 1 排羊椎骨（图三六三）。

D 型　土堆石环圈铺石墓。分四亚型。

Da 型　竖穴土坑墓。

M10　封堆平面近圆形，直径约 12、高 0.5 米。上层封土堆边缘用卵石围铺石环圈，石环圈呈圆环状，直径约 11.7 米。石环圈铺石大小均匀，密集。石环圈宽窄不一，最窄的地方 1.8 米，最宽的地方约 3.4 米。下层封堆平面近椭圆形，长径 2.8、短径 1.8 米，封堆上铺石，封堆的西部局部未铺

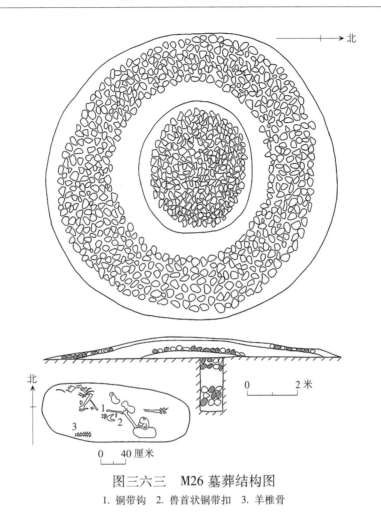

图三六三　M26 墓葬结构图

1. 铜带钩　2. 兽首状铜带扣　3. 羊椎骨

石。墓室在封堆下中部,墓室口开在原地表。墓室口平面呈长圆形,西宽东窄,东端呈尖圆形,长2.6、西端宽 0.85 米,墓深 1.8 米。墓内填土。墓内葬 1 人,一次葬,仰身直肢,头西脚东。成年,性别不明。头部西南处有 1 件陶鋬耳罐、1 件木盆、1 件残陶钵、1 件铁刀。陶钵内放一排羊椎骨(图版一九七:上)。

Db 型　竖穴石棺墓。

M21　封堆平面近椭圆形,长径 11、短径 10、高 0.82 米。上层封土堆边缘用卵石围铺石环圈,石环圈呈椭圆环形,长径 9、短径 8.5 米。铺石大小均匀,石环圈宽窄基本相同,宽约 1.4 米。下层封堆平面近椭圆形,封堆上铺石,铺石平面近长方形,长 2.5、宽 2 米。墓室在封堆下中部,墓室口开在原地表。墓室口平面呈长椭圆形,长 2.82、中部宽 1.2 米,两端尖圆,墓深 2.38 米。墓内填以密集的卵石。墓底部用长卵石围成石棺,石棺高 0.4 米。石棺内葬 1 人,仰身直肢,头西脚东。只见完整的小腿骨,左小腿骨和脚趾骨相接,其余骨骼缺失。成年,性别不明。墓室的南部见几节羊椎骨和 1 颗马牙(图三六四;图版二〇〇:下)。

M2　地表有大型封堆,直径 36 米,高 2 米以上。封土堆外有一圆形石环带,直径 36 米,石环带宽约 1 米,墓室为竖穴土坑石室墓,墓底用直径 20～30 厘米的卵石围成墓壁,墓室和墓口填土经夯实,十分坚硬,墓内葬(人)零星人骨,无随葬品。

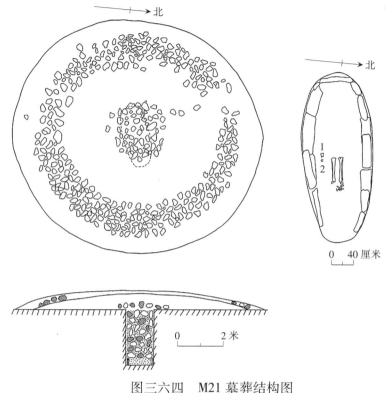

图三六四　M21 墓葬结构图

1. 马牙　2. 羊椎骨

Dc 型　竖穴二层台墓。

M5　封堆平面近圆形，直径约 8.5、高 0.5 米。封堆堆外缘用卵石铺成石环圈，石环圈呈圆环形，直径约 8 米。铺成石环圈的卵石大小均匀，密集。石环圈的宽窄不一，最窄的地方不到 1 米，最宽的地方 1.8 米。下层封堆平面近圆形，直径 4.4 米，封堆上铺石，平面近椭圆形，长径 4、短径 3 米。墓室在封堆下中部，墓室口开在原地表，墓室口平面呈长方形，两端弧圆，长 2.6、宽 0.5 米，墓深 2.2 米。墓内填以密集的卵石。墓室为竖穴二层台墓，二层台在墓室南北长边，宽 0.35、高 0.9 米。二层台上横铺一排圆木，圆木多坍塌到墓室内。墓内葬 1 人，一次葬，仰身直肢，头西南脚东北。成年，性别不明。头部北侧放一陶勺杯，头顶上部放 1 排羊椎骨（图三六五；图版一九〇：下；一九一：上、二〇一：上；彩版七六：下、七七：上）。

Dd 型　双室墓。

M13　封堆平面近圆形，直径约 12、高 0.55 米。上层封土堆边缘用卵石围铺石环圈，石环圈呈圆形，石环圈围铺不甚规整，石环圈的西部铺石零乱，大体围成椭圆形，长径约 10.5、短径约 9.5 米。石环圈的宽窄不一，最窄的地方 1 米，最宽的地方约 2 米。下层封堆平面近椭圆形，长径 5.4、短径 14 米，封堆上铺石零乱，呈不规则形。封堆下有双墓室，南北排列，墓室口开在原地表，编号为 A、B 墓室。A 室在南，墓室平面西端宽圆，东端尖圆，长 2.5、宽 1.07 米，墓深 1.8 米。墓道略呈上窄下宽状，墓道内填以密集的卵石，墓室壁上有明显的工具痕。墓室为竖穴二层台墓，沿墓室的西端和南北两壁修二层台，二层台最宽的地方 0.7、高 1 米。墓室内填土，葬 1 人，一次葬，仰身直肢，头西脚东。成年，性别不明。死者上身南侧一字排列 4 件随葬品，包括 2 件陶钵、2 件圆口的

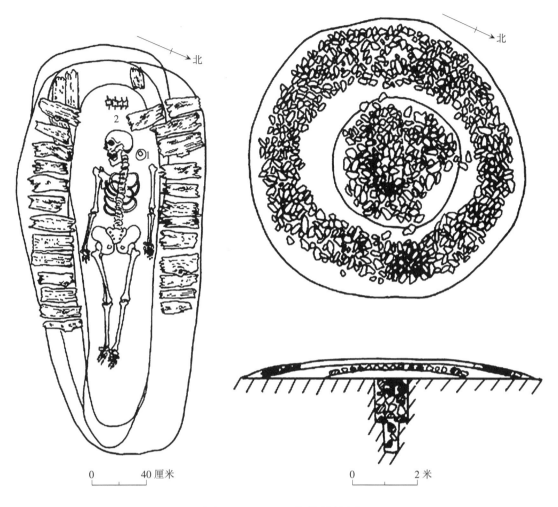

图三六五 M5 墓葬结构图

1. 陶勺杯 2. 羊椎骨

小木钵。B 室在北，南距 A 室 1.56 米。墓室平面西端宽圆，东端尖圆，长 2.56、宽 1.14 米，墓深 1.66 米。墓道略呈上窄下宽状，墓道底部宽 1.3 米，墓道内填以密集的卵石。墓室内填黄土，葬 1 人，一次葬，仰身直肢，头西脚北，死者手指骨和脚趾骨不全。成年，性别不明。死者上身的南侧随葬 1 件木钵、1 件木碗（图三六六；图版一九五：上、二〇三：中、下）。

第三类 祭祀遗址

石圈祭坛。位于尼勒克县喀什河南岸边一片平坦的河床台地上。台地周围有茂密的杂草，祭坛所在地区被开垦成麦田。祭坛位置靠河，周围未见同时代的墓葬。祭坛外表为巨大封堆，直径 35 米，高 2 米余，封堆用纯黄土堆成。封堆外围以石环圈，用大小 30～60 厘米规整的卵石围成，围成圆环状，直径约 36 米，环宽约 0.7 米。圆形封堆上层平铺卵石。上层封堆下有下层封堆，中间封堆土上平铺一层密集的卵石，卵石铺成圆形，直径 17 米，卵石经过挑选，大小均匀。由中间卵石向外侧石环伸出等距的四条石带，石条带用均匀的卵石铺成，长约 8 米。下层封堆较小，平面铺石较少，呈卵

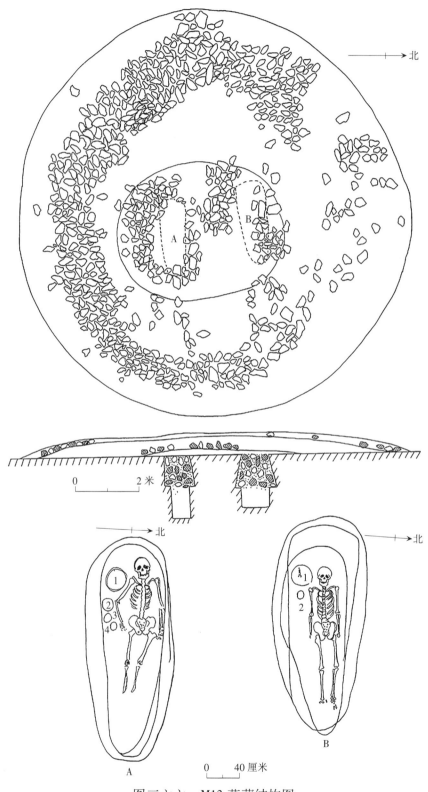

图三六六　M13 墓葬结构图

A：1、2. 陶钵　3、4. 木钵；B：1. 木钵　2. 木碗

圆状，长 6.5、宽 5 米。封堆下有一小坑，严重扰乱，坑中见有被扰的马骨，从残的马骨看，是一匹完整的马。在马头位置发现一套马具，为铜马衔和马镳。该祭坛类似中亚草原上的克来克苏尔遗存，时代在公元前 7 世纪前后（图版二一〇；彩版七六：上）。

第三节　出土器物

一　陶　器

铁木里克沟口墓地陶器，基本为夹砂红陶，个别为夹砂红褐陶。手制。器形以无耳的陶罐为主其次为圜底的钵、盆、单耳杯、勺杯等。陶器器表多施红陶衣，个别绘几何状图案。

（一）罐

1. 高领无耳罐，多敞口，束颈，鼓腹。部分为彩陶，图案草率，为直线几何纹样。依器底不同，分两型。

A 型　圜底。常见。依领部和腹部变化情况，分 3 式。

Ⅰ式　高领。个别为彩陶。

M4：1，敞口，方唇，溜肩。通体彩，口沿下绘两周弦纹，颈部有上下交错的平行线三角纹，腹部也绘同样的上下交错的平行线三角纹。口径 8、最大腹径 11.6、高 13 厘米（图三六七：1；图版二一二：1；彩版七九：3）。

M2：1，敞口，方唇，溜肩。口径 10、最大腹径 14.4、高 18 厘米（图三六七：2）。

Ⅱ式　领较高。个别为彩陶。

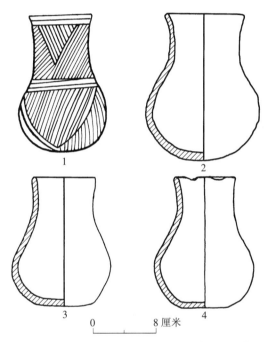

图三六七　铁木里克沟口墓地陶无耳罐
1. M4：1　2. M2：1　3. M7：1　4. M6：1

M25：1，敞口，圆唇，溜肩。器表及口沿内壁施红色陶衣，颈部以上器表饰不规则网格纹，口沿内壁饰不规则栅栏纹样。底部有烟炱痕迹。口径 9.2、最大腹径 10.8、高 14.8 厘米（图三六八：3；图版二一二：2；彩版七九：4）。

M8：2，敞口，方唇，溜肩。器表及口沿内壁施红色陶衣。底部有烟炱痕迹。口径 8、最大腹径 12、高 15.2 厘米（图三六八：2；图版二一二：4）。

Ⅲ式　敞口，垂腹。

M22：2，圆唇，溜肩。器表及口沿内壁施红色陶衣。口径 8、最大腹径 12、高 16 厘米（图三六八：1；图版二一二：3）。

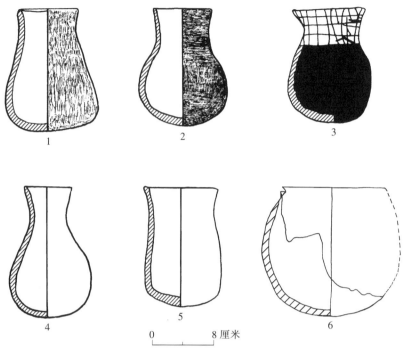

图三六八　铁木里克沟口墓地陶无耳罐、陶壶
1. M22：2　2. M8：2　3. M25：1　4. M6：2　5. M4：4　6. M4：2

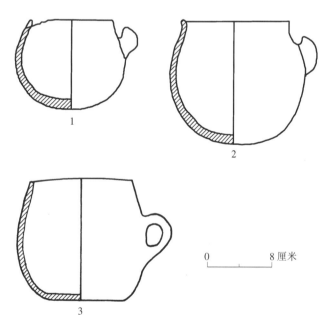

图三六九　铁木里克沟口墓地陶杯、陶罐
1. M10：1　2. M4：3　3. M7：3

B 型　平底罐。高领，溜肩。平底。

M7：1，圆唇，直领略外敞。口径 8、最大腹径 13、高 16 厘米（图三六七：3）。

M6：1，敞口，圆唇，溜肩。通体施红色陶衣。器表有烟炱痕迹。口沿残损。口径 7.8、最大腹径 12.6、高 16 厘米（图三六七：4）。

2. 敛口无耳罐，1 件。

M4：2，敞口，方唇，束颈，溜肩，鼓腹，圜底。口径 12.6、最大腹径 17.4、高 15.2 厘米（图三六八：6）。

3. 錾耳罐，敛口，无明显颈部，鼓腹，圜底，一侧用泥片捏出錾耳。分 2 式。

I 式　口沿很短，略外折卷，圆鼓腹。

M4：3，口径 13.2、最大腹径 16.1、高 14.6 厘米（图三六九：2；图版二一二：5）。

II 式　敛口。

M10：1，口沿略残。口径 10、最大腹径 13.6、高 10.6 厘米（图三六九：1）。

4. 直腹罐，1 件。

M4：4，直口，沿略外敞，直腹，平圜底。口径 10、最大腹径 8，高 15.4 厘米（图三六八：5）。

（二）细颈壶

1 件。M6：2，敞口，圆唇，束颈，溜肩，鼓腹，圜底。口径 6.4、最大腹径 11.2、高 16.8 厘米（图三六八：4）。

（三）杯

有单耳平底杯、单耳圜底杯、勺杯三类。

1. 单耳平底杯，1 件。

M7：3，敛口，方唇，微鼓腹，平底。单腹耳在器壁中部。口径 12.3、最大腹径 16、高 14.5 厘米（图三六九：3）。

2. 单耳圜底杯。常见。多敛口，鼓腹，圜底。一侧有单耳。依器腹高低，分 2 式。

Ⅰ式 器腹较高。

M24：1，微敛口，方唇内切，鼓腹，圜底，腹耳残损。侧部有烟炱痕迹。口径 11.2、最大腹径 14.8、高 12.4 厘米。器内有铁器，已残损（图三七〇：1）。

M16：1，微敛口，方唇内切，鼓腹，圜底。侧部有烟炱痕迹。口径 12.4、最大腹径 15、高 13.5 厘米（图三七〇：3）。

M11：1，微敛口，方唇内切，微鼓腹，腹壁较直，圜底。侧部有烟炱痕迹。口径 13、最大腹径 15.8、高 13.2 厘米（图三七一：2）。

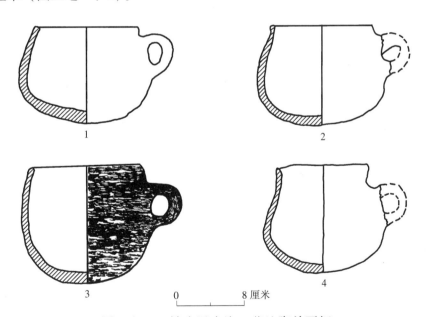

图三七〇 铁木里克沟口墓地陶单耳杯
1. M24：1 2. M9：4 3. M16：1 4. M9：2

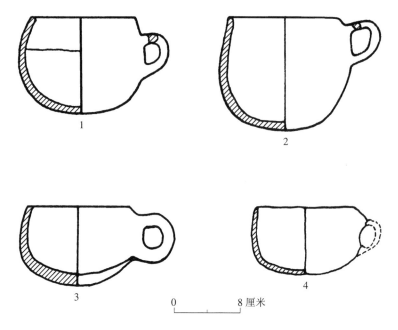

图三七一　铁木里克沟口墓地陶单耳杯

1. M3：2　2. M11：1　3. M7：1　4. M5：1

Ⅱ式　器体较矮，口内敛。

M7：1，微敛口，方唇内斜，鼓腹，圜底。口径12、最大腹径14.4、高12厘米（图三七一：3）。

M3：2，微敛口，方唇，鼓腹，圜底。全身施红色陶衣。口径12.4、最大腹径16、高11.2厘米（图三七一：1）。

M9：4，微敛口，方唇，鼓腹，圜底，腹耳残损。侧部有烟炱痕迹。口径12、最大腹径15.2、高11.6厘米（图三七○：2）。

M9：2，敞口，圆唇，溜肩，鼓腹，圜底，腹耳残损。侧面有烟炱痕迹。口径10.8、最大腹径14.8、高12.8厘米（图三七○：4）。

3. 勺杯。器体矮小，用来舀盛食物。

M5：1，微敛口，尖唇，鼓腹，圜底，腹耳残。口径10.2、高9.2厘米（图三七一：4）。

（四）钵

多敛口，微鼓腹，圜底。依腹的深浅，分3式。

Ⅰ式　敛口，深腹。

M9：1，微敛口，方唇，鼓腹。器表有烟炱痕迹。口径15.2、高8.4厘米（图三七二：6）。

M6：3，微敛口，方唇，鼓腹。器表有烟炱痕迹。口径13.2、高9厘米（图三七二：4）。

Ⅱ式　腹较深。

M22：1，微敛口，方唇内斜，鼓腹。腹部有四个半圆形錾。口径16.4、最大腹径18.4、高8厘米（图三七二：5）。

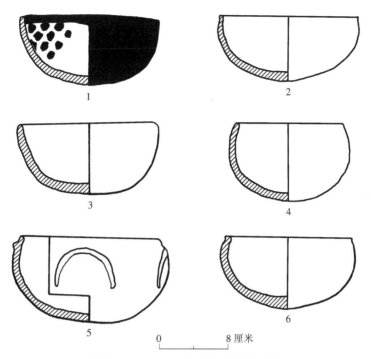

图三七二　铁木里克沟口墓地陶钵
1. M4:3　2. M9:3　3. M3:1　4. M6:3　5. M22:1　6. M9:1

M3:1，敞口，方唇，鼓腹。底部有烟炱痕迹。口径 16.4、高 8.4 厘米（图三七二: 3）。

M4:3，敞口，方唇外切，鼓腹。器表及口沿内侧施彩，器内壁有散的圆点纹样。底部有烟炱痕迹。口径 16.4、高 8 厘米（图三七二: 1）。

Ⅲ式　浅腹，大口。

M9:3，敛口，方唇内切，鼓腹。器物呈淡黄色。口径 16.8、高 7.6 厘米。器内盛有羊骨（图三七二: 2）。

M14:1，微敛口，方唇，鼓腹。内外皆有烟炱痕迹。口径 27.2、高 11.2 厘米（图三七三: 1）。

M13A:1，敞口，方唇，鼓腹。器表有烟炱痕迹。口径 20.4、高 8 厘米（图三七三: 3）。

M13A:2，敞口，方唇，鼓腹。底部有烟炱痕迹。口径 32.8、高 10 厘米。器内盛有铁器残片（图三七三: 4）。

（五）盆

敛口，鼓腹，平底。

M2:1，口沿略残，底部有烟炱痕迹。口径 24、高 10.4 厘米（图三七三: 2）。

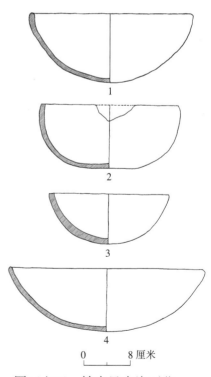

图三七三　铁木里克沟口墓
地陶钵、陶盆
1. M14:1　2. M2:1　3. M13A:1　4. M13A:2

二 铜 器

铁木里克沟口墓地出的铜器有马具、镜、簪、镞、刀、耳环、带钩、带扣、柱等。

（一）马具

在祭祀遗址中出土一套马具，有马镳和马衔（图版二一三：1）。

1. 马衔。

石圈祭坛：1，圆柱状，柱截面为圆形，两端略为方形，各有两环，一为长方形环，一为椭圆形环。中间为两椭圆形环相扣。总长 17.5 厘米，柱径 0.6 厘米；两端方形首分别长 2.2、宽 3.5 米，长 2.2、宽 3.4 厘米；中间环径 1.2 厘米（图三七四：2）。

2. 马镳。

石圈祭坛：1，1 对。弧形柱状，柱截面为圆形，两端为圆锥形首。中间有分布均匀的三个大孔，正中间的孔较小。一件长 11.7、柱径 0.5、孔径 0.8 ~ 1 厘米，另一件长 11.6、柱径 0.5、孔径 0.9 ~ 1 厘米（图三七四：1；图版二一三：2；彩版八〇：3）。

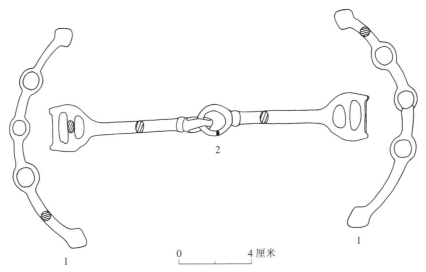

图三七四　铁木里克沟口墓地铜马衔、铜马镳

石圈祭坛：1

（二）带钩

1 件。M26：3，钩首铸出兽头，为猫科动物首。兽咬钩柱，兽首铸出五官，双眼椭圆，大鼻下垂，下部呈钩状。长 6.7、钩柱直径 0.6 厘米（图三七五：1；图版二一四：3；彩版八〇：2）。

（三）扣

1 件。M26：2，圆形，背内凹，铸出柱状过梁。正面为猫科动物的面部。双耳对称向上直挺，双眼较小，呈小椭圆状，大鼻，窄长嘴，嘴部镂空，露出兽齿，兽头面部表现生动。直径 3.7 厘米（图三七五：2；图版二一四：1；彩版八〇：1）。

M6：4，2 件圆形，背内凹，铸出柱状过梁。直径分别为 2.5、2.7 厘米（图版二一三：4）。

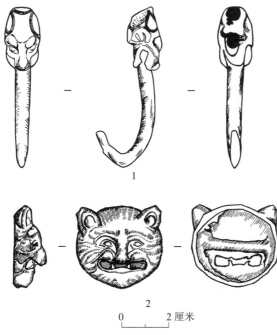

图三七五　铁木里克沟口墓地兽面铜扣、铜钩
1. M26：3　2. M26：2

（四）镜

1件。M8：1，圆形。直径9.5、厚0.2厘米（图三七六：1；图版二一三：3）。

（五）柱形器

1对。M4：7，柱状，一端尖圆，柱首有椭圆环，内穿皮绳，柱体铸出螺旋装饰。柱长6、柱径0.6厘米（图三七六：2）。

（六）刀

1件。M4：5，直柄，直背，柄窄刃部较宽。柄截面为长方形，单面刃，刃部较短。长12.5厘米，刃长4.5、宽1.3厘米，柄宽0.9厘米（图三七六：5；图版二一四：4）。

（七）镞

M18：1，三翼，扁平铤。镞尖略残。长6厘米，镞尖长2.5、宽1.5厘米，铤宽0.7厘米（图三七六：3；图版二一四：2）。

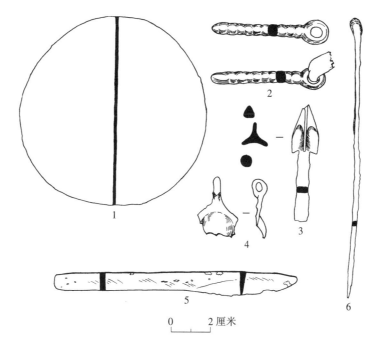

图三七六　铁木里克沟口墓地铜镜、铜柱状饰、铜镞、铜耳环、铜刀、铜簪
1. M8：1　2. M4：7　3. M18：1　4. M26：1　5. M4：5　6. M17：2

（八）簪

M17：2，细柱状，一头铸为椭圆体，一端尖圆。长14.2、直径0.3厘米（图三七六：6）。

（九）耳环

1件。M26：1，一端为钩状，一端为扇面状，中间内凹，残。残长3、宽2厘米（图三七六：4）。

三　其　他

（一）铁器

多数墓葬中随葬铁刀等，均残朽。随葬铁刀的墓葬有M3、M8～M10、M17、M22、M23。

（二）石器

除M11随葬一件砺石外，另在M8、M12随葬有石珠、玛瑙珠。

（三）木器

最常见的随葬品，多为木盆、木钵，少量为木碗。随葬有木器的有M3、M4、M6、M8～M10、M13、M14、M23、M24。

第九章　奇仁托海墓地

第一节　墓地概述

　　奇仁托海墓地地处伊犁河流域上游喀什河北岸，墓地位于尼勒克县科蒙乡团结牧场奇仁托海牧业村小学北，西距县城约 40 公里，西邻萨尔布拉克沟。墓葬分布在喀什河北岸被沟槽切割的、大体北向的坡地上。墓葬依山势多呈南北向布列，东西延绵约 3 公里。墓地墓葬分布或密或疏。大多地表有明显的封堆，墓葬在梁地，或呈"一"字形排列，或成序列分布。成序列分布的墓地，墓葬多少不一，大小规模不一。小片墓葬聚集分布在山梁较平坦开阔的坡地上，坡地有较厚、较纯净的黄土堆积，墓室均建在黄土层中，地表长有较为茂盛的草场植被。墓地所处地区气候湿润，年降水量较多，山间河谷，水草丰美，自古就是游牧民族生息繁衍的优良牧场。2003 年 4～10 月，为配合新疆伊犁州尼勒克县基本建设工程，新疆文物考古研究所在此发掘墓葬 173 座，另外发掘 1 座祭祀坛。从墓葬封堆来看，墓葬主要为土石封堆墓和土封堆墓两种类型，但墓葬形制较复杂，出土器物较为贫

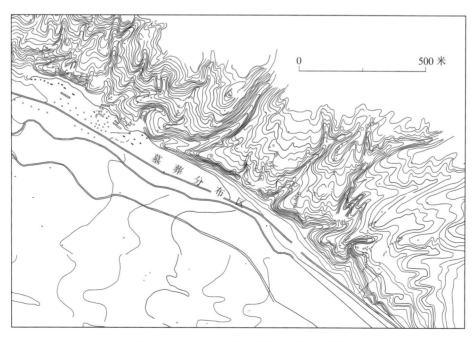

图三七七　奇仁托海墓地位置示意图

乏，大部分墓葬无随葬品，出土有陶器、铁器、骨器、石器等。据碳十四的年代测定和相关资料分析，墓地年代在公元前5世纪前后。

第二节　墓葬记述

奇仁托海墓地依据墓葬地表封堆结构的不同，将墓葬分为土石封堆墓和土封堆墓两大类。地表封堆一般呈圆形或椭圆形，直径5~15、高0.5~2米。土石封堆墓数量较多，占墓葬数量的三分之二，共计120座，可细分为石堆墓、石圈墓和石圈石堆墓三类。土封堆墓封堆为直接在地表堆黄土而成，共计60座。

墓室一般位于封堆中部下方，土石封堆墓的墓室多为东西向，而土封堆墓的墓室则多为南北向。以单室墓为主，少量双室墓，墓室结构有竖穴土坑、竖穴偏室，个别为无墓室墓，直接将人骨埋于封堆之下。土石封堆墓的墓室填土中一般夹杂较多较大的卵石。墓葬人骨一般保存较好，骨架完整，土石封堆墓的死者一般为仰身直肢，头西脚东，而土封堆墓的死者一般为头北脚南。墓葬多为单人一次葬，另有极个别的合葬墓。众多墓葬存在扰乱现象，其中既有完全被扰者，人骨散乱于墓底，也有局部被扰者，尤以死者上半身被扰而下肢完好摆放者居多。随葬品数量较少，大部分墓葬无随葬品，出土器物主要有陶器、铁器、骨器、铜器等。陶器主要为罐、钵等小型器物，也有少量彩陶，陶器一般放置于死者头侧，同时伴有羊骨。铁器、铜器、骨器等主要为死者随身装饰或武器。

第一类　土封堆墓

土封堆墓，根据墓葬结构，可分为竖穴土坑墓、竖穴偏室墓、竖穴二层台墓、竖穴洞室墓、双室墓和无墓室墓。

A 型　竖穴土坑墓。

M12　封堆平面呈圆形，直径约4.5、高0.4米。墓室在封堆下中部，墓室口开在原地表，平面呈正方形，边长2.5、深0.6米。墓底葬4个个体，一次葬，均仰身直肢，头北脚南，东西并排。均为成年男性。体型较大，头骨均经过人工变形，颅顶呈尖圆状。其中西部3个个体各缺一条小腿骨，东部个体骨架完整。无随葬品（图三七八；图版二四二：上）。

M149　封堆平面呈圆形，直径约16、高0.8米。封堆以黄土构成。墓室在封堆下中部，墓室口开在原地表，平面呈南北向长方形，长3.6、宽1.3米，墓深1.7米。墓室内葬1人，二次葬，骨架零散杂乱，骨殖不全，有指骨、肋骨、骶骨、股骨、椎骨等，不见头骨、盆骨等。成年女性。仅在墓室内发现1件木纺轮（杇）。在墓口西侧约0.5米处，封堆之下葬1人，侧身直肢，一次葬，头东北脚西南，身体左侧立一排小圆木，残高1米，约11根。成年男性。无随葬品（图三七九；图版二四五：中）。

M159　封堆平面呈圆形，直径约5.5、高0.5米。封堆以黄土构成。墓室在封堆下中部，墓室口

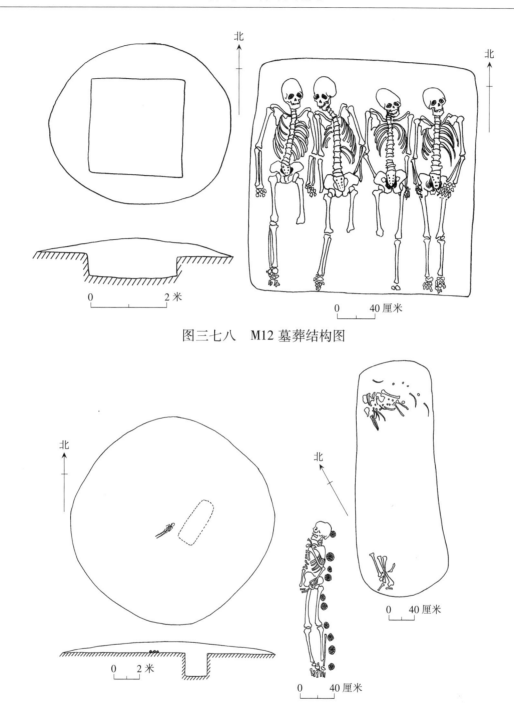

图三七八　M12 墓葬结构图

图三七九　M149 墓葬结构图

开在原地表，平面呈南北向长方形，长 2、宽 0.75 米，墓深 1.3 米。内葬 1 人，一次葬，仰身直肢。成年男性。其股骨因长期骑马变形内屈。其头左侧随葬 1 件灰陶罐，陶罐旁放置有羊椎骨和羊肋骨（图三八○）。

　　M164　封堆平面呈圆形，直径约 9、高 0.5 米。封堆以黄土构成。墓室在封堆下中部，墓室口开在原地表，平面呈南北向长方形，长 2.1、宽 1.2 米，墓深 1.8 米。内葬 1 人，一次葬，仰身直肢，

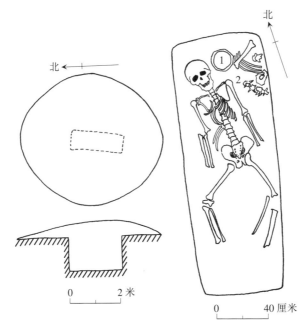

图三八〇　M159 墓葬结构图

1. 灰陶罐　2. 羊骨

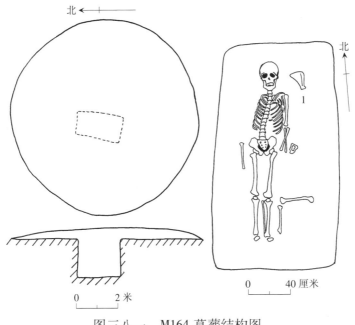

图三八一　M164 墓葬结构图

1. 羊胛骨、盆骨

其右手骨移位至左腿骨旁，头北脚南。成年男性。其头骨经过人工变形，颅骨顶呈尖圆状。头左侧随葬有羊的肩胛骨、盆骨（图三八一）。

M165　封堆平面呈圆形，直径约5.5、高0.5米。封堆以黄土构成。墓室在封堆下偏东部，墓室口开在原地表，平面呈南北向长方形，长2.7、宽1.56米，墓深1.1米。内葬1人，一次葬，仰身直肢，头北脚南。成年男性。其头骨经过人工变形，颅顶呈尖圆状。身右侧随葬有羊的腿骨、盆骨（图三八二）。

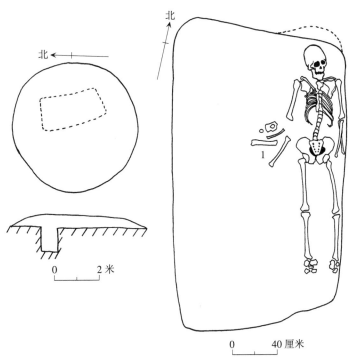

图三八二　M165 墓葬结构图
1. 羊骨

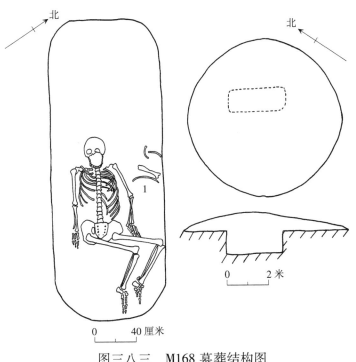

图三八三　M168 墓葬结构图
1. 羊肋骨

M168　封堆平面呈圆形，直径 7.5、高 0.8 米。黄土封堆。墓室在封堆下偏东部，墓室口开在原地表，平面呈西北—东南向长方形，长 2.8、宽 1.1 米，墓深 1.05 米。墓底葬 1 人，一次葬，仰身屈肢，双腿右屈，水平放置，头西北脚东南。成年女性。其头骨经人工变形，颅顶呈尖圆状。头骨左侧随葬羊肋骨（图三八三；图版二三七：上；彩版八六：上）。

M171　封堆平面呈圆形，直径 4.8、高 0.5 米。黄土封堆。墓室在封堆下中部，墓室口开在原地表，平面呈南北向长方形，长 2、宽 1.45 米，墓深 0.95 米。墓底葬 1 人，一次葬，仰身直肢，头北脚南。成年男性。头左侧随葬羊骨和残铁刀（图三八四；图版二三七：下；彩版八六：下）。

M172　封堆平面呈圆形，直径 6.2、高 0.8 米。黄土封堆。墓室在封堆下中部，墓室口开在原地表，平面呈南北向长方形，长2.3、宽1.65米，墓深0.92米。墓底偏西部葬1人，一次葬，仰身直肢，头北脚南。成年男性。左手旁随葬1件残铁刀（图三八五）。

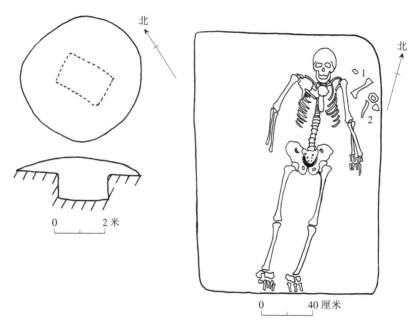

图三八四　M171墓葬结构图
1. 羊骨　2. 铁刀（残）

M176　封堆平面呈圆形，直径8.1、高1.2米。黄土封堆。墓室在封堆下中部，墓室口开在原地表，平面呈南北向长方形，长2.7、宽1.1米，墓深1.8米。墓内葬1人，一次葬，仰身直肢，头北脚南。成年男性。其头右侧发现1件残铁钩，左腰处置1件铁环，右肋处见1件骨镞（图版二二七：下）。

M181　封堆平面呈圆形，直径约11.5、高0.7米。封堆以黄土构成。墓室在封堆下中部，墓室口开在原地表，平面呈西北—东南向椭圆形，长2.9、宽1~2米，墓深1.5米。内葬1人，二次葬，骨殖零乱，集中放置于墓底南部，年龄性别不详。无随葬品（图三八六）。

B型　竖穴偏室墓。

M21　封堆平面呈圆形，直径6.5、高0.7米。封堆以黄土堆成。墓室在封堆下北部，墓口开在原地表。墓道平面呈西北—东南向长方形，长2、宽1米，墓深1.4米。偏室开在墓室的东壁，进深0.6米。与偏室相对一侧有生土二层台，宽0.6、高0.2米。偏室口用卵石封堵。偏室内葬1人，二

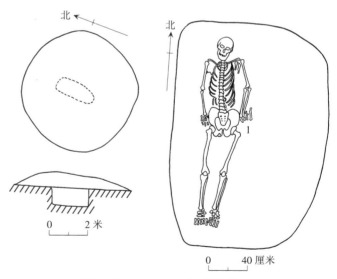

图三八五　M172墓葬结构图
1. 铁刀（残）

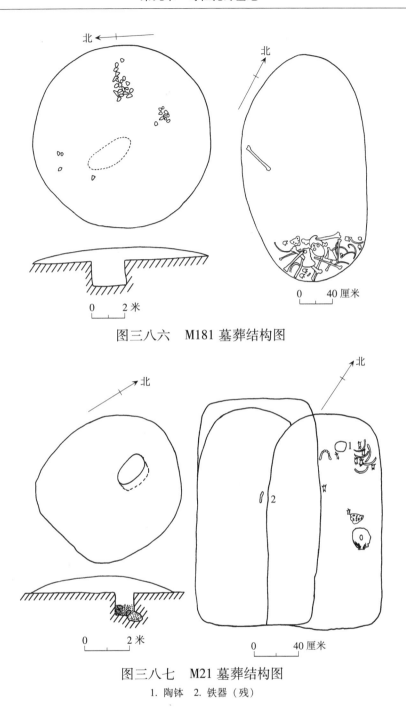

图三八六 M181 墓葬结构图

图三八七 M21 墓葬结构图
1. 陶钵 2. 铁器（残）

次葬，人骨散乱墓底各处，且骨骼不全。年龄、性别不详。偏室口发现1件陶钵和1件残铁器（图三八七；图版二四三：下）。

M106 封堆平面大致呈圆形，直径约5.5、高0.8米。封堆以黄土堆成。墓室在封堆下中部，墓室口开在原地表。墓道平面呈南北向长方形，长2.6、宽1.1米，墓深1.5米。偏室开在墓室的西壁，进深0.6米。与偏室相对应一侧有生土二层台，二层台宽0.5、高0.4米。二层台西侧即偏室口用大石块填充，封偏室门。偏室内葬1人，一次葬，仰身直肢，头北脚南，左手置于胸部，右手置于腹部。死者年龄、性别不详。无随葬品（图三八八；图版二三八：下）。

M169　封堆平面呈圆形，直径 10.5、高 1.8 米。黄土封堆。墓室在封堆下偏东部，墓室口开在原地表。墓道平面呈南北向椭圆形，长径 3、短径 2.2 米，墓深 2 米。偏室开在墓坑的东壁，进深约 0.3 米。与偏室相对应的一侧有生土二层台，二层台宽 0.7、高 0.35 米。偏室内葬 1 人，二次葬，骨殖散乱，集中放置于偏室北部和南部。成年男性。其头骨经人工变形，颅顶呈尖圆状。无随葬品（图三八九）。

C 型　竖穴二层台墓。

M147　封堆平面呈圆形，直径约 7、高 0.9 米。封堆以黄土堆成。墓室在封堆下中部，墓室口开在原地表。墓室平面呈南北向长方形，长 2.5、宽 0.8 米，墓深 1.3 米。墓室南部有生土二层台，二层台高 0.5 米，北部呈斜坡状。墓室内葬 1 人，二次葬，骨殖散乱不全，二层台上见两根股骨，其余骨殖集中在二层台下一角，无头骨和盆骨。成年男性。死者年龄、性别不详。无随葬品。

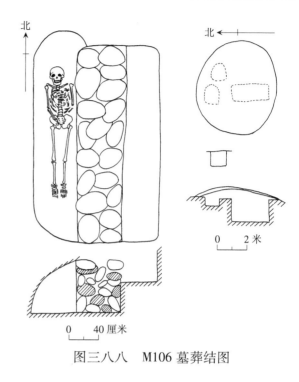

图三八八　M106 墓葬结图

D 型　竖穴洞室墓。

M146　封堆平面呈圆形，直径约 12、高 1.5 米。封堆以黄土构成。墓室在封堆下中部，墓室口开在原地表。墓道平面呈南北向长方形，长 2.3、宽 1.5 米，墓深 1.9 米。洞室开在北部，洞口残留 4 根长约 0.4 米的圆木棍，可能用于封门。洞室平面呈长方形，长 2、宽 1.6、高 0.8 米。洞室内葬 1

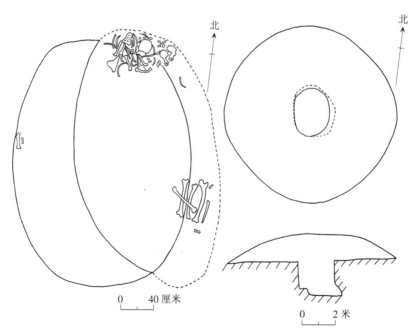

图三八九　M169 墓葬结构图

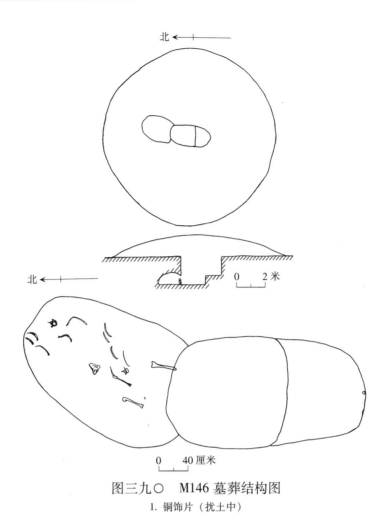

图三九〇　M146 墓葬结构图
1. 铜饰片（扰土中）

人，二次葬，骨架零散杂乱，骨骼不全，有指骨、肋骨、骶骨、椎骨等，不见头骨、股骨、盆骨等。性别、年龄不详。洞室内发现一对铜饰片（图三九〇）。

E 型　双室墓和无墓室墓。

M16　封堆平面呈圆形，直径 5.5、高 0.5 米。无墓室墓，人骨直接葬于原地表，有 3 个个体，均为一次葬，分别编号为 a、b、c 个体。a 个体位于封堆下偏北部，仰身屈肢，头西脚东，老年男性；b 个体位于中部石堆下，仰身直肢，头东北脚西南，未成年个体，1～2 岁；c 个体位于封堆下偏东部，头东脚西，仰身直肢，幼婴儿。均无随葬品（图三九一；图版二四五：上）。

M167　封堆平面呈圆形，直径约 12、高 1.5 米。黄土封堆。双墓室东西并列，分别编号为 A、B 墓室。A 室在东部，为竖穴土坑墓，墓口平面呈南北向长方形，长 2.9、宽 2.2 米，墓深 1.65 米。墓底西部带生土二层台，二层台宽 0.91、高 0.15 米。B 室在西部，与 A 室相距 4.2 米，也为竖穴土坑墓，墓口平面呈南北向长方形，长 2.9、宽 1.9 米，墓深 1.65 米。墓底西部带生土二层台，二层台宽 0.65、高 0.18 米。两墓室均内葬 1 人，一次葬，仰身直肢，头东北脚西南。均为成年女性。其头骨均经人工变形，颅顶呈尖圆状。A 室出土有石纺轮、铁刀（残）和羊骨等。B 室出土 1 对铜手镯、1 对碳精手镯、海贝、铜丝（图三九二；图版二三八：上、中）。

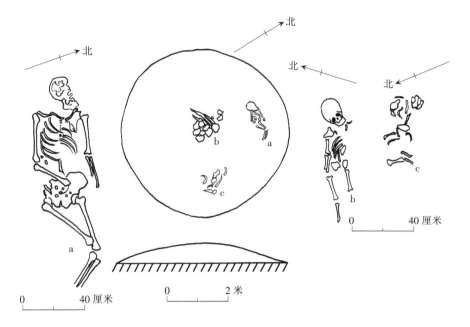

图三九一　M16 墓葬结构图

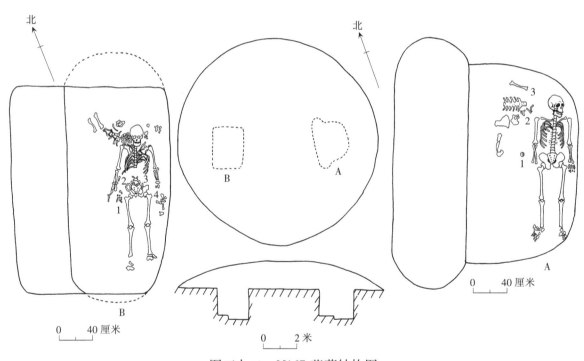

图三九二　M167 墓葬结构图

B：1. 铜丝　2. 碳精手镯　3. 海贝　4. 铜手镯；A：1. 石纺轮　2. 铁刀（残）　3. 羊骨

第二类　土石封堆墓

依据墓葬封堆结构，分四型。

A 型　土堆铺石墓。依墓葬结构情况不同，分亚型。

Aa　竖穴土坑墓。

M5　封堆平面呈不规则椭圆形，长径 3.5、短径约 3、高 0.3 米。整个封堆上铺一层卵石。墓室在封堆下中部。墓室平面呈南北向长方形，长约 1.9、宽约 0.6 米，深 1 米。墓室内葬 1 人，仰身直肢，头北脚南，双手置于腹部。成年女性。死者胸部扣置 1 件铜碗，头左侧和右手旁各出土 1 枚海贝，右耳处发现铜耳环，另外死者脚南端和两股骨之间随葬铁器，锈蚀严重，形制不明（图三九三）。

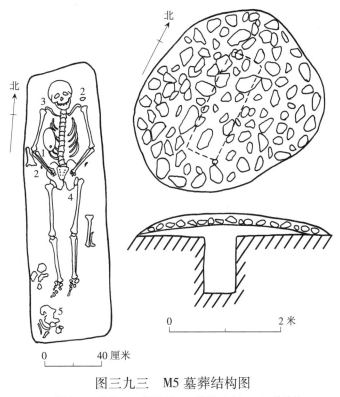

图三九三　M5 墓葬结构图
1. 铜碗　2. 海贝　3. 铜耳环　4. 铁器（残）　5. 羊肢骨

M28　封堆平面呈不规则形，南北长 9.5、东西宽 6、高 0.6 米。似两个石堆相连，北部石圈基本呈圆形；南部石堆大致呈三角形。双墓室，分别编号为 A、B 墓室。A 室位于北部石圈下，竖穴土坑，墓口平面呈南北向长方形，长 1.8、宽 0.9 米，墓深 0.6 米。墓底葬 1 人，二次葬，骨骼不全，散乱分布于墓底各处。成年男性。B 室位于南部石堆之下，竖穴土坑，墓口平面呈南北向长方形，长 1.2、宽 0.5 米，墓深 0.5 米。墓底葬 1 人，二次葬，骨骼不全，散乱分布于墓底各处，仅见有下颌、肋骨、肱骨等，从下颌看为一未成年个体，6 岁左右。A、B 室均无随葬品（图三九四）。

M31　封堆平面呈圆形，直径 8.7、高 0.7 米。封堆外围有规整石环圈，呈椭圆形，长径 8.5、短径 6.8 米，环宽 0.8～1.2 米。墓室在封堆下中部，墓室口开在原地表。墓室平面呈东西向长方形，长 2.25、宽 0.7 米，墓深 0.5 米。墓室内葬 1 人，一次葬，仰身直肢，头西北脚东南，双手指骨缺失。成年男性。无随葬品（图版二二一：下、二三三：中）。

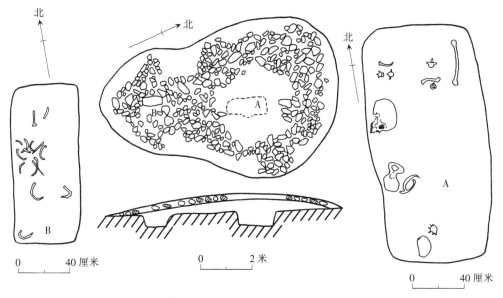

图三九四　M28 墓葬结构图

M32　封堆平面呈椭圆形，长径 4.2、短径 3.2、高 0.5 米。封堆外围有石环圈，呈椭圆形，长径 4、短径 2.9 米，环宽 0.6~1.2 米。墓室在封堆下中部，墓室口开在原地表。墓室平面呈西北—东南向长方形，口小底大呈袋状，开口长 2.1、宽 0.6 米，底长 1.85、宽 0.8 米，墓深 1.5 米。墓坑中夹杂卵石。墓室内葬 1 人，一次葬，仰身直肢葬，头西北脚东南，左手指骨缺失。成年男性。人骨右侧随葬羊椎骨（图三九五）。

M114　封堆平面近圆形，直径约 6、高 0.4 米。封堆以黄土堆成，含少量石块。墓室在封堆下中部，墓室口开在原地表。墓室为东西向长方形，长 2.4、宽 0.9 米，墓深 1.4 米。墓室内葬 1 人，一次葬，仰身直肢，头西脚东，人骨有二次扰乱现象，无头骨，肋骨及髋骨出现在填土中。成年，性别不详。右手边随葬 1 件带柄铁剑（图三九六；图版二三一：上）。

M119　封堆平面近圆形，直径约 4.5、高

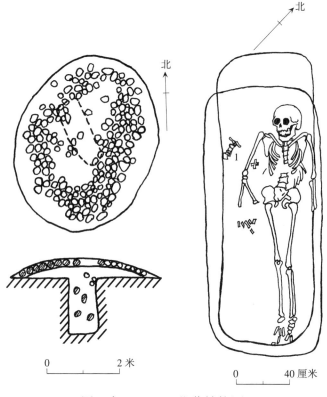

图三九五　M32 墓葬结构图
1. 羊椎骨

0.3 米。封堆以黄土堆成，含少量石块。墓室在封堆下偏南部，墓室口开在原地表。墓室平面呈东西向长方形，长 2.3、宽 1.1 米，墓深 1.6 米。墓室内葬 1 人，二次葬，骨殖散乱于墓底各处，无头骨。成年女性。填土中发现残陶片，可拼对为一件平底陶杯。墓室内无随葬品（图三九七）。

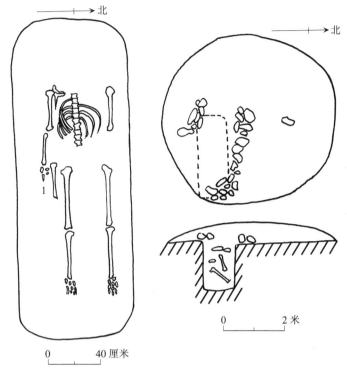

图三九六　M114 墓葬结构图
1. 铁剑（残）

M127　封堆平面呈圆形，直径约5.5、高0.4米。封堆中仅有零星石块。墓室在封堆下中部，墓室口开在原地表。墓室平面呈西北—东南向长方形，长2.7、宽1.05米，墓深1.5米。墓底北壁排一列卵石。墓室内葬1人，一次葬，仰身直肢，头西北脚东南，其双手置于腹部。成年男性。在死者腰部发现皮带残块、脚端发现2件残铁器（图三九八）。

M179　封堆平面呈圆形，直径约4、高0.4米。封堆整个铺石。墓室在封堆下偏东部，墓室口开在原地表。墓室平面呈东西向长方形，长2.2、宽1.6米，墓深1.3米。墓室内葬1人，死者位于墓底北部，一次葬，仰身直肢，头东脚西，其头端向东掏挖，进深约0.38米。成年男性。在其南部随葬一匹马，马头朝西。在死者头左侧随葬有桃形骨带扣、骨牌饰，腹部出土1件残铁刀（图三九九；图版二三九：下）。

Ab 型　竖穴偏室墓。

M29　封堆平面呈圆形，直径4、高0.5米。封堆上覆盖卵石。墓室在封堆下中部，墓室口开在

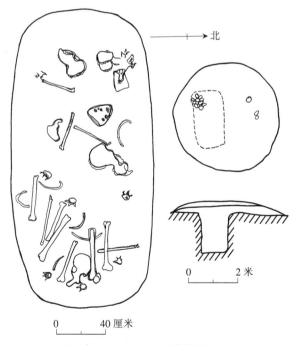

图三九七　M119 墓葬结构图
1. 陶杯（填土中）

原地表。墓道平面呈东西向长方形，长2、宽0.71
米，墓深1.4米。偏室开在墓室的北壁，进深0.38
米。偏室内葬1人，一次葬，仰身直肢，头西脚东。
成年男性。死者右臂一侧随葬有1件陶盆，两股骨
间发现铁刀（残）、骨环、骨牌饰、木牌饰，死者
左手旁有一枚羊距骨（图版二四〇：上）。

　　M104　封堆平面大致呈圆形，直径约9.5、高
0.5米，中部稍凹陷。封堆以卵石堆成。墓室在封
堆下中部，墓室口开在原地表。墓道平面呈南北向
长方形，长2.4、宽1.2米，墓深2.3米。偏室开
在墓室的东壁北部，进深1.8米。墓坑中填大量石
块。墓坑深1米处发现有棚木迹象。墓道底部葬一
具马骨，无头。偏室内葬1人，骨骼零乱，未发现
头骨，年龄性别不详。墓室填土中出土1件铁刀
（残）及1件锈蚀严重的铜刀（图四〇〇）。

　　M108　封堆平面大致呈圆形，直径约7.5、高
0.9米。封堆上堆石散乱无规律。墓室在封堆下中

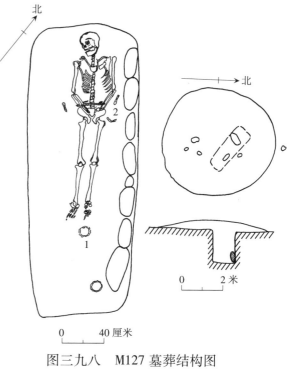

图三九八　M127 墓葬结构图
1. 铁器（残）　2. 皮带（残）

部，墓室口开在原地表。墓道平面呈南北向长方形，长2、宽1米，墓深1.15米。偏室开在墓室的西
壁，进深0.48米。偏室内葬1人，一次葬，仰身直肢，头北脚南，上半身严重二次扰乱，骨骼零乱，
下半身在生理摆放位置。死者年龄、性别不详。墓道偏室内填土中发现1件铜环（图四〇一；图版
二四一：上）。

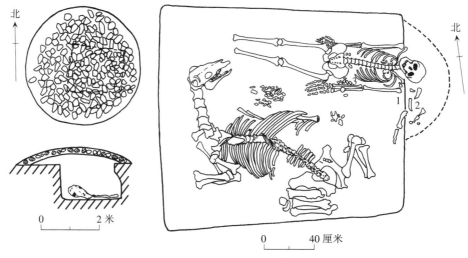

图三九九　M179 墓葬结构图
1. 桃形骨带扣　2. 骨牌饰　3. 铁刀（残）

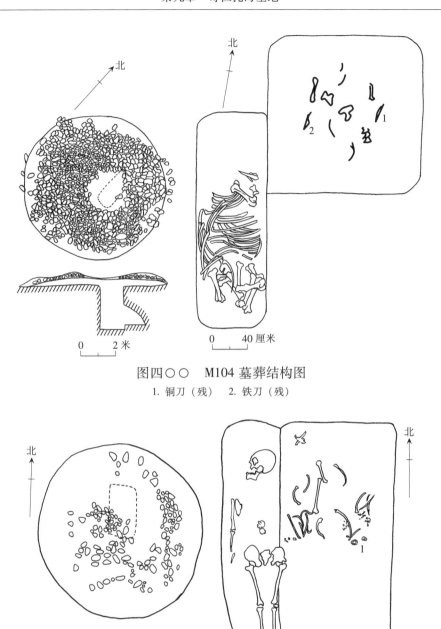

图四〇〇　M104 墓葬结构图
1. 铜刀（残）　2. 铁刀（残）

图四〇一　M108 墓葬结构图
1. 铜环

M115　封堆平面大致呈椭圆形，长径约4.8、短径4、高0.4米。封堆以黄土堆成，含少量石块。墓室在封堆下中部，墓室口开在原地表。墓道平面呈东西向长方形，长2.7、宽0.94米，墓深1.9米。偏室开在墓室的南壁，进深0.35米。与偏室相对应一侧有生土二层台，二层台高0.3、宽0.26～0.58米。偏室内葬1人，一次葬，人骨仅剩上半身部分，无头骨、盆骨、股骨、胫骨、腓骨、肢骨等。死者年龄、性别不详。其左腰处发现1件铜刀，墓道发现2件磨石和1件铜刀（图四〇二）。

M126　封堆平面呈圆形，直径约6、高0.5米。封堆围铺不规整的石圈，直径5米。封堆中部堆少量石块。墓室在封堆下中部，墓室口开在原地表。墓道平面呈东西向长方形，长2.6、宽1.4米，墓深1.7米。偏室开在墓坑的北壁，进深约0.4米。偏室内葬1人，二次葬，骨殖散乱于墓道和偏室各处。成年男性。在人骨中发现有牛的肢骨和骶骨，填土中发现玻璃珠（图四〇三）。

M83　封堆平面呈圆形，直径约6.6、高0.4米。封堆围铺石圈，外圈仅存北部小部分，内圈呈圆形，直径4米。墓室在封堆下中部，墓室口开在原地表。墓道平面呈西北—东南向长方形，长2.4、宽1米，墓深1.4米。偏室开在墓室的北壁，进深0.4米。与偏室相对的一侧有生土二层台，二层台宽0.6、高0.1米。墓坑中填大量石块。偏室内葬1人，一次葬，仰身直肢，头西北脚东南。成年，性别不明。死者头右上侧随葬羊骨及残铁刀，左侧有骨梳（图四〇四；图版二一六：上、二三五：上）。

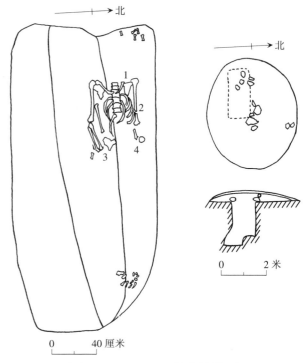

图四〇二　M115墓葬结构图

1、2. 铜刀　3. 方形石磨盘　4. 砺石

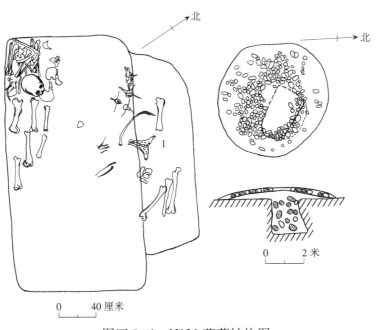

图四〇三　M126墓葬结构图

1. 牛骨

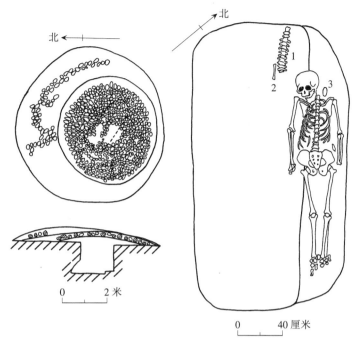

图四〇四　M83 墓葬结构图
1. 羊骨　2. 铁刀（残）　3. 骨梳

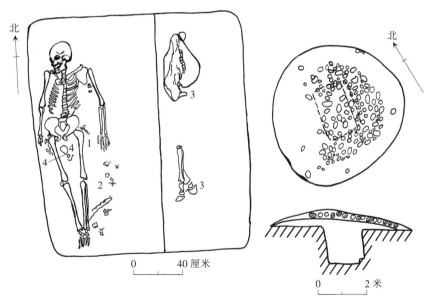

图四〇五　M54 墓葬结构图
1、2. 铁器（残）　3. 马骨　4. 铁刀（残）

Ac 型　竖穴二层台墓。

M54　封堆平面大致呈圆形，直径约 5、高 0.5 米。封堆部顶堆石，堆石分布为东部多西部少。墓室在封堆下中部，墓室口开在原地表。墓室呈南北向长方形，长 1.9、宽 1.72 米，墓深 1.4 米。墓底东部有生土二层台，宽 0.7、高 0.2 米，二层台上置马骨，北端为一马头骨，西端为马腿骨。墓底西部葬 1 人，一次葬，仰身直肢，头北脚南。成年男性。在死者股骨两侧随葬残铁器、铁刀（残），墓室填土中出土大量陶片。在墓坑北面发现一方一圆的两个祭祀坑,其中方形祭祀坑打破墓壁,祭祀坑中为木炭和石块堆积(图四〇五;图版二二〇:上、二四六:上)。

Ad 型　双墓室墓。

M128　封堆平面呈椭圆形,长径约8.5、短径7、高0.4米。封堆中仅有零星石块。双室墓,分别编号为A、B墓室。A室在南,竖穴土坑墓,墓口平面呈东西向长方形,长2.1、宽1.1米,墓深1米。墓室内葬1人,二次葬,骨殖零乱,不全。成年男性。无随葬品。B室在北,竖穴偏室墓,墓道呈西北—东南向长方形,长2.4、宽1米,墓深1.3米。偏室开在墓坑的西壁,进深约0.3米。偏室内葬1人,一次葬,仰身直肢,头西北脚东南,头枕片石,死者身体左侧放置一列卵石。成年男性。无随葬品(图四〇六;图版二四五:下)。

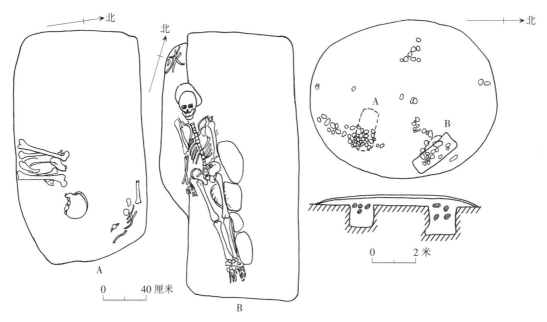

图四〇六　M128 墓葬结构图

Ae 型　无墓室墓。

M98　封堆平面大致呈圆形,直径约9、高0.8米,其南部为断崖。封堆围铺石圈仅残存西部一段,长约5米。封堆下无墓室,将人骨直接葬于封堆下,单人,其上半身被严重扰乱,骨殖零散,下半身在生理摆放位置,推断入葬时为仰身直肢,头北脚南。成年,性别不明。无随葬品(图四〇七)。

B 型　土堆单石环圈墓。依墓葬结构,分四亚型。

Ba 型　竖穴土坑墓。

M22　封堆平面呈圆形,直径6.9、高0.6米。封堆外围有规整的石环圈,呈圆形,直径6.3、环宽0.8～1.2米。墓室在封堆下中部,墓室口开在原地表。墓室平面呈西北—东南向长方形,长1.9、宽0.9米,墓深0.9米。墓室内葬1人,一次葬,仰身直肢,头西北脚东南,双手指骨缺失。成年男性。死者右臂一侧随葬有羊椎骨,头骨右侧随葬1件陶钵(图四〇八;彩版八一:下)。

M23　封堆平面呈圆形,直径8.7、封堆高0.7米。封堆外围有规整的石环圈,呈椭圆形,长径8.5、

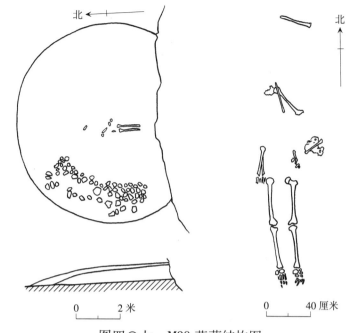

0————2 米

图四〇七 M98 墓葬结构图

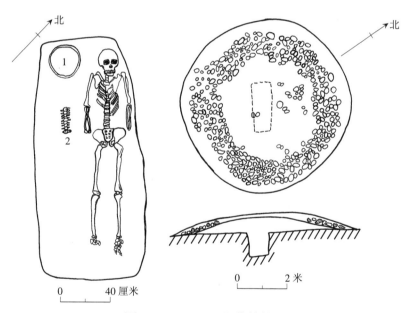

0————40 厘米

0————2 米

图四〇八 M22 墓葬结构图

1. 陶钵 2. 羊椎骨

短径 6.8 米,环宽 0.8~1.2 米。墓室在封堆下中部,墓室口开在原地表。墓室平面呈西北—东南向长方形,长 2.25、宽 0.7 米,墓深 0.5 米。墓室内葬 1 人,一次葬,仰身直肢,头西北脚东南,双手指骨缺失。成年男性。无随葬品(图四〇九;图版二三三:上;彩版八一:上)。

M47 封堆平面呈圆形,直径 11、封堆高 0.7 米。封堆围有规整的石环圈,呈圆形,直径 10、环宽约 1 米,封堆中部为直径 5.5 米的圆形石堆。墓室在封堆下中部,墓室口开在原地表。墓室平面呈西北—东南向长方形,长 2.5、宽 0.75 米,墓深 2 米。墓室内葬 1 人,一次葬,仰身直肢,

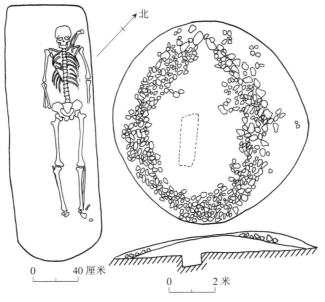

图四〇九　M23 墓葬结构图

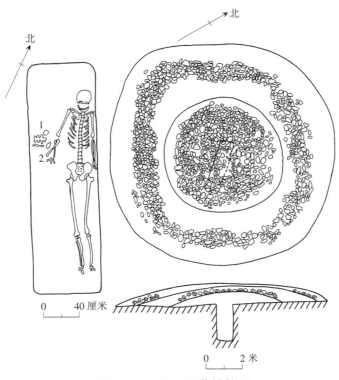

图四一〇　M47 墓葬结构图

1. 羊骨　2. 残铁刀

头西北脚东南。成年男性。死者右臂一侧随葬有羊骨（图四一〇；图版二一九：下、二三四：中；彩版八三：下）。

　　M79　封堆平面呈圆形，直径约 13、高 1 米。封堆外围铺规整的石环圈，石环圈直径 12、环宽约 2 米。封堆中部为圆形石堆，直径 4 米，石堆下发现一婴孩的头骨残片及一节肢骨。墓室在封堆下

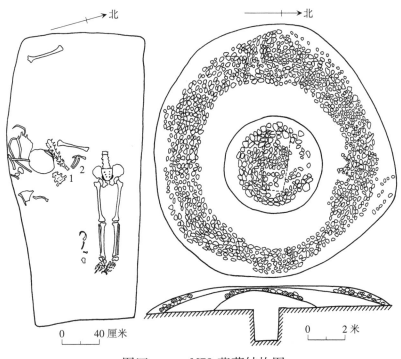

图四一一　M79 墓葬结构图
1. 羊骨　2. 残铁刀

中部，墓室口开在原地表。墓室平面呈东西向长方形，西端宽，东端窄，长 3、宽 1.1～1.4 米，墓深 1.74 米。墓室内葬 1 人，一次葬，仰身直肢，其上半身被严重扰乱，骨骼零乱，下半身保存较好。成年女性。在墓底填土中发现 1 件铁刀（残）及一些羊骨（图四一一）。

　　M93　封堆平面大致呈圆形，直径约 7、高 0.6 米。封堆围铺石圈，直径 6、环宽 1～2 米，封堆中部有零星石块。墓室在封堆下中部，墓室口开在原地表。墓室平面呈东西向长方形，长 2.2、宽 1.4 米，墓深 0.8 米。墓室北部葬 1 人，一次葬，仰身直肢，其右手置于胸部，头下枕一块扁石块，头西脚东。成年，性别不明。无随葬品。

　　M116　封堆平面大致呈圆形，直径约 8、高 0.5 米。封堆外围铺规整石环圈，环宽 1～1.5 米。封堆中部为一椭圆形石堆，长径 2.5、短径 2 米。墓室在封堆石堆下中部，墓室口开在原地表。墓道平面呈东北—西南向长方形，长 2.3、宽 1.03 米，墓深 1.5 米。墓室西壁开有一偏室，距墓底 0.3 米，进深 0.6 米。偏室内葬 1 人，一次葬，仰身直肢，头东北脚西南。成年，性别不详。死者股骨两侧随葬有铁剑、塔状小铜扣、铁刀（残），以及木箭杆、箭袋（木器均朽）。墓道底部随葬一匹完整的马，马呈卧状，头朝东北（图四一二；图版二三九：上）。

　　M129　封堆平面呈圆形，直径约 8、封堆高 1 米。封堆围铺规整的石环圈，呈圆形，直径 7、环宽约 1 米，封堆中部有圆形石堆，直径 3 米。墓室在封堆下中部，墓室口开在原地表。墓室平面为东西向长方形，长 2.6、宽 0.9 米，墓深 1.35 米。墓室内葬 1 人，一次葬，仰身直肢，头西脚东。成年男性。死者右侧随葬一段羊椎骨和 2 件残铁刀（图四一三；图版二二五：上、二三五：中）。

　　M131　封堆平面呈圆形，直径约 8.3、高 0.5 米。封堆围铺规整的石环圈，呈圆形，直径 8、环宽约 1 米，封堆中部有不规则石堆。墓室在封堆下中部，墓室口开在原地表。墓室平面呈东西向长方

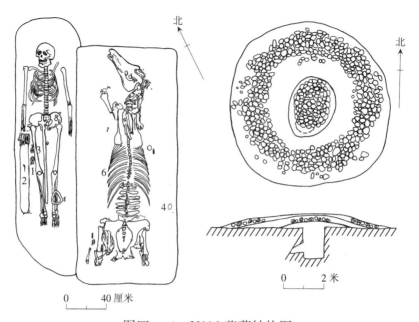

图四一二　M116墓葬结构图

1. 铁剑　2. 木箭袋、箭杆　3. 铜扣　4. 铜纽扣　5. 铁刀（残）　6. 马骨

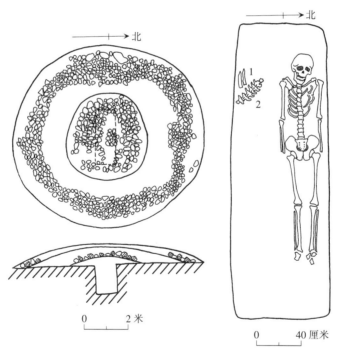

图四一三　M129墓葬结构图

1. 铁刀（残）　2. 羊椎骨

形，长2、宽0.8米，墓深0.9米。墓室内葬1人，一次葬，仰身直肢，头西脚东。成年女性。无随葬品。

M138　封堆平面呈圆形，直径约8、封堆高0.5米。封堆围铺规整的石环圈，圆形，直径7、环宽1.5~2米，封堆中部有少量堆石。墓室在封堆下中部，墓室口开在原地表。墓室平面为东西向长方形，长2.4、宽1.05米，墓深1.58米。墓室内葬1人，一次葬，仰身直肢，头西脚东。成年男性。

死者右手旁随葬牛骶骨。

M143　封堆平面呈圆形，直径约 8、高 0.7 米。封堆围铺规整的石环圈，呈圆形，直径 7、环宽约 1 米，封堆中部有少量堆石。墓室在封堆下中部，墓室口开在原地表。墓室平面呈西北—东南向长方形，长 2.2、宽 0.9 米，墓深 1.35 米。墓室内葬 1 人，一次葬，仰身直肢，头西北脚东南。成年男性。右侧随葬牛骶骨。墓室口南侧 0.5 米处，封堆下直接葬一具人骨，一次葬，仰身直肢，头西北脚东南。成年女性。无随葬品（图四一四；图版二三〇：上）。

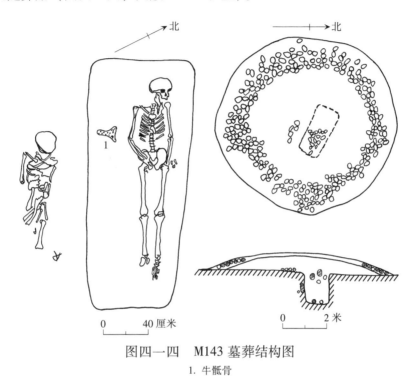

图四一四　M143 墓葬结构图
1. 牛骶骨

M145　封堆平面呈圆形，直径约 8、高 0.6 米。封堆围铺规整的石环圈，呈圆形，直径 7、环宽 1～1.5 米，封堆中部有不规则石堆。墓室在封堆下中部，墓室口开在原地表。墓室平面呈东西向长方形，长 2.2、宽 0.8～1.2 米（西端宽东端窄），墓深 1.4 米。墓室内葬 1 人，一次葬，仰身直肢，头西脚东。成年男性。死者右侧随葬有 2 件陶钵和牛、羊的骶骨各 1 块（图四一五）。

Bb 型　竖穴偏室墓。

M123　封堆平面呈圆形，直径约 8、高 0.5 米。封堆围铺规整的石环圈，呈圆形，直径 7、环宽约 0.5～1 米。封堆中部有东西向的椭圆形石堆，其南部残缺，长径 4、短径 2 米。墓室在封堆下中部，墓室口开在原地表。墓道平面呈东西向长方形，长 2.6、宽 1 米，墓深 1.6 米。偏室开在墓坑的北壁，进深约 0.2 米。与偏室相对应的一侧有生土二层台，二层台宽 0.4、高 0.3 米。偏室内葬 1 人，一次葬，仰身直肢，头西脚东。成年女性。死者的指（趾）骨残缺。死者右侧随葬 1 件陶罐、2 件陶钵，陶盆中放羊尾椎骨，右腿旁发现 1 件铜簪（图四一六；图版二二七：上）。

M121　封堆平面呈圆形，直径约 8.5、高 0.6 米。封堆围铺规整的石环圈，呈圆形，直径 8、环宽约 1 米。封堆中部有西北—东南向椭圆形石堆，石堆北部残缺，长径 3、短径 1.5 米。墓室在封堆下中部，墓室口开在原地表。墓道平面呈西北—东南向长方形，长 2.4、宽 0.9 米，墓深 1.7 米。偏

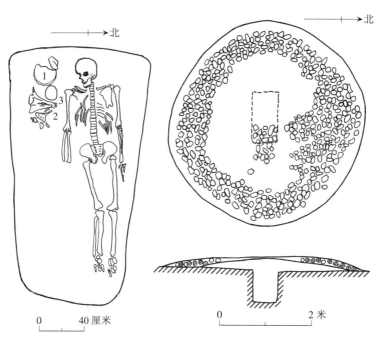

图四一五　M145 墓葬结构图

1、3. 陶钵　2. 牛、羊骶骨

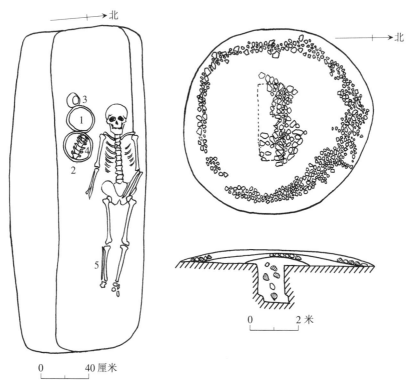

图四一六　M123 墓葬结构图

1、2. 陶钵　3. 陶罐　4. 羊尾椎骨　5. 铜簪

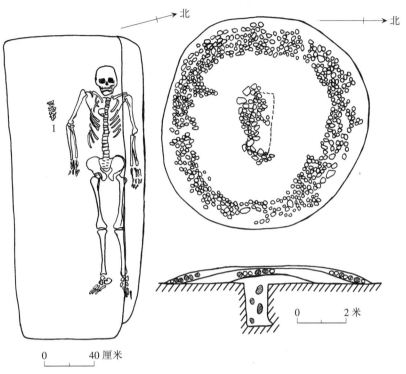

图四一七　M121 墓葬结构图
1. 羊尾椎骨

室开在墓坑的北壁，进深约 0.2 米。偏室内葬 1 人，一次葬，仰身直肢，头西脚东。成年男性。死者右侧随葬一段羊尾椎骨（图四一七；图版二二五：下、二二八：中）。

M51　封堆平面呈圆形，直径 10.5、高 1 米。封堆围铺规整的石环圈，呈圆形，直径 9、环宽 1～2 米。墓室在封堆下中部，墓室口开在原地表。墓道平面呈西北—东南向长方形，长 2.3、宽 0.7 米，墓深 1.5 米。偏室开在墓室的北壁，进深 0.2 米。偏室口用原木封堵。偏室内葬 1 人，一次葬，仰身直肢葬，头西北脚东南。成年女性。仅在死者右侧随葬羊尾椎骨（图四一八；图版二二〇：下）。

M69　封堆平面呈圆形，直径 9.5、高 0.6 米。封堆围铺规整的石环圈，呈圆形，直径 9、环宽约 1 米，封堆中部有少量积石。墓室在封堆下中部，墓室口开在原地表。墓道平面呈西北—东南向长方形，长 1.8、宽 0.8 米，墓深 1.1 米。偏室开在墓的北壁，进深 0.2 米。偏室内葬 1 人，一次葬，仰身直肢，头西脚东。成年女性。死者右臂一侧随葬有羊椎骨，头骨右侧随葬 3 块石条、1 件残铜耳环（图版二一八：下、二三二：上）。

M72　封堆平面呈圆形，直径约 9、封堆高 1 米。封堆围铺规整的石环圈，呈圆形，直径约 8、环宽 1～1.5 米。封堆中部为椭圆形石堆，长径 4、短径 3 米。墓室在封堆中部石堆下，墓室口开在原地表。墓道平面呈西北—东南向长方形，长 1.9、宽 0.8 米，墓深 1.5 米。偏室开在墓的北壁，进深 0.1 米。与偏室相对应一侧有生土二层台，二层台宽 0.2、高 0.4 米。墓道中填大量石块。偏室内葬 1 人，一次葬，仰身直肢，头西北脚东南。成年女性。左手指骨缺失。封堆中出土 1 件石磨盘。死者头右侧随葬羊椎骨（图四一九；图版二一八：上、二二八：下；彩版八二：上）。

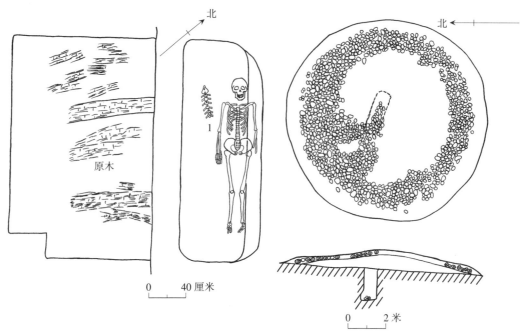

图四一八　M51 墓葬结构图

1. 羊尾椎骨

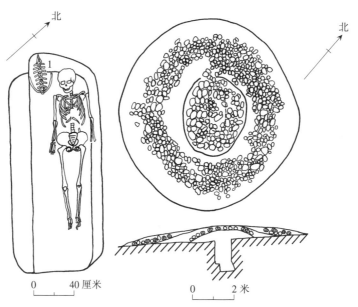

图四一九　M72 墓葬结构图

1. 羊椎骨

　　M73　封堆平面呈椭圆形，长径7.4、短径约6.3、高0.7米。封堆围铺石环圈，外圈仅存北半部分，内圈大致呈椭圆形，长径4、短径3米。墓室在封堆下中部，墓室口开在原地表。墓道平面呈西北—东南向长方形，长2、宽0.7米，墓深1.4米。偏室开在墓的南壁，进深0.5米。墓坑中填大量石块。偏室内葬1人，一次葬，仰身直肢，头东南脚西北。成年女性。封堆中出土1件石球。死者头右上侧随葬羊椎骨，头下发现2件残铁簪（图四二○；图版二四三：上）。

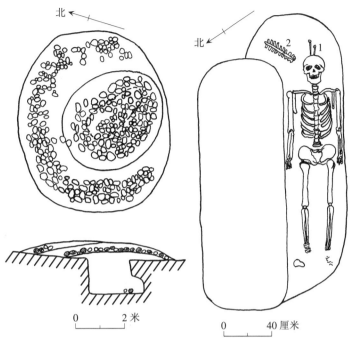

图四二〇　M73 墓葬结构图

1. 铁簪　2. 羊椎骨

Bc 型　竖穴二层台墓。

M33　封堆平面呈椭圆形，长径 9.5、短径 8.5、高 1 米。封堆外围铺不规整的石环圈，呈椭圆形，长径 9、短径 8 米，环宽 1~2 米，中部也有一椭圆形石堆，不规整，长径 4、短径 2 米。墓室在封堆下中部石堆之下，墓室口开在原地表。墓口平面呈东西向长方形，长 2.53、宽 1.7 米，墓深 1.5 米。在墓室南部有三角形二层台，二层台高 0.1 米。墓底北部葬 1 人，一次葬，其骨架中部严重被扰乱，下肢和胸部以上摆放在生理位置，入葬时应是仰身直肢，头西脚东。成年女性。死者头右侧随葬几节羊椎骨，一侧放有铁刀（残）。

M152　封堆平面大致呈圆形，东部残缺，直径约 7、高 0.8 米。封堆西部残留半个规整的石环圈，环宽 2 米，中部稍凹陷。墓室在封堆下中部，墓室口开在原地表。墓室平面近正方形，南北长 2.3、东西宽 2.1 米，墓深 1.1 米。墓底北部有二层台，二层台宽 0.6、高 0.2 米，二层台上放置一具人骨架，上半身严重扰乱，下半身依正常生理位置摆放，入葬时应是仰身直肢，头东脚西。成年男性。人骨旁发现铁刀（残）。墓底南部葬一具马骨，残乱。马骨旁有铜扣（图四二一）。

Bd 型　双室墓。

M6　封堆平面呈圆形，直径 9、高 1 米。封堆外围铺石环圈，不规整，环宽 1.5~2 米。墓室在封堆下中部，墓室口开在原地表，双室墓，南北并列，墓口平面均呈西北—东南向长方形，竖穴土坑。编号为 A、B 墓室。A 室在北，长 2.5、宽 0.7 米，墓深 1.2 米；B 室在南，长 2.45、宽 0.75 米，墓深 0.8 米。A、B 室各葬 1 人，一次葬，均仰身直肢，头西北脚东南。A 室所葬个体为成年男性。B 室所葬个体为成年女性。A 室随葬 1 件陶单耳杯，B 仅在墓底南端发现 1 件残铁刀（图四二二；图版二二四）。

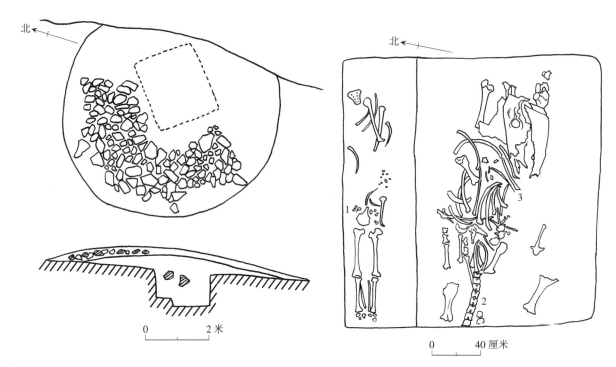

图四二一　M152 墓葬结构图

1. 铁刀（残）　2. 铜扣（残）　3. 马骨

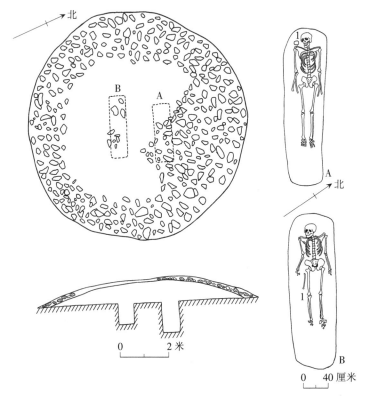

图四二二　M6 墓葬结构图

A：1. 陶单耳杯；B：1. 铁刀（残）

M130　封堆平面呈圆形，直径约8、高0.6米。封堆围铺规整的石环圈，呈圆形，直径7、环宽约1米。双室墓，分别编号为A、B墓室。A室在南部，竖穴土坑墓，墓室平面呈东西向长方形，长1.95、宽1.2米，墓深1米，内葬1人，一次葬，仰身直肢，头西脚东，上半身骨骼零乱，不全。成年男性。死者右侧随葬一段羊椎骨和1件铁刀（残）。B室在北部，竖穴土坑墓，墓室平面呈西北—东南向长方形，长2、宽1.1米，墓深1.1米，内葬1人，一次葬，仰身直肢，头西北脚东南。成年女性。死者头骨右侧随葬1件陶钵，陶钵中放羊尾椎骨（图四二三；图版二二九；彩版八五）。

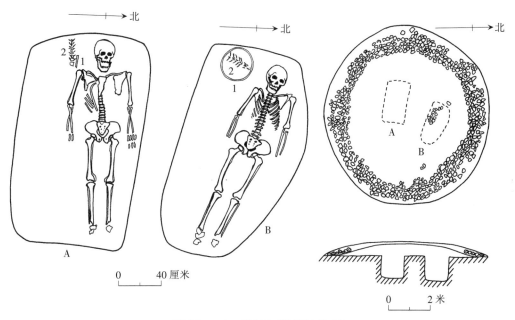

图四二三　M130墓葬结构图
A：1. 残铁刀　2. 羊椎骨；B：1. 陶钵　2. 羊尾椎骨

C型　土堆双石环圈墓。依墓室结构，分三亚型。

Ca型　竖穴土坑墓。

M17　封堆平面呈椭圆形，长径12.5、短径11.5、高1.2米。封堆外围铺不规整的石环圈，呈椭圆形，长径11.5、短径10.5米，环宽1~3米，中部也有一椭圆形石圈，不规整，长径5、短径3.5米。墓室在封堆中部石圈之下，墓室口开在原地表。墓口平面呈西北—东南向长方形，长2.95、宽1.3米，墓深1.7米。墓底葬1人，一次葬，其上半身被严重扰乱，下肢摆放在生理位置，入葬时应是仰身直肢，头西北脚东南。成年男性。无随葬品（图四二四；图版二四〇：下）。

M24　封堆平面呈圆形，直径8.5、高1米。封堆围有规整的双石环圈，圆形，外圈直径7.5、环宽1~2米，内圈直径约2.5、环宽约0.8米。墓室在封堆下中部，墓室口开在原地表。墓室平面呈西北—东南向长方形，长1.9、宽0.75米，墓深1米。墓室内葬1人，一次葬，仰身直肢葬，头西北脚东南，双手指骨缺失。成年女性。死者右臂一侧随葬有羊椎骨（图四二五；图版二二三：上）。

M75　封堆平面呈圆形，直径约13、高1米。封堆围铺双石环圈，外圈直径9、环宽1~1.5米，内圈直径约4、环宽约1米。墓室在封堆下中部，墓室口开在原地表。墓室平面呈西北—东南向长方形，长2.26、宽1.04米，墓深1.3米。墓坑北壁西端略掏进，进深0.1米。墓坑中填大量石块。墓

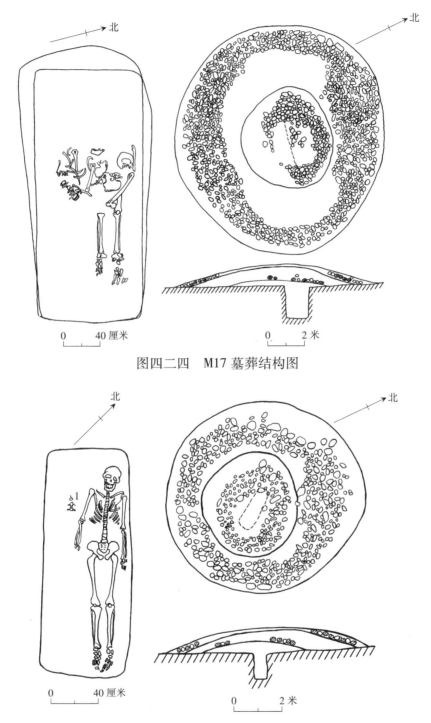

图四二四　M17 墓葬结构图

图四二五　M24 墓葬结构图

1. 羊椎骨

室内葬 1 人，一次葬，仰身直肢，头西北脚东南。成年男性。死者头右侧随葬 1 件陶钵和羊椎骨（图四二六；图版二三二：下）。

M76　封堆平面呈圆形，直径约 11、高 1 米。封堆围铺石环圈，石圈呈圆形，直径 10、环宽 1 ~ 2 米。封堆中部有椭圆形石堆，东西长径 4、短径 3 米。墓室在封堆下中部，墓室口开在原地表。墓

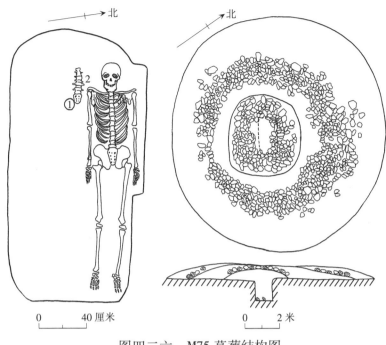

图四二六　M75 墓葬结构图

1. 陶钵　2. 羊椎骨

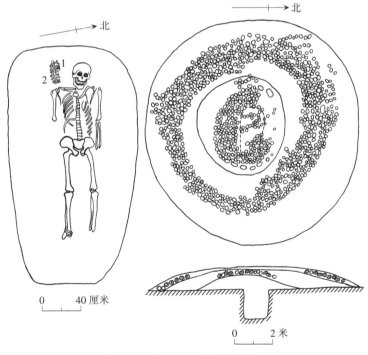

图四二七　M76 墓葬结构图

1. 残铁刀　2. 羊尾椎骨

室平面呈东西向圆角长方形，长 2.4、宽 0.8～1.3 米，墓深 1.6 米。墓室内葬 1 人，一次葬，仰身直肢，头西脚东。成年男性。死者头右上侧随葬羊椎骨及 1 件残铁刀（图四二七）。

M85　封堆平面呈圆形，直径约 12、高 1 米。封堆围铺双石环圈，外圈呈圆形，直径 11、环宽约

2米，内圈呈椭圆形，长径约4.5、短径3.5、环宽约1~1.5米。墓室在封堆下中部，墓室口开在原地表。墓室平面呈西北—东南向长方形，长2.8、宽1.3米，墓深1.7米。墓室内葬1人，一次葬，仰身直肢，头西北脚东南。成年，性别不明。死者头骨右侧随葬1件铁刀（残）和羊椎骨（图四二八；图版二一五：下、二三五：下）。

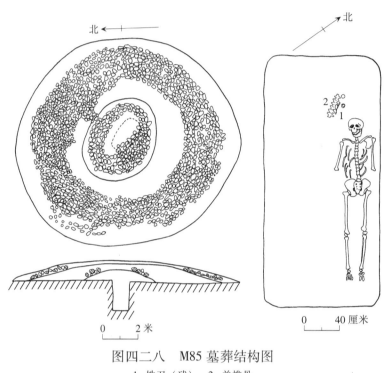

图四二八　M85墓葬结构图
1. 铁刀（残）　2. 羊椎骨

　　M86　封堆平面呈圆形，直径约12、高0.9米。封堆围铺双石环圈，外圈呈规整的圆形，直径11、环宽约2米；内圈呈圆形，稍显不规则，直径约5、环宽约1米。墓室在封堆下中部，墓室口开在原地表。墓室平面呈西北—东南向长方形，长2.9、宽1.36米，墓深1.6米。墓室内葬1人，一次葬，其上半身严重被扰乱，骨骼零散；下半身在生理位置，推断入葬时为仰身直肢，头西北脚东南。成年，性别不明。无随葬品（图四二九；图版二一五：上、二四〇：中；彩版八三：上）。

　　M132　封堆平面呈圆形，直径约8、高0.6米。封堆围铺规整的双石环圈，外圈呈圆形，直径8、环宽1~1.5米，内圈呈椭圆形，长径4、短径2.5、环宽约1米。墓室在封堆下中部，墓室口开在原地表。墓室平面呈东西向长方形，长2、宽0.8米，墓深1米。墓室内葬1人，一次葬，仰身直肢，头西脚东。未成年个体，10岁左右。死者右侧随葬1件陶钵，陶钵内盛羊椎骨，还有1件陶杯（图四三〇；图版二一七：下、二三〇：下）。

　　M133　封堆平面呈圆形，直径约9、高0.5米。封堆围铺规整的石环圈，呈圆形，直径8、环宽1~1.5米。封堆中部有椭圆形石堆，直径4米。墓室在封堆下中部，墓室口开在原地表。墓内平面呈东西向长方形，长2.4、宽0.8米，墓深1.6米。墓室内葬1人，一次葬，仰身直肢，头西脚东，肋骨有移位现象。成年女性。无随葬品（图四三一）。

　　M135　封堆平面呈圆形，直径约12、高1.2米。封堆围铺规整的石环圈，呈圆形，直径11、环

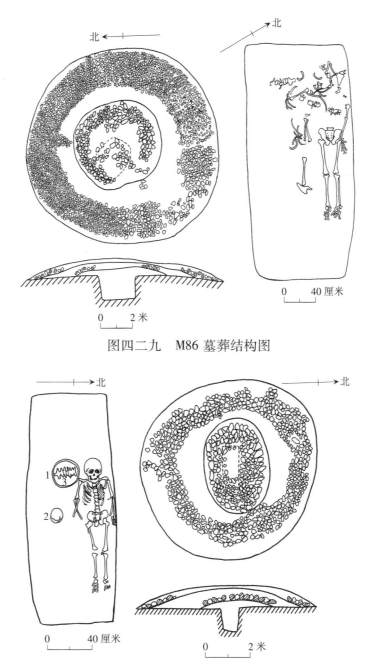

图四二九　M86 墓葬结构图

图四三〇　M132 墓葬结构图
1. 陶杯　2. 陶钵　3. 羊椎骨

宽 1.5～2.5 米。封堆中部有圆形石堆，直径 3.5 米。墓室在封堆下中部，墓室口开在原地表。墓室平面呈西北—东南向长方形，长 2.5、宽 0.86 米，墓深 1.6 米。墓室内葬 1 人，一次葬，仰身直肢，头西北脚东南。成年男性。死者右侧随葬有 1 件陶杯和 1 件陶钵，另有 2 件残铁刀、羊尾骨（图四三二；图版二一七：中、二三一：下；彩版八四：下）。

　　M142　封堆平面呈圆形，直径约 10、高 1 米。封堆围铺规整的双石环圈，外圈呈圆形，直径 9、环宽约 1 米，内圈呈椭圆形，长径 4、短径 3.2、环宽 0.5～1 米。墓室在封堆下中部，墓室口开在原

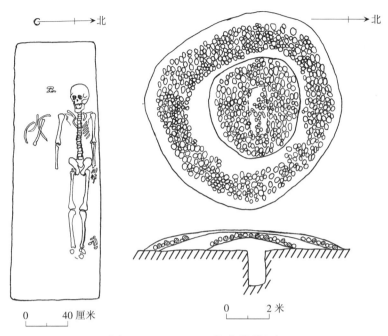

图四三一 M133 墓葬结构图

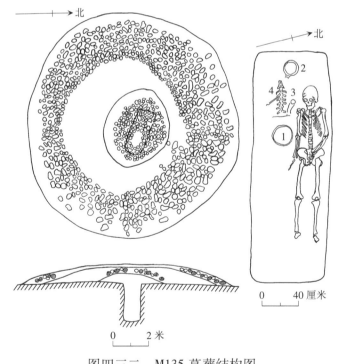

图四三二 M135 墓葬结构图

1. 陶杯 2. 陶钵（残） 3. 残铁刀 4. 羊椎骨

地表。墓室平面呈西北—东南向长方形，长2.2、宽0.9米，墓深1.35米。墓室内葬1人，一次葬，身体中部稍完整，依生理位置放置，下颌和盆骨、肢骨等移位，无头骨，应是经过人为二次扰乱所致。成年女性。随葬羊椎骨，羊骨旁发现1件铁刀（残）（图四三三）。

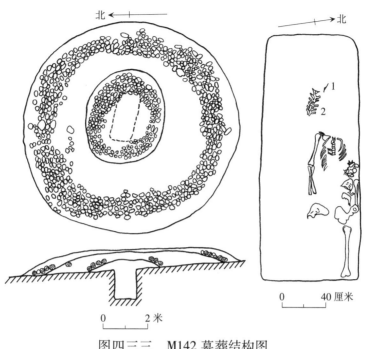

图四三三　M142 墓葬结构图

1. 残铁刀　2. 羊椎骨

Cb 型　竖穴偏室墓。

M26　封堆平面呈圆形，直径 9.5、封堆高 1.3 米。封堆围有规整的双石环圈，外圈呈圆形，直径 8.9、环宽 1.5 米，但南部残缺仅 0.5 米左右；内圈呈椭圆形，长径 4.5、短径 3.5 米。墓室在封堆下南部，墓室口开在原地表。墓道平面呈西北—东南向长方形，长 2.5、宽 0.66 米，墓深 1.6 米。偏室开在墓的北壁，进深 0.25 米。偏室内葬 1 人，一次葬，仰身直肢，头西北脚东南。成年男性。无随葬品（图版二二一：上；彩版八二：下）。

M27　封堆平面呈椭圆形，长径 9.5、短径 8.5、高 0.8 米。封堆围有规整的双石环圈，均呈椭圆形，外圈长径 9.3、短径 8.1、环宽 1.2～1.5 米，内圈长径 4.5、短径 3.8 米。墓室在封堆下南部，墓室口开在原地表。墓道呈西北—东南向长方形，长 2.2、宽 0.6 米，墓深 1.4 米。偏室开在墓的北壁，进深 0.25 米。与偏室相对一侧有生土二层台，宽 0.26、高 0.12 米。偏室内葬 1 人，一次葬，仰身直肢，头西北脚东南，双手指骨缺失。成年女性。头骨上端有羊椎骨（图四三四）。

M62　封堆平面呈圆形，直径约 6.5、高 0.5 米。封堆围铺双石环圈，外圈仅存南半部分，内圈大致呈圆形，直径约 3.8 米，环宽窄不一。墓室在封堆下中部，墓室口开在原地表。墓道呈南北向长方形，长 2.2、宽 0.56 米，墓深 1.95 米。偏室开在墓的东壁，进深 0.7 米。与偏室相对应一侧有生土二层台，二层台宽 0.3、高 0.3 米。墓坑中填大量石块。偏室内葬 1 人，一次葬，仰身直肢，头北脚南。成年女性。死者头右上侧随葬 1 件陶单耳杯（残）、羊骨及残铁刀（图版二一九：上、二二八：上）。

Cc 型　双室墓。

M184　封堆平面呈圆形，直径约 7.2、高 1 米。封堆围铺规整的石环圈，呈圆形，直径 6.5、环宽约 1 米。封堆中部有圆形石堆，直径 3 米。墓室在封堆下中部，墓室口开在原地表。双室墓南北并

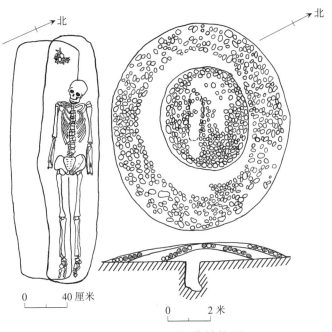

图四三四　M27 墓葬结构图
1. 羊椎骨

列，编号为 A、B 墓室。A 室在南部，竖穴土坑墓。墓室平面呈西北—东南向长方形，长 1.16、宽 0.6 米，墓深 0.3 米。墓底葬 1 人，一次葬，仰身直肢，头西北脚东南，为一婴儿。无随葬品。B 室在北部，与 A 室相距 0.4 米，竖穴土坑墓。墓室平面呈西北—东南向长方形，长 2.9、宽 0.82 米，墓深 1.2 米。墓坑北壁稍有掏挖，南部留有生土二层台，二层台宽 0.2、高 0.2 米。墓室内葬 1 人，一次葬，仰身直肢，头西北脚东南。成年男性。死者头骨右侧随葬羊椎骨（图四三五；图版二一七：上、二四六：下）。

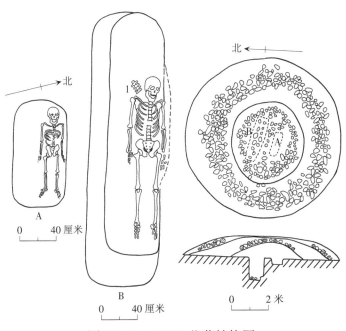

图四三五　M184 墓葬结构图
B：1. 羊椎骨

D型　土堆石环圈铺石墓。分竖穴土坑墓、双室墓两亚型。

Da型　竖穴土坑墓。

M10　封堆平面呈椭圆，长径7.5、短径6.5米。封堆上铺石。墓室在封堆下中部。墓室内葬1人，仰身直肢。成年女性。无随葬品（图版二三四：上）。

M13　封堆平面呈圆形，直径7.5、高0.5米。封堆外围铺石环圈，环宽约1米，中部为一直径3米的圆形石堆。墓室在封堆中部石堆之下，墓室口开在原地表。墓室平面呈东西向长方形，长2.4、宽1.3米，墓深0.8米。墓内填土。墓室内葬1人，一次葬，仰身直肢，头西脚东。成年男性。死者头右侧放1件陶钵和1件残陶罐（图四三六；图版二四二：下）。

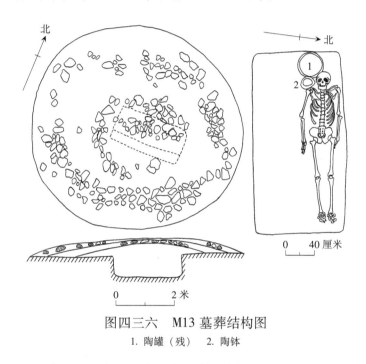

图四三六　M13墓葬结构图
1. 陶罐（残）　2. 陶钵

M8　封堆平面呈圆形，直径7、高0.5米。封堆外围铺规整的石环圈，环宽约1米，中部为一直径5米的圆形石堆。墓室在封堆中部石堆之下，墓室口开在原地表。墓室平面呈西北—东南向长方形，长2.35、宽0.8米，墓深0.9米。墓内填土。墓室内葬1人，一次葬，仰身直肢，头西北脚东南。死者手指骨无，脚趾骨不全。成年女性。死者头西端放1件陶壶（残）、1件铁刀（残），耳部发现1只铜耳环（图四三七）。

Db型　双室墓。

M7　封堆平面呈圆形，直径10.5、高1米。封堆外围铺规整的石环圈，环宽1～1.5米。封堆中部为一石堆和一石圈相连，均呈椭圆形。石堆在南部，长径4.5、短径3米；石圈在北部，长径4、短径2.5、环宽0.5～1米。墓室在封堆下中部石堆和石圈之下，墓室口开在原地表，双室墓，南北并列，均竖穴土坑墓，墓室平面均呈西北—东南向长方形，编号为A、B墓室。A室在北，长1.5、宽0.8米，墓深0.95米；B室在南，长2.4、宽0.8米，墓深1.55米。A、B室内各葬1人，一次葬，均仰身直肢，头西北脚东南。A室所葬个体为一未成年个体；B室所葬个体为成年男性。A室死者右侧随葬1件陶罐和羊椎骨；B室死者头右侧随葬1件陶罐及羊骨（图四三八）。

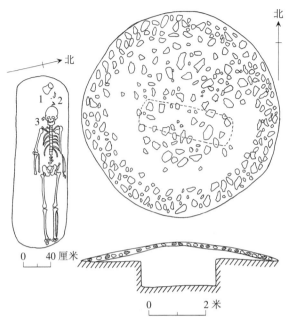

图四三七　M8 墓葬结构图

1. 陶壶（残）　2. 铁刀（残）　3. 铜耳环

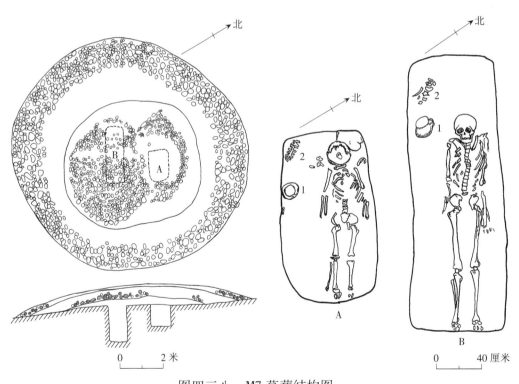

图四三八　M7 墓葬结构图

A：1. 陶罐　2. 羊椎骨；B：1. 陶罐（残）　2. 羊椎骨

　　M77　封堆平面呈圆形，直径约10、高0.9米。封堆外围铺规整的石环圈，石环圈直径9、环宽约1.5米，中部为南北并列相连的两个小石圈，石环圈呈椭圆形，长径3.5、短径2.5米。墓室在封堆下中部，墓室口开在原地表。双室墓，均竖穴土坑，编号为A、B墓室。A室位于南部，墓口平面呈西北—东南向长方形，长 2.3、宽 1 米，墓深 1.25 米；B 室在北，与 A 室相距 0.7 米，墓口平面呈西北—东南向长方形，长 2.3、宽 0.9 米，墓深 1.45 米。A、B 室内均葬 1 人，一次葬，仰身直肢，头西北脚东南。A 室为一成年男性。B 室为一成年女性。两墓室仅在死者右侧随葬羊骨。A 室个体的盆骨、肋骨有移位现象（图四三九；图版二一六：下、二三一：中）。

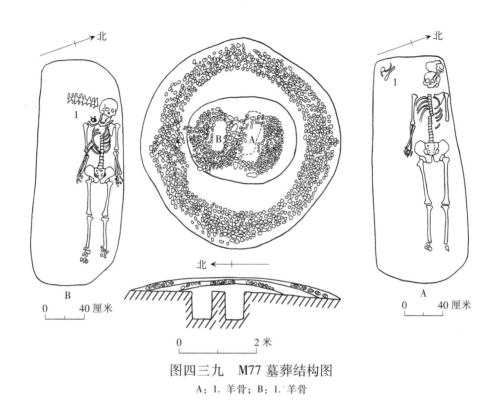

图四三九　M77 墓葬结构图
A：1. 羊骨；B：1. 羊骨

第三节　出土器物

奇仁托海墓地墓葬中随葬品贫乏。只有少数墓葬有随葬品。有随葬品的墓葬多只有 1 件随葬品，部分墓葬有 2~3 件随葬品。极少数墓葬有多件随葬品。一般是在墓主头侧放有陶器，陶器旁边发现有木盘、木钵等器物，一旁置铁刀，容器中放有羊椎骨、肋骨等。随葬品主要为陶器，其次是木器、铁器等。

一　陶　器

奇仁托海墓地不到四分之一数量的墓葬中见有陶器。20 多座墓葬中随葬完整陶器，20 多座墓葬中只在填土中见有陶片。大多墓葬中不随葬陶器。完整陶器出土时放在死者的头骨附近。从墓葬类型上看，大多数封土墓中未见陶器，陶器多出自土石封堆墓中。少量墓葬的填土中出土陶片。陶质

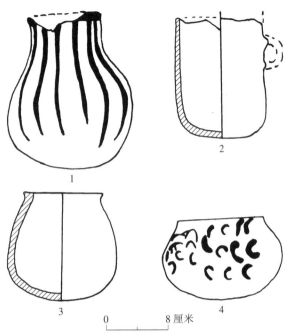

图四四〇　奇仁托海墓地陶罐、陶杯

1. M97：1　2. M132：1　3. M123：1　4. M7A：1

以夹砂红陶为主，个别为红褐陶。手制，器物不太规整，多数陶器制作粗糙。器形多圜底器，少量平底器。器类十分简单。主要陶罐、陶杯、陶钵等。

（一）罐

极少。均为无耳罐。分高领罐、深腹罐、低腹罐。

1. 高领罐，1件。

M97：1，口微外敞，圆唇，颈略束，溜肩，鼓腹，圜底。通体彩，由口沿向下绘竖向的红条带，粗细不一。口沿残。口径9.8、最大腹径14.8、高18.4厘米（图四四〇：1）。

2. 深腹罐，1件。

M123：1，口沿外折，方唇，腹斜鼓，圜底。口径9.5、最大腹径13、高13.1厘米（图四四〇：3）。

3. 低腹罐，1件。

M7A：1，器体低矮。敛口，方唇，溜肩，鼓腹，圜底。通体彩，器腹散绘呈卷曲状的短弧线纹。口径10.3、最大腹径14.4、高9.1厘米（图四四〇：4）。

（二）杯

单耳，平底或圜底，直壁或鼓腹。有单耳直壁杯、单耳圜底杯、錾耳杯、单耳平底杯、单系耳平底杯等。

1. 单耳直壁杯，1件。

M132：1，圆唇，直腹，平底，腹耳、口沿残损。器表有烟炱痕迹。口径10.4、残高13.8厘米（图四四〇：2；图版二四八：5）。

2. 单耳圜底杯，3件。单耳，口略内敛，鼓腹，圜底。腹一侧有上翘单耳。依器腹高低，分2式。

Ⅰ式，器腹较高。

M62：1，圆唇。侧面有烟炱痕迹。口径10.6、高11.8厘米（图四四一：1；图版二四八：2）。

M6A：1，方唇，口沿微外卷，腹耳上有凹槽。器表及口沿内壁施红色陶衣。底部有烟炱痕迹。口径9.8、最大腹径14.2、高12.8厘米（图四四一：3；图版二四八：3）。

Ⅱ式，器腹较矮。

M135：1，圆唇，宽带耳。口沿内壁及底部表面施红色彩，口沿外壁至腹上部施白色陶衣，白色陶衣上饰有红色棋盘格纹。口沿残损。口径12、最大腹径15.6、高10.4厘米（图四四一：2；图版二四七：2；彩版八七：3）。

3. 錾耳杯，1件。

M14：1，微敛口，鼓腹，圜底，腹部有錾耳。底部有烟炱痕迹。口径12.8、最大腹径15.6、高

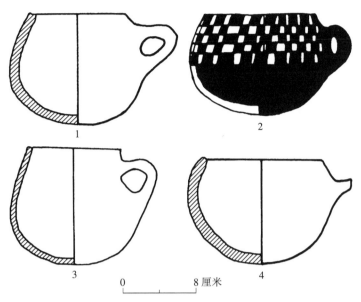

图四四一 奇仁托海墓地陶杯

1. M62：1 2. M135：1 3. M6A：1 4. M14：1

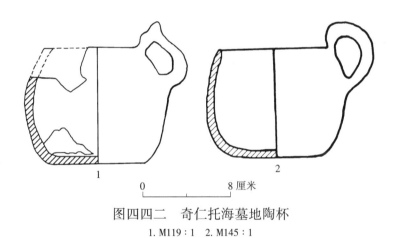

图四四二 奇仁托海墓地陶杯

1. M119：1 2. M145：1

11.8 厘米（图四四一：4；图版二四八：4）。

4. 单耳平底杯。口微敛，微鼓腹，大平底。口沿处单耳，耳高出口沿。

M119：1，耳上有鸡冠状饰。器表及口沿内壁施红色陶衣。器身残损。口径 12、最大腹径 12、高 9.8 厘米，耳宽 2.4、厚约 0.8 厘米（图四四二：1；图版二四八：1）。

M145：1，腹略鼓。口径 9.2、最大腹径 12、高 9.1 厘米（图四四二：2）。

5. 单系耳平底杯，1 件。

M92：1，敛口，尖唇，鼓腹，平底，上腹有长方形单系耳。全身施红色陶衣。口沿严重残损。侧面有烟炱痕迹。器表皮受到严重侵蚀。口径 7.8、最大腹径 8.8、残高 4.8 厘米（图四四三：3；图版二四八：6）。

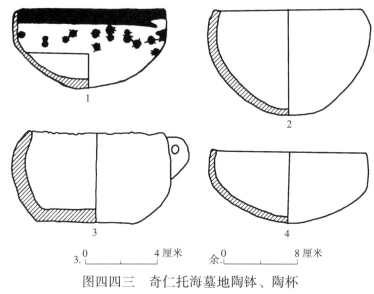

3.<u>　0　　　　　　4 厘米</u>　余.<u>　0　　　　　　8 厘米</u>

图四四三　奇仁托海墓地陶钵、陶杯
1. M145：1　2. M123：2　3. M92：1　4. M145：3

（三）钵

出土相对较多。分敛口钵和折沿钵两类。

1. 敛口钵。多敛口，鼓腹，圜底。依腹的深浅，分 3 式。

Ⅰ式　深腹。

M123：2，敛口，方唇，腹略鼓。口径 16.2、高 11 厘米（图四四三：2；图版二四七：5）。

M123：3，方唇，微敛口。全身施红色陶衣。口径 21.6、高 12 厘米（图四四四：3）。

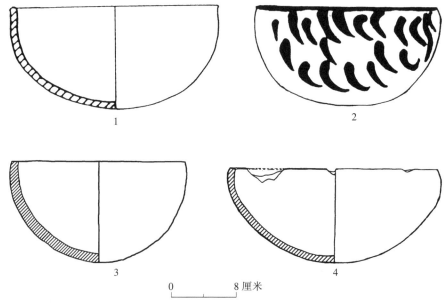

<u>　0　　　　　　8 厘米</u>

图四四四　奇仁托海墓地陶钵、陶杯
1. M22：1　2. M135：2　3. M123：3　4. M132：2

Ⅱ式　腹较浅。

M145：1，微敛口，方唇。口沿内壁及外壁施红色带状彩，腹下部至底部施白色陶衣，腹上部有无规律分散的红色圆点图案。口沿残损。口径16、高8.4厘米（图四四三：1；图版二四七：6；彩版八七：2）。

M145：3，微敛口，方唇，圜底略尖。器表施红色彩。口径17、高7.9厘米（图四四三：4）。

M13：1，直口，方唇，微鼓腹。口径24.4、高11.5厘米（图四四五：1）。

M135：2，口略内敛，方唇，略鼓腹，圜底。器腹通体绘略成排布列的蝌蚪纹样。口径21.6、高11.4厘米（图四四四：2；图版二四七：4；彩版八七：1）。

Ⅲ式　浅腹。

M132：2，微口敛，腹略鼓，大圜底。器表及口沿内壁施红色陶衣。口沿残损。口径24.8、高10.8厘米（图四四四：4）。

M22：1，直口，方唇。器表及口沿内壁施红色陶衣。底部有烟炱痕迹。口径25.8、高11.2厘米（图四四四：1）。

M21：1，残片。直口微敞，方唇。残高6.8厘米（图四四五：2）。

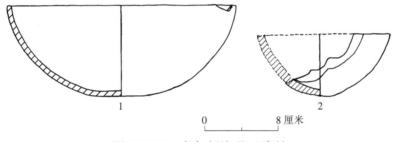

图四四五　奇仁托海墓地陶钵
1. M13：1　2. M21：1

2. 折沿钵。口沿略外折或折卷。依腹的深浅，分2式。

Ⅰ式　深腹。

M75：1，圆唇，鼓腹，圜底。器表及口沿内壁施红色陶衣。底部有烟炱痕迹。口沿残损。口径12.8、高8.2厘米（图四四六：2；图版二四七：3）。

Ⅱ式　腹较浅。

M130B：1，微敞口，方唇，鼓腹，圜底。器表及口沿内壁施红色陶衣。表面有烟炱痕迹。腹部有3对钻孔。口径19.4、高8.4厘米（图四四六：1）。

（四）盆

有折沿盆和敛口盆两类。

1. 折沿盆，1件。

M29：1，折沿，鼓腹，平底。器表及口沿内壁施红色陶衣。底部有烟炱痕迹。口径20.6、高10.5厘米（图四四六：3；图版二四七：1）。

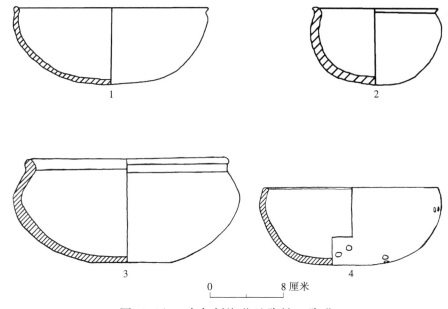

图四四六　奇仁托海墓地陶钵、陶盆
1. M130B：1　2. M75：1　3. M29：1　4. M39：1

2. 敛口盆，1件。

M39：1，敛口，鼓腹，平底。器表及口沿内壁施红色陶衣。底部有烟炱痕迹，有4个修补时钻的孔眼，腹部有3个铜补的孔眼。口径19.6、高8.3厘米（图四四六：4）。

（五）纺轮

1件。M88：1，呈扁圆形，中间有孔，表面围绕中间圆孔，有平行排列的弧线放射状刻划纹。直径3.2、厚1.2厘米，孔径0.72厘米（图版二五二：9；彩版八八：4）。

二　铁　器

奇仁托海墓地有50多座墓见有铁器，一般一座墓中1件，个别墓葬中2件或数件。铁器多残朽，可辨器形主要有刀、带扣、马具、锥和饰件等。发现一件保存较好的铁剑。

（一）刀

均为直柄刀，直背直刃或弧刃。

M56：3，保存较好。柄较粗，截面为椭圆形，直背直刃。长16.4、宽2.2、厚1.7厘米（图四四七：1）。

M99A：4，残，柄部基本完整，刃仅存一小截。残长7.9、宽0.8厘米（图版二四九：7）。

M30：1，残，柄部基本残缺，刃部大部保存，弧背凹刃，刃截面为锐角三角形。残长11.6、宽2.4、厚0.5厘米（图四四七：2；图版二四九：3）。

M187：1，残，柄较宽，刃较短，刃截面为锐角三角形。残长12.2、宽约2.5、厚0.5厘米（图四四七：3）。

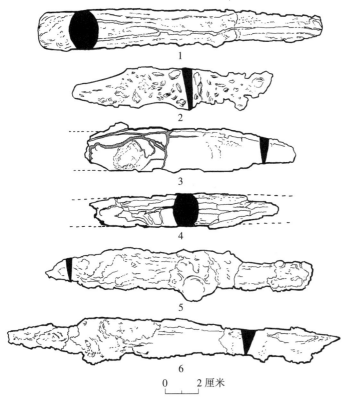

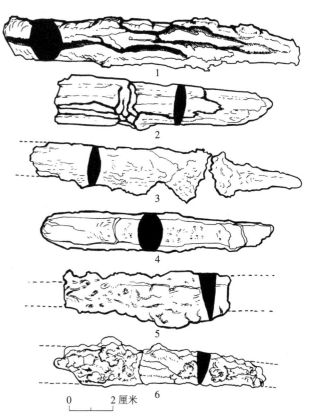

0 ———— 2厘米

图四四七　奇仁托海墓地铁刀
1. M56：3　2. M30：1　3. M187：1　4. M29：2
5. M170：2　6. M152：1

0 ———— 2厘米

图四四八　奇仁托海墓地铁刀
1. M83：2　2. M103：4　3. M54：4　4. M129：1－1
5. M129：1－2　6. M171：1

　　M29：2，柱状柄，刃部残，柄截面为椭圆形。刀残长11、宽0.8、厚1.4厘米（图四四七：4；图版二四九：8）。

　　M170：2，保存相对完整，直柄，柄首部较细，宽刃，刃截面为锐角三角形。长15.5、宽约2、厚0.3厘米（图四四七：5）。

　　M152：1，柄部和刃部大部分保存，柄后端窄，刃部截面为三角形。残长19.3、宽2.4、厚0.8厘米（图四四七：6）。

　　M83：2，保存较完整，柄部柱状，短柄，刃部叶状，背刃略弧。长14.6、宽2.1、厚1.5厘米（图四四八：1；图版二四九：10）。

　　M103：4，刃部保存较好，柄部残，刃为双面，截面为细叶状。残长8.6、宽约4.6、厚0.4厘米（图四四八：2）。

　　M33：1，窄柄，刃较宽，背略弧。柄端略残。残长5.4、宽1.6厘米（图版二四九：5）。

　　M54：4，残为2段。柄部残朽，刃部大部完整。柄为扁平状，刃为长三角形。一段残长4.5、宽约1.4、厚0.6厘米，另一段长9、宽2.2、厚0.6厘米（图四四八：3）。

　　M129：1－1，长柄，短刃，刃残蚀严重。柄截面为椭圆形，柄端弧圆。残长11.5、宽1.8、厚1.2厘米（图四四八：4；图版二四九：2）。

　　M129：1－2，柄部和刃部残蚀严重。刃截面为锐角三角形。残长8.3、宽2.7、厚0.8厘米（图四四八：5；图版二四九：9）。

M171：1，柄刃残蚀严重。刃截面为锐角三角形。残长 10.4、宽约 2、厚 0.7 厘米（图四四八：6）。

M116：3，长柄短刃，柄大部残蚀，刃较窄，呈三角形。残长 7、宽 1.7、厚 1.4 厘米（图四四九：1）。

M103：2，2 件。一件柄和刃部大部分残蚀。刃截面呈三角状。残长 8.2、宽约 2、厚 0.8 厘米（图四四九：2）。另一件，长 8厘米。

M36：1，长柄短刃，刃部残蚀。柄截面为长方形。残长 7.9、宽 1.6、厚 0.6 厘米（图四四九：3）。

M22：2，刀体较短，刃、柄残蚀严重。残长 6.7、宽 1.8、厚 0.5 厘米（图四四九：4）。

M179：3，柄刃宽窄大体一致，残蚀严重。残长 8.4、宽 1.5、厚 0.2 厘米（图四四九：5）。

M167A：2，柄较宽，刃较窄，朽蚀严重。残长 7.8、宽约 2.5、厚 0.4 厘米（图四四九：6）。

M61：1，柄部残，柄窄，似安在木柄内。刃保存较好，弧背凹刃，截面为细叶状。残长 11.2、宽 1.7、厚 0.4 厘米（图四四九：7）。

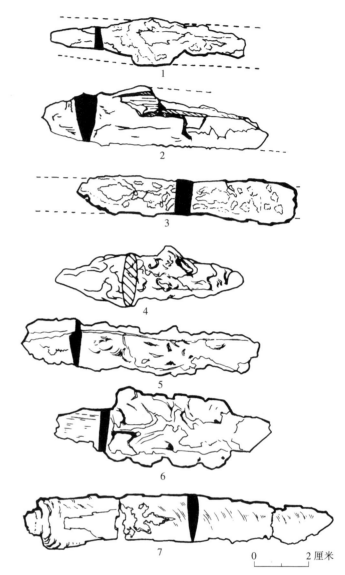

图四四九　奇仁托海墓地铁刀
1. M116：3　2. M103：2　3. M36：1　4. M22：2
5. M179：3　6. M167A：2　7. M61：1

M130B：3，短柄，直背，斜刃，柄和刃略残。长 5.2、宽 2.1 厘米（图版二四九：1）。

M130B：2，残，余刀刃的尖部。残长 4.3、宽 1.2 厘米（图版二四九：4）。

（二）锥

细长柱状，一端细尖。

M95：1，有较长的细柄，尖锥部分较短。长 8.2、直径 0.3 厘米（图四五〇：1；图版二四九：6）。

M63：4，一端呈尖锥状，柄较短，首部细长。残长 8.8、直径 0.3 厘米（图四五〇：2）。

M127：3，只残留中间细柱的局部。残长 5.2、宽 0.9 厘米（图四五〇：3）。

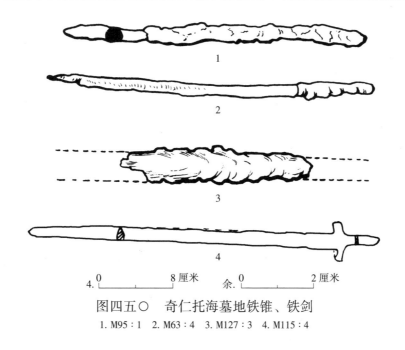

图四五〇　奇仁托海墓地铁锥、铁剑
1. M95∶1　2. M63∶4　3. M127∶3　4. M115∶4

（三）剑

M115∶4。剑首与剑体间有翼状凸栏。剑体细长。长78厘米（图四五〇∶4）。

（四）牌

1件。M89∶2，长方形。长7、宽4.2、厚0.4厘米（图四五一∶1）。

（五）带扣

1件。M99A∶1，扣的前部呈桃状，中间椭圆孔，后部为方形，中间有长方形孔。两孔中间用圆柱隔开，柱梁上有两道圆凸。长7、宽约5、厚0.5厘米，中间的孔径2.5厘米，下部矩形长2、宽0.6厘米（图四五一∶2；图版二五〇∶3）。

（六）钩

分弯钩和圆环钩两类。

1. 弯钩，1件。

M176∶2，弯柱状，残，留有弯钩部分。残长5.3、宽1.4、厚0.7厘米（图四五一∶3）。

2. 圆环钩，2件。保留圆环部分。

M170∶1，环径3.9厘米（图四五一∶4）。

M153∶3，环径2.8厘米（图四五一∶5）。

（七）马镫

M127∶1，残（图版二五二∶1）。

三　铜　器

奇仁托海墓地出土铜器较少，有镯、钩、耳环、带扣、环、弯丝、牌、刀、簪、镜、碗等。

（一）带扣

分椭圆形带扣和桃形带扣两类。

1. 椭圆形带扣，1 件。

M68：1，圆柱弯成的椭圆形环，柱截面为椭圆形。柱上有蘑菇状纽，用以系扣带绳。椭圆长径 5.5、短径 4.5 厘米，柱截面宽 0.9 厘米（图四五二：1）。

2. 桃形铜带扣，1 件。

M179：7，前端呈椭圆形环，一半残；后端为桃形中间有钉扣。长 3.5、宽 2.4 厘米（图四五五：3）。

（二）钩

截面略呈长方形柱状，柱的上端有环扣。

M68：9，残损。长 5.1、宽 1.3、厚 0.8 厘米。一端有 1×1.4 厘米大小的半圆状凸纽，纽上有孔。环纽长 1.4、宽 4 厘米，孔径 0.5 厘米（图四五二：2）。

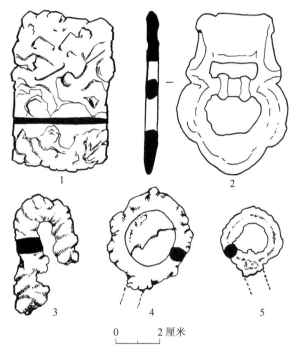

图四五一　奇仁托海墓地铁牌、铁带扣、铁钩
1. M89：2　2. M99A：1　3. M176：2　4. M170：1　5. M153：3

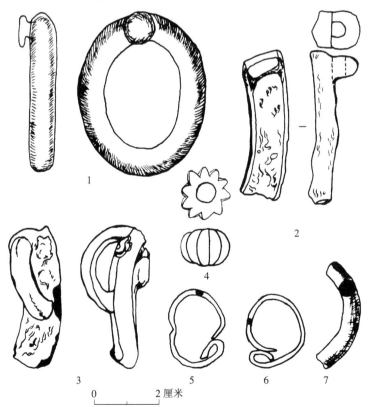

图四五二　奇仁托海墓地铜带扣、铜钩、铜耳环、铜环、骨簪首
1. M68：1　2. M68：9　3. M176：2　4. M168：1　5、6. M8：3　7. M68：3

M176：2，柱一端有长约3厘米的弓形环扣，扣面有一形状不规则凸起。残损。残长4.9、宽1.4、厚0.9厘米（图四五二：3）。

（三）耳环

用细铜丝弯曲而成。

M8：3，1对。弯曲成大小两个椭圆圈。一只长2.6、宽2厘米，另一只长2.6、宽2厘米（图四五二：5、6；图版二五○：2）。

（四）碗

1件。M5：1，口微敛，微鼓腹，平圜底。口径13.6、高4厘米（图四五三：4）。

（五）卷曲铜丝

1件。M167B：1，用铜丝卷成不规则状。长7.3厘米（图四五三：5）。

（六）环

圆环状，柱体截面呈圆形。

M68：3，环残长3.6、圆柱径约0.5厘米（图四五二：7）。

M108：1，出土1对，大小基本相同。M108：1-1，细铜柱弯曲成圆环状，两端头相对接。内径4.4、外径5.3厘米。M108：1-2，端口相接。内径4.1、外径5厘米（图四五三：2、6；图版二五○：1；彩版八八：5）。

（七）牌饰

1件。M146：1，残，残成扇面状，一角上有钻孔。残长1.7、宽2.4厘米（图四五三：3）。

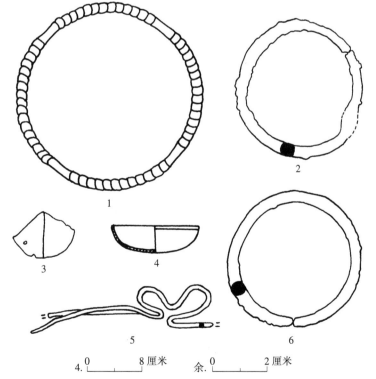

图四五三　奇仁托海墓地铜镯、铜碗、铜环、铜牌饰、卷曲铜丝
1. M167B：4　2、6. M108：1、2　3. M146：1　4. M5：1　5. M167B：1

（八）镯

1 件。M167B：4 细铜柱弯成的圆环，柱上四等分地铸出螺旋状圆卷装饰。直径 7.3、柱径 0.4 厘米（图四五三：1）。

（九）刀

少见。分直柄刀和环首刀两类。

1. 直柄刀，1 件。

M115：1，刀柄宽、长，刃部较窄，刃部残。残长 11、宽 1.7、刀背厚 0.4 厘米（图四五四：1；图版二五〇：4）。

2. 环首刀，1 件。

M115：2，保存完整，刀首有椭圆形环，刀体为长条状，刀背略凹，刃略弧，柄与刃之间无明显分界。刀尖残。残长 9、宽 0.5 厘米（图四五四：3）。

（十）簪

细长柱状，一端尖锐。1 件。

M123：3，长 8.5、柱径 0.2 厘米（图四五四：2）。

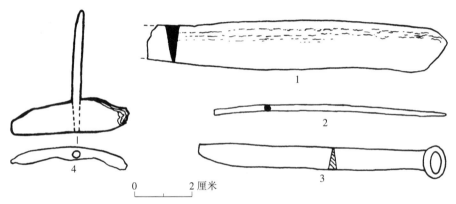

图四五四　奇仁托海墓地铜刀、铜簪、铜钉

1. M115：1　2. M123：3　3. M115：2　4. M167：1

（十一）扣

有塔状小铜扣、长方形小铜扣、叶状小铜扣和圆形铜扣。

1. 塔状小铜扣，1 件。

M116：3，整体呈倒塔状，顶平，尖锥尾，有三孔眼，孔眼呈三角形排列。背面有凸出的乳丁。高 2.9、宽 1.5 厘米（图四五五：2）。

2. 长方形小铜扣，1 件。

M116：2，长方形，边缘呈波状曲折，扣上有长方形孔，背有长方形柱状凸。长 1.6、厚 1.5 厘米（图四五五：4）。

3. 叶状小铜扣，1 件。

M116：4，叶状，一端尖圆，另一端平直。背两端有柱状凸纽（图四五五：5）。

4. 圆形铜扣，1件。

M179∶3，直径3厘米。

（十二）钉

1件。M167∶1，残长4.34厘米。尖端残，钉插在木中，附带有朽木，朽木宽4.3厘米（图四五四：4）。

四　金　器

墓地出土金器很少，有簪首、戒指。

（一）簪首

1件。M43∶1，呈圆球形的花骨朵状，簪柱为铁锥。分8瓣，中间有圆孔。直径2、厚2厘米（图四五五：1）。

（二）戒指

1件。M58∶1，戒面呈椭圆形，外轮环为青铜圈。戒面上镶红宝石，朽蚀。戒面外镶粘细金珠，长2.5厘米（图版二五一：6；彩版八八：2）。

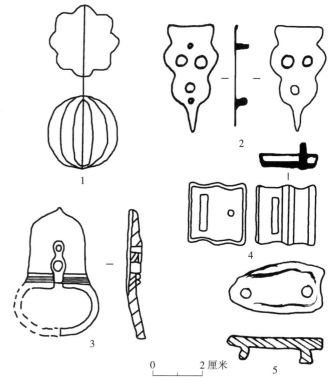

图四五五　奇仁托海墓地金簪首、铜带扣、铜扣
1. M43∶1　2. M116∶3　3. M179∶7　4. M116∶2　5. M116∶4

五　骨　器

骨器较少，主要为带扣，另有镞、弓弭、短管、纺轮、溺管等。

（一）带扣

大体分桃形、"8"字形、方形、圆形等。

1. 桃形扣，1件。

M179∶1，一端有菱形的小系柄，另一端有椭圆形孔。柄上有刻划点状纹饰，器身上有刻划线条纹，肩部两侧凿刻三角纹。长4、宽2.3、厚0.5厘米，孔径长1.2、宽0.6厘米（图四五六：1；图版二五一：4）。

M29∶4，扁平，叶片状。两端各有一个方形孔。长5.3、宽1.7、厚0.4厘米，孔长0.9、宽0.3厘米（图四五六：3；图版二五一：5）。

2. "8"字形扣，1件。

M61∶3，呈"8"字形，有一大一小两钻孔。已经断裂成两半。长4、宽2.1、厚0.2厘米，大孔孔径2.5、小孔孔径0.5厘米（图四五六：5）。

3. 方形扣，1件。

M168∶1，整体呈方形，一端出尖锥状扣舌，扣中间有长方形孔，扣的底部有等距的三个圆形槽。长4.2、宽3.9厘米（图四五六：2）。

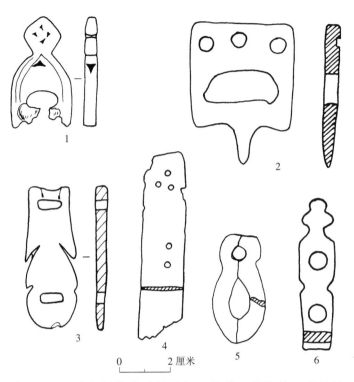

图四五六　奇仁托海墓地骨带扣、骨牌、骨饰件、骨牌饰
1. M179：1　2. M168：1　3. M29：4　4. M179：2　5. M61：3　6. M179：6

4. 圆形扣。

M46：1，上小下大，略为圆台状，中间有孔。直径 2~4 厘米（图版二五二：8）。

（二）牌饰

少量。大体呈长方形。

M179：2，残。上部有 3 个钻孔，中部有 2 个钻孔。残长 7、宽 1.6、厚 0.1 厘米（图四五六：4）。

M179：6，略呈长方形，首部雕刻近"十"字形，下为长方形，中间边缘有刻槽，牌身上有 2 个圆形孔。长 5.3、宽 1.3 厘米（图四五六：6）。

（三）环

大体呈环珠状。

M29：1，内径 0.9、外径 1.4、高 2 厘米（图四五七：3；图版二五二：4）。

（四）镞

1 件。M176：1，三棱形，无翼，扁平铤。长 8.3 厘米（图四五七：2）。

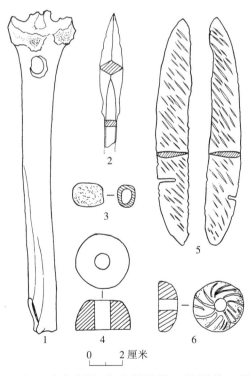

图四五七　奇仁托海墓地骨纺轮、骨溺管、骨镞、
骨弓弭、骨饰件
1. M2：2　2. M176：1　3. M29：1　4. M183：1　5. M105：1　6. M88：1

（五）溺管

1件。M2：2，动物的肢骨制成，在端部穿孔。长19.9厘米（图四五七：1；图版二五一：2）。

（六）弓弭

2片。大小一样，长叶片状。

M105：1，用动物长骨片制成，一侧刻槽。分别长14、宽2、厚0.3厘米，长14、宽2、厚0.4厘米（图四五七：5；图版二五一：8）。

（七）纺轮

M183：1，圆形，截面呈梯形，中间有孔。直径3.5、高1.7厘米（图四五七：4）。

M88：1，弧面，面上有弧状细槽。直径3.1、厚0.8厘米（图四五七：6；彩图八八：4）。

（八）梳

1件。M83：3，略长方形，梳尾圆弧，梳端有短齿。长8.1、宽2.8厘米（图版二五一：3）。

（九）簪首

1件。M168：1。圆球花瓣状，10瓣，中间有圆孔。直径4.1、高2.8厘米（图四五二：4；图版二五二：7；彩版八八：1）。

六　木　器

墓地部分墓葬随葬木器，器形有钵、盆等，均朽蚀。

七　石　器

墓地石器较少，类型有磨盘、杵、圆盘状研磨器，其次有环、纺轮、锥、球、料珠、砺石等。

（一）磨盘

分圆形磨盘和长方形磨盘两类。

1. 圆形石磨盘，1件。

M72：1，出土1套。圆形，中间有孔。上磨盘的孔高出石磨，上部呈圆形锅盖状。下磨盘呈圆形盘状。上磨盘直径15～16厘米，下石磨盘略薄，直径15厘米（图四五八：2；图版二五一：1；彩版八八：3）。

2. 方形石磨盘。大多残，呈不规则形。

M53：1，残呈三角形。残长8.5、宽7.2、厚2.2厘米（图四五九：3）。

M115：3，长方形，残。残长8.4、宽6.2厘米，石磨厚3.4厘米（图四五九：7）。

M109：1，方形，一边弧，中间有圆形凹槽。长5、宽4.5厘米、厚2.5厘米（图四五九：5）。

（二）圆盘状研磨器

2件。圆形，上面打制成易用手握的小圆台，下面较大，为石头的自然面，也为磨面。

M2：3，上台面边长约5、下台面直径9、厚3.4厘米（图四五九：1）。

M99A：2，上、下面台面大小差别不大。上台面直径6、下台面直径8.6厘米（图四五九：2）。

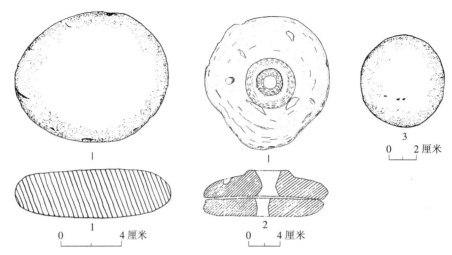

图四五八　奇仁托海墓地石磨盘、圆盘状石研磨器、石球
1. M58：3　2. M72：1　3. M58：2

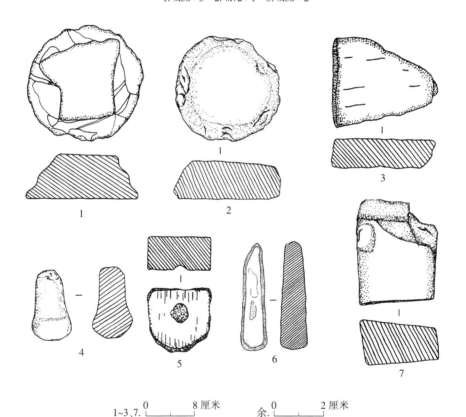

图四五九　奇仁托海墓地石杵、圆盘状石研磨器、方形石磨盘
1. M2：3　2. M99A：2　3. M53：1　4. M73：2　5. M109：1　6. M99A：3　7. M115：3

（三）杵

柱状，上部细，下部较宽。

M73：2，有柱状柄部，下部近椭圆。下部宽3.5、高5.5厘米（图四五九：4）。

M99A：3，上粗下细的条石状。长17、宽4.5厘米（图四五九：6）。

M58：3，椭圆盘状。长径10、短径8.3厘米（图四五八：1）。

M73：2，上为椭圆状柄，下为扇形体。圆柄直径2、下部宽3.6、高5.5厘米（图四六〇：7）。

（四）球

1件。M58：2，圆形。直径6厘米（图四五八：3）。

（五）碳精手镯

1件。M167B：2，碳精制成，黑色。柱环截面为方形。直径8.3、环柱宽1厘米（图四六〇：1）。

（六）纺轮

圆盘状，中间有孔。

M167A：1，直径3、孔径0.6、厚1.4厘米（图四六〇：4；图版二五二：5）。

M92：2，圆台状，中间有孔。底直径2.3、孔径0.7厘米，高1.5厘米（图四六〇：5；图版二五二：6）。

（七）石珠、玻璃珠

1. 石珠呈算盘珠状。

M120：1，2颗，珠中间穿孔。直径1.3、高0.9厘米（图四六〇：6）。

2. 玻璃珠呈算盘珠状。

M126：2，直径0.6厘米。

（八）砺石

长条形，一端有穿孔。

M115：4，长8.5、宽2.3、厚0.4厘米（图四六〇：2）。

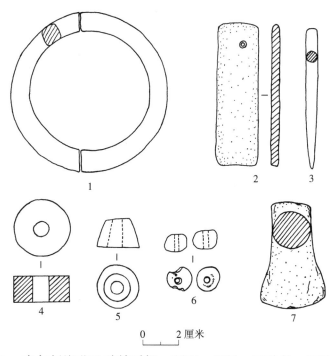

0 ——— 2厘米

图四六〇　奇仁托海墓地碳精手镯、砺石、石锥、石纺轮、石杵、石珠

1. M167B：2　2. M115：4　3. M133：1　4. M167A：1　5. M92：2　6. M120：1　7. M73：2

M3：1，无孔。长8厘米（图版二五二：3）。

（九）石锥

尖锥状。

M133：1，长8.3、宽0.7厘米（图四六〇：3）。

（十）海贝

M5：1，2枚（图版二五一：7）。

八　皮制品

奇仁托海墓地发现有皮条带，上缀有铜扣。

M127：1，上残有3枚铜扣，一枚为心形，一枚为小三角形，一枚为柱状。长13.5、厚0.2厘米（图四六一：3；图版二五二：2下）。

M127：2，上残有4枚铜扣、1枚铜钉及1铜鍪，铜扣皆为心形，铜鍪上有铁锈和布痕。长15.3、宽1.2、厚0.3厘米（图四六一：2；图版二五二：2上）。

M127：3，一端残有2枚铜扣，一枚为心形，一枚为U形。一端有皮绳系结。皮带表面有布痕。长13.4、宽1、厚0.2厘米（图四六一：1；图版二五二：2中）。

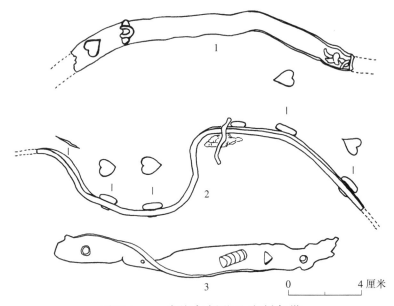

图四六一　奇海仁托墓地皮制条带

1. M127：3　2. M127：2　3. M127：1

第十章　萨尔布拉克沟墓地

第一节　墓地概述

　　萨尔布拉克沟墓地地处伊犁河流域上游喀什河北岸，尼勒克县科蒙乡团结牧场奇仁托海牧业村，西距县城约 40 公里，西邻萨尔布拉克沟口高台墓地，东邻奇仁托海墓地。萨尔布拉克为蒙古语，意为"红水沟"。墓葬分布在喀什河支流萨尔布拉克河东岸台地，依萨尔布拉克沟大体南北延绵 2 公里。沟口附近的墓葬规模较小，分布密集，部分墓葬被当地牧民盖房开垦农田时破坏，大部分墓葬地表封堆不明。沟内墓葬规模较大，均为石堆石圈墓，多分布在现代农田中，大体呈南北向链状排列。2003 年，为配合新疆伊犁州尼勒克县基本建设工程，新疆文物考古研究所在此发掘墓葬 79 座。发掘祭祀坛 1 座（图四六二；彩版八九：上）。

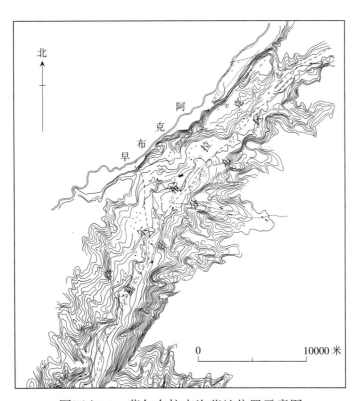

图四六二　萨尔布拉克沟墓地位置示意图

第二节　墓葬记述

　　萨尔布拉克沟墓地的墓葬，因地表封堆结构的不同，可分为土石封堆墓、土封堆墓、无封堆墓三大类。墓葬地表的封堆平面一般呈圆形或椭圆形，直径 5 ~ 25、高 0.5 ~ 2 米。其中，土石封堆墓数量较多，约占墓葬数量的三分之二，共计 57 座，主要为石圈墓和石圈石堆墓两类，呈链状分布。土封堆墓的封堆则直接在地表堆黄土而成，这种类型的墓葬主要分布于沟的冲积扇面上，共计 21 座。无封堆墓散布在沟的两岸台地，共计 9 座。墓室一般位于封堆中部下方。土石封堆墓的墓室多为东西向，而土封堆墓和无封堆墓的墓室则多为南北向。同一封堆下，一般为一个墓室。墓室结构有竖穴土坑、竖穴偏室、竖穴洞室、竖穴二层台等，个别为无墓室墓。土石封堆墓的墓室填土中一般多夹杂较多较大的卵石，土封堆墓和无封堆墓墓室内则填较纯净的黄土。墓葬墓室中的人骨一般保存较好，骨架完整。土石封堆墓的死者一般为仰身直肢，头西脚东，土封堆墓和无封堆墓的死者一般为头北脚南。墓葬多为单人一次葬，另有极个别的合葬墓。随葬品数量较少，特别是大部分土封堆墓和无封堆墓中无随葬品。

第一类　无封堆墓

　　分为竖穴土坑墓、竖穴偏室墓、竖穴洞室墓三型。

　　A 型　竖穴土坑墓。

　　M3　墓口平面呈西北—东南向长方形，长 2、宽 1.25、深 0.3 米。墓室内发现人骨 2 具，一次葬者位于墓室中间，仰身直肢，男性，成年。一次葬者的腰下，有一未成年幼儿个体，3 ~ 4 岁，其头枕于男性髋骨上，头北脚南，头骨下发现磨光的羊距骨 2 块。该墓西部被 M4 打破（图四六三）。

　　B 型　竖穴偏室墓。

　　M4　墓口平面呈东北—西南向长方形，长 1.7、宽 0.7、深 0.6 米。偏室开在墓坑的西壁，进深约 0.3 米。偏室内葬人骨一具，一次葬，仰身直肢，为一未成年个体，约 12 岁，头东北脚西南，无随葬品。该墓东部将 M3 打破（图四六三）。

　　C 型　竖穴洞室墓。

　　M10　墓口平面为圆形，直径 1、深 0.6 米。洞室开在墓坑东部，平面呈南北向椭圆形，长径 2.1、短径 1.2、高 0.8 米。洞口以三层石块封堵，底层用片石，上两层用卵石。洞室内葬人骨 1 具，一次葬，仰身直肢，头西北脚东南。女性，成年。无随葬品（图四六四）。

　　M14　墓口平面呈圆形，直径 0.9、深 0.8 米。洞室开在墓坑东部，平面近东北—西南向的圆角长方形，长 2、宽 1、高 0.65 米。洞室内葬人骨 1 具，一次葬，仰身直肢，头东北脚西南。女性，成年。无随葬品（图四六五）。

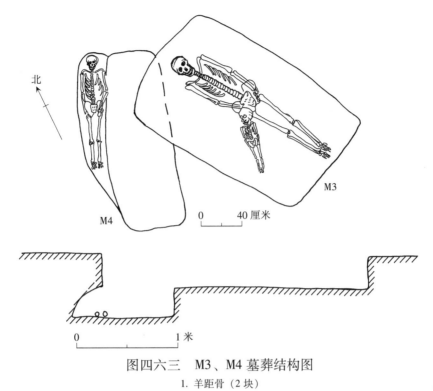

图四六三　M3、M4 墓葬结构图

1. 羊距骨（2块）

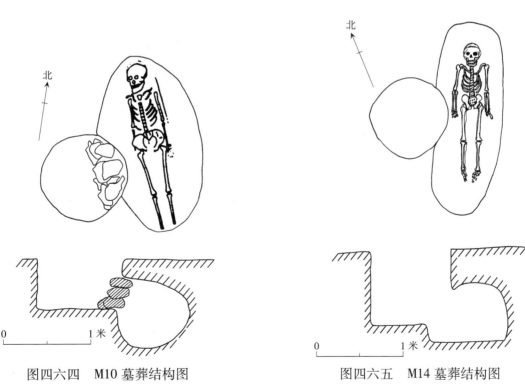

图四六四　M10 墓葬结构图　　　　　　　　图四六五　M14 墓葬结构图

第二类　土封堆墓

分为竖穴土坑墓、竖穴偏室墓、竖穴二层台墓、竖穴洞室墓、双室墓和多室墓、无墓室墓六型。

A 型　竖穴土坑墓。

M78　封堆平面呈圆形，直径9、高0.95米。墓室位于封堆下中部，竖穴土坑墓，墓口平面呈东西向长方形，长2、宽0.8、深1.1米。墓室西部被一竖穴土坑扰乱，扰乱坑长1.6、宽0.9、深0.9米，将墓底人骨上半身扰至距墓底0.3米处。墓室内葬人骨1具，人骨腰部以上被严重扰乱，骨殖散乱，下肢依生理位置摆放，据此判断，入葬时应是仰身直肢，头西脚东。仅在墓底西端发现1件残铁器，墓主年龄性别不详（图四六六；图版二六五：上）。

M80　封堆平面呈圆形，直径12、高0.7米。墓室位于封堆下中部，竖穴土坑墓，墓口平面呈西北—东南向长方形，长2.2、宽1.1、深1.1米。墓室内葬1人，一次葬，仰身直肢，头西北脚东南。男性，成年。死者右侧放置陶无耳罐1件、陶折沿钵2件，另有残铁剑、弓弭及羊椎骨（图四六七；图版二六五：中）。

M86　封堆平面呈圆形，直径5、高1米。墓室位于封堆下北部，竖穴土坑墓，墓口平面呈西南—东北向长方形，长1.16、宽0.98、深0.4米。墓室内葬1人，一次葬，侧身屈肢，头西南，面向东南。男性，成年。无随葬品（图四六八）。

B 型　竖穴偏室墓。

M17　封堆平面呈圆形，直径7、高0.3米。墓室在封堆下中部，墓口平面呈长方形，南北长约2.3、宽约0.9、深1.4米。偏室开在墓室的西壁，进深0.5米，与偏室相对一侧留出生土二层台，二

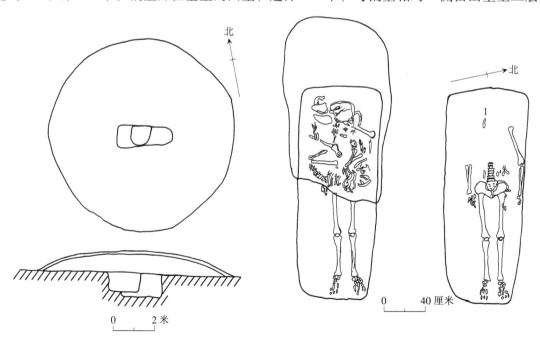

图四六六　M78墓葬结构图

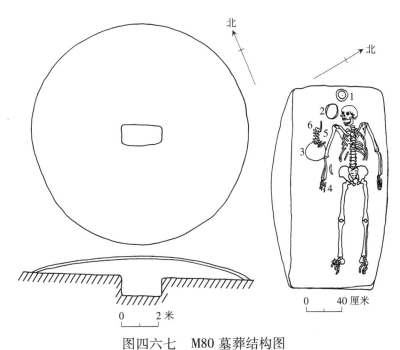

图四六七　M80 墓葬结构图

1. 陶无耳罐　2、3. 陶折沿钵　4. 弓弭　5. 铁剑（残）　6. 羊椎骨

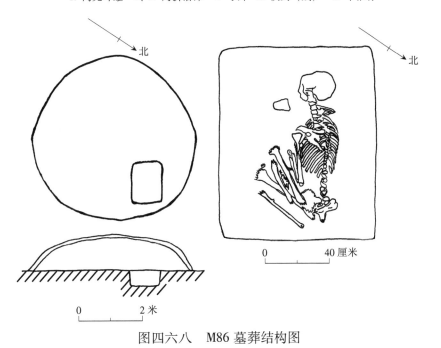

图四六八　M86 墓葬结构图

层台宽 0.4、高 0.3 米。偏室口用卵石封堵。偏室内葬 1 人，一次葬，仰身直肢，双手置于腹部，头西北脚东南。女性，成年。死者颈部发现银饰 1 件，应是项链，穿绳已朽（图四六九）。

C 型　竖穴土坑二层台。

M16　封堆平面呈圆形，直径 7、高 0.5 米。墓室在封堆下中部，墓室平面呈东北—西南向长方形，长 1.95、宽约 1、深 1 米。墓底东西两侧带弧形生土二层台，二层台宽 0.15、高 0.48 米。墓室内葬 1 人，仰身直肢，面朝上，头东北脚西南。男性，成年。墓中随葬骨扣 1 件。

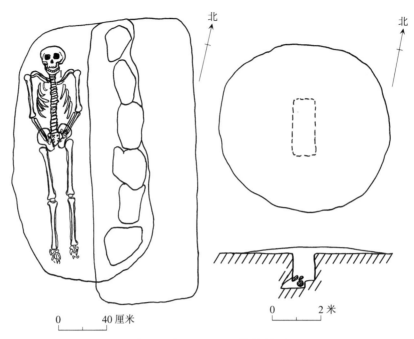

图四六九　M17 墓葬结构图
1. 银饰件（残）

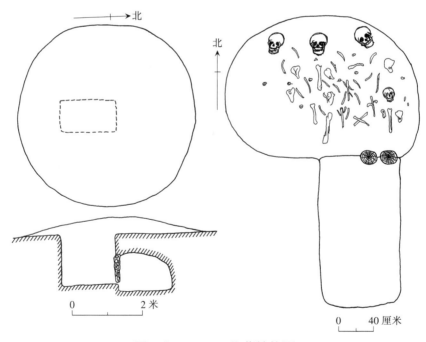

图四七〇　M22 墓葬结构图

　　D 型　竖穴洞室墓。

　　M22　封堆平面呈圆形，直径 5、高 0.5 米。墓室位于封堆下中部，墓口平面呈南北向长方形，长 1.6、宽 0.9、深 1.7 米。洞室开在墓坑的北端，进深约 1.6 米，用直径 0.2、长 0.8 米的原木封门，墓门高 1 米。洞室内葬人骨 4 具，但骨架严重散乱，均为未成年个体。洞室填土中出土铜戒指 2 枚、骨器 1 件（均残朽）（图四七〇）。

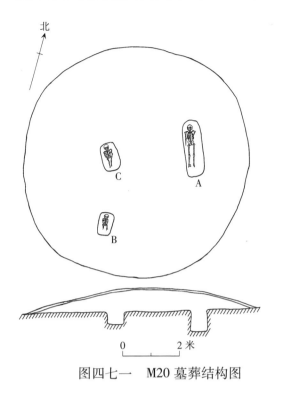

图四七一　M20 墓葬结构图

E 型　双室墓和多室墓。

M20　封堆平面呈圆形，直径8、高0.8米。封堆下三个墓室，分别编号为 A、B、C 墓室，均为竖穴土坑墓。A 墓室位于东部，平面呈南北向长方形，长 1.95、宽 0.65、深 0.75 米；B 墓室位于南部，平面呈南北向长方形，长 0.8、宽 0.6、深 0.3 米；C 墓室位于 B 墓室北部，平面呈南北向长方形，长 1、宽 0.65、深 0.4 米。三个墓室各葬人骨一具，均为仰身直肢，头北脚南，A 墓室为女性，成年；B、C 墓室均为幼儿。均无随葬品（图四七一）。

F 型　无墓室墓。

M12　无封堆，揭去表层土即见原地表上有一残缺石圈，石圈平面近东西向长方形，长 2.4、宽 1.8 米，以单圈卵石围成，南部残缺。石圈内东部见零星人骨，主要为下肢骨及肋骨，应是二次葬，死者年龄性别不详，死者头侧随葬铜扣、铜环各 1 件。

第三类　土石封堆墓

分为土堆铺石墓、土堆单石环圈墓、土堆双石环圈墓、土堆石环圈铺石墓、方形石环圈墓五型。

A 型　土堆铺石墓。分竖穴土坑墓、竖穴偏室墓两亚型。

Aa 型　竖穴土坑墓。

M30　封堆平面呈圆形，直径10、高0.5米。封堆外围及中部铺零星卵石。墓室位于封堆下中部，墓口平面呈南北向长方形，长 2.1、宽 1、深 1.5 米。墓室内葬 1 人，一次葬，仰身直肢，头北脚南。男性，成年。仅在头骨左侧随葬一节羊椎骨。

Ab 型　竖穴偏室墓。

M21　封堆平面呈圆形，直径5、高0.6米。封堆主要以黄土构成，内含少量卵石，散乱无规律。墓室位于封堆下中部，墓口平面呈南北向椭圆形，长径2.4、短径1.8、深1.4米。偏室开在墓坑西壁，进深约0.1米，南部进深约0.5米。与偏室相对应一侧有生土二层台，二层台宽0.9、高0.4米。墓室内葬 1 人，位于墓底西南部，一次葬，仰身直肢，头北脚南。女性，成年。一些骨碎片发现于墓坑填土中，无随葬品。

B 型　土堆单石环圈墓。分竖穴土坑墓、竖穴土坑二层台墓、双室墓三亚型。

Ba 型　竖穴土坑墓。

M24　封堆平面呈椭圆形，长径5、短径4.2、高0.25米。封堆外围铺断续的石环圈。墓室位于封堆下中部，竖穴土坑中填石。墓口平面呈东北—西南向长方形，长 2.05、宽 0.8、深 0.5 米。墓室内葬 1 人，一次葬，俯身直肢，头东北脚西南。女性，成年。无随葬品（图四七二）。

M36　封堆平面呈圆形，直径8、高0.7米。封堆外围铺规整的石环圈，石环圈宽约 1 米。墓

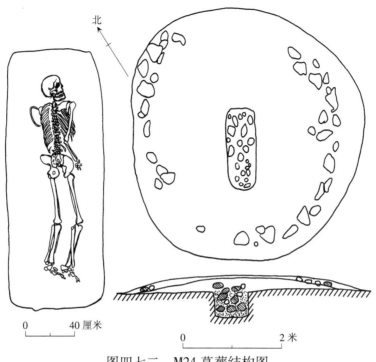

图四七二　M24 墓葬结构图

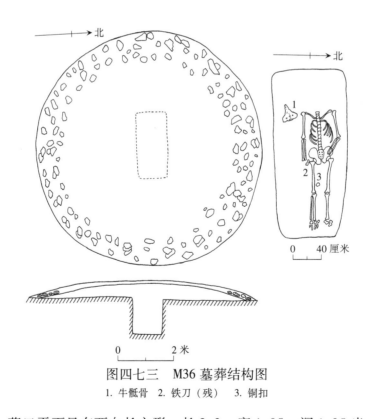

图四七三　M36 墓葬结构图

1. 牛骶骨　2. 铁刀（残）　3. 铜扣

室位于封堆下中部，墓口平面呈东西向长方形，长 2.3、宽 1.05、深 1.25 米。墓室内葬 1 人，一次葬，仰身直肢，头西脚东，无头骨。男性，成年。右肩部旁放置牛的骶骨，盆骨旁发现残铁刀 1件，两股之间发现铜扣 1 枚（图四七三）。

M37　封堆平面呈圆形，直径6、高0.45米。封堆外围铺规整的石环圈，石环圈宽约0.5米。墓室位于封堆下中部，墓口平面呈西北—东南向长方形，长2.15、宽1、深1.3米。墓室内葬1人，一次葬，仰身直肢，头西北脚东南，无头骨。男性，成年。其上半身骨架经二次人为扰乱，骨骼散乱，无头骨，人骨右肩旁置骨饰1件（图四七四）。

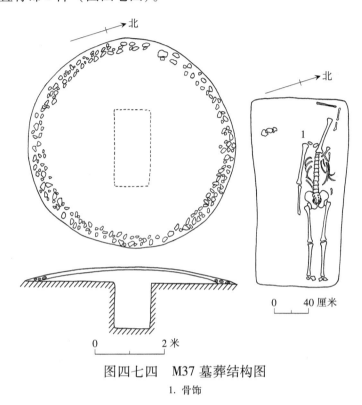

图四七四　M37墓葬结构图
1. 骨饰

M53　封堆平面呈圆形，直径15、高1.6米。封堆外围有规整的石环圈，石环圈呈圆形，直径15、环宽约1米。墓室位于封堆下中部，墓口平面呈东西向长方形，长1.85、宽1、深1.5米。墓室内葬1人，一次葬，仰身直肢，头西脚东。男性，成年。死者头右侧随葬铁刀（残）、料珠和牛的骶骨，右手旁发现桃形铜带扣1件和管状骨扣1件。

M55　封堆平面呈圆形，直径11.5、封堆高0.7米。封堆外围有规整的石环圈，石环圈呈圆形，直径10.5、环宽约0.5米。中部有圆形堆石，直径1.5米。墓室位于封堆下中部，墓口平面呈东西向梯形，长2.65、宽0.7~1.5、深1.8米。墓室内葬1人，二次葬。人骨被严重扰乱，骨殖散乱于墓底各处，墓主年龄性别不详。在墓底填土中发现有残铁锥、牛骶骨、绿松石等。

M66　封堆平面呈圆形，直径13、高1米。封堆外围有石环圈，石环圈呈圆形，直径13、环宽1.5~2米。中部有零星堆石。墓室位于封堆下中部，墓口平面呈西北—东南向长方形，长3.4、宽0.7~1.3、深2.3米。墓室内葬1人，一次葬，人骨腰部以上被严重扰乱，骨殖散乱于墓底各处，填土中发现铜针（残）、料珠、残铁器及少量陶片，人骶骨旁置1件陶钵。墓主年龄性别不详（图四七五；图版二六二：上）。

M72　封堆平面呈圆形，直径12、高2米。封堆外围有规整石环圈，石环圈呈圆形，直径12、环宽约1.5米。中部有零星堆石。墓室位于封堆下中部，墓口平面呈东西向梯形，西窄东宽，长2.7、

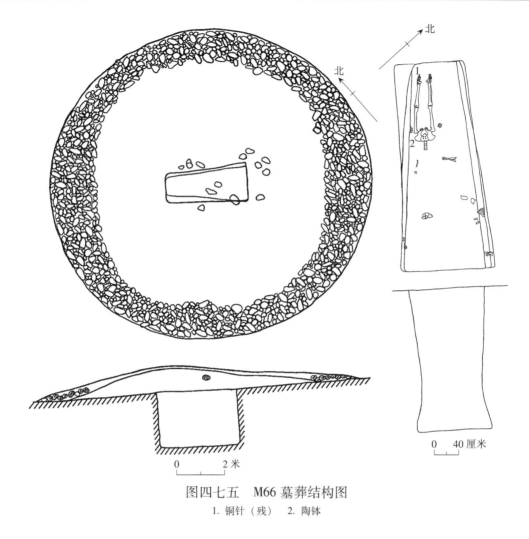

图四七五　M66 墓葬结构图
1. 铜针（残）　2. 陶钵

宽 0.85～1.32、深 1.8 米。墓底内弧，呈袋状坑，底长 2.7、宽 1.06 米。距墓口 1.5 米处见一层朽木痕迹。墓室内葬 1 人，一次葬，人骨被二次扰乱，骨殖散乱于墓底各处，在墓底南部发现 1 件陶钵，西部发现 1 件陶单耳带流罐，另外在填土中发现 1 件鹰喙状铜饰件、残铁器及少量陶片。墓主年龄性别不详（图四七六；图版二六三：上）。

M73　封堆平面呈圆形，直径 12、高 1.7 米。封堆外围有规整石环圈，石环圈呈圆形，直径 13、环宽约 1.5 米。墓室位于封堆下中部，中部墓口上地表处有零星堆石。墓口平面呈东西向长方形，长 3、宽 1.6、深 1.3 米。墓室填土中出土一具完整的鹰骨架，还有羊骶骨。墓室内葬 1 人，一次葬，人骨被严重二次扰乱，骨骼散乱于墓底各处。在填土中发现 1 件陶罐残片和 1 件铜器（残）。墓主年龄性别不详（图四七七；图版二六三：下；彩版九二）。

M74　封堆平面呈圆形，直径 11、高 1.5 米。封堆外围有规整的石环圈，石环圈呈圆形，直径 11、环宽约 1 米。中部墓口上地表处有圆形小堆石，直径 2 米。墓室位于封堆下中部，墓口平面呈西北—东南向长方形，西北宽东南窄，长 2.2、宽 0.85～1、深 1 米。墓室内葬 1 人，一次葬，人骨被二次扰乱，骨殖散乱于墓底北部各处，墓底填土中发现桃形骨饰、管状骨饰、铁镞。墓主年龄性别不详（图四七八；图版二六四：上）。

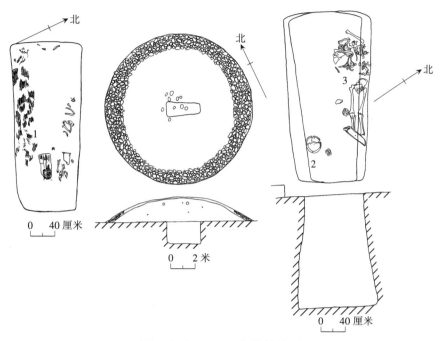

图四七六　M72 墓葬结构图

1. 鹰喙状铜饰件（填土中）　2. 陶钵　3. 陶单耳带流罐

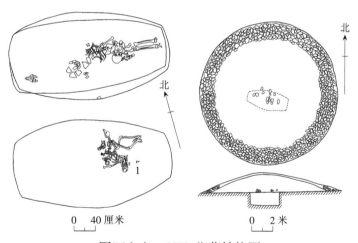

图四七七　M73 墓葬结构图

1. 鹰骨

　　M75　封堆平面呈圆形，直径 10、高 0.7 米。封堆外围有规整的石环圈，石环圈呈圆形，直径 9、环宽约 1 米。墓室位于封堆下中部，墓口平面呈西北—东南向梯形，西北宽东南窄，长 2.4、宽 0.9～1.2、深 0.7 米。墓室内葬单人，一次葬，人骨上半身被严重二次扰乱，骨殖散乱于墓底北部各处，下肢处于生理摆放位置，入葬时应是仰身直肢，头西北脚东南。墓底填土中发现铁钩、铁刀（残）。墓主年龄性别不详（图四七九；图版二六〇：上、二六四：中）。

　　M76　封堆平面呈圆形，直径 11.1、高 2.3 米。封堆外围有石环圈，石环圈呈圆形，直径 11、环

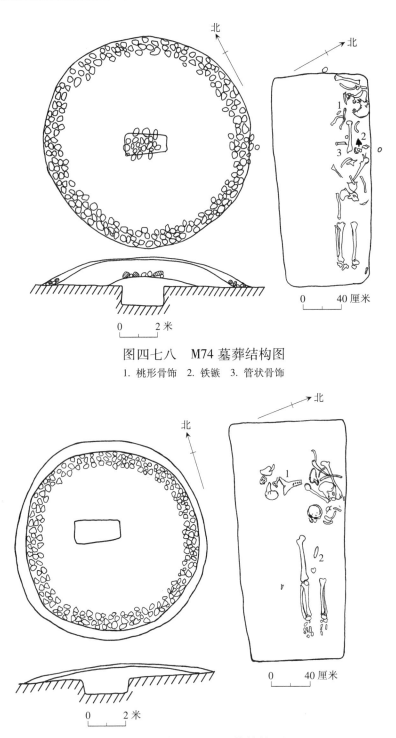

图四七八　M74 墓葬结构图

1. 桃形骨饰　2. 铁镞　3. 管状骨饰

图四七九　M75 墓葬结构图

1. 铁钩　2. 铁刀（残）

宽约1.5米。墓室位于封堆下西部，竖穴土坑墓，墓口平面呈东西向梯形，西宽东窄，长2.35、宽0.8~1.2、深1.2米。墓室内葬1人，一次葬，人骨腰部以上被严重扰乱，骨殖散乱于墓底各处，下肢依生理位置摆放，入葬时应是仰身直肢，头西脚东。在墓底东端发现1件陶钵，在墓底西端靠北壁发现1件陶无耳罐，另外在填土中发现铜器、骨器、铁器（均残）及少量陶片。墓主年龄性别不详

（图四八〇；图版二六四：下）。

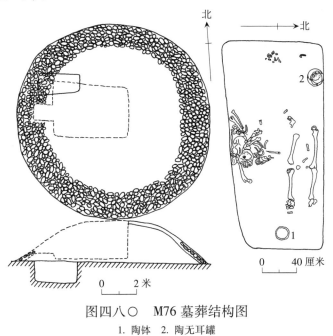

图四八〇　M76 墓葬结构图

1. 陶钵　2. 陶无耳罐

M82　封堆平面呈圆形，直径 8、高 1 米。墓室位于封堆下中部，墓口平面呈西北—东南向长方形，长 2、宽 1、深 0.6 米。墓室内葬 1 人，一次葬，仰身直肢，头西北脚东南。女性，成年。死者右侧发现羊椎骨（图四八一；图版二六五：下）。

Bb 型　竖穴土坑二层台墓。

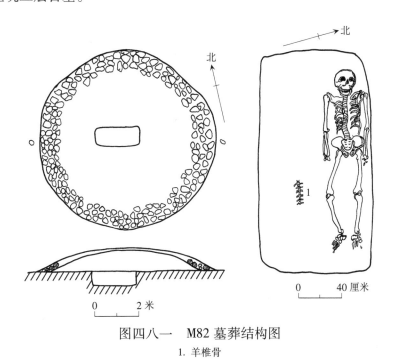

图四八一　M82 墓葬结构图

1. 羊椎骨

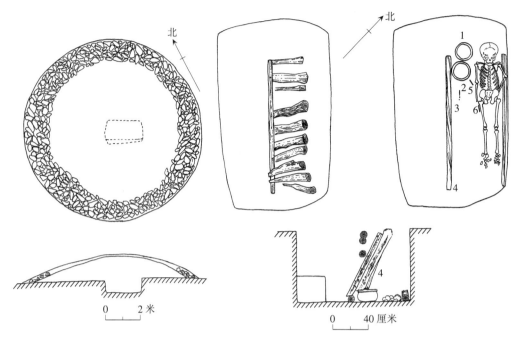

图四八二   M83 墓葬结构图
1. 陶钵   2. 陶盆   3、5、6. 铁刀（残）   4. 原木

　　M83　封堆平面呈圆形，直径 10、高 1.3 米。封堆外围铺规整的石环圈，石环圈宽约 1.5 米。墓室位于封堆下中部，墓口平面呈西北—东南向长方形，长 2.15、宽 1.3、深 0.9 米。二层台位于墓室南壁，宽 0.32、高 0.3 米。墓主身两侧分别放置一根长约 1 米的原木，右侧原木上立木，残留 10 根。墓室内葬 1 人，一次葬，仰身直肢，头西北脚东南。儿童。死者的右肩部旁放置 1 件陶钵、1 件陶盆、3 件铁刀（残）、木头残段（图四八二；图版二六六：中；彩版九三：下）。

　　Bc 型　双室墓。

　　M68　封堆平面呈圆形，直径 17、高 1.9 米。封堆外围有规整的石环圈，石环圈呈圆形，直径 17、环宽 2～2.5 米。中部墓口有不规则堆石。双墓室，分别编号为 A、B 墓室。A 室位于中部石堆下，为竖穴土坑墓，墓室平面呈梯形，西宽东窄，长约 2.16、宽约 1.16～1.28、深 1.9 米。墓室内葬 1 人，一次葬，仰身直肢，头西北脚东南，左手置于腹部。男性，成年。人骨上覆盖一层原木。墓室底部东端南部随葬 2 件陶罐，死者右手旁随葬有骨珠、2 个骨扣、2 件骨饰及残铁器。在右手处也有 2 件骨饰，右股骨外侧见残铁剑，两股骨之间有玛瑙珠，左小腿外侧有 2 枚骨镞，右腿外侧有 2 枚铁镞，另有 2 件小铜饰，胸部有 2 枚骨环。B 室位于封堆北部下石环圈内缘，与 A 墓室相距 4 米，为竖穴土坑墓，墓室平面呈长方形，东西长约 3.4、宽约 0.96～1.3、深 0.8 米。墓室内葬 1 人，一次葬，仰身直肢，头西北脚东南，其双手置于腹部。女性，成年。在其身右侧随葬残陶罐 1 件、陶盆和陶钵各 1 件、细颈壶 1 件、砺石及羊的椎骨等遗物，死者头骨上侧放置 1 件骨镞，残朽（图四八三；图版二六二：下；彩版九三：上）。

　　C 型　土堆双石环圈墓。分两亚型。

　　Ca 型　竖穴土坑墓。

　　M63　封堆平面呈椭圆形，长径约 22、短径 17、高 1.5 米。封堆外围有石环圈，石环圈呈椭圆

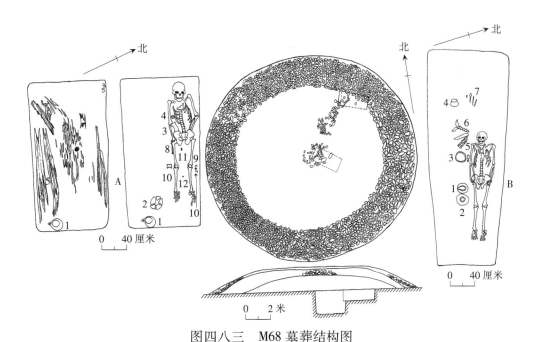

图四八三 M68 墓葬结构图

A：1. 陶单耳带流罐 2. 陶无耳罐 3. 管状骨饰 4. 骨环（2件） 5、6、7. 骨形骨牌饰 8. 铁剑（残） 9. 骨镞（2枚） 10. 铁镞（2枚） 10. 铁器（残） 11. 小铜件（残） 12. 玛瑙珠；B：1. 陶罐（残） 2. 细颈壶 3. 陶折沿盆 4. 陶钵 5. 砺石（残） 6. 羊椎骨 7. 骨镞（残）

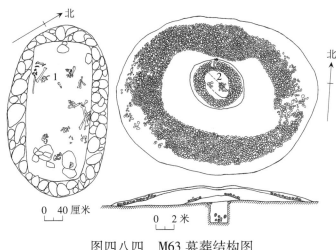

图四八四 M63 墓葬结构图
1. 骨镞 2. 石磨盘

形，长径20、短径15、环宽约4米。中部石环圈也呈椭圆形，长径5.5、短径4.5、环宽约1米。内侧石环圈发现一圆形石磨盘和一羊的小腿骨。墓室位于封堆下中部，墓口平面呈西北—东南向长方形，长3.7、宽2.2、深2.5米。墓坑四壁一周有二层台，二层台宽0.3~0.4、高2.42米，其上平铺一圈碎小卵石。墓室内葬1人，二次葬，人骨被严重扰乱，骨殖散乱于墓底各处，不见头骨，填土中发现少量陶片。墓室人骨间出土1枚骨镞。墓主年龄、性别不详（图四八四；图版二五三：上、二六一：中；彩版九〇：上）。

M64 封堆平面呈椭圆形，长径约13.7、短径12、高1.9米。封堆外围有石环圈，石环圈呈椭圆形，长径13.7、短径12、环宽1.5~2米。中部石环圈也呈圆形，直径6、环宽1~2米。墓室位于封堆下中部，墓口平面呈西北—东南向长方形，长3.25、宽1.4、深1.5米。墓室内葬1人，二次葬，人骨被严重扰乱，骨殖散乱于墓底各处，墓主年龄性别不详。墓葬封堆中出土1件陶罐。墓底填土中发现带柄铜镜、长方形石磨盘、铁器（残）、铁刀（残）（图四八五；图版二五九：下、二六一：下；彩版九〇：下）。

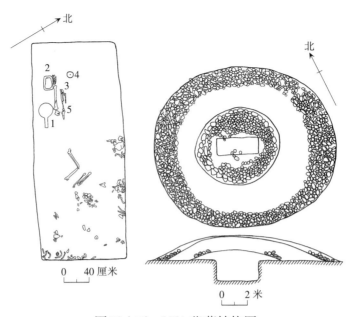

图四八五　M64 墓葬结构图

1. 带柄铜镜　2. 长方形石磨盘　3. 铁器（残）　4. 石磨盘　5. 铁刀

Cb 型　竖穴偏室墓。

M31　封堆平面呈圆形，直径 9、高 0.7 米。封堆外围有规整的石环圈，环宽 1 米。墓室位于封堆下中部，墓口地表有石环圈，直径约 3.5、环宽 0.5 米，南部残缺。墓口平面呈南北向圆角长方形，长 2.8、宽 1.4、墓深 2.5 米。偏室开在墓坑东壁，进深约 0.3 米。墓室中部被一直径 1.7 米的圆形扰坑打破。墓室内葬 1 人，一次葬，仰身直肢，头北脚南。成年，女性，其上半身被严重二次扰乱，骨殖零散，下半身仍摆放在生理位置。无随葬品。

D 型　土堆石环圈铺石墓。

M15　封堆平面呈圆形，直径 8.5、高 0.8 米。封堆外围有规整的石环圈，西部残缺，环宽约 1 米。中部为一直径 4 米的圆形石堆，中部有扰乱痕迹。墓室位于封堆下中部，竖穴土坑墓，墓口平面呈东西向长方形，长 2.7、宽 1.2、墓深 1.8 米。墓口上地表南侧出土少量马骨。墓室内葬单人，一次葬，仰身直肢，头西脚东。死者半身被二次扰乱，头骨及上半身右侧骨殖零散，其余仍摆放在生理位置。男性，成年。墓底西端发现 1 件铁刀（残）。

E 型　方形石环圈墓。

M19　封堆平面呈圆形，直径 3.8、高 0.3 米。封堆表层土下见一长方形石围，长 3、宽 2.7 米。石围中部有长方形石堆，长 1.3、宽 0.7 米。墓室位于中部石堆两侧，双室墓。两墓南北并列，分别编号为 A、B 墓室。A 室在西，为竖穴土坑墓，墓室平面呈长方形，长约 2.25、宽约 0.9、深 1 米。墓室内葬 1 人，一次葬，仰身直肢，头西北脚东南，死者左手置于腹部。男性，成年。无随葬品。B 室在东，与 A 墓室相距 0.3 米，为竖穴土坑偏室墓，墓室平面呈长方形，长约 2.1、宽约 0.6、深 0.9 米。偏室开在墓坑的西壁，进深约 0.2 米，与偏室相对一侧有生土二层台，二层台高 0.18、宽 0.2 米。墓室内葬 1 人，一次葬，仰身直肢，头西北脚东南，死者双手置于腹部。女性，成年。无随葬品（图四八六）。

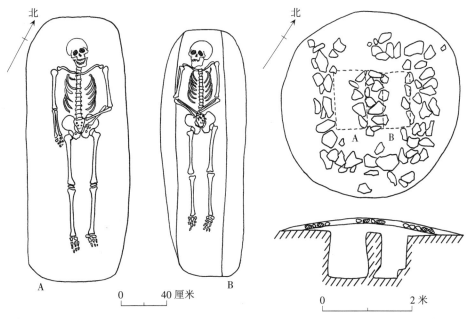

图四八六　M19 墓葬结构图

第三节　出土器物

萨尔布拉克沟墓地墓葬中随葬品贫乏，多数墓葬无随葬品。一般一座墓葬中随葬 1 件器物，少数墓葬随葬 2 或 3 件，个别墓葬随葬多件器物。主要有陶器、铁器、木器、石器等。

一　陶　器

萨尔布拉克沟墓地近 30 座墓葬中见有陶器，有 20 多件完整器物，大多为陶片。完整陶器出自人骨架的头骨附近，陶片或发现在墓室，或出自墓室填土。陶器多为夹砂红陶，个别为红褐陶，手制。大多数为素面，少数绘有图案。器类有罐、壶、瓶、钵等。

（一）罐

1. 无耳罐。敞口，束颈，深腹，圜底。分 3 式。

Ⅰ式　领较高，溜肩，鼓腹。

M62∶1，圆唇。通体彩，器物口沿内有一周彩带，颈部间一侧绘网格纹，一侧绘垂帐纹，下腹和器底涂彩。口径 7.8、最大腹径 12.4、高 16 厘米（图四八八∶2；图版二六八∶6）。

Ⅱ式　矮领，口沿略外卷，腹略下垂。

M80∶1，尖唇，鼓腹，平圜底。器表及口沿内壁施红色陶衣。底部有烟炱痕迹。口径 9.2、最大腹径 12.8、高 18.8 厘米（图四八八∶4）。

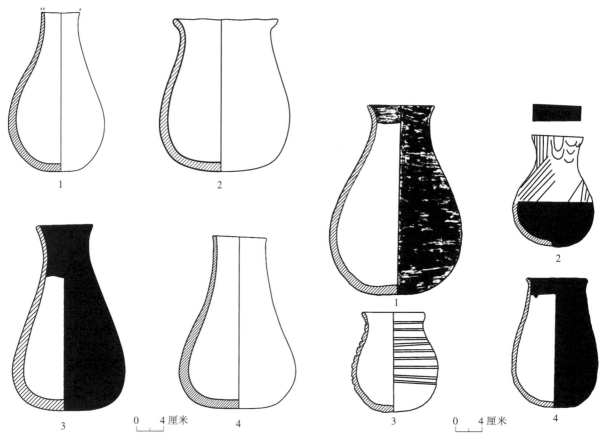

图四八七　萨尔布拉克沟墓地陶无耳罐、陶壶
1. M50：3　2. M76：2　3. M64：5　4. M54：1

图四八八　萨尔布拉克沟墓地陶无耳罐、陶壶
1. M68B：2　2. M62：1　3. M68A：2　4. M80：1

M76：2，颈收束明显，垂鼓腹。口径 13、高 18.5 厘米（图四八七：2）。

Ⅲ式　矮领，口外敞，深鼓腹，圜底。

M68A：2，方唇，溜肩。从颈部至腹部共饰 9 周刻划弦纹，侧部有烟炱痕迹。口径 9.6、最大腹径 12.9、高 14.8 厘米（图四八八：3；图版二六八：5）。

2. 单耳带流罐，2 件。

口较大，直口，微鼓腹，一侧有小的半圆形单耳，圜底。器物口沿向外出敞开的流嘴。

M68A：1，方唇。流下有泥片状脊，腹耳。器表及口沿内壁施红色陶衣，表皮剥蚀严重。侧面和底部有烟炱痕迹。口径 13.5、最大腹径 10.4、高 19、流长 6 厘米（图四八九：1；图版二六八：2；彩版九四：4）。

M72：3，方唇，腹耳残损。器表及口沿内壁施红色陶衣。口径 12.8、最大腹径 20、高 20.8、流长 6.4 厘米（图四八九：2；图版二六八：4；彩版九四：2）。

3. 单耳罐，1 件。

M52：1，敞口，圆唇外卷，束颈，溜肩，鼓腹，圜底，腹耳残损。器表及口沿内壁施红色陶衣，表皮侵蚀严重。侧部有烟炱痕迹。口径 10.8、最大腹径 14.52、高 14.8 厘米（图四九〇：2；图版二六八：1）。

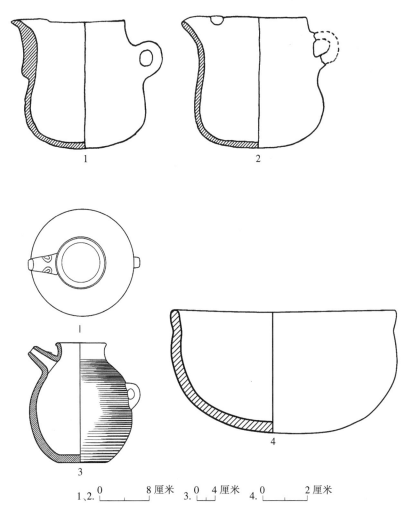

1、2. $\underset{\text{0}}{\rule{0pt}{0pt}}$　8厘米　　3. $\underset{\text{0}}{\rule{0pt}{0pt}}$　4厘米　　4. $\underset{\text{0}}{\rule{0pt}{0pt}}$　2厘米

图四八九　萨尔布拉克沟墓地陶带流罐、陶带流壶、陶钵

1. M68A：1　2. M72：3　3. M70：4　4. M71：3

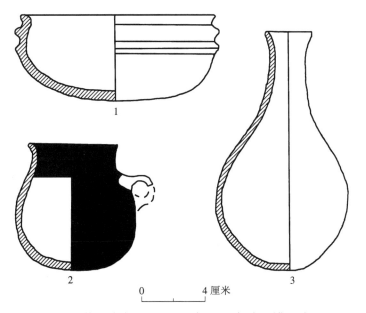

0　　　　4厘米

四九〇　萨尔布拉克沟墓地陶瓶、陶单耳罐、陶叠唇钵

1. M72：2　2. M52：1　3. M60：4

（二）壶

细颈，口外卷，平圜底。

M68B：2，圆唇，束颈，溜肩，鼓腹，圜底。器表及口沿内壁施色陶衣。侧部有烟炱痕迹。口沿残损。口径10、最大腹径19.6、高27厘米（图四八八：1；图版二六八：3）。

M50：3，夹砂红陶，手制。高颈，口沿残，垂腹，圜平底。残高23.8厘米（图四八七：1）。

M54：1，夹砂红陶，手制，高颈，方唇，垂腹，圜平底。口径9.6、高29.5厘米（图四八七：4）。

M64：5，夹砂红陶，手制，小口，细长颈，口微敞，垂腹，圜平底，口沿及颈内壁施暗红色彩衣。口径6.4、高20.5厘米（图四八七：3）。

（三）瓶

1件。M60：4，细高颈，口略外敞，束颈，溜肩，垂鼓腹，小平底。口径5.6、最大腹径16.2、高28厘米（图四九〇：3）。

（四）钵

大口，浅腹，圜底。有直口钵、叠唇钵和折沿钵三类。

1. 叠唇钵，1件。

M72：2，敞口，方唇，沿内斜，鼓腹，沿下有附加泥条，并经修整压印，形成三重叠唇。器表及口沿内壁施红色陶衣。口径23.2、高10厘米。似经过慢轮修整（图四九〇：1；图版二七〇：1；彩版九四：1）。

2. 折沿钵。大口，沿外折，圜底。依器腹的高低，分3式。

Ⅰ式　深腹。

M68B：4，敞口，圆唇外卷，鼓腹。器表及口沿内壁施红色陶衣。口沿残损。口径18、高10.4厘米（图四九一：6；图版二六九：5）。

M71：2，敞口，尖唇，折卷沿，沿下形成折棱，鼓腹，器表及口沿内壁施红色陶衣。腹内壁有不规则条状图案。器身残损。口径12.8、高6.8厘米（图四九一：2；图版二六九：3）。

M71：3，夹砂红陶，手制，方唇，微鼓腹，平圜底。口径19.5、高10.5厘米（图四八九：4）。

Ⅱ式　腹较深。

M61：6，大口较直，圆唇，沿略外卷，微鼓腹。口径15、高7.8厘米（图四九一：5；图版二六九：4）。

Ⅲ式　浅腹。

M80：3，敞口，尖圆唇外卷，鼓腹。器表及口沿内壁施红色陶衣。口径22.4、高8.8厘米（图四九一：1；图版二七〇：4）。

M83：1，敞口，圆唇外卷，鼓腹，圜底。器表及口沿内壁施红色陶衣，腹内壁有"十"字形图案。口沿残损。口径18.8、高8.4厘米（图四九二：1）。

M80：2，微敛口，圆唇，鼓腹。口沿内壁及外壁施红色陶衣，通身饰不规则网格纹，腹内壁有不规则点状图样。口沿残损严重。口径22、高11.2厘米。器形不规则，制作较粗糙（图四九二：2；图版二七〇：3）。

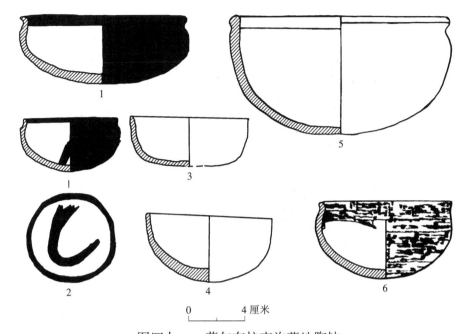

图四九一　萨尔布拉克沟墓地陶钵

1. M80：3　2. M71：2　3. M76：1　4. M66：1　5. M61：6　6. M68B：4

3. 直口钵。口较直或微外敞，圜底。依器腹高低，分2式。

Ⅰ式　腹较深。

M76：1，敞口，方唇，微鼓腹，平圜底。内壁有大面积烟炱痕迹。口径17.2、高8.8厘米（图四九一：3；图版二六九：6）。

Ⅱ式　腹较浅。

M66：1，敞口，沿内斜，方唇，微鼓腹，圜底。器表及口沿内壁施红色陶衣。器身残损。口径16、高6.4厘米（图四九一：4；图版二六九：1）。

（五）盆

大口，平底，器腹较浅。分折沿盆和直沿盆两类。

1. 直沿盆。

M83：2，敞口，方唇，鼓腹，平底。全身施红色陶衣。口径23.6、高8.4厘米（图四九二：4；图版二七〇：2）。

2. 折沿盆。

M68B：3，敞口，圆唇外卷，鼓腹，圜底，底部中心凹陷。器表及口沿内壁施红色陶衣。口径16、高8厘米（图四九二：3；图版二六九：2）。

（六）管流罐

1件。M70：4，夹砂灰红陶，轮制。口沿略卷，圆唇，短颈，溜肩，鼓腹，平底。腹部有密集的弦纹。肩部一侧有兽首状管流，单侧腹部有桥形耳。口径16.4、高26.7厘米（图四八九：3；彩版九四：3）。

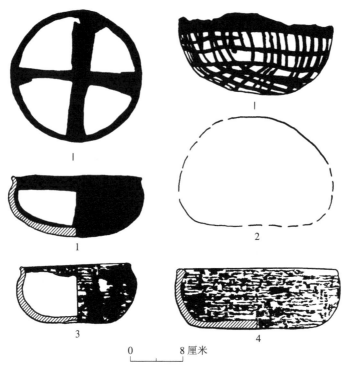

图四九二　萨尔布拉克沟墓地陶钵、陶盆

1. M83：1　2. M80：2　3. M68B：3　4. M83：2

二　铁　器

萨尔布拉克沟墓地的 32 座墓中见有铁器，出土铁器 40 余件。铁器大多残蚀，相当多的铁器只留有器物残锈的局部。能辨器形主要有刀、锥、带扣、钩、剑等。

（一）铁剑

2 件。M68A：8，保存相对完整，剑体锈蚀。柱状短柄，柄首圆鼓，柄与刃间出半圆形栏，锈蚀严重。剑柄的截面呈椭圆形。刃整体呈柳叶状，截面呈菱形。长 26.3、宽 5、厚 2.5 厘米（图四九三）。

M81：5，只存剑的柄部，截面呈椭圆形。残长 11、宽 4.5 厘米（图四九四：1）。

（二）铁刀

常见，有的柄部较长，有的柄部较短。绝大多数锈蚀，残损。

M7：6，保存相对较好，刀体严重锈蚀。柄截面为椭圆形，柄和刃间界线明显。刃大体呈三角状。长 10.9、柄宽 1.5、刃宽 2 厘米（图四九四：2）。

M81：3，只残留柄部，截面为椭圆形。残长 9、宽 2 厘米（图四九四：3）。

M14：2，刀体短小。短柄窄刃，残。残长 4.7、宽 1 厘米（图四九四：4）。

M60：2，残留刀柄部，柄扁平。残长 8、宽 2 厘米（图四九四：5；图版二七三：5）。

M65：4，细柄，刃端残。残长 8.7、宽 2 厘米（图版二七二：5）。

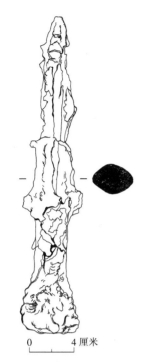

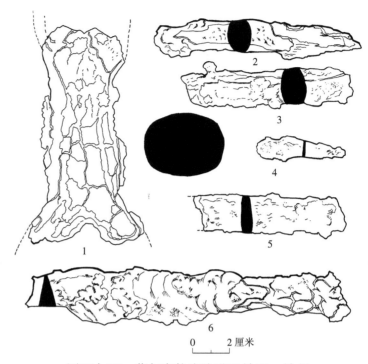

图四九三　萨尔布拉克沟墓地铁剑
（M68A：8）

图四九四　萨尔布拉克沟墓地铁刀、铁剑
1. M81：5　2. M7：6　3. M81：3　4. M14：2　5. M60：2　6. M68B：6

M68B：6，柄部较长，刃较短。柄长14、宽2厘米；刃残，残长1.5厘米（图四九四：6；图版二七二：1）。

M68：2，柄残，刃部呈长柳叶状，保存相对较好。残长7.7，宽1.7厘米（图版二七二：6）。

M83：5，柄残缺，刃保存较好。弧背直刃，刃截面为锐角三角形。残长11、宽约4、厚3.2厘米。

M83：6，刀细长，残。残长8.5、宽1.7厘米（图版二七二：7）。

M64：5，仅留刀柄。残长6、宽2厘米（图版二七二：3）。

M64：6，残有长的刃部，背略弧，刃略鼓，刃首略翘。长11.2、宽3.2厘米（图版二七二：8）

M81：3，残存柄部大部，截面为椭圆。残长8.9、宽1.7、厚1.3厘米。

M80：4，柄部保存相对完整，截面为椭圆形，刃残。残长10.6、宽1.9、厚1.4厘米（图四九五：1；图版二七二：4）。

M83：3，刃部大部保存，弧背直刃，柄部残缺。残长10.2、宽1.5、厚0.7厘米（图四九五：2；图版二七二：2）。

M14：1，柄部残，留有刃部，刃为弧背凹刃，截面为锐角三角状。残长8.7、宽2厘米（图四九五：3）。

M81：4，柄部大部保存，刃残。残长10.2、宽1.5、厚0.7厘米（图四九五：4）。

M75：2，保存相对较好，柄刃间无明显分界。柄部较粗，截面为椭圆形，刃尖残。残长13、宽2.4、厚1.5厘米（图四九五：5）。

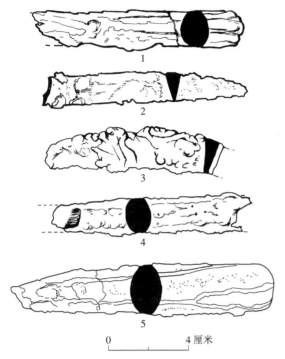

图四九五　萨尔布拉克沟墓地铁刀
1. M80：4　2. M83：3　3. M14：1　4. M81：4　5. M75：2

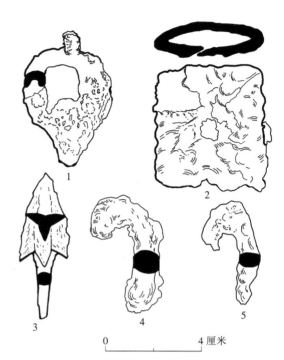

图四九六　萨尔布拉克沟墓地铜带扣、铁镞、铁钩
1. M53：1　2. M57：1　3. M74：2　4. M81：2　5. M75：1

M53：3，残，柄部保存相对较好。残长6、宽2.4厘米（图版二七三：3）。

（三）铁镞

1件。M74：2，三翼，圆柱形铤。严重锈蚀。长6.1厘米（图四九六：3）。

（四）铁钩

一端弯成钩状。

M81：2，长5、宽1.1、厚0.9厘米（图四九六：4）。

M75：1，呈钩状。严重锈蚀。长4.3、厚0.5厘米（图四九六：5）。

M68A：6，残，一端呈钩状。残长6.7、宽1.7厘米（图版二七三：4）。

另外，M6墓葬填土中出有铁器残块。

三　铜　器

有带扣、镜、环及其他饰件。

（一）带扣

有方形带扣和桃形带扣两种。

1. 方形带扣，1件。

M57：1，方形，用铁片卷成，正中间有一直径约0.8厘米的孔。长5.4、宽4.8、厚1.4厘米（图四九六：2；图版二七三：1）。

2. 桃形带扣，1件。

M53：1，呈桃形环，一端有圆形短柱，中间有方形孔。环的截面呈"U"形。长 5.6、宽 3.7、厚 0.4 厘米。锈蚀严重，背面有残留的皮带痕迹（图四九六：1；图版二七三：2）。

（二）镜

1 面，带柄铜镜。

M64：1，圆形镜面，细长柄。镜面一面呈圆形内凹，镜正反两面均不平整。直径 22 厘米，内凹面圆形直径 13.6、柄长 14、厚 0.4 厘米。局部残损（图四九七；图版二七一：1、2；彩版九五：1）。

（三）扣

圆形，背有细圆柱状过梁。

M81：5，扣面鼓凸，边缘波曲。直径 4、厚 1.2 厘米（图四九八：1；图版二七四：2）。

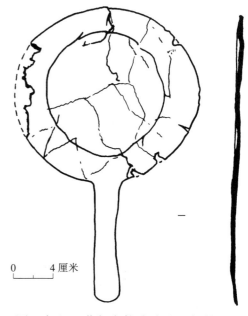

图四九七　萨尔布拉克沟墓地铜镜
（M64：1）

M36：3，扣面圆鼓，背有过梁。直径 3.5、高 0.8 厘米（图四九八：2；图版二七四：1）。

M12：3，呈帽状。底径 3.3、高 1.1 厘米。残损严重（图四九八：9）。

（四）环

1 件。M12：1，细铜丝弯成的圆环，一端对接。直径 2.9 厘米（图四九八：5）。

（五）鹰喙状饰件

1 件。M72：1，严重锈蚀。铸成鹰喙状，嘴长弯尖，头部两侧有孔，表示圆眼。长 5 厘米（图四九八：3；图版二七四：3）。

（六）柱状铜件

M57：2，一端残损，一端有孔，孔径为 0.6 厘米。中部有两道凸棱。长 6.6、厚 0.5 厘米（图四九八：4；图版二七四：7）。

M9：1，螺旋柱状，残。残长 5.4、直径 0.6 厘米（图版二七四：4）。

M77：1，圆柱状，一端铸成月牙状，柱截面为圆形，中间有圆凸。长 5.7、柱径 0.4 厘米（图四九八：6）。

（七）簪

1 件。M65：1，细长柱状，一端尖。尖端残损。残长 9.9、直径 0.4 厘米（图四九八：7；图版二七四：5）。

M68：1，细柱状，一端尖。断为两截。分别长 4.7、8.3 厘米（图四九八：10）。

（八）耳环

2 件。M79：1，残，为小圆环状，带细柱。残长 1.8、环径 1 厘米（图四九八：8）。

M49：1，用圆铜丝弯大、小环。大环直径 1.9、小环直径 0.4 厘米（图版二七四：6）。

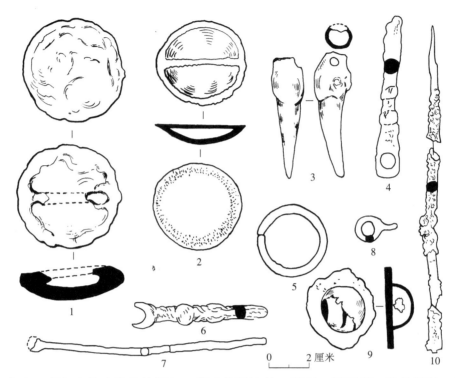

图四九八　萨尔布拉克沟墓地铜扣、鹰喙状铜饰件、铜环、铜耳环、柱状铜件、铜簪

1. M81：5　2. M36：3　3. M72：1　4. M57：2　5. M12：1　6. M77：1　7. M65：1　8. M79：1　9. M12：3　10. M68：1

四　骨　器

骨器主要有圆牌、环、扣、镞等。

（一）圆牌

3 件。M68A：5，用动物股骨头刻成。正面刻出花纹。两件正面皆呈圆形，背面有扁平柄。正面刻纹复杂，边缘为等距的 6 个眼形纹，内主体纹样为 6 次连续的卷藤纹，中心为圆形，圆形的外侧为六边形纹样，六边形的角处装饰小的椭圆形纹、六角形花纹、倒三角形纹。制作精致。一件直径 5.1、高 1.6 厘米（图四九九：1；图版二七五：1；彩版九五：5 下）。

M68A：6，形态与 M68A：5 完全一样。直径 5.3、高 1.6 厘米（图四九九：2；图版二七五：3；彩版九五：5 上）。

M68A：7，正中心有一直径约 0.5 厘米的小孔。表面有刻划不规则网纹。直径 4.6、厚 0.5 厘米（图五〇〇：1；图版二七五：2）。

（二）环

圆环状，环的截面为缺边的圆形。

M68A：3、4，2 件。一件直径 5.9、厚 1 厘米，另一件直径 5.3、厚 0.9 厘米（图四九九：3、4；图版二七五：5；彩版九五：4）。

（三）扣

有弹头状扣、管状扣、桃形扣等。

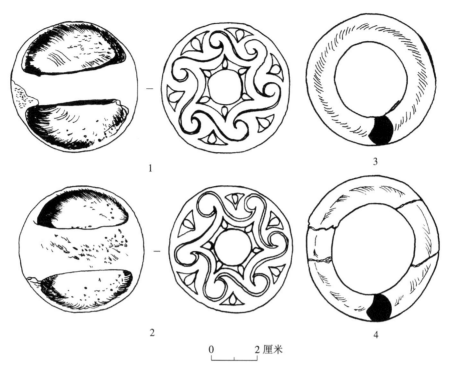

0　　　2厘米

图四九九　萨尔布拉克沟墓地骨圆牌、骨环
1. M68A：5　2. M68A：6　3、4. M68A：4－1、4－2

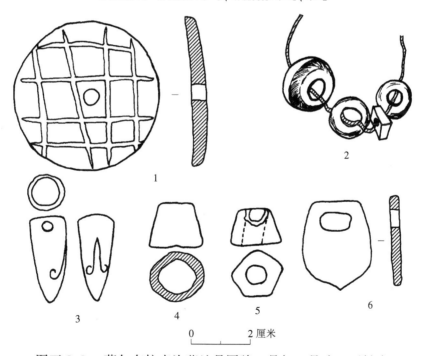

0　　　2厘米

图五〇〇　萨尔布拉克沟墓地骨圆牌、骨扣、骨珠、石料珠
1. M68A：7　2. M70：3　3. M16：1　4. M53：2　5. M68B：7　6. M74：2

1. 弹头状扣，1件。

M16：1，中空，一面刻有羊角状图样。长2.8、内径0.8、外径1.2厘米，两侧各有一直径约0.3厘米的钻孔（图五〇〇：3；图版二七五：4；彩版九五：2）。

2. 管状扣，4件。

侧面为圆台形，中间有圆孔。

M53：2，上口内径0.9、上口外径1.2厘米，下口内径1.2、下口外径1.7厘米，高1.4厘米（图五○○：4；图版二七五：10）。

M68B：9，多棱状，中间有孔。径2.9、高3.8厘米（图版二七六：5）。

M74：3，上口径1.4、下口径2.2、高2.5厘米（图版二七五：8）。

M68A：3，上口径1.1、下口径2、高2.1厘米（图版二七五：7）。

M56：4，高2.6、宽1.5厘米（图版二七五：9）。

3. 桃形扣，1件。

M74：2，桃形。一端有一大小为0.6×1厘米的方形孔。长2.8、厚0.3厘米（图五○○：6；图版二七五：6）。

（四）骨镞

8枚。镞体截面均为三棱形，出短的三翼，扁平铤，或者尾有圆形孔。

M63：1，长6.5厘米（图五○一：1）。

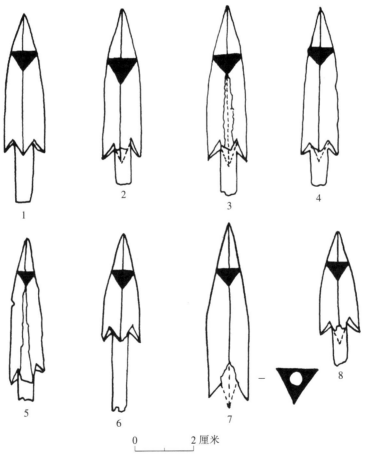

图五○一　萨尔布拉克沟墓地骨镞

1. M63：1　2～5. M60：3　6、8. M68A：9　7. M75：2

M60：3，4枚，分别长5.9、6.4、6、5.5厘米（图五〇一：2~5）。

M68A：9，2件，一件长6厘米，另一件长4.3厘米（图五〇一：6、8）。

M75：2，尾有圆形孔。长6厘米（图五〇一：7）。

（五）骨珠

M70：3，4件。三件圆形骨珠，分别为内径0.8、外径1.6、高1，内径0.6、外径1.2、高0.5，内径0.4、外径1.3、高0.5厘米；一件方形骨珠，内径0.3、长0.8、宽0.6、厚0.4厘米（图五〇〇：2；图版二七六：2；彩版九五：3）。

（六）弓弭

M80：4，2件，均残，残长6、6.8厘米（图版二七六：3）。

五　石　器

有料珠、石磨盘、石杵等。另外，M17死者颈部，见有一残银饰，形状不明。M37死者肩部出土一件骨饰，残，不辨形态。M64死者身出土有石料珠。

（一）料珠

M68B：7，玻璃珠，五边形。内径0.6、外径1、高1.1厘米（图五〇〇：5；图版二七六：4）。

M53：1，多颗。有红色"猫眼"珠等，形状有圆盘珠、长管珠等（图版二七六：1）。

（二）石磨盘

有长方形、圆形两种类型。

1. 长方形石磨盘。

M64：2，中间有长方形凹面，磨盘长10.4、宽7~7.5厘米，磨盘厚1.4厘米（图五〇二：1；图版二七一：2）。

M60：2，略呈方形，一边为斜边，中间有圆孔，中间孔眼高出磨盘面。长12、宽11.8厘米。

2. 圆形石磨盘，3件。

M60：1，大体呈圆形，中间有圆形孔，向四周有十字形放射状槽。直径14.5~15、厚2.7厘米。中间孔对钻而成，孔径2.5厘米（图五〇二：4；图版二七七：1）。

M63：2，成套石磨，上下两圆形石磨盘相套，中间有孔，上磨盘面和下磨盘面上刻出放射状细槽。直径13.7、厚4厘米（图版二七七：2）。

M64：4，只留下面的一块。不规则圆形，中间有一圆孔，磨盘面上绕中间孔有一周槽，边缘有3个小孔槽。直径14、厚5厘米（图五〇二：5；图版二七七：3）。

（三）石棒

采集，1件。长22、宽2.3厘米（图五〇二：3）。

（四）石杵

采集，1件。扁圆形，长17.3、宽11.7厘米（图五〇二：2）。

（五）石子

M60：9，数十枚。小的白石子出自死者身旁（图版二七六：6）。

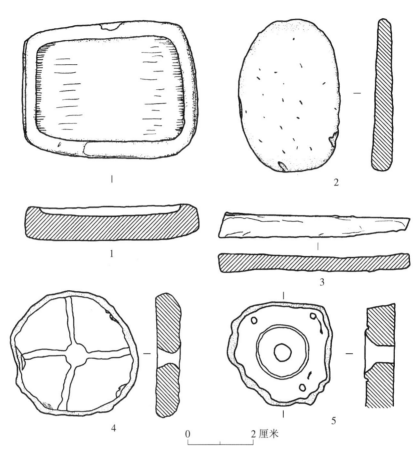

图五〇二　萨尔布拉克沟墓地石磨盘、石棒、石杵

1. M64：2　2、3. 均为采集　4. M60：1　5. M64：4

第十一章　阿克布早沟墓地与呼吉尔沟墓地

第一节　墓地概述

　　阿克布早沟墓地地处伊犁河流域上游喀什河北岸阿克布早沟内，东邻萨尔布拉克沟，西邻呼吉尔沟，墓地位于尼勒克县科蒙乡团结牧场，西距县城约 40 公里。墓葬分布在阿克布早河的两岸台地上，东岸有 12 座墓葬，西岸有 60 座墓葬，墓葬呈南北向链状排列。2003 年，为配合新疆伊犁州尼勒克县基本建设工程，新疆文物考古研究所在此发掘墓葬 56 座，另有呼吉尔沟发掘墓葬 2 座（图五〇三；图版二七八：上）。

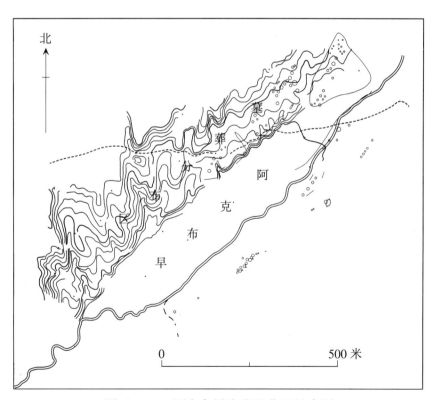

图五〇三　阿克布早沟墓地位置示意图

第二节 墓葬记述

阿克布早沟墓地依据墓葬地表封堆结构的不同，分为土石封堆墓和土堆墓两大类。墓葬的地表封堆一般呈圆形或椭圆形，直径 5~15、高 0.5~2 米。土石封堆墓数量较多，分布在阿克布早河沿岸一级台地上的农田中，约占墓葬数量的三分之二，共计发掘 41 座，又可分为石堆墓、石圈墓和石圈石堆墓三个类型。土封墓封堆为直接在地表堆黄土而成，分布在阿克布早河西岸的二级台地上，共计发掘 11 座。墓室一般位于封堆中部下。土石封堆墓的墓室多为东西向，土堆墓的墓室多为南北向。以单室墓为主，少量双室墓，墓室结构有竖穴土坑、竖穴偏室、竖穴洞室三类。土石封堆墓的墓室填土中一般夹杂较多较大的卵石。而土堆墓的墓室中多见原木棚架或墓椁。墓葬人骨一般保存较好，骨架完整者较多。土石封堆墓的死者一般为仰身直肢，头西脚东，而土堆墓的死者一般为头北脚南。墓葬多为单人一次葬。随葬品数量较少，出土器物主要有陶器、骨器、铜器等。陶器主要为罐、壶等小型器物，且多为彩陶。陶器一般放置于死者头侧，同时伴有羊骨。

第一类 土堆墓

土堆墓分为竖穴土坑墓、竖穴偏室墓、竖穴土坑二层台墓、竖穴洞室墓、双室墓和多室墓五型。

A 型 竖穴土坑墓。

M51 封堆平面呈圆形，直径 7、高 1 米。黄土封堆。墓室在封堆下偏东部，墓室口开在原地表。墓口呈西北—东南向长方形，长 2.2、宽 0.88、深 0.7 米。墓底葬 1 人，一次葬，仰身直肢，头西北脚东南。男性，老年。无随葬品（图版二八〇：上）。

M52 封堆平面呈圆形，直径 6、高 0.9 米。墓室在封堆下中部，墓室口开在原地表。墓口呈东西向长方形，长 2.6、宽 1.06、深 1.4 米。人骨架上平铺两层原木，上层为东西向并列，下层为南北向并列。墓底葬 1 人，一次葬，仰身直肢，头西脚东。女性，成年。死者右侧随葬 1 件陶壶（残）、1 件陶钵、1 件残铁锥及羊椎骨（图版二八一：下）。

B 型 竖穴偏室墓。

M56 封堆平面呈圆形，直径 15.5、高 1.5 米。墓室在封堆下中部，墓室口开在原地表。墓口平面呈不规则多边形，长约 5.7、宽约 3.8、深 0.36 米，偏室开在墓室的东北角，进深 0.48 米。偏室内葬 1 人，人骨散乱在墓底各处，在偏室北部较为集中。女性，55~65 岁。无随葬品。封堆下南部发现两个直径约 0.6 米的烧坑，内填卵石。一石堆旁出土 1 件缸形陶器，其质地和形态都与安德罗诺文化有关。

C 型 竖穴土坑二层台墓。

M49 封堆平面呈圆形，直径 9、高 1.2 米。封堆以黄土堆成。墓室在封堆下中部，墓室口开在原地表。墓口平面呈东西向长方形，西端墓边较齐，东端略呈弧形，长 2.7、宽 1.6、深 1.2 米。墓室东、南、北壁有生土二层台，二层台距墓口0.3米，二层台宽0.28、高0.9米。二层台上有南北向的铺木，残朽，原木直径约0.1米。偏室内葬1人，二次葬，人骨散乱，集中分布在墓底西端，且骨骼不全。男性，成年。无随葬品（图五○四；图版二八五：下）。

D型　竖穴洞室墓。

M57　封堆平面呈圆形，直径9、高0.9米。黄土封堆。墓室在封堆下中部，墓室口开在原地表。墓道呈东西向长方形，长3.2、宽1.2、深0.9米。洞室位于墓道西端，洞室平面呈南北向圆角长方形，长2.2、宽1.2、高0.6米。洞室内葬1人，一次葬，仰身直肢，头北脚南。女性，成年。死者头左侧随葬1件漆盘（残朽），漆盘内放羊骨、铁刀（残），另有1件木碗（残朽）。死者左手旁随葬1柄长铁刀，身右侧随葬有骨刀（残）、石纺轮，左腿旁出土2枚铁镞。

E型　双室墓和多室墓。

M46　封堆平面呈圆形，直径9、高1.1米。墓室在封堆下中部，墓室口开在原地表。双墓室南北并列，编号为A、B墓室，墓口均有棚木遗迹。A室在南部，竖穴土坑墓，墓口平面呈东西向长方形，长3.6、宽1.1、深1.5米。墓底四周铺原木，共6层，水平叠压，四角各立一根竖直原木用以固定四周墓壁的原木，构成简单墓椁。墓底仅发现一头骨，未发现其他遗迹遗物。B室在北部，与A室相距0.5米，竖穴土坑墓，墓口平面呈东西向长方形，长3、宽1.8、深1.5米。墓底四周有一周原木，共4层，水平叠压，四角各立一根竖直原木用以固定四周原木，构成简单墓椁。墓底仅发现少量人骨，计有胫骨、腓骨、残下颌、脊椎等。墓底见1件铜簪（残）（图五○五；图版二八五：上、

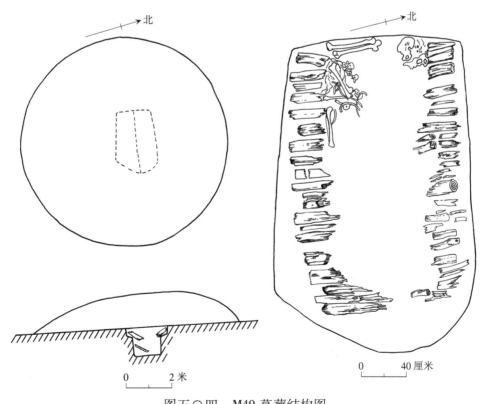

图五○四　M49墓葬结构图

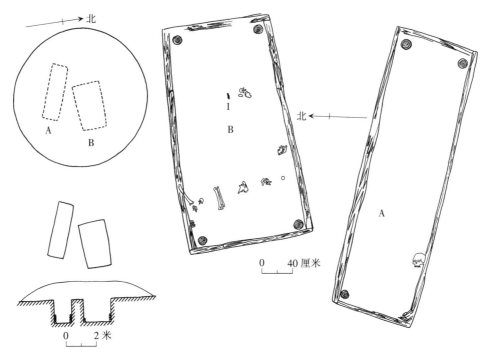

图五〇五　M46 墓葬结构图

B：1. 铜簪（残）

中）。

M50　封堆平面呈圆形，直径 7、高 1.2 米。同一封堆下有双墓室，双墓室在封堆中部偏北下，均为竖穴土坑墓。编号为 A、B 墓室。A 室在南，墓室平面呈梯形，长 2.9、西端宽 1.2、东端宽 0.6、深 0.8 米。墓底葬一女性，成年。骨骼零乱不全，散乱于墓底，仅两小腿骨仍在生理位置，无头骨。墓底出土一件牛的骶骨。B 室在北，与 A 室平行排列，相距 0.4 米，墓室平面呈东西向长方形，长 2.5、宽 1、深 0.8 米。墓底葬 1 人，骨架经扰乱，部分骨架依生理位置放置。仰身直肢，头西脚东。右半身被严重二次扰乱，骨骼散乱，无头骨。男性，成年。墓室底部发现有牛的骶骨（图五〇六；图版二八四：上）。

第二类　土石封堆墓

分土堆铺石墓、土堆单石环圈墓、土堆双石环圈墓、土堆石环圈铺石墓四型。

A 型　土堆铺石墓。依墓室结构分竖穴土坑墓、竖穴偏室墓、竖穴二层台墓三个亚型。

Aa 型　竖穴土坑墓。

M6　封堆平面呈圆形，直径 7、高 1.2 米。整个封堆上铺一层卵石。墓室在封堆下偏南部，墓室平面呈西北—东南长方形，长约 2.76、宽约 0.76、深 1.3 米。墓室内葬 1 人，二次葬，仅见 2 块髋骨。墓室内随葬陶片、铁刀。

Ab 型　竖穴偏室墓。

M34　封堆平面呈圆形，直径 6、高 0.9 米。仅封堆中部含少量卵石。墓室在封堆下中部。墓口

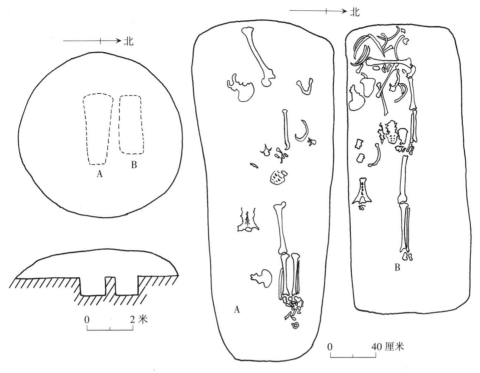

图五〇六　M50 墓葬结构图

有不规则石堆，墓室平面近椭圆形，长 1.8、宽 0.8、墓深 1.66 米。墓道中填土石。偏室开在墓室北壁，进深 0.4 米，与偏室相对一侧留生土二层台，二层台宽 0.5、高 0.24 米。偏室内葬 1 人，一次葬，仰身直肢，头西南脚东北，左手置于腹部。男性，成年。在其头右上侧放置 1 件陶无耳罐（图五〇七）。

Ac 型　竖穴二层台墓。

M13　封堆平面呈圆形，直径 7.5、高 1 米。整个封堆以卵石构成，墓室在封堆下中部，墓室口开在原地表。墓室平面呈东西向长方形，长 2.3、宽 1.35、墓深 0.94 米。在墓室南壁有生土二层台，二层台宽 0.5、高 0.2 米。墓道内填大量卵石。墓底葬单人，一次葬，上半身有扰乱现象，头西脚东，仰身直肢，缺头骨。女性，成年。无随葬品。

B 型　土堆单石环圈墓。分竖穴土坑墓、竖穴偏室墓两个亚型。

Ba 型　竖穴土坑墓。

M3　封堆平面呈圆形，直径 8、高 0.7 米。封堆外围有规整的石环圈，圆形，直径 7、环宽 0.5 米。墓室在封堆下中部，墓室口开在原地表。墓口呈东西向长方形，长 2.3、宽 0.9、墓深 1.08 米。墓室内葬 1 人，一次葬，骨骼不全，仅在墓底东部有股骨、胫骨、腓骨及几块跟骨，年龄性别不详。人骨上有东西向棚木遗迹。随葬 1 件铁簪。

Bb 型　竖穴偏室墓。

M23　封堆平面呈圆形，直径 12.5、高 1 米。封堆外围有石环圈，圆形，直径 12、环宽 2~4 米。墓室在封堆下中部，墓室口开在原地表。墓口呈东西向长方形，长 3.2、宽 2.26、墓深 2.2 米。偏室开在墓室的南壁，进深 0.7 米。墓底中部有一西北—东南向生土隔梁，宽 0.4、高 0.3 米。墓坑中填大量石块。隔梁南偏室内葬1人，一次葬，仰身直肢，头西北脚东南。人骨架下铺一层小卵石。女性，成年，35岁左右。隔梁北铺一层较大扁平卵石，仅发现一肱骨，无随葬品（图五〇八；图版二八四：下）。

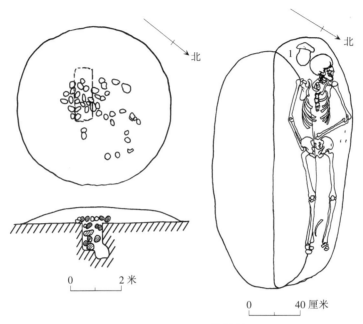

图五〇七　M34 墓葬结构图

1. 陶无耳罐

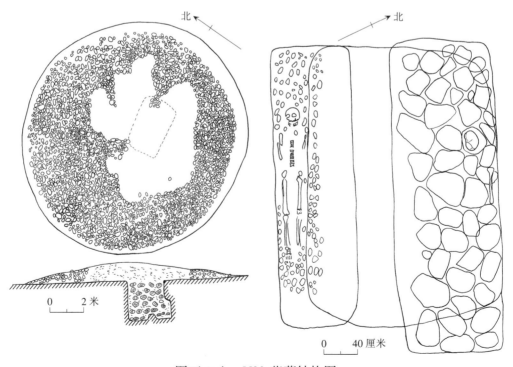

图五〇八　M23 墓葬结构图

C 型　土堆双石环圈墓。依墓室结构分竖穴土坑墓、竖穴偏室墓、竖穴二层台墓三个亚型。

Ca 型　竖穴土坑墓。

M12　封堆平面呈圆形，直径 8.5、高 0.8 米。双石圈，外圈较宽，环宽约 2 米；中部石堆大致呈椭圆形，长径 3.5、短径 2.5 米。墓室在中部石堆下，墓室口开在原地表，平面呈圆角长方形，西北东南向，长 2.3、宽约 0.8、墓深 1 米。墓室内葬 1 人，一次葬，仰身直肢，头西北脚东南。男性，成年。死者缺失右手及双足趾骨。死者头右上侧随葬 1 件陶单耳杯，胸部、髋骨处各出土 1 件骨镞，另在墓室填土中出土同样的骨镞 3 枚（图五〇九；图版二七九：下、二八一：中）。

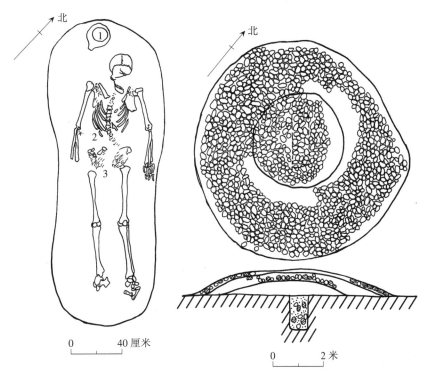

图五〇九　M12 墓葬结构图
1. 陶单耳杯　2、3. 骨镞

Cb 型　竖穴偏室墓。

M11　封堆平面呈圆形，直径 7.5、高 0.6 米。双石圈，外圈东、西部有残断，中部小石圈大致呈椭圆形，长径 3、短径 2.5、环宽 1~1.5 米。墓室在中部石堆下，墓室口开在原地表，平面呈圆角长方形，西北东南向，长 2.8、宽约 0.8、墓深 1.2 米。偏室开在墓室的南壁，进深 0.6 米，与偏室相对一侧留出二层台，二层台宽 0.5、高 0.2 米。偏室内葬 1 人，一次葬，仰身直肢，头西北脚东南。男性，成年。死者头右上侧随葬 1 件陶单耳罐和 1 件铁刀（残），另有 1 块羊骶骨（图五一〇；图版二七九：上、二八二：中）。

M19　封堆平面呈圆形，直径 9、高 0.6 米。墓葬上层封土堆的外缘围铺石环圈，石环圈围铺规整，卵石大小均匀，环边整齐，围成圆环状，与封堆大小一样，石环圈的环宽窄基本一致，宽约 1 米。下层封堆呈圆丘状，封堆的边缘铺以石环圈，石环圈围铺规整，卵石大小均匀，环边整齐，直径 3.8、环宽约 0.8 米。墓室在封堆下中部，墓室口开在原地表。墓口平面呈长椭圆形，长 2.66、宽

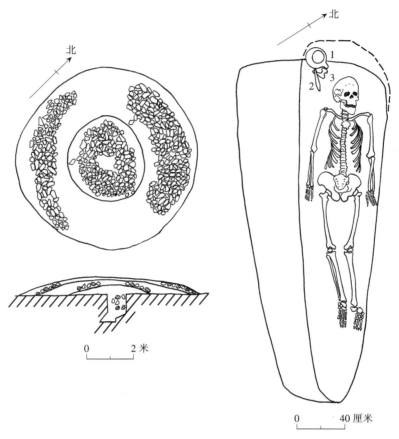

图五一〇　M11 墓葬结构图

1. 陶单耳罐　2. 铁刀（残）　3. 羊骶骨

0.9、墓深 1.6 米。偏室开在墓道北壁，进深 0.6 米。偏室相对一侧留生土二层台，二层台宽 0.6、高 0.2 米。墓道内填石。偏室内葬 1 人，一次葬，仰身直肢，头西北脚东南。男性，成年。死者头右侧放有 1 件陶罐及牛、羊的骶骨各 1 块（图五一一；图版二七八：下、二八三：中）。

　　M24　封堆平面近圆形，直径 8、封堆高 0.6 米。双石圈，上层封堆边缘铺石环圈，石环圈规整，呈圆环状，直径 8 米，环宽窄不一，宽约 0.8 米。下层封堆呈丘状，边缘铺石环圈，呈椭圆形，长径 3.5、短径 2.7、环宽约 0.5 米。墓室在中部石圈下，墓室口开在原地表。平面呈圆角长方形，西北东南向，长 2.14、宽约 1.04、墓深 1 米。竖穴偏室墓，偏室开在墓室的北壁，进深 0.8 米，与偏室相对的一侧留出二层台，二层台宽 0.6、高 0.2 米。偏室内葬 1 人，一次葬，仰身直肢，头西北脚东南。未成年个体。死者头右上侧随葬 1 件陶罐和 1 块羊骶骨（图五一二；图版二七九：中；图版二八一：上）。

　　M27　封堆平面呈圆形，直径 7、高 0.5 米。封土堆的外缘围铺石环圈，石环圈围铺较为规整。石环圈的环宽不一，宽 0.5～1 米。墓室在封堆下中部，墓室口开在原地表，墓室口上堆铺略呈椭圆形的石圈，长径 3.4、短径 2.8 米。墓室平面近长方形，西北东南向，长 2.5、宽 0.74、墓深 1.3 米。墓道中填土石。偏室开在墓室西北壁，进深 0.22 米，与偏室相对的一侧留生土二层台，二层台宽 0.34、高 0.4 米。偏室内葬 1 人，一次葬，仰身直肢，头西北脚东南。男性，成年。死者头左侧放置 1 件陶单

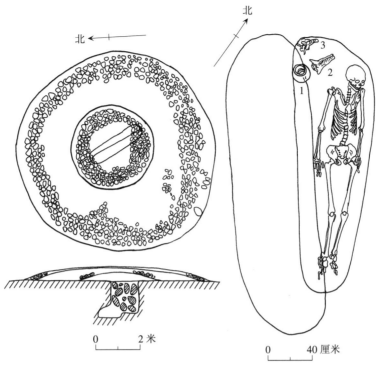

图五一一　M19 墓葬结构图
1. 陶单耳罐　2. 牛骶骨　3. 羊骶骨

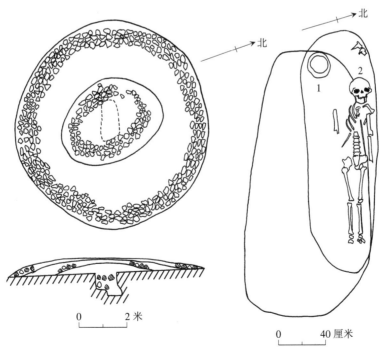

图五一二　M24 墓葬结构图
1. 陶罐　2. 羊骶骨

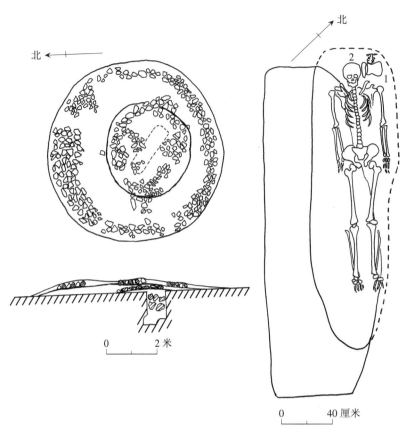

图五一三　M27 墓葬结构图
1. 陶单耳罐　2. 羊骶骨

耳罐及 1 节羊骶骨（图五一三；图版二八○：下）。

M31　封堆平面呈圆形，直径 9.8、高 0.7 米。封土堆的外缘围铺石环圈，石环圈围铺较为规整，直径 9.5、环宽约 1 米。下层封堆呈丘状，边缘铺石环圈，圆形，直径 2.5、环宽约 0.4 米。墓室在封堆下中部。墓口平面近长方形，西北东南向，长 2.58、宽 0.64 米，墓深 1.8 米。墓道中填土、石。偏室开在墓室北壁，进深 0.3 米，与偏室相对一侧留生土二层台，二层台宽 0.4、高 0.28 米。偏室内葬 1 人，一次葬，仰身直肢，头西北脚东南，死者上半身左半部缺失。男性，成年，30~40 岁。死者头右上侧放置 1 件陶罐（残）（图五一四）。

M41　封堆平面呈圆形，直径 9、高 0.7 米。封土堆的外缘围铺石环圈，石环圈仅南部残留一段，环宽约 1.5 米。下层封堆呈丘状，边缘铺石环圈，石环圈围铺较为规整，圆形，直径 3.7、环宽约 0.4 米。墓室在封堆下中部。墓室平面近长方形，西北东南向，长 3.1、宽 0.86 米，墓深 2.5 米。墓道中填土石。偏室开在墓室西北壁，进深 0.8 米，与偏室相对的一侧留生土二层台，二层台宽 0.4、高 0.4 米。偏室内葬 1 人，骨骼零乱不全。女性，成年。人骨中见一牛的骶骨（图五一五）。

M42　封堆平面呈椭圆形，长径 12、短径 10、高 0.8 米。封土堆的外缘围铺石环圈，石环圈围铺较为规整，椭圆形，长径 10、短径 8、环宽约 1 米，西部残缺。下层封堆呈丘状，其上铺石，椭圆形，长径 4.5、短径 4、环宽约 1 米。墓室在封堆下中部。墓室平面呈长方形，西北东南向，长 2.8、宽 0.85 米，墓深 2.3 米。墓道中填黄土。偏室开在墓室西北壁，进深 0.8 米，与偏室相对一侧留生

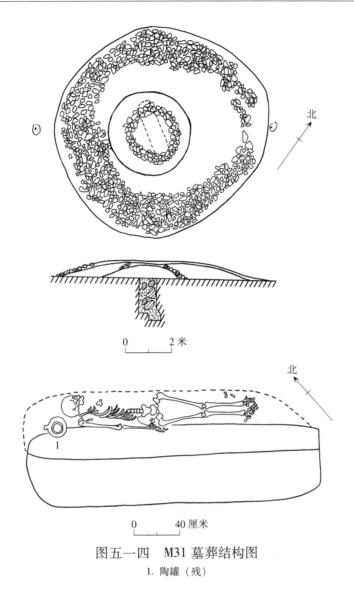

图五一四　M31 墓葬结构图

1. 陶罐（残）

土二层台，二层台宽 0.4 米，高 0.4 米。偏室内葬 1 人，骨骼零乱不全。女性，成年。无随葬品（图五一六）。

Cc 型　双墓室墓。

M37　封堆平面呈圆形，直径 7、高 0.7 米。双石圈，外圈较宽，环宽 0.5~1 米，石圈形状不规整，直径约 6.5 米；中部石圈近椭圆形，长径 3.5、短径 2.5 米。双墓室在中部石圈下，墓室口开在原地表，编号 A、B 墓室。A 室在南，为竖穴土坑墓，墓室平面呈长方形，西北东南长 1.14、宽 0.7、墓深 0.3 米。墓室内葬骨架残朽，只残有头骨和少量肢骨，仰身直肢，头西脚东，性别年龄不明。死者头右侧放置 1 件陶单系耳罐，旁有 1 羊骶骨。B 室在北，与 A 室平行排列，相距 0.2 米，为竖穴偏室墓，墓室平面呈圆角长方形，长 2.4、宽 0.7、墓深 1.5 米。墓道中填卵石。偏室开在墓道北壁，进深 0.16 米。墓室内葬 1 人，一次葬，仰身直肢，头西北脚东南，骨骼不全。女性，成年。死者头右侧随葬 1 件陶单耳罐和羊肋骨（图五一七；图版二八三：下）。

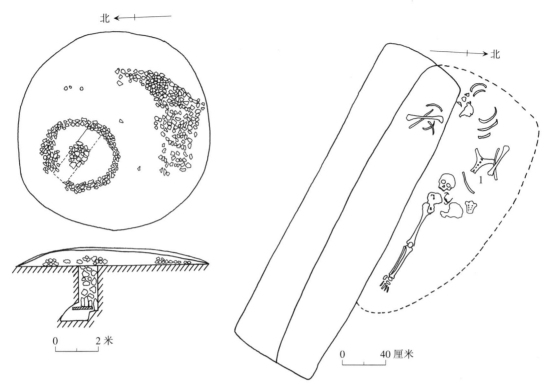

图五一五　　M41 墓葬结构图

1. 牛骶骨

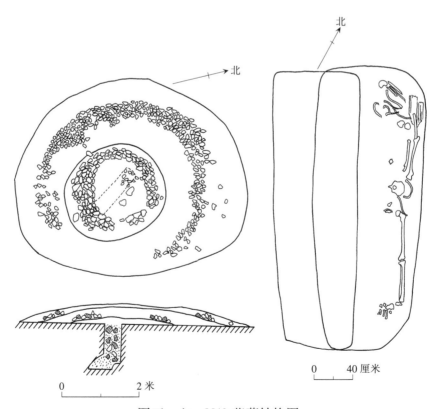

图五一六　　M42 墓葬结构图

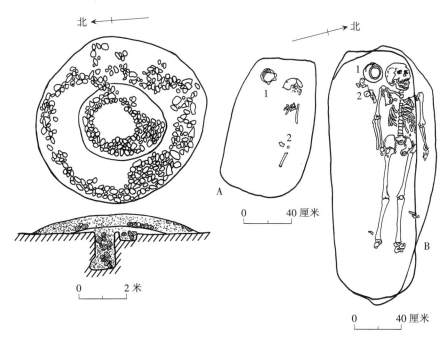

图五一七 M37 墓葬结构图

A：1. 陶单系耳罐 2. 羊骶骨；B.1. 陶单耳罐 2. 羊肋骨

D 型 土堆石环圈铺石墓。

Da 型 竖穴土坑墓。

M16 封堆平面呈圆形，直径9、高0.9米。封土堆的外缘围铺石环圈，石环圈围铺较为规整。石环圈的环宽不一，宽0.8~1.5米。墓室在封堆下中部，墓室口开在原地表，土封堆上有椭圆形的铺石，长径2.4、短径1.6米。墓室平面近长方形，西北东南向，长2.7、宽1米，墓深1.4米。墓道中填土石。偏室开在墓室西北壁，进深0.3米，与偏室相对的一侧留生土二层台，二层台宽0.56、高0.2米。偏室内葬1人，一次葬，仰身直肢，头西北脚东南，死者无右掌。男性，成年。无随葬品（图五一八）。

M36 封堆平面呈椭圆形，长径8、短径7、高0.8米。封土堆的外缘围铺石环圈，石环圈围铺较为规整，石环圈呈椭圆形，长径8、短径7、环宽0.5~2米，东北部散乱。下层封堆呈丘状，其上铺石呈椭圆形，长径3、短径2米，在该石堆北侧还有一个1米见方的小石堆。墓室在封堆下中部。墓室平面呈长方形，西南东北向，长1.9、宽0.7米，墓深1.2米。墓道中填黄土。墓室内葬1人，一次葬，仰身直肢，头西南脚东北，面向北，手指骨无，脚趾骨不全。男性，50~60岁。死者头左侧放置1件陶无耳罐（图五一九；图版二八〇：中）。

Db 型 竖穴偏室墓。

M26 封堆平面呈圆形，直径7、高1米。封土堆的外缘围铺石环圈，石环圈围铺较为规整，石环圈的环宽约1米。墓室在封堆下中部，墓室口开在原地表，土封堆上有圆形铺石，直径2、高0.7米。墓室平面近长方形，西北东南向，长2、宽0.8米，墓深1.1米。墓道中填土石。偏室开在墓室西北壁，进深0.3米，与偏室相对的一侧留生土二层台，二层台宽0.5、高0.2米。偏室内葬1人，一次葬，仰身直肢，右尺骨、桡骨缺，指骨无，头西北脚东南。女性，成年，20~25岁。死者头右

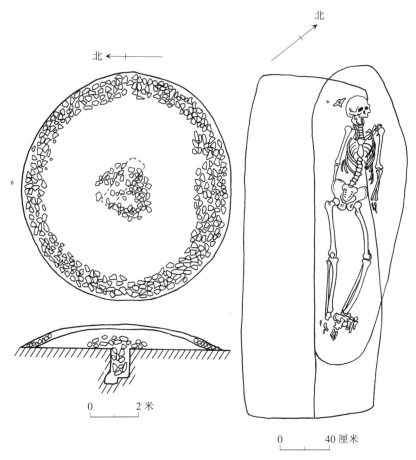

图五一八　M16 墓葬结构图

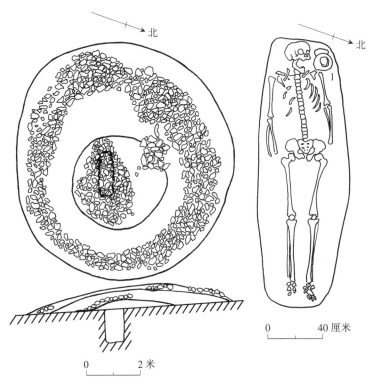

图五一九　M36 墓葬结构图

1. 陶无耳罐

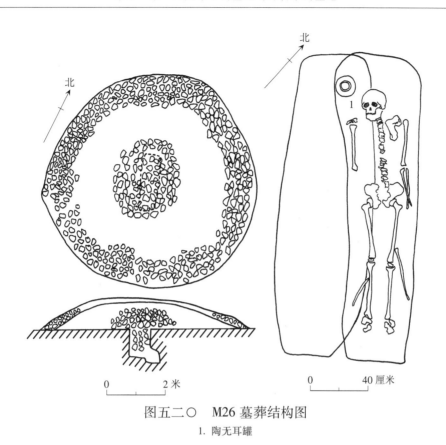

图五二〇　M26 墓葬结构图
1. 陶无耳罐

上侧放置 1 件陶无耳罐（图五二〇）。

　　M38　封堆平面呈椭圆形，长径 15、短径 13、高 1 米。封土堆的外缘围铺石环圈，石环圈围铺较为规整，围成椭圆形，长径 14.5、短径 11.5、环宽约 2 米。下层封堆呈丘状，其上铺石，呈椭圆形，长径 4.5、短径 3.5 米。墓室在封堆下中部。墓室平面呈长方形，西北东南向，长 2.2、宽 0.7 米，墓深 1.94 米。墓道中填土石。偏室开在墓室西北壁，在偏室口有封堵偏室的原木头残段，偏室进深 0.5 米，与偏室相对一侧留生土二层台，二层台宽 0.3、高 0.3 米。偏室内葬 1 人，一次葬，仰身直肢，头西北脚东南，面向东北。男性，成年，20～25 岁。死者头右上侧放置 1 件陶钵和 1 件陶瓶（图五二一）。

　　M30　封堆平面呈圆形，直径 8.7、高 0.9 米。封土堆的外缘围铺石环圈，石环圈围铺不规整，南部及西部较为零乱。石环圈的环宽不一，宽 0.5～1.5 米。墓室在封堆下中部，墓室口开在原地表，平面近椭圆形，西北东南向，长 2.44、宽 0.84 米，墓深 1.05 米。墓道中填土石。偏室开在墓室西北壁，进深 0.32 米，与偏室相对一侧留生土二层台，二层台宽 0.4、高 0.2 米。偏室内葬 1 人，一次葬，仰身直肢，头西北脚东南，死者腰部以上被扰乱，堆放在墓室西端。女性，成年，35～45 岁。无随葬品（图五二二；图版二八二：上）。

　　M33　封堆平面呈椭圆形，长径 10.8、短径 9.3、高 1 米。封土堆的外缘围铺石环圈，石环圈围铺较为规整，椭圆形，长径 10、短径 9、环宽约 2 米，东北部散乱。下层封堆呈丘状，其上铺石，椭圆形，长径 3、短径 2 米。墓室在封堆下中部。墓室平面近长方形，西北东南向，长 2.24、宽 0.7 米，墓深 1 米。墓道中填土石。偏室开在墓室西北壁，进深 0.2 米，与偏室相对一侧留生土二层台，

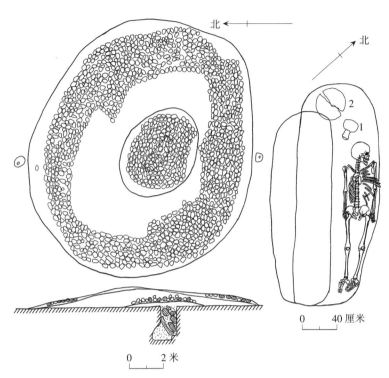

0　2米

图五二一　M38 墓葬结构图

1. 陶瓶　2. 陶钵

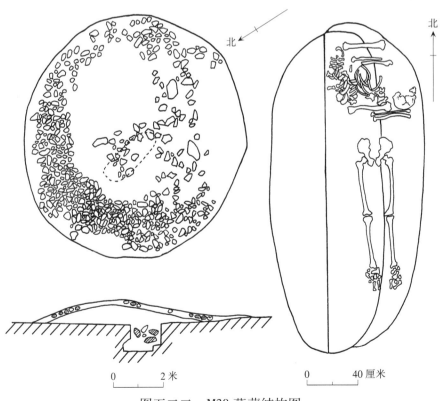

0　2米

图五二二　M30 墓葬结构图

二层台宽0.4、高0.1米。偏室内葬1人，一次葬，侧身屈肢，头西北脚东南，面向北。男性，成年，35~45岁。死者头右上侧放置1件陶无耳罐（图版二八三：上）。

M35　封堆平面呈圆形，直径6、高0.6米。封土堆的外缘围铺石环圈，石环圈围铺残断，不规整，石环圈呈椭圆形，长径5、短径2.5、环宽0.5~1米，墓室在封堆下中部。墓室平面呈长方形，西北东南向，长2.66、宽0.7米，墓深1.8米。墓道中填土石。偏室开在墓室西北壁，进深0.36米，与偏室相对一侧留生土二层台，二层台宽0.5、高0.5米。偏室内葬1人，一次葬，死者上半身骨骼零乱，下半身呈生理摆放位置。女性，成年。在墓道填土中出土1件陶罐（残）（图版二八二：下）。

Dc型　双室墓。

M17　封堆平面呈椭圆形，长径9.5、短径8.5、高0.6米。上层封堆边缘铺石环圈，石环圈基本规整，椭圆形，长径9、短径8.2、宽约0.8米。下层封堆上铺南北并列相连的两个石环圈，平面近圆形，南石环圈直径3、北石环圈直径3.4米，环宽0.4~0.8米。同一封堆下2个墓室，平行排列，编号为A墓室和B墓室。墓室口开在原地表，均为竖穴土坑偏室墓。A室在东，墓室平面呈长方形，西北东北长2.4、宽0.8米，墓深1.7米，墓道中大量填石。偏室开在墓室西南壁，进深0.3米，与偏室相对一侧留生土二层台，二层台宽0.4、高0.2米。偏室内葬2人。其一为一次葬，仰身直肢，头东南脚西北。女性，成年。在其头右侧放有1件陶单耳罐、1件残铁器及几节羊椎骨。另一具位于成年女性个体的脚端，为一婴儿骨架，散乱不全。另在A室东壁中部开口处，有一凹槽，平面呈长方形，长1.3、宽0.8、深0.5米，内葬一约6岁的儿童个体，头东南脚西北，仰身直肢，死者头右侧放置1件陶单耳罐。B室在西，与A室相距0.9米，墓室平面呈长方形，长3、宽0.8米，墓深1.7米。墓道中大量填石。偏室开在墓室西南壁，进深0.4米，与偏室相对一侧留生土二层台，二层台宽0.6、高0.2米。偏室内葬1人，仰身直肢，头东南脚西北。女性，成年，35岁左右。死者头右侧放有1件陶单耳罐、1件残铁刀及几节羊椎骨，在腰部还有1件石锥和1件铜镜（图五二三；图版二七八：中）。

M21　封堆平面呈圆形，直径10、封堆高0.7米。上层封堆边缘铺石环圈，石环规整，围成圆环状，东部残缺，直径9.5米，环的宽窄不一，宽0.6~2.5米左右。下层封堆呈丘状，边缘铺石环圈，围成椭圆形，长径4.7、短径4.2、环宽约1米，中部有不规则小石堆。同一封堆下有2个墓室，编号为A墓室和B墓室。A室在南，位于中部石圈下，为竖穴土坑偏室墓。墓室平面呈西端大东端小的长方形，西北东南长2.08、宽0.88米，墓深1.1米。墓道中填土。偏室开在墓道北壁，进深0.4米，与偏室相对一侧留生土二层台，二层台宽0.44、高0.24米。偏室内葬1人，一次葬，仰身直肢，头西北脚东南，缺头骨和左股骨。男性，成年，20~35岁。无随葬品。B室在北，位于两石圈之间，为竖穴土坑二层台墓。与A室平行排列，相距1.2米。墓室平面呈圆角长方形，长2.34、宽1.2米，墓深1.04米。墓道中填卵石，墓室北侧留有生土二层台，宽0.5、高0.36米。墓室内葬单人，一次葬，骨骼散乱，仅下半身骨殖仍在生理摆放位置，上半身零乱，明显经过二次扰乱。男性，成年，20~30岁。无随葬品（图五二四；图版二八四：中）。

M25　封堆平面近三角形，边长13.5、高1.2米。封堆边缘铺石环圈，石环圈基本也呈三角形，中部堆不规则石堆，长径5、短径3米。同一封堆下2个墓室，编号A墓室、B墓室。墓室口开在原地表，均为竖穴土坑偏室墓。A室在中部石堆下，墓室平面呈东西向长方形，长2.6、宽0.94米，墓深2米，墓道中大量填石。偏室开在墓室北壁，进深0.45米，与偏室相对一侧留生土二层台，二层

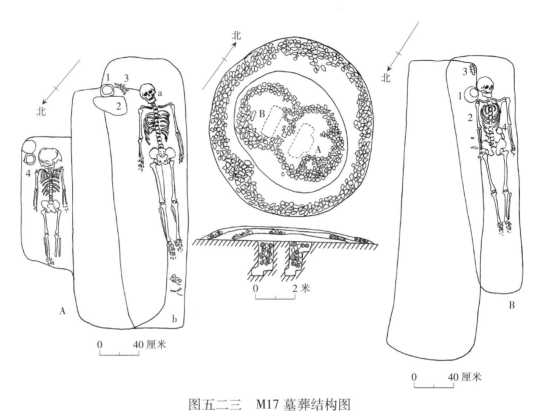

图五二三 M17 墓葬结构图

A：1. 陶单耳罐 2. 铁器（残） 3. 羊椎骨 4. 无耳罐；B：1. 陶单耳罐 2. 铁刀（残） 3. 羊椎骨 4. 带柄铜镜 5. 石锥

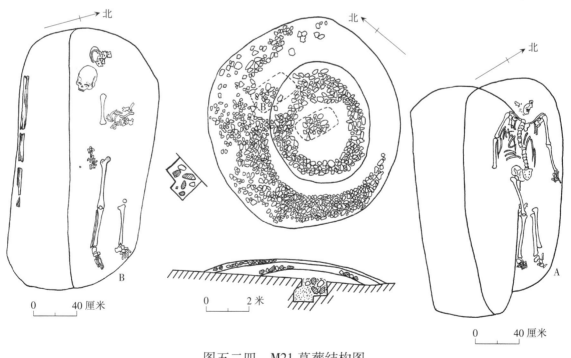

图五二四 M21 墓葬结构图

台宽 0.52、高 0.5 米。竖穴偏室内葬 1 人，一次葬，仰身直肢，头西脚东。女性，成年。死者头右侧随葬 1 件陶无耳罐和 1 件陶单耳罐。另在墓室北壁东端距墓口 0.3 米处有一偏洞，平面呈半圆弧状，进深 0.8、高 0.6 米，内置满小碎石块。B 室位于封堆北部下，墓室平面呈西北—东南向圆角长方形，长 1、宽 0.5 米，墓深 0.7 米，墓道中大量填石。偏室开在墓室北壁，进深 0.2 米。竖穴偏室内葬 1 人，一次葬，仰身直肢，头西北脚东南，为一未成年个体。无随葬品（图五二五）。

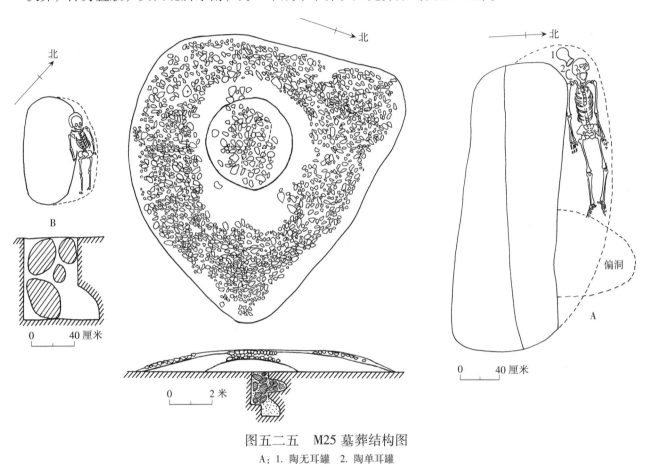

图五二五　M25 墓葬结构图

A：1. 陶无耳罐　2. 陶单耳罐

M40　封堆平面呈圆形，直径 8、高 0.6 米。封堆上铺石散乱，不规则，南部稍整齐集中，北部和西部稀疏散乱。同一封堆下 2 个墓室。A 室在南，竖穴土坑墓，墓室平面呈长方形，长 1.6、宽 0.8 米，墓深 1.1 米。墓道中填土石。墓室内未见人骨。B 室在北，竖穴土坑偏室墓。与 A 室平行排列，相距 0.5 米。墓室平面呈长方形，长 1.9、宽 0.7 米，墓深 2.1 米。墓道中填卵石，偏室开在墓道北壁，进深 0.3 米，与偏室相对一侧留生土二层台，二层台宽 0.5、高 0.3 米。偏室内葬 1 人，仰身屈肢，头西北脚东南，手指骨无。男性，成年。随葬 1 件陶单耳罐（图五二六）。

M43　封堆平面呈圆形，直径 10、高 0.8 米。上层封堆边缘铺石环圈，石环圈基本规整，圆环状，石环西部残缺零乱，直径 9.5 米，环的宽窄不一，宽 0.6~1 米。下层封堆为两个南北相连的圆丘，边缘均铺石环圈，椭圆形，北侧的石环圈长径 3.5、短径 2.4、环宽约 0.4 米，南侧石环圈长径 4、短径 3.5、环宽约 0.5 米。封堆下 2 个墓室，编号 A 墓室和 B 墓室。A 室在北，位于北部石圈下。墓室平面呈长方形，西北东南长 2.38、宽 0.86 米，墓深 2.05 米。墓道中填土石。偏室开在墓道北

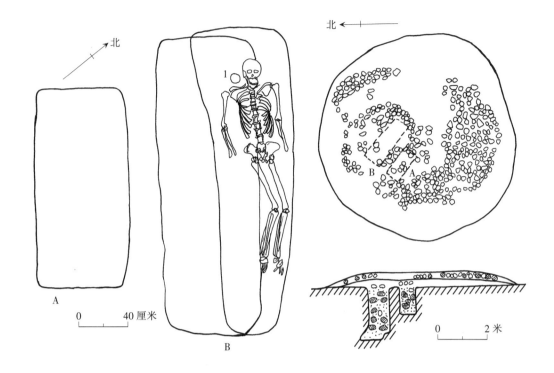

图五二六　M40 墓葬结构图

B：1. 陶单耳罐

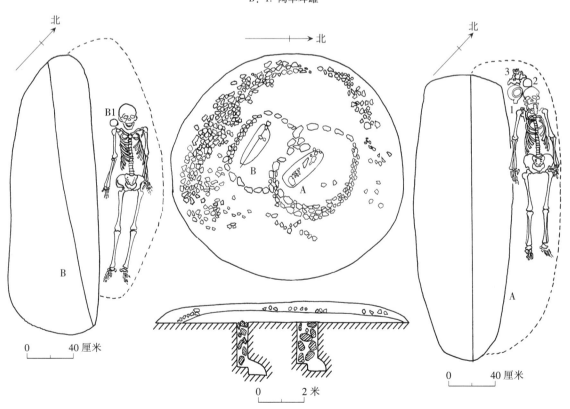

图五二七　M43 墓葬结构图

A：1、2. 陶单耳罐　3. 羊椎骨、骶骨；B：1. 陶单耳罐

壁，进深 0.4 米，与偏室相对一侧留生土二层台，二层台宽 0.5、高 0.3 米。偏室内葬 1 人，一次葬，仰身直肢，头西北脚东南。男性，成年。死者头右侧放置 2 件陶单耳罐及羊的脊椎骨和骶骨。B 室在南，位于南石圈之下，与 A 室平行排列，相距 2 米。墓室平面呈圆角长方形，长 2.3、宽 0.9 米，墓深 2.2 米。墓道中填卵石，偏室开在墓道北壁，进深 0.56 米，与偏室相对一侧留生土二层台，宽 0.5、高 0.3 米。偏室内葬 1 人，一次葬，仰身直肢，头西北脚东南。随葬 1 件陶单耳罐（图五二七）。

第三节　呼吉尔沟墓地

呼吉尔沟墓地在阿克布早沟墓地西部，中间隔一山梁。发掘墓葬 2 座。

M1　封堆平面呈圆形，直径 16、高 1.2 米。整个封堆因砾石大小可划分为 5 个石环圈，形制特殊。封堆边缘铺规整的石环圈，以大小均匀、直径约 10 厘米的小砾石构成，环宽 2 米。依次向内为以直径 40～50 厘米的大卵石，构成单石圈，直径 12 米；直径 5～8 厘米的砾石构成的石环圈，环宽约 1 米；直径 20～30 厘米的卵石构成的石环圈，环宽约 2.5 米；中部为直径约 5 厘米的小碎砾石构成的石圈，石圈直径约 4 米。墓室位于中部石圈下，竖穴土坑，墓口平面呈圆角长方形，长 2.68、宽 0.6～1.3 米，墓深 1.2 米。墓道中填碎小砾石。墓底平铺一层卵石。墓室内葬 1 人，骨殖零散不全，仅有残头骨、肋骨、盆骨等极少人骨，年龄性别不详，可能为二次葬。随葬 1 件陶杯（图五二八）。

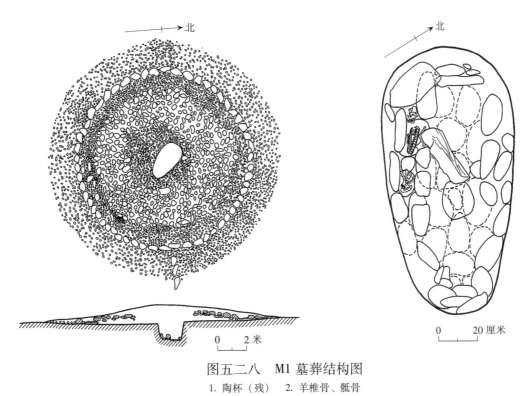

图五二八　M1 墓葬结构图
1. 陶杯（残）　2. 羊椎骨、骶骨

M2 封堆平面呈圆形，直径10.7、高0.6米。整个封堆以大小均匀、直径10~20厘米的砾石铺成石圈。墓室位于封堆中部下方，竖穴土坑，墓口平面呈不规则四边形，东西向，长2、宽1.7米，墓深0.5米。墓道中填碎小砾石。墓室内未发现人骨。无随葬品。

第四节 出土器物

阿克布早沟墓地和呼吉尔沟墓地墓葬中随葬品贫乏，一座墓葬中常随葬1或2件器物，个别随葬3或4件器物。随葬品主要有陶器、铁器、木器、铜器、石器、骨器，部分墓葬随葬羊骨。

一 陶 器

陶器多夹砂红陶，手制，器类简单，主要有罐、杯、勺杯、钵、瓶、缸形罐等。

（一）罐

有无耳罐、单耳罐、双系耳罐、单系耳罐、鋬耳罐等。

1. 无耳罐。敞口，束颈，溜肩，鼓腹，圜底。部分为彩陶。依领的高低及腹部变化，分4式。

Ⅰ式 高领。

M29：1，圆唇。通体彩。口沿下绘一周倒实体三角纹，颈部绘上下交错的三角纹，上部三角中填绘平行线，下部三角中填绘的纹样不同，有菱格状的棋盘格纹，有交错的网格中相间填以圆点，腹部绘三周上下排列整齐的倒实体三角纹。底部涂红彩。口径10.2、最大腹径12.2、高18厘米（图五二九：3；图版二八六：3；彩版九六：3）。

M8：4，口沿略残，方唇，颈微束，腹微垂，平圜底。器表纹饰不清。口径9.8、高18.1厘米（彩版九七：4）。

M25：2，方唇。器表及口沿内壁施红色陶衣。底部有烟炱痕迹。口径9.2、最大腹径11.2、高14厘米。

Ⅱ式 领部较高。

M25：1，方唇，领略外敞。通体彩，上下七周横排的短弧线纹，整体画面似水中游动的蝌蚪。口径8.4、最大腹径11.2、高18厘米（图五二九：1；图版二八六：1）。

图五二九 阿克布早沟墓地陶无耳罐
1. M25：1 2. M33：1 3. M29：1 4. M35：1

　　M18：1，圆唇。口径9.8、高11.6厘米（图五三〇：1；图版二八七：1）。

　　M33：1，方唇，腹略垂。口沿下至腹绘一周长三角纹。口径10、最大腹径12.2、高16厘米（图五二九：2）。

　　M17A：4，口沿残损，圆唇外卷。通体施红色三角状条纹。口径9.5、最大腹径13、高16.6厘米（图五三〇：2；彩版九七：4）。

　　M35：1，方唇。颈部有刻划的线纹。口径9、高17.6厘米（图五二九：4）。

　　Ⅲ式　领较短。

　　M26：1，口沿残损，方唇。口径7.4、最大腹径16.4、高22.8厘米（图版二八七：3）。

　　Ⅳ式　短领。

　　M34：1，方唇略外卷。底部有烟炱痕迹。口径12、最大腹径15.2、高14厘米（图五三〇：3；图版二八九：1）。

　　M36：1，方唇，垂鼓腹。通体彩。颈部绘上、下交错的三角纹，上部填网格纹。下部填菱格纹；上部为倒实体三角，下部为折线三角和折线网纹三角。口经6.9、高12.4厘米（图版二八六：2；彩版九六：2）。

　　2. 单系耳罐，1件。

　　M37A：1，敞口，圆唇，鼓腹，平圜底。肩部单系耳，略呈鸟首状上翘。口稍残。侧面有烟炱痕迹。口径9、最大腹径12.2、高9.2厘米（图五三〇：4；图版二八九：4）。

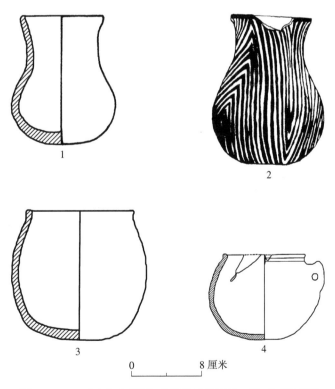

图五三〇　阿克布早沟墓地陶无耳罐、陶单系耳罐
1. M18：1　2. M17A：4　3. M34：1　4. M37A：1

3. 单耳罐。有高领单耳罐和矮领单耳罐两型。

A 型　高领单耳罐。敞口或微敞口，溜肩，鼓腹，圜底。颈肩处有单条状耳。依领部情况，分3式。

Ⅰ式　高领。

M19：1，口外敞，束颈。肩部单环耳上翘。局部彩，口沿下至肩部。绘基本竖向平行的线条，在线条间填以短平行线或圆点纹，肩部绘两条平行线，上细下粗，平行线间填绘圆点纹。腹底涂红彩。口径10、最大腹径16.6、高22.1厘米（图五三一：1；图版二八六：4；彩版九六：4）。

Ⅱ式　领较高。

M43A：2，敞口，方唇，束颈。腹耳残损。器表及口沿内壁施红色陶衣。口径9.6、最大腹径12.8、高15.2厘米（图五三一：4；图版二八七：5）。

Ⅲ式　矮领。

M25：2，敞口，方唇，器表及口沿内壁施红色陶衣。口径8.8、最大腹径12、高13.2厘米（图五三一：3）。

M27：1，直口，平唇，腹耳残损。侧部有烟炱痕迹。口径10.4、最大腹径12.4、高12.8厘米（图五三一：2；图版二八九：6）。

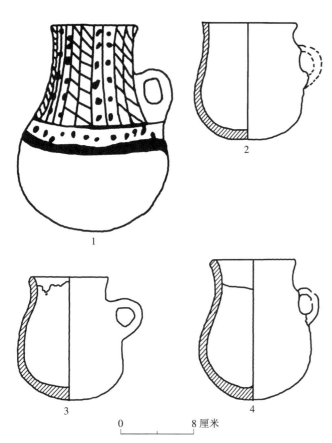

图五三一　阿克布早沟墓地陶单耳罐
1. M19：1　2. M27：1　3. M25：2　4. M43A：2

M52：1，口略外敞，方唇，微束颈，腹略鼓。口径8.6、高11.8厘米（图版二八七：4）。

B 型　矮领单耳罐。口沿多外折或外卷，鼓腹或圆腹，圜底。分3式。

Ⅰ式　深腹。

M40：1，沿外卷，圆唇，短领，深鼓腹，平圜底。通体彩。器表绘以粗细不等的不规则竖平行线，平行线间填绘以圆点纹样。口径11.4、最大腹径15.9、高14厘米（图五三三：1）。

M39：1，口较小，内敛，沿外折卷，方唇，短领，束颈，深鼓腹，最大腹径在器腹下部，圜底。上腹单耳上翘。通体彩，用细线绘稀疏的网纹。口径10、最大腹径16.8、高15.4厘米（图五三三：4；彩版九六：1）。

Ⅱ式　口沿略外折卷，鼓腹，圜底。

M43A：1，敞口，方唇，鼓腹，圜底。腹耳。器表及口沿内壁施红色陶衣，底部有烟炱痕迹。口径11.2、最大腹径16、高13.6厘米（图五三二：1；图版二八九：3）。

M8：1，尖圆唇外略卷，束颈，圆鼓腹。口

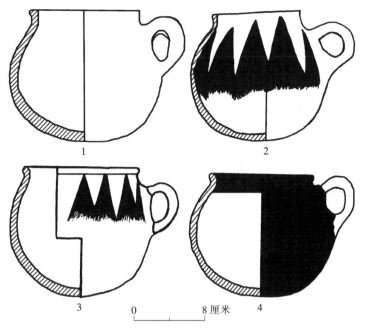

图五三二　阿克布早沟墓地陶单耳罐
1. M43A：1　2. M32：1　3. M17B：1　4. M37B：1

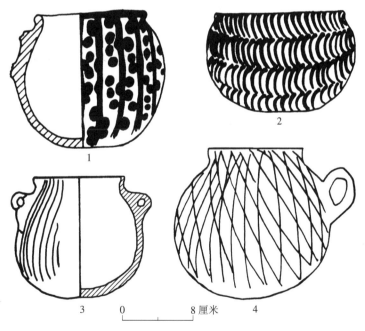

图五三三　阿克布早沟墓地陶单耳罐、陶双系耳罐
1. M40：1　2. M24：1　3. M20：1　4. M39：1

径10.8、高15.7厘米。

　　M32：1，敞口，方唇，鼓腹，圜底。腹耳残损。腹上部器表饰有一周正实体三角纹样，底部有烟炱痕迹。口径9.2、最大腹径14.4、高13.2厘米（图五三二：2；图版二八八：6）。

　　M17B：1，敞口，圆唇，鼓腹，圜底。腹耳残损。器表及口沿内壁施红色陶衣，器表上部饰正实体三角纹，侧部有烟炱痕迹。口径12、最大腹径14.8、高13.2厘米（图五三二：3）。

　　M37B：1，敞口，方唇，鼓腹，圜底。腹耳残损。器表及口沿内壁施红色陶衣。口径11.2、最大腹径15.6、高12.8厘米（图五三二：4；图版二八八：5）。

　　M11：1，方唇，短颈微束，深鼓腹，圜底。口径11.2、高12厘米（图五三四：3；图版二八七：6）。

　　M44：1，敞口，卷沿，圆唇，鼓腹，圜底。腹耳残损。器表及口沿内壁施红色陶衣，腹部上部表面饰有分布不均的圆点状纹样，侧部有烟炱痕迹。口径9.6、最大腹径14、高12.4厘米（图五三四：1；图版二八八：4）。

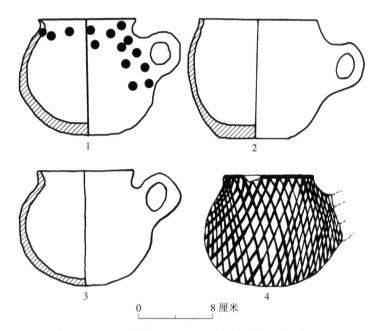

图五三四　阿克布早沟墓地陶单耳罐、陶单耳杯
1. M44：1　2. M12：1　3. M11：1　4. M37B：1

　　M37B：1，圆唇，鼓腹。耳残。通体饰网纹。口径9.7、最大腹径13.6、高12厘米（图五三四：4）。

　　M16：1，圆唇，颈微束，深鼓腹。单耳残。口径9.8、高12.7厘米（图版二八八：2）。

　　M15：1，圆唇，短颈较直，溜肩，鼓腹，圜底。单耳残。通体彩，器表绘六周横排的蝌蚪状纹，底部绘散状排列的蝌蚪状纹。口径12.5、最大腹径15、高11.4厘米（图五三五：3）。

　　Ⅲ式　器体较矮。

　　M24：1，圆唇，口沿略外折，鼓腹，平圜底。单耳残。通体彩，器表饰上下四排短弧线纹。口径13.6、最大腹径16、高10厘米（图五三三：2；图版二八八：3；彩版九七：1）。

　　C型　单耳高出器表。

　　M17A：1，敞口，圆唇，鼓腹，圜底。肩上有残损弓形耳，高出器表。器表及口沿内壁施红色陶衣，器表通体饰红色条纹，侧部有烟炱痕迹。口径10.4、最大腹径15.3、高12.4厘米（图五三五：2；彩版九七：2）。

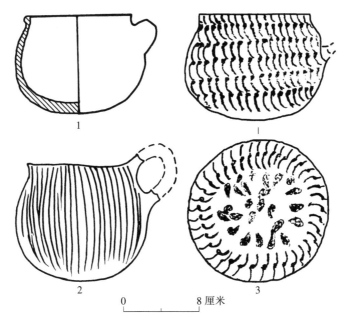

图五三五　阿克布早沟墓地陶单耳罐、陶鋬耳罐

1. M18：1　2. M17A：1　3. M15：1

4. 鋬耳罐，1件。

M18：1，敞口，方唇，鼓腹，圜底。肩部有鋬耳。器表及口沿内壁施红色陶衣。口径10.4、最大腹径12.8、高9.6厘米。陶器内盛有铁器（图五三五：1；图版二八九：5）。

5. 双系耳罐，1件。

M20：1，敞口，圆唇，束颈，溜肩，鼓腹，圜底。肩上有双耳，耳残。通身饰红色斜竖条纹。口径9、最大腹径13、高12.2厘米（图五三三：3；图版二八八：1）。

（二）单耳杯

1件。M12：1，口略敛，方唇，鼓腹，平底。一侧单耳。口径12、最大腹径14.4、高11.6厘米（图五三四：2；图版二八九：2）。

（三）勺杯

1件。M53：1，微敛口，方唇，鼓腹，圜底。肩上有耳，耳上翘，超过口沿，残损。器表及口沿内壁施红色陶衣。口径13、高6.8厘米（图五三六：2；图版二九〇：3）。

（四）钵

大敞口，沿外折，鼓腹，圜底。依腹的情况，分2式。

Ⅰ式　腹较深。

M52：1，圆唇，口沿外卷起棱。器表及口沿内壁施红色陶衣。口径22.2、高9.2厘米（图五三六：3；图版二九〇：1）。

Ⅱ式　腹较浅。

M38：2，圆唇，卷沿。口沿一侧钻有4个小孔。口径30.2、高10.2厘米（图五三六：1；图版二九〇：4）。

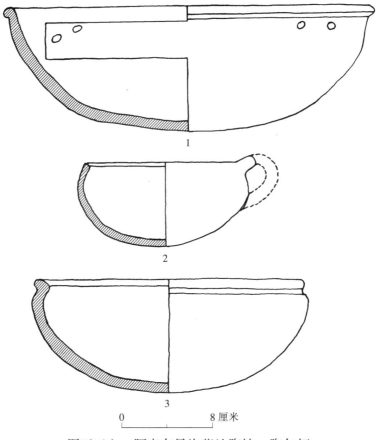

图五三六　阿克布早沟墓地陶钵、陶勺杯

1. M38：2　2. M53：1　3. M52：1

（五）瓶

1件。M38：1，敞口呈喇叭状，方唇，长束颈，折肩，圆鼓腹，圜平底。口沿残损。口径7.4、最大腹径16.4、高22.8厘米（图五三七：1；图版二八七：2）。

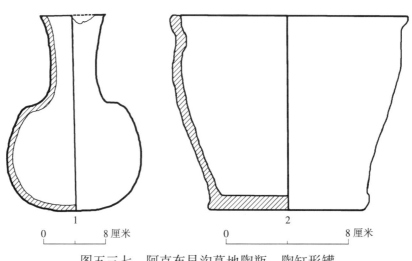

图五三七　阿克布早沟墓地陶瓶、陶缸形罐

1. M38：1　2. M56：1

（六）缸形罐

1件。M56：1，敞口，圆唇，短领外折，肩略鼓。斜直壁，大平底。口径14、底径10、高11.4厘米（图五三七：2）。

二　铁　器

阿克布早墓地相当一部分墓葬中随葬铁器。铁器大多残锈，能辨器形的有刀、簪、镞、锥、钉等。

（一）刀

均锈蚀。主要为直柄刀，个别为环首刀。

A型　直柄刀。直柄，柄部较粗，刃部较窄。

M57：3，柄部较长，柄首部分窄，有木痕，推测有木鞘。刃截面为锐角三角形，背面直。长19.1、宽12.22、厚约0.4厘米。上附着有铁锈块（图五三八：1；图版二九二：3）。

M7：6，柄部较长，刃部很短，通体锈蚀。尖部残，背平直，刃截面为锐角三角形。残长15.3、宽1.3、厚0.3厘米（图五三八：3）。

M2B：1，短柄，长刃，刀体细长。残长13.1、宽0.8厘米（图版二九二：6）。

M6：2，柄刃均残，通体锈蚀。刃截面为弧边三角形，背平直。残长13.6、宽1.8、厚0.9厘米

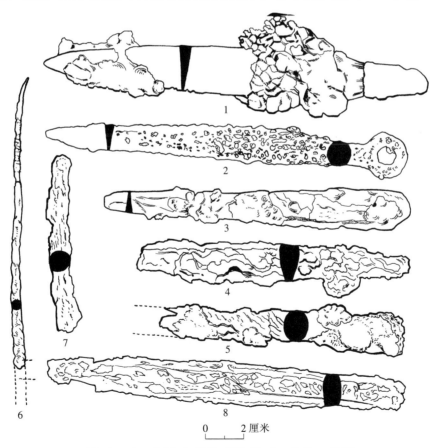

图五三八　阿克布早沟墓地铁刀、铁锥、铁簪

1. M57：3　2. M1：1　3. M7：6　4. M6：2　5. M9：2　6. M3：1　7. M52：15　8. M11：2

（图五三八：4）。

M9：2，刃部残，通体锈蚀，柄截面为椭圆形。残长12.3、宽1.8、厚1.2厘米（图五三八：5）。

M11：2，基本完整，弧背直刃，通体锈蚀，刃与柄界限不明显，尖部残。柄截面为椭圆形。长17.8、宽2、厚0.9厘米（图五三八：8；图版二九二：2）。

M2A：3，柄残。刃较宽，弧背，刃略凹。残长9.7、宽2.9厘米（图版二九二：5）。

B型 1件。环首。

M1：1，保存基本完整。环首，孔为圆形，柄前端较细，后端粗，背平直，刃平直。柄截面为椭圆形，刃截面为锐角三角形。长18.1、刃宽1.2、柄宽1.6厘米，首部的环直径2.4厘米（图五三八：2；图版二九二：4）。

M2A：1，环首残，环孔圆形，直柄直刃，刃尖残。残长9.2厘米（图版二九二：1）。

（二）锥

柄为圆柱状，锥端尖。

M52：15，一端残。残长8.6、宽1.1、厚1厘米（图五三八：7）。

（三）簪

细长柱状，通体由粗渐细。

M3：1，首端残。残长14、直径0.5厘米（图五三八：6；图版二九一：1）。

（四）镞

镞截面为三棱体，尖锐利，短铤，铤尾呈尖锥状，截面为圆形。

M57：9，长7.7、铤直径0.6厘米（图五三九：3）。

M2A：2，三翼，有銎，带短木链。残长8.2厘米（图版二九一：3）。

M57：10，锈蚀严重。圆柱铤。长6.6、直径0.5厘米。

（五）钉

1件。M15：2，通体锈蚀，尖部截面略为三角状。长4.3、宽2.4厘米（图五三九：2）。

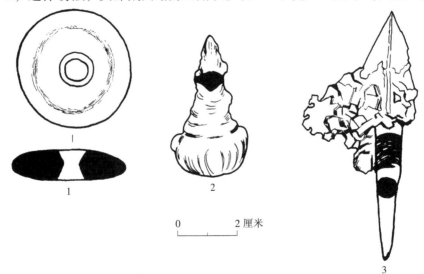

图五三九 阿克布早沟墓地石纺轮、铁钉、铁镞

1. M57：6 2. M15：2 3. M57：9

三　其　他

阿克布早沟墓地墓葬中还出有少量的铜器、石器、骨器等。

（一）石器

1. 纺轮，1件。

M57：6，圆盘状，中有圆孔。直径3.6、厚0.9厘米，中间孔径0.7厘米（图五三九：1；图版二九一：2）。

2. 锥。

M17：5，一端尖。锥长4.8厘米。

（二）铜器

1. 簪。细长柱状。

M46B：1，弯折，残。残长21、直径0.4厘米。

2. 带柄镜。

M17：4，残。镜面直径5厘米，短柄长2厘米。

（三）骨器

1. 弓弭，1件。弓的附件。

M2：1用长骨片制成，一端为尖首，另一端边侧有半圆形凹缺。长25、宽1.5厘米（图五四○：6）。

2. 镞。有双翼镞和单翼镞两型。

A型　三棱体，双翼。

M52：2，三棱形，双翼不出尾，扁平铤。长6.1厘米（图五四○：1；图版二九一：4）。

B型　三棱体，单翼出尾。

M12：2，4枚，扁平铤。分别长5.9、4.2、6.1、7.9厘米（图五四○：2~5；图版二九一：6）。

M5：1，3枚。短翼。分别长5.8、5.6、5.4厘米（图版二九一：5）。

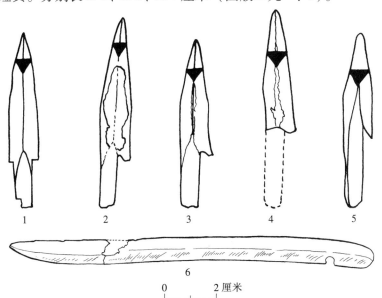

0 ⊢——⊣ 2厘米

图五四○　阿克布早沟墓地骨镞

1. M52：2　2~5. M12：2　6. M2：1

第十二章　萨尔布拉克沟口高台墓地

第一节　墓地概述

　　萨尔布拉克沟口高台墓地位于喀什河上游北岸，尼勒克县科蒙乡团结牧场奇仁托海牧业村萨尔布拉克沟西侧，西距县城约40公里。墓葬分布在喀什河北岸的二级台地和坡地上。台地北与天山主体山脉连为一体，东侧为萨尔布拉克沟，西侧为阿克布旱沟，台地呈不规则形，依山势山坡处较陡，墓葬分布在长100、宽30～50米范围内。2003年，为配合新疆伊犁州尼勒克县吉林台水电站的建设工程，新疆文物考古研究所在此发掘墓葬17座（图五四一）。

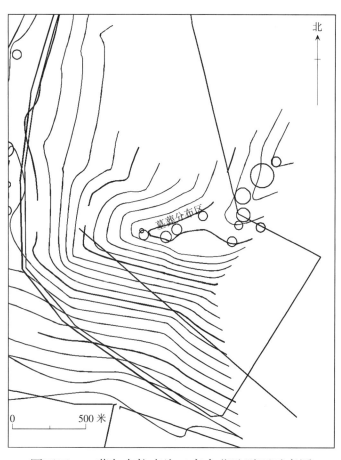

图五四一　萨尔布拉克沟口高台墓地平面示意图

第二节　墓葬记述

　　萨尔布拉克沟口高台墓地墓葬形制较单一，墓葬类型主要为土石结构封堆墓。地表封堆一般呈圆形，直径 5 ~ 10、高 0.5 ~ 1 米，有的全部铺石，有的为单石圈，有的为双石圈。墓室一般位于封堆中部下，墓室多为东西向，均为单室墓，墓室结构均为竖穴土坑，墓室填土中一般夹杂较多较大的卵石。墓葬人骨一般保存较好，骨架完整者，仰身直肢，葬式头西脚东，多为单人一次葬，另有极个别的合葬墓。随葬品数量较少，出土器物主要有陶器、铁器、骨器、铜器、珠饰等。陶器主要为罐、钵等，一般放置于死者头侧。多数墓葬中伴有羊骨。分土堆铺石墓、土堆单石环圈墓、土堆双石环圈墓、土堆石环圈铺石墓，共四型。

　　A 型　土堆铺石墓。

　　M2　封堆平面呈圆形，直径 8、高 0.7 米。封堆整个表面覆盖卵石。墓室位于封堆下中部，竖穴土坑墓，墓口平面呈东北—西南向长方形，长 3.8、宽 0.8、深 0.6 米。墓坑内填石。墓室内葬人骨 2 具。上层人骨被压于卵石之下，骨架碎裂，为一成年男性个体，距墓口 0.2 米。下层骨架保存较好，一次葬，仰身直肢，头朝东北，其头骨移位至腿骨右侧，男性，成年。无随葬品（图五四二；图版二九五）。

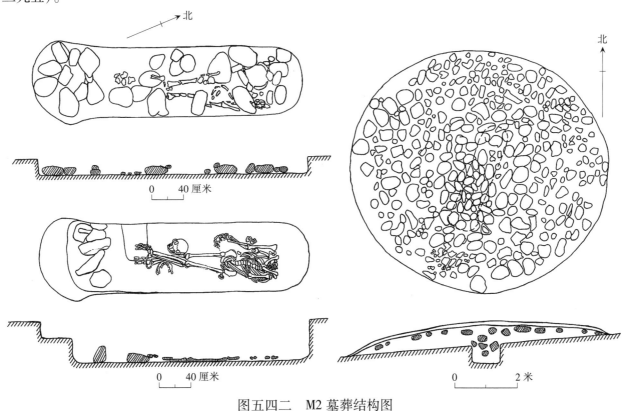

图五四二　M2 墓葬结构图

M14　封堆平面呈圆形，直径7.9、高0.5米。封堆上铺石，中部有直径约2.5米的圆形区域未铺石。墓室位于封堆中部下，竖穴土坑墓，墓口平面呈西北—东南向长方形，长2.1、宽1.4、深1.2米。墓坑中葬1人，二次葬，骨骼零乱，散乱于墓底各处，骨骼不全。性别不明，成年。墓底填土中发现3件残铁器、1件铁刀（残）及4件骨器，均残（图五四三）。

M16　封堆平面呈圆形，直径5.3、高0.3米。整个封堆以卵石构成。墓室位于封堆中部下方，竖穴土坑墓，墓口平面呈东西向长方形，长2.1、宽0.8、深0.4米。墓坑中填满卵石。墓坑中葬1人，二次葬，仅有零星肋骨、残指骨等。墓主年龄、性别不详。无随葬品。

B型　土堆单石环圈墓。

M1　封堆平面呈圆形，直径8、高0.6米。封堆外围有规整的石环圈，石环圈呈圆形，直径7.5、环宽约0.8米。墓室位于封堆下中部，竖穴土坑墓，墓口平面呈东西向长方形，长2.7、宽1、深0.4米。墓口有棚木。墓室内葬1人，一次葬，仰身直肢，头西脚东。女性，成年。死者头右侧随葬1件陶单耳杯、1件陶钵、1件铜簪（残），腰右侧有铜饰件（残），身侧有动物骶骨。

M7　封堆平面呈圆形，直径9.2、高0.7米。封堆外围有石环圈，石环圈呈圆形，直径9、环宽0.6~1.5米。墓室位于封堆中部下方，竖穴土坑墓，墓口平面呈东西向长方形，长3.5、宽0.9、深2.2米。墓坑中填充大量卵石。墓室内葬1人，一次葬，仰身直肢，头西脚东，面朝北，男性，成年。死者身右侧随葬有1件陶钵、1件陶片、1件残铁器、1件铜饰（残）、4颗玛瑙珠和2颗碳精珠（图五四四；图版二九四：上、二九八：上）。

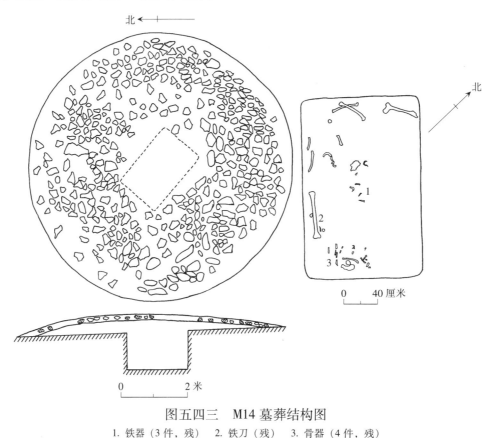

图五四三　M14墓葬结构图

1. 铁器（3件，残）　2. 铁刀（残）　3. 骨器（4件，残）

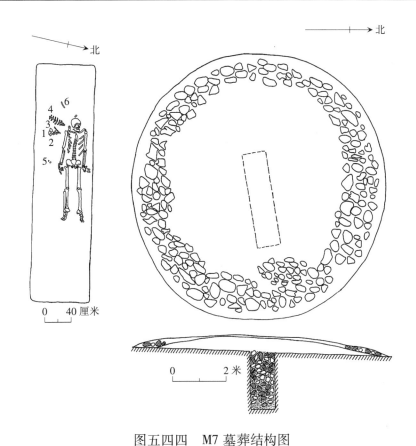

图五四四　M7 墓葬结构图

1. 陶钵　2. 陶片　3. 铁器（残）　4. 石磨盘　5. 铜饰（残）　6. 玛瑙珠、碳精珠（残）

　　M9　封堆平面呈圆形，直径7、高0.5米。封堆外围有石环圈，石环圈呈圆形，直径6.5、环宽0.8~1.2米。墓室位于封堆中部下，竖穴土坑墓，墓口平面呈东西向长方形，长2.2、宽0.9、深0.8米。墓坑中填充大量卵石。墓室内葬1人，一次葬，仰身直肢，头西脚东，骨架稍乱，手脚趾（指）骨缺失，男性，成年。死者身右侧随葬有1件陶钵、1件残铁器、羊椎骨，头下发现铜耳环（图五四五；图版二九九：下）。

　　M10　封堆平面呈圆形，直径6、高0.5米。封堆外围有石环圈，石环圈呈圆形，直径6.5、环宽约0.8米。墓室位于封堆中部下，竖穴土坑墓，墓口平面呈东西向长方形，长2.2、宽0.8、深0.5米。墓坑中葬1人，一次葬，仰身直肢，头西脚东，男性，成年。死者腰部右侧随葬1件砺石（图五四六；图版二九四：中、二九九：上）。

　　C型　土堆双石环圈墓。

　　M11　封堆平面呈圆形，直径8.5、高0.6米。封堆外围有双石环圈，石环圈呈圆形，外圈直径8、环宽1~2米，内圈直径5.6、环宽约1米。墓室位于封堆中部下，竖穴土坑墓，墓口平面呈东西向长方形，长3、宽0.8、深2.8米。墓坑中葬1人，一次葬，仰身直肢，头西脚东，骨架稍乱，手臂骨不全，手脚趾（指）骨缺失，男性，成年。在其身右侧随葬2件陶钵、1件铁刀（残）及羊骶骨，头部置砺石、石珠、石磨盘（图五四七；图版二九九：中）。

　　D型　土堆石环圈铺石墓。

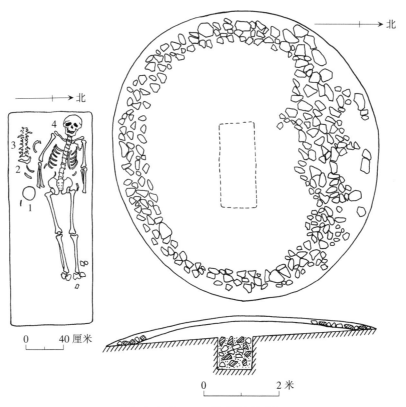

图五四五　M9 墓葬结构图

1. 陶钵　2. 铁器（残）　3. 羊椎骨　4. 铜耳环（残）

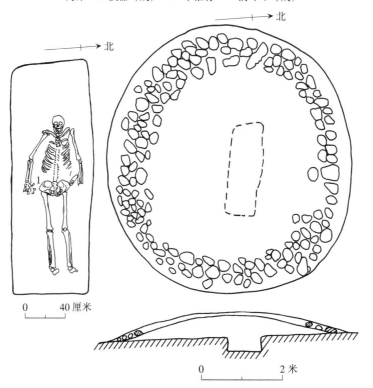

图五四六　M10 墓葬结构图

1. 砺石

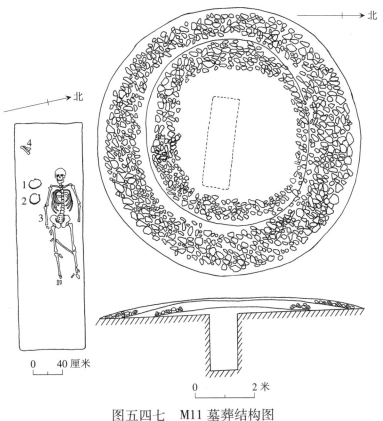

图五四七　M11 墓葬结构图
1、2. 陶钵　3. 铁刀（残）　4. 羊骶骨

　　M3　封堆平面呈圆形，直径 9、高 0.4 米。封堆外围有规整的石环圈，石环圈呈圆形，直径 9、环宽约 1 米。墓室位于封堆中部下，竖穴土坑墓，墓口平面呈东西向长方形，西端宽东端窄，长 2.5、宽 0.7~1.2、深 1 米。墓坑西端距墓口 0.4 米处，埋葬有马头和牛头各一。墓底葬 1 人，一次葬，其上半身严重被二次扰乱，骨殖散乱，下半身摆放在生理位置，水平放置，头西脚东，无头骨。男性，成年。填土中随葬石磨盘，墓室中无随葬品（图五四八；图版二九六）。

　　M4　封堆平面呈圆形，直径 7、高 0.8 米。封堆外围有石环圈，石环圈呈圆形，直径 6、环宽 0.3~1 米。中部为一直径 3.5 米的圆形石堆。墓室位于封堆下中部石堆下，竖穴土坑墓，墓口平面呈西北—东南向长方形，长 1.8、宽 0.72、深 0.7 米。墓室内葬 1 人，一次葬，仰身直肢，头西北脚东南。男性，成年。死者腰部随葬 1 件残铁器（图五四九；图版二九四：下、二九七：上）。

　　M5　封堆平面呈圆形，直径 11.5、高 1 米。封堆外围有石环圈，石环圈呈圆形，直径 11、环宽 1~2 米。中部为一直径 5.3 米的圆形石堆。墓室位于封堆中部石堆下，竖穴土坑墓，墓口平面呈西南—东北向长方形，长 2.6、宽 1.2、深 1.1 米。墓室内葬 1 人，一次葬，仰身直肢，头西南脚东北。女性，成年。死者身右侧随葬有 1 件陶单耳罐、3 件陶钵、1 件铜簪及残铁器、残铜器小件，另有羊骶骨（图五五〇；图版二九三：下、二九七：中、下；彩版九八：上）。

　　M6　封堆平面呈圆形，直径 12、高 1.1 米。封堆外围有规整的石环圈，石环圈呈圆形，直径 11.5、环宽约 2 米。中部为一直径 6.5 米的圆形石堆。墓室位于封堆中部石堆下，竖穴土坑墓，墓口平面呈南北向长方形，长 2.5、宽 1、深 1 米。墓室内葬 1 人，一次葬，仰身，下肢稍弯曲，头西脚

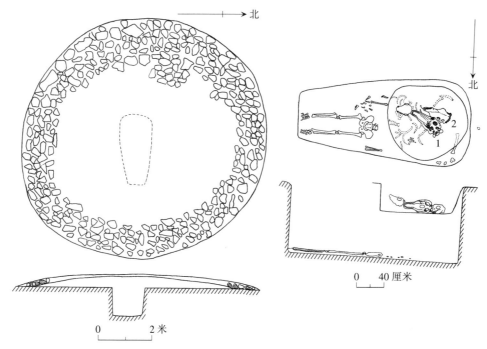

图五四八　M3 墓葬结构图

1. 石磨盘（填土中）　2. 牛头　3. 马头

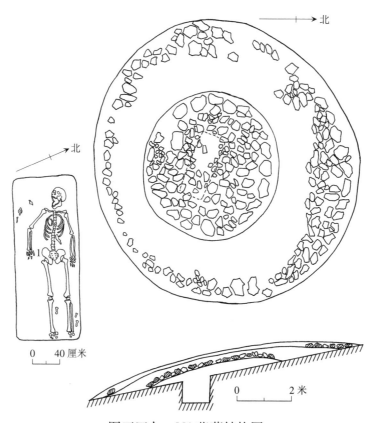

图五四九　M4 墓葬结构图

1. 铁器（残）

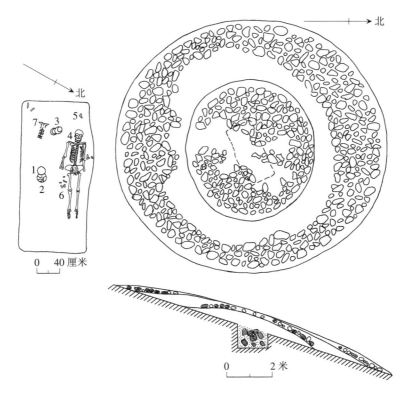

图五五〇　M5 墓葬结构图

1. 陶单耳罐　2、3、7. 陶钵　4. 铜簪（残）　5. 铜器（残）　6. 羊骶骨

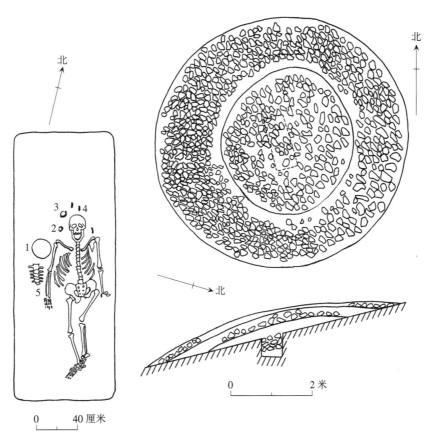

图五五一　M6 墓葬结构图

1. 陶钵　2. 铜耳环　3. 圆形铜牌饰　4. 石珠　5. 羊骶骨

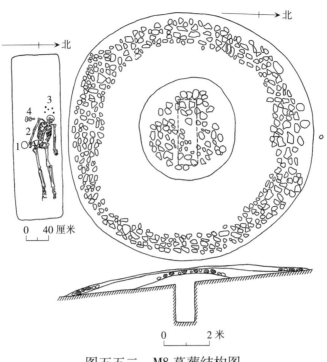

图五五二　　M8 墓葬结构图
1. 陶钵　2. 铁器（残）　3. 料珠　4. 羊骶骨

东，骨架略散乱。女性，成年。随葬品集中在死者头部周围，有铜耳环、圆形铜牌饰、石珠等，死者
肩处随葬 1 件陶钵和羊骶骨（图五五一；图版二九三：中、二九八：中；彩版九八：下）。

　　M8　封堆平面呈圆形，直径 10.2、封堆高 0.6 米。封堆外围有石环圈，石环圈呈圆形，直径
10、环宽约 1.3 米。中部为一直径 3.5 米的圆形石堆。墓室位于封堆中部石堆下，竖穴土坑墓，墓
口平面呈东西向长方形，长 2.7、宽 0.7、深 1.65 米。墓坑中填充大量小卵石，并有朽木痕迹。墓
室内葬 1 人，一次葬，仰身直肢，头西脚东，上身和下肢折曲。女性，成年。死者身右侧随葬有 1
件陶钵、2 件残铁器和羊骶骨一段，在其头周围发现 7 枚料珠（图五五二；图版二九三：上、二九
八：下）。

第三节　出土器物

　　萨尔布拉克沟口高台墓地的墓葬中随葬品贫乏，一般一座墓葬中只有 1 或 2 件器物。随葬品多
为生活用具，装饰品随葬在身体各处。主要有陶器、铜器、铁器、石器等。

一　陶　器

　　陶器基本为夹砂红陶，手制。部分陶器的器表饰以红陶衣。器类有罐、钵、杯等。

（一）罐

1件。单耳罐。

M5：1，直口微敛，高领，垂腹，圜底。腹部有耳。口径8.3、最大腹径11.6、高12.8厘米（图五五三：2；图版三〇一：2）。

（二）钵

比较常见。大口，圜底。有敛口钵和折沿钵两大类。

1. 敛口钵。敛口，腹微鼓，圜底。依器腹的深浅，分2式。

Ⅰ式　腹较深。

M5：3，尖圆唇，微鼓腹。口径8.6、高4.4厘米（图五五三：1；图版三〇〇：4）。

Ⅱ式　浅腹。

M11：2，口沿微敛，尖圆唇。口径9.2、高4.3厘米（图版三〇〇：2）。

M5：2，口沿略内敛，尖圆唇，圜底。口径7.2、高3.3厘米（图五五四：4）。

M7：1，大口。外敞，沿微外卷。口径10.2、高4.6厘米。

M1：3，尖圆唇，颈略束，平圜底。口径8、高4厘米（图五五四：3；图版三〇〇：3）。

2. 折沿钵。口微敛或直口，沿外折。依腹的深浅，分2式。

Ⅰ式　深腹。

M8：1，口略内敛，口沿略外折，鼓腹。口径6.4、高4厘米（图五五三：3）。

Ⅱ式　浅腹。

M15：1，直口，沿微外折。口径8、高3.2厘米（图五五三：4）。

M9：1，沿微外折，器壁略直，平圜底。口径6.7、高3.8厘米（图五五四：2；图版三〇〇：6）。

M11：1，大口，口微内敛，上腹略鼓。器表施红陶衣，口沿内侧有一周彩带，器内壁有不规则

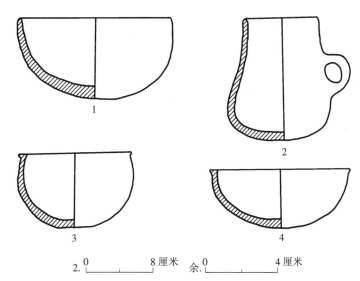

图五五三　萨尔布拉克沟口高台墓地陶钵、陶单耳罐

1. M5：3　2. M5：1　3. M8：1　4. M15：1

的曲线纹。口径10.8、高4.8厘米（图五五四：1；图版三〇一：3）。

M1：1，大口，沿微外卷。口沿下绘一周彩带。口径11.8、高4.2厘米（图五五五：1；图版三〇〇：1）。

M6：1，壁较直，上鼓腹，圜底。口径8.4、高3.7厘米（图五五五：3；图版三〇〇：5）。

M5：7，圆唇，口略外卷，斜腹，圆底。口径8.1、高3.6厘米（图五五五：4）。

（二）单耳杯

1件。M1：2，口微敛，沿微外卷，直腹平底，单耳残。口径4.6、腹径5.4、底径4.7厘米（图五五五：2；图版三〇一：1）。

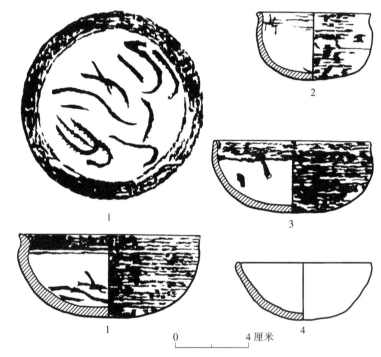

图五五四　萨尔布拉克沟口高台墓地陶钵
1. M11：1　2. M9：1　3. M1：3　4. M5：2

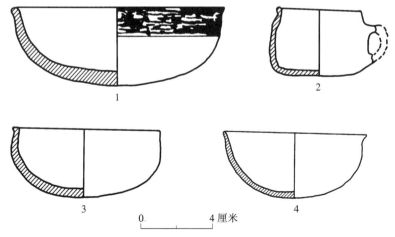

图五五五　萨尔布拉克沟口高台墓地陶钵、陶单耳杯
1. M1：1　2. M1：2　3. M6：1　4. M5：7

二　其　他

　　萨尔布拉克沟口高台墓地，在 7 座墓葬中发现 12 件铜器。铜器大多残蚀，只留痕迹，能辨器形的有簪、耳环、戒指等。墓地有 9 座墓中见有铁器，共发现铁器 19 件，铁器锈蚀更甚，许多只留下铁锈印迹，能辨器形有刀和环。石器保存较好，有砺石、石磨棒等。另外还见有玻璃珠等。

　　（一）铜器

　　1. 残耳环，1 件。

　　M9：4，残，只留下叶状铜片。长 2、宽 1.4 厘米（图五五六：3）。

　　2. 圆形铜饰件。

　　M6：3，2 件。圆片状，大小基本一致。直径 2、厚 0.2 厘米（图五五六：1）。

　　（二）石器。

　　1. 砺石，1 件。

　　M10：1，长方形条状，一端弧圆，有圆形钻孔。长 15、宽 3、厚 1.4 厘米，圆孔直径 0.4 厘米（图五五七；图版三〇一：6）。

　　2. 磨棒，2 件。

　　M1：1，用自然长条石加工而成，一面为弧面，一面为磨面。长 12、宽 4~6、厚 5.6 厘米（图五五八：1）。

　　3. 磨盘。

　　M1：3，残，长柳叶状，一面平，一面凸圆。长 13、宽 6、厚 5 厘米（图版三〇一：4）。

　　M7：4，不规则状，一面有磨面。长 11.6、最宽 8.6、厚 2.6 厘米（图五五八：3）。

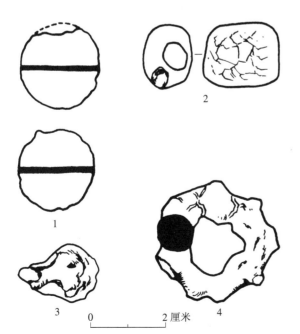

图五五六　萨尔布拉克沟口高台墓地
铜耳环、圆形铜饰、石珠、铁环
1. M6：3　2. M11：9－1　3. M9：4　4. M14：4

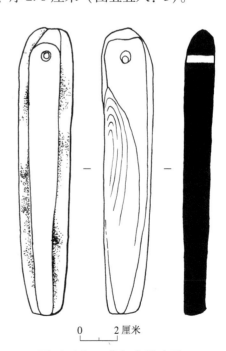

图五五七　萨尔布拉克沟口
高台墓地砺石（M10：1）

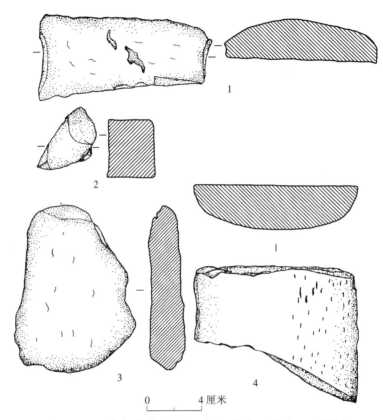

图五五八　萨尔布拉克沟口高台墓地石磨棒、石磨盘

1. M1∶1　2. M11∶8　3. M7∶4　4. M3∶1

M3∶1，长条状，残留局部。一面为弧面，一面为磨面。残长9、宽11.6、厚3厘米（图五五八∶4）。

M11∶8，残，截面为方形。残长5、宽3.4厘米（图五五八∶2）。

4. 珠。

M11∶9，5枚，圆短管状。长1.5～2、直径约1.5厘米，孔径0.5～0.7厘米（图五五六∶2；图版三〇一∶9）。

M11∶7，算盘珠状。长1.6、直径1.4厘米（图版三〇一∶7）。

M6∶6，圆短管状。长1.9、直径约1.5厘米（图版三〇一∶8）。

（三）玻璃珠

算盘珠状。

M11∶5，直径0.6厘米。

M6∶4，椭圆算盘珠状，长1.2、宽0.2厘米。

（五）铁器

铁刀残蚀，1件铁环保存较好。

M14∶4，圆柱状铁环。直径2.8厘米，中间孔径1.8厘米，柱径0.4厘米（图五五六∶4；图版三〇一∶10）。

M11∶3，铁刀。残。细长叶状。长11、宽2～3厘米（图版三〇一∶5）。

第十三章　呼吉尔台沟墓地和乌图兰墓地

第一节　呼吉尔台沟墓地

呼吉尔台是尼勒克县喀什河南岸的一处山沟，沿沟零散地分布着数十座古代墓葬。2001年在这里发掘墓葬3座。

一　墓　葬

呼吉尔台沟墓地的墓葬均为土堆石环圈铺石墓。依墓室的结构，分为竖穴土坑墓、竖穴偏室墓、双室墓三型。

A型　竖穴土坑墓。

M1　封堆平面呈圆形，直径约7、高0.55米。上层封堆边缘铺石环圈，由1排卵石或块石围铺成圆形，个别地方断续，直径6米。下层封堆上铺石，铺石平面呈椭圆形，长径3.5、短径2.7米，墓深1.65米。墓道内填以块石或板石。墓室内葬1人，仰身直肢，头西脚东。右小胳膊骨断裂。成年，男性。死者头骨右上侧放1件陶单耳杯（图五五九）。

B型　竖穴偏室墓。

M3　封堆平面呈圆形，直径约8.7、高0.5米。上层封堆边缘铺石环圈，由一或数排卵石或块石围铺，呈椭圆环状，长径8.3、短径7.5米。环宽不一，个别地方有断续，宽0.3~1米。封堆上部有积石，平面近圆形，长、宽约2米。墓室在封堆下中部，墓室口开在原地表。墓道平面近长方形，两端弧圆，长2.5、宽0.8米，墓道内填以密集的卵石。偏室开在墓道北侧，偏室较深，进深0.8米，与偏室相对一侧留生土二层台，二层台宽0.5、高0.65米。偏室口用长板石封堵。墓室内葬1人，仰身直肢，头西脚东。成年，女性。头侧随葬1件陶无耳罐（图五六〇）。

C型　双室墓。

M2　封堆平面呈椭圆形，长径7.3、短径高0.67、高0.55米。上层封堆边缘铺石环圈，由2~3排砾石铺成椭圆形，长径6.6、短径6米。下层封堆在墓室口地表上堆以砾石，平面呈圆形，直径3.2米。在封堆下中部有2个墓室，编号为A、B墓室，均为长方形竖穴土坑墓，墓道内填以块石或板石。A室在南，平面近长方形，两端弧圆，长2.3、宽0.85、深1.6米。墓室内葬1人，仰身直肢，头西脚东。左手指骨缺失。女性，青年。死者头骨左上侧放1件陶单耳陶杯。B室在A墓室的北部，相距0.3米，墓室口平面为长椭圆形，长1.85、宽0.9、深1.84米。墓室内葬1人，仰身直肢，头西脚东。成年，男性。死者左肩外侧随葬1件陶单耳罐、头骨上部置1件铁刀（图五六一；

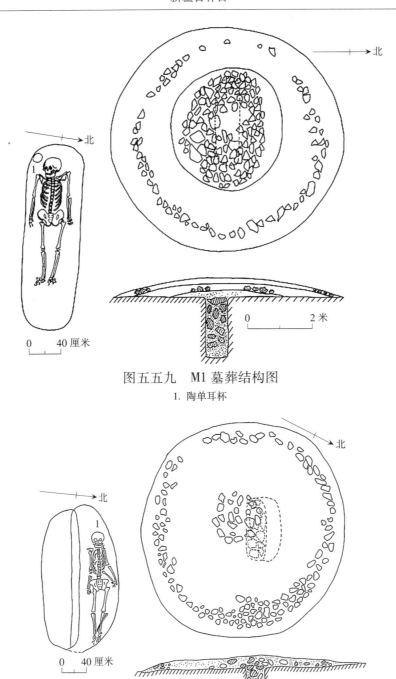

图五五九　M1 墓葬结构图
1. 陶单耳杯

图五六〇　M3 墓葬结构图
1. 陶无耳罐

图版三〇六：上、中）。

二　出土器物

呼吉尔台沟墓地墓葬中随葬品贫乏，出土有陶器、铁器和铜器残件。

（一）陶器

陶质为夹砂红陶，手制。有无耳罐、陶杯。

1. 无耳罐，1件。

M3：1，短领微外敞，颈略束，鼓腹，平圜底。器形不规整。口径 9.6、最大腹径 14、高 16.2 厘米（图五六二：2）。

2. 单耳杯。敛口或略敞，微鼓腹，圜底。分 2 式。

Ⅰ式　器体较高。

M1：1，残，敛口，鼓腹，平圜底，一侧有单耳。口径 5.6、最大腹径 7.4、高 6.8 厘米（图五六二：3）。

Ⅱ式　器体较矮。

M2A：1，尖唇，口沿微外折，略束颈，鼓腹，平圜底。口径 6、最大腹径 8、高 7 厘米（图五六二：1）。

M2B：1，耳残，口径 5、最大腹径 6、高 4.6 厘米（图五六二：4）。

第二节　乌图兰墓地

乌图兰墓地位于尼勒克县喀什河南乌图兰布鲁克村北数公里的山前戈壁滩上，墓地东西宽数百米，南北长数公里，共有墓葬 200 余座。2001 年和 2006 年在这里先后发掘墓葬 4 座和 5 座，共发掘墓葬 9 座。墓地墓葬多有明显的地表标志，分布相对分散。有土堆铺石墓、土堆单石环圈墓、土堆石环圈铺石墓和石棺墓四型（彩版九九：上）。

A 型　土堆铺石墓，又分竖穴土坑墓和竖穴双室墓两亚型。

Aa 型　竖穴土坑墓。

06M3　封堆平面呈椭圆形，直径约 6.5、高 0.25 米。封堆上铺石，铺石散乱。墓室在封堆下中部，墓室口开在原地表。墓室平面近卵圆形，长 1.2、宽 0.85、深 2 米。墓室内葬 1 人，二次葬，骨骼残乱，有头骨、残肢骨、少量椎骨、骶骨、髋骨。乱骨中见 1 件陶钵、2 件骨锥（图五六三）。

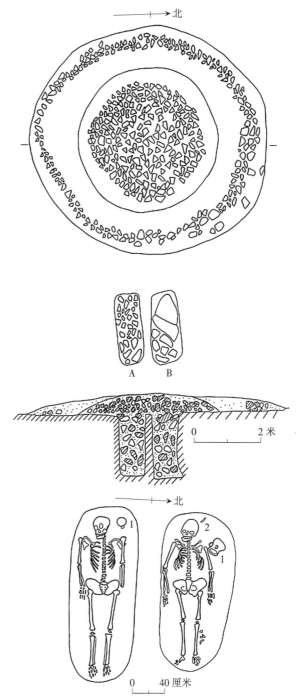

图五六一　M2 墓葬结构图

A：1. 陶单耳杯（残）；B：1. 陶单耳杯　2. 铁刀（残）

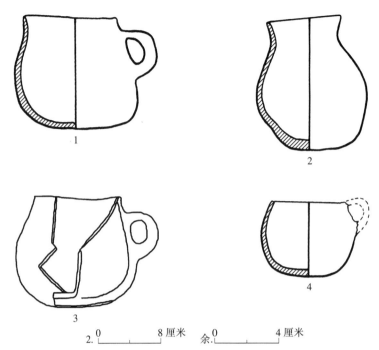

图五六二　呼吉尔台沟墓地陶无耳罐、陶单耳杯

1. M2A：1　2. M3：1　3. M1：1　4. M2B：1

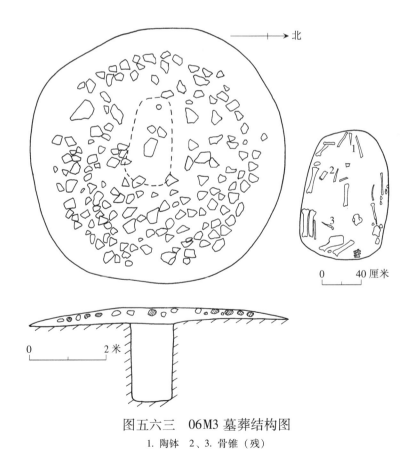

图五六三　06M3 墓葬结构图

1. 陶钵　2、3. 骨锥（残）

Ab 型　竖穴双室墓。

06M2　封堆平面呈椭圆形，封堆表面有散乱铺石，长径6、短径5.5、高0.5米。边缘的铺石大体围成圆形。堆堆下中部有双墓室。南北排列，编号为A、B墓室。A室在南，墓室平面呈长方形，长1.9、宽0.8米，墓道内填以大石块。墓室底用长板石围成石棺，石棺规整，呈长方形，长1.8、宽0.74、高0.3米。棺口盖以板石。石棺上葬1人，仰身，头西脚东，右手屈至胸骨处，左手屈至盆骨处，下肢向北微屈。成年。石棺内葬1人，仰身直肢，头西脚东。双脚骨压在棺东壁大石下。死者头骨右上侧随葬1件陶管流罐。B室在北，南距A室0.5米。墓室平面呈长椭圆形，长1.84、宽0.58、深0.76米。墓室内葬1人，仰身直肢，头西脚东。死者手指骨缺失，脚趾骨不全。死者头侧见陶饰件，右手处见有骨饰等（图五六四；图版三〇四：上）。

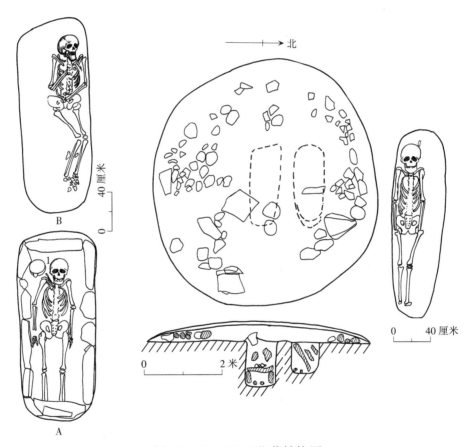

图五六四　06M2墓葬结构图

A：1. 陶管流罐；B：1. 骨饰（残）

B 型　土堆单石环圈墓，又分为竖穴土坑墓、竖穴偏室墓两亚型。

Ba 型　竖穴土坑墓。

06M1　封堆平面近圆形，长径7、短径6.5、高0.5米。封堆外围用块状砾石围成石环圈，呈椭圆环状。长径6、短径5、环宽约0.7米。封堆中部有零星的铺石。墓坑平面呈长椭圆形，西端弧圆，东端尖圆，长1.58、西端宽0.71、东端宽0.32米，墓深1.5米。墓道内填少量卵石。墓室内葬1人，仰身直肢，头西脚东。下肢略向南屈。手指骨缺失。儿童。无随葬品。

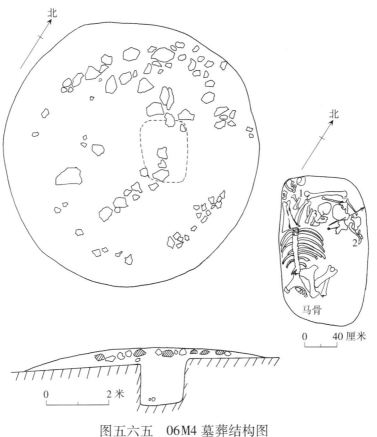

图五六五　06M4 墓葬结构图

1. 铁器（残）　2. 铁马镫（残）　3. 铁带扣（残）

06M4　封堆平面近圆形，直径约8、高0.5米。封堆顶部有零星铺石。边缘铺石略铺成圆形，草率，南部部分石围呈断续状，直径6.5米。墓室在封堆下中部，墓室口开在原地表。墓口平面呈椭圆形，长径1.8、短径1.1、墓深1.25米。墓道填石。墓室内殉马，向东南侧卧，无马头。墓室南侧有二次葬的人骨，见有头骨、少量肢骨，堆放在墓室西壁下。有铁器残件、铁马镫、铁带扣等（图五六五）。

Bb 型　竖穴偏室墓。

01M2　封堆平面呈椭圆形，长径6.3、短径5.6、高0.65米。墓室在封堆下中部，墓道口周围以卵石和块状砾石围成环圈，环圈围成椭圆环状，长径4、短径3.5米，环宽约1米。墓道内填以密集的卵石。墓室为竖穴偏室，偏室开在墓的北壁，进深0.35米，与偏室相对一侧留生土二层台，二层台宽0.2、高0.1米。偏室内葬1人，仰身直肢，头西脚东。死者右手指骨缺失，腰椎和骶骨因骨质增生连在一起。其余指骨和脚趾骨不全。女性，成年。头骨右侧发现铁钉、陶单耳罐各1件（图五六六；图版三〇三：下、三〇六：下）。

C 型　土堆石环圈铺石墓，分为竖穴土坑墓、双室墓两亚型。

Ca 型　竖穴土坑墓。

01M1　封堆平面近椭圆形，长径15、短径12、高1.5米。封堆外围用卵石围成石环圈，呈椭圆环状。长径14.5、短径10.4米，围成石环圈的卵石密集，卵石大小均匀。石环圈的宽窄不一，西部石环圈窄，圈宽0.75米，最宽处4米。封堆下中部有墓室，墓室口开在原地表，墓室口上有圆丘状

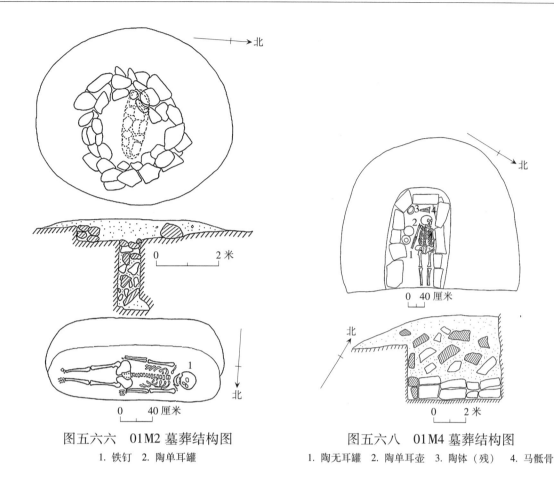

图五六六 01M2 墓葬结构图
1. 铁钉 2. 陶单耳罐

图五六八 01M4 墓葬结构图
1. 陶无耳罐 2. 陶单耳壶 3. 陶钵（残） 4. 马骶骨

积石堆，平面呈椭圆形，长径5.2、短径4.5米。墓道口平面呈长方形，长2.7、宽1.5米，墓道内填以密集的卵石。墓底用长卵石围成石棺，石棺两长边用卵石围铺，两端用长板石封堵。石棺约高0.5米。石棺口上盖两层长石板。墓室内二次葬者，骨骼零乱，有人的头骨、肢骨残、少量椎骨、骶骨、髋骨。为一少年。乱骨中见有陶单耳杯、残铁钉、铜刀（残）、马牙、马骶骨、陶片（图五六七；图版三〇二、图版三〇三：中、三〇四：下；彩版九九：中）。

Cb 型 双墓室墓

01M3 封堆平面为圆形，直径8、高0.75米。封堆外围用卵石围成石环圈，石环圈规整，围石环圈的卵石2排或3排，大小均匀，围成圆环状，直径7.6米。石环圈的宽窄一致，宽0.5米。封堆下双墓室，南北排列。A室在北，墓室口上地表用长块石堆成小石堆，墓道口平面呈梯形，东北西南长2.5米，西宽东窄，西宽1.5、东宽1米。墓道内填以大的长板石和块石。墓道底沿墓壁用规整的长卵石围成石棺，上下2层，高0.7米，墓室两端用长石板封堵。石棺内葬2人，位于墓室中央的为一次葬者，仰身直肢，头西北脚东南。男性，老年。在石棺的南角葬有一二次葬者，人骨堆在一起，有头骨和少量肢骨等。死者头骨的左上侧放鋬耳罐。B室在A室的南部，距A室1.5米，墓室口上地表积石，积石呈椭圆形堆状，中间为小卵石，周围堆以长卵石，长径3.8、短径2.5米。墓道内填以密集的卵石。墓室为竖穴土坑，略向北偏，进深0.2米。墓内葬1人，仰身直肢，头西北脚东南。死者半身在偏室内，半身在墓道内。男性，中年。无随葬品（图版三〇三：上、三〇四：中、三〇五：中、下）。

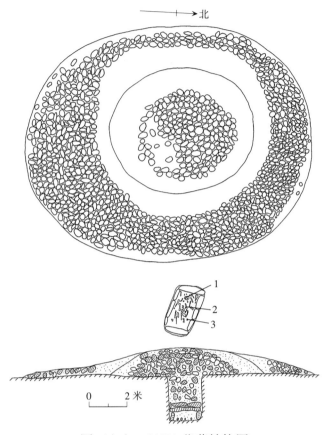

图五六七　01M1 墓葬结构图

1. 陶单耳杯　2. 铜刀（残）　3. 马牙、马骶骨

D 型　石棺墓。

01M4　封堆被破坏。墓室为竖穴石棺，石棺东部被破坏。墓坑中填土。单人葬，仰身直肢，头西南脚东北。头侧有 1 件陶钵、1 件陶罐、1 件陶壶和马的骶骨（图五六八；图版三○五：上）。

二　出土器物

乌图兰墓地墓葬中随葬品贫乏，主要为陶器，个别墓葬中见有金器、铜器和铁器，铜器和铁器均不成形。

（一）陶器

陶器为夹砂红陶，手制，均素面，有无耳罐、壶、单耳罐、单耳壶、单耳杯、钵、管流罐等。

1. 无耳罐，1 件。

01M4：1，口微敞，短领，鼓腹较深，圜底。口径 9.5、最大腹径 14、高 15.5 厘米（图五六九：3；图版三○七：6）。

2. 无耳壶，1 件。

01M3：1，细颈，垂腹，圜底。器形不规整。口径 7、最大腹径 15.5、高 15.6 厘米（图五六九：1；图版三○七：3；彩版一○○：2）。

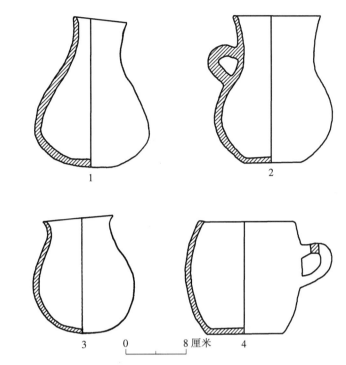

图五六九　乌图兰墓地陶无耳罐、陶无耳壶、陶单耳杯、陶单耳罐
1. 01M3：1　2. 01M2：2　3. 01M4：1　4. 01M1：1

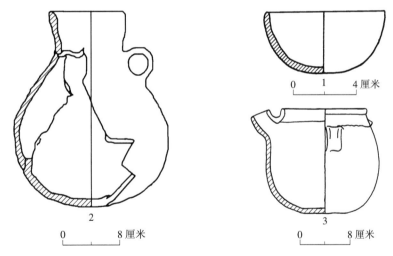

图五七〇　乌图兰墓地陶钵、陶单耳壶、陶管流罐
1. 01M4：2　2. 06M3：1　3. 06M2A：1

3. 单耳罐，1 件。

01M2：2，敞口，高领，溜肩，鼓腹，平底。颈肩处有半圆形耳。口径 12、最大腹径 16、高 19.5 厘米（图五六九：2；图版三〇七：1）。

4. 单耳杯，1 件。

01M1：1，口微敛，方唇，微鼓腹，平底。上腹有单耳。口径 12.5、最大腹径 16、高 14.6 厘米（图五六九：4；图版三〇七：4）。

5. 钵，1 件。

06M3：1，敞口，圆唇，圜底。口径7.7、高8厘米（图五七〇：2；图版三〇七：5）。

6. 单耳壶，1件。

01M4：2，陶片修复成，残。小口，方唇，溜肩，深鼓腹，圜底。颈肩部有小的环形耳。口沿内一周施红彩，器表施红彩。口径11、最大腹径22.5、高27.4厘米（图五七〇：1）。

7. 管流罐，1件。

06M2A：1，圆唇，短领，深腹微鼓，平底。近口沿处有一短的管流，管流上翘，口沿有附加泥条，有长方形錾。口径14、腹径18、高16.3厘米（图五七〇：3；图版三〇七：2；彩版一〇〇：3）。

（二）其他

还有少量金片、铁器、铜残件等。铁器均为铁刀均残朽，不成形。M06M3扰乱土中有两枚骨锥，残朽。

另外，06M3乱骨中出土2枚骨锥，残。

第十四章 彩桥门墓地和卡拉苏墓地

第一节 彩桥门墓地

彩桥门墓地位于尼勒克县喀什河南岸的一台地上。2004 年在这里发掘墓葬 8 座。墓地墓葬散布，有墓葬 40 余座。墓葬地表有小的封堆，部分有石圈标志，部分有零星的铺石。5 座为竖穴土坑墓，3 座为竖穴偏室墓，4 座墓葬竖穴中填石。基本为单人一次葬，不少个体手指骨和脚趾骨不全。头向西或西南，不少个体被扰乱。大多墓葬无随葬品（图版二一一）。

一 墓葬举例

M1 封堆平面近椭圆形，长径约 10.8、高 0.56 米。上层封土堆边缘用卵石围铺石环圈，石环圈呈椭圆状，西部石环圈铺石略显零乱，长径 9.7、短径 9 米。石环圈的宽窄不一，最窄处 1、最宽处约 1.9 米。下层封堆平面近椭圆形，封堆上铺石。铺石平面近椭圆形，长径 3.6、短径 3 米。墓室在封堆下中部，墓室口开在原地表。墓室平面呈长方形，两端弧圆，长 2.45、宽 0.66、深 1.6 米，墓道内密集地填以卵石。偏室内葬 1 人，一次葬，仰身直肢，头西南脚东北。男性，成年，45～50 岁。头端随葬 1 件陶罐和羊肋骨（图五七一）。

M2 封堆不明显，地表有散乱的砾石，略凸出地表，圆形，直径约 5 米。墓葬为竖穴土坑，一端宽一端窄，长 1.5、宽 0.6～1.1、深 0.8 米。墓室内葬 1 人，一次葬，头西北脚东南，仰身直肢，手指骨和脚趾骨缺。死者的左手屈至盆骨处。儿童。无随葬品。

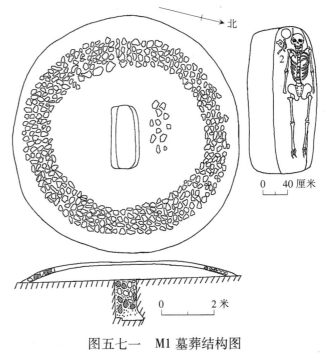

图五七一 M1 墓葬结构图
1. 陶罐 2. 羊肋骨

二　出土器物

彩桥门墓地墓葬内随葬品贫乏。仅个别的墓葬中见有陶器、铜器，偶见有羊肋骨。出土陶器2件、铜器1件，有2座墓葬中见有羊肋骨。

（一）陶器

陶器为夹砂红陶，手制，2件。

M1：1，錾耳罐。夹砂红陶，手制。微敛口，圆唇，鼓腹，圜底。肩上有一錾耳。器表及口沿内壁施红色陶衣。底部有烟炱痕迹。口沿残损。口径12、最大腹径15.2、高13.6厘米（图五七六：2；彩版七九：1）。

M4：1，錾耳罐。夹砂红陶，手制。微敛口，圆唇，鼓腹，圜底。肩上有一錾，似鸟喙上翘。器表及口沿内壁施红色陶衣。器表有烟炱痕迹。口径10、最大腹径12.2、高12.5厘米（彩版七九：2）。

（二）铜器

刀，1件。M4：4，直柄较细，较长，刃部较短，尖刃，弧背。刀长11、宽1.5厘米。

第二节　卡拉苏墓地

卡拉苏墓地位于喀什河北岸一小的台地上，台地上墓葬分散布局，发掘的8座墓葬中，M7地表有零星的铺石，封堆下未见墓室、人骨和随葬品。其他墓葬地表多有不太明显的标志。可分为早期墓葬和晚期墓葬。早期墓葬有1座为土封堆墓，1座地表有零乱的铺石，其余地表有石环圈标志或石环圈铺石标志。葬俗均为单人葬，多一次葬，个别二次葬，葬式仰身直肢，头向西或西北。只有M3有随葬品，在死者的头骨左侧掏有小坑，坑内放置羊尾骨，同出1件残铁器，盆骨左侧出土1件长条形带孔砺石。

卡拉苏墓地的墓葬打破卡拉苏遗址，遗址年代为安得罗诺沃文化时期。

一　墓葬举例

（一）早期墓葬

有土封堆墓、单石环圈墓、石环圈铺石墓三型。

A型　土封堆墓。

M6　位于台地东南边缘，地表封堆不明显，裸露于地表石块隐约可见石环圈和积石。墓室的墓口呈南北向，长椭圆形，竖穴土坑，墓室内填碎石块。葬室内骨质腐朽严重，仅清理出数段碎骨和骨片。无随葬品（图五七二）。

B型　单石环圈墓。依墓室结构分为竖穴土坑墓和竖穴偏室墓两亚型。

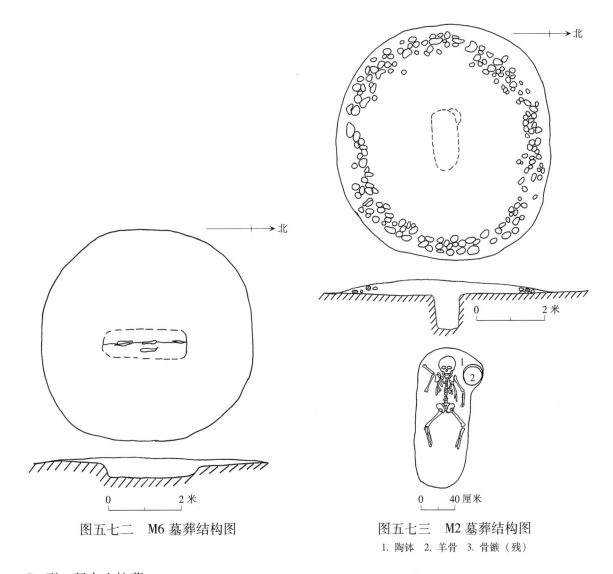

图五七二　M6 墓葬结构图

图五七三　M2 墓葬结构图
1. 陶钵　2. 羊骨　3. 骨镞（残）

Ba 型　竖穴土坑墓。

M1　地表有略凸起的土封堆，封堆下有石环圈，石环圈呈圆环状，封堆呈丘状，少量石头裸露封堆表面，封堆表土以下有环形石圈，中部有东西向积石堆。墓室东西向，圆角长方形，竖穴土坑，墓室内填土和石块。葬式为二次葬，人骨不全，堆放于偏西头。无随葬品（图版三〇八：上）。

M2　地表封堆标志不太明显，中部稍隆起。表土以下有卵石堆筑的石环圈，石环圈宽约0.8米，石环圈内为黄土，土中夹杂有陶片和灰渣。墓室口不明显，在距地表0.8米处出现。墓室呈东西向，长椭圆形，深0.25米，竖穴土坑。墓室内葬1人，人骨头向西，葬式仰身，死者右臂尺骨在肩胛骨右上方，不见桡骨，不见手骨，双腿岔开，无脚骨。儿童女性。头骨左侧放置陶钵1件，钵内有羊骨，墓室内见1枚骨镞（图五七三）。

Bb 型　竖穴偏室墓。

M3　地表单石圈，地表标志明显，呈低丘状，有少量卵石裸露地表，表土以下有石环圈，中部东西方向堆有大块石头。墓室的墓口平面呈长椭圆形，东西向，竖穴土坑，北偏室，有二层台，墓室内填有大量的石块，上层有少量的卵石。死者人骨头向西，仰身直肢，不见右脚骨，男性，年龄35～40岁。死者左长骨外侧两处出小铁件，残。

C型　石环圈铺石墓。

M5　地表有明显的圆形积石堆，多为小型石块，外围以小石圈，用小卵石围成单石环圈。封堆下无墓室，见零星人骨。无随葬品（图五七四）。

（二）晚期墓葬

M4　地表为圆形石块堆，多小石块。墓室墓口呈长椭圆形，竖穴土坑，北端稍宽，填土上层夹杂有小石块。墓室内葬1人，头向西，仰身直肢，男性，约55岁。死者头骨下枕朽木、铁件、织物及铁马镫1副（可能是一套马鞍），死者左臂外侧放置2件桦树皮制成的箭筒，西壁南头出带铤铁箭4支，盆骨间出铁扣1件，死者左尺骨下出铁钳1把，另外还有铁带钩、铁锥、V形铁钩、铁刀、铁环扣、弧形铁器、铁环扣、铁弯钩、方形铁弯钩、铁嵌、铁簪等（图五七五；图版三〇八：下）。

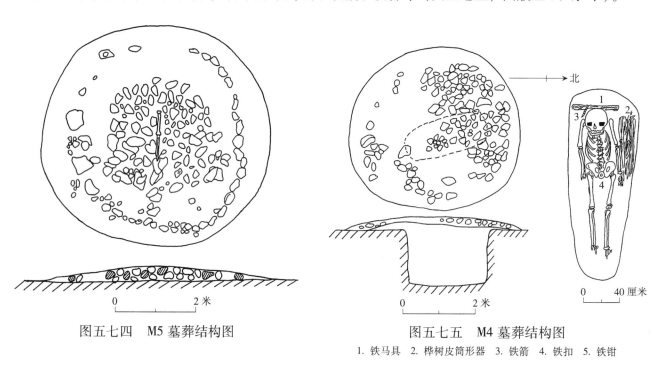

图五七四　M5墓葬结构图　　　　　　　图五七五　M4墓葬结构图

1. 铁马具　2. 桦树皮筒形器　3. 铁箭　4. 铁扣　5. 铁钳

二　出土器物

早期墓葬。卡拉苏墓地早期墓葬中出土1件陶器，另有石器、铁器。

（一）陶器

1件。M2：1，錾耳钵。口近直，方唇，微鼓腹，大圜底。口腹上部有对称的四个錾耳装饰，用泥条粘成月牙状，然后压印纹饰。口径21、高8.4厘米（图五七六：1；图版二九〇：2；彩版一〇〇：1）。

（二）石器

砺石，1件。M3：1，出土时发现在死者的盆骨处。长条状，一端有对钻的圆孔。长8、宽2.3、

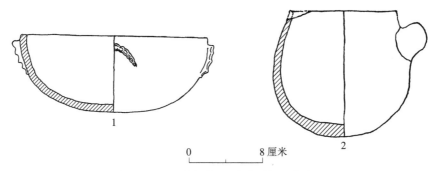

图五七六　彩桥门和卡拉苏墓葬陶器

1. 卡拉苏墓地陶錾耳钵（M2：1）　　2. 彩桥门墓地陶錾耳罐（M1：1）

厚 0.3 厘米。

（三）铁器

晚期的墓葬中铁器较为普遍，为生活中的常用器。晚期墓葬出土马骨、铁马镫、铁带钩、铁锥、铁刀、铁镞等，另有 1 件骨镞。

1. 铁锥，3 件。

M3：2，残蚀，残长 7.4 厘米。

M4：6、7，均残，截面为椭圆形。残长 4.5 厘米（图五七八：4、5）。

2. 铁马镫，1 对。

M4：1、2。残，椭圆形，一端有系皮带的细孔。一只残长 12.7、宽 12 厘米，另一只残甚，只留下一段，残长 8 厘米（图五七七；图版三〇九：2）。

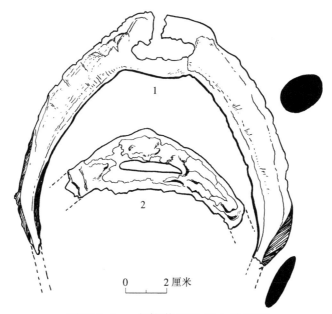

图五七七　卡拉苏墓地出土铁马镫

1、2. M4：1、2

3. 铁镞，2件。

M4：3，镞柄截面呈椭圆形，镞体呈扁柳叶状。长11.5、柄宽1.2、柳叶状镞体宽2.8厘米（图五七八：1；图版三〇九：4）。

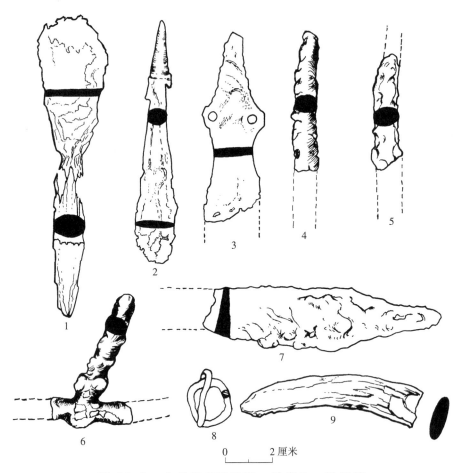

图五七八　卡拉苏墓地铁镞、铁带钩、铁锥等
1. M4：3　2. M4：4　3. M4：5　4. M4：6　5. M4：7　6. M4：8　7. M4：9-1　8. M4：10　9. M4：11

M4：4，柄端呈锥状，可安插在箭杆中。镞体为柳叶状。长9.5、柄宽1、镞体宽1.6厘米（图五七八：2）。

4. 铁带钩残件，1件。

M4：5，只残有柄端，柄端呈三角形，可插在剑柄中，柄内侧有对称小孔，便于系绳将剑体固定于剑柄。残长7.5、宽2.3厘米（图五七八：3；图版三〇九：3）。

5. V形铁器，1件。

M4：8，铁器断成"V"形，柱状，截面为圆形。残长5.5厘米（图五七八：6）。

6. 铁刀，3件。

M4：9-1，残，柄为三角状，宽刃，单面刃。残长9、宽2.5厘米（图五七八：7）。

M4：3，细长柄，残长16、宽2厘米（图五八〇：6）。

M4：9-2，残，刃部呈三角状。残长5.6厘米（图五八〇：3）。

7. 弧形残铁件，1件。

M4∶11，截面为扁椭圆状。残长 7 厘米（图五七八∶9）。

8. 铁扣，1件。

M4∶12，残，一端为三角形，另一端挂铁环。用途不明。残长 16、宽 3 厘米（图五七九∶1）。

9. 铁环扣，3件。

M4∶15，2件环截面为圆形。环直径 9、环柱径 1.5 厘米，有柱状舌钩（图五七九∶2、3）。

M4∶10，用细铁柱弯成环扣。长 1.7 厘米（图五七八∶8）。

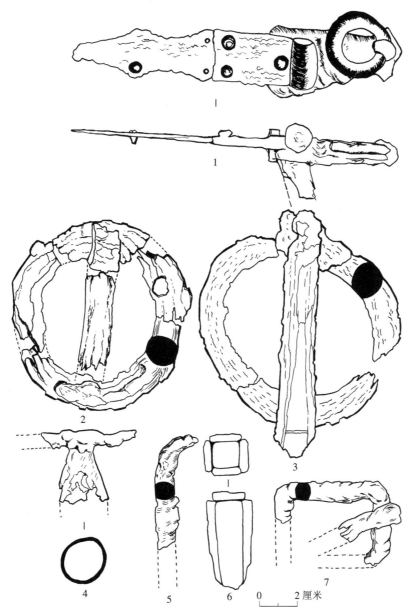

图五七九　卡拉苏墓地出土铁扣、铁环扣等

1. M4∶12　2、3. M4∶15－1、2　4. M4∶13　5. M4∶16　6. M4∶14　7. M4∶17

10. 不明铁件，2 件。柱下连接一圆銎状铁器。

M4：13，残长 4.5、高 3.5 厘米（图五七九：4）。

M4：14，端头呈四方形，体呈一端窄的长方形。长 4.5、宽 2.4 厘米（图五七九：6）。

11. 铁弯钩，1 件。

M4：16，一端弧弯，残。残长 5.4 厘米（图五七九：5）。

12. 方形铁带扣，1 件。

M4：17，残。有柱状舌钩。残长 6、宽 4 厘米（图五七九：7）。

13. 铁钳，1 件。

M4：18，保存基本完好。钳头很短，钳腿长，和现在常使用的钳一样。长 20.3 厘米（图五八○：1；图版三○九：1）。

14. 铁器残件，1 件。

M4：19，残留一截弧状。残长 4.4 厘米（图五八○：2）。

15. 铁簪，1 件。

M4：20，残，一端尖，一端叉开。残长 14.4 厘米（图五八○：5）。

（四）骨镞

1 枚。M2：3，镞尖截面为三角形，无翼，有单倒刺，尾扁平。长 7.7 厘米（图五八○：4）。

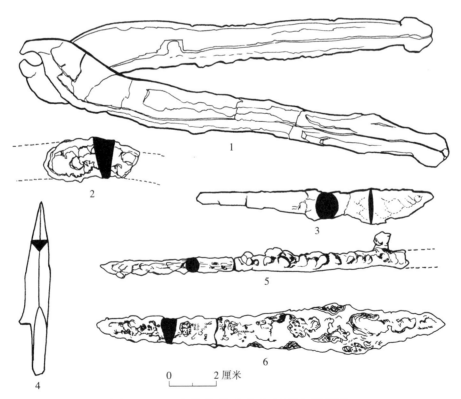

图五八○　卡拉苏墓地出土骨器和铁钳等

1. M4：18　2. M4：19　3. M9－2　4. M2：3　5. M4：20　6. M4：3

第十五章　穷科克遗址

　　穷科克遗址位于尼勒克县喀什河南岸的一级台地上。台地平坦，沿南山麓地东西展开，台地北为喀什河冲切形成的断崖。遗址文化层厚薄不一，厚处约2米，薄处约1.5米，为冲积形成的黄土堆积。黄土层下接近喀什河床的地方是卵石层。台地表面植被茂盛，在很长一段时间里是当地牧人的冬窝子。也曾被开垦为农田，当地农民在这一宽阔的台地上耕种小麦等，后来退耕还草，又成为草场。台地表面可见分布较为密集的土堆墓，即穷科克一号墓地，墓地的墓葬沿喀什河岸分布较为密集，台地南侧山脚处很少发现墓葬。喀什河的北岸山体较高，高坡峭直，山腰上散布大的石块，一些平整的岩石上刻绘有岩画。

　　2001年，在发掘穷科克墓地墓葬过程中，发现墓葬打破了文化层。为探明文化层性质，当年进行了探查，确认属于一处青铜时代的遗址，并在墓地西北端一座祭坛下的遗址层中出土1件陶缸形器，明确属于安德罗诺沃文化遗物。2002年，在发掘穷科克二号墓地的同时，重点对穷科克遗址进行了发掘。布5米×5米的探方11个，基本由东向西布列，发掘面积425平方米。出土各种陶片3000余片及大量动物残骨，在第②层中见有骨镞、盘状研磨器、有人工切割痕的头骨片、鹿角等。重要的是在遗址下层，河卵石层中采集到2件细石核（彩版一〇三：3、4）。

第一节　探方与遗迹

　　遗址文化层堆积由黄土、灰土、红胶土构成，主体为黄土。在黄土堆积下，是河床堆积，为卵石层。下面依探方编号顺序介绍发掘情况（图版三一〇：上）。

　　T1、T3、T6、T9，5米×5米探方4个。

　　文化层最深1.5米，堆积依土色分四层。第①层风积土，厚0.25～0.35米；第②层黄土中夹杂小的卵石块，出土少量陶片，厚0.3～0.4米；第③层，均匀的黄土层，厚0.4～0.5米，出土少量陶片；第④层，夹红胶土的黄土层，厚0.3～0.5米。第④层中未见陶片，但文化层中多夹炭渣等。这4个探方中未发现遗迹现象。

　　T2，10米×10米探方。

　　文化堆积最深1.8米，依土质土色分为四层。第①层风积土，厚0.25～0.3米；第②层黄灰土层，厚0.5～0.6米，这一层中出土大量陶片、动物碎骨等；第③层红胶土，只在局部区域存在，厚0.2～0.25米，是自然冲积层；第四层黑灰土层，厚20—50厘米，这一层中夹杂大量灰渣。

T2 一层下，在探方的西部见有自然冲沟，宽 2.5 米左右，深 1 米左右。沟中填充红胶土，且沟中的红胶土呈自然层理。

T2 一层下，发现 1 座墓葬。

T2M1，墓葬位于探方的西部。为竖穴土坑石室墓。墓坑平面为椭圆形，长 2.93、宽 1.7、深 0.44 米。围绕着墓坑壁用卵石围砌墓室，墓室口盖长条石，封盖不严。墓室内葬单人，仰身直肢，头西脚东。胸骨以上骨殖散乱，见有头骨片。死者为成年男性，无随葬品（图版三一一：上、中）。在墓坑的东侧有一堆经过挑选的卵石，呈圆堆状堆放（图版三一一：下）。值得注意的是，墓室见到死者头骨片，是一片被人工切割过的头骨片，割痕明显，切割后又经打磨，成为光滑的打磨面（图五八一）。

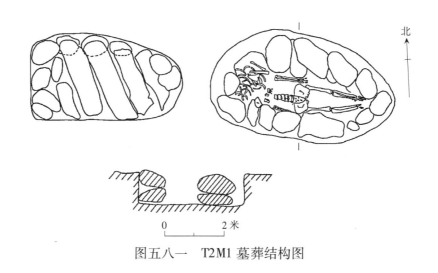

图五八一　T2M1 墓葬结构图

T2 二层下发现一些重要的遗迹现象。

石圈建筑址：T2 的二层下发现一石圈建筑遗址。建筑遗址用卵石大体围成椭圆形，卵石围铺较为散乱，宽窄不一，且有断续现象。石圈范围南北长 6.2、宽 6 米左右。石圈的中间是硬土面。石圈向南的扇形区域，是明显的活动面，东西长 4.5、宽 2.5 米，活动面因长期踩踏，有结层现象。石圈西南方，有长条状的硬面，宽 1 米左右，推测为路面。石圈建筑内及周围集中发现陶片、动物骨骼等。

烧坑：石圈遗址西侧紧邻石圈处，有圆形烧坑，直径 50 厘米左右，圆形涡状火坑壁，因长期火烧结成数厘米的烧结面。火坑内发现成堆的炭渣。

灰坑：T2H1，位置在探方的东北，椭圆形，只发掘灰坑的一半。灰坑宽 1.8、深 0.9 米。灰坑内有灰渣和红烧土块。

T2H2，位置在探方的东南，椭圆形，只发掘一半。灰坑宽 0.75、深 0.7 米。灰坑中填沙土。

T4，5×5 米探方。

文化层堆积最深处 1 米，依土质土色分三层。第①层风积层，厚 20—25 厘米；第②层为黄褐土层，厚 25—30 厘米，这一层中出土陶片较多，并有动物碎骨出土；第③层黄灰土层，厚 30—50 厘米，出有少量陶片和动物碎骨。

在第③层下卵石层上，探方的北部发现人骨 1 具，编号穷科克遗址 M2，无明显墓室。死者头西脚东，一次葬，骨骼严重腐朽。无随葬品（图五八三；图版三一〇：下）。

　　T5，5米×5米探方。

　　T5，文化层堆积最深2米，依土质土色分五层。第①层风积层，厚0.2~0.25米；第②层黄灰土层，厚0.4~0.5米，含有大量陶片、动物骨殖，文化层中发现有骨镞、圆盘状研磨器；第③层，较纯的黄土层，厚0.25~0.3米，出有少量的陶片；第④层，黄土中夹有红胶土块，厚0.25~0.3米，夹有灰渣；第⑤层是一层黄沙土层，厚0.3~0.7米，偶见炭渣。

　　T5的西北，在第①层上见一圆形的红烧面，直径约1米。红烧面附近未见其他遗迹现象。另外探方中发现2个灰坑。

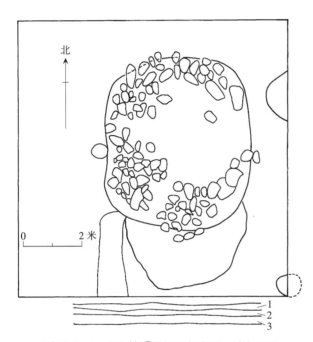

图五八二　T2第②层下遗迹平、剖面图

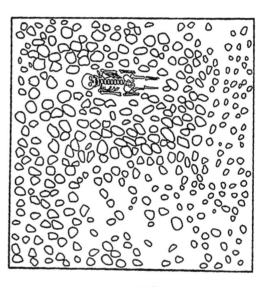

图五八三　T4第③层下遗迹

　　H1：在探方东北，第①层下。平面近椭圆形，长径2.7、短径2、深1.8米。灰坑中填土均匀，为纯黄土，未见陶片。

　　H2：在探方的西北，第④层下。平面呈椭圆形，灰坑的壁不明显，坑口长径3.75、短径2.6、深0.35米。灰坑的上层均匀地散布灰渣、红烧土的颗粒；灰坑的下层有火烧的灰土，灰坑中填以大量遗弃的动物碎骨、陶片。

　　T7，5米×5米探方。

　　T7文化层最深1.4米，堆积依土色分三层。第①层风积土，厚0.25~0.4米；第②层为黄灰土层，厚0.6~0.7米，这一层中出土有大量陶片、动物碎骨，此层下探方的东部有一条自然冲沟，宽约3、深0.7米；第③层为黄沙土层，厚0.2~0.3米。土层中见有少量陶片。在第②层下探方的东北，见有朽的人骨。

　　T7比较重要的发现是，在第③层下的卵石层中见有2件打制细石器的石核。

　　T8，5米×5米探方。

　　T8 文化层最深 1.3 米，依土质土色分三层。第①层风积土，厚 0.15～0.25 米；第②层为自然冲积形成的一层很薄的红胶土层，土层厚薄均匀，厚约 0.25 米。这层红胶土层在遗址区主要分布在遗址的东西局部区域，由东向西由厚渐薄，在 T8 的西部向西逐渐消失。由于未进行全面发掘，红胶土分布的具体情况不明。但是在 T8 的东部，有一条自然沟，宽约 1、深 0.5 米，呈弧形伸向河岸，沟中被红胶土填充。很可能这层红胶土由山体冲积而下，沿着这条河沟两侧流布。

　　第②层下，探方的东北部，发现有石圈遗址的局部。用卵石垒成较规整的石墙，建筑遗址的西部被冲沟破坏，残留有长 5、宽 1、高 0.2 米的一段弧形墙基，墙用三层卵石垒成。建筑的整体情况不明。不过，在墙体的西侧，发现一个小的祭坑，平面近椭圆形，长径 2.3、短径 2、深约 0.25 米。坑中填以羊的完整骨骼。坑口部铺卵石（图版三一二）。

　　T11，5 米×5 米探方。

　　文化堆积最深 1.2 米，依土质土色分为三层。第①层风积土层，厚 0.2～0.25 米；第②层为自然黄胶土层，厚 0.25～0.3 米；第③层为黑灰土，厚 0.5～0.70 米。第③层中出土大量的陶片和动物碎骨。T11 第②层下见遗迹现象。

　　局部石圈：第②层下见有局部石圈，用卵石铺成，是石圈建筑遗址的构成部分。石圈被两条冲沟打破。冲沟宽约 0.7、深 0.5 米，冲沟内填充红胶土。

第二节　出土器物

　　穷科克遗址的文化层中出土大量的陶片，大多数为器腹残片，少量为器物口沿和底。2001 年在穷科克二号祭坛底部采集到 1 件出自遗址上层的陶罐，可以复原。除陶片外，还出土有石核、骨镞，有人工切割痕的鹿角、人头骨片等。

一　陶器概述

　　陶器均为手制，器物内外制作不太光滑，内壁通常凹凸不平，由断面观察，陶胎体似呈层状结构，据此推测陶器很可能是泥片粘贴法制作。这种方法是由器底向上，用薄的泥片层层叠压粘结后再经过修整，制成器物坯体，少量陶器表上刻划压印纹饰。通过器物的底，我们看到，器底与器腹似乎是分做的，应是先做出圆形器底，然后再于其上粘结器壁。平底器在制作时，有的将腹底交接处抹平，有的没有抹平而是用器底包住器壁。不少陶器在器底与四壁相接处留下一道凸棱。

　　（一）出土情况

　　遗址共出土陶片 3344 片。根据对 11 个探方的统计，第①层，出土陶片很少，均为夹砂陶，残损较重，其中陶器口沿 9 片、器底 3 片，其余均为器腹残片。根据陶色可分为红陶和褐陶，其中红陶占 4.7%、褐陶占 95.3%。

第②层出土器物最多，各个探方均有出土，均为夹砂陶，其中陶器口沿 510 片、器底 152 片，其余均为器腹残片。据陶色又可分为红陶、黑陶、褐陶，其中褐陶占 88.08%，红陶占 5.7%，黑陶占 5.95%。

第③层仅个别探方出土有少量的陶片。均为夹砂陶，其中陶器口沿 22 片、器底 5 片，其余均为器腹残片。褐陶占 82.52%，黑陶占 16.7%，红陶占 0.87%。

除地层中，还在 2 个灰坑出土少量陶片。

T5H1 出土陶片较少，均为夹砂陶。其中陶器口沿 1 片、器底 1 片，其余均为器腹残片。

T8H2 出土陶片较少，均为夹砂陶。其中陶器口沿 5 片、器底 2 片，其余均为器腹残片。

（二）器形特征

遗址中出土的多为残陶片，只有个别几个能够复原大致的器形，其余陶片较小，不辨器形，所以只能依陶片的形态进行类型划分。

器口：从器物口沿的形态划分，遗址中陶器主要有直口器、侈口器、卷沿器、敛口器。其中，侈口器，根据腹部的变化又可分为侈口弧腹器和侈口折腹器。侈口弧腹器，根据口沿的变化又可分为 3 式，Ⅰ式口微侈，Ⅱ式侈口，Ⅲ式侈口较甚。侈口折腹器，依据折腹的程度又可分为 4 式，Ⅰ式折腹不太明显，接近弧腹，Ⅱ式微折腹，Ⅲ式折腹，Ⅳ式折腹较甚，腹部明显有一条折棱。侈口器在本次发掘中所占的比例较小，可能与陶片的残损严重有关，大多数陶片仅存上腹部而不见下腹部。可辨器形的有钵、罐及筒形器。

器底：依据残存的情况，我们可将其分为三种类型：A 型，平底，在腹底交接处较为流畅；B 型，平底，在腹底交接处有一凸棱，凸棱较为粗糙；C 型，圈足器。

素陶片和压印纹陶片：对遗址中出土陶片及其他器物，我们按层位进行介绍。遗址中出土大量素陶片，少量装饰压印纹。素陶片我们选择部分口沿和器底进行介绍，有纹饰的陶片，另列一节介绍。

二　素陶口沿和器底

（一）第①层陶片

此层，所出遗物仅见于 T4 中。器物主要有敛口陶片、直口陶片、Ⅰ式侈口弧腹陶片、Ⅱ式侈口弧腹陶片、A 型器底。

1. 口沿陶片

敛口陶片。

T4①：8，夹砂褐陶。敛口，平沿，腹较直。残高约 5.1、壁厚约 0.7 厘米（图五八四：5）。

直口陶片。

T4①：3，夹砂褐陶。直口，斜沿，腹较直。残高约 5.3、壁厚约 1 厘米（图五八四：6）。

Ⅰ式侈口弧腹陶片。

T4①：1，夹砂红陶。侈口，斜沿，腹微鼓。残高约 6.8、壁厚约 1 厘米（图五八四：3）。

T4①：4，夹砂褐陶。侈口，平沿，腹微鼓。残高约 6.3、壁厚约 0.9 厘米（图五八四：7）。

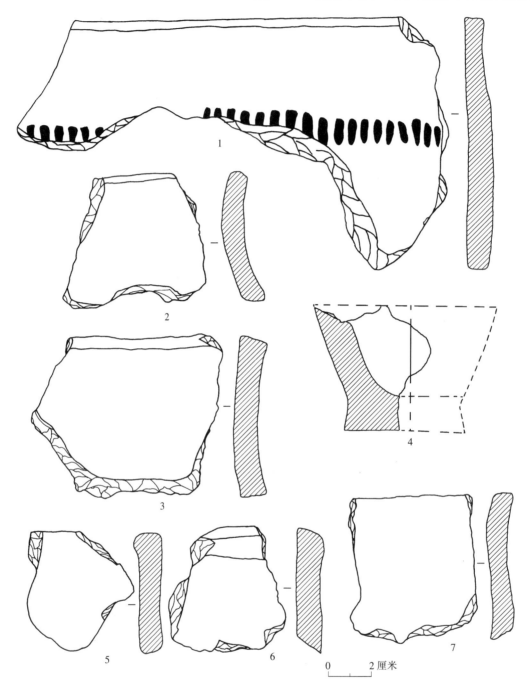

图五八四　穷科克遗址第①层陶片
1. T11②:7　2. T4①:2　3. T4①:1　4. T4①:10　5. T4①:8　6. T4①:3　7. T4①:4

　　Ⅱ式侈口弧腹陶片。

　　T4①:2，夹砂褐陶。侈口，斜沿，鼓腹。残高约5.5、壁厚约0.8厘米（图五八四:2）。

　　T11②:7，侈口，在器物腹颈交接处似戳刺一周，戳刺点呈锥状（图五八四:1；图版三一四:1；彩版一〇二:1）。

　　2. A型器底

　　T4①:10，夹砂褐陶。平底，腹斜直。残高约5.2、壁厚约1.4厘米（图五八四:4）。

（二）第②层陶片

此层是本次发掘出土器物最多的一层，几乎每个探方均有遗物出土。

1. 口沿陶片

本层出土器物主要有直口陶片、Ⅰ式侈口弧腹陶片、Ⅱ式侈口弧腹陶片、Ⅰ式侈口折腹陶片、Ⅱ式侈口折腹陶片、Ⅲ式侈口折腹陶片、Ⅳ式侈口折腹陶片、敛口陶片等。

（1）T1

直口陶片。

T1②：53，夹砂褐陶。直口，平沿，腹近直。残高约5.1、壁厚约1.4厘米（图五八五：4）。

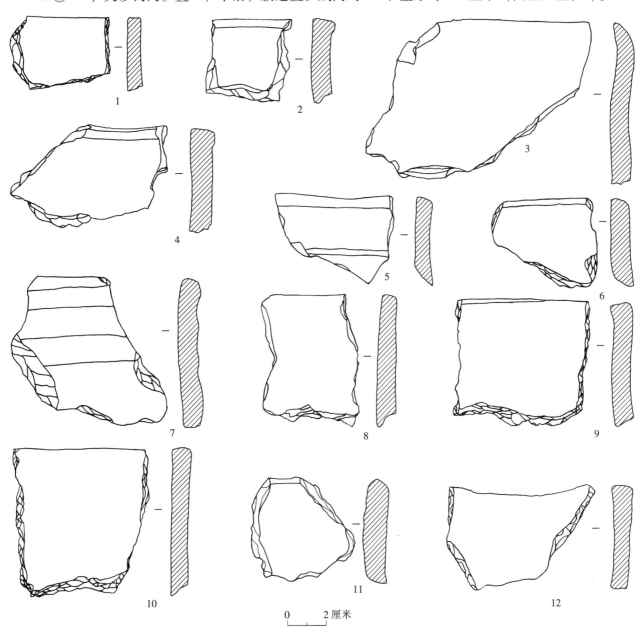

0　2厘米

图五八五　穷科克遗址第②层口沿陶片

1. T9②：5　2. T2②：214　3. T2②：183　4. T1②：53　5. T1②：36　6. T2②：6
7. T11②：8　8. T3②：45　9. T3②：46　10. T9②：26　11. T3③：17　12. T6②：1

T1②: 36，夹砂褐陶。直口，平沿，鼓腹。残高约4.5、壁厚约0.8厘米（图五八五: 5）。

T1②: 43，夹砂褐陶。直口，平沿，腹近直。残高约6.4、壁厚约0.8厘米（图五八六: 3）。

T1②: 35，夹砂褐陶。直口，平沿，腹近直。残高约7、壁厚约1厘米（图五八六: 4）。

T1②: 38，夹砂褐陶。直口，平沿，腹近直。残高约6、壁厚约0.7厘米（图五八六: 5）。

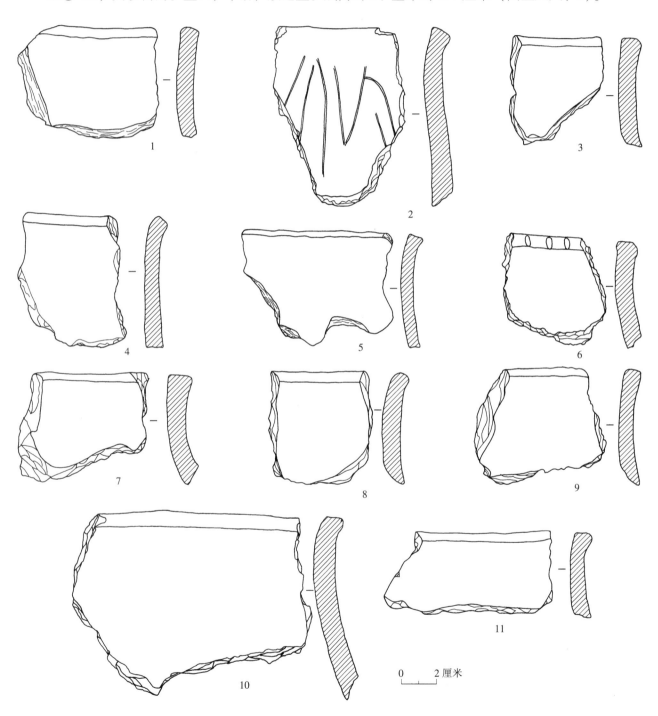

图五八六　穷科克遗址第②层口沿陶片

1. T2②: 136　2. T2②: 214　3. T1②: 43　4. T1②: 35　5. T1②: 38　6. T2②: 285　7. T3②: 20
8. T3②: 45　9. T3②: 46　10. T2②: 218　11. T3②: 17

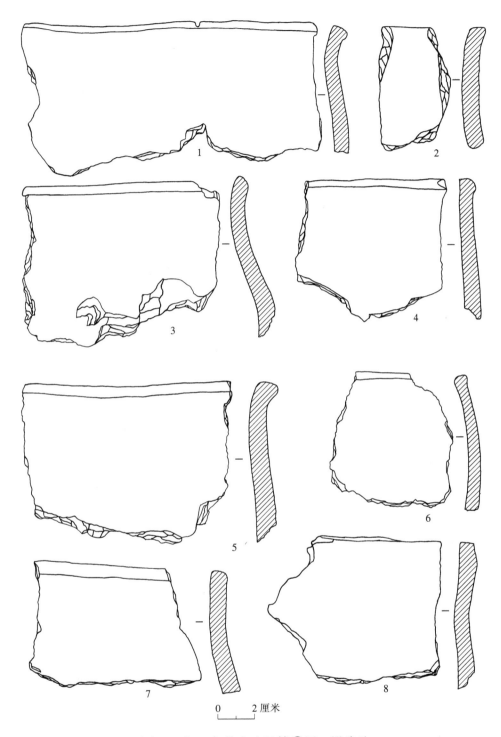

0 ⊢⊢⊢⊢ 2 厘米

图五八七　穷科克遗址第②层口沿陶片

1. T2②: 198　2. T10②: 8　3. T2②: 174　4. T2②: 230　5. T2②: 221　6. T2②: 256　7. T2②: 235　8. T2②: 224

I 式侈口弧腹陶片。

T1②: 48，夹砂褐陶。侈口，平斜沿，弧腹。口沿处较薄，器壁上部较薄下部较厚。残高约 6.2、厚约 0.9 厘米（图五八八: 7）。

T1②: 28，夹砂褐陶。侈口，平斜沿，鼓腹。残高约 6.2、壁厚约 1 厘米（图五八八: 11）。

T1②：27，夹砂褐陶。侈口，圆唇，鼓腹。残高约3.7、壁厚约0.8厘米（图五八八：4）。

T1②：34，夹砂褐陶。侈口，平沿，鼓腹。残高约5、壁厚约0.7厘米（图五八八：9）。

T1②：6，夹砂褐陶。侈口，平沿，鼓腹。残高约6、壁厚约0.9厘米（图五八八：8）。

Ⅱ式侈口弧腹陶片。

T1②：25，夹砂褐陶。侈口较甚，圆唇，弧腹。残高约7.7、壁厚约0.7厘米（图五八八：3；图版三一三：1）。

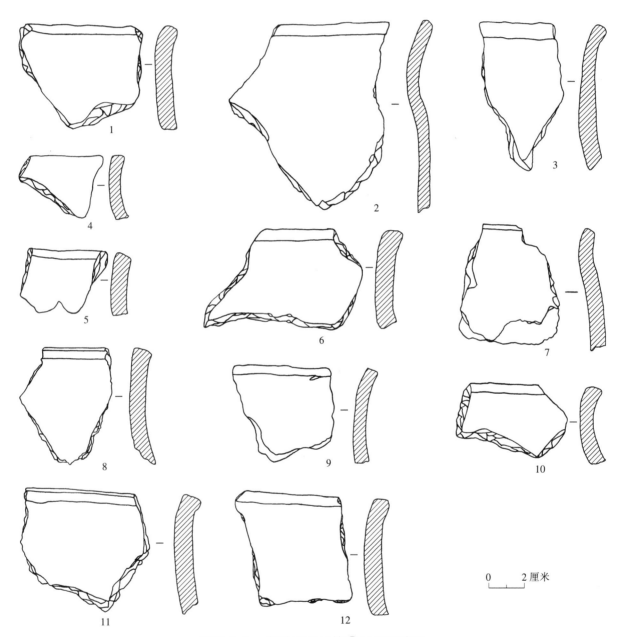

图五八八　穷科克遗址第②层口沿陶片

1. T11②：1　2. T7②：3　3. T1②：25　4. T1②：27　5. T7②：5　6. T9②：35　7. T1②：48　8. T1②：6　9. T1②：34　10. T11②：3
11. T1②：28　12. T9②：42

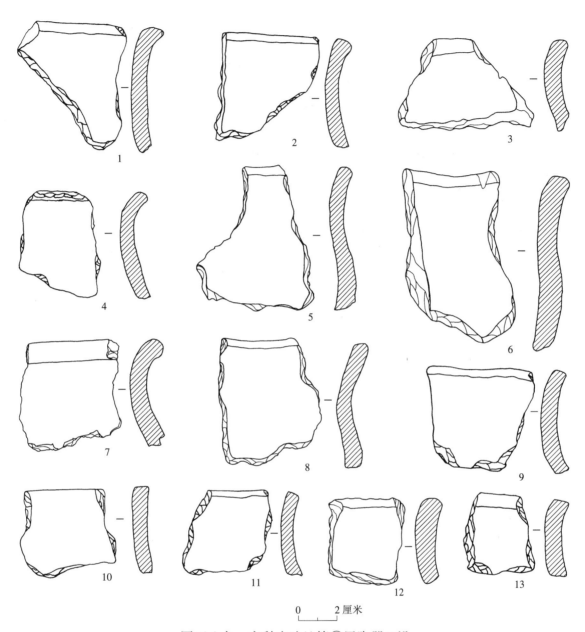

图五八九 穷科克遗址第②层陶器口沿

1. T9②: 38   2. T9②: 47   3. T3②: 53   4. T9②: 44   5. T3②: 48   6. T3②: 19   7. T2②: 272   8. T3②: 14   9. T10②: 1
10. T10②: 2   11. T2②: 26   12. T3②: 35   13. T10②: 4

（2）T2

直口陶片。

T2②: 6，夹砂褐陶。直口，斜沿，腹近直。残高约4.5、壁厚约0.9厘米（图五八五: 6）。

T2②: 224，夹砂褐陶。直口，平沿，腹微鼓。高约8.4、壁厚约0.9厘米（图五八七: 8）。

T2②: 235，夹砂褐陶。直口，平沿，腹微鼓。残高约7.3、壁厚约0.9厘米（图五八七: 7）。

T2②: 230，夹砂褐陶。直口，平沿，腹微鼓。残高约8.3、壁厚约0.8厘米（图五八七: 4）。

T2②: 136，夹砂红陶。直口，平沿，腹微鼓。残高约6、壁厚约0.8厘米（图五八六: 1）。

Ⅰ式侈口弧腹陶片。

T2②: 178，夹砂褐陶。侈口较甚，斜沿，腹微鼓。残高约 7、壁厚约 0.9 厘米。

T2②: 234，夹砂褐陶。侈口较甚，圆唇，鼓腹。残高约 7.7、厚约 0.7 厘米（图五九〇：9）。

T2②: 128，夹砂褐陶。侈口较甚，平沿，鼓腹。残高约 5、壁厚约 0.6 厘米（图五九一：5）。

T2②: 285，夹砂褐陶。侈口较甚，平沿，鼓腹。口沿部有戳刺纹。残高约 5.8、壁厚约 0.6 厘米（图五八六：6；图版三一四：4；彩版一〇二：4）。

T2②: 214，夹砂褐陶。侈口，斜沿，腹微鼓。颈、腹部有刻划纹线，呈锯齿状。残高约 9.4、壁厚约 0.9 厘米（图五八六：2）。

Ⅱ式侈口弧腹陶片。

T2②: 198，夹砂褐陶。侈口较甚，斜沿，鼓腹。残高约 8.2、壁厚约 0.9 厘米（图五八七：1）。

T2②: 174，夹砂褐陶。侈口较甚，圆唇，鼓腹。残高约 8.5、壁厚约 0.9 厘米（图五八七：3；图版三一三：3）。

T2②: 218，夹砂褐陶。侈口较甚，平沿，鼓腹。残高约 9.7、壁厚约 1.1 厘米（图五八六：10）。

T2②: 221，夹砂褐陶。侈口较甚，平沿，鼓腹。残高约 8.4、壁厚约 1.1 厘米（图五八七：5）。

Ⅰ式侈口折腹陶片。

T2②: 242，夹砂褐陶。侈口，平沿，折腹不甚明显，转折处较舒缓，似弧腹。残高约 8.2、壁厚约 0.7 厘米（图五九〇：2）。

Ⅱ式侈口折腹陶片。

T2②: 227，夹砂褐陶。侈口，斜沿，腹部转折处较为明显。残高约 8.2、壁厚约 0.7 厘米（图五九〇：1）。

T2②: 158，侈口，平沿，腹部转折处较为明显。残高约 6.2、壁厚约 0.7 厘米（图五九〇：8）。

Ⅲ式侈口折腹陶片。

T2②: 208，夹砂褐陶。直口，平沿，腹部转折处似有一条棱，转折处明显。残高约 9.6、壁厚约 0.7 厘米。

T2②: 262，夹砂褐陶。侈口，内斜沿，腹部转折处似有一条棱，转折处明显急收。残高约 6.9、壁厚约 0.7 厘米（图五九〇：5）。

Ⅳ式侈口折腹陶片。

T2②: 130，夹砂褐陶。侈口，圆唇，腹部转折处明显有一条棱，转折处明显急收。残高约 7.5、壁厚约 0.5 厘米（图五九〇：3）。

敛口陶片。

T2②: 256，夹砂褐陶。敛口，圆唇，腹微鼓。残高约 7.8、壁厚约 0.7 厘米（图五八七：6）。

T2②: 183，夹砂褐陶。敛口，圆唇，腹微鼓。残高约 7.7、壁厚约 0.9 厘米（图五八五：3）。

卷沿陶片。

T2②: 272，夹砂褐陶。侈口，卷沿，鼓腹。残高约 5.1、壁厚约 0.8 厘米（图五八九：7）。

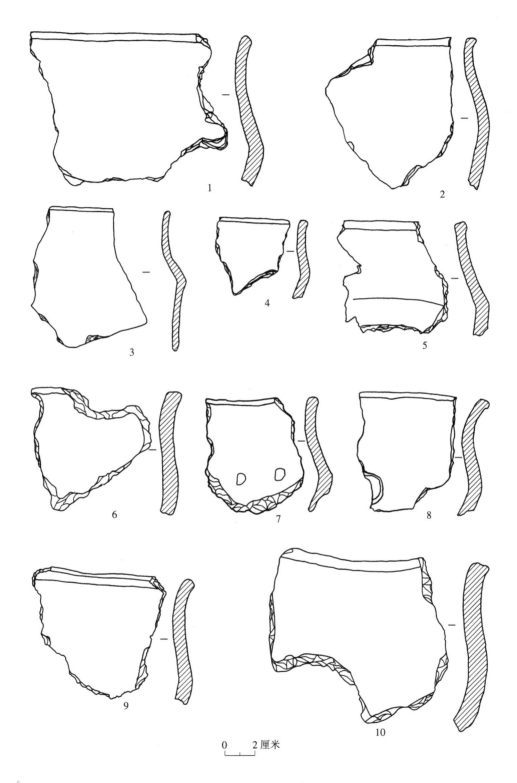

0 ____ 2厘米

图五九〇 穷科克遗址第②层口沿陶片

1. T2②: 227　2. T2②: 242　3. T2②: 130　4. T9②: 34　5. T2②: 262　6. T4②: 16　7. T4②: 6
8. T2②: 158　9. T2②: 234　10. T4②: 1

T2②：26，夹砂褐陶。侈口，鼓略腹。残高4.7、壁厚约0.8厘米（图五八九：11）。

（3）T3

直口陶片。

T3②：20，夹砂褐陶。直口，平沿，鼓腹。残高约6、壁厚约1.2厘米（图五八六：7）。

T3②：56，夹砂褐陶。直口，平沿，腹较直。残高约5、壁厚约1.1厘米（图版三一四：3）。

T3②：46，夹砂褐陶。直口，平沿，腹微鼓。残高约6、壁厚约0.8厘米（图五八六：9）。

T3②：42，夹砂褐陶。直口，平沿，鼓腹。残高约5.6、壁厚约1厘米（图版三一三：5）。

Ⅰ式侈口弧腹陶器。

T3②：17，夹砂褐陶。侈口，平沿，鼓腹。残高约4.3、壁厚约0.8厘米（图五八六：11）。

T3②：45，夹砂褐陶。侈口，圆唇，鼓腹。残高约6、壁厚约1厘米（图五八六：8）。

T3②：19，夹砂褐陶。侈口，平沿，鼓腹。残高约8、壁厚约1厘米（图五八九：6）。

T3②：49，夹砂褐陶。侈口，平沿，鼓腹。残高约8、壁厚约0.9厘米（图五九一：3）。

Ⅱ式侈口弧腹陶片。

T3②：35，夹砂褐陶。侈口，平沿，鼓腹。残高约4、壁厚约0.8厘米（图五八九：12）。

T3②：53，夹砂褐陶。侈口，平沿，鼓腹。残高约4.4、壁厚约0.8厘米（图五八九：3）。

Ⅰ式侈口折腹陶片。

T3②：14，夹砂褐陶。侈口，平沿，鼓腹。残高约6、壁厚约0.7厘米（图五八九：8）。

Ⅱ式侈口折腹陶片。

T3②：48，夹砂褐陶。侈口，圆唇，折腹。残高约7、壁厚0.7~0.9厘米（图五八九：5）。

（4）T4

直口陶片。

T4②：8，夹砂褐陶。直口，平沿，腹较直。残高约6.7、壁厚0.9~1.2厘米。

T4②：2，夹砂褐陶。直口，平沿，腹微鼓。腹壁上部较薄。残高约8.3、壁厚0.8~1厘米（图版三一三：4）。

Ⅰ式侈口弧腹陶片。

T4②：9，夹砂褐陶，平沿，侈口，腹微鼓，残高约8.5、壁厚约0.9厘米。

Ⅲ侈口折腹陶片。

T4②：6，夹砂褐陶。侈口，圆唇，腹部下折明显，似有一条折棱。折棱处有戳刺纹。残高约6、壁厚约0.7厘米（图五九○：7）。

T4②：16，夹砂褐陶。侈口，方圆唇，腹部有折痕。残高6.9、壁厚0.6厘米（图五九○：6）。

T4②：1，夹砂褐陶。侈口，平沿，鼓腹。残高约10.3、壁厚约1.2厘米（图五九○：10）。

（5）T6

直口陶片。

T6②：1，夹砂褐陶。直口，平沿，腹近直。残高约5、壁厚约0.8厘米（图五八五：12）。

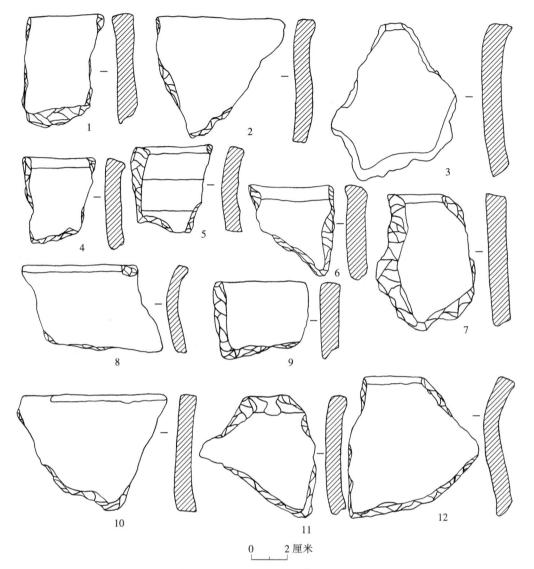

0　　2厘米

图五九一　穷科克遗址第②层口沿陶片

1. T9②: 43　2. T8②: 4　3. T3②: 49　4. T8②: 26　5. T2②: 128　6. T9②: 57　7. T8②: 11
8. T8②: 1　9. T8②: 6　10. T8②: 2　11. T8②: 8　12. T8②: 12

（6）T7

直口陶片。

T7②: 5，夹砂褐陶。直口，斜沿，腹近直。残高约3.3、壁厚约0.8厘米（图五八八: 5）。

Ⅰ式侈口弧腹陶片。

T7②: 3，夹砂褐陶。侈口，平沿，腹微鼓。残高约10.2、壁厚约0.6厘米（图五八八: 2）。

桶形器。

T7②: 1，夹砂褐陶。呈桶状，上下均残，上部直径较小，下部直径较大，器腹部有鋬。口径约10.6、底径约15.2、残高约23、壁厚约0.3厘米（彩版一〇一: 2）。

（7）T8

直口陶片。

T8②: 2，夹砂褐陶。直口，平沿，腹微鼓。残高约6、壁厚0.7~1.1厘米（图五九一：10）。

T8②: 6，夹砂褐陶。直口，平沿，腹近直。残高约4、壁厚约1厘米（图五九一：9）。

T8②: 11，夹砂褐陶。直口，平沿，腹近直。残高约7、壁厚约1厘米（图五九一：7）。

I式侈口弧腹陶片。

T8②: 4，夹砂褐陶。侈口，平沿，腹微鼓。残高约6.2、壁厚约0.8厘米（图五九一：2）。

T8②: 26，夹砂褐陶。侈口，斜沿，腹微鼓。残高约4.4、壁厚约0.8厘米（图五九一：4）。

T8②: 8，夹砂褐陶。侈口，平沿，腹微鼓。残高约6.3、壁厚约0.8厘米（图五九一：11）。

T8②: 24，夹砂褐陶。侈口，平沿，腹微鼓。颈部有两道弦纹。残高约4.5、壁厚约0.8厘米。

Ⅱ式侈口弧腹陶片

T8②: 1，夹砂褐陶，圆唇，侈口较甚，鼓腹，残高约4.5、壁厚约0.6厘米（图五九一：8）。

T8②: 12，夹砂褐陶，斜沿，侈口较甚，鼓腹，残高约7、壁厚约0.8厘米（图五九一：12）。

（8）T9

直口陶片。

T9②: 1，夹砂褐陶。直口，平沿，腹近直。残高约6.1、壁厚约0.9厘米。

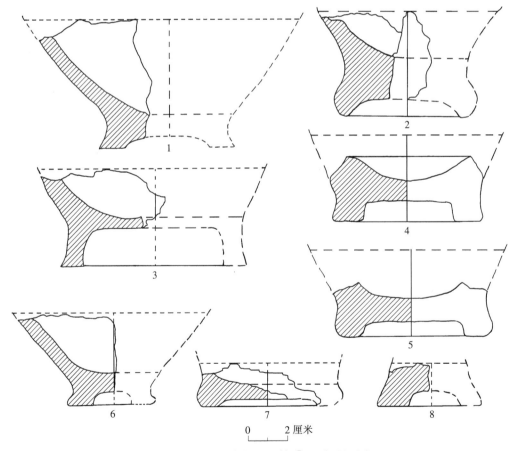

图五九二　穷科克遗址第②层陶器器底

1. T3②: 8　2. T2②: 89　3. T1②: 2　4. T1②: 11　5. T8②: 47　6. T2②: 16　7. T1②: 10　8. T2②: 40

T9②：26，夹砂褐陶。直口，平沿，腹近直。残高约7、壁厚约0.8厘米（图五八五：10）。

T9②：5，夹砂褐陶。直口，平沿，腹近直。残高约3.6、壁厚约0.7厘米（图五八五：1）。

Ⅰ式侈口弧腹陶片。

T9②：42，夹砂褐陶。侈口，平沿，腹微鼓。残高约5.8、壁厚约0.9厘米（图五八八：12）。

T9②：35，夹砂褐陶。侈口，平沿，腹微鼓。残高约5.2、壁厚约0.8厘米（图五八八：6）。

T9②：76，夹砂褐陶。侈口，斜沿，腹微鼓。残高约4、壁厚约0.5厘米。

Ⅱ式侈口弧腹陶片。

T9②：38，夹砂褐陶。侈口较甚，平沿，腹微鼓。残高约6、壁厚约0.7厘米（图五八九：1）。

T9②：47，夹砂褐陶。侈口较甚，平沿，腹微鼓。残高约5.2、壁厚约0.7厘米（图五八九：2）。

T9②：44，夹砂褐陶。侈口较甚，圆唇，腹微鼓。残高约5.1、壁厚约0.7厘米（图五八九：4）。

Ⅱ式侈口折腹陶片。

T9②：34，夹砂褐陶。侈口，平沿，折腹处较舒缓。残高约4.7、壁厚约0.5厘米（图五九〇：4）。

T9②：41，夹砂褐陶。侈口，平沿，折腹处较舒缓。残高约12.4、壁厚约1.3厘米。

敛口陶片。

T9②：57，夹砂褐陶。敛口，平沿，腹近直。残高约4.7、壁厚约0.9厘米（图五九一：6）。

T9②：43，夹砂褐陶。敛口，平沿，腹近直，残高约5.7、壁厚约0.7厘米（图五九一：1）。

（9）T10

直口陶片。

T10②：2，夹砂褐陶。直口，平沿，腹微鼓。残高约4、壁厚约0.7厘米（图五八九：10）。

Ⅰ式侈口弧腹陶片。

T10②：4，夹砂褐陶。侈口，斜沿，腹微鼓。残高约4、壁厚约0.9厘米（图五八九：13）。

T10②：8，夹砂褐陶。侈口，平沿，腹微鼓。残高约7.2、壁厚约0.9厘米（图五八七：2）。

Ⅱ式侈口弧腹陶片。

T10②：1，夹砂褐陶。侈口较甚，平沿，腹微鼓。残高约2.6、壁厚约1.3厘米（图五八九：9）。

Ⅰ式侈口折腹陶片。

T10②：9，夹砂褐陶。侈口，平沿，上腹较直，下折处不甚明显。残高约10、壁厚约1.1厘米。

（10）T11

直口陶片。

T11②：8，夹砂褐陶。直口，平沿，腹近直。颈部有三道弦纹。残高约7.1、壁厚约0.9厘米（图五八五：7）。

Ⅰ式侈口弧腹陶片。

T11②：5，夹砂褐陶。侈口，平沿，腹微鼓。腹部有斜向平行的压印纹，口沿有压印纹，呈锯齿状。残高约4.7、壁厚约0.9厘米。

T11②：1，夹砂褐陶。侈口，平沿，微鼓腹。残高约5.2、壁厚约0.8厘米（图五八八：1）。

Ⅱ式侈口弧腹陶片。

T11②：3，夹砂褐陶。侈口较甚，平沿，鼓腹。残高约3.7、壁厚约0.7厘米（图五八八：10）。

2. 器底

（1）T1

A 型器底。

T1②：3，夹砂褐陶。腹斜直，平底。残高约6、壁厚约1.2厘米（图五九三：8）。

T1②：19，夹砂褐陶。腹斜直，平底。残高约4、壁厚约1.5厘米（图五九五：5）。

T1②：22，夹砂褐陶。腹斜直，平底。残高约4.5、壁厚约1厘米（图五九三：2）。

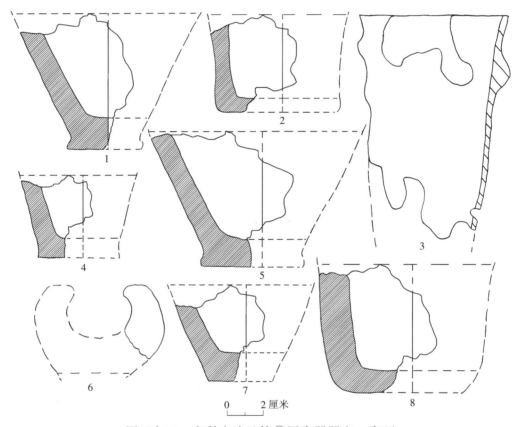

图五九三　穷科克遗址第②层陶器器底、陶环

1. T8②：42　2. T1②：22　3. T8②：55　4. T8②：41　5. T2②：8　6. T2②：17　7. T8②：22　8. T1②：3

B 型器底。

T1②：11，夹砂褐陶。腹斜直，平底。腹底交接处有一凸棱。残高约5.7、壁厚约1.4厘米（图五九六：8）。

T1②：16，夹砂褐陶。腹斜直，平底。腹底交接处有一凸棱。残高约4、壁厚约0.8厘米（图五九六：2）。

C 型器底。

T1②：10，夹砂褐陶。矮圈足。残器高约1.5、圈足高约0.3厘米（图五九二：7）。

T1②：11，夹砂灰陶。矮圈足。残器高约3.4、圈足高0.8厘米（图五九二：4）。

T1②：2，夹砂褐陶。腹斜直，圈足。残器高约4.2、圈足残高约1.8、壁厚约1厘米（图五九二：3）。

（2）T2

A 型器底。

T2②: 45，夹砂褐陶。腹斜直，平底。残高约 5、壁厚约 0.6 厘米（图五九四: 2）。

T2②: 25，夹砂褐陶。腹斜直，平底。残高约 4、壁厚约 1 厘米（图五九四: 5）。

T2②: 51，夹砂褐陶，腹斜直，平底。残高约 3.5、壁厚约 1.4 厘米（图五九四: 3）。

T2②: 48，夹砂褐陶。腹斜直，平底。残高约 5.2、壁厚约 0.9 厘米（图五九四: 6）。

B 型器底。

T2②: 3，夹砂褐陶。腹近直，平底。腹底交接处有一凸棱。残高约 5.3、壁厚约 0.8 厘米（图五九五: 8）。

T2②: 8，夹砂褐陶。腹近直，平底。残高约 7.3、壁厚约 0.8 厘米（图五九三: 5）。

T2②: 7，夹砂褐陶。腹近直，平底。腹底交接处有一凸棱。残高约 6.3、壁厚约 0.8 厘米。

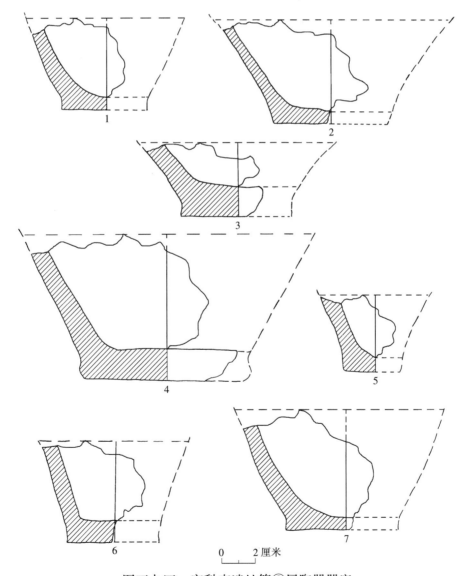

0　　2 厘米

图五九四　穷科克遗址第②层陶器器底

1. T4②: 12　2. T2②: 45　3. T2②: 51　4. T8②: 50　5. T2②: 25　6. T2②: 48　7. T4②: 14

T2②: 30，夹砂褐陶。腹近直，平底。残高约3.3、壁厚约0.8厘米。

T2②: 24，夹砂褐陶。腹斜直，平底。腹底交接处有一凸棱。残高约5、壁厚约1.5厘米（图五九五：6）。

T2②: 103，夹砂褐陶。腹斜直，平底。腹底交接处有一凸棱。残高约5、壁厚约1.6厘米（图五九六：12）。

T2②: 83，夹砂褐陶。腹斜直，平底。腹底交接处有一凸棱。残高约5、壁厚约1.2厘米（图五九五：3）。

T2②: 22，夹砂褐陶。腹斜直，平底。腹底交接处有一凸棱。残高约1.4、壁厚约1.5厘米（图五九五：4）。

C型器底。

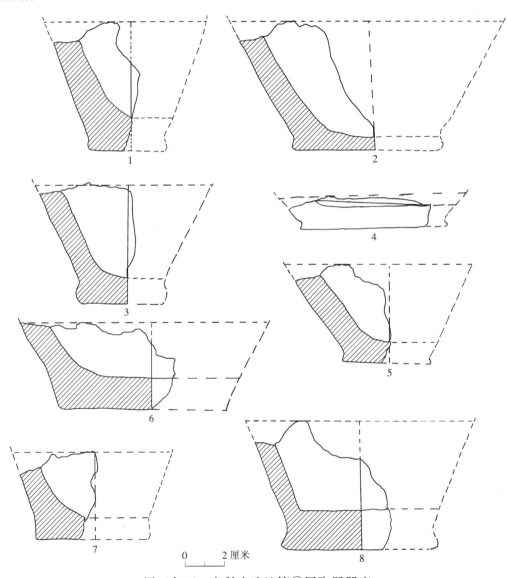

图五九五　穷科克遗址第②层陶器器底

1. T3②: 3　2. T3②: 7　3. T2②: 83　4. T2②: 22　5. T1②: 19　6. T2②: 24　7. T3②: 48　8. T2②: 3

T2②：89，夹砂褐陶。腹斜直，圈足。残器高约4.5、圈足高约0.7、壁厚约0.8厘米（图五九二：2）。

T2②：16，夹砂褐陶。腹斜直，圈足。残器高约4、圈足高约0.6、壁厚约0.8厘米（图五九二：6；彩版一〇一：4）。

T2②：1，夹砂褐陶。腹斜直，圈足。器底残高5、圈足高0.6、壁厚约0.9厘米（彩版一〇一：3）。

T2②：40，夹砂褐陶。仅残存圈足。圈足高约0.7厘米（图五九二：8）。

（3）T3

B型器底。

T3②：3，夹砂褐陶。腹斜直，平底。腹底交接处有一凸棱。残高约5、壁厚约1.3厘米（图五九五：1）。

T3②：7，夹砂褐陶。腹斜直，平底。腹底交接处有一凸棱。残高约6、壁厚约0.8厘米（图五九五：2）。

T3②：48，夹砂褐陶。平底，略出假圈足。残高4厘米（图五九五：7）。

C型器底。

T3②：8，夹砂褐陶。腹斜直，圈足。残器高约5、圈足高约0.5、壁厚约0.8厘米（图五九二：1）。

（4）T4

A型器底。

T4②：12，夹砂褐陶。腹斜直，平底。残高约4.3、壁厚约0.9厘米（图五九四：1）。

T4②：14，夹砂褐陶。腹斜直，平底。残高约5.5、壁厚约0.9厘米（图五九四：7）。

B型器底。

T4②：13，夹砂褐陶。腹斜直，平底。腹底交接处有一凸棱。残高约3、壁厚约1.1厘米。

（5）T6

C型器底。

T6②：2，夹砂褐陶。仅残存圈足部分。圈足高约2.2厘米。

（6）T7

B型器底。

T7②：6，斜直腹，平底。腹底交接处有一凸棱。残高约3.5、壁厚约0.8厘米（图五九六：5）。

T7②：7，斜直腹，平底。腹底交接处有一凸棱。残高约4.5、壁厚约0.8厘米。

（7）T8

A型器底。

T8②：22，夹砂褐陶，腹斜直，平底。残高约4、壁厚约1.2厘米（图五九三：7）。

T8②：55，夹砂褐陶，腹斜直，平底。残高约4、壁厚约0.9厘米（图五九三：3）。

B型器底。

T8②：41，夹砂褐陶。腹斜直，平底。腹底交接处有一凸棱。残高约6.5、壁厚约1.2厘米（图五九三：4）。

T8②：50，夹砂褐陶。腹斜直，平底。腹底交接处有一凸棱。残高约6.9、壁厚约1.2厘米（图

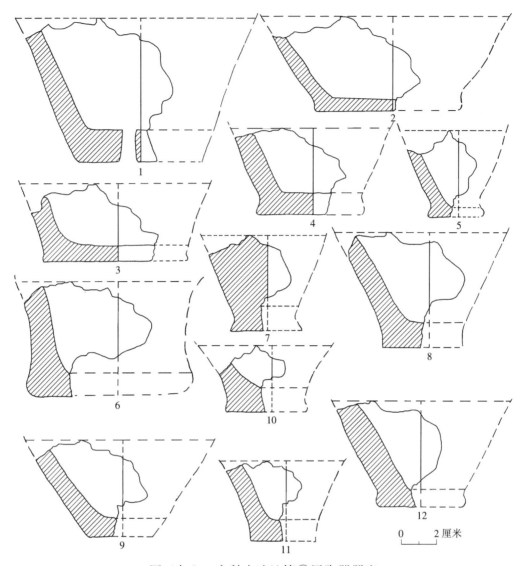

图五九六　穷科克遗址第②层陶器器底

1. T11②: 9　2. T1②: 16　3. T9②: 24　4. T9②: 14　5. T7②: 6　6. T9②: 17　7. T9②: 9　8. T1②: 11　9. T10②: 10
10. T10②: 11　11. T9②: 16　12. T2②: 103

五九四: 4)。

　　T8②: 42，夹砂褐陶。腹斜直，平底。腹底交接处有一凸棱。残高约6、壁厚约1.2厘米（图五
九三: 1)。

　　C型器底。

　　T8②: 47，夹砂褐陶。仅残存圈足。圈足高约0.7、圈足壁厚约1.4厘米（图五九二: 5)。

　　(8) T9

　　A型器底。

　　T9②: 9，夹砂褐陶。腹斜直，平底。残高约5.8、壁厚约1.2厘米（图五九六: 7)。

　　T9②: 17，夹砂褐陶。腹斜直，平底。残高约4.3、壁厚约1厘米（图五九六: 6)。

　　T9②: 16，夹砂褐陶。腹斜直，平底。残高约4、壁厚约1.1厘米（图五九六: 11)。

B 型器底。

T9②：14，夹砂褐陶。斜直腹，平底。腹底交接处有一凸棱。残高约4.2、壁厚约1.2厘米（图五九六：4）。

T9②：24，夹砂褐陶。腹斜直，平底。腹底交接处有一凸棱。残高约4.2、壁厚约1.2厘米（图五九六：3）。

（9）T10

A 型器底。

T10②：10，夹砂褐陶。腹斜直，平底。残高约4.5、壁厚约1.2厘米（图五九六：9）。

B 型器底。

T10②：11，夹砂褐陶。腹斜直，平底。腹底交接处有一凸棱。残高约2.6、壁厚约1.2厘米（图五九六：10）。

（10）T11

A 型器底。

T11②：9，斜直腹，平底。底部有一穿孔，似由外向内钻，孔外大内小，外部孔径约1厘米，内部孔径约0.6厘米。残高约7、壁厚约1.2厘米（图五九六：1）。

（三）第③层陶片

1. 口沿陶片

（1）T1

直口陶片。

T1③：2，夹砂褐陶。直口，平沿，腹近直。残高约11.5、厚约0.8厘米（图五九七：8）。

Ⅰ式侈口弧腹陶片。

T1③：1，夹砂黑陶。侈口，斜沿，鼓腹。残高约13.8、壁厚约1.1厘米（图五九七：1；图版三一三：6）。

（2）T2

直口陶片。

T2③：2，夹砂褐陶。直口，圆唇，腹近直。残高约5、壁厚约1.1厘米（图五九七：11）。

Ⅱ式侈口弧腹陶片。

T2③：4，夹砂褐陶。侈口较甚，平沿，鼓腹。残高约4、壁厚约1厘米（图五九七：2）。

T2③：10，夹砂褐陶。侈口较甚，平沿，鼓腹。残高约4、壁厚约0.9厘米。

（3）T3

直口陶片。

T3③：5，夹砂褐陶。直口，平斜沿，弧腹。残高约6、壁厚约1厘米（图五九七：10）。

Ⅰ式侈口弧腹陶片。

T3③：2，夹砂褐陶。侈口，平沿，弧腹。残高约5、壁厚约1.1厘米（图五九七：6）。

Ⅱ式侈口折腹陶片。

T3③：1，夹砂褐陶。口微侈，平沿，折腹，腹部下折较为舒缓。残高约5.5、壁厚约0.7厘米

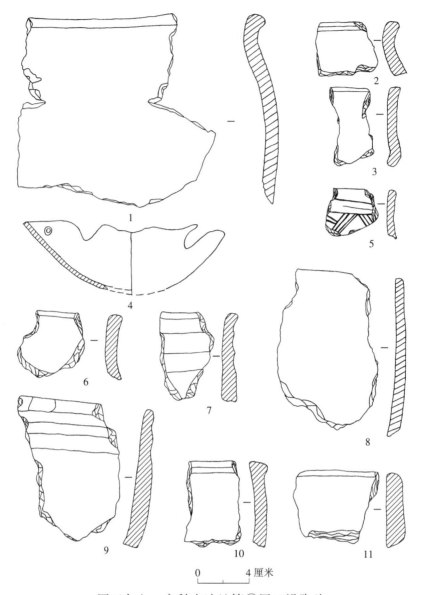

图五九七　穷科克遗址第③层口沿陶片

1. T1③: 1　2. T2③: 4　3. T3③: 1　4. T3③: 4　5. T8③: 5　6. T3③: 2　7. T8③: 2　8. T1③: 2　9. T8③: 1　10. T3③: 5　11. T2③: 2

（图五九七：3）。

钵形器陶片。

T3③: 4，夹砂褐陶。侈口，平沿，壁斜直，腹壁上部较薄，下部较厚。在靠近口沿处有一穿孔。残高约5、壁厚约0.4厘米（图五九七：4）。

（4）T8

直口陶片。

T8③: 2，夹砂褐陶。弧腹口沿下三道凹弦纹。残高约4、壁厚约1.7厘米（图五九七：7）。

2. 器底

T2③: 9，夹砂褐陶。弧腹，平底。残高约6、壁厚约1.7厘米（图五九八：1）。

T8③：6，夹砂黑陶。腹斜直，平底。残高约
4.6、壁厚约1厘米（图五九八：2）。

T8③：7，夹砂黑陶。腹斜直，平底。残高约4、
壁厚约0.9厘米（图五九八：3）。

3. 弦纹陶片

T8③：1，夹砂褐陶。直口，平沿，腹微鼓。颈
部饰两道弦纹，腹壁上部较薄，下部较厚。残高约
10、厚0.8~1.2厘米（图五九七：9；图版三一四：
5；彩版一〇二：3）。

T8③：2，两条弦纹位于器物颈部（图五九七：7）。

4. 刻划纹陶片

T8③：5，夹砂褐陶。直口，圆唇，腹微鼓。颈
部饰平行刻划纹，腹部有压印三角纹。残高约3.5、
壁厚约0.5厘米（图五九七：5；图版三一四：2；
彩版一〇二：5）。

5. 遗迹单位陶片

遗址内发现2个灰坑，H1在T5，开口在第②
层；H2在T8，开口在第②层。灰坑出有少量陶片。

（1）H1陶片

H1内出土大陶片、器底各1件。

Ⅰ式侈口弧腹陶片。

T5H1：1，夹砂褐陶。侈口，平沿，微鼓腹。口
部有等距离的乳状堆纹，腹壁上部较薄，下部较厚。
残高约34.4、壁厚约1.6、残长约44厘米（图五九
九：1）。

B型器底。

T5H1：2，夹砂褐陶。腹壁斜直，平底。腹底交
接处有一凸棱。残高约9、壁厚约0.8厘米（图五九九：2）。

（2）H2陶片

H2内出土3件口沿陶片和1件器底。

直口陶片。

T8H2：1，夹砂黑陶。直口，平沿，腹微鼓。颈部饰三道弦纹。残高约8.4、壁厚约1厘米（图
六〇〇：4）。

T8H2：4，夹砂黑陶。直口，平沿，腹微鼓。颈部饰三道弦纹。残高约15.6、壁厚0.7~1.4厘米
（图六〇〇：1；图版三一三：2；彩版一〇二：2）。

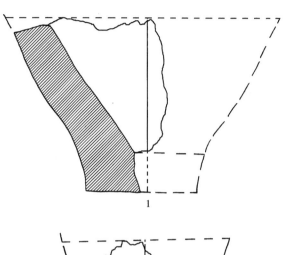

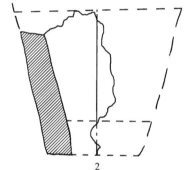

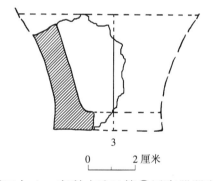

0　　　　2厘米

图五九八　穷科克遗址第③层陶器器底
1. T2③：9　2. T8③：6　3. T8③：7

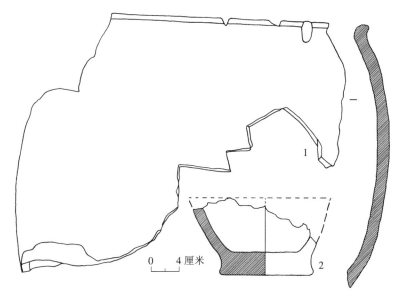

图五九九　穷科克遗址 H1 陶器口沿、器底陶片
1. T5H1：1　2. T5H1：2

T8H2：2，夹砂黑陶。直口，平沿，腹微鼓。颈部饰三道弦纹。残高约 8、壁厚 0.7～1.4 厘米（图六〇〇：3）。

A 型器底。

T8H2：6，夹砂黑陶。腹斜直，平底。残高约 3.5、壁厚约 1.1 厘米（图六〇〇：2）。

二　纹饰陶片

遗址第②层中，出土陶片多为素面，有纹样的不多，纹样主要有刻划纹、弦纹、乳丁纹、压印纹、彩陶等。现将这次发掘出土纹饰陶片介绍如下。

（一）刻划纹和压窝纹

T1②：67，一道刻划纹（图六〇一：6）。

T1②：68，一道刻划纹（图六〇二：12）。

T2②：209，两道刻划纹，刻划线极细（图六〇二：2）。

T1②：1，肩部有压窝纹（图版三一四：6）。

T2②：210，一道平行刻划纹（图六〇一：11）。

T2②：211，一道斜向刻划纹（图六〇二：13）。

T2②：212，刻划图案呈不闭合的三角纹（图六〇一：13）。

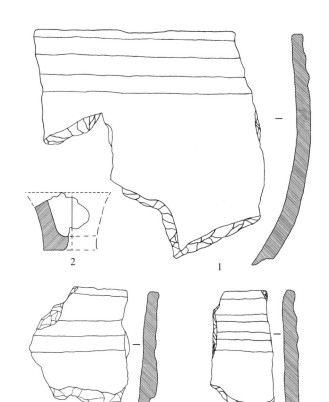

图六〇〇　穷科克遗址 H8 陶器口沿、器底陶片
1. T8H2：4　2. T8H2：6　3. T8H2：2　4. T8H2：1

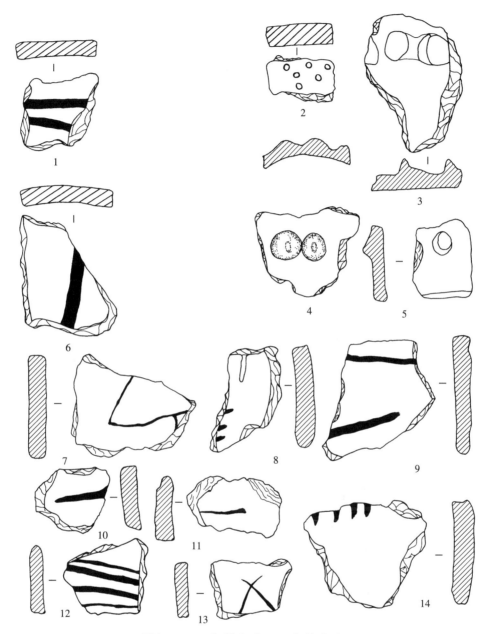

图六〇一　穷科克遗址压印纹陶片

1. T11②: 4　2. T2②: 225　3. 12②: 208　4. T12②: 207　5. T2②: 219　6. T2②: 210　7. T2②: 220　8. T2②: 208　9. T2②: 216　10. T2②: 207　11. T2②: 210　12. T2②: 209　13. T2②: 212　14. T2②: 226

T11②: 4，两道刻划纹（图六〇一: 1）。

T2②: 216，两道划纹（图六〇一: 9）。

T2②: 207，一道刻划纹（图六〇一: 10）。

T2②: 226，仅见四道短刻划纹（图六〇一: 14）。

T2②: 208，陶片上三道凸弦纹（图六〇一: 8）。

T2②: 209，陶片上四道刻划纹（图六〇一: 12）。

T2②: 252，三道刻划纹（图六〇二: 13）。

T2②: 214，刻划纹在器物颈及腹部（图六〇二：9）。

T2②: 215，一道刻划纹，位于器物上腹部，呈斜线状（图六〇二：15）。

T2②: 220，刻划图案呈交叉三角状（图六〇一：7）。

T2②: 222，两道呈平行向的刻划纹（图六〇二：6）

T2②: 223，位于器物颈部及上腹部，呈不闭合弧线三角纹（图六〇二：3）。

T2②: 229，一道刻划纹，刻划极细（图六〇二：11）。

T2②: 231，颈部有附加堆纹，上腹部有三角状刻划纹（图六〇二：7）。

T3②: 59，两道刻划纹（图六〇二：2）。

T3②: 62，一草率略呈三角的刻划纹（图六〇二：4）。

T9②: 25，两道平行刻划纹（图六〇二：10）。

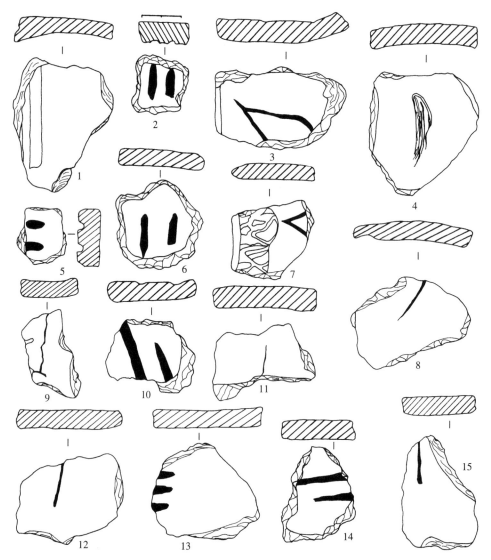

图六〇二　穷科克遗址纹饰陶片

1. T2②: 211　2. T3②: 59　3. T2②: 223　4. T3②: 62　5. T9②: 27　6. T2②: 222　7. T2②: 231　8. T9②: 28　9. T2②: 214
10. T9②: 25　11. T2②: 229　12. T1②: 68　13. T2②: 252　14. T9②: 28　15. T2②: 215

T9②: 28，两道平行刻划纹（图六〇二: 14）。

（二）压印纹

T1②: 66，仅见残损的似呈三角纹样的点状压印纹（图六〇三: 1）。

T1②: 70，陶片一端有斜向平行的三道点状压印纹（图六〇三: 2）。

T9②: 27，陶片上有两道压印较深的弦纹（图六〇二: 5）。

T1②: 71，见两道由点状压印纹组成的两条平行线（图六〇三: 3）。

T2②: 237，弦纹上由点状压印纹组成的七道平行线纹，下面是两横道点状压印纹平行线，下为压印平行线的交错纹样（图六〇三: 8）。

T8②: 44，器物颈部有两道弦纹，在腹部有点状压印纹组成的三角纹，三角纹左右各有两道平行的由点状压印纹组成的带状纹，两边带状纹饰与三角纹两边呈平行状（图六〇三: 7）。

T11②: 5，位于器物口沿及上腹部，口沿上为点状压印纹组成的锯齿形纹饰，上腹部仅见点状压印纹组成的斜线纹四道（图六〇三: 6）。

T11②: 6，6组人字状压印点线纹（图六〇三: 4）。

T2②: 5，器物口沿下有压印窝纹。

（三）弦纹

T2②: 217，弦纹两道，似位于器物颈部（图六〇三: 10）。

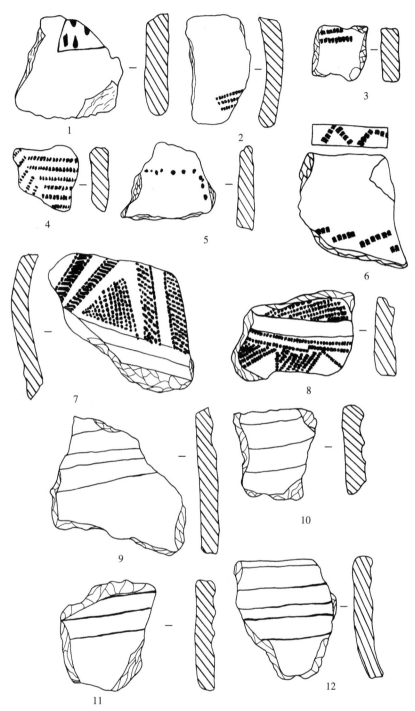

图六〇三　穷科克遗址纹饰陶片

1. T1②: 66　2. T1②: 70　3. T1②: 71　4. T11②: 6　5. T1②: 65　6. T11②: 5
7. T8②: 44　8. T2②: 237　9. T11②: 16　10. T2②: 217　11. T2②: 228　12. T3②: 63

T2②: 228，二道弦纹（图六〇三：11）。

T3②: 63，三道弦纹位于器物颈部（图六〇三：12）。

T11②: 16，两道弦纹（图六〇三：9）。

（四）戳刺纹

T1②: 65，由戳刺小圆点组成 L 状纹饰（图六〇三：5）。

（五）乳丁纹

T2②: 219，乳丁位于器物上腹部，仅见一个乳丁（图六〇一：5）。

T2②: 225，乳丁位于器物腹部，横置两个乳丁（图六〇一：2）。

（六）陶环

T2②: 17，残留一段。环不封闭。夹砂灰陶。残长 2.5 厘米（图五九三：6）。

三　其　他

（一）石器

1. 细石核，T7 第③层下的卵石层上出土 2 件。

T7③: 1，锥状石核，单台面，石核体上有细石叶状压制痕。高 5.2、宽 2.3 厘米（图六〇四：1；彩版一〇三：3）。

T7③: 2，柱状石核，单台面，石核体上有百叶压剥痕。高 5.8、宽 3.5 厘米（图六〇四：2；彩版一〇三：4）。

2. 砺石，1 件。

T10②: 2，扁平长条状。残，一端弧圆，首部有凹槽，用以系绳。残长 5.7 厘米、宽 1.2 厘米（彩版一〇三：2）。

3. 盘状研磨器，1 件。

T10②: 1，扁圆台状，一面有平整的磨面，另一面打成易于手握的圆形台面。直径 6、厚 3 厘米（彩版一〇三：1）。

（二）骨器

1. 镞，3 件。出自 T11 第②层。T11②: 1、2、3 均为细长的柳叶状，两刃边直，镞尾出圆锥状短柄，镞体截面为扁的四棱形。其中 1 件镞的对称长边上刻出花边状齿槽。分别长 12.4、9.5、6.3 厘米（图六〇五：1~3；彩版一〇四：2）。

2. 羊距骨。T4 第②层出土羊距骨 3 件。

T4②: 1，距骨经过人工加工，距骨的关节面经过磨光，成为光滑的平面。1 件距骨上有人工钻眼（彩版一〇四：3）。

T8②: 29，1 件。磨光（图六〇五：4）。

3. 锥，1 件。T10 第②层出土。用动物的管骨加工而成，一端尖锥状。长 4.2 厘米。

4. 削刻鹿角，1 件。

T2②: 3，鹿角的一段，有锐刃器切削的斜面（彩版一〇四：1）。

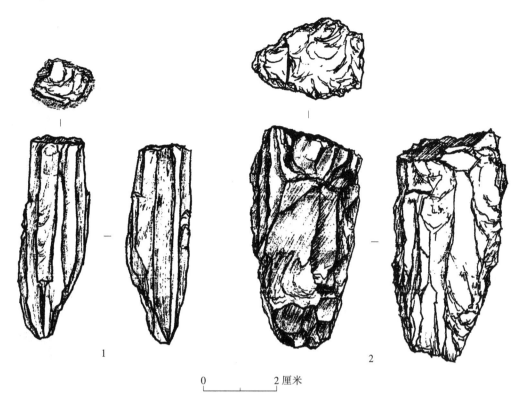

0   2厘米

图六〇四　穷科克遗址出土细石器

1. T7③: 1　2. T7③: 2

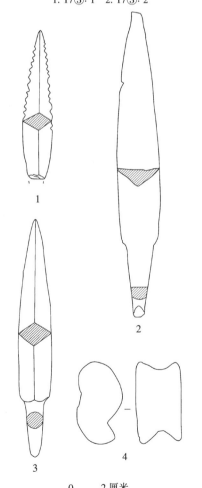

0   2厘米

图六〇五　穷科克遗址骨镞、羊距骨

1 ~ 3. T11②: 1、2、3　4. T8②: 29

第十六章　穷科克岩画[*]

穷科克岩画点位于新疆伊犁哈萨克自治州尼勒克县吉仁台乡，西距尼勒克县城约30公里。岩画分布在朝南的山坡上，山坡下为乔（乔尔马）巴（巴伊托海）公路和喀什河（图六〇六）。

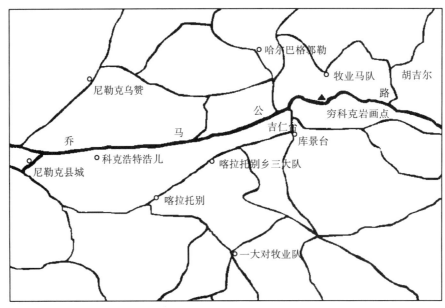

图六〇六　穷科克岩画点位置示意图

1985年新疆维吾尔自治区文物考古研究所在尼勒克县进行考古调查时，在穷科克地方公路边的大石头上发现了古代岩画，经仔细分析，认为应该是早期游牧民族的遗存，遂称其为穷科克岩画，并立牌保护。2001年7月，为配合吉林台（吉仁台）水电工程建设，新疆维吾尔自治区文物局、伊犁哈萨克自治州文物局、尼勒克县文管所联合对穷科克等地进行考古调查时，又在穷科克南岸台地上发现一大片墓地，命名为穷科克墓地。同年8、9月，新疆维吾尔自治区文物考古研究所对穷科克南岸台地上的遗址进行了发掘，发掘简报已经发表①。

2003年8月，西北大学文化遗产与考古学研究中心和新疆维吾尔自治区文物考古研究所对穷科克岩画点再次进行了详细调查，共发现刻有岩画的岩石49块。我们对每一块有画岩石依发现的先后顺序编号，分别编号为YNQY1～YNQY49。每块岩石上的岩画并不一定是一幅画面，根据岩画的形

＊　西北大学文化遗产与考古学研究中心，新疆维吾尔自治区文物考古研究所。
①　新疆文物考古研究所：《尼勒克县穷科克一号墓地考古发掘报告》，《新疆文物》2002年第3、4期。

式、雕凿技法、打破关系和风化程度的差异所造成的颜色的不同等因素，可以将许多岩石上的岩画分成若干幅。穷科克岩画点49块有画岩石上经统计共有87幅岩画，每幅岩画根据岩石编号再进行次一级的编号，如第40号岩石编号为YNQY40，第40号岩石上第1幅岩画编号为YNQY40①。幅是岩画存在的基本单位，也是进行岩画记录和研究的基本单位（彩版一〇五）。

对每一个岩画体，我们借鉴出土遗物的编号方式，以幅为单位进行了编号。如第40号岩石第1幅岩画的1号个体，编号为YNQY40①：1。

下面按编号顺序对49块岩石上的岩画进行介绍。

（1）YNQY1号岩石（图六〇七）

岩石高约65、宽约110厘米，岩石西南面刻有两只大角羊，根据颜色的不同及打破关系分为两幅岩画，编号为Y1①、Y1②，Y1②打破Y1①。

Y1①　大角羊1只，单角双腿，编号为Y1①：1。身体及腿部用粗细相近的较粗的直线表现，双腿直立，呈静态。用密点垂直敲凿法（简称密点敲凿法）制作，呈暗红褐色。

图六〇七　YNQY1号岩石
1. YNQY1①：1　2. YNQY1②：1

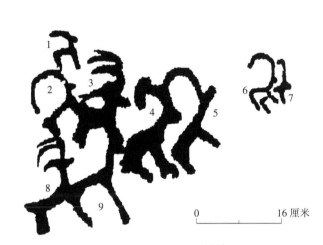

图六〇八　YNQY2号岩石
1、2、6、9. Y2②：1～4　3、4、8. Y2①：1～3　5、7. Y2③：1、2

Y1②　大角羊1只，双角四腿，编号为Y1②：1。身体部分用较粗的直线表现，其他部分线条略细，四腿直立，呈静态。用密点敲凿后加磨刻制作，呈黄褐色。

（2）YNQY2号岩石（图六〇八）

岩石高约110、宽约140厘米，岩石南侧面上共有9只动物形象，根据岩画颜色的不同及打破关系，可以分成3幅岩画，编号为Y2①～Y2③。

Y2①　有3只大角羊，均为双腿，从左向右编号为Y2①：1～3。身体部分用较粗的线条表现，腿和角部线条较细，呈动态。用密点敲凿后加磨刻方法制作，呈黄褐色。

Y2②　有4只大角羊，均为单角双腿，从上至下、从左向右编号为Y2②：1～4。身体各部均用较细的粗线条表现，腿部直立，造型简略。用划刻法制作，刻痕较浅，呈灰褐色。

Y2③　有2只大角羊，均为单角双腿，从左向右编号为Y2③：1、2。身体及腿部用粗细相近的较粗的直线表现，双腿直立，呈静态。用密点垂直敲凿法制作，呈暗红褐色。

三幅岩画中，Y2①: 2 打破 Y2③: 1，Y2②: 2、4 打破 Y2①: 1、3，Y2②: 3 打破 Y2③: 2。

（3）YNQY3 号岩石（图六〇九: 1）

岩石高约 60、宽约 50 厘米，仅有 1 幅岩画，编号为 Y3①。盘羊 1 只，单角双腿，编号为 Y3①: 1。身体用较粗的直线表现，腿和角部线条较细，呈动态。用疏点敲凿加磨刻制作，刻痕较浅。

（4）YNQY4 号岩石（图六〇九: 2）

图六〇九　YNQY3 ~ YNQY5 号岩石
1. YNQY3①: 1　2. YNQY4①: 1　3. YNQY5①1: 1

岩石高约 80、宽约 140 厘米，仅有 1 幅岩画，编号为 Y4①。大角羊 1 只，单角双腿，编号为 Y4①: 1。身体各部用剪影的方式表现，呈动态。用密点敲凿方法制作，凿痕较深。

（5）YNQY5 号岩石（图六〇九: 3）

岩石高约 60、宽约 90 厘米，仅有 1 幅岩画，编号为 Y5①。大角羊 1 只，四腿双角；编号为 Y5①: 1。身体各部用粗细相近的较粗的线条表现，四腿直立，呈静态。用密点敲凿方法制作。

（6）YNQY6 号岩石（图六一〇）

岩石高约 80、宽约 110 厘米，顶面和南面各有一幅岩画，顶面的编号为 Y6①，南面的编号为 Y6②。

Y6①　大角羊 1 只，单角双腿，编号为 Y6①: 1。身体部分用较粗的线条表现，腿部和角部线条较细，呈动态。用磨刻方法制作，刻痕较浅。

Y6②　有 3 只大角羊，从上往下、从左至右编号为 Y6②: 1 ~ 3。Y6②: 1、2 单角双腿，Y6②: 3 双角双腿。身体部分均用较粗的线条表现，腿部和角部线条较细，呈动态。用磨刻方法制作，刻痕较深。

图六一〇　YNQY6 号岩石
1. YNQY6①: 1
2 ~ 4. YNQY6②: 1 ~ 3

两幅岩画中，Y6①占据岩石的顶面，岩面较平整，刻制岩画时较易操作；Y6②位于岩石南侧面上，刻制岩画时难度较大。

（7）YNQY7 号岩石（图六一一、六一二）

岩石高约 80、宽约 100 厘米，岩石上共有 2 个岩面刻有岩画，可分为 4 幅，编号为 Y7① ~ ④。

Y7①　岩画个体从左向右、从上至下编号为 Y7①: 1 ~ 10。Y7①: 1、8 为 2 只双角双腿大角羊，Y7①: 3、9、10 为 3 只双角四腿大角羊，Y7①: 2、6 为 2 只小羊，Y7①: 5、7 为 2 条蛇，Y7①: 4 为 1 只性质不明的四腿双角动物，另有 6 处线状刻痕，性质不明，未予编号。7 只羊类动物身体部分均用较粗的线条表现，腿部和角部线条较细，呈动态。用垂直敲凿加后期磨刻方法制作，刻痕光滑，较深。

Y7② 人物 1 个，编号为 Y7②: 1。用粗细不同的线条表现正面形象，头部呈半圆形，两臂较短，双腿分开，有男性生殖器表现，造型生动。用密点敲凿方法制作，刻痕较深。

Y7③ 大角羊 1 只，双角双腿，编号为 Y7③: 1。身体部分用较粗的直线表现，双角线条略细，双腿直立，呈静态。用密点敲凿方法制作，刻痕较深。

Y7④ 盘羊 1 只，单角三条腿。编号为 Y7④: 1。身体各部分用剪影式表现，比例协调，造型生动。用磨刻法制作，刻痕较浅。

4 幅岩画中，Y7①、②、③颜色均呈红褐色，Y7④颜色呈黄褐色。颜色相同的 3 幅岩画，根据位置及制作方法的区别，Y7②、③处于同一岩面上，表现形式和雕刻技法相似，可视为一组；Y7①位于另一岩面上，可视为另一组。Y7④的表现形式、制作技法和颜色均与其他 3 幅不同，可单独视为一组。

（8）YNQY8 号岩石（图六一三）

岩石高约 120、宽约 180 厘米，岩石顶面和东南面上各有 1 只大角羊，编号为 Y8①、Y8②。

Y8① 大角羊 1 只，单角双腿，编号为 Y8①: 1。身体部分用较粗的线条表现，腿部和角部线条较细，呈动态。用磨刻方法制作。

Y8② 大角羊 1 只，单角双腿，编号为 Y8②: 1。身体各部均用略粗的线条表现，呈动态。用疏点敲凿方法制作，刻痕较浅。

两幅岩画颜色均呈黄褐色，Y8①颜色略浅。

（9）YNQY9 号岩石（图六一四: 1）

岩石高约 70、宽约 60 厘米，仅有 1 只羊，单角双腿，颜色灰白，应为晚近作品。

（10）YNQY10 号岩石（图六一四: 2）

岩石高约 110、宽约 100 厘米，仅有 1 幅岩画，编号为 Y10①。大角羊 1 只，单角双腿，编号为 Y10①: 1。身体部分用较粗的线条表现，腿部和角部用较细的线条表现，呈动态。用磨刻方法制作，刻痕较浅。

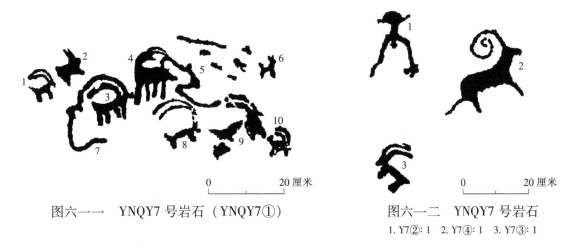

0　　　　　20 厘米　　　　　　　　　　　0　　　　　20 厘米

图六一一　YNQY7 号岩石（YNQY7①）　　　图六一二　YNQY7 号岩石

　　　　　　　　　　　　　　　　　　　　　1. Y7②: 1　2. Y7④: 1　3. Y7③: 1

（11）YNQY11 号岩石（图六一四：3）

岩石高约110、宽约60 厘米，仅有1 幅岩画，编号为Y11①。大角羊1只，单角双腿，编号为Y11①：1。身体各部均用粗细相近的较细粗线条表现，双腿直立，呈静态。用疏点敲凿后加磨刻方法制作，刻痕较浅。

（12）YNQY12 号岩石（图六一五～六一九）

岩石高约360、宽约200 厘米，岩石上共有4 个岩面刻有岩画，可分为9 幅，编号为Y12①～⑨。

Y12①　位于岩石左侧面上部偏左，有7 只大角羊和1 位猎人，7 只羊位于画面左下方，猎人位于画面右上角，8 个岩画体从上向下、从左至右编号为Y12①：1～8。7 只羊均为双腿，身体各部用粗细相近的较粗线条表现，Y12①：2、4 形体较大，其他形体较小，双腿多直立，呈静态。Y12①：1 为一猎人，用较粗的线条表现身体的侧面形象，作拉弓射箭状。均用密点敲凿法凿成，凿痕较深。

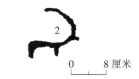

图六一三　　YNQY8①、②
1. Y8①：1　2. Y8②：1

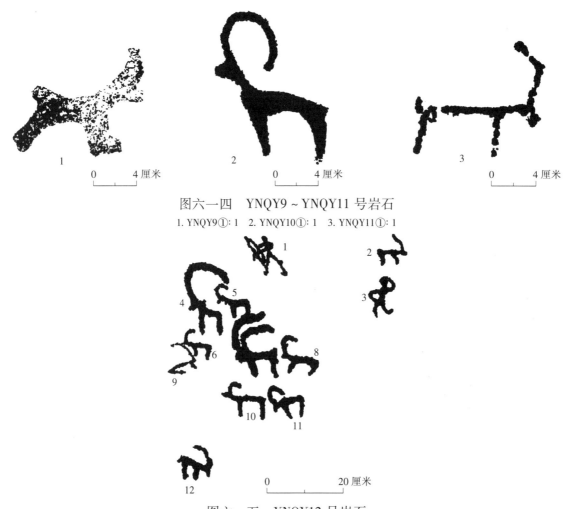

图六一四　　YNQY9～YNQY11 号岩石
1. YNQY9①：1　2. YNQY10①：1　3. YNQY11①：1

图六一五　　YNQY12 号岩石
1、4～8、10、11. Y12①：1～8　2、3、12. Y12③：1～3　9. Y12②：1

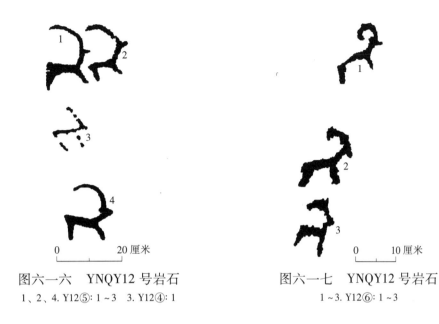

图六一六　YNQY12 号岩石
1、2、4. Y12⑤: 1~3　3. Y12④: 1

图六一七　YNQY12 号岩石
1~3. Y12⑥: 1~3

　　Y12②　位于 Y12①左侧中部，为 1 只大角羊，编号为 Y12②: 1。单角双腿，身体各部分用粗细相近的较细的线条表现，线条简略。采用划刻方法制作，刻痕较浅，颜色灰白，应是晚近作品。

　　Y12③　位于 Y12①右侧，有 1 只大角羊和 1 个人物，还包括 Y12①左下侧 1 只大角羊。3 个岩画体从上至下、从左向右编号为 Y12③: 1~3。2 只大角羊均为单角双腿，人物和大角羊身体各部均用粗细相近的较粗的线条表现，呈静态。用密点敲凿法凿成，凿痕较深。

　　Y12④　大角羊 1 只，单角双腿，位于岩石左侧面下部正中，编号为 Y12④: 1。身体各部分用粗细相近的较粗的线条表现，呈静态。用疏点敲凿法制作，刻痕较浅。

　　Y12⑤　大角羊 3 只，围绕在 Y12④周围，从上至下编号为 Y12⑤: 1~3。身体部分用较粗的线条表现，其他部分线条较细，呈动态。用疏点敲凿后加磨刻的方法制作。

　　Y12⑥　位于岩石东南侧面上部，有 3 只大角羊，均呈单角双腿，从上至下分别编号为 Y12⑥: 1~3。身体部分用较粗的线条表现，其他部分线条较细，呈动态。用疏点敲凿后加磨刻的方法制作。

　　Y12⑦　大角羊 1 只，位于岩石东南侧面下部正中，四腿双角，编号为 Y12⑦: 1。身体各部分用粗细相近的较粗的线条表现，四腿直立，呈静态。用密点敲凿方法制作。

　　Y12⑧　围绕在 Y12⑦周围，有多处刻痕，但仅有 3 只羊清晰可见。3 只羊从左至右、从上至下编号为 Y12⑧: 1~3。身体部分用略粗的线条表现，其他部分线条较细，造型生动，其中 Y12⑧: 1、2 羊角互牴。用疏点敲凿后加磨刻的方法制作。

　　Y12⑨　位于岩石右侧面的最上部，仅有 1 只大角羊，颜色灰

图六一八　YNQY12 号岩石
1、2、4. Y12⑧: 1~3　3. Y12⑦: 1

白，应是晚近的模仿涂鸦之作。

在 9 幅岩画中，Y12①、③、④、⑦4 幅岩画颜色较深，均为红褐色，Y12⑤、⑥、⑧3 幅颜色较浅，均呈黄褐色。Y12②、⑨两幅颜色呈灰白色。Y12①位于左侧上部岩面左侧，Y12②、③在其周围；Y12④位于左侧下部岩面中间，Y12⑤围绕在其周围；Y12⑦位于岩石东南侧面下部正中，Y12⑧围绕在其周围。

根据表现形式和造型特征，Y12①、③、④、⑦4 幅岩画可分为一组，Y12⑤、⑥、⑧ 3 幅可分为另一组。

（13）YNQY13 号岩石（图六二〇）

岩石高约 170、宽约 130 厘米，东侧面上有两幅岩画，编号为 Y13①、②。

Y13①　大角羊 1 只，单角双腿，编号为 Y13①: 1。身体各部用粗细相近的较细的线条表现，线条简略。采用划刻方法制作，刻痕较浅，呈灰褐色。

Y13②　大角羊 1 只，单角双腿，编号为 Y13②: 1。身体部分用较粗的线条表现，其他部位线条较细，呈动态。用浅磨刻方法制作，刻痕较浅，呈红褐色。

（14）YNQY14 号岩石（图六二一）

岩石高约 220、宽约 200 厘米，南侧面上可辨认的有 2 只大角羊，构成一幅岩画，编号为 Y14①。大角羊 2 只，均呈单角双腿，从左向右编号为 Y14①: 1、2。Y14①: 1 身体部分用较粗的线条表现，其他部位线条略细；Y14①: 2 身体各部用粗细相近的略粗线条表现。均呈静态。用疏点敲凿后加磨刻的方法制作，刻痕较浅。

图六一九　YNQY12 号岩石
（YNQY12⑨）

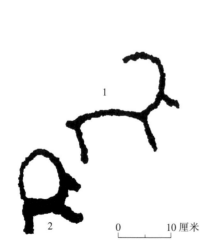

图六二〇　YNQY13 号岩石
1. Y13①: 1　2. Y13②: 1

图六二一　YNQY14 号岩石（YNQY14①）

（15）YNQY15 号岩石（图六二二：1）

岩石高约 80、宽约 70 厘米，仅有 1 幅岩画，编号为 Y15①。大角羊 1 只，单角双腿，编号为 Y15①：1。身体各部用粗细相近的较细的线条表现，线条简略，双腿直立，呈静态。用划刻方法制作，刻痕较浅。

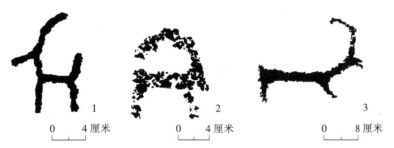

图六二二 YNQY15、YNQY19、YNQY20 号岩石
1. YNQY15①：1 2. YNQY19①：1 3. YNQY20①：1

（16）YNQY16 号岩石

岩石高约 80、宽约 90 厘米，岩石南面有 1 幅岩画，辨识不清，编号为 Y16①。

（17）YNQY17 号岩石（图六二三）

岩石高约 110、宽约 100 厘米，南侧面上有 1 只大角羊和 2 个人，构成一幅岩画，编号为 Y17①。1 羊 2 人，从上向下、从左至右编号为 Y17①：1～3。Y17①：1 大角羊呈单角双腿，身体部分用较粗的线条表现，其他部位线条稍细，呈动态。Y17①：2、3 均用剪影方式表现人物身体正面形象，作舞蹈状。均用磨刻法制作，刻痕较深。

（18）YNQY18 号岩石（图六二四）

岩石高约 110、宽约 150 厘米，仅有 1 幅岩画，编号为 Y18①。羚羊 3 只，从上至下编号为 Y18①：1～3。Y18①：2、3 用剪影方式表现；Y18①：1 身体和腿部用较粗的线条，角部用较细的粗线条表现。3 只羊身体各部比例较协调，呈动态。均用磨刻方法制作，刻痕较深。

（19）YNQY19 号岩石（图六二二：2）

岩石高约 70、宽约 40 厘米，仅有 1 幅岩画，编号为 Y19①。大角羊 1 只，单角双腿，编号为 Y19①：1。身体部分用一根粗直线表现，其他部位用粗细相近的较粗的线条表现，双腿直立，呈静态。用密点敲凿方法制作，刻痕较浅。

（20）YNQY20 号岩石（图六二二：3）

岩石高约 90、宽约 70 厘米，仅有 1 幅岩画，编号为 Y20①。大角羊 1 只，单角双腿，编号为 Y20①：1。身体部分用略粗的粗线条表现，其他部位用较细的线条表现，呈动态。用浅磨刻方法制作，刻痕较浅。

（21）YNQY21 号岩石（图六二五）

岩石高约 150、宽约 300 厘米，仅有 1 幅岩画，编号为 Y21①。大角羊 2 只，均单角双腿，从左至右编号为 Y21①：1、2。身体各部均用粗细相近的粗线条表现，呈动态。均用浅磨刻方法制作，刻痕较浅。

（22）YNQY22 号岩石（图六二六）

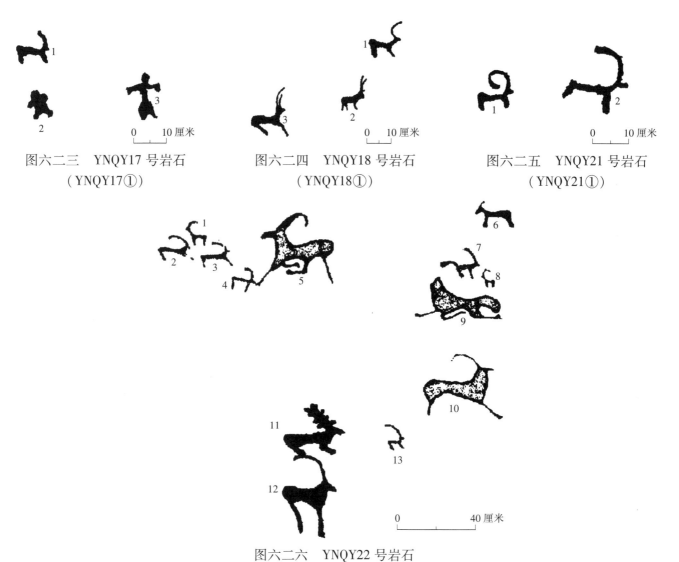

图六二三　YNQY17 号岩石　　　图六二四　YNQY18 号岩石　　　图六二五　YNQY21 号岩石
（YNQY17①）　　　　　　　（YNQY18①）　　　　　　　（YNQY21①）

图六二六　YNQY22 号岩石

1～3. Y22①: 1～3　4. Y22②: 1　6～8. Y22③: 1～3　5、9、10. Y22⑦: 1～3　11. Y22④: 1　12. Y22⑤: 1　13. Y22⑥: 1

　　岩石高约 600、宽约 650 厘米，岩石上共有两个岩面上刻有岩画，可分为 7 幅，编号为 Y22①～⑦。

　　Y22①　位于岩石南侧面左上部，有大角羊 3 只，均单角双腿，从上向下、从左至右编号为 Y22①: 1～3。身体部分均用较粗的线条表现，其他部位线条略细，呈动态。用疏点凿刻后加磨刻的方法制作，刻痕较深。

　　Y22②　位于 Y22①右下侧，有大角羊 1 只，编号为 Y22②: 1。身体各部用粗细相近的粗线条表现，身体呈一条粗直线，呈静态。用疏点凿刻后加磨刻的方法制作，刻痕较浅。

　　Y22③　位于岩石东南面上右上角部位，有大角羊 3 只，均单角双腿，从上向下、从左至右编号为 Y22③: 1～3。身体部分用较粗的粗线条表现，其他部位线条略细，呈动态。均用疏点凿刻后加磨刻方法制作，刻痕较浅。

　　Y22④　位于岩石南侧面的下部，仅有 1 只鹿。用剪影方式表现出身体侧面轮廓，双角呈"非"字形，身体各部分比例较协调，造型生动。用密点敲凿后加磨刻方法制作，刻痕较深。

Y22⑤ 位于 Y22④的下方，仅有 1 只大角羊。用剪影方式表现身体侧面轮廓，双腿直立，呈静态。因被后人涂改，制作方法难以判断。

Y22⑥ 位于岩石东南侧面的最下部，仅有 1 只大角羊，单角双腿，身体各部位均用粗细相近的较细的线条表现，呈动态。用磨刻方法制作，刻痕较浅。

Y22⑦ 跨南侧面和东南侧面，包括 3 只大型大角羊，从左至右、从上向下分别编号为 Y22⑦: 1 ~ 3。均用剪影方式表现身体侧面轮廓，身体各部分表现准确。造型生动，呈奔跑状。制作方法为先用刻划线条勾勒整体轮廓，再对轮廓内部进行磨刻填充，刻痕深浅不一。

7 幅岩画中，Y22①、②、③、④、⑥颜色红褐，Y22⑤、⑦颜色灰褐。Y22⑦: 1 打破 Y22②: 1，Y22⑦: 2 打破 Y22③: 2。

根据表现形式、造型风格、雕凿技法、颜色的异同和打破关系，Y22①、③、⑥可视为一组，Y22②、④、⑤、⑦各自成组。

（23）YNQY23 号岩石（图六二七）

岩石高约 150、宽约 240 厘米，西侧岩面上共有两幅岩画，编号为 Y23①、②。

Y23① 大角羊 1 只，单角双腿，编号为 Y23①: 1。身体各部用粗细相近的略粗的线条表现，双腿直立，呈静态。用磨刻方法制作，刻痕较浅。

Y23② 大角羊 2 只，从左至右编号为 Y23②: 1、2。其中 Y23②: 2 用剪影方式表现身体侧面轮廓，身体各部分比例较协调，造型生动。用磨刻方法制作，刻痕深浅不一。Y23②: 1 身体和腿部用较粗的线条表现，角部用较细的线条表现，呈动态。用磨刻法制作，刻痕较浅。

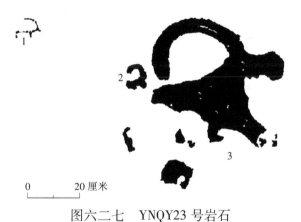

0   20 厘米

图六二七 YNQY23 号岩石
1. YNQY23①: 1   2、3. YNQY23②: 1、2

（24）YNQY24 号岩石（图六二八: 1）

岩石高约 90、宽约 60 厘米，仅有 1 幅岩画，编号为 Y24①。大角羊 1 只，单角双腿，编号为 Y24①: 1。身体各部用粗细相近的较粗的线条表现，身体呈一条粗直线，双腿直立，呈静态。用密点敲凿方法制作，刻痕较深。

（25）YNQY25 号岩石（图六二九）

岩石高约 140、宽约 170 厘米，南侧面上有 3 只大角羊，上面两只为 1 幅，编号为 Y25①，下面 1 只为另一幅，编号为 Y25②。

Y25①　大角羊 2 只，均单角双腿，从左至右编号为 Y25①: 1、2。身体各部均用较粗的线条表现，呈动态。用疏点敲凿后加磨刻的方法制作，刻痕较深，呈黄褐色。

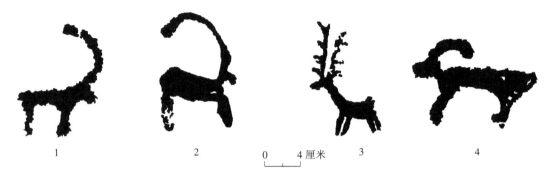

图六二八　　YNQY24、YNQY27、YNQY29、YNQY30 号岩石
1. YNQY24①: 1　2. YNQY27①: 1　3. YNQY29①: 1　4. YNQY30①: 1

Y25②　大角羊 1 只，单角双腿。编号为 YNQY25②: 1。身体各部用粗细相近的较细的线条表现，线条简略，呈动态。用划刻方法制作，刻痕较浅，呈灰褐色。

（26）YNQY26 号岩石（图六三〇）

岩石高约 160、宽约 200 厘米，南侧面上有 4 幅岩画，编号为 Y26①~④。

Y26①　为一个类似于十字架或"卐"字形的符号，编号为 Y26①: 1。用较粗的线条表现，用疏点敲凿后加磨刻的方法制作，刻痕较深。

Y26②　难以辨识，可能为大角羊 1 只。

Y26③　大角羊 1 只，单角双腿，编号为 Y26③: 1。身体各部用粗细相近的较粗的线条表现，呈静态。用疏点敲凿后加磨刻的方法制作，刻痕较浅。

Y26④　大角羊 2 只，均单角双腿，从上至下编号为 Y26④: 1、2。身体部分用较粗的线条表现，其他部分线条略细，呈静态。用疏点敲凿后加磨刻的方法制作，刻痕较深。

四幅岩画中右侧的 3 幅，Y26②和 Y26④均打破 Y26③。

（27）YNQY27 号岩石（图六二八: 2）

岩石高约 100、宽约 60 厘米，仅有 1 幅岩画，编号 YNQY27①。大角羊 1 只，单角双腿，编号为

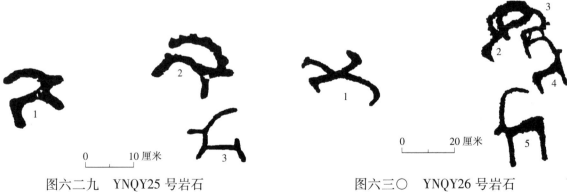

图六二九　　YNQY25 号岩石　　　　　　　图六三〇　　YNQY26 号岩石
1、2. YNQY25①: 1~2　3. YNQY25②: 1　　　1. Y26①: 1　2. Y26②: 1　3. Y26③: 1　4、5. Y26④: 1、2

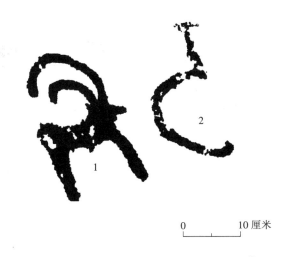

图六三一　YNQY28 号岩石（YNQY28①）

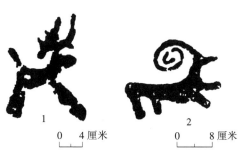

图六三二　YNQY31、YNQY35 号岩石
1. YNQY31①：1　2. YNQY35①：1

YNQY27①：1。身体部分用较粗的粗线条表现，其他部分线条略细，呈静态。用疏点敲凿法制作，刻痕较浅。

（28）YNQY28 号岩石（图六三一）

岩石高约 190、宽约 170 厘米，东南侧面有 1 幅岩画，编号为 Y28①。有 1 只大角羊和 1 条蛇，编号为 Y28①：1、2。大角羊双角双腿，身体用较粗的线条表现，其他部位线条略细，呈静态；蛇的身体用粗细相近的粗线条表现。均用疏点凿刻后加磨刻的方法制作，刻痕较深。

（29）YNQY29 号岩石（图六二八：3）

岩石高约 70、宽约 70 厘米，仅有 1 幅岩画，编号 Y29①。鹿 1 只，双角四腿，编号为 Y29①：1。身体用较粗的粗线条表现，角和腿部线条略细，双角呈"非"字形，呈动态。用敲凿与磨刻相结合的方法制作，刻痕较深。

（30）YNQY30 号岩石（图六二八：4）

岩石高约 80、宽约 60 厘米，仅有 1 幅岩画，编号 Y30①。大角羊 1 只，单角双腿，编号为 Y30①：1。身体

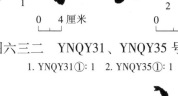

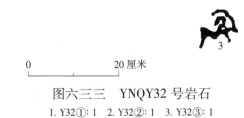

图六三三　YNQY32 号岩石
1. Y32①：1　2. Y32②：1　3. Y32③：1

部分用较粗的线条表现，其他部位线条略细，呈静态。用磨刻方法制作，刻痕较浅。

（31）YNQY31 号岩石（图六三二：1）

岩石高约 70、宽约 60 厘米，仅有 1 幅岩画，编号 Y31①。鹿 1 只，编号为 Y31①：1。双腿与身体部分用较粗的线条表现，角部线条略细，像树枝一样分杈，呈动态。用敲凿与磨刻相结合的方法制作，刻痕较深。

YNQY32 号岩石（图六三三）

岩石高约 150、宽约 170 厘米，南侧面上 3 幅岩画，编号为 Y32①～③。

Y32①　大角羊 1 只，编号为 Y32①：1。单角双腿，身体各部用粗细相近的粗线条表现，身体呈

一根较粗的直线，双腿直立，呈静态。用疏点敲凿方法制作，刻痕较浅。

Y32② 大角羊1只，编号为Y32②：1。双角四腿，身体部分用较粗的线条表现，其他部位线条略细，呈动态。用密点敲凿方法制作，刻痕较深。

Y32③ 大角羊1只，编号为Y32③：1。单角双腿，身体部分用较粗的线条表现，其他部位线条略细，呈动态。用疏点敲凿方法制作，刻痕较浅。

（33）YNQY33号岩石（图六三四）

岩石高约160、宽约140厘米，南侧面上2幅岩画，编号为Y33①、②。

Y33① 大角羊2只，均单角双腿，从上往下编号为Y33①：1、2。身体各部用粗细相近的粗线条表现，双腿直立，呈静态。用密点敲凿方法制作，刻痕较深。

Y33② 大角羊3只，线条简略，用划刻法制作，刻痕较浅，颜色灰白，应为晚近作品。

（34）YNQY34号岩石（图六三五）

岩石高约150、宽约80厘米，南侧面2幅岩画，编号为Y34①、②。

Y34① 大角羊1只，单角双腿，编号为Y34①：1。身体各部用粗细相近的较粗的线条表现，脖子与身体连成一条直线，双腿直立，呈静态。用密点敲凿法制作，刻痕较深。

Y34② 羚羊1只，双角三腿，编号为Y34②：1。身体部分用较粗的线条表现，其他部位用较细的线条表现，呈静态。用疏点敲凿后加磨刻的方法制作。

（35）YNQY35号岩石（图六三二：2）

岩石高约55、宽约60厘米，仅有一幅岩画，编号Y35①。盘羊1只，编号为Y35①：1。单角四腿，身体部分用较粗的线条表现，其他部分线条较细，呈动态。用疏点敲凿后加磨刻

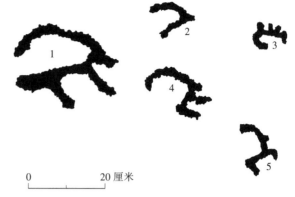

0　　　　　20厘米

图六三四　YNQY33号岩石
1、4. Y33①：1、2　2、3、5. Y33②：1～3

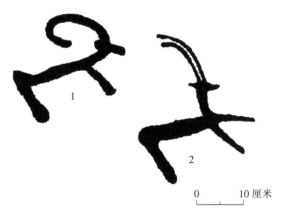

0　　　10厘米

图六三五　YNQY34号岩石
1. Y34①：1　2. Y34②：1

0　　　10厘米

图六三六　YNQY36号岩石
1. Y36①：1　2、3. Y36②：1、2

的方法制作。

（36）YNQY36 号岩石（图六三六）

岩石高约 120、宽约 90 厘米，东南面两幅岩画，分别编号为 Y36①、②。

Y36①　大角羊 1 只，单角双腿，编号为 Y36①：1。身体各部用粗细相近的粗线条表现，呈动态。用疏点敲凿方法制作，刻痕较浅。

Y36②　大角羊 2 只，背向站立，均单角双腿，从左至右编号为 Y36②：1、2。身体部分用较粗的线条表现，其他部位用较细的线条表现，呈动态。用磨刻方法制作，刻痕较深。

（37）YNQ37 号岩石（图六三七：1）

岩石高约 65、宽约 100 厘米，仅有 1 幅岩画，编号为 YNQY37①。大角羊 1 只，颜色灰白，应为晚近作品。

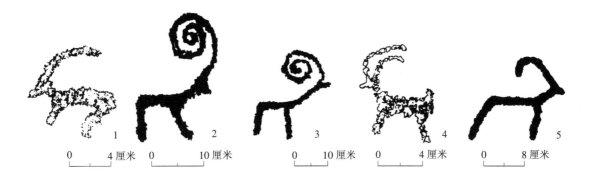

图六三七　YNQY37、YNQY41、YNQY44、YNQY45、YNQY48 号岩石
1. YNQY37①　2. YNQY41①：1　3. YNQY44①：1　4. YNQY45①：1　5. YNQY48①：1

（38）YNQY38 号岩石（图六三八）

岩石高约 170、宽约 130 厘米，南侧面上发现鹿、盘羊、大角羊各 1 只，构成 1 幅岩画，编号为 Y38①。鹿、盘羊和大角羊编号为 Y38①：1、2、3。鹿与盘羊均用剪影方式表现身体侧面轮廓；盘羊单角向后弯曲，呈螺旋状；鹿大角呈树枝状分叉；身体各部比例协调，呈动态。均用敲凿与磨刻相结合的方法制作，敲凿法主要用于角部，刻痕较深。大角羊双角双腿，身体和腿部用较粗的线条表现，角部线条略细，呈动态。用磨刻方法制作，刻痕较深。

（39）YNQY39 号岩石（图六三九）

岩石高约 180、宽约 170 厘米，南侧面上共有 2 幅岩画，编号为 Y39①、②。

Y39①　包括大角羊 7 只、盘羊 1 只、鹿 2 只、猎人 1 个，从上往下、从左至右编号为 Y39①：1～11。Y39①：5 为 1 只大角羊，用剪影方式表现身体侧面轮廓，身体各部比例协调，呈动态。Y39①：1、6～9、11 为 6 只大角羊，身体用较粗的线条表现，其他部分线条略细，呈动态。Y39①：2 为 1 只盘羊，身体部分用粗线

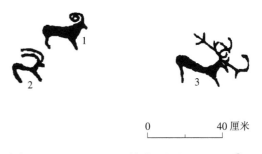

图六三八　YNQY38 号岩石（YNQY38①）

条表现，并有弯曲与凹凸的表现，其他部位的线条有粗细不同之分，呈动态。Y39①: 3、10 为 2 只鹿，身体部分用较粗的线条表现，其他部位线条略细，鹿角呈"非"字形，呈静态。Y39①: 4 为猎人形象，用粗细相近的粗线条表现身体侧面，作拉弓射箭状。Y39①: 1 ~ 11 均用磨刻法制作，刻痕内部光滑，较深，颜色灰褐。

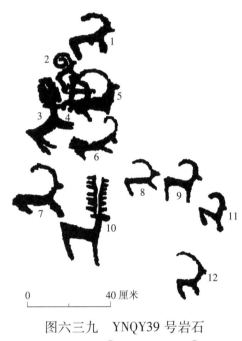

0　　　　　　40 厘米

图六三九　YNQY39 号岩石

1 ~ 10、12. Y39①: 1 ~ 11　11. Y39②: 1

Y39②　大角羊 1 只，双角双腿，颜色灰白，应为晚近作品。

（40）YNQY40 号岩石（图六四〇、六四一）

岩石高约 180、宽约 160 厘米，岩石顶部和东侧面上各有 1 幅岩画，编号为 Y40①、②。

0　　　10 厘米　　　　　　　　　　　　　　　　　　　　　　　0　　　10 厘米

图六四〇　YNQY40 号岩石（YNQY40①）　　　　图六四一　YNQY40 号岩石（YNQY40②）

Y40①　大角羊 2 只，均单角双腿，从左至右编号为 Y40①: 1、2。身体部分均用较粗的线条表现，其他部位线条略细，呈动态。用磨刻方法制作，刻痕较深，呈红褐色。

Y40②　有一只性质不明的动物，1 只大角羊和 2 个人物，从上往下、从左至右编号 Y40②: 1 ~

4。Y40②：3、4 身体各部分均用粗细相近的较细的线条表现，呈静态。Y40②：1、2 为 2 个人物，上半身用略粗的线条表现侧面，不见两臂，下半身用粗细相近的粗线条表现双腿正面，双腿之间有一根直线相连，应表现的是男性生殖器，线条简略。均用敲凿后加磨刻的方法制作，呈灰褐色。

（41）YNQY41 号岩石（图六三七：2）

岩石高约 45、宽约 40 厘米，仅有 1 幅岩画，编号为 Y41①。盘羊 1 只，单角双腿，编号为 Y41①：1。身体各部用粗细相近的较细的线条表现，单角向后弯曲呈螺旋状，呈动态。用磨刻方法制作，刻痕较深。

（42）YNQY42 号岩石（图六四二）

岩石高约 70、宽约 100 厘米，岩石上共有 2 个岩面刻有岩画，可分为 3 幅，编号为 Y42①~③。Y42①共 4 个动物形象。从左至右、从上向下编号为 Y42①：1~4。Y42①：1 为四腿大角羊，Y42①：2、3 为单角双腿大角羊，Y42①：4 为 1 只两腿朝上的大角羊，4 只动物身体各部均用粗细相近的较细的线条表现，呈动态。用划刻、凿刻以及磨刻相结合的方法制作，刻痕较浅。

图六四二　YNQY42 号岩石

1~4. Y42①：1~4　5~9. Y42③：1~5　10. Y42②：1

Y42②　大角羊 1 只，单角双腿。身体各部用粗细相近的较细的线条表现，呈动态。用敲凿后加磨刻的方法制作，刻痕较浅。

Y42③　有 5 个动物形象，颜色灰白，应为晚近作品。

（43）YNQY43 号岩石（图六四三）

岩石高约 75、宽约 70 厘米，南侧面上有 1 幅岩画，编号为 Y43①。有 3 只动物形象，从左至右、从上向下编号为 Y43①：1~3。Y43①：1、3 为大角羊，Y43①：2 为一只短角短腿的小羊，3 只羊均单角双腿，身体各部用粗细相近的较细的线条表现，略呈动态。用疏点敲凿后磨刻的方法制作。

（44）YNQY44 号岩石（图六三七：3）

岩石高约 50、宽约 60 厘米，仅有 1 幅岩画，编号为 Y44①。盘羊 1 只，单角双腿，编号为 YN-

QY44①: 1。身体各部用粗细相近的较细的线条表现，单角向后弯曲呈螺旋状，略呈动态。用敲凿后加磨刻的方法制作，刻痕较浅。

（45）YNQY45 号岩石（图六三七：4）

岩石高约 65、宽约 50 厘米，仅有 1 幅岩画，编号为 Y45①。大角羊 1 只，双角双腿，制作粗糙，应为晚近作品。

（46）YNQY46 号岩石（图六四四）

岩石高约 60、宽约 80 厘米，南侧面上有 2 幅岩画，编号为 Y46①、②。

Y46①　大角羊 1 只，单角双腿，编号为 Y46①: 1。身体部分用较粗的线条表现，其他部分线条略细，呈动态。用磨刻方法制作，刻痕较深。

Y46②　大角羊 1 只，单角双腿，编号 Y46②: l。身体各部用粗细相近的略粗的线条表现，双腿直立，呈静态。用疏点凿刻的方法制作，刻痕较深。

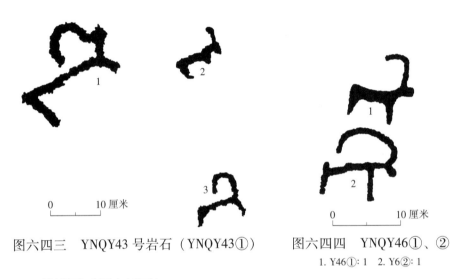

0　　　　10 厘米

图六四三　YNQY43 号岩石（YNQY43①）　　　图六四四　YNQY46①、②
　　　　　　　　　　　　　　　　　　　　　　　　1. Y46①: 1　2. Y6②: 1

（47）YNQY47 号岩石（图六四五）

岩石高约 60、宽约 80 厘米，岩石东面有 l 幅岩画，编号为 Y47①。包括 2 个猎人、1 只大角羊，从左至右、从上往下编号为 Y47①: 1～3。Y47①: 2 大角羊单角双腿，身体各部用粗细相近的较粗的线条表现，略呈动态。Y47①: 1、3 为两个猎人形象，用粗细相近的较粗的线条表现身体侧面，头部呈圆形，作拉弓搭箭状，呈动态。均用密点敲凿法凿成，凿痕较深。

（48）YNQY48 号岩石（图六三七：5）

岩石高约 80、宽约 70 厘米，仅有 1 幅岩画，编号为 Y48①。大角羊 1 只，编号为 Y48①: 1。身体各部用粗细相近的略细的线条表现，呈动态。磨刻法制作，刻痕较浅。

（49）YNQY49 号岩石（图六四六）

岩石高约 100、宽约 110 厘米，仅有 1 幅岩画，编号为 Y49①。包括 1 只大角羊和 1 个人与树图案，从上向下编号为 Y49①: 1、2。Y49①: 1 为 1 只残缺的大角羊，缺腿部，身体和角部用粗细相近的粗线条表现。用敲凿后加磨刻的方法制作，刻痕较浅。Y49①: 2 为人与树，人的身体与树身均用粗细相近的粗线条表现，人头圆形，用手扶树。用磨刻法制作，刻痕光滑，较深。

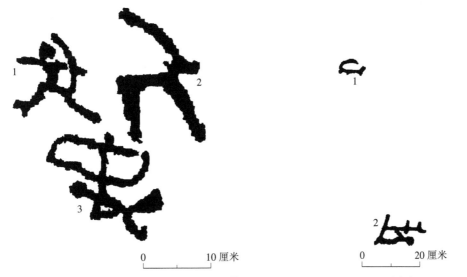

图六四五　YNQY47 号岩石（YNQY47①）　　图六四六　YNQY49 号岩石（YNQY49①）

　　本次调查首次将"幅"与"岩画体"的概念运用于岩画资料的记录与报告，这一尝试有利于客观、准确地记录岩画资料，并对岩画的进一步深入研究奠定较为科学的基础。

调　查：王建新　刘学堂　何军锋　田有钱
　　　　刘美莹　陈新儒　陈小军　张　蕾
绘　图：何军锋　陈新儒
执　笔：何军锋　王建新

第十七章　结　语

新疆伊犁河流域史前考古的调查发掘与研究始于20世纪五六十年代，但长期以来没有大规模的发掘，研究工作也相对滞后。伊犁河上游河谷草场，规模大小不同，密集或散布的墓葬星罗棋布，墓葬地表有明显的土、石封堆标志，封堆大小不一，大的封堆如同小的山丘，十分醒目。调查者推断，这些封堆墓是汉代前后乌孙人的遗存，但对其文化内涵的认识比较模糊。20世纪80年代以来，为配合当地基建展开的考古工作，人们对新疆伊犁河流域史前文化面貌的认识不断深化，提出了一些新的观点。21世纪以来，为配合当地的基建工程，连续对伊犁河上游史前时期的墓葬和遗址进行了较大规模的发掘，伊犁河流域史前文化的研究进入了新的阶段。

第一节　伊犁河上游史前文化遗存的研究

伊犁河流域史前文化的研究，早期阶段主要集中在对这一地区早期铁器时代彩陶文化遗存的认识方面；晚期阶段除关注这一地区的彩陶文化遗存外，不断发现的属于青铜时代的压印刻划纹陶器遗存，也引起了学术界的关注。

一　早期铁器时代彩陶文化遗存的研究

（一）文化命名问题

伊犁河上游区域大量存在着地表有土石封堆标志的墓葬。据文物普查材料统计，这些墓葬总数有数万座①。对于这类墓葬，早期研究者称其为"土墩墓"。1961年，对昭苏县附近沙尔霍布乡两座中小土墩墓进行试掘，推断其属于汉代乌孙或塞种人的遗存②。穆舜英等根据这些发现，提出了伊犁河谷乌孙文化的概念③。1995年，陈戈认为天山北麓区存在着乌拉泊水库类型（这个类型里包括伊犁河上游的巩乃斯种羊场墓葬，年代约距今2500年）、黑山头类型、铁木里克类型、夏塔类型的考古

①　新疆维吾尔自治区文物普查办公室、伊犁地区文物普查队：《伊犁地区文物普查报告》，《新疆文物》1990年第2期。

②　中国社会科学院新疆分院民族研究所考古组：《昭苏县古代墓葬试掘简报》，《文物》1962年第7、8期。

③　新疆社会科学院考古研究所等编：《新疆考古三十年》，新疆人民出版社，1983年，第4~10页。

遗存①。2000 年，陈戈将伊犁河上游的史前遗存概括为"伊犁河流域文化"。关于"伊犁河流域文化"的命名，陈戈列出四条理由：其一，这个文化基本上都是墓葬，往往数十座，多者上百座，而发掘的仅仅是其中很少的一些，很难反映墓地的全貌，任何一处墓葬都缺乏代表性；其二，伊犁河是跨国河流，伊犁河流域的文化具跨国性的特征，如以新疆区域外地名命之，国人不知其详，如以新疆区域内地名命之，外国人不知其详；其三，用"伊犁河流域文化"命名，可以涵盖许多墓地，外国人也比较熟悉，容易达成共识；其四，以河流的名称命名考古学文化，外国有先例②。"伊犁河流域文化"的命名，逐渐被接收。20 世纪末之前，考古工作对这一区域多处土墩墓进行调查和发掘，多冠以乌孙或塞克文化之名，或直接称其为乌孙墓葬③。索墩不拉克墓地发掘后，发掘者认为这一墓群为西汉时期乌孙人的遗存，出土的颇具特点的彩陶则表现了乌孙文化的地方特点和内部差异④，或者认为索墩布拉克墓地是塞人留下的遗存⑤。羊毅勇将伊犁河流域发现的十多处史前墓葬命名为索墩布拉克文化，并对其特征进行了归纳，认为这一文化从墓葬形制、出土器物及其时代都与欧亚的斯基泰文化中晚期同类遗存有相同或相似之处，同时，伊犁河谷的索墩布拉克文化的陶器及彩陶又与中亚的斯基泰文化有明显差别，表现出浓厚的地方特色⑥。尼勒克县穷科克一号墓地和遗址发掘后，笔者就伊犁河流域史前文化的命名问题提出新的观点，建议将伊犁河流域史前时期的墓葬和遗址分为穷科克上层文化和穷科克下层文化。穷科克下层属于青铜时代的文化，是安德罗诺沃文化共同体的地方类型，认为陈戈将伊犁河上游区域的史前文化命名为伊犁河流域文化，在这一地区史前文化的面貌和结构都比较模糊的状态下，可作权宜之举。新的考古发现表明，史前时期伊犁河流域文化的构成成分并不单一，文化来源截然不同，文化特征的时代演变轨迹明显。陈戈所言的伊犁河流域文化，实际上只包括和限于伊犁河上游发现的早期铁器时代的彩陶系统的遗存，难以将如下所述的青铜时代压印刻划纹陶器系统遗存纳入进来，统而概之。新的考古发现表明，伊犁河上游区域，除彩陶类型遗存外，还大量存在着青铜时代的压印刻划纹陶器遗存，即安德罗诺沃共同体的地方类型。最新的考古发现表明，这一地区还存在比安德罗诺沃文化更早的，属于阿凡纳羡沃类的压印刻划纹陶器遗存。在这样的情况下，再沿用伊犁河流域文化来概括这一地区史前遗存，已经与新的发现与研究不相适应。

伊犁河上游地区，在尼勒克穷科克台地上，最早发现了青铜时代、早期铁器时代两个早晚分界极为明显、确定和明确的层位关系。青铜时代文化层的底部，还出土两件细石核。属于早期铁器时代的穷科克一号墓地经过了全面的发掘，穷科克一号墓地整个建在青铜时代遗址上，墓葬的墓坑直接挖在安德罗诺沃文化层。穷科克台地青铜时代居住址和早期铁器时代墓地下上层位关系的发现十分重要，它对揭示伊犁河流域史前文化演变序列和结构，有着典型的意义。基于以上原因，笔者建

---

① 陈戈：《新疆远古文化初论》第 4 辑，北京大学出版社，1995 年，第 5~72 页。

② 陈戈：《新疆伊犁河流域文化初论》，《欧亚学刊》第二辑，中华书局，2000 年。

③ 新疆维吾尔自治区博物馆：《尼勒克哈拉图拜乌孙墓葬发掘报告》，《新疆文物》1988 年第 2 期。

④ 新疆文物考古研究所等：《察布查尔县索墩布拉克古墓葬发掘简报》，《新疆文物》1988 年第 2 期。

⑤ 新疆文物考古研究所等：《察布察尔县索墩布拉克墓葬》，《新疆文物》1995 年第 2 期；张玉忠：《伊犁河谷土墩墓的发现和研究》，《新疆文物》1989 年第 3 期。

⑥ 羊毅勇：《新疆古代文化的多样性和复杂性及其相关问题的探讨》，《新疆文物》1993 年第 3、4 合期。

议不再沿用"伊犁河流域文化"的概念，而用"穷科克上层文化"取代"伊犁河流域文化"的命名，遗址下层青铜时代的压印刻划纹陶器遗存，命名为"穷科克下层文化"。这样可以对犁河上游史前文化进行更为准确、更具结构性的表述。

（二）伊犁河流域彩陶遗存的结构与渊源

陈戈认为，伊犁河流域文化的起源与邻近区域的安德罗诺沃文化和卡拉苏克文化有关，一些文化因素还有可能源于甘青地区的沙井文化，同时也不能排除起源于当地尚未发现的青铜时代文化的可能①。《新疆彩陶》一书认为，"伊犁河流域出土的圜底彩陶钵、梨形彩陶罐的造型和纹饰都与楚河流域的彩陶风格相似"②。2005 年，韩建业将伊犁流域史前文化依时代先后分为四组，其中的第 1 组属于青铜时代，第 2~4 组属于早期铁器时代。第 2 组，以穷科克一号墓地 M9 为代表，第 3 组，以索墩布拉克墓地 M32 为代表，第 4 组，以哈拉图拜墓地 M2 类和种羊场墓地 M1 类遗存为代表③。2007 年，韩建业将索墩布拉克文化分为早、中、晚三期，并将中期分为东、西两个地方类型，并认为索墩布拉克文化的重要来源是察吾呼沟文化，该文化还受到中亚地区、西伯利亚等地相关文化的影响④。2008 年，韩建业将伊犁河流域文化分为前、后两期，前期的早期阶段目前仅见偏东的穷科克墓地一类遗存，晚期阶段则至少可分为西、东两个地方类型：伊犁河流域西部以索墩布拉克墓地为代表的遗存，可称为索墩布拉克类型；伊犁河流域东部至石河子地区以南山、尼勒克县奇仁托海、新源县的黑山头墓葬为代表的遗存，可称为黑山头类型。伊犁河流域文化后期，则以加勒格斯卡茵特等墓地为代表，包括这一地区采集的一件青铜器⑤。《草原天马游牧牧人》一书将伊犁河谷史前考古分为石器时代、青铜时代和早期行国时期，并把包括阿尔泰山区在内的伊犁州地区的史前遗存划分三个考古文化，即萨孜—穷科克文化、切木尔切克文化和鹿石文化⑥。吕恩国等认为"伊犁河流域文化的彩陶主要是受楚斯特文化的影响而产生，是新疆以西的文化东进的结果"⑦。邵会秋将伊犁河上游区域发现发掘的公元前 1000 年以后的史前遗存概括为"索墩布拉克文化"，认为这一文化大体可以分为三期。第一期，以穷科克一号墓地和乌图兰墓地 2013 年发掘的 M7~M12 等墓葬为代表；第二期，以索墩布拉克墓地、尼勒克县一级电站墓地和巩留县山口水库墓地为代表；第三期，以乌吐兰 2014M1 等多处遗存为代表。第一期年代在公元前 1000~前 800 年，第二期年代在公元前 800~前 400 年，第三期年代在公元前 400 年至公元元年⑧。邵会秋认为索墩布拉克文化是来自西方的一支人群"从中亚北部沿伊犁河谷进入新疆，在新疆地区结合了东方的彩陶传统文化因素形成"⑨。任瑞波将索墩布拉克文化分为四组：A 组，以穷科克一号墓地 M7 等为代表遗存；B 组，以索墩布拉克墓地

① 陈戈：《新疆伊犁河流域文化初论》，《欧亚学刊》第二辑，中华书局，2000 年，第 1~35 页。

② 新疆文物考古研究所：《新疆彩陶》，文物出版社，1998 年，第 16 页。

③ 韩建业：《新疆青铜时代—早期铁器时代文化的分期与谱系》，《新疆文物》2005 年第 3 期。

④ 韩建业：《新疆的青铜时代和早期铁器时代文化》，文物出版社，2007 年。

⑤ 韩建业：《中国西北地区先秦时期的自然环境与文化发展》，文物出版社，2008 年，第 411~414、424~425 页。

⑥ 王林山主编：《草源天马游牧人》，伊犁人民出版社，2008 年，第 38、42、47 页。

⑦ 吕恩国、魏久志：《伊犁河谷与费尔干纳盆地彩陶文化之交流》，《从中亚到开安》，上海大学出版社，2011 年。

⑧ 邵会秋：《新疆史前时期文化格局的演进及其与周邻文化的关系》，科学出版社，2018 年，第 134~147 页。

⑨ 邵会秋：《东西方文化早期的碰撞与融合——从新疆史前时期文化格局的演进谈起》，《社会科学战线》2009 年第 9 期。

M9 等为代表的遗存；C 组，以巩留县山口水库 M27 等为代表的遗存；D 组以叶什克列克墓地 AM2 等为代表的遗存。A 组的年代在公元前 1100 ~ 前 800 年，B 组的年代约为公元前 500 年 ~ 前 200 年，C 组的年代在公元前 800 年 ~ 前 400 年，D 组的年代在公元前 400 ~ 前 100 年。A、C、D 三组年代前后衔接，B 组年代介于 C、D 组之间，且这一组地处中国伊犁河的最西边，在察布察查尔县以东没有分布，足以将其划分为索墩布拉克文化的一个类型。任瑞波认为，索墩布拉克文化的主源在中国新疆以西的境外地区，彩陶元素也来自西方，来自中国伊犁河谷以西中亚和南西伯利亚地区，特别是器物类型、彩陶风格上接近费尔干纳盆地的楚斯特文化。当然，不能排除焉耆盆地的新塔拉早期遗存也参与了索墩布拉克文化形成过程①。

二　伊犁河上游压印刻划纹陶器遗存的研究

伊犁河上游压印刻划纹陶器遗存整体发现的较晚，近年来伊犁河上游支流流域多处压印刻划纹遗存的发现与发掘，才引起了学术界对这一地区压印刻划纹陶器的性质与结构渊源的关注。伊犁河上游压印刻划纹陶器，基本属于青铜时代的遗存，大多是墓葬，少量为遗址，明显属于安德罗诺沃文化同共体地方类型，因而学术界多将伊犁河上游区域压印刻划纹陶器遗存，特别是这一地区采集的青铜时代的青铜器物，归入安德罗诺沃文化系统进行考察。

李琪结合新疆发现的部分安德罗诺沃文化遗存，对欧亚草原的安德罗诺沃文化进行了简单的概括性论述②。林梅村从人群迁徙的角度，以公元前 1500 年前后在雅利安人大迁徙为背景，论证了安德罗诺沃文化人群——即雅利安文化的人群——来到了新疆地区，并随之使天山南北发生了"多米诺骨牌式"的族群迁徙运动③。梅建军认为公元前第二千纪安德罗诺沃文化对新疆影响明显，并在欧亚大陆青铜文化传播过程中起到过关键作用。他通过对两地青铜器物的比较研究，认为欧亚草原青铜文化同中国西北地区早期青铜文化的接触和联系，是在不同时期通过多种途径进行的，是一种间接的非连续的过程，因此中国西北地区的早期铜器所展示的是多种草原文化因素共存的复杂现象，而非某一种文化单独影响或整体输入所导致的简单情形：从环首弓背刀、有銎矛、骨柄铜刀、短剑和竖銎斧等，可看到塞伊玛—图比诺文化的影响，从骨柄铜锥、铜环和"短剑式"铜刀可以看到奥库列夫文化因素的存在，从一端作喇叭口造型的耳杯、锥、镰刀、平板斧和穿銎斧则可看到安德罗诺沃文化的由西向东的渗透④。李水城认为伊犁河—准噶尔盆地周边地区采集和征集的一批青铜器，主要为各类工具、兵器和少量装饰品，常见的器形有半月形铜镰、镰形刀、铜铲、透銎铜斧、弯头銎斧、单耳竖銎铜镢、铜矛、铜锤、铜凿、长銎铜戈、铜短剑、带扣、镞等。这些铜器在造型、类型和装饰纹样上，都带有明显的安德罗诺沃文化的印记⑤。韩建业认为新疆地区存在着的安德罗诺沃文

① 任瑞波：《新疆索墩布拉克文化的分期、年代和源流》，《边疆考古研究》第 24 辑，科学出版社，2018 年。
② 李琪：《略论中亚安德罗诺沃文化》，《西域研究》1996 年第 2 期。
③ 林梅村：《吐火罗人的起源与迁徙》，《西域研究》2003 年第 3 期。
④ 梅建军：《中国的早期铜器及其区域特征》，《中国史新证——古代文明形成分册》，（台北）联经出版公司，2016 年。
⑤ 李水城：《西北与中原早期冶铜业的区域特征及交互作用》，《考古学报》2005 年第 3 期。

化，主要分布在伊犁河流域、塔城和帕米尔地区，以尼勒克穷科克早期遗存、托里萨孜村墓葬和塔什库尔干下坂地Ⅱ号墓地主体遗存为代表，也见于尼勒克萨尔布拉克、阿克布早、霍城大西沟、塔城卫校、下喀浪古尔等遗址。伊犁、塔城地区采集的铜器，如叶脉纹的斧、饰折线纹的镰等，与安德罗诺沃文化同类器物别无二致，但安德罗诺沃文化的葬式几乎均为侧身屈肢，伊犁和塔城发现的见有一定比例的直肢葬，则属于地方特征①。韩建业认为安德罗诺沃文化由辛塔什塔—彼德罗夫卡文化发展而来，辛塔什塔—彼德罗夫卡文化是安德罗诺沃文化的初始阶段。由于这一文化系统的核心在东乌拉尔地区，新疆出现的安德罗诺沃文化因素，自然是辛塔什塔—彼德罗夫卡文化向东传播的结果，其传播线路大体上可以视为逆伊犁河东进至伊犁河中上游，同时翻越了帕米尔山间河谷，抵帕达帕米尔高原，翻越帕米尔高原后进入到塔河流域。近年来，在和阗河流域采集的一些青铜器，可能与这一文化人类在这些地区的活动有关②。郭物认为新疆巩留阿尕尔森发现的铜斧，或认为是辛塔什塔—彼德罗夫卡式。伊犁特克斯县发现的铜锛，与中亚沙穆沙窖藏（Kirgizia Shamsha）发现的同类器物一样，这种铜锛在辛塔什塔—彼得罗夫卡文化中的彼得罗夫卡Ⅱ的聚落中有发现③。邵会秋认为伊犁河谷发现的安德罗诺沃文化遗存数量非常多，但与境外的七河类型情况基本一致。伊犁河流域的安德罗诺沃文化遗存大体可以分为早晚两段，早期阶段遗存较少，陶器的器表压印刻划的纹样较为丰富，如穷科克遗址，晚期遗存分布非常广泛，其他遗址基本上都属于这一阶段，还包括大部分采集和征集的青铜器。早期阶段相当于安德罗诺沃文化的第二阶阶段（繁荣期），晚期相当于安德罗诺沃文化第三期（衰落期），早期的年代范围为公元前1800年～前1400年，上限可能到可以到公元前1900年，下限在公元前1400年～前1000年④。阮秋荣认为伊犁河流域新发现的两处墓地，墓地墓葬中出土的大口圆腹小底的罐形器，和直壁微鼓腹的缸形器，以及喇叭口状铜耳环与安德罗诺沃文化的同类器物造型相同，说明二者在文化渊源上存在明显联系。伊犁河上游安德罗诺沃文化相关的墓葬，墓葬形制有竖穴土坑、竖穴石室和木椁墓，土葬、火葬共存，葬式均为侧身屈肢，头一般向西或西南，陶器中普遍存在折肩的现象，石室墓带有短浅的墓道，陶器以平底器为主，其次为圈足器，这些都具有明显的地方性特，应该是安德罗诺沃文化在伊犁河流域分布的地方类型，命名为安德罗诺沃文化的汤巴拉萨伊类型，据测得碳十四数据显示其年代距今3300年左右，属于安德罗诺沃文化晚期⑤。库兹米娜认为欧亚大草原的牧羊人创造和传播了安德罗诺沃和塔里木盆地的青铜文化，并通过对欧亚大陆所发现的安德罗诺沃遗存的分区和分期研究，结合新疆类似遗存与内地类似文化因素的发现情况及其时代先后，并认为安德罗诺沃文化通过中国新疆和北部地区的中转，影响已远达河南的安阳⑥。

① 韩建业：《中国西北地区先秦时期的自然环境与文化发展》，文物出版社，2008年，第270页。
② 韩建业：《新疆青铜时代——早期铁器时代文化的分期和谱系》，《新疆文物》2005年第3期。
③ 郭物：《新疆史前晚期社会的考古学研究》，上海古籍出版社，2012年，第270～271页。
④ 邵会秋：《新疆史前时期文化格局的演变及其与周邻文化的关系》，科学出版社，2018年，第134页。
⑤ 阮秋荣：《新疆伊犁地区发现安德罗诺沃文化新类型》，《中国文物报》2012年3月2日；《新疆发现的安德罗诺沃文化遗存研究》，《西部考古》第七辑，三秦出版社，2014年，第125～144页。
⑥ E. E. Kuzmina. *The Prehistory of the Silk Road*, University of Pennsylvania Press. 2007. pp. 63。

第二节 伊犁河上游史前文化的结构

伊犁河上游史前文化分为青铜时代和早期铁器时代两个基本阶段。青铜时代属于压印刻划纹陶器系统。早期铁器时代属于彩陶系统。两类不同源流的文化在伊犁河流域的前后交替的过程十分明显。

一 压印刻划纹陶器系统遗存

压印刻划纹陶器系统遗存分为两期。早期遗存仅有近年才发现的巩乃斯河北岸墓葬；晚期是以穷科克下层遗存为代表遗存，如上所述，称为"穷科克下层文化"。

（一）巩乃斯河北岸墓葬

2017 年，为配合尼勒克县 G218 基建工程，考古工作者在阿布热勒山南、巩乃斯河北岸的山前地带，发掘墓葬 112 座，其中 1 组 3 座墓葬的发现十分重要。墓葬地面封堆为石圈石堆，居北的墓室为竖穴土坑墓，单人葬，头西脚东，仰身，双腿上屈并向外屈，出土陶罐、铜片各 1 件，居中的墓葬中葬单人，仰身屈肢，头南放置 1 件陶罐，为尖圜底的橄榄形器，器表满饰压印纹饰，特征与阿凡纳羡沃文化同类器物完全一致。这一墓地青铜时代墓葬 M5 测了两个碳十四数据，校正后的年代为公元前 2908～前 2751 年。另外在和布克赛尔县 G219 国道的松树沟，发掘青铜时代早期的墓葬，M15 地面有圆形土封堆，竖穴土坑墓，墓室内葬单人，仰身左屈肢，头西脚东，成人，头骨左侧随葬 2 件石器，右侧见红赤铁矿粉，膝盖右侧置尖底罐 1 件，M16 地表有土石封堆，竖穴偏室，墓室口用大石板封堵，墓主右手随葬尖底罐 1 件，骨骼上见有赤铁矿粉，也属于阿凡纳羡沃文化时期的遗存[①]。

（二）穷科克下层文化

新疆伊犁河谷地发现的安德罗诺沃文化共同体遗存特征明显，是安德罗诺沃文化共同体的地方类型。因为穷科克下层是伊犁河上游，是这类遗存最早发现且经过较大规模发掘的地点，遗址中出土器物丰富，更有明显的层位关系，如前所述，命名为"穷科克下层文化"。

从目前的考古发现来看，穷科克下层文化的分布以博尔塔拉河流域和伊犁河流域为中心，天山南北和帕米尔高原都有发现。阮秋荣将这一文化称为"汤巴勒萨伊类型"，认为这一类型因分布区域不同，显出地方特征。准噶尔盆地周缘以石围、石棺、火葬为特点，天山伊犁河谷以带墓道的石室墓和木椁墓内殉人、圈足陶器为特点，南疆帕米尔高原区则以竖穴土坑、素面无纹饰的缸形平底陶器为特点[②]。实际上，除区域不同显现的不等特征外，穷科克下层文化的时代特征也很突出，并据此可以划分出穷科克下层文化的不同地方类型：早期是以阿敦乔鲁遗址为代表的类型，中期是以穷科克下层为代表的类型，晚期是下坂地墓地为代表的类型。

---

① 新疆文物考古研究所等：《2017 年新疆考古收获》，《西域研究》2018 年第 3 期。

② 阮秋荣：《新疆发现的安德罗诺沃文化遗存研究》，《西部考古》第七辑，三秦出版社，2014 年。

1. 阿敦乔鲁类型

分布在博尔塔拉河谷，包括温泉县阿敦乔鲁墓葬和遗址及呼斯塔墓地和遗址①。阿敦乔鲁居址与墓地的建筑形式和石材的高度相似，以及出土的夹砂灰陶器和青铜锥等的质地、形制都有较多相似点，印证了两类遗存的共时性判断。以阿敦乔鲁 M4 为代表的墓葬，墓葬的葬式和出土的缸形陶罐、包金的喇叭状耳环，也见有铜针、铜扣和带塔形螺旋首铜臂钏，明显属于安德罗诺沃文化。阿敦乔鲁墓地测有 6 个碳十四数据，年代集中在公元前 19～前 15 世纪，是目前新疆发现的最早的安德罗诺沃文化遗存②，呼斯塔遗址发掘遗存为大型地表石构建筑，遗址出土有压印刻划纹的夹砂灰陶片、铜匕首、铜范芯等。阿敦乔鲁类型属于穷科克下层文化的繁荣期③。

2. 穷科克下层类型

分布在伊犁河上游区域。包括尼勒克县穷科克下层遗址、喀拉苏遗址、恰拉格尔遗址、萨尔布拉克沟口遗址、吉林台沟口遗址、汤巴勒萨伊墓地、乌吐兰墓地青铜时代的墓葬，托里县萨孜村古墓④，特克斯县阔克苏西 2 号墓群，霍城县大西沟墓地，新源县阿尤赛沟口遗址，以及石河子的十户窑青铜时代墓群⑤。穷科克下层类型可以分为不同的阶段：第一段，以托里县萨孜村古墓和穷科克下层遗址的早期遗存为代表，陶器折肩不明显，下腹收为小圈足，器表饰压印纹；第二段，以特克斯县阔克苏西 2 号墓群早期墓葬为代表，陶器折肩明显，下腹内收的圈足较高，口沿下饰以压印的三角纹；第三段，以霍城县大西沟墓地为代表（图六四七），器形较矮小，有不明显的折肩，器物呈缸形，平底，素面。根据发掘的遗址和墓葬所测的碳十四数据，其年代推测在公元前 17～前 13 世纪。其中穷科遗址第②层下 M2 人骨碳十四测年为距今 3077±47 年（公元前 1127±47 年）。经树轮校正，年代为公元前 1410（63.4%）～前 1290 年；公元前 1280（4.8%）～前 1260 年，这一数字代表遗址最后使用阶段的年代。

3. 下坂地类型

以帕米尔下坂地墓群 AⅡ 号墓地为代表。墓葬分布密集，均为竖穴土坑墓，有土葬墓和火葬墓，单人葬或合葬墓均有，葬式均屈肢，屈肢较甚，头多向西。随葬器物置于死者头端，随葬品匮乏，陶器均夹砂灰陶，手制，陶质粗糙，器形多不规整，陶罐形体较小，主要是陶罐和陶钵，陶罐一般为侈口、束颈，部分器物存在折肩现象，且常以残器随葬。除陶器外，还出土有青铜手镯、耳环等⑥。

4. 穷科克下层文化的青铜器

伊犁河上游及周边地区，采集和征集数量较多的铜器。这些铜器主要有管銎斧、镰、凿、穴首斧、铲、刀和剑。这些铜器都属于青铜时代，与穷科克下层文化人群在这一地区的活动有关。另外，尼勒克县喀什河南岸奴拉赛古铜矿，从碳十四测定的年代看，这一铜矿的废弃年代在战国前，从采集的采矿工具亚腰石斧看，这一铜矿最初开采的年代，可能早到青铜时代，当与穷科克下层人群在

---

① 新疆文物考古研究所等：《2017 年新疆考古收获》，《西域研究》2018 年第 3 期。
② 中国社会科学院考古研究所等：《新疆温泉县阿敦乔鲁遗址与墓地》，《考古》2013 年第 7 期。
③ 杨建华、邵会秋、潘玲：《欧亚草原东部的金属之路》，上海古籍出版社，2016 年，第 103 页。
④ 新疆文物考古研究所：《托里县萨孜村古墓葬》，《新疆文物》1996 年第 2 期。
⑤ 新疆文物考古研究所等：《2017 年新疆考古收获》，《西域研究》2018 年第 3 期。
⑥ 新疆文物考古研究所：《新疆下坂地墓地》，文物出版社，·2012 年。

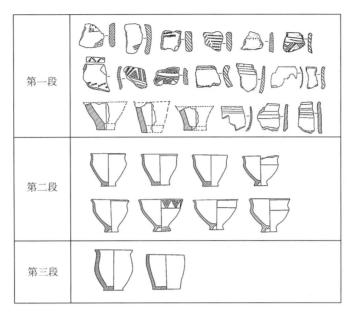

图六四七　穷科克下层文化的分段

这一地区的活动有关①。

二　伊犁河上游压印刻划纹陶器系统的源流

要认识清楚新疆伊犁河谷青铜时代遗存的文化性质，需要对阿凡纳羡沃文化、安德罗诺沃文化共同体的研究有所了解。伊犁河上游是阿凡纳羡沃文化向南传播的最外环，是安德罗诺沃文化共同体的向东部扩展的重要分布区。伊犁河流域安德罗诺沃文化共同体遗存的大规模发掘，对深入研究安德罗诺沃文化共同体的分布，结构类型和文化的演变有重要意义。

（一）阿凡纳羡沃文化

阿凡纳羡沃文化最早发现于南西伯利亚米努辛斯克盆地的巴贴尼村墓地。这一文化主要分布在叶尼塞河中游的米努辛斯克盆地和阿尔泰地区，另外，在图瓦、蒙古西部和中国新疆阿勒泰等地区也有类似的遗存。阿凡纳羡沃文化的居住遗址很小。阿凡纳羡沃文化的墓葬，地表一般有圆形的石围墙，有的墓葬地表有低矮的封土堆，围墙内有一个或多个墓室，墓室口往往盖有圆木或石板。墓葬以单人葬为主，也存在少量双人葬和多人合葬，葬式为侧身屈肢或仰身屈肢，一些死者身上撒有赭石粉，有的墓葬在墓室和围墙间还有儿童葬坑。一般一座墓中随葬1或2件陶器，另外还有少量骨器和石器工具。出土陶器均手制，器内用草抹平或用齿形器修平，胎呈黑色。器形多为大小不一的蛋形罐和圜底罐，也有平底罐和豆形器。一般器表压印刻划有短划纹、波折纹、篦纹、杉针纹等②。据最新研究

---

① 刘学堂：《新疆天山青铜器研究》，三秦出版社，2018 年。

② C. B. 吉谢列夫著、王博译：《南西伯利亚古代史》，新疆人民出版社，2014 年。

成果，米努辛斯克盆地的阿凡纳羨沃文化年代在公元前 3000 年 ±90 ~ 前 2520 年 ±30 年①。

（二）阿凡纳羨沃文化向南的传播

巩乃斯河北岸墓葬遗存的发现并非偶然，与阿凡纳羨沃文化南向传播有关。主要分布在阿尔泰山南麓的切木尔切克文化，有着明显的受到阿凡纳羨沃文化影响或者共源的文化因素②。近年来在准噶尔盆地北缘的哈巴河县阿依托汗一号墓地发掘的 M21、M22 就属于典型的阿凡纳羨沃文化遗存，墓葬地表有土石混合的圆形封堆，封堆下有一个或多个长方形石棺，墓主葬式为侧身屈肢，人骨上撒有红色颜料。随葬品包括装饰有刻划纹和戳刺纹的尖底或圜底的橄榄形陶罐、豆形陶器、砺石和铜环等③。随着考古工作的不断深入，新疆地区的阿凡纳羨沃文化类型的遗存会不断增多。伊犁河上游的发现表明，阿凡纳羨沃文化的影响区要比原来的认识辽阔地多，至少由米努辛斯克盆地，经阿尔泰山南麓南下，向南影响到了天山北麓地区。

（三）安德罗诺沃文化与安德罗诺沃文化共同体

1. 安德罗诺沃文化

1914 年，首先在米努辛斯克盆地发现安德罗诺沃文化的墓葬，1927 年，苏联学者将这类遗存命名为安德罗诺沃文化。到 20 世纪末，属于安德罗诺沃文化的遗址已发掘了 250 余处。从目前的研究来看，安德罗诺沃文化分布中心在哈萨克斯坦草原，分布范围大体西起南乌拉尔地区，东抵叶尼塞河中游和中国的新疆地区，向南一直延伸到中亚南部的土库曼斯坦地区，北部的界线比较模糊，可能达到了北方森林地带。安德罗诺沃文化的研究历史已有半个多世纪。学术界普遍认为，安德罗诺沃文化是欧亚草原青铜时代最具代表性的考古学文化之一，是揭示这一辽阔区域青铜时代文化结构、文化演变的关键。

2. 安德罗诺沃文化共同体

国际学术界多年以来，在对安德罗诺沃文化的年代进行系统研究基础上，将其划分为不同的阶段和区域类型，并在此基础上，提出了安德罗诺沃文化共同体的概念④。安德罗诺沃文化共同体，主要指的是一组安德罗诺沃式的陶器、一组安德罗诺沃式的青铜器，它们在以中亚草原为中心，在内陆欧亚草原辽阔地区的分布及地方变体。

据库兹米娜的研究，安德罗诺沃文化共同体可以划分为形成期、繁荣期和衰落期三个阶段。第一阶段为形成期，以彼德罗夫卡遗存为代表，主要分布在南乌拉尔、哈萨克斯坦北部和中部。第二阶段为繁荣期，以阿拉库类型、费德罗沃类型和二者的混合体为代表，此外还包括与之相联系的阿塔苏类型、七河类型等多个文化变体和地方类型。繁荣期的安德罗诺沃文化共同体向东分布到哈萨克斯坦东部、额尔齐斯河附近、鄂毕河、叶尼塞河中游、天山地区、帕米尔高原和中亚南部地区。第三阶段为衰落期，此时主要以哈萨克斯坦中部的阿列克谢耶夫卡类型及七河地区的七河类型为代表。

---

①　邵会秋：《新疆史前时期文化格局的演进及其与周邻文化的关系》，科学出版社，2018 年，第 252 页。

②　林沄：《关于新疆北部切木尔切克类型遗存的几个问题》；丛德新、贾伟明：《切木尔切克墓地及其早期遗存的初步研究》，《庆祝张忠培先生八十寿论文集》，科学出版社，2014 年；邵会秋：《新疆史前时期文化格局的演进及其与周邻文化的关系》，科学出版社，2018 年，第 357 页。

③　新疆文物考古研究所：《哈巴河县阿依托汗一号墓群考古发掘报告》，《新疆文物》2017 年第 2 期。

④　邵会秋：《新疆史前时期文化格局的演进及其与周邻文化的关系》，科学出版社，2018 年，第 259 页。

库兹米娜认为安德罗诺沃文化共同体第一阶段的年代在公元前18/17～前16世纪，第二阶段在公元前15～前13世纪，第三阶段在公元前12～前9世纪，分布在中哈萨克斯坦的阿列克谢耶夫卡类型和分布在七河流域和费尔干纳盆地的七河类型人群，成为安德罗诺沃文化共同体在中亚的最后成员①。近些年来，由于新的测年数据出现，学术界对安德罗诺沃文化共同体的年代有了新认识。E. H. 切尔内赫认为安德罗诺沃文化第一阶段的年代约在公元前22～前18/17世纪，第二阶段在公元前20～前15世纪，第三阶段主要集中在公元前2千纪中叶后半②。安德罗诺沃文化共同体在中亚的最后成员，可能是下述的新疆伊犁河上游穷科克下层文化的帕米尔下坂地类型人群。

（四）青铜时代人群交往的线路

新疆地区内的穷科克下层文化的地方类型，即穷科克下层文化的遗存，从地理方位上看主要分布在新疆西北部和西部，新疆东部地区则没有相关遗存的发现。

青铜时代穷科克下层文化遗存在新疆的分布，涉及新疆区域外人群与区域内人群交往线路问题。林沄把上述交通线路分为三条，一条是额尔齐斯河通道，一条是额敏河通道，一条是伊犁河通道。中亚草原文化，主要通过这三条通道作用于准噶尔盆地③。穷科克下层文化在新疆的扩张过程与路线，邵会秋有相关文章进行了论述。他认为穷科克下层文化（他称为安德罗诺沃文化）向新疆地区扩张的路线可能存在三条：第一条是从七河地区经伊犁河谷这一天然通道进入伊犁地区（如穷科克遗址），也是最为重要的一条通道；第二条是从东哈萨克斯坦地区进入中国塔城地区（如塔城卫校遗址、二宫乡下喀浪古尔遗址）；第三条是通过费尔干纳盆地和帕米尔高原到达了塔什库尔干地区。穷科克下层文化人群进入伊犁地区河谷，迅速占据了新疆西部的广大地区，同时继续向东渗透，天山南麓和硕县的新塔拉遗存、库车县的哈拉墩遗存，甚至塔里木盆地南缘的尼雅河尾闾地区，都发现了可以归入这一文化的遗存④。从目前考古发现来看，穷科克下层文化的成员，在现在的新疆地区，最早的活动区域是博尔塔拉河流域，它们在这里留下阿敦乔鲁类型的石筑建筑和墓葬，继而进入伊犁河谷，伊犁河谷成为它们重要的活动中心。穷科克下层文化的成员，在这里发现并开采了喀什河南岸天山深沟中规模巨大的奴拉赛铜矿，使这里成为欧亚青铜贸易体系中的重要组成部分，铜矿附近喀什河北岸的阶地上，还发现了目前世界上最早的以煤为燃料的遗存，发现了中亚地区罕见的、规模巨大的祭祀建筑。营造这样宏伟和高规格的祭祀建筑，说明背后有强大的公共权力在起作用，伊犁河上游的喀什河是穷科克下层文化的政治、经济和宗教中心之一。从考古发现来看，穷科克下层文化在新疆地区南进和东传的规模并不大，虽然其先头曾一度进入塔里木盆地腹地，但其影响只限于局部区域，推测其重要的原因，是东来的彩陶文化对其的阻止和融合作用。

三　彩陶文化系统

伊犁河上游地区，压印刻划纹陶器系统之后，取而代之的是彩陶文化系统。伊犁河流域的彩陶

---

① 邵会秋：《新疆地区安德罗诺沃文化相关遗存探析》，《边疆考古研究》（第8辑），科学出版社，2009年。
② 邵会秋：《新疆史前时期文化格局的演进及其与周邻文化的关系》，科学出版社，2018年，第267～268页。
③ 林沄：《丝路开通以前新疆的交通线路》，《草原文物》2011年第1期。
④ 邵会秋：《新疆地区安德罗诺沃文化相关遗存探析》，《边疆考古研究》（第8辑），科学出版社。

文化，存在着自东向西、由早至晚从较发达到逐渐简单和草率直至消亡的过程。伊犁河流域彩陶文化系统遗存，名为穷科克上层文化。穷科克上层文化的彩陶，可以分为不同的阶段，在第二阶段的时候，穷科克文化向西拓展，更多地接受了来自北部草原高领罐的影响，出现了分布在伊犁河主干河岸的穷科克文化西部类型的索墩布拉克类型遗存，东部类型的穷科克文化第二阶段，可以命名为加勒克斯卡茵特类型遗存。

（一）穷科克上层文化

穷科克上层文化基本为墓葬材料。穷科克上层文化的基本特征，可概括为以下几点。

第一，墓葬主要分布在伊犁河上游三大支流两岸的台地、阶地及河床滩地上。三大支流上游区域，海拔较高的众多小支流的河口地带，地势平坦宽阔的草地上，多见有成片的墓葬分布，伊犁河主干道两侧开阔的草原戈壁地区，墓地规模反而较小，分布也比较零散，这可能和上游支流小区域气候更为湿润，生态环境更为优越，水源更容易利于游牧生活有关。第二，墓地规模大小不等，时代越早，规模较大的墓地越多，墓地墓葬分布较为集中，一般较大的墓地墓葬有数十座到一百多座，同一墓地的墓葬有序排列，不同墓地间的界线比较清楚，穷科克上层文化的晚后期，墓地规模变小，一处墓地的墓葬常在数十座以内，少者十多座或数座，墓地墓葬沿山前坡地或草地连续分布，墓地分布范围大，墓地之间的界线模糊。第三，墓葬地表多起封堆，穷科克上层文化早期，墓葬地表封堆不甚明显，常常是在墓室口外围地表上围以简单的石圈，随着时间的推移，墓葬地表渐渐有封土堆和石土封堆，封堆不断增高，有的墓葬封堆为两次堆成，每一次封堆形成后，都在封堆外围铺以石圈，便形成了双石圈。有些墓葬在封堆外围还挖出圆形环壕，标划出墓葬的茔区，一般一个封堆下一个墓穴，个别的墓葬一个封堆下两个或三个墓穴。战国至汉代，伊犁河上游区域，开始出现巨型的封堆墓。第四，墓葬结构均为竖穴土坑墓，墓室主要流行竖穴偏室和土坑墓两种。部分墓葬在竖穴土坑底部用卵石或石板围成石室。竖穴偏室墓的偏室一般在竖穴的西侧，与偏室相对的一侧，常留出生土二层台，偏室口大多用原木或板石封堵。竖穴墓道内大多填以卵石或山石。第五，墓室内多葬单人，葬式为仰身直肢，头一般朝西或西北，个别墓葬为二次葬或扰乱葬，极少合葬墓，合葬墓内多为成年合葬，可能反映的是家族合葬习俗。相当一部分死者的骨骼中缺少指骨或趾骨，怀疑与断指葬俗有关，个别死者的头骨上见有穿孔现象。第六，随葬品贫乏，大多数墓葬无随葬品，有随葬品的墓葬，一般一或二件随葬，少数墓葬三或四件随葬，极个别墓葬随葬品较多。随葬品分两组，第一组为生活用具，主要是陶器、木盆和铁器等，这组随葬品一般葬在死者头骨附近。常见的组合是作为炊饮器的陶器，如陶罐等，放在头骨的左侧，陶器内及旁边多放一把小铁刀，与之共存的是木盆或木钵等盛食器，墓葬中常见有羊的尾骨、椎骨和肋骨随葬的现象，很少见羊头骨和腿骨等，有的木器内也放一把小铁刀。第七，出土器物以陶器为主，其次为铁器、骨器、石器等。陶器夹砂红陶为主，手制，器形简单，主要为平底器，其次为圜底器，大多为无耳器，其次为单耳器，偶见双耳器。大多陶器的器表施红陶衣，出土部分彩陶。器类主要有单耳罐、无耳罐、单耳杯、钵、盆、勺杯、壶等，见有少量的管流器。铁器最常见的是铁刀，基本为直柄长刃，个别为环首，另外还见有铁锥、铁镞、铁剑等。铜器较少，仅有少量铜刀，其他为铜饰件。骨器有骨锥和刻纹骨牌等。另外还有金饰件等。

（二）穷科克上层文化的类型

穷科克上层文化可以分为穷科克上层类型、加勒克斯卡茵特类型、索墩布拉克类型三个类型。

1. 穷科克上层类型

穷科克上层类型，以尼勒克穷科克一号墓地为代表，包括加勒格斯卡茵特一号和二号墓地、吉仁托海墓地、别特巴斯陶墓地早期、铁木里克沟口墓地、吉仁台沟口墓地早期墓葬以及恰甫其海墓群早期墓葬等。墓地墓葬成片分布，有序密集排列。墓葬规模较小，墓葬地表有圆形石圈标志，墓室有竖穴土坑墓、竖穴偏室墓，墓坑中多填石。偏室相对一侧有生土二层台，偏室口多用石板封堵。死者多仰身直肢，头西脚东，基本为单人葬，个别为合葬墓。随葬品有木器、陶器、铁器、石器等。陶器类型较为丰富，夹砂红陶，手制，器类有高领无耳罐、单耳高领罐、无耳垂腹罐、平底或圜底的钵或盆、直筒杯等。彩陶比较发达。木器主要有各种类型的木钵和木盆。铁器多为小铁刀，另外有铁锥、铁饰品等。铜器很少，有铜刀、铜饰件、铜镜等。不少墓葬中随葬羊的骶骨、尾骨，少量墓葬中随葬羊椎骨。穷科克一号墓地 M52 木头所测碳十四数据，其绝对年代在公元前1040～前906年；用 M11 木头所测碳十四数据，其绝对年代为公元前984～前830年。这一数据代表穷科克上层类型年代的上限。

2. 加勒克斯哈音特类型

加勒克斯哈音特类型代表性的墓地有尼勒克穷科克二号墓地、加勒克斯哈音特墓地晚期墓葬，包括别特巴斯陶墓地晚期墓葬、铁木里克沟口墓地晚期墓葬、萨尔布拉克沟墓地、吉仁台墓地晚期墓葬、巩乃斯种羊场墓地、新源黑山头墓地、恰甫其海墓群等。这一类型的墓葬，墓地墓葬分布较为稀疏，部分墓葬呈南北链状排列。墓葬地表有土石封堆，封外铺单石圈或双石圈，墓葬封堆外有环壕。一个封堆下一个墓室，部分墓葬一个封堆下两个至四个墓室，有的墓葬地表有石头封堆。出现了巨型封堆的大型墓葬，墓葬封堆直径数十米，高2米以上，外观像一个小的山丘。墓室有土坑竖穴或竖穴偏室，墓坑中填石，一些大型墓葬的墓室底有木椁。墓室内葬单人、双人或多人，有一次葬也有二次葬，个别为火葬。大型墓葬多被扰，骨骼残乱。随葬品贫乏，出土器物主要有陶器、铁器、木器，少量的铜器、石器。陶器制作粗糙，器类简单，夹砂红陶或红褐陶，手制。器类以无耳垂腹罐为主，个别单耳罐，盆、钵类陶器较多，盆、钵器体较浅，折沿或平沿，叠唇钵和盆比较流行，带管流的器物较多。彩陶衰退，纹样草率。铁器有铁刀、铁锥、铁剑、铁装饰品等。木器仍以盆、钵类器物为主。加勒克斯卡茵特墓地测有7组碳十四数据：M42 为 BP2345±35年、M51 为 BP2250±35年、M56 为 BP2345±35年、M60 为 BP2275±35年、M68 为 BP2325±35年、M73 为 BP2490±35年、M104 为 BP2280±40年。这些数据代表加勒克斯卡茵特类型的年代。

3. 索墩布拉克类型

索墩布拉克类型以索墩布拉克墓地为代表，包括近年来在伊犁河上游西部区调查发掘的一些墓地。索墩布拉克墓葬南北成排，多数地表有小的黄土卵石堆，封堆外围有圆形或椭圆形石圈，大多一封堆下一个墓室，少量一封堆下两个墓室。墓葬有竖穴土坑与竖穴偏室，偏室开在竖穴北壁。多为单人仰身直肢一次葬，少量为二次葬。随葬品多置于死者头端，最常见的组合为无耳陶钵和无耳陶壶，以陶钵为主，另有少量的单耳器。彩陶主要施于无耳陶钵和少量单耳罐器身，红衣黑彩，也有少量黑彩，图案风格一致，结构简单。多在器腹下部平涂起伏的山脉纹，口沿下则绘以杉叶纹或三角纹。铁器发现较多，以小铁刀为主，另有铁锥与铁剑。铜器有铜簪、铜耳环、铜铃等。多数墓葬中随葬有羊的尾骨。索墩布拉克墓地测有3组碳十四数据：90M33 为 BP2295±70、90M10 为 BP2405±80、90M7 为 BPZ150±70年。这组测年数据代表索墩布拉克类型的年代。

4. 穷科克文化类型间的关系

穷科克文化可以分为前后两大阶段。穷科克上层类型，属于穷科克上层文化的第一阶段，年代推断在公元前 1 千纪上半叶。

穷科克上层文化的第二阶段，分东西两支，位于东部的加勒克斯卡茵特类型和位于西部的索墩布拉克类型，其年代推断在公元前 1 千纪上半叶的下段至公元前 1 千纪下半叶后段。

5. 穷科克上层文化的青铜器

除上述墓葬外，近年来在伊犁河谷采集和征集到大量属于早期铁器时代的铜器，当与穷科克上层文化人群在这一区域的活动有关。

伊犁河上游地区早期铁器时代的青铜器，器物的类型较多，除工具和武器外，出现了大量祭祀铜器，如承兽铜盘、兽首铜环、铜人俑、铜镀，另外还有不少与游牧生活关系密切的马具等。察布查尔县采集的铜剑，剑首和剑格分别铸成形象相同、俯首卷体的静态动物，表现出浓郁的草原文化特点。铜镀发现最多，有三足、圈足、斜耳、环形直耳镀等多种类型。这类器物是亚欧草原早期游牧民族代表性的大型容器，不但用为烹饪炊具和盛食器，还被用作萨满仪式中的礼器。祭祀铜盘均为方形，盘边置半圆形横耳，有的盘下部皆焊有兽蹄形或兽面形四足。新源县那拉提发现的镂空高足承兽圆盘，盘沿上焊一周 11 只立羊，盘中心立人，被认为是与祆教的祭祀活动有关的 "祭祀台"。铜人俑除新源鱼塘遗址出土的高 40.8 厘米的塞人武士俑外，还发现两件形态略小，出自巩留县的武士俑。鱼塘遗址同时出土的还两件兽首铜环，造型与伊朗出土的萨伽金银器风格一致，表现出古代西域与伊朗的文化交流。这些铜器制作精美，工艺精湛，表明这一时期伊犁河上游青铜冶铸业已发展到了相当高的水平。

第三节　穷科克上层文化彩陶的分段

一　穷科克上层文化彩陶的分段

穷科克上层文化彩陶的时代特征明显，从早到晚存在一个由比较发达到简单草率以至于消亡的过程。大体可以分为三个阶段。

第一阶段，以尼勒克县穷科克一号墓地为代表。彩陶器物以无耳罐为主，其次有单耳罐、杯、钵等。彩陶比较发达，红衣黑彩，多通体彩。纹样多在陶器器表分区布局，一般分颈肩部彩和腹部彩两部分，也有分为口沿下彩、颈部彩、肩部彩和腹部彩四部分。均为几何纹样，有网格、平行线、三角、棋盘格等。年代推测在公元前 1000～前 600 年。

第二阶段，彩陶器物以无耳罐、钵为主，其次有直筒杯等。彩陶延续早期特征，彩陶布局没有早期那样考究，纹样简单，均为几何纹样，有三角、网格、菱格、平行线、竖线等。推测年代在公元前 700～前 400 年。

第三阶段，彩陶器物以钵、盆类器物为主，无耳罐的颈部变细变长，细颈壶增多，出现了带管流的器物，钵腹变浅，口沿外折，出现重唇陶钵，即在口沿下捏一周或数周长方形的附加泥条。彩陶衰退，除个别器物为通体彩外，多见草率的竖条纹，或在盆钵类器物内壁，草率地抹些散乱的宽短线纹样，多数器物通体涂抹一层红彩。年代推测在公元前400年（图六四八）。

图六四八　穷科克上层文化彩陶分段

二　穷科克上层文化的源流

公元前1千纪初前后，伊犁河流域穷科克上层文化突然取代穷科克下层文化。两类文化渊源截然不同的文化在伊犁河流域的前后替代关系十分明显。

彩陶文化由河西西部向西，分布在天山地区后，在天山地区经历了地方性变化的过程。公元前1千纪初前后，压印刻划纹陶器系统在伊犁河流域消失，源自于东方的彩陶文化，很快成为伊犁河流域的文化的主流。目前很难在穷科克下层文化和上层文化之间，找到两种考古学文化前后相继、发展和演变的线索。从整个天山地区史前时代文化发展的脉络看，穷科克上层文化是整个天山山系彩陶系统向西分布的外环。后面讲到的费尔干纳盆地的楚斯特文化彩陶，则是欧亚东部的彩陶文化向西天山分布，伸出的孤独的最后一支。穷科克上层文化，在伊犁河流域持续存在一千年左右，其发展过程中，接受了北方高领罐为代表的游牧文化陶器系统的影响，彩陶器物和纹样，都具有明显的地方特征。

伊犁河下游的七河流域早期铁器时代的文化，苏联学者命名其为塞—乌孙文化的遗存。伊犁河下游包括楚河流域、伊塞克湖和费尔干纳盆地早期铁器时代，被认为属于塞—乌孙文化的遗存，与伊犁河上游的穷科克文化内涵特征基本一致，越靠近伊犁河上游，文化的共性越明显，文化同源同流，属于同一考古学文化，是穷科克文化沿着伊犁河向西分布的结果。伊犁河下游所谓塞—乌孙文化中亦有极少量彩陶，纹样简单、草率存在，是穷科克上层文化彩陶最后的收尾之作。伊犁河下游塞—乌孙文化的起源问题一直存在争议。苏联学者提出了各种推测，随着伊犁河上游穷科克文化的提出和研究的深入，为最终解决塞—乌孙文化的源流提供了更多的考古学证据。伊犁河下游的所谓塞—乌孙文化，是穷科克上层文化沿着伊犁河由上游区域进入到伊犁河下游，巴尔喀什湖以东的七河流域，与当地和北方游牧文化的融合体，整体上仍属于穷科克上层文化，可以称为穷科克上层文化的七河类型。

第四节　小　结

目前尚未在伊犁河上游发现明确属于旧石器时代和新石器时代的遗存。公元前3千纪初，受到阿凡纳羡沃文化影响的人群中的一支活动在巩乃斯河流域。公元前2千纪中叶，或更早的时候，广布于内陆欧亚腹地安德罗诺沃文化共同体成员中的一支，从伊犁河下游或从北部博尔塔拉河流域，绕过赛里木湖，伊犁河上游支流喀什河流域，在伊犁河上游区域广泛分布开来，他们初来的时候，还使用细石器，掌握着先进的冶矿制铜技术，并在一些河口台地上建筑起标志社会发展程度的规模宏大的石构建筑，这些遗存命名为穷科克下层文化。从中外研究情况看，穷科克下层文化人群，基本过着定居生活，主要从事农业，兼营畜牧业文化，基本过着定居生活。

约在公元前1千纪前后，始源于黄河上游的彩陶文化人群，通过河西走廊，沿着天山，向西传播至伊犁河谷，在与当地和周边其他文化融合的基础上，发展起来了穷科克上层文化，并逐渐过渡到游牧经济时代。穷科克上层文化在伊犁地区有广泛和密集的分布，它又可以区分出早晚两个发展阶段，早期阶段以穷科克一号墓地为代表，属于早期铁器时代的早期；晚期阶段以穷科克二号墓地为代表，属于早期铁器时代的晚期，早期铁器时代晚期又分为东西两支，东支为加勒克斯卡茵特类型，西支为索墩布拉克类型。伊犁河下游早期铁器时代的遗存与伊犁河上游早期铁器时代的遗存，文化特征内涵基本一致，可以称为穷科克上层文化的七河类型。

附一　伊宁县墩麦里和额敏县铁厂沟墓葬的发掘

第一节　伊宁县墩麦里墓葬

一　概　述

伊宁县墩麦里墓葬位于伊宁县西北，天山北麓的一片平坦的黄土地带。北有低矮的山丘，南有伊犁河支流吉尔格浪沟，河南可望天山主脉。墓葬位于低丘和高山之间的宽阔谷地，谷地内的黄土堆积可达数十米。在一片麦田中，凸现出散布的圆形土堆，为古代墓葬的封土堆。在方圆数公里的范围内，共有这样的古代墓葬数十座，墓葬大体呈南北链状排列，间距十多米到数十米不等。墓葬规模较大，直径多在20米左右，大的直径超过30米，规模较小的直径在15米上下，封堆高1~2米，规模较大的墓葬封堆高4米以上。封堆用纯净的黄土堆成，有的封堆间堆积层间有明显的人工踩踏面。发掘的墓葬在封堆的外围还用小卵石围成石。墓葬墓室口上的填土十分坚硬，可能曾经人工夯实。墓室口上铺一层麦草或树枝，个别墓葬内墓葬四壁见有用木板围成的木椁。2000年8月，在这里发掘5座墓葬。墓葬南北排列，地表均有巨型封堆。均为竖穴土坑墓，墓室的规模较大，墓室四壁留有生土二层台。有的墓室一侧修出短浅的墓道，以方便出入。墓室内骨架大多被扰乱，骨骼散乱，多为二次合葬墓。随葬品较少，有陶器、铁器、石器，有少量的金器（图版三一五：上）。

二　墓葬记述

M1　地表有巨型封堆，平面呈椭圆形，封堆西部局部破坏。封堆长径41.5、短径35米。封堆土以当地的纯黄沙土堆成，封堆的外缘用卵石围成石环圈，石环圈围铺规整，卵石大小均匀、密集，石环圈很宽，宽8~9米。墓室在封堆下的中部，墓室口上的封土十分坚硬，有明显的踩踏面，推测当时墓葬埋葬过程中，人们在墓口上封土，并举行了与踩实封土有关的活动。这以上的封土，规整均匀，为一次形成。封堆明显两次形成，分上下两层。封堆的外缘，用卵石围成石环圈，环呈椭圆形，卵石大小均匀，围铺密集。石环圈长径30.5、短径约25米，圈带的宽窄均匀，宽约1米。墓室口开在原地表，平面近长方梯形，东西长3.4、西端宽1.9、东端宽2.4米，墓深1.6米。墓室口有二层台。墓内填纯黄土，坚硬，似曾夯实。墓室中偏西侧见有盗洞，盗洞直入墓室，墓室骨架进行严重扰乱。墓室中散布乱骨，人骨集中在墓室东部，属于一个个体。有头骨、残肢骨及少量椎骨、骶骨、髋骨、几节椎骨等。随葬品中散见陶片（图版三一五：中、下）。

M2 地表有巨型封堆，平面呈椭圆形。封堆的长径42、短径39米。封堆土为纯黄土，封堆的外缘用卵石围成石环圈，石环圈围铺规整，卵石大小均匀、密集。石环圈很宽，宽8~10米。墓室在封堆下的中部，墓室口上的封土十分坚硬，有明显的踩踏面，推测当时墓葬埋葬过程中，人们在墓口上封土，并举行了与踩实封土有关的活动。这以上的封土，规整均匀，为一次形成。封堆明显两次形成，分上下两层。下层封堆的外缘，用卵石围成石环圈，环呈椭圆形，卵石大小均匀，围铺密集。石环圈长径26、短径23.2米，圈带的宽窄均匀，宽约1米。墓室口开在原地表，墓室口周围原地表上，地表上再用卵石围成石圈，呈椭圆形，卵石大小均匀，围铺密集，石圈直径4.5米。墓室平面近长方梯形，东西长3.65、西端宽2.6、东端宽2.4米，墓深1.2米。墓室口有二层台。墓室内填纯黄土，坚硬，似曾夯实。墓室中偏西侧见有盗洞，盗洞直入墓室，墓室骨架进行严重扰乱。墓室中散布乱骨，人骨集中在墓室东部，属于两个个体。有1排未乱的椎骨、完成保存的盆骨、下颌骨，少量上肢骨、尺骨等，另有动物的残骨。乱骨间散见陶片（彩版一〇六）。

M3 地表封堆规模较大，平面呈椭圆形。封堆长径20、短径19米。封堆土为纯黄土，中间有一层沙土层，沙层下为硬面，似曾踩踏。墓室在封堆下的中部，平面近长方梯形，东西长2.5、西端宽1.2、东端宽1.4米，墓深1米。墓室内填纯黄土。墓底四壁立木板，板厚0.1、高0.3米。墓内葬1人，二次葬。只有少量肢骨、几节肋骨、下颌骨。乱骨间有少量陶片（图一）。

M4 地表有巨型封堆，平面呈圆形。封堆的直径约26米。封堆土为纯黄土，封堆的外缘用卵石围成石环圈，石环圈围铺规整，卵石大小均匀、密集。石环圈长径22、短径21米，石环圈宽约1米。墓室在封堆下的中部，墓室外围用卵石围成石环圈，环呈椭圆形，卵石大小均匀，围铺密集。石环圈长径4.7、短径4.2，圈带的宽窄不一，宽0.2~0.5米。石环圈下有一层黄土，坚硬，似经踩踏。墓室口平面近长方梯形，东西长3.65、西端宽2.6、东端宽2.4米，墓深1.2米。墓室内填纯黄土，墓底四壁立有木板，木板厚0.05、高0.3~0.4米。墓室底铺以木板。墓室内葬1人，仰身直肢，头西脚东。死者下肢以上扰乱，右下肢与髋骨衔，左下肢只留小腿骨和半截股骨。腿骨以上骨骼较少，有下颌骨、残肋骨等。乱骨中出土有小的轮形金饰件、金箔片、陶钵、陶片等（图二）。

M5 地表有巨型封堆，平面呈圆形。封堆的直径约24米。封堆土为纯黄土，封堆的外缘用卵石围成石环圈，石环圈围铺规整，卵石大小均匀、密集。石环圈长径19、短径17米，石环宽约1米。墓室在封堆下的中部，墓室外围用卵石围成石环圈，环呈椭圆形，卵石大小均匀，围铺密集。石环圈长径3.5、短径3.2米，圈带的宽窄不一，宽0.3~0.6米。石环圈下有一层黄土，坚硬，似经踩踏。墓室口平面近长方梯形，东西长3、西端宽2.2、东端宽2米，墓深1.2米。墓室内填纯黄土。墓道底四壁立有木板，木板厚0.05、高0.3~0.4米。墓内为二次乱骨，有少量的残肢骨、椎骨等。乱骨间有少量陶片。

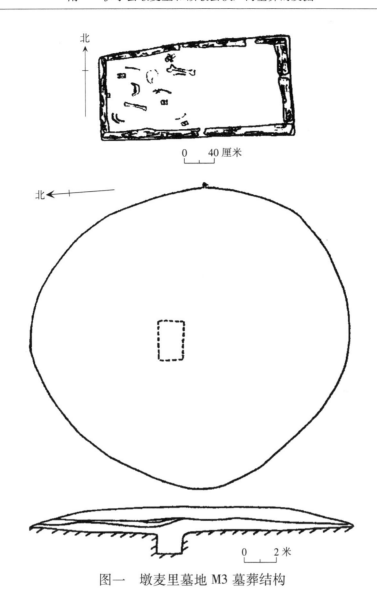

图一　墩麦里墓地 M3 墓葬结构

三　出土器物

墩麦里墓葬因为多被扰乱，随葬品大多散见于墓室。多发现在死者的头骨附近，即墓室的北部。主要为陶器，每个墓葬都有铁器出土，均残，出土 1 件金簪首，少量金箔片。

（一）陶器

陶质为夹砂红陶，手制，个别为灰陶。以素面为主，少量施有红衣，偶见曲线条纹样。器类基本为陶钵，个别为管流罐、单耳罐，发现一件四足器的器足。

1. 陶钵。敛口，折沿，圜底。分 3 式。

I 式　敛口，腹较浅，大多为陶片，有的可以拼对成完整的陶器。

M4:1，口沿略内敛，圆唇，浅腹，平圜底。口径 13.4、高 5.6 厘米（图三:2；彩版一〇七:3）。

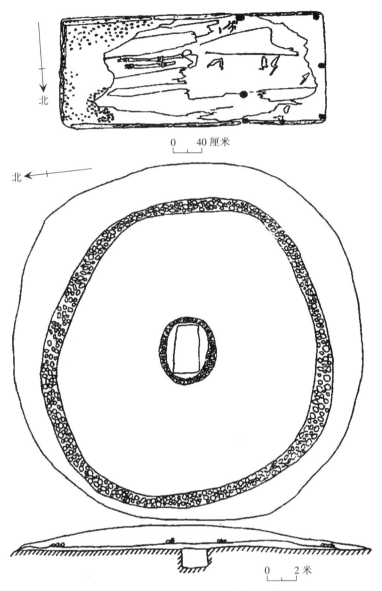

0   40 厘米

北

0   2 米

图二 墩麦里墓地 M4 墓葬结构

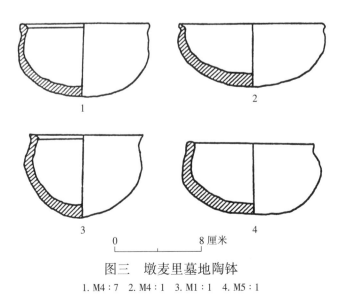

0   8 厘米

图三 墩麦里墓地陶钵

1. M4∶7 2. M4∶1 3. M1∶1 4. M5∶1

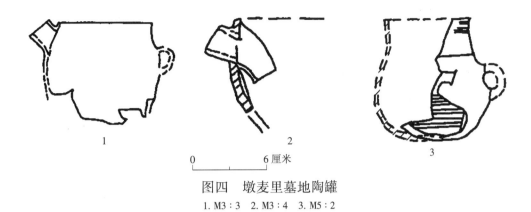

图四　墩麦里墓地陶罐

1. M3：3　2. M3：4　3. M5：2

M4：2，陶片。圆唇，略内敛，浅腹，平圜底。陶片宽4、高3厘米（图五：2）。

M1：3，陶片。方唇，略内敛。陶片宽3、高3厘米（图五：1）。

M4：3，陶片。方唇，内敛。陶片宽3、高3厘米（图五：3）。

M1：4，陶片。方唇，内敛。陶片宽8、高3厘米（图五：5）。

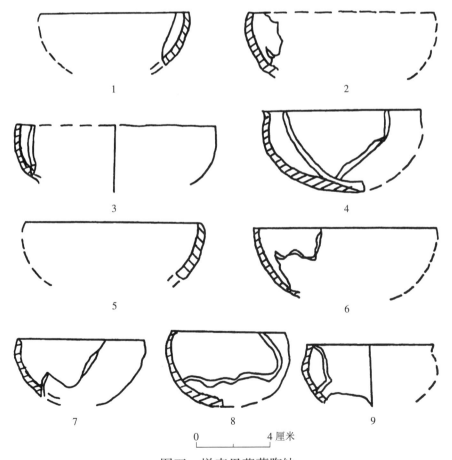

图五　墩麦里墓葬陶钵

1. M1：3　2. M4：2　3. M4：3　4. M4：4　5. M1：4　6. M4：5　7. M3：1　8. M3：2　9. M4：6

M4：5，陶片。方唇，内敛。陶片宽8、高5厘米（图五：6）。

Ⅱ式 腹略深。

M4：7，直口微内敛，尖圆唇，外折，口径12、高8厘米（图三：1）。

M5：1，圆唇，内敛，腹略折垂。口径11、高6.3厘米（图三：4；彩版一〇七：2）。

M4：4，陶片。方唇，内敛。陶片宽7、高4厘米（图五：4）。

M3：1，陶片。方唇，内敛。陶片宽6、高3厘米（图五：7）。

Ⅲ式 腹较深，肩微折。

M1：1，口微内敛，尖圆唇，外折，肩微折，圜底。口径10、高7.3厘米（图三：3；彩版一〇七：1）。

M3：2，陶片。方唇，内敛。陶片宽12、高4厘米（图五：8）。

M4：6，陶片。方唇，内敛。陶片宽12、高3厘米（图五：9）。

2. 管流罐，2件，均残。敛口，鼓腹，平底。腹上部有一管流，管流较短，略上翘。

M3：3，残有上腹部。口径8、腹径12、残高10厘米（图四：1）。

M3：4，陶片。宽4、高3厘米，短流长2厘米（图四：2）。

3 单耳罐，1件，残。

M5：2，直口，方唇，鼓腹，平底。口径5、腹径6、高6.6厘米（图四：3）。

4. 器足，2件。为四足器的残足。其中一件残甚，一件保存器足部分。

M4：7，只留有四足的局部平底。足为圆柱状，足根略成动物足蹄状。直径1.6、高2.3厘米。

（二）铁器

墓葬中大多见铁器，均残锈。

M4：8，刀。保存有直柄，三角状刃。长9.5、宽2.3厘米。

（三）金器

1. 簪首，1件。

M4：8，轮状，金簪首两端细部嵌有细珠状宝石。长3、径1.2厘米。

2. 金箔片，17件。

M4：9，散见于M4墓室各处。有长方形小箔片、方形小箔片、弧形小箔片、叶形小箔片、花形小箔片，有的箔片边缘有小系孔。长4～9、宽不足1厘米。

第二节 额敏县铁厂沟墓葬

一 概 述

由额敏县城到铁厂沟之间的天山山麓地带，是被两山夹着的山谷草场。这里水草茂盛，是古代游牧民族理想的生存场所。据考古调查，这里至少分布有100多座古代墓葬，墓葬分布分散，一般数座墓葬集中在谷地旁边的台地和坡地。墓葬的地表多有土石封堆标志，个别墓葬封堆旁边立有条石（图版三一六：下）。2002 年 6 月，考古工作者此发掘了 12 座古代墓葬，其中 6 座墓葬，墓室内人的骨架及随葬品保存较好，余人骨均朽蚀，个体葬式情况不明，无随葬品。墓葬主要为竖穴土坑墓，个别墓室口用板石封盖。墓穴内葬 1 人，个别为合葬墓，仰式为仰身直肢，头朝西。个别墓葬有随葬品，随葬品有铜、石和玻璃珠等。未见陶器。

二　墓葬记述

这里介绍墓室内骨骼及随葬品保存相对较好的 6 座墓葬。

M1　封石堆墓，平面呈椭圆形，长径 11.4、短径 10.5、高 0.7 米，用块状砾石堆积成石堆。墓室在封堆下中部，墓室口开在原地表。墓室平面呈长方形，两端弧圆。东西长 2.8、宽 1.5、墓深 0.76 米。墓室内填土。墓内葬 3 人，分上下两层，两层骨架之间填土。上层葬 1 人，仰身直肢，头西脚东。股骨略弯曲，成年男性。死者颈部有玛瑙珠，腰部有铜针。墓室的中北部集中随葬有铜马衔、铜镜、铜镞、铜针、骨扣、石扣、料珠等。下层葬 2 人，墓室中间个体骨架较差全，仰身直肢，头西脚东。右胫骨、腓骨、手指和脚趾骨缺，成年男性。这一个体的右侧，另有一个体，骨骼不全，盆骨及以上部分有椎骨、右上肱骨，依生理位置排列，其他骨骼缺失，下肢只有交叉的双股骨，成年男性（图六；图版三一六：上、三一七：下、三一八）。

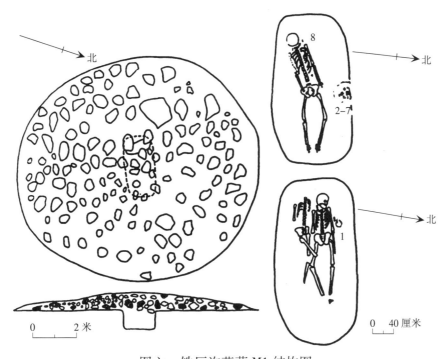

图六　铁厂沟墓葬 M1 结构图

1. 骨扣　2. 铜镞　3. 铜镜　4. 铜针　5. 残马镳　6、7. 铜马衔　8. 石扣　9. 项珠

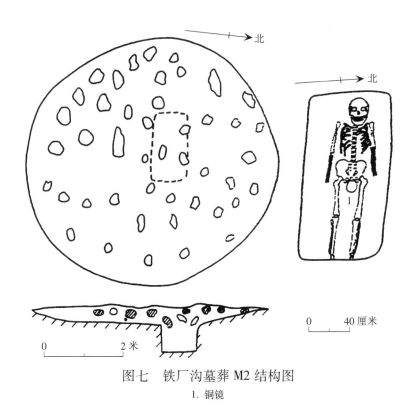

图七　铁厂沟墓葬 M2 结构图

1. 铜镜

　　M2　地表有不明显的封堆标志，平面呈椭圆形，长径6.5、短径6、高0.3米。封堆上有零星铺石。墓室在封堆下中部，墓室口开在原地表。墓室平面呈长方形，长1.65、宽0.85、深0.65米，墓道内有零星的填石。墓内葬1人，仰身直肢，头西北脚东南。死者手指骨和脚趾骨不全。少年，性别不详。在双腿间随葬1枚无纽铜镜（图七；图版三一六：中、三一七：上）。

　　M3　地表有不明显的封堆标志，用砾石堆成，顶部平，平面近椭圆形，长径10、短径7.8、高0.6米。封堆下有中部一浅的墓室，开口在原地表，墓室平面呈长方形，长1.75、宽1.2、深0.2米。墓内葬1人，仰身直肢，头西脚东。死者腰椎以下缺失，左胫骨、腓骨在生理位置排列，下颌骨发现于盆骨下。下肢缺脚趾骨，成年男性（图版三一九：1）。

　　M5　地表有不明显的封堆，封堆下有零散的铺石。封堆北部局部被破坏。平面呈圆形，直径约7米。墓室在封堆下中部，墓室平面呈长方形，长1.6、宽0.93、深0.6米。墓室口盖以板石和卵石。墓内葬1人，仰身直肢，头西南脚东北。骨骼朽，儿童，性别不明。无随葬品（图八）。

　　M6　地表有不明显的封堆，封堆上铺石，铺石平面呈圆形，直径6、高0.25米。墓室在封堆下偏北部，平面呈长方形，长1.8、宽0.8、深0.5米。墓室口盖以板石。墓内葬1人，仰身直肢，头西北脚东南。骨骼朽，缺右尺骨、桡骨、左肱骨。少年女性。无随葬品。

　　M7　地表有不明显的封堆，封堆上铺以卵石，上有少量的铺石。铺石平面呈圆形，直径7、高0.15米。墓室在封堆中部，墓室平面呈长方形，长1.7、宽0.9、深0.5米。墓内葬1人，仰自直肢，头西北脚东南。胸骨以上骨朽。无随葬品（图版三一九：2）。

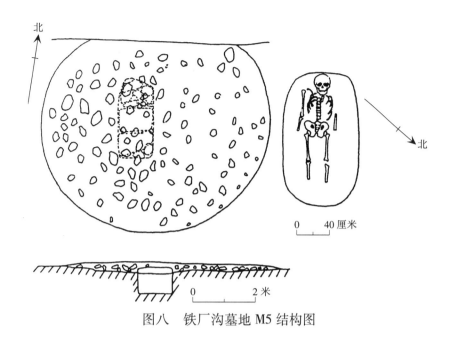

图八　铁厂沟墓地 M5 结构图

三　出土器物

只有两座墓葬出土随葬品，主要为铜器，另有少量石器和玻璃珠。

（一）铜器

有铜镜、镞、铜马衔等。

1. 镜，2 件。

M2：1，出土于骨架双腿间，为不规则的圆形铜板，无纽，边缘略有残损。直径 7 厘米（图版三一九：4）。

M1：3，不规则的圆形铜镜，无纽，边缘残损。直径 9 厘米（彩版一〇八：1）。

2. 镞，3 件，均出自 M1。

统一编号为 M1：2，形制相同，均为三翼，镞首尖锐，铤部为圆柱状，铤尾扁。分别长 4.7、5.6、6 厘米（图九：2、3、7）。

3. 马衔，2 件。均残，出自 M1。

M1：6，残，残部分呈 H 形。残宽 2 厘米（图九：6；彩版一〇八：4 下）。

M1：7，只保留马衔的一端，大体呈长方形，内端弧圆，内侧有圆孔，外侧有方孔。残长 3、宽 2 厘米（彩版一〇八：4 上）。

4. 马镳，残件，2 件。

M1：5，残为弯曲的柱管状。残长 3、宽约 2 厘米（彩版一〇八：3）。

5. 针，1 件。

M1：4，残，一端扁，有针眼。残长 3.2 厘米。

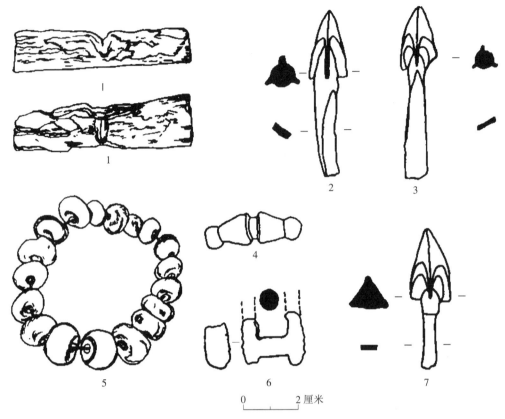

图九　铁厂沟墓地墓葬出土铜、石器

1. M1：1　2、3、7. M1：2　4. M1：8　5. M1：9　6、7. M1：5

（二）其他

1. 石扣，1件。

M1：8，短柱体，两端圆头，中鼓凸，中间有凹槽。长4.1厘米（图九：4；彩版一〇八：2）。

2. 骨扣，1件。

M1：1，柱状，中间有刻槽，表现光滑。长6.4厘米（图九：1）。

3. 项珠，1串。

M1：9，共18颗。为算盘珠状，直径0.7~1.5厘米。出土于人骨颈脖处，当为项链（图九：5；图版三一九：3）。

第三节　结　语

　　铁厂沟墓地发掘墓葬的年代，推测在公元前7~前6世纪，是草原游牧文化居民的遗存；墩麦里墓地发掘墓葬的年代，推测在公元2~4世纪，为汉晋时期，是当地游牧贵族的墓葬。这些发现为早期铁器时代和汉晋时期北疆地区游牧文化，提供了新的材料。

另附：2003 年夏天，伊犁昭苏夏台清理一座被严重破坏的墓葬，墓葬为竖穴土坑二层台墓，墓口有棚圆木，坍塌。墓坑长、宽为 5×4 米，深 2.7 米。墓内仅留有少许残人骨，出土有铜碗 1 个，被压变形。口径 7.1、高 6 厘米。

图一〇 夏台墓葬出土铜碗

附 二

吉林台墓地出土铜器金相与成分分析

样品编号	考古编号	器物名称	锈蚀情况	主要元素含量（wt%）					组织检验	材质与制作技术
				铜 Cu	锡 Sn	砷 As	硫 S	其他		
XJ834	2002YNQT4：1	残铜片		69.7	17.2			CI：13.1	样品中间锈蚀层保留有等轴晶、孪晶组织形态，晶粒和夹杂物似有变形，局部有滑移带存在	Cu－Sn 热锻后冷加工
XJ836	2003YNBM3：1	残铜片		40.6	42.8	3.5	2.3	CI：10.8	样品锈蚀严重，局部似保留等轴晶组织形态	Cu－Sn－As 锻造
XJ837	2003YN；M115：1	铜刀残片		98.9				CI：1.1	样品锈蚀严重，组织已不可见	Cu？
XJ839	2003YN；M146：1	残铜片		63.8	23.5	3.6	3.3	CI：5.8	锈蚀产物保留有等轴晶、孪晶组织形态，夹杂物未见有变形痕迹	Cu－Sn－As 热锻
XJ840	2003YN；M120A：2	残铜器	金属残余	60.9	15.8		1.5	CI：21.8	锈蚀产物多呈现出铸造的枝晶组织，局部呈现等轴晶、孪晶组织形态	Cu－Sn 铸造与热锻？
XJ841	2003YN；M22：1	铜块		94.6				CI：5.4	样品锈蚀严重，组织已不可见	Cu？

附　表

表一　　　　　　　　　穷科克一号墓地墓葬登记表

	编号	地表结构	墓室	葬俗	头向	随葬品	注
1	M1	地表石圈铺石	竖偏，墓道填石	单人一次葬，仰直，成年女性	西	木盆（朽），羊骶骨	
2	M2	地表石堆	地表石棺	封堆中两个体，上层有胸骨、骶骨、残股骨，女性，15 岁左右。下层有一高大个体，仅存腰椎以下。石棺中一二次葬者，骨骼不全，散置，成年男性		环首铜刀、砺石、盘状研磨器、骨饰	
3	M3	地表零星铺石圈，墓室口略显铺石	竖偏，墓道填石	单人一次葬，仰直，指骨不全，头骨压在胸上。成年男性	西		
4	M4	土堆石圈，墓室口上积石	竖偏，墓道填石	单人一次葬，仰直，左指骨无，其余指骨不全。死者双腿间一白色球状物，疑为结石。成年男性	西	BⅠ陶单耳杯、羊骶骨	
5	M5	地表零星铺石	竖偏，墓道填石	单人一次葬，仰直，指骨和趾骨无，墓内零星趾骨，成年女性	西	BⅡ陶鼓腹壶 2、陶单耳杯（残）、木钵（朽）、羊骶骨	
6	M6	地表零星铺石	竖偏，墓道填石	单人一次葬，仰直，指骨无。成年男性	西	陶圈足罐、羊骶骨	
7	M7	地表零星石圈，墓室口上积石	竖偏，墓道填石	单人一次葬，仰直，趾骨不全。女性，16~18 岁	西	AⅡ陶无耳罐、B 型陶钵、羊骶骨	
8	M8	地表零散铺石，双墓室	均竖穴填石	A、B 均单人一次葬，仰直。A 成年女性，B 成年男性，左指骨无，右指骨不全	西	A 室，Ⅰ式陶勺杯、木盆（朽）、羊骶骨；B 室，无随葬品	

	编号	地表结构	墓室	葬俗	头向	随葬品	注
9	M9	地表零星石圈，墓室口椭圆石圈	竖偏，墓道填石	单人一次葬，仰直，指骨不全。男，40岁左右	西	CⅢ式陶钵、残铁刀、羊骶骨	
10	M10	地表石圈，三墓室，墓室口上有石圈	A竖穴，B、C竖偏，墓道填石	A单人一次葬，仰直，幼儿。B单人一次葬，仰直，8~9岁，C单人一次葬，仰直，女，25岁左右	西	B室，Ⅲ陶勺杯、羊骶骨；C室，陶罐	
11	M11	土堆石圈铺石	竖偏，墓道中填石，下层有积木	单人一次葬，仰直，指骨不全，成年女性	西	BⅡ陶单耳杯、残铁刀、木盆（朽）	
12	M12	墓室口石圈	竖偏，墓道填石	单人一次葬，仰直，女，40岁左右	西	BⅢ陶单耳杯、Ⅲ陶勺杯、铁刀残、羊骶骨、铁锥	
13	M13	土堆石圈，双墓室，墓室口上积石堆	均竖偏，墓道填石	A、B均单人一次葬，仰直。A，11~14岁；B，6~7岁	西	A室，石项珠、木盆、小铁刀；B室，木盆（朽）、木杯（朽）、残铁刀	
14	M14	地表石圈，墓室口上积石堆	竖偏，墓道填石	单人一次葬，仰直，头骨穿孔，成年男性	西		
15	M15	土堆石圈铺石，残缺。双墓室	均竖偏，墓道填石	A、B均单人一次葬，仰直。A女，40岁以上；B男，20~25岁，头骨上有穿孔现象	西	A室，彩陶罐（残）、AⅡ陶钵、残木盆、铁刀、羊骶骨；B室，AⅠ陶单耳杯、木盆、小木器、残铁刀	
16	M16	土堆铺石，略显石圈，双墓室	均竖偏，墓道填石	A、B均单人一次葬，仰直。A男，35~40岁，B女，40岁左右	西	A室，AⅢ陶无耳罐、陶罐、羊骶骨；B室，木盆、铁剑、羊骶骨、木杯	
17	M17	圆形祭坛					
18	M18	土堆石圈，墓室口上积石	竖偏，墓道填石	单人一次葬，仰直。指骨和趾骨不全。女性，20岁左右	西	AⅢ陶无耳罐、残铁刀、羊骶骨	
19	M19	土堆石圈铺石	竖偏，墓道填石	单人一次葬，仰直，盆骨以上扰。趾骨不全。成年男性	西		
20	M20	圆形祭坛	用有意打碎的石块堆成				

续表一

	编号	地表结构	墓室	葬俗	头向	随葬品	注
21	M21	土堆铺石，封堆破坏，规模大	竖穴填石	单人二次葬，骨骼少而零乱		铜刀、彩陶片（拼对成彩陶壶）及马、牛骨	
22	M22	地表石圈	竖穴填石	零乱人骨，小腿在生理位置		陶片	
23	M23	地表石堆	竖穴填石	墓底仅一颗人牙齿			
24	M24	土堆铺石残石圈	竖穴填石	单人二次葬，乱骨。男孩55~60岁		I式骨镞	
25	M25	地表石堆	竖穴浅石棺	数节残肢骨		陶片、铜刀（残）、铜器（残）	
26	M26	土堆铺石，橄榄形	竖穴填石	数节零散残骨		羊骶骨	
27	M27	土堆铺石	竖穴填石	单人一次葬，头和下肢扰，成年男性	西		
28	M28	土堆石圈石堆	竖穴填石	单人一次葬，仰直，指骨不全。女，35岁左右	西	陶仿皮囊壶、羊骶骨、残铁刀	
29	M29	地表铺石	地表上简易石棺	单人，二次乱葬，只有数节残肢骨			
30	M30	地表石圈铺石	竖穴填石，石棺	单人一次葬，仰直，青年男性。指骨不全	西	陶单耳盆（内装羊骨）陶圜底钵、骨饰	
31	M31	土堆石圈铺石，局部破坏	竖穴填石，石棺，双墓室	A、B单人一次葬，仰直。A指骨无，趾骨不全；B左小臂无，手屈至盆骨处。A成年男性；B成年男性	西	A室，残铁刀、羊骶骨；B室，骨饰	
32	M32	土堆石圈铺石	竖偏，墓道填石	单人一次葬，仰直，指骨和趾骨不全。头骨上有穿孔现象。成年男性	西	BIII陶鼓腹壶	
33	M33	土堆石圈铺石	竖穴填石，墓底铺小石头	单人一次葬，仰直，左指骨不全。成年男性	西	陶钵（残）、陶单耳杯（残）、渣羊骶骨、骨扣（朽）	
34	M34	地表三堆铺石，三墓室	均竖穴填石，C室有石棺	A室单人一次葬，仰直，儿童，骨朽。B单人一次葬，仰直，男成。C单人一次葬，仰直，手指不全。盆骨下发现一胸椎。男成	均西	A室，陶折沿罐；B室，羊骶骨；C室，AIII式陶钵	

	编号	地表结构	墓室	葬俗	头向	随葬品	注
35	M35	土堆石圈铺石，局部临河破坏	竖偏，墓道填石	单人一次葬，仰直，左指骨无。成年男性	西	陶杯（残）、骨节约2	
36	M36	土堆石圈铺石	竖偏，墓道填石	单人一次葬，仰直，指骨和趾骨不全，成年男性	西	BⅠ陶鼓腹壶，口用石片盖	
37	M37	土堆石圈铺石	竖穴填石	单人一次葬，仰直，指骨和趾骨不全，成年男性	西	羊骶骨	
38	M38	土堆石圈铺石	竖穴填石，石棺	单人一次葬，仰直，指骨不全，成年男性	西	羊骶骨	
39	M39	土堆石圈铺石	竖穴填石，石棺，石棺不整齐	墓口南侧发现一幼儿骨架，朽。墓室单人一次葬，仰直，右指骨和左趾骨缺	西	陶管流、罐、陶钵，钵中羊骨	
40	M40	地表封堆破坏	竖穴填石	单人一次葬，仰直，右趾骨无，余指和趾骨不全，成年女性	西	AⅠ陶无耳罐、陶瓶、铜簪（残）	
41	M41	地表封堆破坏	竖偏，墓道填石	单人一次葬，仰直，右趾骨不全，成年女性	西	AⅢ陶无耳罐、木盆、羊骶骨	
42	M42	严重破坏	严重破坏	残骨			
43	M43	地表有不封闭石圈	无墓室	无人骨			
44	M44	土堆石圈铺石	竖偏，墓道填石	单人一次葬，仰直，成年男性	西	陶单耳罐	
45	M45	土堆石圈，双墓室，墓室口上堆石	均竖偏，墓道填石	均单人一次葬，仰直。A成年男性，B成年男性，左指骨缺	西	A室，AⅡ陶无耳罐、残铁器、木盆（朽）、羊骶骨；B室，AⅡ陶单耳杯、残铁器、骨节约、羊骶骨	
46	M46	土堆石圈，双墓室，墓室口上堆石	均竖偏，墓道填石	均单人一次葬，仰直。A成年男性；B指骨和趾骨不全，青年男性	西	A室，AⅢ陶单耳杯、铁刀、骨器、羊距骨；B室，AⅡ陶无耳罐、陶单耳罐、残铁器、骨饰、Ⅰ式骨镞、Ⅱ式骨镞、砺石	
47	M47	地表石圈	竖偏，墓道填石	单人一次葬，仰直，左指骨不全。成年男性	西		
48	M48	土堆石圈铺石	竖偏，墓道填石	单人一次葬，仰直，指骨、趾骨不全。儿童	西		

续表一

	编号	地表结构	墓室	葬俗	头向	随葬品	注
49	M49	地表石圈	竖偏，墓室口上堆石	单人一次葬，仰直，成男。腿严重罗圈	西	Ⅱ式陶勺杯	
50	M50	地表石圈，墓室口铺石	竖偏，偏室口用大石板封堵，墓道中填石	单人二次葬，骨骼不全，堆放		残小皮带	
51	M51	土堆石圈铺石，不完整	竖穴填石，石棺	一个体斜趴于墓壁上，似挣扎外出状。成年男性			
52	M52	土堆铺石，局部破坏	竖穴填石，石椁木棺	单人二次葬，盆骨和腰椎连在一起，余散乱		羊距骨、骶骨，铜锈、Ⅲ式骨镞	
53	M53	地表双石圈	竖偏，墓道中填石	A、B均单人一次葬，仰直。A5岁左右儿童，趾骨无。B成年男性，右指骨无，左指骨不全	西	A室，C型陶无耳罐；B室，CⅠ陶钵、羊肋骨	
54	M54	地表铺石石圈，局部完整	竖穴填石	单人一次葬，仰直，指骨不全	西	Ⅱ式陶勺杯、骨节约	
55	M55	土堆石圈石堆	竖偏，墓道内填石	单人一次葬，仰直，下肢微屈。女25~30岁	西	Ⅱ型陶盆	
56	M56	土堆石圈双墓室	竖偏，墓室口有堆石，墓道内填石	均单人一次葬，仰直。A女，25~30岁；B男，30~35岁	西	A室，AⅡ式陶钵、陶罐；B室，AⅠ式陶钵、B型陶无耳罐	
57	M57	地表小石圈	竖偏，墓道填石	单人一次葬，仰直，指骨趾骨不全，只有很少几节。成年女性		Ⅰ式陶勺杯、Ⅱ式陶勺杯、CⅡ式陶钵	

表二　　　　　　　　　穷科克二号墓地墓葬登记表

	编号	地表结构	墓室	葬俗	头向	随葬品	注
58	M01	被盗	竖穴石棺	残朽人骨			
59	M02	严重盗扰	竖穴石棺	残朽人骨		铜针（残）残铁刀	
60	M1	盗	竖穴石棺	残人骨		单耳杯、铜簪	

续表二

	编号	地表结构	墓室	葬俗	头向	随葬品	注
61	M2	地表铺石	竖偏，墓道填石	单人一次葬，仰直。趾骨不全	西	骨珠	
62	M3	无封堆	竖偏，墓道上部填碎石，下为黄土	单人一次葬，仰直，指骨很少，趾骨。男，40岁左右	西	陶杯（残）、铁器残、骨珠	
63	M4	土堆，石圈铺石	竖穴填石，石棺	双人葬，a个体盆骨以上扰，b骨体下肢以上扰。a成年男性，b成年	西	残铁刀、铁刀	
64	M5	土堆石圈铺石，双墓室	A竖偏，墓道填石，B竖穴填石，石棺	A、B均单人一次葬，仰直。A儿童，B成年男性，无头骨	西	A室，BⅠ式陶钵，钵上盖片石；B室，Ⅰ式陶无耳罐	
65	M6	土堆石圈铺石	竖穴填石	单人一次葬，仰直。指和趾骨无，下屈略屈。儿童	西	陶双耳罐、AⅠ式陶钵	
66	M7	土堆石圈铺石	竖穴填石	单人一次葬，仰直，下肢略屈。趾骨不全。成年男性	西		
67	M8	土堆石圈铺石	竖偏填石	单人一次葬，仰直。右上肢扰，指骨和趾骨不全。女，20～25岁	西		
68	M9	土堆零散石圈，墓室口上积石	均竖穴填石	A、B均单人一次葬。A侧身向左，成年女性。B仰直，成年男性	西		
69	M10	土堆石圈，墓室口上积石，三墓室	均竖穴填石，石棺	A、B、C均单人一次葬，仰直。均男成。	西	A室，BⅡ式陶钵、铁刀、羊骶骨；B室，C型陶钵	
70	M11	土堆石圈铺石	竖穴填石，石棺	单人一次葬，仰直，头端扰，无头骨。趾骨不全，墓室口见趾骨	西	铁刀	
71	M12	土堆石圈铺石	竖穴填石，板石多层垒成石棺	单人一次葬，仰直。上身扰，头骨扰至左肩部	西北	牛（马）骶骨、残铁刀	棺口西端有一狗骨，呈爬卧状

	编号	地表结构	墓室	葬俗	头向	随葬品	注
72	M13	地表零星石头	竖穴填石，石棺	单人一次葬，仰直，幼儿。骨杇	西		
73	M14	地表零星石头，双墓室	均竖偏，墓道填石	A、B均单人一次葬，仰直。A成年男性，B未成年个体。在B墓室口处见一婴儿骨	西	A室，AⅠ式陶钵；B室，AⅡ式陶钵、Ⅰ式陶勺杯	
74	M15	地表零星石头，双墓室	竖偏，墓道填石	A、B单人一次葬，仰直。A成年女性，B成年男性	西	A室，Ⅱ式陶无耳罐、BⅠ式陶钵；B室，残陶钵、BⅠ式陶钵	
75	M16	土堆铺石	竖穴填石，石棺	单人一次葬，仰直，成年女性	西	BⅡ式陶钵	
76	M17	地表露出石头，双墓室	竖穴填石，石棺	A单人一次葬，仰直，上身扰，头骨扰至腰部。成年男性。B双人合葬，a一次葬，仰直，b二次葬乱骨堆放在a的下肢上	西	A室，羊椎骨；B室，AⅠ陶钵	
77	M18	地表略显石头	竖穴填石，石棺	单人一次葬，仰直。成年男性	西		
78	M19	墓室口少量堆石	竖偏，单侧二层台	单人一次葬，仰直。成年女性	西	C型陶钵、陶单耳罐	
79	M20	土堆零散石圈	竖穴填石，石棺	单人一次葬，仰直，儿童	西	人骨右手处放19枚羊距骨、残铁刀	
80	M21	土堆零散石圈	竖偏，墓道填石	单人一次葬，仰直，左上肢屈至盆骨处。成年女性	西北	羊椎骨，羊肋骨	
81	M22	土堆石圈，4墓室，2墓室同穴	均竖穴填石，石棺	A、B、C、D均单人一次葬，仰直。A、B、C腿骨或腿骨以上被扰，骨骼散乱。A头骨扰至棺外。A、D成年男性，余不明	西	A室，铜簪、骨珠；B室，陶壶；C室，羊骶骨；D室，羊骶骨、牛骶骨	
82	M23	土堆零散铺石，双墓室	均竖穴填石，石棺	A、B均单人一次葬，仰直。A右趾不全，右腓骨无，成年女性。B上身扰，头骨无。幼儿	西	A室，AⅠ式陶钵；D室，牛骶骨、羊骶骨、羊椎骨	

续表二

	编号	地表结构	墓室	葬俗	头向	随葬品	注
83	M24	土堆石圈	竖穴简易石棺	单人一次葬，仰直，成年男性	西	铁刀、穿孔石器	
84	M25	土堆零散石圈，双墓室	竖穴填石，石棺	A、B均单人一次葬，仰直，成年男性	西	A室，Ⅰ式陶勺杯；B室，AⅡ式陶钵	
85	M26	土堆零散石圈，双墓室	竖穴填石，石棺	A、B均单人一次葬，仰直。A左手畸形，成年女性。B趾骨不全，成年男性	西	A室，羊骶骨	
86	M27	土堆石圈，双墓室	均竖穴填石	A单人一次葬，仰直，双臂、右下肢折断。成年男性。B为幼儿，仰直，骨朽	西	A室，AⅠ式陶钵、羊骶骨，B室，Ⅱ式陶勺杯	封堆中1陶钵
87	M28	土堆零散石圈，铺石	竖穴填石，简易石棺	单人一次葬，仰直，左上肢屈至盆骨处，右指骨不全。成年男性	西	BⅢ陶钵、陶豆（残）羊骶骨、铁刀	
88	M29	地表零星石圈	竖穴填石，石棺	单人一次葬，仰直，盆骨以上扰，无头骨，成年男性	西	铁刀2（残）	
89	M30	地表石圈	竖穴填石，石棺	单人一次葬，仰直。趾骨不全。女，20岁左右	西	铜耳环2、铁簪、残铁刀	
90	M31	无封堆	竖穴填石	单人一次葬，仰直，男成	西	Ⅱ式无耳罐	
91	M32	地表小石堆	竖穴填石，石棺	幼婴，人骨朽	西	Ⅰ式陶勺杯	
92	M33	无封堆	竖穴石棺，长石封口	单人一次葬，仰直。成年女性	西南	陶管流罐（残）	
93	M34	土堆石圈铺石	竖穴填石，石棺	墓道内塞葬一头朝下蜷屈着的个体。成年女性。棺内单人，腰椎以上扰乱，骨骼不全。成年男性	西	金耳环、玛瑙珠、残铁刀、金耳环	
94	M35	土堆石圈铺石	竖穴填石，石棺	单人一次葬，仰直。成年女性	西	AⅡ式陶钵、铜针（残）、羊椎骨、铁锥、碳精石	
95	M36	地表略显石头	竖穴填石，石棺	单人一次葬，仰直，成年女性	西	残铁刀、铜饰、羊骶骨	
96	M37	地表略显石头	竖穴填石，石棺	单人一次葬，仰直。成年男性	西	陶钵（残）	

	编号	地表结构	墓室	葬俗	头向	随葬品	注
97	M38	地表零散石圈	竖穴填石，石棺	单人一次葬，仰直，无头骨。成年女性	西	陶罐（残朽）、铁锥	
98	M39	地表小石堆	浅坑中用卵石围成简易浅棺	单人，只有上半身少量骨骼		陶罐（残朽）	夹砂灰陶罐
99	M40	地表略显石圈	竖穴单侧二层台，墓坑填石	单人一次葬，仰直，成年男性	西		

表三 　　　　　　　呼吉尔台沟墓地墓葬登记表

	编号	地表结构	墓室	葬俗	头向	随葬品	注
100	M1	地表小石堆	竖穴填石	单人一次葬，仰直，右臂骨断裂，右指趾骨不全。男成。	西	陶钵、Ⅰ式单耳杯	
101	M2	石堆石圈，双墓室	A 竖穴填石；B 竖偏，墓道填石	A 单人一次葬，仰直。A30 岁左右男性。B 左指骨无，女，20 ~ 25 岁	西	A 室，Ⅱ式单耳杯；B 室，铁刀、陶罐	
102	M3	土堆石圈，墓室口上积石	竖偏，墓道填石，墓室口用大石板封	单人一次葬，仰直，女成	西	无耳罐，Ⅱ式单耳杯	

表四 　　　　　　　乌图兰墓地墓葬登记表

	编号	地表结构	墓室	葬俗	头向	随葬品	注
103	M1	土堆石圈铺石	竖穴填石，石棺	单人二次葬，少年。骨骼零乱		铁钉、铜刀、马骶骨、陶片、单耳杯	
104	M2	墓室口上石圈	竖偏，墓道中填石，墓室口用大石封堵	单人一次葬，仰直。左指骨无，其他指趾骨不全，腰椎和骶椎有增生现象。女，35 ~ 40 岁	西	铁钉、单耳罐，管流罐	
105	M3	石圈，双墓室口积石	竖穴填石，石棺	A 双人合葬，a 一次葬，仰直男成。b 二次葬，堆放墓室南角，骨骼不全，女成。B 单人一次葬，仰直，男，20 ~ 25 岁	东北	A 陶罐、无耳壶、陶钵、鋬耳罐、骨锥	

	编号	地表结构	墓室	葬俗	头向	随葬品	注
106	M4	土堆，局部破坏	竖穴填石，石棺	单人一次葬，仰直。左指骨无，右指骨只有二节，下趾破坏。男55岁左右	东北	陶钵2、无耳罐、马骶骨	
107	M5	地表用小石堆围成大石圈	竖穴填石，石棺	近期被盗，只留有残骨。青女			

表五　　　　　　　　加勒克斯卡茵特一号墓地墓葬登记表

	编号	地表结构	室墓	葬俗	方向	随葬品	注
108	M1	土堆石圈铺石	竖二	单扰，腿骨以上扰乱，骨殖零乱，无头。成年	西北	封土中有40余根小羊腿、羊头、牛头、羊腿、牛排	
109	M2	土堆石圈铺石	竖穴，墓内填石	单人二次葬，少量人骨，人骨零乱，双小腿在生理位置上		陶钵（残）、羊下颌、羊头	
110	M3	土堆石圈铺石	竖二，墓坑填石，二层台上用原木封墓室口	单人二次葬，人骨不全，堆放在墓室西北端。成年		铁器残片	
111	M4	土堆石圈铺石	竖偏，墓道中填石	单人一次葬，仰直，缺指骨趾骨，填土中发现3节指骨。成年男性	西北	AⅠ式陶折沿钵、羊椎骨、木板痕	
112	M5	土堆石圈铺石	竖穴，墓道中零星填石	单人一次葬，仰直，指骨和趾骨不全。成年男性	西北	陶罐、铜镜、鸟形铜簪、铁器、金片、石珠、C型骨镞	石圈外有烧坑
113	M6	土堆石圈铺石	竖穴二层台，二层台上铺木	单人一次葬，仰直。盆骨以上扰，胸椎扰动严重，无头骨。成年	西北	马鞍形石磨盘、B型铜簪2、C型铜簪、铜镜、残铁器、铜饰（残）3、铜牌饰（残）、骨剑鞘、骨挂饰、银耳环、兽头骨雕	
114	M7	土堆石圈铺石	竖穴，墓穴填石	单人一次葬，仰直，右指且不全。成年	西北	A型耳环、羊椎骨、铜耳环	
115	M8	土堆石圈铺石	竖偏	单人一次葬，仰直。男成	西北	AⅠ式陶无耳罐2、圆木、羊尾骨、BⅣ式单耳罐	
116	M9	土堆石圈铺石	竖穴，墓道填石	单人一次葬，仰直，指骨无，趾骨缺。青年女性		BⅠ式陶折沿钵、羊肋骨、残陶罐	
117	M10	土堆略显石头	竖穴	单人一次葬，仰直。成年女性	西北	马鞍形石磨盘、AⅠ式折沿钵	

	编号	地表结构	室墓	葬俗	方向	随葬品	注
118	M11	土堆双石圈	竖穴二层台，二层台上铺木。墓道中填石。	单人一次葬，双腿骨以上扰，有头骨，其余人骨堆放在墓室一端。成年		BⅡ式陶折沿钵、残铁器	
119	M12	土堆零星石头	土坑单侧二层台，	单人一次葬，仰直，盆骨朽，指趾骨无，儿童			
120	M13	土堆双石圈	竖穴二层台	单人一次葬，仰直。成年男性		C型耳环（填土）	
121	M14	土堆石圈双墓室	均竖穴，一墓道中填石	A单人二次葬，零星骨骼，儿童；B双腿依生理顺序，上少量堆放人骨		A室，陶双耳罐；B室，无随葬品	
122	M15	土堆双石圈	竖穴二层台，二层台上铺木	单人一次葬，仰直，上身扰乱，无头。成年		陶勺杯、AⅡ式陶折沿钵	
123	M16	土堆铺石	竖偏，大石封偏室口	单人一次葬，右小胳膊骨缺、左盆骨缺、指骨缺、右趾骨无。女成			
124	M17	土堆铺石	竖偏	单人一次葬，趾骨无。成年男性			陶壶（残）
125	M18	土堆双墓室	均竖穴	A单人一次葬，仰直，左趾骨不全，成年女性，臂骨处有幼婴骨架；B单人二次葬，头骨和少量肢骨堆放，变形颅骨		A室，铁马镫（残），铜锥；B室，无	
126	M19	土堆铺石	竖穴偏室	单人一次葬，仰直，成年男性。一侧置圆木	西北	圆木	
127	M20	土堆石圈铺石双室	均竖穴，	A单人二次葬，少量骨骼，儿童；B单人一次葬，仰直，缺手指和趾骨。成年男性	西北	A室，曲柄陶钵、C型骨镞、铁环（残）、羊椎骨、手镯	
128	M21	土堆石圈铺石	竖穴	单人一次葬，仰直，手指无，趾骨不全。儿童	西北	A型铜簪，BⅡ式陶折沿钵、羊椎骨	
129	M22	土堆残石圈	竖穴	单人一次葬，盆骨以上扰，腰部骨骼不全	西北		
130	M23	土堆残石圈	竖穴	骨骼残乱	不明	铜饰	
131	M24	土堆石圈铺石	竖穴二层台	单人二次葬，堆放墓室一角、有头和残肢骨，儿童		BⅠ式折沿钵	

	编号	地表结构	室墓	葬俗	方向	随葬品	注
132	M25	土堆铺石	竖穴	单扰，少量乱骨，双小腿骨在生理位置		Ⅲ式单耳杯、直柄刀、铁锥2、BⅡ式单耳罐	
133	M26	土堆石圈	竖穴	单人二次葬，头、肢骨无椎和勒骨		BⅠ式折沿钵、BⅡ式陶折沿钵、陶片	
134	M28	土堆，零星石头	竖穴	单人一次葬，仰直，成年女性	西北	羊椎骨、铜匙、D型铜簪，铜匙，羊骨	
135	M29	零星石头	竖穴	朽骨		铜牌饰、铜簪、AⅠ式陶敛口钵、AⅣ式陶无耳罐、A单耳陶罐	
136	M30	零星石头	竖穴	朽骨		BⅣ式陶单耳罐	
137	M31	土堆石圈	竖穴偏室，墓道填石	单人一次葬，仰直，成年男性	西南	陶钵、铜羊饰件、铜羊饰	
138	M32	土堆双石圈	竖穴偏室，墓道中填石	单人一次葬，仰直，胸部略扰，成男。右手骨上绘图案	西北	A型陶瓶、残铁器、羊尾椎	
139	M34	土堆石圈	竖偏，墓道中少量填石	单人一次葬，仰直，趾骨缺。成年女性	西北	石研磨器、残铁器、BⅠ式陶无耳罐、石珠、A型单耳罐	
140	M35	土堆铺石	竖穴	单人一次葬，双腿以上扰，骨骼零乱。成年男性	西北	AⅢ式陶无耳罐、残铁块	
141	M36	土堆石圈铺石双墓室	均竖偏，墓道内填石	A单人一次葬，仰直，老年女性；B单人一次葬，仰直，指骨无，趾骨缺	西	A室，BⅡ式陶无耳罐、铁刀；B室，羊椎骨	
142	M37	土堆双石圈	竖穴偏室，墓道中填石	单人一次葬，仰直。青年女性	西北	骨簪首、羊椎骨、铁钩	
143	M38	土堆双石圈	竖穴，墓道中填石，墓室略呈袋状	单人一次葬，仰直，趾骨不全。成年男性	西北	BⅠ式陶单耳罐、羊椎骨残铁椎、羊距骨、金箔、A型骨镞、B型骨镞2、C型骨镞3	
144	M39	土堆双石圈	竖穴偏室，墓道中填石	单扰，骨骼零乱。成年男性		残铁器	
145	M40	土堆石圈	竖穴，墓坑略为袋状	单人一次葬，仰直，成年男性	西北	封堆中铜钉，墓室内羊椎骨	

续表五

	编号	地表结构	室墓	葬俗	方向	随葬品	注
146	M41	土堆双石圈	竖穴	双人一次葬，仰直。二人不在同一平面。南浅，右手屈到盆骨处，成年男性；北深，成年女性	西北	填土中陶片	
147	M42	土堆双石圈	竖穴，墓内上部填石，下部铺圆木	单人一次葬，仰直。50岁左右男性	西北	AⅠ式陶敛口钵、AⅠ式陶无耳罐、AⅢ陶无耳罐2、羊椎骨、牛椎骨	
148	M43	土堆零星铺石	竖穴	单人一次葬，仰直，成年男性	西北	AⅠ式敛口钵	
149	M44	土堆石圈内双石圈，双墓室	A、B均竖穴，墓室口填石，A墓底平铺圆木	A、B均单人一次葬，仰直，成年男性	西偏北	A室，几节羊椎骨；B室AⅠ式陶折沿钵、石球	
150	M45	土堆双石圈	竖穴二层台，墓道上部填石，下部人骨架上铺圆木	单人一次葬，仰直，右手指缺，一手指骨缺。成年男性	西北	Ⅰ式陶单耳杯、AⅢ式陶折沿钵、羊椎骨	
151	M46	土堆石圈铺石	竖穴偏室，墓道中少量填石	单人一次葬，指骨无，趾骨不全缺。成年女性		羊椎骨、石研磨器（残）、铜耳环（残）、研磨器	
152	M47	土堆双石圈	竖穴二层台，二层台上铺木。墓道上有少量填石	单人一次葬，仰直，右指骨无。成年男性	西北	残铁器、羊椎骨	
153	M48	土堆双石圈	竖穴二层台，墓道内少量填石，有一立木	单人一次葬，仰直。成年女性	西北	铜匙、羊椎骨、碳精石块	
154	M49	土堆双石圈	竖穴，墓道一层填石，墓底壁一侧叠石	单人一次葬，仰直，指骨趾骨缺。成年男性	北偏西	羊骶骨	
155	M50	土堆石圈铺石	竖穴	单人一次葬，仰直，缺指骨、趾骨。少女	西北	AⅡ式陶敛口钵、羊椎骨	
156	M51	土堆石圈铺石	竖穴偏室，墓道中填石	单人一次葬，仰直。成年女性	西北	球腹无耳罐、D型金耳环、残铁器、羊椎骨	
157	M52	土堆石圈铺石	竖穴偏室，墓道少量填石	单人一次葬，仰直。成年女性	西北	A型金耳环、残铁刀、羊椎骨、料珠牛、骶骨	
158	M53	土堆石圈铺石	竖穴偏室	单人一次葬，仰直，指骨不全，趾骨缺。成年	西北	铁带扣、B型金耳环2、残铁器、玛瑙珠（24颗）、羊骶骨、C型金耳环2，石珠项饰一串，料珠	

	编号	地表结构	室墓	葬俗	方向	随葬品	注
159	M54	土堆石圈铺石	竖穴偏室，墓道中填石	单人一次葬，仰直，指和趾骨缺。成年男性	西北	BII式陶单耳罐、柱状铜饰、铜扣、残铁刀2件、石器、羊骨	
160	M55	土堆双石圈	竖穴，墓道中分层填石	单人一次葬，腿骨以上扰乱，缺上身人骨。成年男性	西北	B型骨镞4、羊椎骨、B型骨镞4	
161	M56	土堆石圈铺石	竖偏	单人一次葬，仰直。成年男性	西北	AII式陶折沿钵、残铁刀、羊椎骨、喇叭状铜器	
162	M57	土堆石圈铺石	竖偏，偏室口用大石封堵	单人一次葬，仰直。儿童	西北	铜带扣、AI式陶无耳罐、羊椎骨、残铁刀	
163	M58	土堆石圈铺石	竖偏，墓道中填石，墓室口用大板石封堵	单人葬，乱骨堆放。成年男性		AIII式陶无耳罐、残铁刀、C型骨镞	
164	M59	土堆石圈铺石	竖偏	单人一次葬，仰直，指骨无。成年男性	西北	AII式陶折沿、钵羊椎骨、残铁刀	
165	M60	土堆	墓室平面为"T"形，一侧有祭祀坑	二次葬，骨骼散乱，成男		残石器、管流罐，B型陶瓶	
166	M61	土堆	竖穴	二次乱葬，骨骼较全，成年男性		羊肢骨，祭坑中有1石杵	封堆一侧有祭祀坑
167	M62	土堆	竖穴	单人一次葬，仰直，成年女性	东北	羊肋骨及肢骨、残陶罐	祭台
168	M63	土堆	无墓室地表下有成排的木头			羊肋骨 羊肢骨	
169	M64	土堆	竖穴单侧二层台	单人一次葬，仰直，盆骨以上扰，骨骼散乱。成年女性	西北		填土中有小铁件
170	M65	土堆石圈铺石	竖偏	单人一次葬，仰直，左指骨无。15~16岁少年	西北	III式陶单耳杯、铁簪、羊椎骨	
171	M66	土堆石圈铺石	竖偏	单人一次葬，仰直，左指无，脚趾缺。成年男性	西北	马鞍形石磨盘、AI式陶无耳罐、羊椎骨	
172	M67	土堆石圈铺石	竖偏，有头龛	单人一次葬，仰直，左指无，余指骨趾骨不全。成年男性	西	III式陶单耳杯、羊椎骨	

	编号	地表结构	室墓	葬俗	方向	随葬品	注
173	M68	土堆石圈铺石	竖偏	单人一次葬，指骨不全，略扰。成年男性	西	AⅠ式陶无耳罐、铁锥、羊排骨、羊骨	
174	M69	土堆石圈铺石	竖偏，墓道中填石	单人一次葬，仰直。成年男性	西北	羊椎骨、残铁器	
175	M70	土堆石圈铺石	竖偏，墓道中填石，偏室口用长石板封堵	单人一次葬，仰直，指趾骨不全。男成	西北	AⅢ式陶无耳罐、马鞍形石磨盘、铜环、B、C型骨镞3枚、残铁器、羊椎骨、陶双耳罐、双耳罐	
176	M71	土堆石圈铺石	竖偏	单扰乱，下肢在生理位置，上身散乱。疑为男	西北	墓道内见马牙	
177	M72	土堆石圈铺石	竖偏	单人一次葬，仰直，脚趾无、手指缺。成年女性	西北	残铁器、料珠	
178	M73	土堆石圈铺石	竖偏，墓道中填石，墓道底铺石，偏室口用木头封	单人一次葬，仰直成男成年	东北	环首铁刀、铁钉、羊椎骨	
179	M74	土堆石圈	竖穴	单人二次葬，少量骨骼，无头。成年		铁钉	
180	M75	土堆石圈铺石	竖穴	单人一次葬，仰直，指骨无，趾骨缺。成年女性	西北	铁钩、铁刀、铁杵、牛骶骨、牛骶骨	
181	M76	土堆石圈铺石	竖穴	单人一次葬，仰直，指骨无脚趾缺。成年女性		AⅢ式陶折沿钵、刻纹骨牌饰2、小动物骨骼、残铁器、银耳环、羊骨	
182	M77	土堆石圈铺石	竖穴石棺墓，墓坑中填块石	单人一次葬，仰直，成年	西北	AⅠ式陶折沿钵、残铁钩、柱状铁器	
183	M78	土堆石圈	竖穴	单人一次葬，仰直，手指和脚趾无。成年	西北	AⅢ式陶无耳罐、木盆	
184	M79	土堆石圈	竖穴二层台，墓口填石	单人，二次扰乱，只有零星骨殖		陶杯、AⅡ式陶折沿钵	
185	M80	土堆石圈	竖穴二层台	二次葬乱骨，填土中动物碎骨		陶片	
186	M81	土堆石圈	竖穴	单人一次葬，仰直，脚趾不全，头骨两侧有脚趾。成年男性	西北	铁剑、铁钩	

续表五

	编号	地表结构	室墓	葬俗	方向	随葬品	注
187	M82	土堆石圈	竖穴二层台	单人一次葬，仰直，指骨无，脚骨不全。成年	西北	羊骶骨、AⅢ式折沿钵、残铁锥、陶罐（残）、陶錾耳钵	
188	M83	土堆	竖穴	单人一次葬，仰直，手指无，脚趾不全，成年	西北	陶钵（残）	
189	M84	土堆双石圈	竖穴	单人，双腿以上扰，骨骼很少，有头骨。双腿在生理位置，无趾骨	西北		
190	M85	土堆石圈铺石	竖穴石棺，墓道中填石	单人一次葬，仰直。成年	西北	AⅡ式陶折沿钵、牛（马?）骶骨、羊骨	
191	M86	土堆石圈	竖穴	单人一次葬，仰直，成年	西北		
192	M87	土堆	竖穴	单人一次葬，仰直，手指无趾骨缺	西北	AⅢ式陶折沿钵	
193	M88	土堆	竖穴	单人一次葬，仰直，指趾不全，成年	西北	羊椎骨	
194	M89	土堆	竖穴	单人一次葬，仰直，指趾不全。成年	西北		
195	M90	土堆石圈铺石	竖偏	单人一次葬，仰直。成年	西	羊椎骨	
196	M91	土堆	竖偏	单人一次葬，仰直，指趾骨缺。成年	西北	羊椎骨、残铁刀、B型铜耳环2、料珠	
197	M92	土堆石圈	竖穴	单人一次葬，仰直，一手屈至盆骨处，手指缺	西北	牛骶骨、马肋骨	
198	M93	土堆	竖穴二层台	单人一次葬，仰直，手指缺。成年	西北	陶直壁杯	
199	M94	土堆双墓室	A竖穴二层台，B墓室口堆石，竖穴	A单人一次葬，仰直，指无，成年。B婴残骨，朽	西北	陶钵（残）、羊椎骨	
200	M95	土堆石圈	竖穴	单人二次葬，乱葬，骨骼不全。成年			
201	M96	土堆石圈中间略铺石	竖穴	单人一次葬，仰直，左指骨无，指和趾骨缺。成年	西北	AⅠ式敛口钵、羊骶骨、牛骶骨、A型铜耳环、AⅠ式敛口钵	
202	M97	土堆石圈零散铺石	竖穴	单人，扰乱，下腿以上骨骼很少，无头。成年	西北		

续表五

	编号	地表结构	室墓	葬俗	方向	随葬品	注
203	M98	土堆铺石双墓室	均竖穴	A 单人一次葬，左指无。B 单人一次葬，儿童，朽骨略乱	西北	A 室，A Ⅱ 式折沿钵 2、羊椎骨；B 室，无	
204	M99	土堆石圈	竖穴石棺，棺口盖石板，墓道内填数层石板	单人一次葬，仰直，成年女性	西北	石珠项饰一串、羊椎骨	
205	M100	土堆石圈石堆	竖穴	单人，上身局部完好，多散乱，二次扰乱。成年	西北	陶杯（残）、A Ⅰ 式陶折沿钵、B Ⅰ 式陶敛口钵、玛瑙珠、料珠	
206	M101	土堆石圈铺石	竖穴石棺，墓道中填石	单人一次葬，仰直，趾骨无。成年男性	西南	A Ⅱ 式陶无耳罐、羊骶骨、羊椎骨	
207	M102	土堆石圈石堆双墓室	均竖穴	A、B 均单人一次葬，仰直。A 指骨无，趾骨缺	西北	A 室，羊骶骨；B 室，陶钵（残）	
208	M103	土堆石圈铺石	竖穴，有简易木椁	单人一次葬，仰直。成年女性	西北	陶球腹鋬耳罐、铜匙、残铁器	
209	M104	土堆石圈	竖穴，墓道中填石	单人一次葬，仰直，成年女性	西北	陶盆、铁簪、羊骶骨	
210	M105	土堆石圈	竖穴双偏室，偏室口用圆木或大石封堵	A 单人一次葬，仰直，上身扰；B 单人一次葬，仰直，缺左小臂骨	西北		
211	M106	土堆石圈铺石	竖穴石棺，墓道中填石	单人，左半身相对完整，无头。成年男性	西北	A Ⅱ 式陶折沿钵、羊椎骨	
212	M107	土堆石圈石堆	竖穴	双人合葬，仰直，指骨趾骨缺。北男南女，成年	西北	B Ⅰ 式陶折沿钵、B Ⅲ 式单耳罐、A Ⅰ 式陶折沿钵、A 型铜簪、骨牌饰、A 型铜耳环、A 型铜耳环、动物头骨、残铁器	
213	M108	土堆石圈	竖穴二层台，墓道中填充四层圆木	单人一次葬，仰直。老年男性	西北	A Ⅱ 式陶折沿钵、羊骶骨、铁刀（残）	
214	M109	土堆石圈双墓室	均竖穴	A 双人合葬，西侧个体右上肢屈至胸骨处，右上肢呈上举状，下肢屈叠压；东侧个体仰直，缺指趾骨。B 单人一次葬，仰直，指骨无，趾骨不全。均成年	西北	B 室，A Ⅲ 式陶折沿钵、铜牌饰、A 型铜簪、铜针（残）、B 型铜耳环、牛和羊骶骨；A 室，无随葬品、D 型铜簪	

续表五

	编号	地表结构	室墓	葬俗	方向	随葬品	注
215	M110	土堆石圈铺石	竖穴	单人一次葬,仰直,上身略扰。成年男性	西北	AⅡ式陶折沿钵、铁剑、铜扣3、砺石	
216	M111	土堆	竖穴	单人一次葬,仰直,指骨无,缺趾骨。成年女性	西北	D型铜簪(残)、羊椎骨	
217	M112	土堆	竖偏	单人二次葬,乱骨较全		深腹钵	
218	M113	土堆石圈	竖穴二层台。墓道中大量圆木,排列整齐	单人一次葬,仰直,指骨无,脚趾不全。成年女性	西北	AⅠ式陶折沿钵2、羊椎骨	
219	M114	土堆石圈双墓室	均竖穴,墓道中少量填石。B室有简易石棺,人骨上下铺木	A男女双人合葬,仰直,上身扰;B室,二次葬,幼儿	西北	AⅢ式陶无耳罐、E型铜簪2件、牛骶骨、残铁器、D型铜簪、残铁簪	铜簪裹在毛毡中
220	M115	土堆石圈铺石	竖穴石棺	双人合葬,男右女左,仰直,平排,手拉手	西北	BⅢ式陶折沿钵、铁刀、牛(马?)骶骨、羊骨	
221	M116	土堆石圈铺石	竖穴二层台	单人一次葬,仰直,缺手指和脚趾。成年	西北	羊骶骨	
222	M117	土堆	竖穴	单人一次葬,仰直,双手屈于胸前。成年	北	AⅠ式陶敛口钵、BⅡ式陶敛口钵、BⅡ式陶折沿钵	
223	M118	土堆石圈	竖穴单侧二层台	单人一次葬,仰直,缺指骨	西北		
224	M119	土堆石圈双墓室	双墓室均竖穴	A、B均单人一次葬,仰直	西北		
225	M120	土堆石圈	竖穴单侧二层台	单人一次葬,仰直,左腿折后复原	西北	BⅠ式陶敛口钵	
226	M121	土堆石圈	竖穴二层台	单人一次葬,仰直	西北	AⅣ式陶无耳罐、铜针、铁锥,D型铜簪	
227	M122	土堆石圈	竖穴二层台	单人一次葬,仰直,手指无。成年	东北	AⅣ陶无耳罐、陶钵(残)AⅢ式陶折沿钵、AⅠ式陶敛口钵、陶瓶、羊椎骨、料珠	
228	M123	土堆,上层铺石,下层石圈	竖穴二层台	单人一次葬,仰直,指骨不全。成年女性	西北	BⅢ式陶折沿钵、羊骶骨、铁器、玛瑙珠	
229	M124	土堆石圈	竖穴偏室,二层上铺木	单人一次葬,仰直,右指骨无,余指骨和趾骨缺,老男	西略北	羊椎骨	二层台上铺木

	编号	地表结构	室墓	葬俗	方向	随葬品	注
230	M125	土堆石圈铺石双墓室	均竖穴二层台，墓道中填石或土	A、B 均单人一次葬，仰直，面向相，均缺少指骨趾骨，A 成年女性，B 成年男性	西北	A室，AⅢ式陶折沿钵、陶叠唇钵；B室，AⅠ式陶折沿钵、AⅡ式陶折沿钵	
231	M126	土堆	竖穴	单人一次葬，仰直，手指、脚趾不全。成年	西北	陶钵（杓）、砺石、羊椎骨、AⅢ式折沿钵	
232	M127	土堆铺石	竖穴单侧二层台	单人一次葬，仰直，成男	西北	AⅡ式陶折沿钵、AⅢ式陶折沿钵、Ⅱ式单耳杯、羊骶骨	
233	M128	土堆石圈铺石	竖穴二层台	单人一次葬，仰直，指趾骨不全。成年	西北	AⅡ式陶敛口钵、AⅡ式陶折沿钵、羊椎骨	
234	M129	土堆石圈铺石	竖穴偏室	单人一次葬，仰直，盆腰和指趾缺，成年	西北		
235	M130	土堆石圈	竖穴偏室	单人一次葬，仰直，指骨无，趾骨缺。成年男性	西北	羊骶骨、羊椎骨	
236	M131	土堆石圈铺石	竖穴偏室	单人一次葬，仰直，儿童	西北		
237	M132	土堆石圈铺石	竖偏	单人一次葬，仰直，成年	西北	陶钵（残）羊骶骨	
238	M133	土堆铺石	竖偏	单人一次葬，仰直，右手指缺，成年	西	羊骶骨	
239	M134	土堆	竖穴	单人一次葬，仰直，成男	西北		
240	M135	土堆石圈	竖穴	单人一次葬，仰直，成年	西北		
241	M136	土堆铺石	竖穴偏室	单人一次葬，仰直，左指无余指和趾骨不全，成男	西北	AⅠ式无耳罐	
242	M137	土堆石圈	竖穴	单人一次葬，仰直，指骨不全。成年男性	西北	AⅡ式折沿钵、BⅡ式折沿钵、羊椎骨	
243	M138	土堆	竖偏，墓道填石	单人一次葬，仰直，手指无，余指趾缺。成年男性	西北	AⅡ式陶无耳罐、羊椎骨	
244	M139	土堆石圈零散铺石	竖偏，墓道填石	单人一次葬，仰直，上身略扰乱，缺趾骨。成年女性	西	AⅡ式陶无耳罐2件	

	编号	地表结构	室墓	葬俗	方向	随葬品	注
245	M140	土堆石圈石堆	竖穴单侧二层台，墓道填石	单人一次葬，仰直，缺指趾骨，勒骨不全	西		
246	M141	土堆	竖穴偏室，树枝封偏室口	单人一次葬，仰直，左手指无。成年男性	北	C型陶单耳罐、残铁器、羊肢骨	
247	M142	土堆	竖穴	单人一次葬，仰直，指骨无，右趾骨无，左趾骨不全缺，成年女性	北偏西	石纺轮、石头、羊肢骨	
248	M143	土堆双墓室	均竖穴	A二次葬，乱骨，人骨较少；B单人一次葬，仰直，小孩		陶片、羊头、马鞍形石磨盘、骨器、铜环	
249	M144	土堆	封堆下原地面有祭坑	二次葬乱骨			
250	M145	巨形土堆	带墓道的洞室墓	二次葬乱骨		马牙、铜刻刀	
251	M146	土堆，双墓室	周边有祭祀坑，坑中出兽骨陶片	A乱骨，有头骨2，中1男性，下肢以下扰乱。B乱骨，有头骨肢骨等，儿童	西北	A室，铁圈（残）、铜泡（残）、骨管、骨管；B室，无	
252	M147	土堆	竖穴，坑中有脚踏面	二次葬，人骨堆放集中，未成年女性		马鞍形石磨盘、石球、圆形石磨	墓室一边有祭祀的烧坑
253	M148	土堆	竖偏	单人一次葬，仰直，右上肢屈到下颌处，左上肢屈到盆骨处。成年女性	西北	陶片、铜管	被M196打破
254	M149	土堆	竖偏	单人一次葬，仰直，成年男性	西北		
255	M150	土堆石圈	竖穴	单人一次葬，仰直，缺指骨和趾骨，成男	西北	管流罐	
256	M151	土堆	竖穴	浅墓坑的石头下压一婴儿	北		
257	M152	土堆	竖穴	单人一次葬，仰直，双手屈至腰部，指和脚趾缺，成男	西北		
258	M153	土堆	竖穴	单人一次葬，仰直，右手屈至盆骨处，趾骨缺，成年	西北		

续表五

	编号	地表结构	室墓	葬俗	方向	随葬品	注
259	M154	土堆铺石	竖穴	乱骨，大体依生理顺序放置	西北	骨管、B 型铜耳环 2	
260	M155	土堆双石圈	竖穴	二次葬，乱骨堆入在墓室一端，成男			
261	M156	土堆石圈	竖穴偏室，板石封墓室口，墓室内填石	单人一次葬，仰直，手指和脚趾不全，成年	西北	银耳环 2	
262	M157	土堆	竖偏	单人一次葬，仰直，右手屈至盆骨处，指和趾指骨不全，成女	西北	银耳环 2	
263	M158	土堆	竖偏	单人一次葬，仰直，双手交于腹	西北		
264	M159	土堆	竖偏	单人一次葬，仰直，双手合于盆骨处。成年女性	北		
265	M160	土堆	竖偏	单人一次葬，仰直，双手合于盆骨处，指趾无，成女	西北		
266	M161	土堆	竖偏	单人一次葬，仰直，左手屈至腰处，左指无，余指和趾骨不全，女成	西北		
267	M162	土堆，方形石圈	竖偏	骨架凌乱不全			
268	M163	土堆	竖偏	单人一次葬，仰直，双手交于盆骨处，指骨和趾骨不全。成年男性	西北		
269	M164	土堆	竖偏	单人一次葬，仰直，儿童朽骨	西北		
270	M162	土堆	竖偏	单人一次葬，仰直，双手合屈于盆骨处，指骨无，腰部有婴儿骨架	西北		
271	M166	土堆	洞室	单人一次葬，仰直，双手屈直下颌处，指和趾骨不全	西北	封土中有马鞍形石磨盘	
272	M167	土堆	竖偏	单人一次葬，仰直，双手交于腰下，指骨无。成年男性	西北	陶片、陶管流钵、管流钵	
273	M168	土堆红土	有长方形墓道洞室	二次乱葬			

	编号	地表结构	室墓	葬俗	方向	随葬品	注
274	M169	土堆石圈	竖穴，墓底和墓壁侧砌石	无人骨			
275	M170	土堆	竖偏	二次葬，头，骨骼零乱		马鞍形石磨盘2	
276	M168	略呈土堆	无	二次葬乱骨			
277	M172	土堆	竖偏	二次乱骨，骨骼很少		陶片	
278	M173	土堆，双墓室	均竖偏	A、B均单人一次葬，仰直，A右壁屈至盆骨处，B双手均屈胸部。A成年，B儿童	西北		
279	M174	土堆	无	土堆下原地表上，一石板压一极度扭曲个体，成年			
280	M175	土堆，双墓室	A竖偏，B竖穴。	A、B均单人一次葬，仰直，均为婴幼，骨朽	北		
281	M177	土堆	竖偏	单人一次葬，仰直，双手合屈于盆骨处，头骨被切	西北		
282	M178	土堆	竖偏，片石封偏室	单人一次葬，仰直，双手被盆骨压，成年男性	北		
283	M179	土堆	竖偏	单人一次葬，仰直，双手交于盆骨处，成年	西北		
284	M180	土堆	竖偏	单人一次葬，仰直，左手指骨无，其余手指和趾骨不全，成年	西北		
285	M181	土堆，双墓室	均竖偏	均单人一次葬，仰直，左手屈至盆骨	西北		
286	M182	土堆	竖偏	单人一次葬，仰直，头骨扰，二层台上马骨，马骨缺头	东北	棱形骨器、残铁器	
287	M183	土堆，石圈	竖偏，墓道中填石	单人一次葬，仰身下肢略屈，成年	西北		
288	M184	土堆，双墓室	均竖偏，A室口用石板封堵	A单人一次葬，仰直，双手交屈于盆骨处。B仅填土中有指骨	西北		
289	M185	土堆	竖偏	单人一次葬，仰直，手指脚指无，儿童	西北		

	编号	地表结构	室墓	葬俗	方向	随葬品	注
290	M186	土堆	竖偏	单人一次葬，仰直，双手屈于下腰。成年男性	西北		
291	M187	土堆，双墓室	均竖偏	A、B墓室均单人一次葬，仰直，双手屈至盆骨处，无指骨脚趾缺。成年	西北		
292	M183	土堆		双手交于盆骨	北		
293	M189	土堆零星铺石	竖穴，墓室口填石	单人二次葬，乱骨，人骨骼很少		残铁块	
294	M190	土堆，局部石圈	竖穴单侧二层台	单人二次葬，乱骨，人骨骼很少		羊椎骨、残铁器	
295	M191	土堆，外局部石圈，内石圈完整	竖偏，墓道中填石	单人二次葬，骨骼较全，下肢大体在生理位置		羊椎骨2排、残铁器	
296	M192	土堆，双石圈	竖偏，墓道中填石	残朽人骨			
297	M193	土堆，外石圈只留局部，内铺石	竖偏，墓道中填石	残朽人骨		AⅣ式陶无耳罐	
298	M194	土堆，三墓室	均竖，均偏	均单人一次葬，仰直，双手屈至盆骨处	西北		
299	M195	土堆，双墓室	均竖，均偏	均单人一次葬，仰直，双手屈至盆骨处	北		
300	M196	地表小石堆	竖穴，墓道内填石				
301	M197	土堆	竖偏，有盗洞	单人一次葬，侧屈，双手屈致腰前			

表六　　　　**加勒克斯卡茵特二号墓地墓葬登记表**

	编号	地表结构	墓室	葬俗	头向	随葬品	注
302	M2	土堆，外局部石圈，内小石圈	竖偏，墓道中填石	单人一次葬，仰直。成年女性	西北	陶罐、钵	
303	M3	土堆石圈铺石	竖偏	单人一次葬，仰直。缺左小胳膊，右指骨。成年女性	西北	陶杯、小单耳杯	
304	M4	土堆，石圈铺石	竖穴	单人一次葬，仰直，指和趾骨无。儿童	西北	陶钵	

续表六

	编号	地表结构	墓室	葬俗	头向	随葬品	注
305	M5	土堆，石圈铺石	竖偏，墓道填石，偏石口用大石封。	单人一次葬，仰直，左指骨无，趾骨不全。成年	西北	陶单耳罐	
306	M6	土堆，铺石零乱	竖偏，墓道中填石	单人一次葬，仰直，右上肢屈至盆骨处	西北		
307	M7	土堆，石圈铺石	竖偏，墓道中填石，偏室口用长板石封堵	单人一次葬，仰屈。成年	西北	陶罐	石圈为方形
308	M9	土堆，石圈铺石	竖穴，单侧二层台	单人一次葬，扰乱。胸部骨骼不全。老年女性	西	残铁刀、陶杯	
309	M10	土堆，石圈铺石	竖偏，墓道中填石	单人一次葬，仰直。成年	西北	陶钵	
310	M12	土堆铺石	竖穴偏	单人一次葬，仰直。成年男性	西		
311	M13	土堆铺石，铺石残	竖穴	单人一次葬，仰直，指骨和趾骨不全，成男	西北	陶片、铜耳环（残）	
312	M14	土堆石圈铺石，残	竖穴，单侧二层台	单人一次葬，仰直，指骨无，余指骨和趾骨缺。成年男性	西	陶杯、羊椎骨、Ⅱ式单耳杯	
313	M15	土堆残石圈	竖穴，墓底铺石	单人二次葬，骨骼零乱			
314	M16	土堆方石圈	竖穴，墓底铺石	单人二次葬，乱骨，人骨很少			
315	M17	土堆石圈	竖穴	单人二次葬，骨骼零乱，集中在墓室一端			石圈呈椭圆形
316	M18	土堆铺石三墓室	均竖穴，墓坑中填石。B室墓底铺石	均单人葬。A只有零星骨骼；B单人一次葬，仰直，指骨和趾骨不全，胸部扰扰。C单人一次葬，仰直，头骨扰乱。均成年	西北	玻璃珠铜锥（残）	

表七　　　　　　　　　　　一棵树墓地墓葬登记表

	编号	封堆结构	墓室	墓葬	头向	随葬品	注
317	AM2	土堆	竖穴	单人一次葬，手指骨缺			
318	AM3	土堆	竖穴	二次乱骨有肢骨无头骨			
319	AM04	石堆	竖穴填石	二次葬，肢骨、胫骨等		有完整马随葬	

	编号	封堆结构	墓室	墓葬	头向	随葬品	注
320	AM4	土堆	竖偏	单人一次葬，仰直。成年男性	北	铁釜、铜饰件、铁刀、绿松石珠、骨器、羊骨	
321	AM5	土堆	竖偏	二次乱骨 头骨 盆骨 肋骨 肢骨缺		石纺轮	
322	AM6	土堆	竖穴	单人一次葬，仰直，一手指散乱至双腿间。成年男性	西北	铜针	
323	AM7	土堆	竖穴	二次葬，单人1盆、少量肋骨、1肩胛骨		石纺轮	
324	AM8	土堆	竖穴	单人一次葬，仰直。成男	西北		
325	AM9	土堆	竖穴	单人一次葬，仰直。成年男性	西北		
326	AM10	土堆		严重扰乱 零星骨骼		石珠，铁釜，玛瑙珠，铜、铁残件	
327	BM1	土堆 双墓室	洞室（？）	残朽人骨		红玛脑珠、金片、铁器残片 铜饰件、金戒指	严重破坏
328	BM2	土堆	洞室	残朽人骨	无	无	严重破坏

表八   **别特巴斯陶墓地墓葬登记表**

	编号	地表结构	墓室	葬俗	头向	随葬品	注
329	M1	土堆	竖穴	双人合葬。A单人一次葬，仰直，成年男性；B单人一次葬，仰直，儿童	东北	木盘2、残铁刀2、羊骨、木碗2	
330	M2	土堆	竖穴	单人二次葬，骨骼零乱。成年男性		I式陶无耳罐	
331	M3	土堆	竖穴	单人一次葬，仰直，无头，双上手指骨缺少。成年	北	AI式折沿钵	
332	M4	土堆	竖穴	单人一次葬，仰直，左手指和左脚趾不全。成年	北		
333	M5	土堆	竖穴	单人一次葬，仰直，下肢以上被扰乱。成年	北	石扣、石球，石饰件	

续表八

	编号	地表结构	墓室	葬俗	头向	随葬品	注
334	M6	土堆	竖穴	单人一次葬，仰直。女成	西北	一个基本完整的羊肢解后放到木盆里F型铜簪，D型铜簪，AⅢ式折沿钵，BⅢ式折沿钵，Ⅱ式无耳罐2，石磨块	
335	M7	土堆石圈	竖偏	双人合葬，均一次葬，仰直。均成年女性	西北	锥状骨管	
336	M8	土堆石圈石堆	竖偏，墓道填木石	单人一次葬，仰直。成年男性	西北	木盘中羊椎骨	
337	M9	土堆石圈	竖穴二层台，墓道填石	单人一次葬，仰直。成年男性	西北		
338	M10	土堆双墓室	A竖偏，偏室口用石头封盖；B竖穴	A单人二次葬，骨骼较全，成年女性；B单人扰乱，无头骨，其他骨骼依生理顺序，成年女性			
339	M11	土堆	无墓室	无人骨架			
340	M12	土堆，四墓室	均竖偏，A、B墓道中填木	均单人一次葬。A右手指缺，脚趾不全；B右手指缺，其余手指和脚指不全；C缺右手指骨，其余手指脚趾不全；D手指脚趾均缺。B、C、D女，D儿童，A成年男性	西北	A室：Ⅱ式无耳罐；B室：B型平底杯；C室：BⅡ式折沿钵	填土中1件陶钵
341	M13	土堆石圈铺石	竖偏，墓道中填石	单人一次葬，仰直。儿童	西		
342	M14	土堆双墓室	均竖穴	A单人一次葬，仰直，成年男性；B单人一次葬，侧屈，成年女性	东北西		
343	M15	土堆	竖穴	单人一次葬，仰直，缺手指骨。成年	北		
344	M16	土堆	竖穴	单人一次葬，胸部以上扰乱，仰直，趾缺。成年	西南	残铁刀	
345	M17	土堆	竖穴	单人一次葬，下肢以上扰乱。成年	北	珊瑚	

	编号	地表结构	墓室	葬俗	头向	随葬品	注
346	M18	土堆，大石圈套小石圈或石堆，双墓室	A 竖偏，B 竖穴二层台	A 单人二次葬，骨骼较全。B 单人一次葬，仰直，缺上肢。成男	西北	陶片、A I 式敛口钵	
347	M19	土堆，大石圈内套三个小石圈，三墓室	A、B、C 均竖偏，A、B 室二层台上填石，A 室内有填木	A 单人，下肢以上扰乱，头西；B 单人二次葬，骨骼散乱；C 单人头骨扰乱，缺脚趾骨。A、B 为成年男性，C 为成年女性		A 室，陶杯、少量羊骨；B 室，铁刀、II 式无耳罐、III 式无耳罐，少量牛骨，C 室，陶杯、少量羊骨	
348	M20	土堆	竖穴偏室，墓道填石	单人扰乱葬，骨骼较全，仰身。成年男性	西北	残布片、皮刀鞘	
349	M21	土堆	竖穴偏室，墓道填石	单人扰乱葬，骨骼较全。成年女性	西北	石磨盘、残铁块	
350	M22	土堆	无墓室	无骨架			
351	M23	土堆	竖穴偏室	单人二次葬，骨骼散乱，男性成年		刀鞘、残铁件	
352	M24	土堆石圈	竖偏	单人一次葬，仰直。成年男性	西北	II 式无耳罐、B III 式折沿钵、羊椎骨	
353	M25	土堆石圈	竖偏，墓道内填木	单人一次葬，仰直。成年男性	西北	陶罐、A I 式折沿钵、牛骶骨、II 式单耳罐	
354	M26	土堆，双墓室	A、B 均竖穴土坑	A 室，单人一次葬，仰直，头西北，男性成年；B 室，二次葬，骨骼较少，有头骨和少量肢骨		A 室，A I 式陶杯；B 室，陶管流罐	
355	M27	土堆下小石堆	竖穴土坑	儿单，仰直，头西。腰以下朽			
356	M28	土堆	竖穴偏室	双人一次葬，仰直，并排。A 在偏室内，手指和脚趾不全	西北	铜簪 2、铁刀（残）、铜耳环（残）、铜戒指	
357	M29	土堆双石圈	竖穴偏室，墓道中填石	单人二次扰乱葬，骨骼较全，女性成年			
358	M30	土堆局部破坏	竖穴土坑	单人一次葬，仰直，头西南，儿童手和脚趾骨残缺		陶缸、A II 式陶杯、A II 式折沿钵	

	编号	地表结构	墓室	葬俗	头向	随葬品	注
359	M31	土堆	竖穴土坑，墓道中填石	双人合葬，A 男在墓坑北壁下，一次葬，右上肢扰乱，仰直，头西北，女青年；B 二次葬，骨散乱，有头骨片、残肢骨、肋骨等，男性成年		AⅡ式陶杯，AⅡ式折沿钵、陶片、石磨盘	
360	M32	土堆石圈	竖偏	单人一次葬，仰身直肢，左手指缺。成年女性	西北	铁刀、石磨盘、铁剑	
361	M33	土堆石圈	竖穴土坑二层台，墓道中填木	单人一次葬，仰直，头西北，女性成年		BⅡ式敛口钵、陶壶、B型铜簪、铜镜、石饰件、铜镯、铜耳环、铜钉、铁锥、铁簪，G 型铜簪，E 型铜簪，陶壶，铁锥，BⅡ式折沿钵，A 型铜耳环，石饰件	
362	M34	土堆石圈	竖穴土坑	单人一次葬，仰直，成年		C 型铜簪	
363	M35	土堆石圈双室	A 竖偏，B 竖穴二层台，A、B 墓坑中有积木	A 单人葬，仰直，骨架上部扰乱，下肢与盆骨衔接，成年女性；B 单人葬，仰直，下肢以上扰乱，成年女性		AⅢ式折沿钵 4	下肢在生理顺序
364	M36	土堆石圈	竖穴土坑，墓坑中填少量木头	单人，下肢以上扰乱，女性成年	西	牛骨 陶钵、铁刀、石磨盘	下肢在生理顺序
365	M37	土堆，地表有零星石头	竖穴	双人合葬。A 一次葬，头西北，仰直，成年男性；B 二次葬，骨架较全，集中在 A 个体脚下，成年女性		羊椎骨	
366	M38	土堆	无墓室	单人一次葬，仰直，女性成年	西	动物纹金箔片 2	
367	M39	土堆	竖穴偏室	单人一次葬，头，成年	西北	动物纹金箔片 2	
368	M40	土堆石圈	竖偏，墓道中有积木	单人一次葬，仰直，手指和脚趾缺。成年	西北	牛骶骨、羊椎骨	
369	M41	土堆	竖穴土坑	单人一次葬，仰直。成年	西北		

	编号	地表结构	墓室	葬俗	头向	随葬品	注
370	M42	土堆双石圈	竖穴偏室，墓道中填石	单人扰乱葬，骨骼较全，男性成年			肢骨在生理位置
371	M43	土堆	无墓室	原地面上葬二次葬，骨架不全，男成			
372	M44	土堆	竖穴土坑	单人一次葬，仰直，左手指缺。女性成年	西北	E 型铜簪	
373	M45	土堆单石圈	竖穴偏室，墓坑中有立木	单人一次葬，仰直，缺手指骨。成年	西北	AⅡ式折沿钵、陶杯、羊骨架、方口钵，BⅡ式折沿钵	
374	M46	土堆单石圈	竖穴土坑	单人一次葬，头西，成男		小铁刀、羊骶骨	
375	M47	土堆单石圈	竖穴	单人二次扰乱葬，骨骼零乱。成年		BⅡ式折沿钵、小铁刀	
376	M48	土堆单石圈	竖穴土坑	单人二次葬，骨骼较全，成男		陶罐、填土中马头和少量马肋骨	
377	M49	土堆双石圈	竖偏，偏室口棚木	偏室内一排羊椎骨，无人骨		AⅢ式折沿钵	
378	M50	土堆，多色土堆成	竖穴土坑	扰乱，头残片，残肢残肋骨		金挂饰件 2 金片、宝石饰件、残铁块、石磨盘 3，石杵，石球	墓坑外有燎祭沟鞋状
379	M51	被严重盗扰破坏	竖穴土坑	零星人骨			
380	M52						大型祭坛
381	M53	封堆石圈双墓室	A 竖穴，壁用木柱铺成木椁；B 竖穴，墓室口上均铺石或铺木。墓底铺石片	A 严重盗扰，墓中东部有一次葬个体，仰直，头西，缺手，成年男性。墓西部有零乱少量的人骨。B 大量散乱人骨，有头、肢、椎、骶骨等。成年		A 室：Ⅰ式无耳罐、漆耳杯、铜耳环；B 室：AⅡ式铜镜、金环状饰，石饰件铜镜、金丝	A 室东南有长方形小坑，内铺木；北壁有盗洞
382	M54	土堆，方形大石圈内套双石圈，双墓室	竖穴土坑，坑口铺圆木，圆木下小石子。A 墓底铺一层石子，B 墓室底铺圆木	A 墓室严重扰乱，墓室填土中有零星人骨，墓室的东北有 1 一次葬个体，仰直，头北，女成。B 墓室严重扰乱，只有零星的骨渣		A 室：Ⅱ式陶罐、残漆耳杯、金鹿饰、金马饰、铁刀、金饰件；B 室：F 型铜簪 3、料珠若干、金饰片、铁簪、冠形饰件	有盗洞
383	M55	土堆双石圈	竖偏，墓道中填石	单人，腿骨以上扰乱，无头骨，其他骨骼不全，散乱。成年男性	西北	残铁刀、料珠、石磨盘，石杵，石饰件	墓道中见有马骨

	编号	地表结构	墓室	葬俗	头向	随葬品	注
384	M56	土堆双石圈	竖偏，墓坑填石	单人一次葬，仰直，腰椎以上扰乱。成年男性	西	Ⅲ式单耳罐2、AⅡ式折沿钵、陶釜、铃型铜饰、石磨盘、羊骨、铁刀、AⅢ式折沿钵3，口沿残片，石磨盘2，石祖	羊骨基本完整
385	M57	土堆双石圈	竖穴偏室，墓室口用圆木封堵	单人，下肢以上扰乱，零乱，女成		牛的椎骨和下颌、带柄带杯铜镜、陶片	土堆局部破坏
386	M58	土堆石圈双墓室，墓室口有少量积石	均竖穴土坑，墓道中均填石，并有立木台和横木。B墓室有二层	A单人，盆骨以上扰乱。仰直，头西；B二次葬，骨骼较全。均女成		A型铜镜、铜刀、Ⅱ式无耳罐、铜簪2、羊骨；B室：陶罐、陶杯、羊、牛骨、铁刀、BⅡ式敛口钵，AⅠ式折沿钵，镶宝石金饰	盗扰严重
387	M59	土堆石圈	竖穴，坑中填石	单人二次葬，零乱，有盆骨、下肢、残肢骨等。成年男性		残陶罐、铁刀、石杵、Ⅱ式无耳罐、AⅡ式折沿钵	封堆局部破坏，石圈不完整。墓坑中有马骨，缺头，余骨架完整
388	M60	土堆双石圈	竖穴土坑，墓室口棚木，墓道内填石，墓室南壁有两根立木	双人葬，上身扰乱。均成年	西北	封堆土中出石磨盘，墓道中杂乱羊马骨	土堆下原地表上有烧痕
389	M61					骨镞、石器	大型祭祀遗址
390	M62		竖穴洞室	二次乱葬，头、肋、盆骨，肢骨少，成年		石钵、Ⅰ式无耳罐	有深洞，似被盗
391	M63	土堆双椭圆形石圈	竖穴，坑中填石	单人二次乱葬，骨骼较全。成年		牛骨、平底陶罐	
392	M64	土堆	竖穴偏室	单人一次葬，仰直，头西	北成年	灰陶缸、羊肋骨、残铁片、铁刀	
393	M65	土堆双石圈	竖穴土坑，墓道中填石，墓室西壁下有一圆形木	单人一次葬，仰直，头西，女成		铜簪、残铁刀、陶片	

续表八

	编号	地表结构	墓室	葬俗	头向	随葬品	注
394	M66	土堆椭圆石圈，局部破坏	竖穴土坑	单人二次葬，骨骼不全		羊骨和牛骨，成年	
395	M67	土堆	竖穴土坑	扰乱，无头，少量肢骨，成年		C型铜耳环	被现代坑打破
396	M68	土堆零星石头	竖穴，墓坑中填石	二次乱葬，骶骨、髋骨肢骨、肋骨。成年女性			墓坑见有一狗骨架
397	M69	土堆零星石头	竖穴，坑中少量填石	单人一次葬，仰直。成年	西北	羊和牛骶骨	
398	M70	土堆双室	竖穴，墓坑填石	A、B均单人一次葬，仰直。A成年女性，B成年男性		A室，羊骶骨、石珠、铁刀、A型铜簪；B室，牛骶骨和羊骶骨、陶片；H型铜簪	铁针
400	M71	土堆4墓室	均竖穴土坑，墓道中填少量石头	A单人一次葬，仰直，成年女性；B骨朽散乱，仰直，3~5岁；C单人一次葬，仰直，缺左手指，其他指趾骨不全，成年男性；D双人合葬，均一次葬，a位于中央，仰直，趾骨不全，b紧贴南墓壁，头骨扰至墓室西部，头均西		A室，陶钵、BI式敛口钵；B室，陶杯；C室，陶钵、羊骶骨、铁刀	封堆下的北边缘发现原地表上葬一幼儿
401	M72	土堆双墓室	均竖穴土坑	A双人合葬，a一次葬，b二次葬；B单人一次葬，仰直，女性	西北	A室，陶罐、铜簪、铁针、III式无耳罐	
402	M73	土堆石圈	竖穴，坑中填圆木	单人一次葬，仰直。成年男性		羊骶骨、铁刀、陶钵	
403	M74	土堆石圈	竖穴填石	单人，上身扰乱，骨架基本完整，双小腿骨在生理位置。成年男性		陶钵、残铁刀	
404	M75	土堆	竖穴	单人一次葬，手指乱，一脚趾缺。成年	西	AII式陶钵、BII式敛口钵、羊骨	封堆下地表上见有羊椎骨

	编号	地表结构	墓室	葬俗	头向	随葬品	注
405	M76	土堆	竖穴	单人一次葬，脚趾缺，一上肢屈至腹部。成年女性	西	铜耳环、铜件（残）、铁针、A 型铜钉	
406	M77	土堆，三墓室，地表有零星石头	A 竖穴偏室，墓道中填石；B 竖穴土坑；C 竖穴偏室	均单人一次葬，头均西，仰直。B 左手指骨缺，C 右手指缺。均为男性成年		C 室，A 型陶杯、陶钵	
407	M78	土堆	竖穴二层台	单人一次葬，仰直。成年男性	西	羊椎骨、B 型铜耳环	
408	M79	土堆	竖穴偏室	单人一次，头骨移位，儿童，头西		羊椎骨、B I 式折沿钵，石饰件	
409	M80	土堆	竖偏，墓道填石	单人一次，仰直。成年	西北	陶钵、残铁刀、羊椎骨	墓坑中有马骨和羊骨
410	M81	土堆双石圈	竖偏，墓道填石偏	单人一次，仰直。成年	西北	铁刀、铁簪、羊椎、石磨盘、石饰件	

表九　　　　　　　　　　　　　彩桥门墓地墓葬登记表

	编号	地表结构	墓室	葬俗	头向	随葬品	注
411	M1	土堆石圈，少量铺石	竖偏，墓道填石	单人一次葬，仰直，指骨无，趾骨不全。男，45~50 岁	西北	鋬耳陶罐、羊腿骨	
412	M2	土堆石圈铺石	竖偏，墓道填石	单人一次葬，仰直，缺小胳膊骨，趾骨缺。儿童	西	陶罐、羊肋骨	
413	M3	土堆石圈铺石	竖偏，墓道填石	只有一头骨和一节肢骨，幼儿			
414	M4	土堆石圈铺石	竖穴填石	单人一次葬，仰直，男，35~40 岁	西南	残铁刀、鋬耳陶罐，铜刀	
415	M6	地表零星石头	竖穴	单人一次葬，仰直，右手屈至腰骨处，指骨和趾骨无。成年	西	陶缸、残陶钵	
416	M8	地表零星石头	竖穴	单人一次葬，仰直，下肢以上扰，散乱。成年	西北		
417	M9	地表零星石头	竖穴	只有一头骨和一块残盆骨。成年			

	编号	地表结构	墓室	葬俗	头向	随葬品	注
418	M10	地表零星石头	竖穴	单人一次葬，仰直，无指骨，脚趾缺。成年	南		

表八　　　　　　　**铁木里克沟口墓地墓葬登记表**

	编号	地表结构	墓室	葬俗	头向	随葬品	注
419	M1	土堆石圈铺石	竖穴，墓坑底一周卵石	单人，零星人骨			
420	M2（祭祀坛）	土堆巨石圈，铺石，四周有四对称放射状石条	无	铺石下小坑中殉马，扰		铜马衔、铜马镳、AI式无耳罐，陶盆	克莱克苏尔
421	M3	土堆石圈铺石	竖穴，墓室口棚石	单人一次葬，仰直。少年	西	II式陶钵、残铁刀、木盆（杤）、羊骶骨、II式单耳圜底杯	
422	M4	土堆石圈铺石	竖穴，墓室口棚石	单人一次葬，仰直。成年	西	AI式无耳罐、陶壶、II式敛口钵、残铁刀、羊骶骨、木盆（杤）、小铜件、铜刀、I式鋬耳直腹罐，铜柱形器	
423	M5	土堆石圈铺石	竖穴二层台，二层台上铺木，墓道中填石	单人一次葬，仰直。成年	西	海贝、勺杯	
424	M6	土堆铺石	竖偏，墓道填石，偏室口棚木	单人一次葬，仰直。缺左小胳膊骨。成年	西北	B型无耳罐、陶壶、陶钵、木盆、铜扣、羊骶骨、I式敛口钵，细颈壶，铜扣	
425	M7	土堆石圈，零星铺石，双墓室	均竖穴填石	A头骨，零星上身骨，散乱，双小腿骨在生理位置。成年。B只有小孩头骨片	西北	B型无耳平底罐，单耳平底杯，II式单耳圜底杯	
426	M8	土堆石圈铺石	竖偏，墓道填石，偏室口封石	单人一次葬，仰直，指骨和趾骨不全。成年	西	木盆、铜镜、陶无耳罐、残铁刀、料珠、AII式无耳罐	

	编号	地表结构	墓室	葬俗	头向	随葬品	注
427	M9	土堆石圈	竖穴二层台，墓道中积木，二层台上封木，墓室底简易木椁	单人一次葬，仰直，左手屈至盆骨处。成年	西	陶杯2、I式敛口钵，Ⅲ式陶钵、长木盆、木盆3、小铁刀、Ⅱ式单耳圜底杯2	
428	M10	土堆石圈铺石	竖偏，墓道填石	单人一次葬，仰直。成年	西	陶罐、陶钵、木盆、铁刀、Ⅱ式鋬耳罐罐2，铁刀，木器	
429	M11	土堆石圈铺石	竖偏，墓道填石，偏室口用长条石封	单人一次葬，仰直。成年	西北	砺石、I式单耳杯	
430	M12	土堆铺石，双墓室	均竖偏，墓道填石，B室口用长条石封	A单人一次葬，仰直，下肢扰乱。成年。B单人二次葬，头骨及少量肢骨，骨骼散乱。成年	西北	A室，残皮件、项珠	
431	M13	土堆石圈，墓室口上铺石，双墓室	均竖穴二层台，二层台上墓道中填石	A单人一次葬，仰直，成年。B单人一次葬，仰直，指骨和趾骨不全，成年	西	A室：Ⅲ式陶钵2、木钵2（朽）；B室，木钵、木碗（朽）	
432	M14	土堆，零星铺石	竖穴二层台	单人一次葬，仰直，指骨不全。成年	西南	Ⅲ式陶钵、小木碗3（朽）	
433	M15	土堆，散乱铺石	竖穴二层台，二层台上墓中填石	单人一次葬，仰直，趾骨无，指骨缺。成年	西南		
434	M16	土堆，散乱铺石	竖穴填石，墓底铺卵石，独木棺，棺周围填卵石	单人二次葬，数根肢骨。成年		染色木棍、I式单耳杯	
435	M17	土堆	竖穴二层台	单人一次葬，仰直，指骨无，趾骨不全。成年	西南	陶片、铜簪、残铁器	
436	M18	土堆	竖穴	单人二次葬，无头，髋骨和少量肢骨，零乱。成年		铜镞	
437	M19	土堆石圈	竖穴二层台	单人二次葬，少量零散骨骼。少女			墓道中殉狗
438	M20	土堆	无墓室	无		碎陶片	
439	M21	土堆石圈铺石	竖穴填石，石棺	仅见并排的小腿骨		马牙、羊距骨	

	编号	地表结构	墓室	葬俗	头向	随葬品	注
440	M22	土堆石圈铺石	竖穴填石，墓室口棚石	单人一次葬，仰直，上身扰。成年	西	AⅢ式无耳罐、Ⅱ式陶钵、残铁刀	
441	M23	土堆铺石	竖偏，墓道填石，偏室口用长条石封	单人一次葬，仰直。成年	西南	木盆（朽）、羊骶骨、残铁刀	
442	M24	土堆石圈铺石	竖穴，墓室口用石板封盖	单人一次葬，仰直。成年	西	陶罐、木盆（朽）、残铁器、羊骶骨、Ⅰ式单耳圜底杯	
443	M25	封堆破坏	竖穴二层台，二层台上墓内填石。墓底有长梯形尸床，尸体上铺草	单人一次葬，仰直。成年	西	Ⅰ式单耳圜底杯、木盆、残铁刀2、羊骶骨	
444	M26	土堆石圈铺石	竖穴填石	单人二次葬，盆骨少量肢骨，散置。成年		铜带钩、铜扣、羊椎骨	
445	M27	土堆破坏	竖穴填石，破坏	盗扰，无人骨			

表九　　　　　　奇仁托海墓地墓葬登记表

	编号	堆封	墓室	葬俗	头向	随葬品	注
446	M1	土堆	竖穴	单人二次葬，残乱骨。成年男性		残陶片	
447	M3	土堆	竖穴	单人一次葬，仰直，右手桡骨移至股骨下。成年男性	北	石项珠、羊肩胛、砺石	头骨严重变形
448	M4	土堆	竖穴	单人一次葬，仰直。成年女性	北	石项珠若干	
449	M5	土堆铺石	竖穴	单人一次葬，仰直，双手屈至盆骨处。成年女性	北	铜碗、海贝、残铁器、羊肢骨、铜耳环	
450	M6	土堆石圈双墓室	均竖穴	A单人一次葬，仰直，指骨缺，成年男性；B单人一次葬，仰直，成年女性	西北	A室，陶杯；B室，铁刀、Ⅰ式单耳圜底杯	
451	M7	土堆石圈内铺石、石圈，双墓室	均竖穴	A、B均单人一次葬，仰直。A未成年，B成年男性	西北	A室：低腹彩陶罐、羊骨；B室，陶罐、羊骨	
452	M8	土堆石圈铺石，铺石零散	竖穴	单人一次葬，仰直，缺手指。成年女性	西北	陶壶、残铁刀、铜耳环	

续表九

	编号	堆封	墓室	葬俗	头向	随葬品	注
453	M9	土堆铺石	竖穴	单人一次葬，仰直，指、趾骨不全	西北	残铁器	
454	M10	土堆石圈铺石，零乱	竖穴，内填零星石头	单人一次葬，仰直。成年女性	西北		
455	M11	土堆石圈铺石	竖穴	单人一次葬，仰直，左指无，右指不全。成年男性	西	羊椎骨	
456	M12	土堆	竖穴	4个体并排，仰直，3个体缺一胫腓骨。均成年男性	北		头骨均变形
457	M13	土堆双石圈	竖穴	单人一次葬，仰直。成年男性	西	陶Ⅱ式敞口钵、陶罐	
458	M14	土堆，少量铺石	竖穴	单人一次葬，仰直。成年	西	羊椎、陶杯、鋬耳杯	
459	M15	土堆	竖穴	单人二次葬，少量人骨，无头			
460	M16	土堆	无	三人葬于原地表上，均一次葬。A仰屈，老男，头西；b仰直，头西，1~2岁的幼婴；c刚出生的婴孩，头东	西或东		
461	M17	土堆双石圈	竖穴	单人一次葬，双腿以上扰，仰直。成年男性	西北		
462	M18	土堆小石圈	竖穴	单人二次葬，少量人骨，成年			
463	M19	土堆铺石	竖偏	单人一次葬，仰直，缺指骨和趾骨。青男年性，20岁左右	西		
464	M20	土堆石圈	竖穴	单人二次葬，头骨片等少量人骨		陶片	
465	M21	土堆	竖偏	单人二次葬，少量人骨、头骨		残铁器、陶残片	
466	M22	土堆石圈	竖穴	单人一次葬，仰直，缺双指，脚趾不全。成年男性	西北	Ⅲ式敞口钵、羊椎骨、铁刀	

	编号	堆封	墓室	葬俗	头向	随葬品	注
467	M23	土堆石圈	竖穴	单人一次葬，指趾骨不全。成年男性	西北		
468	M24	土堆双石圈	竖穴	单人一次葬，仰直。成年女性	西北	羊椎骨	
469	M25	土堆小石圈	竖穴	无人骨			
470	M26	土堆双石圈	竖偏	单人一次葬，仰直。成年男性	西北	残铁片	
471	M27	土堆石圈铺石	竖偏	单人一次葬，仰直，指骨缺。成年女性	西北	羊椎骨、带铜扣皮带	
472	M28	土堆铺石双墓室	均竖穴	A、B 均单人二次葬，少量人骨。A 成年男性，B6 岁小孩			
473	M29	土堆铺石	竖偏，墓道中填少量石头	单人一次葬，仰直，左趾骨不全。成年男性	西北	折沿陶盆、残铁刀、骨环、骨牌饰、羊距骨、骨环	
474	M31	土堆铺石	竖穴	单人一次葬，仰直，右手指无，其他指趾骨缺。成年男性	西北		
475	M32	土堆石圈	竖穴，墓道中少量填石	单人一次葬，仰直，指趾缺。成年男性	西北	几节羊椎骨	
476	M33	土堆石圈	竖穴二层台	单人一次葬，仰直，左上肢和左股骨缺。成年女性	西	羊椎骨、残铁刀	
477	M34	土堆石圈	竖二	下肢完好，上身扰乱残乱	西北		
478	M35	土堆石圈，不完整	竖穴	单人一次葬，仰直，脚骨仅存掌骨	西北	牛肋？炭精石	
479	M36	土堆略显铺石	无	封堆下有抱足屈肢者。成年男性		残铁刀	无墓室
480	M37	石圈铺石	竖穴	单人一次葬，仰直，左指骨无。成年男性	西	羊椎骨、残铁刀	石圈略为圆角方形
481	M38	土堆残石圈	竖穴	单人二次葬，仅存股、胫骨			
482	M39	土堆铺石残	竖穴	单人一次葬，缺手指。成年女性	西	羊椎骨、陶罐、敛口盆	

续表九

	编号	堆封	墓室	葬俗	头向	随葬品	注
483	M40	封堆铺石	无	无人骨			无墓室
484	M41	土堆	竖穴	单人一次葬,缺手指骨。成年女性	北		
485	M42	土堆	无	无人骨			
486	M43	土堆方石圈	无			铜饰、金簪头	方形碎圈石遗址有烧痕,怀疑为祭坛
487	M45	土堆铺石,残	竖偏	单人二次葬,骨很少			
488	M46	土堆,地表略显石头	竖二	封堆下有二次葬者,骨骼散乱不全,缺头骨。墓室内单人一次葬,仰直	北	骨扣	墓坑中见木头
489	M47	土堆石圈,略方形石圈铺石	竖穴	单人一次葬,仰直。成年男性		羊椎骨、铁刀	
490	M48	封堆略显石头二层台		填土中乱骨,墓底一西	西南		
491	M49	略显土堆	竖穴,中间竖穴坑的四周4个灰坑			中间坑中羊骨	祭祀遗址
492	M50	地表略显石头	无				
493	M51	土堆石圈	竖偏,用木柱封偏室口	单人一次葬,仰直,左手指无。成年女性	西北	羊椎骨	
494	M52	地表略显石头	竖穴	单人一次葬,仰直,上身扰,头仅下颌	西北		
495	M53	土堆石圈不全	竖穴	单人二次葬,填土中零星人骨		陶片、砺石、石磨盘	
496	M54	土堆铺石	竖穴二层台	单人一次葬,仰直。成年男性		铁器,墓坑中有陶片,二层台上有马头和蹄骨铁刀	墓室北2个圆形祭坑
497	M55	土堆,中间有土坑,周围有3个祭坑	均竖穴	填土中少量乱骨		坑中有一块羊骨、陶片	墓室周有3个祭坑
498	M56	土堆不明显	竖穴	无封堆,东南角有动物骨骼,似马牙		填土中陶片、铁刀	

	编号	堆封	墓室	葬俗	头向	随葬品	注
499	M57	地表略显铺石	无			封土中有陶片、残铁刀	
500	M58	土堆	墓室曲尺形	二次乱骨，人骨很少		铜戒指1、金片1、彩陶片1、石球、金箔、金泡、金戒指，石杵	墓口有棚木
501	M59	土堆铺石残	竖穴	盆骨上扰乱，无头，一小胳膊在生理位置	西北	填土中陶片	
502	M60	土堆石圈残	竖偏	单人二次葬，少量人骨		陶片	填土中出人有
503	M61	地表上显石	竖穴	单人二次葬，少量人骨		铁刀、铁器、牛骨、骨扣	
504	M62	土堆双石圈地表	竖偏，墓室口一端用石封	单人一次葬，仰直，成年	北	I式单耳圜底杯、铁刀、羊椎骨	填土中有大石头
505	M68	地表略显石	竖偏	单人二次葬，少量骨骼在填土和墓室，无头骨		封堆上铜马具3、铁器、铜环1、陶片、椭圆形铜带扣，铜钩	墓室口周有3个祭祀坑
506	M69	土堆石圈	竖偏	单人一次葬，仰直。成年女性	西	铜耳环、石条、羊椎骨	
507	M70	地表略显铺石	竖穴	主墓室中无人骨；主墓室东侧有儿童坑，葬二次葬者		陶片	
508	M71	土堆铺石散乱	竖偏	单人一次葬，仰直，指趾骨缺，脚骨只留一块掌骨	西北		
509	M72	土堆石圈	竖偏	单人一次葬，仰直，左手指骨缺。成年女性	西北	羊椎骨、石磨盘	部分肋骨发现于填土中
510	M73	土堆石圈铺石	竖偏	单人一次葬，趾骨缺。成年女性	东南	铁簪2、石球、羊椎骨	
511	M74	土堆双石圈	竖穴	单人一次葬，仰直。成年	西北	羊椎、骶骨	
512	M75	土堆双石圈	竖穴	单人一次葬，仰直。成年男性	西北	I式折沿钵、羊椎骨	

续表九

	编号	堆封	墓室	葬俗	头向	随葬品	注
513	M76	土堆双石圈	竖穴	单人一次葬，仰直，指趾无，一脚只有掌骨。成年男性	西	铁刀、羊椎骨	
514	M77	土堆双石圈铺石墓室	均竖穴	A、B均单人一次葬，仰直。A胸骨略扰。B右小胳膊和右髋骨扰至头上端。趾骨不全。A男、B女，成年	西北	羊椎骨	
515	M78	地表略显乱石		无墓室人骨			
516	M79	土堆石圈	竖穴	单人一次葬，腰椎以上扰乱。成年女性	西北	铁刀、羊骨	封堆下婴儿头骨片和残肢骨
517	M80	地表显铺石	竖穴	无		陶片	填土中有动物骨
518	M81	地表略显铺石	无	少量骨骼			
519	M83	土堆石圈石堆	竖偏	单人一次葬，仰直，左手指缺。成年	西北	羊椎骨、铁刀、骨梳	
520	M84	土堆石圈石堆	无	人骨在填土中发现			
521	M85	土堆双石圈	竖穴	单人一次葬，仰直，缺指。成年	西北	羊椎骨、铁刀	
522	M86	土堆双石圈	竖穴	单人一次葬，仰直，腰椎以上扰乱。成年	西北		
523	M87	土堆石圈	竖穴	单人二次葬，乱骨很少			
524	M88	土堆铺不完整石圈	竖穴二层台	单人一次葬，下腿以上扰乱，缺下颌骨	西北	铁刀、陶纺轮、骨梳、骨器、骨纺轮	填土中见结石
525	M89	地表少量石头	竖穴	二人合葬。A一次葬，仰直，双手屈至腰部。B婴儿头骨	西北	砺石、石纺轮、铜器、铁器、铁牌	
526	M90	地表少量石头	竖穴	无人骨			
527	M91	地表少量铺石	竖穴	单人一次葬，仰直，右指骨无	北		头下枕石
528	M92	土堆铺石散乱	竖偏	单人一次葬，双腿以上扰乱，下肢在生理位置，成年	东	单系耳平底杯、石纺轮	

续表九

	编号	堆封	墓室	葬俗	头向	随葬品	注
529	M93	土堆石圈	竖穴	单人一次葬，仰直，一胳膊上屈至左胸。成年	西		
530	M94	土堆铺石散乱	竖偏	单人一次葬，扰乱。盆腰椎和头骨缺	西北	陶片	
531	M95	土堆铺石散乱	竖穴	单人一次葬，仰直，头骨和一右肱骨缺	西	铜笄、铁锥	
532	M96	土堆石圈	竖偏	单人一次葬上腿骨和腰部骨缺，头骨在填土中	西		
533	M97	地表少量铺石，双墓室	均竖穴	均单人一次葬，仰直，成年。A头西，缺一小胳膊、双手指；B头北	北或西	A铜镜，B彩陶壶、羊骨、高领罐	
534	M98	地表少量石头	无	地表上放置单人，双腿以上扰乱，一小胳膊与下肢在生理位置，无头。成年	北		无墓室
535	M99	土堆，少量石头，双墓室	均竖穴	均单人一次葬，仰直。A室缺右指；B室左手屈至盆骨处	西北	A室，玛瑙珠、铁带和、铁刀、石研磨器，石杵；B室，铜耳环	封堆土分多层有红土
536	M101	土堆石圈	竖穴	只有少量骨片			
537	M103	地表零星石头	竖穴	单人二次葬，少量肢骨		铁件3、铜件、骨器、铁刀	填土中有人骨
538	M104	地表铺石	竖偏	墓道中发现乱骨，无头		铁刀、残铜刀	墓道中有马骨，马骨下有铺木
539	M105	小土堆	竖偏	单人一次葬，仰直，双手屈至盆骨处	北	铁2、骨弭2	
540	M106	小土堆	竖偏，偏室口用石封堵	单人一次葬，仰直，一手屈至盆骨处	北		墓道填石；墓坑北有两个祭祀坑
541	M107	小土堆	竖穴	单人一次葬，仰直，一手屈至盆骨处，成年	北	羊骶骨	
542	M108	土堆石圈	竖偏	单人一次葬，仰直，扰乱，头、右上肢、下肢依生理位置放置	北	铜镯2、铜环2	墓道中有上身乱骨

续表九

	编号	堆封	墓室	葬俗	头向	随葬品	注
543	M109	地表少量石，略围成方形	竖穴	单人一次葬，仰直，双腿以上扰。成年	西北	封堆中出土陶片	
544	M110	小土堆	竖穴	填土中乱骨			
545	M111	小土堆	竖偏	单人一次葬，仰直，缺指骨和趾骨。成年	西北	骨器3、弓弥、羊椎和骶骨	偏室坍塌
546	M112	小土堆	竖穴	无人骨			有零星动物骨殖
547	M113	地表少量石头	竖偏	盗扰，骨架零乱		骨弥、铜残片、陶片、残骨器	
548	M114	地表少量石头	竖穴	单人一次葬，扰，无头。成年	西	铁剑	填土中有石头、碎骨、髋骨
549	M115	地表少量石头	竖偏	单人一次葬，仰直。无头和下肢。上身在生理位置		石器2、铜刀2、铁剑、石磨盘	
550	M116	土堆石圈铺石	竖穴，侧壁有一偏室	单人一次葬，缺左指骨。成年	东北	铁剑、铁刀、铜扣、铜饰、木箭袋、箭杆、铜扣3	偏室在墓道中部，墓坑底葬完整马
551	M117	小土堆	竖穴	单人二次葬、散乱，骨骼不全		无	墓口东北角的填土上有一类似祭祀坑中出现一只小羊骨架
552	M118	小土堆	竖穴	无		残陶片	2个祭祀坑
553	M119	小土堆	竖穴	单人二次葬，人骨散乱。成年女性		残陶杯、单耳平底杯2	
554	M120	土堆零星铺石	均竖穴	A二次扰、下腿在生理位置；B二次骨散乱。均成年女性		残铜片、玻璃珠2	
555	M121	土堆石圈铺石	竖偏	单人一次葬，仰直。成年男性	西	羊椎	
556	M122	土堆石圈	竖穴	单人一次葬，仰直，缺左趾骨。成年男性	西		
557	M123	土堆石圈铺石	竖偏	单人一次葬，仰直，缺左右趾骨、指骨。成年女性	西	深腹罐、I式敞口钵2、铜簪、羊椎	羊椎在钵里

	编号	堆封	墓室	葬俗	头向	随葬品	注
558	M124	地表零星石头	竖穴	骨骼零乱。有头、两肱骨。成年女性	西	封堆下有牛骨	
559	M125	地表少量石头	竖穴	单人一次葬，扰乱。双小腿在生理位置，上身乱，无头，10岁	西		
560	M126	土堆散石圈	竖偏	单人二次葬，骨骼较全，填土中有人骨		玻璃珠、牛骨	
561	M127	地表少量石头	竖穴，单壁有卵石	单人一次葬，仰直，缺指骨。成年男性	西北	残铁器2、皮带残2、铁马镫	
562	M128	地表少量石头，双墓室	A竖穴，B竖偏	A单人二次葬，扰乱，成年男性；B单人一次葬，仰直，成年男性	西北		
563	M129	土堆石圈	竖穴	单人一次葬，仰直，指趾均缺。成年男性	西	铁刀2、羊骨	
564	M130	土堆石圈双墓室	均竖穴	A、B均单人一次葬，仰直。A指和趾骨不全，成年男性；B指骨无，趾骨不全，成年女性	西	A室，羊排骨、铁刀2；B室，陶钵、羊椎骨、Ⅱ式折沿钵	
565	M131	土堆石圈	竖穴	单人一次葬，左手指缺。成年女性	西		
566	M132	土堆双石圈	竖穴	单人一次葬，仰直，左手指缺。10岁左右儿童	西	陶钵（内有羊椎）、单耳直壁杯、Ⅲ式敞口钵	
567	M133	土堆双石圈	竖穴	单人一次葬，右指无，余指趾骨缺。成年女性	西	石椎	
568	M134	土堆石圈铺石	竖穴	单人一次葬，仰直。成年女性	西		
569	M135	土堆石圈铺石	竖穴	单人一次葬，仰直，右手屈至盆骨处。指骨和趾骨不全。成年	西	陶杯、陶钵、残铁刀2、羊椎骨、Ⅱ式单耳圜底杯、Ⅱ式敞口钵	
570	M136	土堆石圈	竖穴	单人一次葬，仰直，双脚趾骨只存付骨。成年男性	西		

续表九

	编号	堆封	墓室	葬俗	头向	随葬品	注
571	M137	土堆石圈	竖穴	单人二次葬，骨骼较全。成年男性			
572	M138	土堆石圈	竖穴	单人一次葬，仰直，趾骨不全。成年男性	西	牛骶骨	
573	M139	土堆宽石圈	竖偏	单人二次葬，骨骼不全，无头骨。成年男性		残铁刀、羊椎	
574	M140	土堆石圈铺石	竖穴	单人二次葬，椎骨成排，骨骼很少，无头骨、盆骨			
575	M141	土堆石圈中有少量铺石	竖穴	单人一次葬，仰直、指骨无。成年男性	西		
576	M142	土堆双石圈	竖穴	单人一次葬，扰乱，无头。成年女性		羊椎骨、铁刀	
577	M143	土堆石圈	竖穴	双人。封堆单人，骨朽，成年女性。墓室单人仰直，双手屈至盆骨处，趾骨不全。成年男性	西北	牛骶骨	
578	M144	土堆石圈	竖穴	单人二次葬，骨骼不全		牛骶骨	填土中骨殖
579	M145	土堆石圈	竖穴	单人一次葬，仰直，右指无。成年男性	西	残陶钵、牛羊骶骨各一，Ⅱ式敞口钵2	
580	M146	土堆	竖穴洞室，洞口用木棍封	单人二次葬，无头骨，零星肋骨、肢骨、骶骨		圆形薄铜片、铜牌饰	
581	M147	土堆	竖穴二层台	单人二次葬，骨骼部分堆放，部分零乱。成年男性			
582	M148	土堆	洞室	单人一次葬，仰身下肢屈，左指骨缺，女成	北	羊椎	头严重变形，尖锥状
583	M149	土堆	竖穴	双人。墓室口西侧有地表上葬一侧身葬者，身后立一排木柱，高约1米，成年男性。墓室中有一、二次葬者，骨骼散乱，堆放在两端。成年女性		木纺轮	

续表九

	编号	堆封	墓室	葬俗	头向	随葬品	注
584	M150	土堆	竖穴	单人一次葬，仰直，右手屈至腰部，左趾骨不全。青年女性	西北	马肋骨	
585	M151	土堆少量石头	竖穴	单人一次葬，侧直，缺趾骨。4~5岁	北		
586	M152	土堆石圈，局部破坏	竖穴二层台	二层台上葬一个体，仰直，腿骨以上扰乱，无头。成年男性	东	铁刀、铜扣、马骨	
587	M153	土堆	竖穴	单人一次葬，仰直，双指骨无。10岁左右	东北	残铜片、残铁刀、铁环	
588	M154	土堆	竖穴	单人一次葬，仰直，左指屈至盆骨处。成年男性	东北		
589	M155	土堆	竖穴	无人骨			
590	M156	土堆	竖穴	单人二次葬，头骨，少理乱骨。成年女性			
591	M157	土堆	竖穴	单人二次葬，堆放乱骨，骨骼较全。成年女性			
592	M158	土堆	竖穴	无人骨			填灰土
593	M159	土堆	竖穴	单人一次葬，仰直，指趾骨缺，罗圈腿。成年男性	北	羊骨、灰陶罐	
594	M160	土堆	竖穴	无人骨			
595	M161	土堆	竖穴	单人一次葬，仰直，局部指趾缺。成年女性	北		
596	M162	土堆被土坑打破	竖穴	仅存双小腿			
597	M163	土堆	竖穴	单人一次葬，仰直，缺右手指。成年男性	东北	羊椎	
598	M164	土堆	竖穴	单人一次葬，略扰，缺指趾。成年男性		羊胛骨、盆骨	头骨严重变形
599	M165	土堆	竖穴	单人一次葬，仰直，局部指趾骨缺。成年男性	北	羊盆骨、腿骨	头骨严重变形

续表九

	编号	堆封	墓室	葬俗	头向	随葬品	注
600	M167	土堆双墓室	均竖穴二层台	A、B室均单人一次葬，仰直。均成年女性	北	A室，石纺轮、铁刀、羊骨、铜手镯、碳精手镯、铜丝；B室，海贝、石纺轮	头骨均严重变形
601	M168	土堆	竖穴	单人一次葬，仰屈。成年女性	西北	少量羊骨、骨扣、骨簪首	头骨变形
602	M169	土堆	竖偏	单人二次葬，骨骼散乱。成年男性			头骨变形
603	M170	土堆	竖穴	单人一次葬，仰直，右指无	西	铁刀、铁带扣，羊骨、圆扣钩2	
604	M171	土堆	竖穴	单人一次葬，仰直，左指无。成年男性	北	羊骨、铁刀	
605	M172	土堆	竖穴	单人一次葬，仰直。成年男性	北	残铁刀	
606	M173	土堆	竖偏	单人一次葬，仰直，手指缺。成年男性	北	羊股、盆、骶，残铁刀	
607	M174	土堆	竖穴	无人骨			
608	M175	土堆	竖穴	单人一次葬，仰直，缺左指。成年男性	东北	羊肩胛、腿骨	
609	M176	土堆	竖穴	单人一次葬，仰直。成年男性	西北	铁环、骨镞、铁钩、铜钩	
610	M177			无墓室			
611	M178	土堆	竖穴	单人一次葬，仰直，指乱。成年男性	西北	羊骶、残铁器	
612	M179	土堆铺石	竖穴	单人一次葬，脚骨缺。成年男性	东	骨器、残铁刀、铁刀，骨扣，骨牌饰2	身侧葬一匹马，头西
613	M181	土堆少量石头	竖穴	单人二次葬，乱骨堆			
614	M182	土堆	竖穴	单人一次葬，仰直，趾缺。成年男性	北		
615	M183	土堆双石圈		单人一次葬，仰直，缺左指。成年女性	西	骨纺轮	
616	M184	土堆双石圈石堆双墓室	均竖穴	A 婴儿；B 单人一次葬，仰直，成年男性	西		

	编号	堆封	墓室	葬俗	头向	随葬品	注
617	M185	土堆双石圈	竖穴填石	单人一次葬，仰直，无头、缺一髋骨，缺左尺桡骨，一脚趾不全。成年	西		填土中发现手和髋骨
618	M186	土堆	竖穴	双二，男女残骨		残铁渣、玻璃珠	
619	M187	土堆	竖偏	单人一次葬，仰直，右指不全。成年	北	残铁刀、羊骨	

表一〇　　　　　　**萨尔布拉克沟口高台墓地墓葬登记表**

	编号	封堆	墓室	葬俗	头向	随葬品	注
620	M1	土堆石圈	竖穴，墓室口用圆木封堵	单人一次葬，仰直，缺双小胳膊骨，趾骨不全。成年女性	西	陶单耳杯、Ⅰ式敛口钵、铜簪、铜饰、Ⅱ式折沿钵，单耳杯，石磨棒，石磨盘	填土中有石器、陶片、草木灰和动物骨骼
621	M2	土堆铺石	竖穴浅室，墓内填石	上下两层骨架，上层骨架压于卵石下，成年男性；下层骨架，单人一次葬，仰直，扰乱，头扰至下肢处	东北	AⅠ式无耳罐，陶盆	
622	M3	土堆石圈	竖穴	单人一次葬，仰直，盆骨以上扰，骨骼零乱，无头骨	西	石器	墓室上部有殉马、牛坑、石磨盘
623	M4	土堆石圈铺石	竖穴	单人一次葬，仰直。成年男性	西北	残铁刀	
624	M5	土堆石圈铺石	竖穴，填块石	单人一次葬，仰直。指骨扰乱。成女	西	单耳陶罐、铜器、铜簪、Ⅰ式敛口钵，Ⅱ式折沿钵、羊骶骨、石磨盘	
625	M6	土堆铺石	竖穴填石	单人一次葬，仰身下肢略屈。成年女性	北	Ⅱ式折沿钵、铜耳环、铜牌饰、玻璃珠数粒、羊骶骨、圆形铜饰件2，料珠	

续表一〇

	编号	封堆	墓室	葬俗	头向	随葬品	注
626	M7	土堆石圈	竖穴填石	单人一次葬，仰直，成年男性	西	陶罐、Ⅰ式敛口钵、石器、石珠、铁器3、铜器、炭精石、石磨盘	
627	M8	土堆石圈铺石	竖穴填小卵石	单人一次葬，仰直，上身略屈。成年女性	西	陶钵、铁器2、料珠7、羊骶骨、Ⅰ式折沿钵	
628	M9	土堆石圈	竖穴填石	单人一次葬，仰直，指骨乱缺，趾骨不全。成年男性	西	陶钵、铁器、铜耳环、羊椎骨、Ⅰ式折沿钵	
629	M10	土堆石圈	竖穴	单人一次葬，仰直，左指骨无，趾骨不全。成年男性	西	砺石	
630	M11	土堆双石圈	竖穴填石或朽木	单人一次葬，仰直，指骨和趾骨扰乱，尺骨缺。成男	西	陶钵2、铁刀、石珠6颗、石磨盘、砺石、羊骶骨	
631	M12	土堆铺石，铺石略方形	竖穴	二次葬，骨骼堆放，不全。成女		填土中铜器、铁器	
632	M13	土堆铺石	竖穴	单人一次葬，仰直，上身扰乱，骨骼很少，趾骨无。成年	东北		
633	M14	土堆铺石	竖穴	单人，二次葬，骨骼很少，无头骨		铁器3、铁刀、骨器4、铁刀	
634	M15	土堆	竖穴	单人二次葬，骨骼很少，无头		陶钵、Ⅱ式折沿钵	
635	M16	土堆铺石	竖穴填石	单人二次葬，零星人骨			
636	M17	土堆石圈	竖穴	单人二次葬，零星乱骨		残铁器	

表一一　　　　　　　　　　**萨尔布拉克沟墓地墓葬登记表**

	编号	地表结构	墓室	葬俗	头向	随葬品	注
637	M1	土堆双石圈双墓室	均竖穴	均单人一次葬，仰直。A左手指无，趾骨不全，左手屈至盆骨处，女成。B双手屈至盆骨处，无指骨，趾骨不全，男成	西北		

	编号	地表结构	墓室	葬俗	头向	随葬品	注
638	M2	土堆石圈墓口铺石	竖穴二层台	单二，骨骼堆放头骨等主要骨骼在二层上，男	骨弓弥2件		
639	M3	无	竖穴	双人，其一为仰身直肢成年男性，另有一3~4岁儿童头枕在男性髋部	西北		
640	M4	无	竖偏	单人一次葬，仰直，少年	东北		
641	M5	无	竖穴	单人一次葬，仰直，成男	北	陶壶	
642	M6	无	竖穴	单人一次葬，仰直，成女	北	陶壶	
643	M7	无	竖穴	单人一次葬，仰直，左小腿无，左手屈至盆骨处，左腿缺腓骨，青女	北	灰陶罐底、残铁块、陶壶	
644	M8	无	竖穴	单人一次葬，成男	北		
645	M9	无	竖穴	单人一次葬，仰直，双手屈至盆骨处，成女	西北	螺旋柱状铜件（残）	
646	M10	无	竖穴洞室	单人一次葬，仰直，成女	西北		
647	M11	无	竖穴	单人一次葬，仰直，成男	西北		
648	M12	地表上有石圈	石圈中葬人	单人二次葬，骨骼不全		铜饰、铜扣，铜环	
649	M13		竖穴	单人一次葬，仰直	西北		
650	M14	无	竖穴洞室	单人一次葬，仰直，成女	东北	铁刀	
651	M15	土堆双石圈，不完整	竖穴	单人一次葬，仰直，扰乱，无头，一上肢缺。成年男性	西	残铁刀	
652	M16	土堆	竖穴二层台	单人一次葬，仰直，成男	东北	骨扣	
653	M17	土堆	竖偏	单人一次葬，双手屈至盆骨处，成女	西北	颈部有银饰	
654	M18	土堆	竖偏	单人一次葬，仰直，一手屈至盆骨处，成女	西北		
655	M19	土堆方形石圈铺石、双墓室	A竖穴，B竖偏	A、B均单人一次葬，仰直。A左手屈至盆骨处，成年男性；B双手屈至盆骨处，成年女性	西北		
656	M20	土堆三墓室	均竖穴	A、B、C均单人一次葬，仰直。A成女，B、C为幼儿	北		

	编号	地表结构	墓室	葬俗	头向	随葬品	注
657	M21	土堆铺石	竖偏	单人一次葬，仰直。成年女性	北		
658	M22	土堆	竖穴洞室	4人，人骨扰乱，未成年		铜戒指2、骨器	
659	M24	土堆草石圈	竖穴	单人次葬，仰直。成年女性	东北		
660	M27	土堆铺乱乱石	竖偏	单二，骨骼零乱，成男			
661	M28	土堆石圈，残	竖穴	单人一次葬，仰直，左手屈至腹部，成女	西北		
662	M29	土堆	竖穴	单二，骨骼不全，有肢骨和头骨，无肋骨，青男			
663	M30	土堆零星铺石	竖穴	单人一次葬，仰直。成年女性	北		
664	M31	土堆双石圈	竖偏	单人一次葬，盆骨以上扰乱。成年女性	北		
665	M32	土堆	竖偏	单人一次葬，仰直，成男	北		
666	M33	地表微隆地土堆	竖穴	单人一次葬，仰直，成男，双手指骨无	西北		
667	M34	地表微隆起	竖穴	单人一次葬，仰直，右手屈至盆骨处，成男	西北		
668	M35	地表微隆	竖穴	单人一次葬，侧直，未成年	西北		
669	M36	土堆石圈	竖穴	单人一次葬，仰直，扰乱，缺头骨、指骨。成男	西	残铁刀、铜扣、牛骶骨	
670	M37	土堆石圈	竖穴	单人一次葬，仰直，缺头，右上肢扰，左指骨无，双趾骨不全，成男	西北	骨饰	
671	M38	土堆石圈	竖穴	单二，骨骼不全，成男			
672	M39	土堆不明显	竖穴	单人一次葬，仰直，指骨和趾骨无，右手屈肢盆骨处，成男	西北		
673	M40	土堆	竖穴	单人一次葬，成女	西北		
674	M41	破坏	竖穴	单人，扰乱，小腿在生理位置。成男			
675	M42			石头下无墓室和人骨			
676	M43	土堆石圈	竖穴	在墓坑西端见幼儿骨 墓底无人骨			

	编号	地表结构	墓室	葬俗	头向	随葬品	注
677	M44	土堆石圈	竖穴	单人一次葬，仰直。盆骨以上扰，骨骼散乱。女成	西北		
678	M45	土堆石圈	竖穴	零星人骨。有殉马坑，马骨乱，有殉羊坑，羊骨乱			
679	M46	土堆石圈	竖穴	单人二次葬，骨骼零乱，不全。成男			
680	M50	土堆石圈	竖穴	单人二次葬，骨骼零乱		陶壶	
681	M51	土堆石圈	竖穴	单二，骨骼较全			
682	M52	土堆石圈	竖穴	单人一次葬，上身扰，无头骨，肋骨不全，女成	西北	单耳罐	
683	M53	土堆石圈	竖穴	单人一次葬，仰直，右指骨无，其余指趾骨不全		铜带扣、骨扣、马骶骨、残铁刀、料珠	
684	M55	土堆石圈	竖穴木椁	单人二次葬，骨骼不全，零星散布		牛骶骨、铁锥、绿松石	
685	M56	土堆	竖穴	单二，头骨及其他零星骨殖，散乱。成年		陶片、骨器、铁器、骨扣	
686	M57	土堆石圈	竖穴	单二，头骨及其他零星骨殖，堆放在墓室西部。成年		残铁锥、石珠、铜器、铜带扣、柱状铜件	
687	M58	土堆双石圈	竖穴，墓底少量铺木	单二，零星人骨，散布。成年		铜针、陶片、陶罐残、残铁器	
688	M60	土堆双石圈	竖穴，墓道中立木	单二，骨骼不全，零星散布。成年		陶瓶，铁刀，骨镞4，石磨盘2，石子	
689	M61	土堆	竖穴	单二，骨骼零乱，堆放。成年		铁钩、残铁块、陶片、Ⅱ式折沿钵	
690	M62	土堆石圈铺石	竖穴单侧二层台	单人一次葬，仰直，成年	西北	Ⅰ式无耳罐、羊骶骨	
691	M63	土堆石圈铺石	竖穴，墓室口有二层台，二层台上和墓室四周垒卵石	单二，骨骼不全，零乱		羊骨、骨镞8、石磨盘、残铁器	
692	M64	土堆双石圈	竖穴	单二，零散人骨。成年		带柄铜镜、石磨盘、铁器、铁刀、陶壶，铁刀2	

续表一一

	编号	地表结构	墓室	葬俗	头向	随葬品	注
693	M65	土堆双石圈，双墓室	均竖穴	A 单二，骨骼较全，堆放。成年。B 室，单人一次葬。儿童	北	陶片、铜器、铁手镯、马骨、残铁器、铁刀，铜簪	
694	M66	土堆石圈	竖穴亚腰袋状	单人一次葬，仰直，腰椎以上扰乱，骨骼极少，零乱	东南	Ⅱ式直口钵、铜针、铁器、马骶骨	
695	M67	土堆双墓室	均竖穴	A 数根人肢骨。成年。B 腿部以上扰乱，骨骼不全，散乱。成年			
696	M68	土堆石圈，双墓室	均竖穴，A 骨架上铺木，墓底铺小石子	A 单人一次葬，仰直，一手屈至盆骨处，指骨无，成年男性。B 单人一次葬，仰直，成年女性	西北	A 室：陶罐 2、骨饰件 6、铁剑 1（残）、骨镞 2、残铁器 1、小铜件 1（残）、玛瑙珠 1；B 室：陶罐 1（残）、拆沿盒 1、陶钵 1、砺石 1（残）、羊椎骨、骨镞（残）	
697	M69	土堆石圈	竖穴	双腿以上及右小腿骨扰，骨骼散乱。成年			
698	M70	土堆石圈	竖穴	单二，头骨和零星肢骨，散置		管流罐，骨珠 4	
699	M71	土堆石圈	竖穴，墓底铺木	单二，散见零星人骨		残铜器、Ⅰ式折沿钵 2	
700	M72	土堆石圈	竖穴，袋状，墓底少量铺木	单人一次葬，仰直。腰椎以上扰乱，趾骨无	西北	陶钵、陶单耳带流罐、铜饰、单耳带流罐，叠唇钵，铜饰件	
701	M73	土堆石圈	竖穴	单人一次葬，仰直，小腿以上扰乱，骨骼散乱。成年	西北	铜器、陶片、羊骶骨	鹰骨
702	M74	土堆石圈	竖穴	单人一次葬，仰直，小腿以上扰乱，骨骼散乱	西北	骨饰 2、铁镞，骨扣 2	
703	M75	土堆石圈	竖穴	单人一次葬，仰直，下肢以上扰乱	西北	铁钩、铁刀、骨镞	

续表一一

	编号	地表结构	墓室	葬俗	头向	随葬品	注
704	M76	土堆石圈	竖穴	单人一次葬，仰直，腿骨以上扰乱，骨骼零乱	西	陶钵、陶无耳罐、Ⅱ式无耳罐，Ⅰ式直口钵	
705	M77	土堆石圈	竖穴	单二，骨骼零散。成年		圆柱状铜件	
706	M78	土堆	竖穴	单人一次葬，仰直，腿骨以上扰乱	西	残铁器	
707	M79	土堆	竖穴	一下肢完好依生理顺序，余骨架散乱，堆放在墓室西端	西北	铜耳环	
708	M80	土堆	竖穴	单人一次葬，仰直。成年男性	西北	Ⅱ式无耳罐，Ⅲ式折沿钵2，铁刀，骨弭2	
709	M81	土堆石圈	竖穴，墓底铺木	单人一次葬，仰直，腰椎骨以上扰乱，骨骼零散。成年	西	铁剑，铁刀，铁钩，铜扣	
710	M82	土堆石圈	竖穴	单人一次葬，仰直，指骨不全。成年女性	西北	羊椎骨	
711	M83	土堆石圈	竖穴二层台，简单木椁	单人一次葬，仰直，右上肢屈至盆骨处，无指骨。儿童	西北	Ⅲ式折沿钵，直沿陶盆，铁刀	
712	M84	土堆石圈	竖穴，西宽东窄	单二，骨骼不全，散置。成年			
713	M85	土堆石圈	竖穴西宽东窄	单二，骨骼不全，堆放在墓室东南角。成年			
714	M86	土堆	竖穴	单人一次葬，侧蜷屈	西南		
715	M87	地表铺石	无墓室				

表一二　　　　　　　　**阿克布早沟墓地墓葬登记表**

	编号	地表结构	墓室	葬俗	头向	随葬品	注
716	M1	土堆地表零散石圈	竖穴墓室口积石，墓道内积木	单人扰乱，下肢完好排列，上身骨零乱。男，45岁左右	西北	B型铁刀、羊头、羊腿、羊股骨	
717	M2	土堆石圈双墓室，墓室口积石	A、B均竖穴，墓底铺木	A单人一次葬，仰直，腿骨以上扰。扰骨零乱。男成。B上层有乱堆骨，一头骨，零乱的其他人骨。男45岁左右。下层，平列两具肢骨不全的骨架，无头。均男成	西北	A陶片、铁刀2、残铁器、铁镞、铜丝2、铜簪、料珠；B铜饰、残铁刀、铁簪	

	编号	地表结构	墓室	葬俗	头向	随葬品	注
718	M3	土堆零石圈	竖穴，底铺木	单人，只有一完好的下肢		残铁器、残陶片	
719	M4	土堆石圈残乱铺石	竖穴填石	单人，股骨依生理顺序排列，其他骨很少，零乱。成年			
720	M5	土堆石圈铺石，局部破坏	竖穴填石	单人，仅有几节残肢骨		残铜件、B 型骨镞	
721	M6	土堆铺石	竖穴填石	单人，仅两片残髋骨		陶片、铁刀	
722	M7	土堆石圈铺石	竖穴填石	单人一次葬，仰直，指骨不全。成年		料珠、残铁器、A 型铁刀	
723	M8	土堆地表残乱铺石	竖穴填石	未见人骨		Ⅰ式无耳罐，BⅡ式单耳罐	
724	M9	土堆石圈墓室口积石	竖穴填石	两肢残胫骨，三节勒骨		铁刀	
725	M10	地表连续 4 个小石堆					
726	M11	土堆双石圈	竖偏，墓道填石	单人一次葬，仰直。男，30 岁左右	西北	BⅡ式单耳罐、铁刀、羊骶骨	
727	M12	土堆双石圈	竖穴少量填石	单人一次葬，仰直，右指骨无，趾骨不全。成年男性	西北	陶单耳杯、B 型骨镞5、单耳杯	
728	M13	土堆铺石	竖穴二层台，少量填石	单人一次葬，仰直。盆骨和左上肢扰，无头只有下颌。成年女性	西		
729	M15	土堆残石圈铺石	竖穴填石	单人一次葬，仰直，男，35～45 岁	西北	BⅡ式单耳罐、铁器残件、羊椎骨、铁钉	
730	M16	土堆石圈，墓室口积石	竖偏，墓道中填石	单人一次葬，仰直。右指和趾骨不全	西北	BⅡ式单耳罐	
731	M17	土堆石圈，墓室口上石圈，双墓室	A、B 竖偏，墓道填石	A 有主室和附室。主室双人合葬，a 仰身直肢，女，35 岁左右；b 为一婴儿，骨散乱，在 a 脚下。附室，仰直，左趾骨无其他指和趾骨不全。6 岁左右。B 单人一次葬，仰直。女性，30～40 岁	西北	A 室：Ⅱ式无耳罐、铁器、羊椎骨；附室彩陶罐；B 室：BⅡ式单耳罐、铁刀、石锥、带柄铜镜、羊椎骨	

	编号	地表结构	墓室	葬俗	头向	随葬品	注
732	M18	土堆石圈铺石	竖穴少量填石	单人一次葬，仰直。左指骨、趾骨不全。女性，20~25岁	西北	Ⅱ式无耳罐、鋬耳罐	
733	M19	土堆双石圈	竖偏，墓道填石	单人一次葬，仰直，左指骨不全。男朋35~45	西北	AⅠ式单耳罐、牛羊骶骨、残铁块	
734	M20	土堆铺石，四个墓坑	B竖偏，余均竖穴	仅B室有一8岁左右儿童。仰直，左手及双趾骨缺	西北	双系彩陶罐	
735	M21	土堆双石圈，石圈残缺，双墓室	A竖偏，墓道中填石，B竖穴二层台，墓道中填石	A单人一次葬，仰直，缺头骨，右手，左股骨、髋骨移至胫骨处，男，20~35岁；B下肢以上零乱，有头骨等少量骨骼，男，20~30岁	西北		
736	M22	土堆石圈铺石	竖穴填石	单人一次葬，仰直右手趾骨不全			
737	M23	土堆石圈	竖偏，中间有隔梁，填石	单人一次葬，仰直，上身骨骼不全，左趾骨无，女，35岁左右	西北		
738	M24	土堆双石圈	竖偏，墓道中填石	单人一次葬，仰直，上身骨骼不全，14岁左右	西北	BⅢ式彩陶罐、羊骶骨	
739	M25	土堆石圈铺石，双墓室	均竖偏，A墓道中部有偏龛室，墓道中均填石	单人一次葬、仰直，成年；B单人一次葬，仰直，儿童骨架	西北	陶罐2、Ⅰ式无耳罐、Ⅱ式无耳罐，AⅢ式单耳罐	
740	M26	土堆石圈铺石	竖偏，墓道中填石	单人一次葬，仰直，缺右桡骨、尺骨和指骨，趾骨不全，女，20~25岁	西北	Ⅲ式无耳罐	
741	M27	土堆石圈铺石零乱	竖偏，墓道中填石	单人一次葬，仰直，男，25~35岁	西北	陶罐、羊骶骨、AⅢ式单耳罐	
742	M28	土堆石圈铺石，零乱	竖偏，墓道中填石	单人一次葬，缺左手、右手脚骨不全，女，35岁左右	西	羊骶骨	
743	M29	土堆石圈铺石，零乱	竖穴	头骨和零星肢骨，6岁左右的儿童		Ⅰ式无耳罐	
744	M30	土堆石圈铺石	竖偏，墓道填石	单人一次葬，仰直，盆骨以上扰。女，35~45岁	西北		
745	M31	土堆双石圈	竖偏，墓道中填石	单人一次葬，仰直，缺左边的上肢及肋骨。男，30~40岁	西北	陶罐	

	编号	地表结构	墓室	葬俗	头向	随葬品	注
746	M32	土堆石圈铺石	竖偏，墓道中填石	单人一次葬，仰直，骨骼不全，7岁左右儿童	西北	BⅡ式单耳罐	
747	M33	土堆石圈铺石	竖偏，墓道中填石	单人一次葬，侧屈，趾骨不全。男，35~45岁	西北	Ⅱ式无耳罐	
748	M34	小土堆上零星铺石	竖偏，墓道中填土石	单人一次葬，仰直，双手屈至盆骨处，左手置于腹部左指和趾骨无。成年男性	西南	Ⅳ式无耳罐	
749	M35	小土堆残石圈铺石	竖偏，墓道中填石	单人一次葬，仰直，右半身扰乱。女，25~35岁	西北	Ⅱ式无耳罐	
750	M36	土堆石圈铺石	竖穴填石	单人一次葬，仰直，手指缺，趾骨不全。男，50~60岁	西	Ⅳ式无耳罐	
751	M37	土堆双石圈，双墓室	A竖偏，墓道填石；B竖穴填石	A单人一次葬，仰直，缺右手骨，趾骨不全。女，20~25岁。B一具儿童的朽骨	西	A室：陶罐、单系耳罐，B室：BⅡ单耳罐2	
752	M38	土堆石圈铺石	竖偏，墓道填石，偏室口用圆木封	单人一次葬，仰直。男，20~25岁	西北	Ⅱ式钵、陶瓶	
753	M39	土堆双石圈，残	竖偏，墓道填石	单人一次葬，仰直，缺桡、尺及手脚骨，儿童	西北	BⅠ式单耳罐	
754	M40	土堆铺石，双墓室	A竖偏，墓道填石，B竖穴	A无人骨；B单人一次葬，下肢屈，手指骨无，趾骨不全	西北	BⅠ式单耳罐	
755	M41	土堆石圈铺石，残	竖偏，墓道填石	A右髋骨下肢在生理位置，其余骨骼散乱，不全。成年女性	西北	牛骶骨	
756	M42	土堆双石圈	竖偏，墓道填石	单人，人左侧骨骼大体完整，基本在生理位置，右侧缺			
757	M43	土堆石圈，双墓室上各有石圈	均竖偏，墓道填石	A单人一次葬，仰直，B单人一次葬，仰直	西北	A室：AⅡ单耳罐，BⅡ单耳罐2、羊椎；B陶罐	
758	M44	土堆石圈	竖偏，墓道填石	单人一次葬，仰直，左指无，成年	西北	BⅡ式单耳罐	
759	M45	土堆，双墓室	A竖穴，墓底铺木，B竖偏，墓底铺木	A仅见按生理顺序摆放的双腿，填土中有头骨片，残肢骨，男，25~35岁。B零星骨头，有头骨残片、残肢骨、髋骨等	西	陶片	

	编号	地表结构	墓室	葬俗	头向	随葬品	注
760	M46	土堆，双墓室	均竖穴，木椁	A 仅一人头骨；B 零星人骨散置		B 铜簪、铜簪	
761	M47	土堆	竖穴二层台	单二，头骨和零星股骨、髋骨等，散乱			
762	M48	土堆双墓室	均竖穴	A 单人一次葬，仰直，一手屈至盆骨处，指骨无，趾骨不全，男，25～30 岁。B 3 岁左右小孩朽骨	西		
763	M49	土堆	竖穴二层台，二层台上铺木	单人二次葬，头骨及其他零星人骨堆积在墓室西南壁下。男，25～35 岁			
764	M50	土堆双墓室	均竖穴	A 一下肢完整，一下肢只留胫腓骨，其余少量骨骼散乱，成年女性；B 左上肢下肢及盆骨部分完好，其少量骨骼散乱，成年男性	西	A 牛骶骨，B 牛骶骨	
765	M51	土堆	竖穴	单人一次葬，仰直，一手屈至盆骨处，指骨无，趾骨不全。成年男性	西北		
766	M52	土堆	竖穴	单人一次葬，仰直，右上肢扰，指骨无。女，30～40 岁	西	羊椎骨、残铁锥、A Ⅲ 式单耳罐、Ⅰ 式陶钵、A 型骨镞	
767	M53	土堆	竖穴偏洞室	单人一次葬，盆骨以上扰乱，骨骼散乱。成年	西	勺杯	
768	M54	土堆	竖穴	无			
769	M55	土堆	竖穴偏洞室	单二，头骨等零散人骨，成年			
770	M56	土堆	竖偏，被盗	骨骼散乱，女，55～65 岁		缸形陶罐，石纺轮	头骨变形
771	M57	土堆	竖偏洞室	单人一次葬，仰直，男，40～45 岁	西	残铁剑、漆盘、A 型铁刀 2、骨器 2、石纺轮、铁镞 2、羊椎、羊股骨	头骨变形

表一三　　　　　　　　　　　　呼吉尔沟墓地墓葬登记表

	编号	结构	墓室	葬俗	头向	随葬品	注
772	M1	石堆	竖穴土坑	单人二交葬		陶杯	
773	M2	石堆	竖穴土坑	无			

表一四　　　　　　　　　　　　卡拉苏墓地墓葬登记表

	编号	结构	墓室	葬俗	头向	随葬品	注
774	M1	封土堆	竖穴	二次葬，人骨不全		无	
775	M2	微显土封堆	竖穴	单一，仰直，儿童	西	鋬耳钵、骨镞、羊尾骨	
776	M3	石圈	竖偏	单一，仰直，男性，成年	西	砺石、铁锥	
777	M4	小石块	竖穴	单一，仰直，男性，成年	西	铁马镫2、铁镞2、铁带钩残件、铁锥2、V形铁器、铁刀2、铁环扣、弧形残铁件、铁扣残、铁环扣2、不明残铁件、铁弯钩、方形铁带扣、铁钳、铁器残件、铁簪	
778	M5	石块	无墓室	无			

新疆文物考古研究所丛刊之十三

新疆吉林台

（下册）

新疆文物考古研究所　编著

文物出版社

图版目录

图版一　吉林台墓群外景

图版二　穷科克一号墓地墓葬结构

图版三　穷科克一号墓地一号祭祀坛与墓葬结构

图版四　穷科克一号墓地 M45 墓葬结构

图版五　穷科克一号墓地墓葬结构

图版六　穷科克一号墓地墓葬结构

图版七　穷科克一号墓地墓葬结构

图版八　穷科克一号墓地墓葬结构

图版九　穷科克一号墓地墓葬结构

图版一〇　穷科克一号墓地墓葬结构

图版一一　穷科克一号墓地墓葬结构

图版一二　穷科克一号墓地墓葬结构

图版一三　穷科克一号墓地墓葬结构

图版一四　穷科克一号墓地墓葬结构

图版一五　穷科克一号墓地墓葬结构

图版一六　穷科克一号墓地墓葬结构

图版一七　穷科克一号墓地墓葬结构

图版一八　穷科克一号墓地墓葬结构

图版一九　穷科克一号墓地墓葬人骨架

图版二〇　穷科克一号墓地墓葬人骨架

图版二一　穷科克一号墓地墓葬人骨架

图版二二　穷科克一号墓地墓葬人骨架

图版二三　穷科克一号墓地墓葬人骨架

图版二四　穷科克一号墓地墓葬人骨架

图版二五　穷科克一号墓地墓葬人骨架

图版二六　穷科克一号墓地墓葬人骨架

图版二七　穷科克一号墓地墓葬人骨架

图版二八　穷科克一号墓地墓葬人骨架

图版二九　穷科克一号墓地墓葬人骨架

图版三〇　穷科克一号墓地墓葬人骨架

图版三一　穷科克一号墓地墓葬人骨架

图版三二　穷科克一号墓地墓葬人骨架

图版三三　穷科克一号墓地墓葬人骨架

图版三四　穷科克一号墓地墓葬人骨架

图版三五　穷科克一号墓地墓葬人骨架

图版三六　穷科克一号墓地墓葬人骨架

图版三七　穷科克一号墓地墓葬人骨架

图版三八　穷科克一号墓地墓葬结构和人骨架

图版三九　穷科克一号墓地墓葬出土无耳彩陶罐

图版四〇　穷科克一号墓地墓葬出土无耳陶罐

图版四一　穷科克一号墓地墓葬出土陶器

图版四二　穷科克一号墓地墓葬出土陶器

图版四三　穷科克一号墓地墓葬出土陶杯

图版四四　穷科克一号墓地墓葬出土陶器

图版四五　穷科克一号墓地墓葬出土陶钵

图版四六　穷科克一号墓地墓葬出土石、铜、铁器和料珠

图版四七　穷科克一号墓地墓葬出土骨器

图版四八　穷科克二号墓地墓葬结构

图版四九　穷科克二号墓地墓葬结构

图版五〇　穷科克二号墓地墓葬结构

图版五一　穷科克二号墓地墓葬人骨架

图版五二　穷科克二号墓地墓葬人骨架

图版五三　穷科克二号墓地墓葬人骨架

图版五四　穷科克二号墓地墓葬人骨架

图版五五　穷科克二号墓地墓葬人骨架

图版五六　穷科克二号墓地墓葬人骨架

图版五七　穷科克二号墓地墓葬人骨架

图版五八　穷科克二号墓地墓葬人骨架

图版五九　穷科克二号墓地墓葬人骨架

图版六〇　穷科克二号墓地墓葬人骨架

图版六一　穷科克二号墓地墓葬人骨架

图版六二　穷科克二号墓地墓葬人骨架

图版六三　穷科克二号墓地墓葬出土陶器

图版六四　穷科克二号墓地墓葬出土陶钵

图版六五　穷科克二号墓地墓葬出土陶钵

图版六六　加勒克斯卡茵特一号墓地墓葬结构

图版六七　加勒克斯卡茵特一号墓地墓葬结构

图版六八　加勒克斯卡茵特一号墓地墓葬结构

图版六九　加勒克斯卡茵特一号墓地墓葬结构

图版七〇　加勒克斯卡茵特一号墓地墓葬结构

图版七一　加勒克斯卡茵特一号墓地墓葬结构

图版七二　加勒克斯卡茵特一号墓地墓葬结构

图版七三　加勒克斯卡茵特一号墓地墓葬结构

图版七四　加勒克斯卡茵特一号墓地墓葬结构

图版七五　加勒克斯卡茵特一号墓地墓葬结构

图版七六　加勒克斯卡茵特一号墓地墓葬结构

图版七七　加勒克斯卡茵特一号墓地墓葬人骨架

图版七八　加勒克斯卡茵特一号墓地墓葬人骨架

图版七九　加勒克斯卡茵特一号墓地墓葬人骨架

图版八〇　加勒克斯卡茵特一号墓地墓葬人骨架

图版八一　加勒克斯卡茵特一号墓地墓葬人骨架

图版八二　加勒克斯卡茵特一号墓地墓葬人骨架

图版八三　加勒克斯卡茵特一号墓地墓葬人骨架

图版八四　加勒克斯卡茵特一号墓地墓葬人骨架

图版八五　加勒克斯卡茵特一号墓地墓葬人骨架

图版八六　加勒克斯卡茵特一号墓地墓葬人骨架

图版八七　加勒克斯卡茵特一号墓地墓葬人骨架

图版八八　加勒克斯卡茵特一号墓地墓葬人骨架

图版八九　加勒克斯卡茵特一号墓地墓葬人骨架

图版九〇　加勒克斯卡茵特一号墓地墓葬人骨架

图版九一　加勒克斯卡茵特一号墓地墓葬人骨架

图版九二　加勒克斯卡茵特一号墓地墓葬人骨架

图版九三　加勒克斯卡茵特一号墓地墓葬人骨架

图版九四　加勒克斯卡茵特一号墓地墓葬人骨架

图版九五　加勒克斯卡茵特一号墓地墓葬人骨架

图版九六　加勒克斯卡茵特一号墓地墓葬人骨架

图版九七　加勒克斯卡茵特一号墓地墓葬人骨架

图版九八　加勒克斯卡茵特一号墓地墓葬人骨架

图版九九　加勒克斯卡茵特一号墓地墓葬人骨架

图版一○○　加勒克斯卡茵特一号墓地墓葬人骨架

图版一○一　加勒克斯卡茵特一号墓地墓葬人骨架

图版一○二　加勒克斯卡茵特一号墓地墓葬人骨架

图版一○三　加勒克斯卡茵特一号墓地墓葬人骨架

图版一○四　加勒克斯卡茵特一号墓地墓葬人骨架

图版一○五　加勒克斯卡茵特一号墓地墓葬人骨架

图版一○六　加勒克斯卡茵特一号墓地墓葬人骨架

图版一○七　加勒克斯卡茵特一号墓地墓葬人骨架

图版一○八　加勒克斯卡茵特一号墓地墓葬人骨架

图版一○九　加勒克斯卡茵特一号墓地墓葬出土无耳彩陶罐

图版一一○　加勒克斯卡茵特一号墓地墓葬出土陶无耳罐

图版一一一　加勒克斯卡茵特一号墓地墓葬出土陶无耳罐

图版一一二　加勒克斯卡茵特一号墓地墓葬出土陶无耳罐

图版一一三　加勒克斯卡茵特一号墓地墓葬出土陶无耳罐

图版一一四　加勒克斯卡茵特一号墓地墓葬出土陶单耳罐

图版一一五　加勒克斯卡茵特一号墓地墓葬出土陶单耳罐、陶单耳杯

图版一一六　加勒克斯卡茵特一号墓地墓葬出土陶钵

图版一一七　加勒克斯卡茵特一号墓地墓葬出土陶钵

图版一一八　加勒克斯卡茵特一号墓地墓葬出土陶钵

图版一一九　加勒克斯卡茵特一号墓地墓葬出土陶钵

图版一二○　加勒克斯卡茵特一号墓地墓葬出土陶钵

图版一二一　加勒克斯卡茵特一号墓地墓葬出土陶钵

图版一二二　加勒克斯卡茵特一号墓地墓葬出土陶钵

图版一二三　加勒克斯卡茵特一号墓地墓葬出土陶钵

图版一二四　加勒克斯卡茵特一号墓地墓葬出土石磨盘

图版一二五　加勒克斯卡茵特一号墓地墓葬出土石磨盘、砺石

图版一二六　加勒克斯卡茵特一号墓地墓葬出土铜镜、铜扣、铜羊饰、铜牌

图版一二七　加勒克斯卡茵特一号墓地墓葬出土铜器饰件

图版一二八　加勒克斯卡茵特一号墓地墓葬出土铜器

图版一二九　加勒克斯卡茵特一号墓地墓葬出土金、铜、银耳环

图版一三〇　加勒克斯卡茵特一号墓地墓葬出土刻纹骨牌

图版一三一　加勒克斯卡茵特一号墓地墓葬出土骨、铁器

图版一三二　加勒克斯卡茵特一号墓地墓葬出土骨镞

图版一三三　加勒克斯卡茵特二号墓地墓葬结构

图版一三四　加勒克斯卡茵特二号墓地墓葬结构

图版一三五　加勒克斯卡茵特二号墓地墓葬结构

图版一三六　加勒克斯卡茵特二号墓地墓葬结构

图版一三七　加勒克斯卡茵特二号墓地墓葬人骨架

图版一三八　加勒克斯卡茵特二号墓地墓葬人骨架

图版一三九　别特巴斯陶墓地远景及墓葬结构

图版一四〇　别特巴斯陶墓地墓葬结构

图版一四一　别特巴斯陶墓地墓葬结构

图版一四二　别特巴斯陶墓地墓葬结构

图版一四三　别特巴斯陶墓地墓葬结构和人骨架

图版一四四　别特巴斯陶墓地墓葬结构和人骨架

图版一四五　别特巴斯陶墓地墓葬M50发掘中

图版一四六　别特巴斯陶墓地土墙祭坛结构

图版一四七　别特巴斯陶墓地石圈祭坛结构

图版一四八　别特巴斯陶墓地石祭坛乱葬坑和石祖祭坑

图版一四九　别特巴斯陶墓地墓葬结构

图版一五〇　别特巴斯陶墓地墓葬结构

图版一五一　别特巴斯陶墓地墓葬结构

图版一五二　别特巴斯陶墓地墓葬结构

图版一五三　别特巴斯陶墓地墓葬人骨架

图版一五四　别特巴斯陶墓地墓葬人骨架

图版一五五　别特巴斯陶墓地墓葬人骨架

图版一五六　别特巴斯陶墓地墓葬结构和人骨架

图版一五七　别特巴斯陶墓地墓葬人骨架

图版一五八　别特巴斯陶墓地墓葬人骨架

图版一五九　别特巴斯陶墓地墓葬人骨架

图版一六〇　别特巴斯陶墓地墓葬人骨架

图版一六一　别特巴斯陶墓地墓葬出土马骨和人骨架

图版一六二　别特巴斯陶墓地 M77 人骨架

图版一六三　别特巴斯陶墓地墓葬人骨架

图版一六四　别特巴斯陶墓地墓葬人骨架

图版一六五　别特巴斯陶墓地 M72 人骨架

图版一六六　别特巴斯陶墓地墓葬人骨架

图版一六七　别特巴斯陶墓地墓葬人骨架

图版一六八　别特巴斯陶墓地墓葬人骨架

图版一六九　别特巴斯陶墓地 M71 人骨架

图版一七〇　别特巴斯陶墓地墓葬人骨架

图版一七一　别特巴斯陶墓地墓葬出土陶无耳罐

图版一七二　别特巴斯陶墓地墓葬出土陶器

图版一七三　别特巴斯陶墓地墓葬出土陶单耳罐、陶杯

图版一七四　别特巴斯陶墓地墓葬出土陶钵

图版一七五　别特巴斯陶墓地墓葬出土陶钵

图版一七六　别特巴斯陶墓地墓葬出土陶钵

图版一七七　别特巴斯陶墓地墓葬出土陶钵

图版一七八　别特巴斯陶墓地墓葬出土铜匙、铜簪

图版一七九　别特巴斯陶墓地墓葬出土铜镜

图版一八〇　别特巴斯陶墓地墓葬出土金饰件

图版一八一　别特巴斯陶墓地墓葬出土磨石、石祖

图版一八二　别特巴斯陶墓地 M33 串珠

图版一八三　别特巴斯陶墓地墓葬出土料珠

图版一八四　一棵树墓地远景

图版一八五　一棵树墓地墓葬结构

图版一八六　一棵树墓地墓葬人骨架和羊骨

图版一八七　一棵树墓地出土石、骨、铁器

图版一八八　一棵树墓地 B 区 M1 出土金戒指

图版一八九　铁木里克沟口墓地墓葬结构

图版一九〇　铁木里克沟口墓地墓葬结构

图版一九一　铁木里克沟口墓地墓葬结构

图版一九二　铁木里克沟口墓地墓葬结构

图版一九三　铁木里克沟口墓地墓葬结构

图版一九四　铁木里克沟口墓地

图版一九五　铁木里克沟口墓地墓壁工具痕

图版一九六　铁木里克沟口墓地墓葬偏室封石

图版一九七　铁木里克沟口墓地墓葬结构

图版一九八　铁木里克沟口墓地墓葬结构

图版一九九　铁木里克沟口墓地墓葬结构

图版二〇〇　铁木里克沟口墓地墓葬人骨架

图版二〇一　铁木里克沟口墓地墓葬人骨架

图版二〇二　铁木里克沟口墓地墓葬人骨架

图版二〇三　铁木里克沟口墓地墓葬人骨架

图版二〇四　铁木里克沟口墓地墓葬人骨架

图版二〇五　铁木里克沟口墓地墓葬人骨架

图版二〇六　铁木里克沟口墓地墓葬人骨架和狗骨架

图版二〇七　铁木里克沟口墓地墓葬人骨架

图版二〇八　铁木里克沟口墓地墓葬人骨架

图版二〇九　铁木里克沟口墓地墓葬人骨架

图版二一〇　铁木里克沟口墓地石圈祭坛

图版二一一　彩桥门墓地和墓葬人骨架

图版二一二　铁木里克沟口墓地墓葬出土陶器

图版二一三　铁木里克沟口墓地墓葬出土铜器

图版二一四　铁木里克沟口墓地墓葬出土铜器

图版二一五　奇仁托海墓地墓葬结构

图版二一六　奇仁托海墓地墓葬结构

图版二一七　奇仁托海墓地墓葬结构

图版二一八　奇仁托海墓地墓葬结构

图版二一九　奇仁托海墓地墓葬结构

图版二二〇　奇仁托海墓地墓葬结构

图版二二一　奇仁托海墓地墓葬结构

图版二二二　奇仁托海墓地墓葬结构

图版二二三　奇仁托海墓地墓葬结构

图版二二四　奇仁托海墓地墓葬结构

图版二二五　　奇仁托海墓地墓葬结构

图版二二六　　奇仁托海墓地墓葬结构

图版二二七　　奇仁托海墓地墓葬人骨架

图版二二八　　奇仁托海墓地墓葬人骨架

图版二二九　　奇仁托海墓地墓葬人骨架

图版二三〇　　奇仁托海墓地墓葬人骨架

图版二三一　　奇仁托海墓地墓葬人骨架

图版二三二　　奇仁托海墓地墓葬人骨架

图版二三三　　奇仁托海墓地墓葬人骨架

图版二三四　　奇仁托海墓地墓葬人骨架

图版二三五　　奇仁托海墓地墓葬人骨架

图版二三六　　奇仁托海墓地墓葬人骨架

图版二三七　　奇仁托海墓地墓葬人骨架

图版二三八　　奇仁托海墓地墓葬人骨架

图版二三九　　奇仁托海墓地墓葬人、马骨架

图版二四〇　　奇仁托海墓地墓葬人骨架

图版二四一　　奇仁托海墓地墓葬人骨架

图版二四二　　奇仁托海墓地墓葬人骨架

图版二四三　　奇仁托海墓地墓葬人骨架

图版二四四　　奇仁托海墓地墓葬人骨架

图版二四五　　奇仁托海墓地墓葬人骨架

图版二四六　　奇仁托海墓地墓葬人骨架

图版二四七　　奇仁托海墓地墓葬出土陶钵、陶杯

图版二四八　　奇仁托海墓地墓葬出土单耳陶杯

图版二四九　　奇仁托海墓地墓葬出土铁刀、铁锥

图版二五〇　　奇仁托海墓地墓葬出土铜器、铁器

图版二五一　　奇仁托海墓地墓葬出土石器、骨器、海贝

图版二五二　　奇仁托海墓地葬出土铁器、石器、陶器、骨器、皮条

图版二五三　　萨尔布拉克沟墓地墓葬结构

图版二五四　　萨尔布拉克沟墓地墓葬结构

图版二五五　　萨尔布拉克沟墓地 M63 墓葬结构

图版二五六　　萨尔布拉克沟墓地墓葬结构

图版二五七　　萨尔布拉克沟墓地墓葬结构

图版二五八　　萨尔布拉克沟墓地墓葬结构

图版二五九　　萨尔布拉克沟墓地墓葬结构

图版二六〇　　萨尔布拉克沟墓地墓葬结构

图版二六一　　萨尔布拉克沟墓地墓葬骨架

图版二六二　　萨尔布拉克沟墓地墓葬人骨架

图版二六三　　萨尔布拉克沟墓地墓葬人骨架

图版二六四　　萨尔布拉克沟墓地墓葬人骨架

图版二六五　　萨尔布拉克沟墓地墓葬人骨架

图版二六六　　萨尔布拉克沟墓地墓葬人骨架

图版二六七　　萨尔布拉克沟墓地墓葬结构与人骨架

图版二六八　　萨尔布拉克沟墓地墓葬出土陶器

图版二六九　　萨尔布拉克沟墓地墓葬出土陶钵、陶盆

图版二七〇　　萨尔布拉克沟墓地墓葬出土陶钵、陶盆

图版二七一　　萨尔布拉克沟墓地 M64 随葬品

图版二七二　　萨尔布拉克沟墓地墓葬出土铁器

图版二七三　　萨尔布拉克沟墓地墓葬出土铜、铁器

图版二七四　　萨尔布拉克沟墓地墓葬出土铜器

图版二七五　　萨尔布拉克沟墓地墓葬出土骨器

图版二七六　　萨尔布拉克沟墓地墓葬出土石器、骨器、料珠

图版二七七　　萨尔布拉克沟墓地墓葬出土石磨盘

图版二七八　　阿克布早沟墓地远景及墓葬结构

图版二七九　　阿克布早沟墓地墓葬结构

图版二八〇　　阿克布早沟墓地墓葬人骨架

图版二八一　　阿克布早沟墓地墓葬人骨架

图版二八二　　阿克布早沟墓地墓葬人骨架

图版二八三　　阿克布早沟墓地墓葬人骨架

图版二八四　　阿克布早沟墓地墓葬人骨架

图版二八五　　阿克布早沟墓地墓葬人骨架

图版二八六　　阿克布早沟墓地墓葬出土陶器

图版二八七　　阿克布早沟墓地墓葬出土陶罐

图版二八八　　阿克布早沟墓地墓葬出土陶罐

图版二八九　　阿克布早沟墓地墓葬出土陶器

图版二九〇　　阿克布早沟和卡拉苏墓地墓葬出土陶钵

图版二九一　阿克布早沟墓地墓葬出土铁、石、铜、骨器

图版二九二　阿克布早沟墓地墓葬出土铁刀

图版二九三　萨尔布拉克沟口高台墓地墓葬结构

图版二九四　萨尔布拉克沟口高台墓地墓葬结构

图版二九五　萨尔布拉克沟口高台墓地墓葬结构与人骨架

图版二九六　萨尔布拉克沟口高台墓地墓葬人骨架、殉马头和牛头

图版二九七　萨尔布拉克沟口高台墓地墓葬人骨架和墓坑填石

图版二九八　萨尔布拉克沟口高台墓地墓葬人骨架

图版二九九　萨尔布拉克沟口高台墓地墓葬人骨架

图版三〇〇　萨尔布拉克沟口高台墓地墓葬出土陶钵

图版三〇一　萨尔布拉克沟口高台墓地墓葬出土陶器、石器、铁器

图版三〇二　乌图兰墓地墓葬结构

图版三〇三　乌图兰墓地墓葬结构

图版三〇四　乌图兰墓地墓葬结构与人骨架

图版三〇五　乌图兰墓地墓葬人骨架

图版三〇六　呼吉尔台沟墓地和乌图兰墓地墓葬人骨架

图版三〇七　乌图兰墓地墓葬出土陶器

图版三〇八　卡拉苏墓地墓葬结构和人骨架

图版三〇九　卡拉苏墓地墓葬出土铁器

图版三一〇　穷科克遗址

图版三一一　穷科克遗址 T2 M1 墓葬结构和人骨架

图版三一二　穷科克遗址 T8 第②层石建筑遗址

图版三一三　穷科克遗址出土陶片

图版三一四　穷科克遗址出土陶片

图版三一五　墩麦里墓地墓葬

图版三一六　铁厂沟墓地墓葬

图版三一七　铁厂沟墓地墓葬人骨架

图版三一八　铁厂沟墓地墓葬

图版三一九　铁厂沟墓地墓葬人骨架和出土器物

彩版目录

彩版一　吉林台水库墓区

彩版二　穷科克一号墓地祭坛与墓葬结构

彩版三　穷科克一号墓地墓葬结构

彩版四　穷科克一号墓地 M45 墓葬结构

彩版五　穷科克一号墓地墓葬结构

彩版六　穷科克一号墓地墓葬结构

彩版七　穷科克一号墓地墓葬结构

彩版八　穷科克一号墓地墓葬结构

彩版九　穷科克一号墓地墓葬结构和人骨架

彩版一〇　穷科克一号墓地墓葬结构和人骨架

彩版一一　穷科克一号墓地墓葬人骨架

彩版一二　穷科克一号墓地墓葬人骨架

彩版一三　穷科克一号墓地墓葬人骨架

彩版一四　穷科克一号墓地墓葬出土单耳彩陶罐

彩版一五　穷科克一号墓地墓葬出土无耳彩陶罐

彩版一六　穷科克一号墓地墓葬出土无耳彩陶罐和长方形口彩陶钵

彩版一七　穷科克一号墓地墓葬出土单耳彩陶杯

彩版一八　穷科克一号墓地二号祭坛出土彩陶壶

彩版一九　穷科克二号墓地 M14 墓葬结构

彩版二〇　穷科克二号墓地墓葬结构

彩版二一　穷科克二号墓地墓葬结构

彩版二二　穷科克二号墓地墓葬结构

彩版二三　穷科克二号墓地墓葬结构

彩版二四　穷科克二号墓地墓葬人骨架

彩版二五　穷科克二号墓地墓葬人骨架

彩版二六　穷科克二号墓地墓葬人骨架

彩版二七　穷科克二号墓地墓葬人骨架

彩版二八　穷科克二号墓地墓葬殉狗和人骨架

彩版二九　穷科克二号墓地墓葬人骨架

彩版三〇　加勒克斯卡茵特一号墓地远景及墓葬结构

彩版三一　加勒克斯卡茵特一号墓地墓葬结构

彩版三二　加勒克斯卡茵特一号墓地墓葬结构

彩版三三　加勒克斯卡茵特一号墓地墓葬结构

彩版三四　加勒克斯卡茵特一号墓地墓葬结构

彩版三五　加勒克斯卡茵特一号墓地墓葬结构

彩版三六　加勒克斯卡茵特一号墓地墓葬人骨架

彩版三七　加勒克斯卡茵特一号墓地墓葬人骨架

彩版三八　加勒克斯卡茵特一号墓地 M44 人骨架

彩版三九　加勒克斯卡茵特一号墓地墓葬人骨架

彩版四〇　加勒克斯卡茵特一号墓地墓葬人骨架

彩版四一　加勒克斯卡茵特一号墓地墓葬人骨架

彩版四二　加勒克斯卡茵特一号墓地墓葬人骨架

彩版四三　加勒克斯卡茵特一号墓地墓葬人骨架

彩版四四　加勒克斯卡茵特一号墓地墓葬人骨架

彩版四五　加勒克斯卡茵特一号墓地墓葬出土彩陶罐

彩版四六　加勒克斯卡茵特一号墓地墓葬出土彩陶罐

彩版四七　加勒克斯卡茵特一号墓地墓葬出土无耳彩陶罐

彩版四八　加勒克斯卡茵特一号墓地墓葬出土彩陶钵

彩版四九　加勒克斯卡茵特一号墓地墓葬出土管流彩陶罐

彩版五〇　加勒克斯卡茵特一号墓地墓葬出土刻纹骨牌

彩版五一　加勒克斯卡茵特一号墓地墓葬出土骨器

彩版五二　加勒克斯卡茵特一号墓地墓葬出土铜簪

彩版五三　加勒克斯卡茵特一号墓地墓葬出土石磨盘

彩版五四　加勒克斯卡茵特二号墓地 M17 墓葬结构

彩版五五　加勒克斯卡茵特二号墓地墓葬结构

彩版五六　加勒克斯卡茵特二号墓地墓葬人骨架

彩版五七　别特巴斯陶墓地 M53 墓葬结构

彩版五八　别特巴斯陶墓地墓葬结构

彩版五九　别特巴斯陶墓地 M50 墓葬结构

彩版六〇　别特巴斯陶墓地墓葬人骨架和盗洞

彩版六一　别特巴斯陶墓地墓葬人骨架

彩版六二　别特巴斯陶墓地墓葬人骨架

彩版六三　别特巴斯陶墓地墓葬人骨架

彩版六四　别特巴斯陶墓地墓葬出土陶器

彩版六五　别特巴斯陶墓地墓葬出土金饰件

彩版六六　别特巴斯陶墓地墓葬出土金饰件

彩版六七　别特巴斯陶墓地墓葬出土金饰件

彩版六八　别特巴斯陶墓地墓葬出土铜簪

彩版六九　别特巴斯陶墓地墓葬出土骨、石、铜器

彩版七〇　别特巴斯陶墓地墓葬出土串珠

彩版七一　一棵树墓地 B 区贵族墓葬所在台地远视

彩版七二　一棵树墓地贵族墓葬 B 区 M1 墓葬结构

彩版七三　一棵树墓地贵族墓葬 B 区 M1 斜坡墓道填土剖面

彩版七四　一棵树墓地贵族墓葬 B 区 M1 出土金戒指（正面）

彩版七五　一棵树墓地贵族墓葬 B 区 M1 出土金戒指（侧面）

彩版七六　铁木里克沟墓地祭坛和墓葬结构

彩版七七　铁木里克沟墓地葬具和人骨架

彩版七八　铁木里克沟墓地墓葬人骨架

彩版七九　铁木里克沟墓地和彩桥门墓地墓葬出土陶器

彩版八〇　铁木里克沟墓地墓葬出土铜器

彩版八一　奇仁托海墓地墓葬结构

彩版八二　奇仁托海墓地墓葬结构

彩版八三　奇仁托海墓地墓葬结构

彩版八四　奇仁托海墓地墓葬结构

彩版八五　奇仁托海墓地墓葬人骨架

彩版八六　奇仁托海墓地墓葬人骨架

彩版八七　奇仁托海墓地墓葬出土陶钵、陶杯

彩版八八　奇仁托海墓地墓葬出土骨、金、石、铜器

彩版八九　萨尔布拉克沟墓地远景及墓葬结构

彩版九〇　萨尔布拉克沟墓地墓葬结构

彩版九一　萨尔布拉克沟墓地墓葬结构

彩版九二　萨尔布拉克沟墓地 M73 出土鹰骨架

彩版九三　萨尔布拉克沟墓地墓葬人骨架

彩版九四　萨尔布拉克沟墓地墓葬出土陶器

彩版九五　萨尔布拉克沟墓地墓葬出土铜、骨器

彩版九六　阿克布早沟墓地墓葬出土陶器

彩版九七　阿克布早沟墓地墓葬出土陶器

彩版九八　萨尔布拉克沟口台地墓地墓葬人骨架

彩版九九　乌图兰墓地墓葬结构和人骨架

彩版一〇〇　乌图兰和卡拉苏墓地出土陶器

彩版一〇一　穷科克遗址出土陶片

彩版一〇二　穷科克遗址出土陶片

彩版一〇三　穷科克遗址出土石器

彩版一〇四　穷科克遗址出土骨器

彩版一〇五　穷科克遗址岩画

彩版一〇六　墩麦里墓地墓葬结构

彩版一〇七　墩麦里墓地墓葬出土陶钵

彩版一〇八　铁厂沟墓地出土铜、石器

图版

上·喀什河南岸别特巴斯陶墓地

中·喀什河南岸加勒克斯卡茵特墓地

下·清理墓葬封堆上的杂草

上·M30地表

中·M31地表

下· M3地表

上· 一号祭祀坛发掘中

下·M46地表石圈石堆

上 · 地表石圈石堆

中 · 墓口外石圈

下 · 墓坑填石

上·M26地表石圈石堆

中·M30地表石圈石堆

下·M34地表石圈石堆

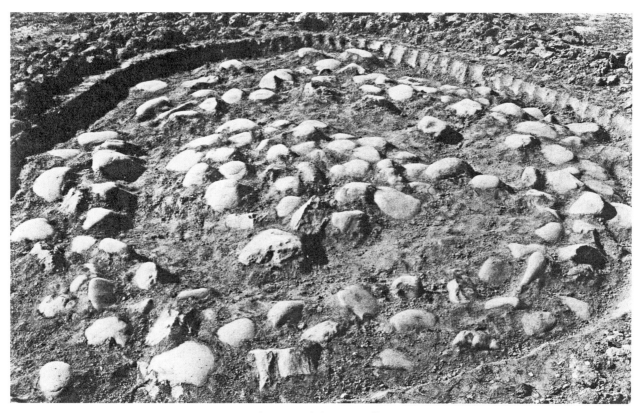

上·M48地表石圈石堆

下·M49地表石圈石堆

上·M36地表石圈石堆

下·M35地表石圈石堆

上·M52地表石圈石堆

下·M31地表石圈和墓坑填石

上·M13地表石圈石堆

下·M32地表石圈石堆

上·M18地表石圈石堆

下·M55地表石圈石堆

上·M15地表石圈石堆

下·M51地表石圈石堆

图版一二
穷科克一号墓地墓葬结构

上·M24地表石堆

下·M28地表石圈

上·M39地表石圈石堆

下·M43地表石圈

上·M47地表石圈

下·M12地表石圈

上·M35墓坑填石

中·M39墓坑填石

下·M12墓坑填石

上·M9墓坑填石

中·M14墓坑填石

下·M3墓室填石

上·M21墓坑填石

中·M50墓坑填石

下·M13墓坑填石

上·M37墓坑填石

中·M4墓坑填石

下·M38墓坑填石

上·M13A室

中·M13A室（局部）

下·M13B室

上·M15A室

下·M15B室

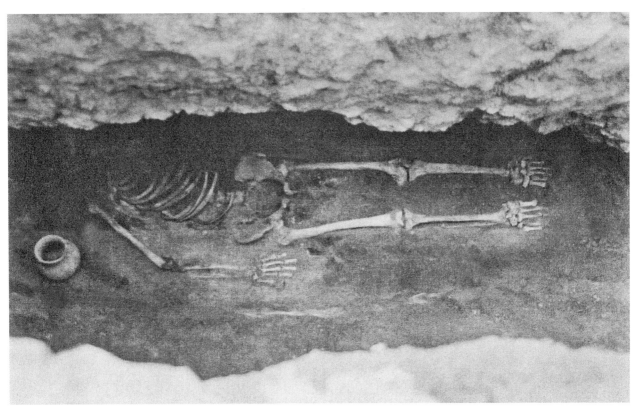

上·M16A室骨架

下·M16B室骨架

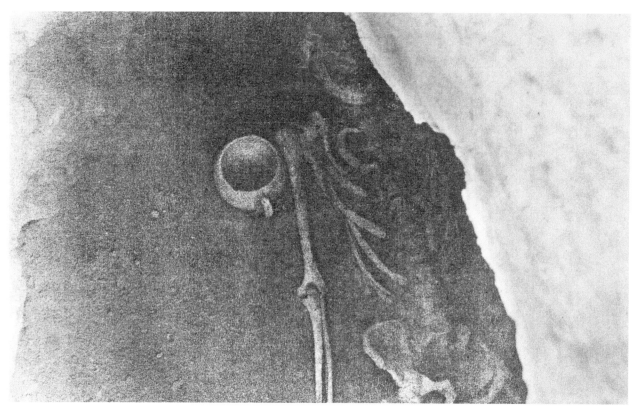

上·M4骨架

下·M4骨架（局部，结石出土位置）

上·M46B室

下·M46A室

图版二四
穷科克一号墓地墓葬人骨架

上·M34B室

下·M34C室

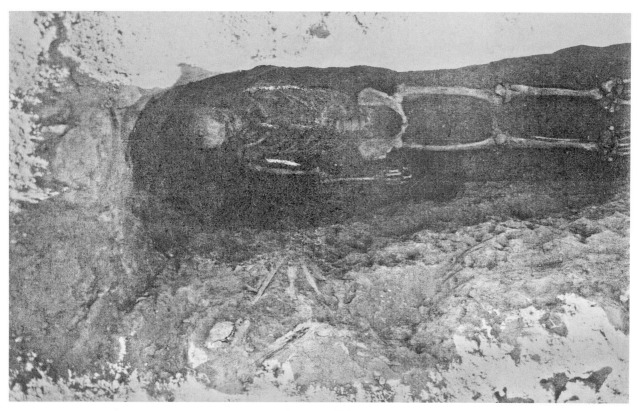

上·M54骨架

下·M56B室骨架

上·M41

下·M45B室

上·M12

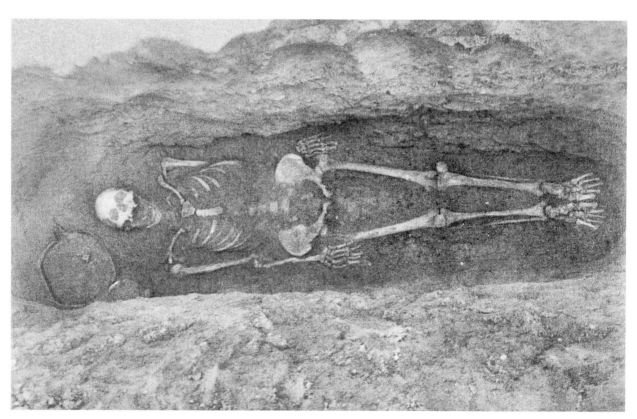

下·M8A室

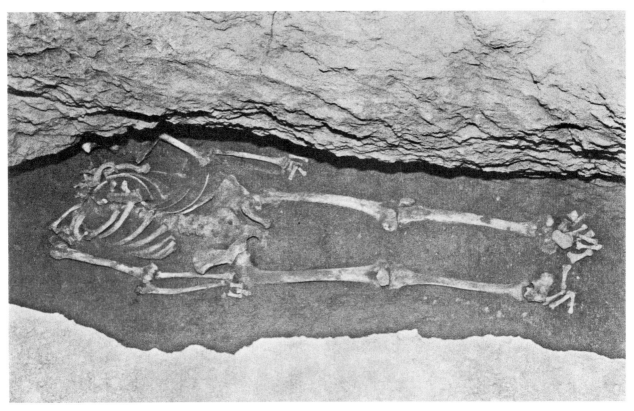

上·M3

下·M22

上·M9

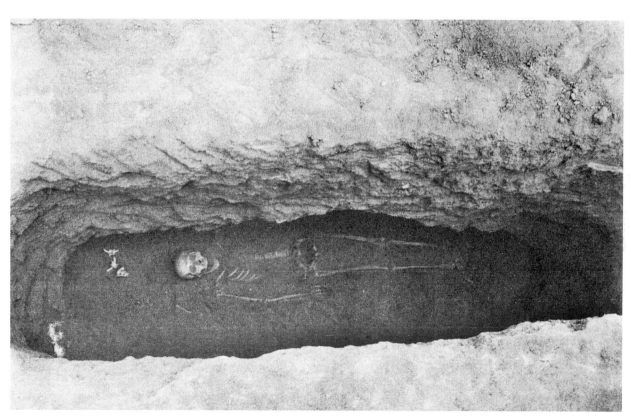

下·M1

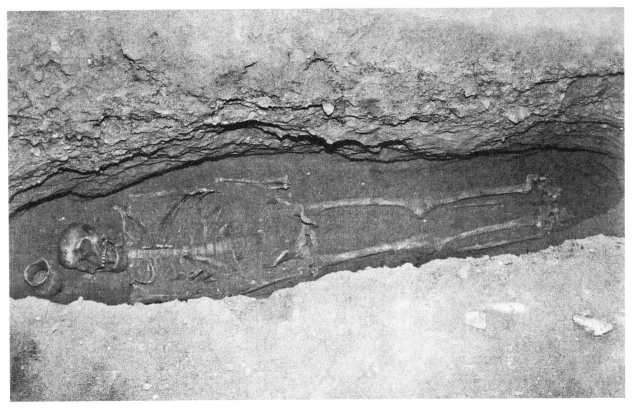

上·M5

下·M6

上·M14

下·M7

上·M10A室

中·M10B室

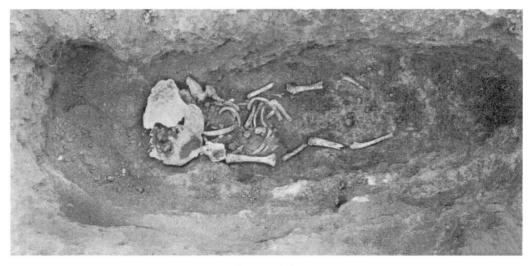

下·M10C室

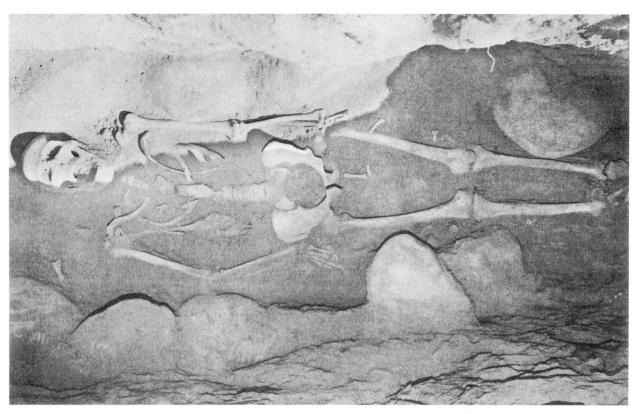

上·M38

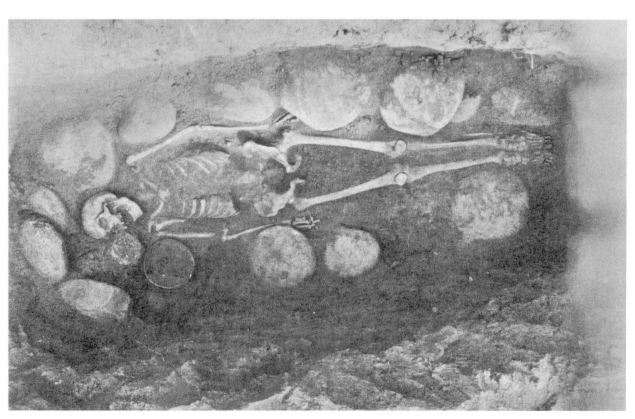

下·M33

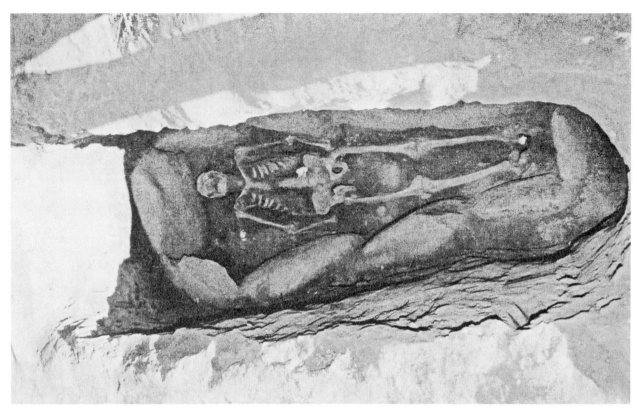

上·M31A室

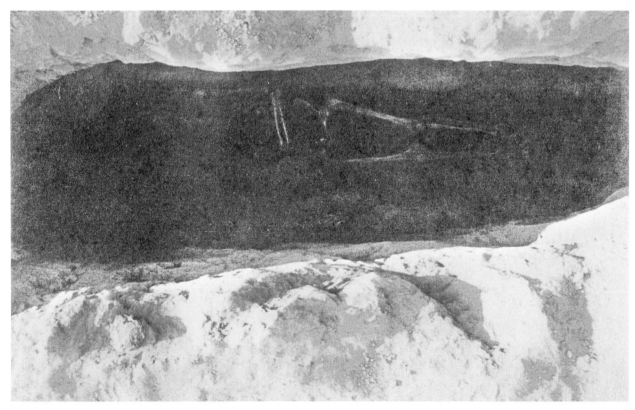

下·M31B室

上·M23

下·M25墓室

上·M19骨架

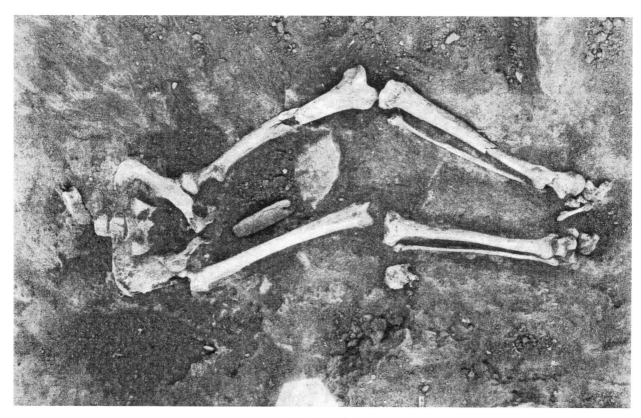

下·M2骨架

上·M39骨架

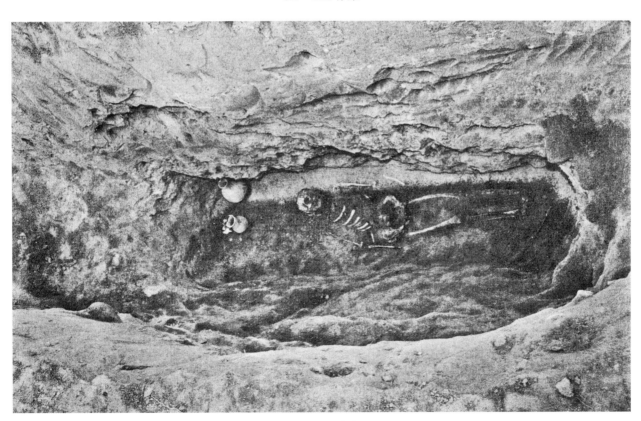

下·M40骨架

上·M2石棺

下·M2石棺结构

1・M16A：2

2・M7：1

3・M46B：1

4・M40：1

1・M45A：1

2・M41：1

3・M53A：1

4・M18：1

1 · M5：1

2 · M40：2

3 · M6：1

4 · M56B：1

1·M32：1

2·M5：5

3·M36：1

4·M35：1

1·M12：1

2·M49：1

3·M11：1

4·M46A：1

5·M33：1

6·M10B：1

1・M54：1

2・M57：2

3・M39：2

4・M45B：1

5・M12：2

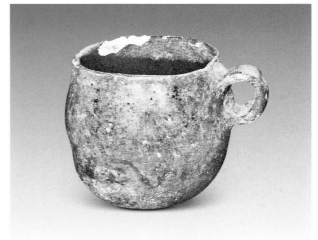

6・M8A：1

1·M33：2

2·M55：1

3·M39：1

4·M15A：1

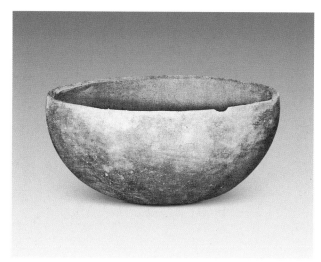

5·M53B：1

6·M57：3

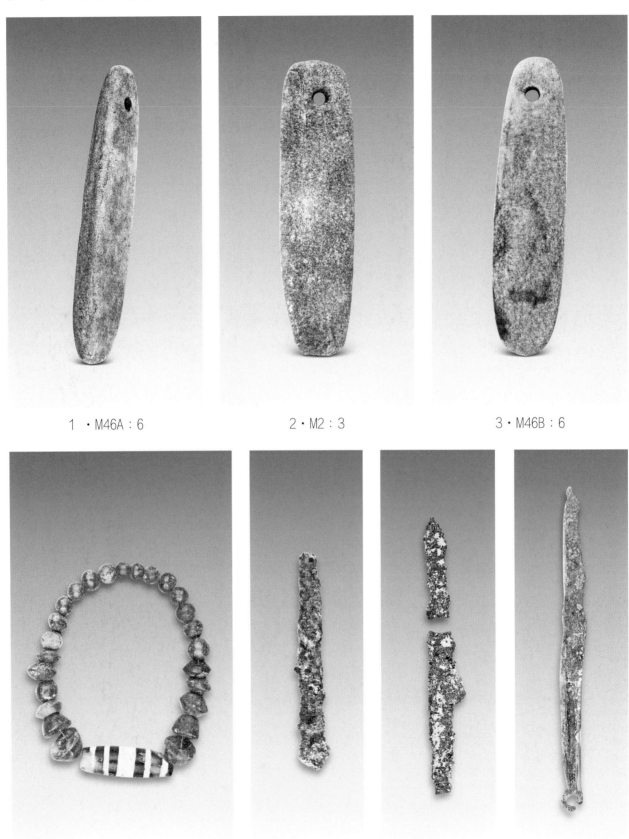

1 · M46A：6   2 · M2：3   3 · M46B：6

4 · M13A：1   5 · M12：4   6 · M15B：4   7 · M2：1

1 · M54：2

2 · M30：3

3 · M46A：3

4 · M35：2

5 · M52：1

上·M4地表石圈石堆

下·M28地表石圈石堆

上·M5墓坑填石

下·M17墓坑填石

上·M11墓坑填石（中间有扰洞）

下·M6墓坑填石

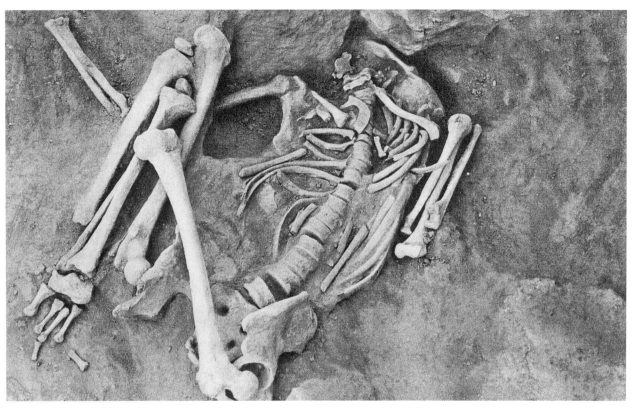

上·M34墓坑填石间骨架

下·M34墓坑填石间骨架

上·M36

下·M35

上·M16

下·M33

上·M7

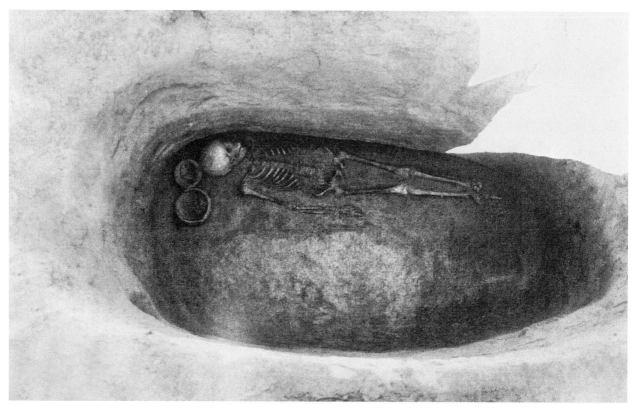

下·M14B室

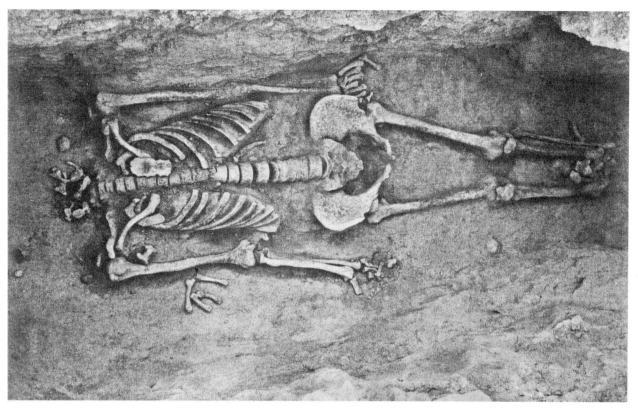

上·M38

下·M11

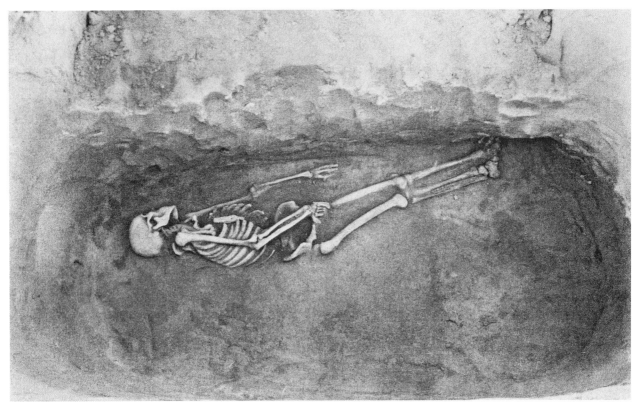

上·M9A室

下·M9B室

上左·M20

上右·M32

下·M39

上·M17

下左·M23

下右·M28

上·M10

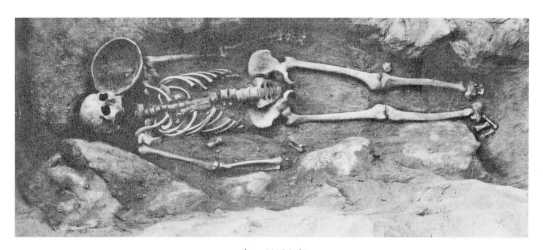

中·M10A室

下·M10C室

上·M22

中·M22

下·M25

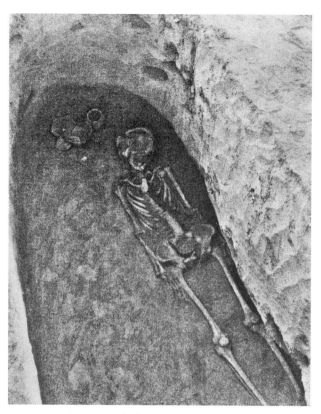 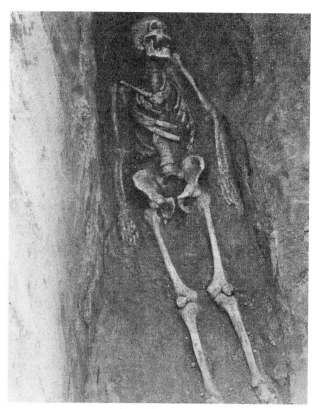

上左·M15A室　　　　　　　上右·M40

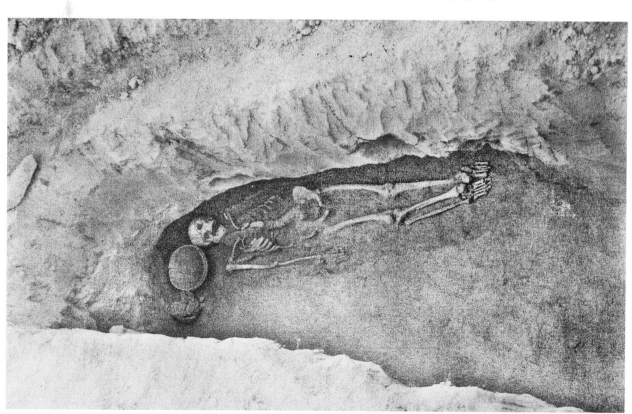

下·M15B室

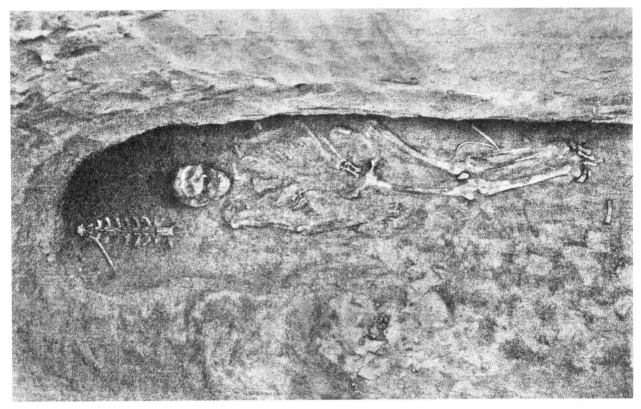

上·M21

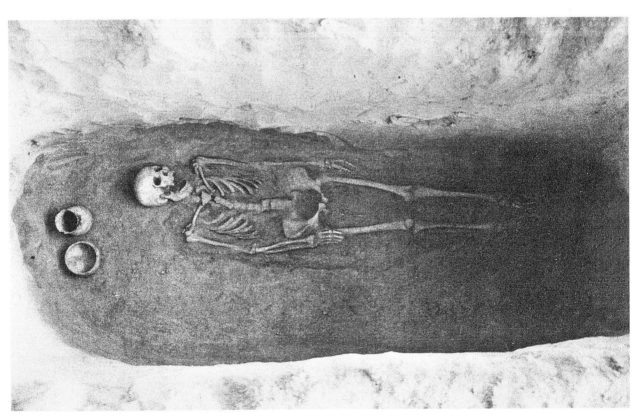

下·M19

1·M3：1

2·M15A：1

3·M19：2

4·M25A：1

5·M27B：1

6·M22B：1

1・M14A：1

2・M5A：1

3・M27A：1

4・M15B：2

5・M10B：1

6・M35：1

1·M25B：1

2·M14B：1

3·M10A：1

4·M6：2

5·M15A：2

6·M28：3

上·M34地表石圈石堆

下·M36地表石圈石堆

上·M41地表石圈石堆

下·M38地表石圈石堆

上·M32地表石堆

下·M68地表石圈石堆

上·M45地表石圈石堆

下·M37地表石圈石堆

上·M49地表石圈石堆

下·M48地表石圈石堆

上·M5地表石圈石堆

下·M2地表石圈石堆

上·M131地表石圈

下·M132地表石圈石堆

上·M50地表石圈石堆

下·M58地表石堆

图版七四
加勒克斯卡茵特一号墓地墓葬结构

上·M20地表石圈石堆

下·M31地表石圈石堆

上·M49墓底铺石

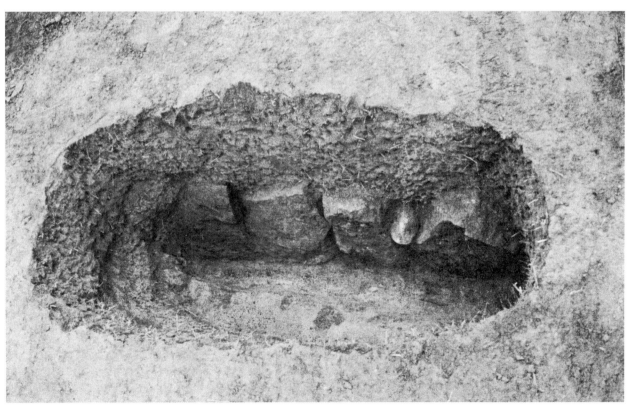

下·M57偏室口封石

上·M169墓坑铺石

中·M184墓葬地表所铺土坯

下·M178偏室口封石

上・M46

中・M59

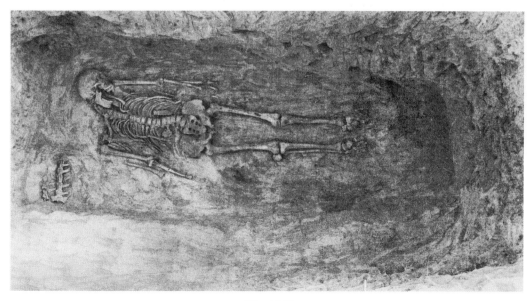

下・M47

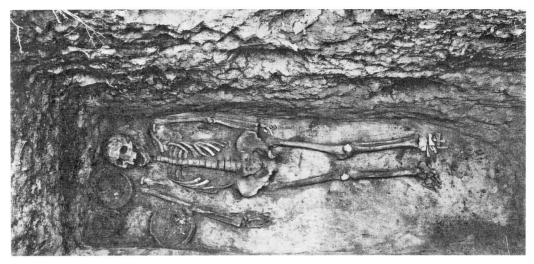

上·M127

中·M128

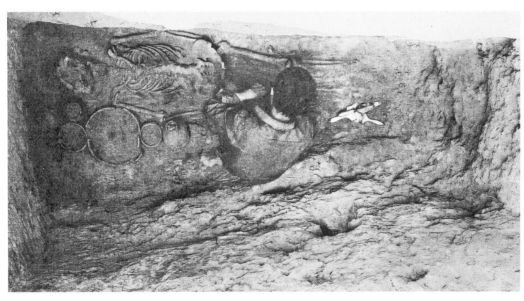

下·M122

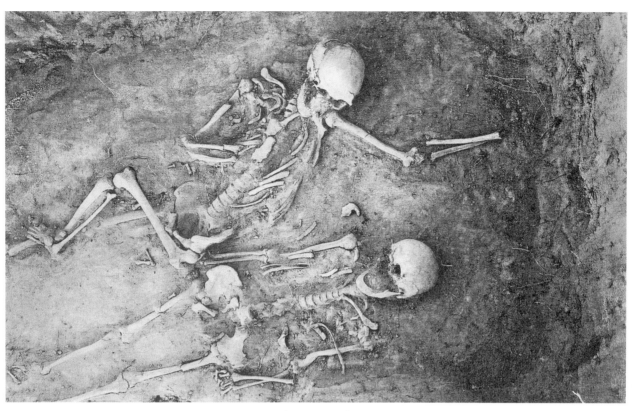

上·M109A室

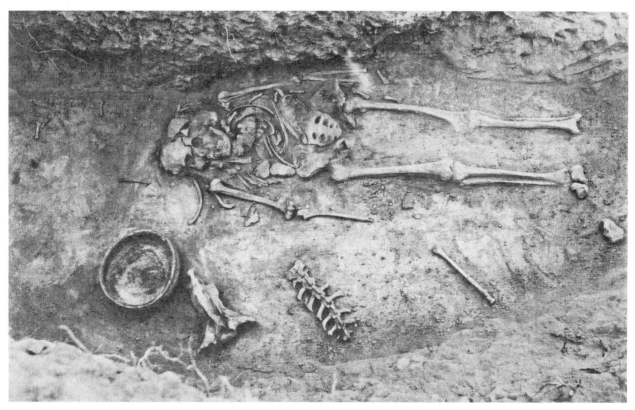

下·M109B室

上·M119B室

下·M119A室

上·M186

下·M194B室

图版八二
加勒克斯卡茵特一号墓地墓葬人骨架

上・M37

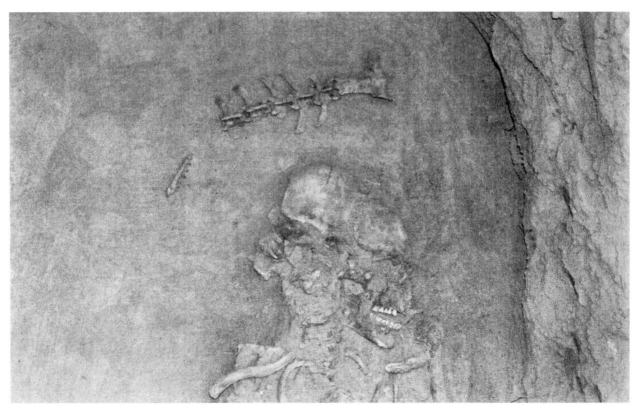

下・M37（局部）

上·M41

下·M42

上・M19

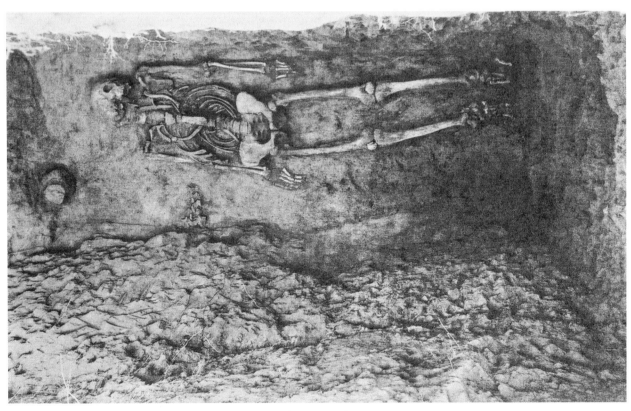

下・M102B室

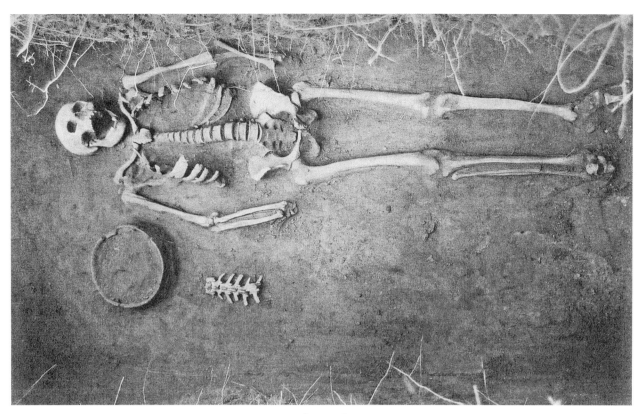

上·M76

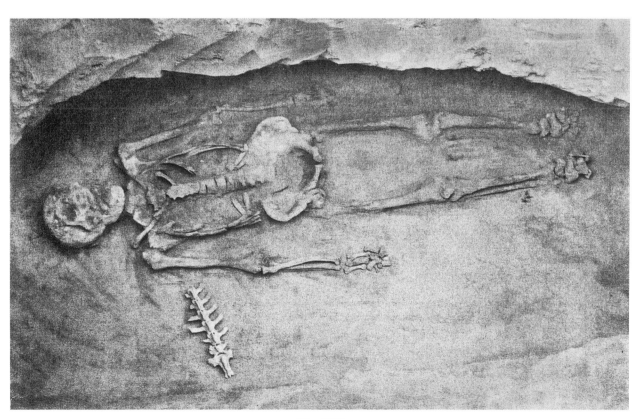

下·M90

图版八六
加勒克斯卡茵特一号墓地墓葬人骨架

上·M104

下·M89

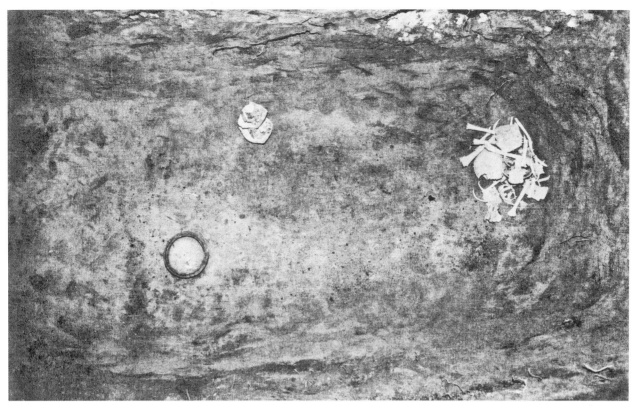

上·M26

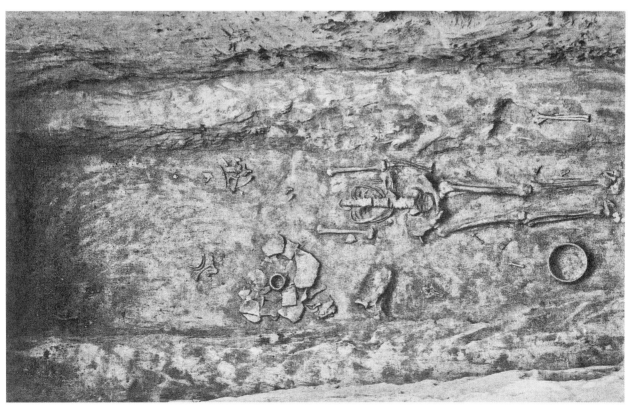

下·M15

上·M24

下·M84

上·M88

下·M94

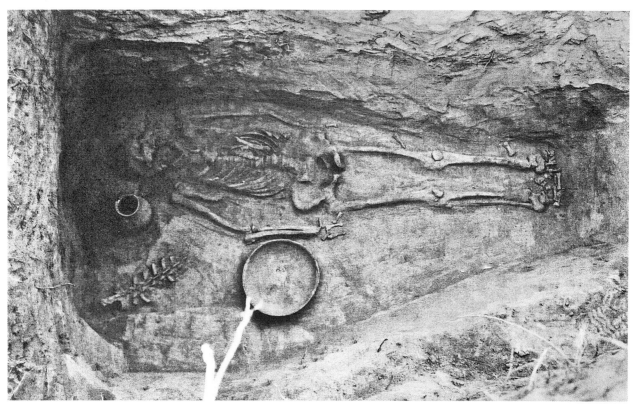

上·M82

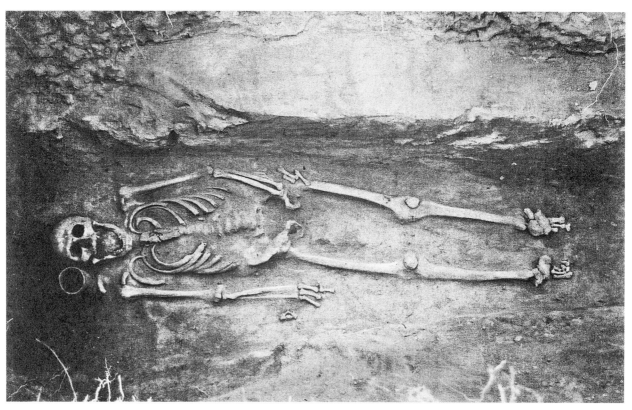

下·M93

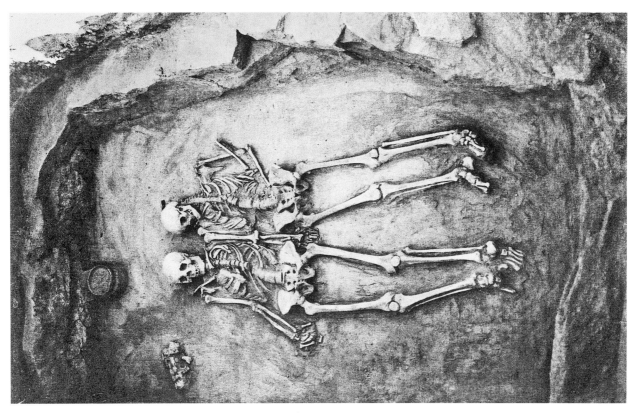

上·M115

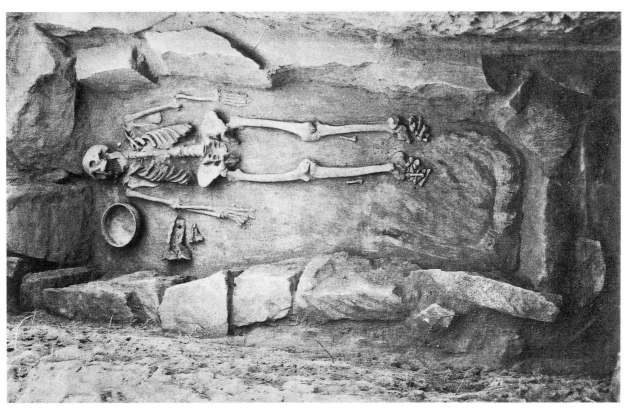

下·M85

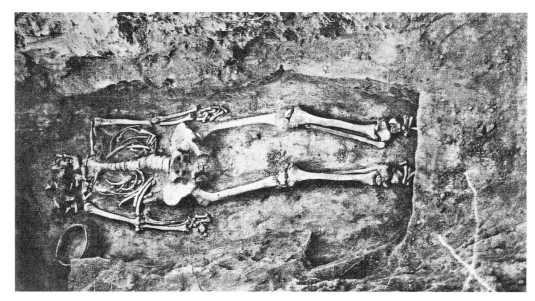

上·M77

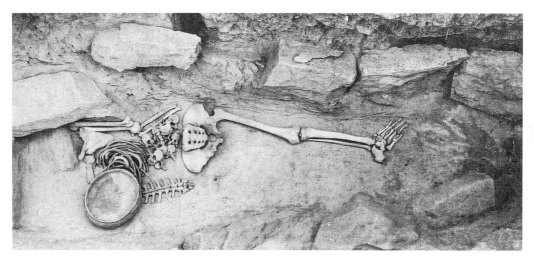

中·M106

下·M137

上·M101

下·M108

图版九四
加勒克斯卡茵特一号墓地墓葬人骨架

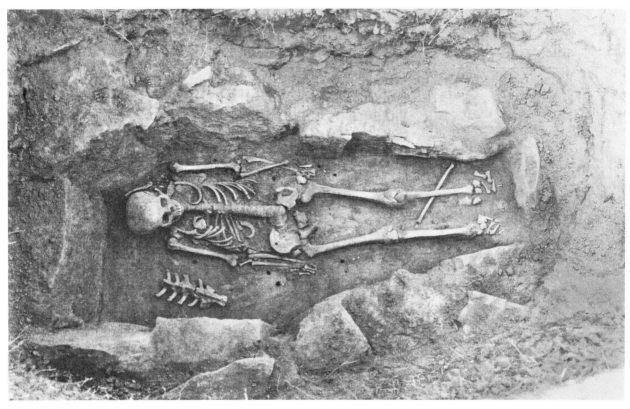

上·M99

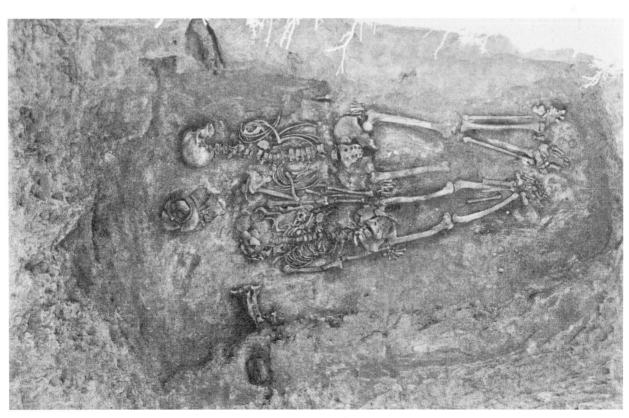

下·M114A室

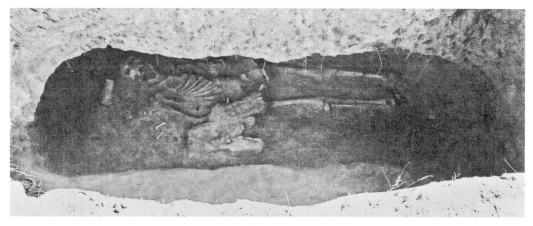

上·M4

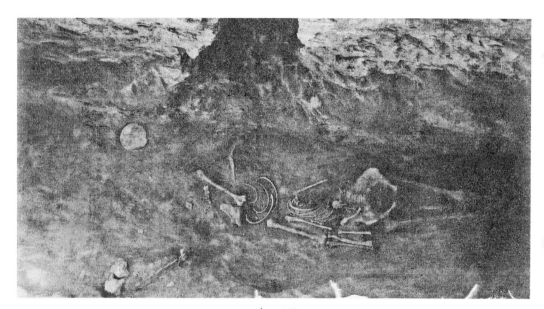

中·M6

下·M5

上·M40

中·M43

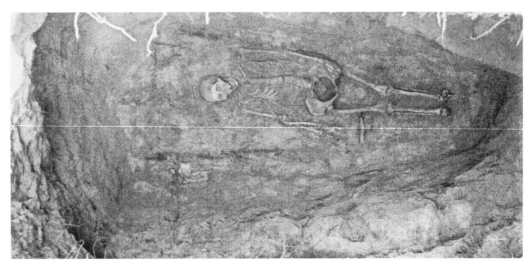

下·M103

上·M52

下·M54

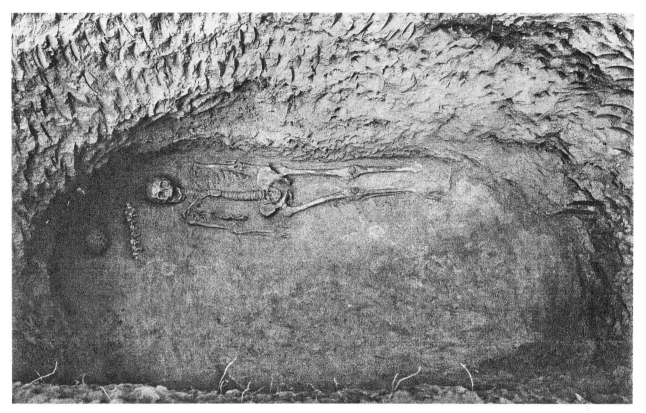

上·M65

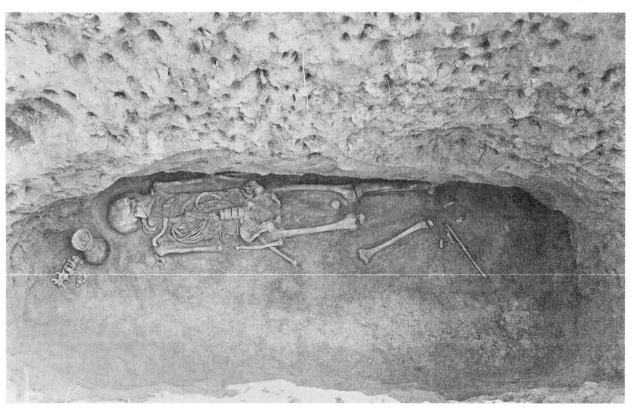

下·M68

上·M50

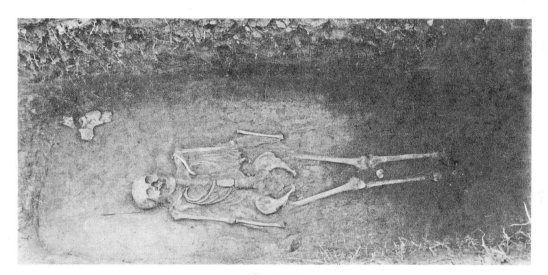

中·M111

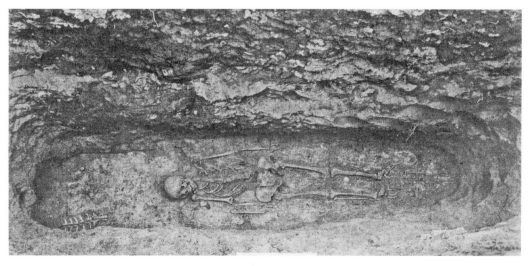

下·M49

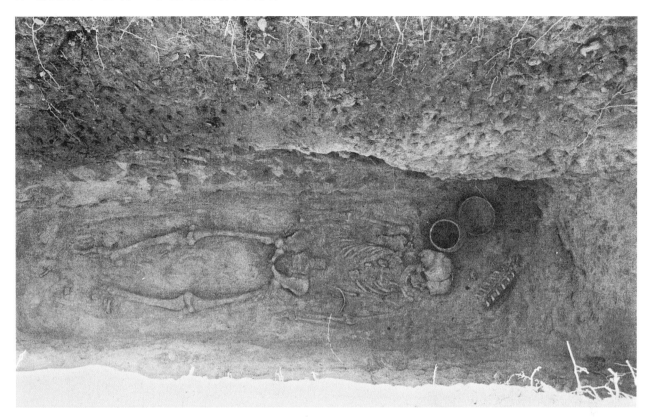

上·M45

下·M48

上·M133

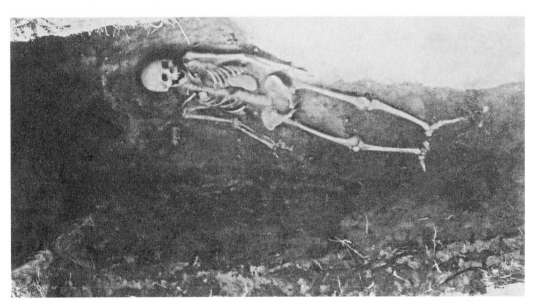

中·M10

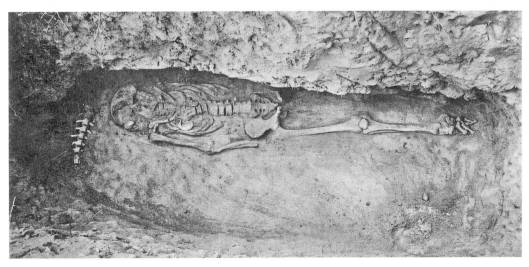

下·M56

上 · M73

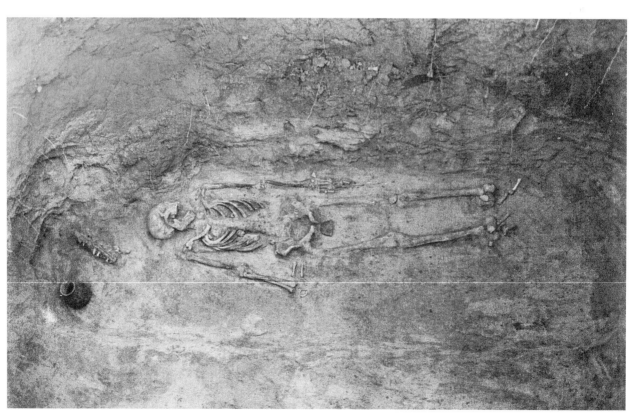

下 · M70

上·M20A室

中·M20

下·M21

图版一〇四
加勒克斯卡茵特一号墓地墓葬人骨架

上·M110

中·M123

下·M104

上·M125A室

下·M125B室

图版一〇六
加勒克斯卡茵特一号墓地墓葬人骨架

上·M113

下·M126

上·M107

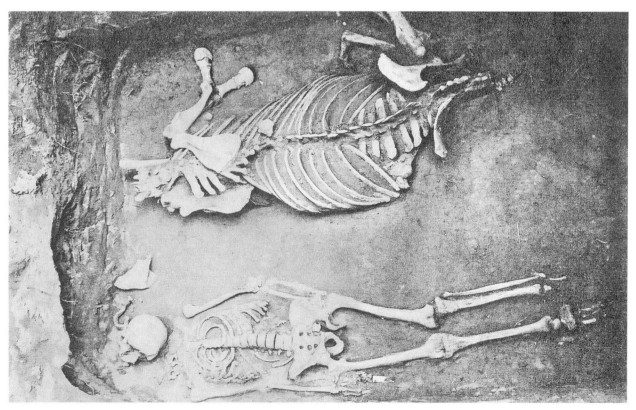

下·M182人、马骨架

图版一〇八
加勒克斯卡茵特一号墓地墓葬人骨架

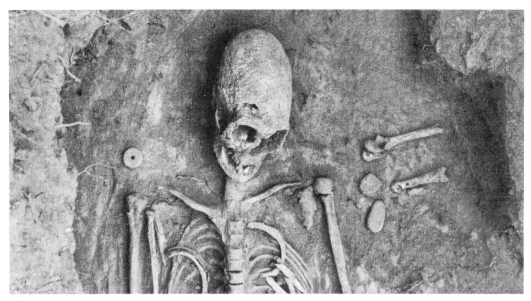

上·M142

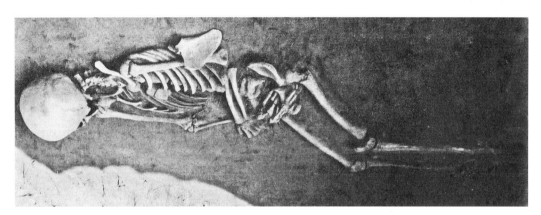

中·M197

下·M174

1·M68：1

2·M57：2

3·M139：2

图版一一〇
加勒克斯卡茵特一号墓地墓葬出土陶无耳罐

1・M136∶1

2・M42∶2

3・M42∶3

4・M8∶2

5・M8∶1

6・M58∶1

1·M36A：1

2·M35：1

3·M122：5

4·M32：1

图版一一二
加勒克斯卡茵特一号墓地墓葬出土陶无耳罐

1·M193：1

2·M101：1

3·M121：1

4·M122：1

1·M38：1

2·M15：2

3·M128：1

4·M83：1

1·M79：2

2·M93：1

3·M27：1

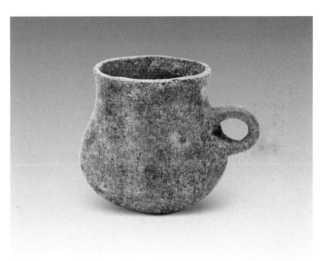

4·M30：1

5·M141：1

6·M45：1

1·M127：3

2·M14：1

3·M65：1

4·M67：1

5·M107：2

6·M25：1

1·M42：1

2·M98A：1

3·M115：1

4·M100：2

5·M100：3

6·M44B：1

1·M43：1

2·M122：4

3·M104：1

4·M108：1

5·M21：1

6·M123：1

图版一一八
加勒克斯卡茵特一号墓地墓葬出土陶钵

1·M107：1

2·M125B：2

3·M15：3

4·M10：1

5·M113：1

6·M128：2

1·M127：1

2·M82：2

3·M113：2

4·M125A：1

5·M106：1

6·M110：1

1・M137：1

2・M29：3

3・M125B：1

4・M24：1

5・M117C：1

6・M26：2

1·M59：1

2·M27：2

3·M87：1

4·M56：1

5·M109B：1

6·M76：1

1·M50：1

2·M79：1

3·M122：3

4·M85：1

5·M45：2

6·M127：2

1 · M11 : 1

2 · M96 : 1

3 · M112 : 1

4 · M107 : 1

5 · M20A : 1

6 · M120 : 2

1・M55：6

2・M147：1

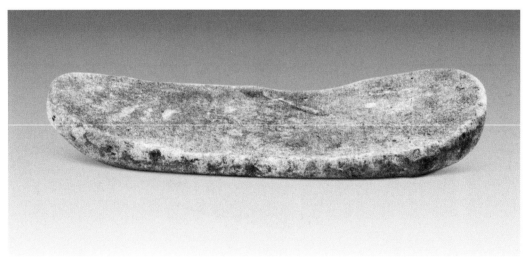

3・M66：1

1・M110：4

2・M126：2

3・M166：1

4・M46：2

2·M23：1

1·M5：1

3·M6：9

4·M31：2

5·M109B：2

1・M54：3

2・M56：1

3・M110：5

4・M6：10

5・M6：12

6・M13：3

7・M145：1

8・M29：5

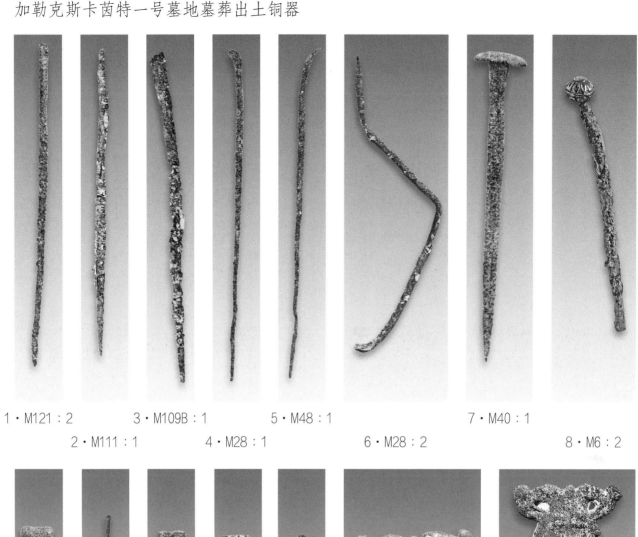

1 · M121：2　　　3 · M109B：1　　　5 · M48：1　　　7 · M40：1

　　2 · M111：1　　　4 · M28：1　　　6 · M28：2　　　8 · M6：2

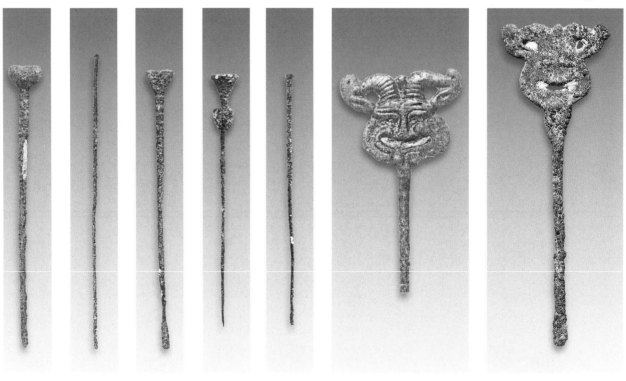

9 · M29：1　　　11 · M109B：3　　　13 · M6：7　　　15 · M6：2

　　10 · M111：2　　　12 · M107：4　　　14 · M6：5

1·M7:1

2·M109B:5

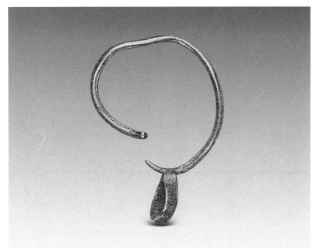

3·M51:2

4·M91:2-1

5·M91:2-2

6·M157:2

7·M154:1

上·M76：2-1

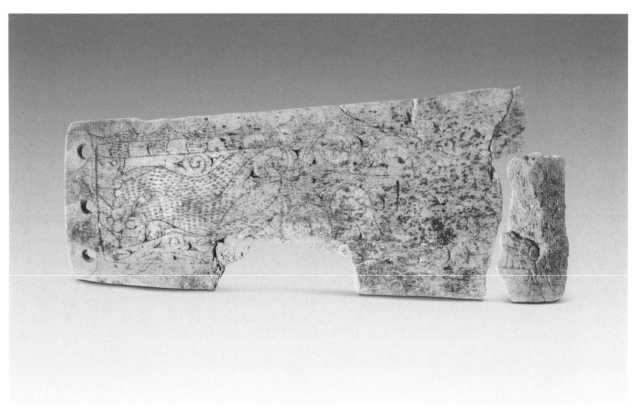

下·M76：2-2

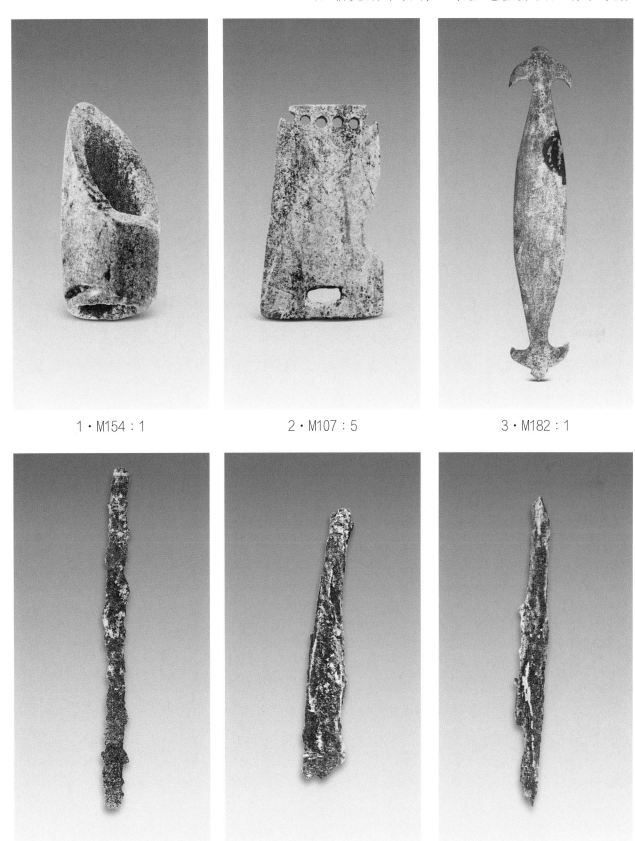

1·M154：1　　　　　2·M107：5　　　　　3·M182：1

4·M123：4　　　　　5·M38：1　　　　　6·M38：2

图版一三二
加勒克斯卡茵特一号墓地墓葬出土骨镞

1・M5：4

2・M38：14

 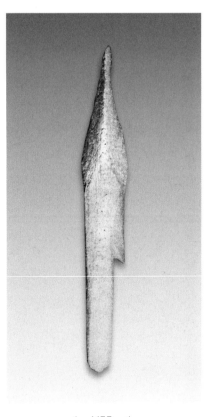 

3・M38：6-3　　　　　　　4・M55：1　　　　　　　5・M38：12

上·M7地表石圈石堆

下·M9地表石圈石堆

图版一三四
加勒克斯卡茵特二号墓地墓葬结构

上·M14地表石圈石堆

下·M10地表石圈石堆

上·M1地表铺石

下·M12墓口石堆

图版一三六
加勒克斯卡茵特二号墓地墓葬结构

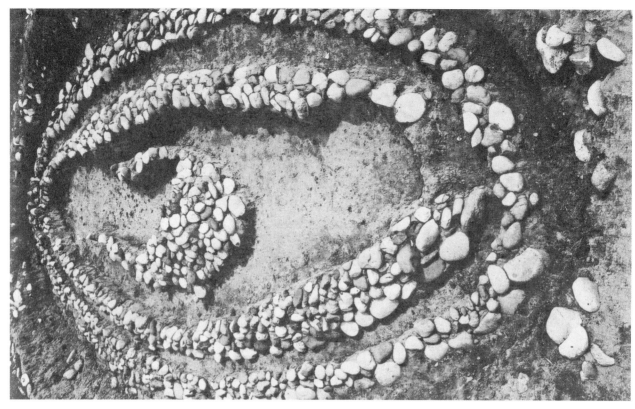

上·M17地表石圈石堆

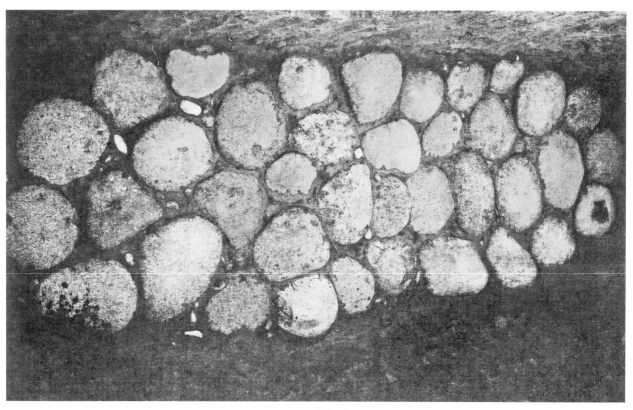

下·M17墓底铺石

上·M5

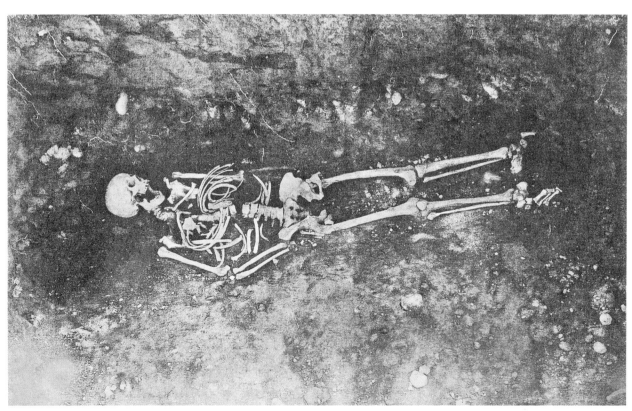

下·M12

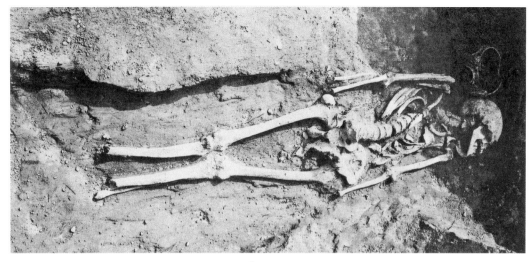

上·M4

中·M3

下·M2

上·墓地远景

下·M5地表封堆

上·M50地表

下·M50地表封土堆中的燎祭现象

上·M52墓室口地表

下·M53地表石圈

上·M54墓室口地表石圈

下·M54墓口铺木

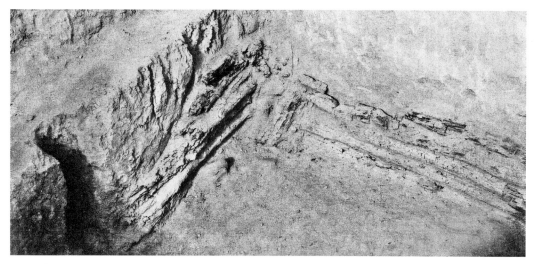

上·M53B室墓壁

中·M53A室墓底祭坑

下·M53A室骨架

上·M53B室墓口棚木

中·M53A室墓壁支木

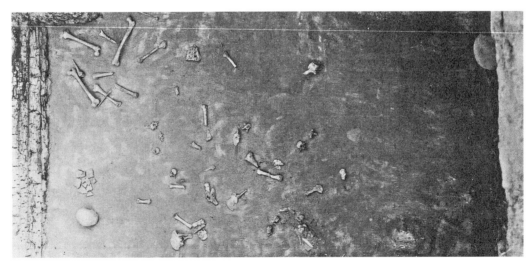

下·M53B室骨架

M50墓葬发掘中

土圈祭坛

上·石圈祭坛燎祭坑

下·燎祭坑局部

上·石圈祭坛乱葬坑

下·石祖祭坑

M56石圈

图版一五〇
别特巴斯陶墓地墓葬结构

上·M81地表石圈石堆

中·M8地表石堆

下·M33地表石圈

上·M18地表石圈石堆

中·M57地表石圈

下·M70墓坑填石

上·M32地表石堆

中·M58地表石堆

下·M55地表石圈石堆

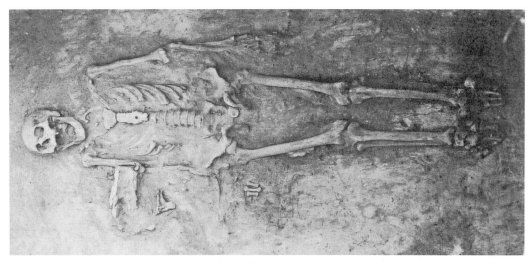

上·M73

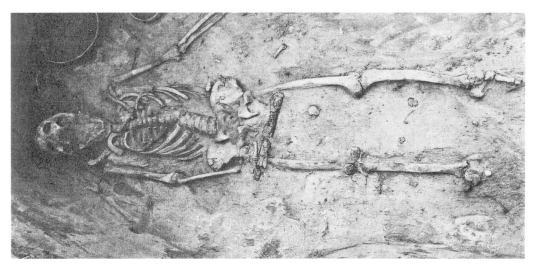

中·M75

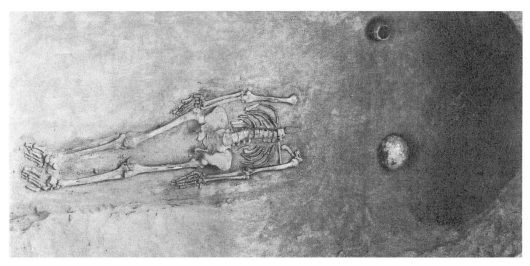

下·M19C室

图版一五四
别特巴斯陶墓地墓葬人骨架

上·M76

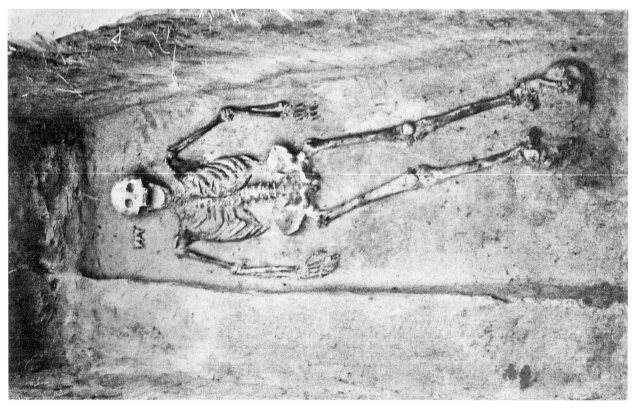

下·M78

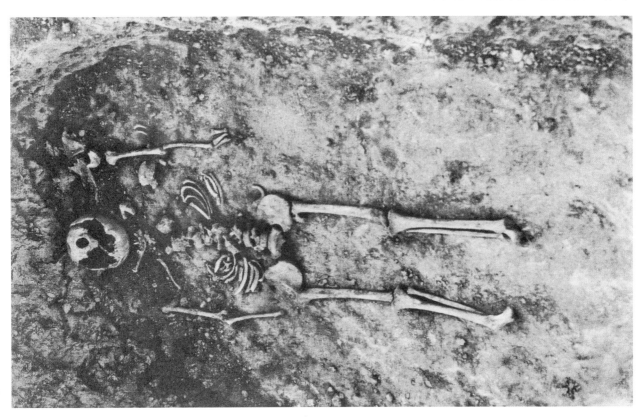

上・M30

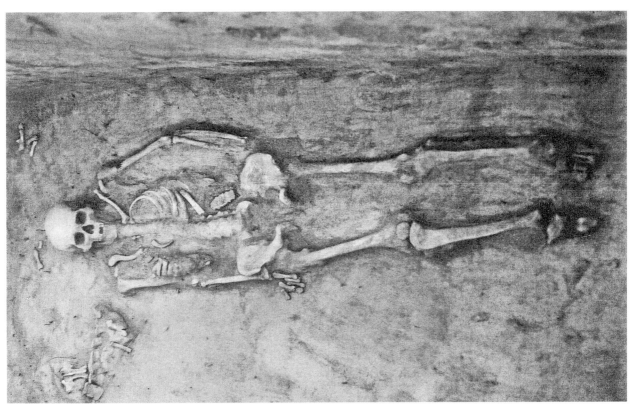

下・M69

上·M60墓口封木（塌入墓坑内）

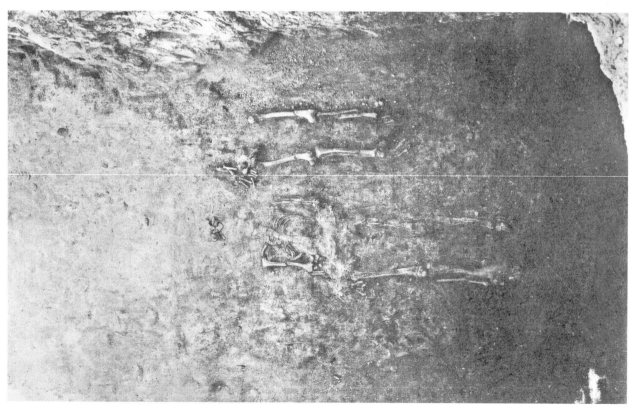

下·M60骨架

上·M56

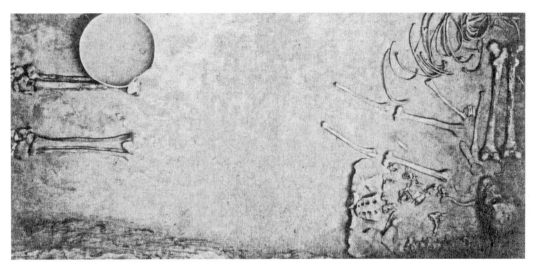

中·M74

下·M35A室

图版一五八
别特巴斯陶墓地墓葬人骨架

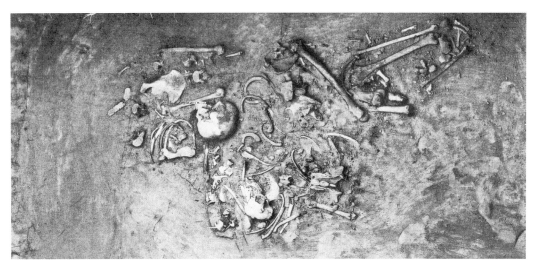

上·M58B室

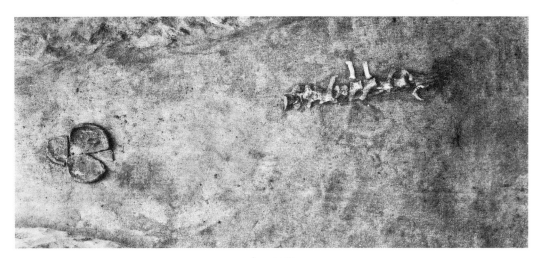

中·M49

下·M58A室

上·M63

下·M2

上·M57

中·M42

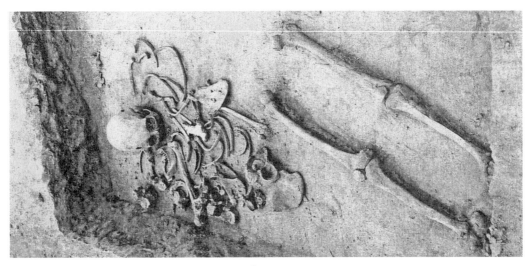

下·M5

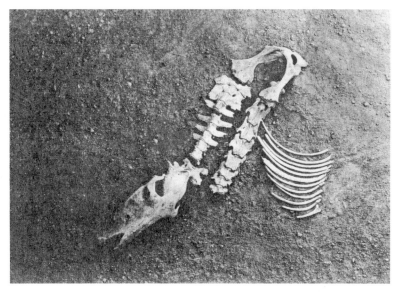

上·M55墓坑马骨架

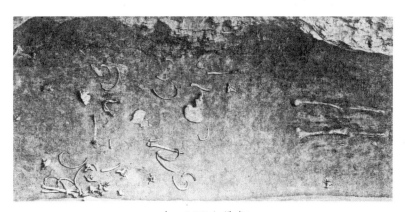

中·M55人骨架

下·M59墓室中马骨架

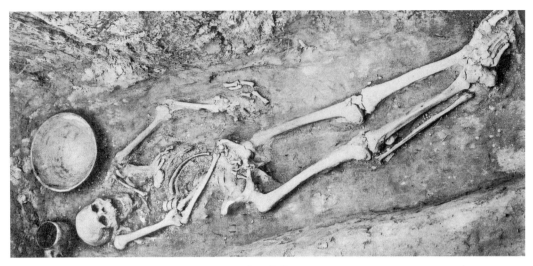

上·C室

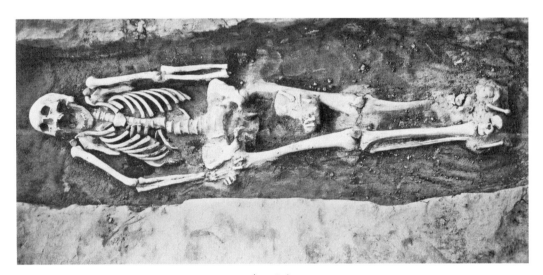

中·B室

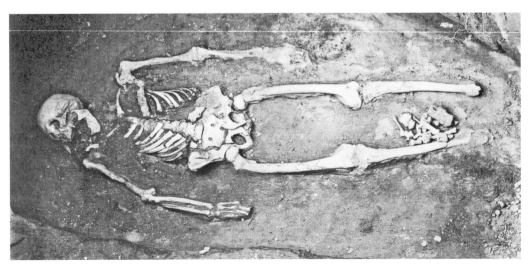

下·A室

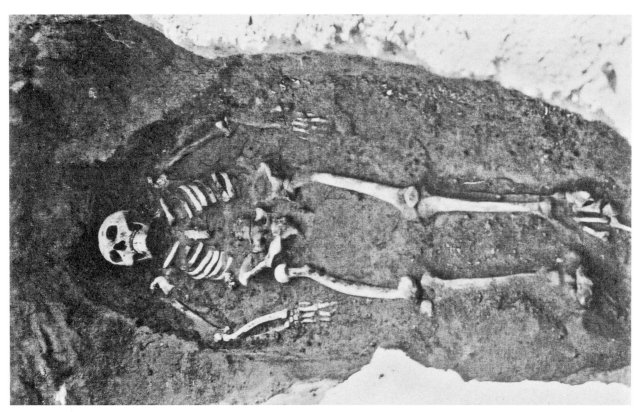

上·M1

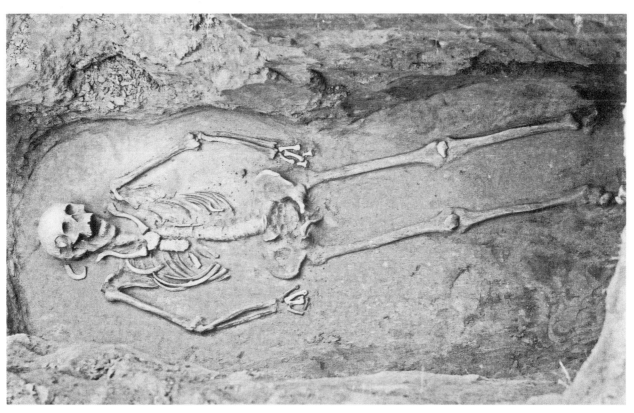

下·M41

上·M4

中·M6

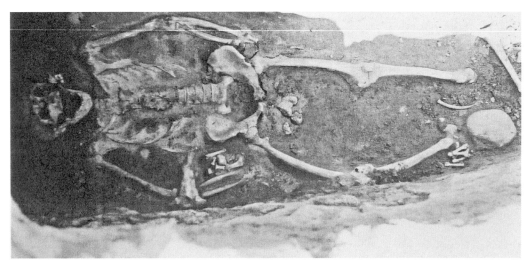

下·M37

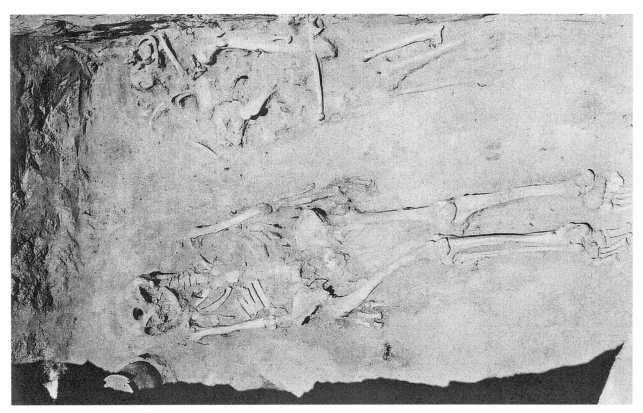

上·A室

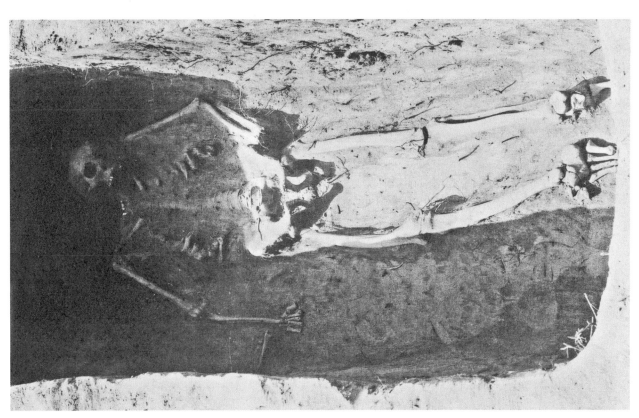

下·B室

图版一六六
别特巴斯陶墓地墓葬人骨架

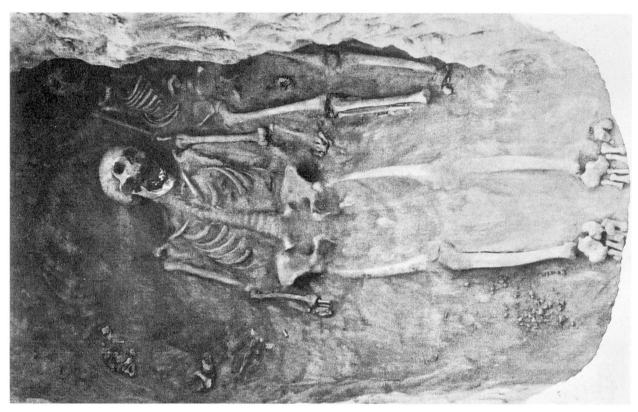

上·M28

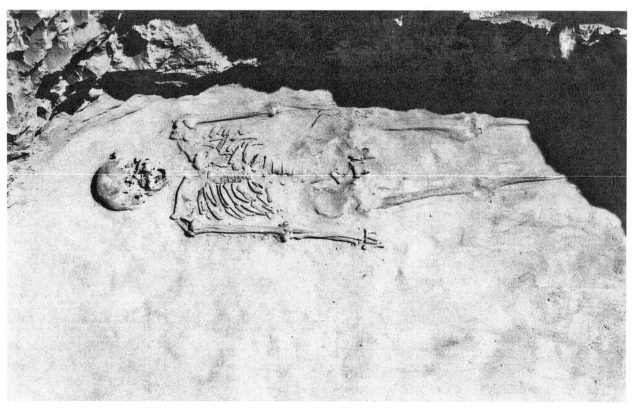

下·M32

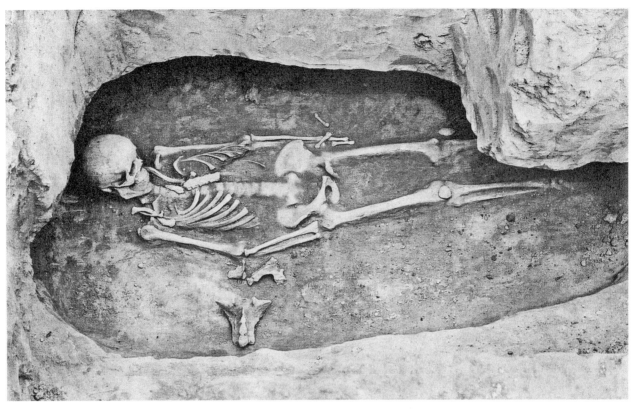

上·M21

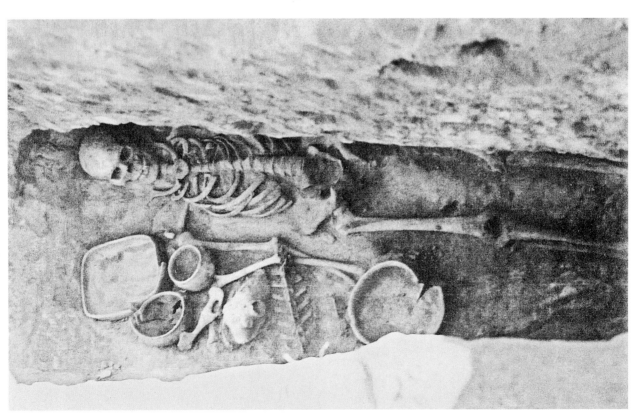

下·M45

图版一六八
别特巴斯陶墓地墓葬人骨架

上·M26B室

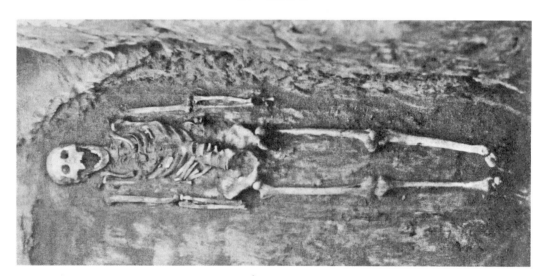

中·M46

下·M8

1·墓葬布列

3·D室

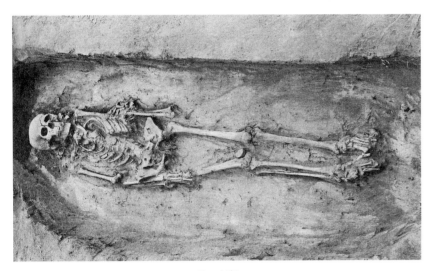

2·A室

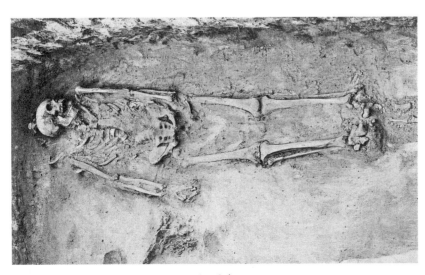

4·C室

5·B室骨架

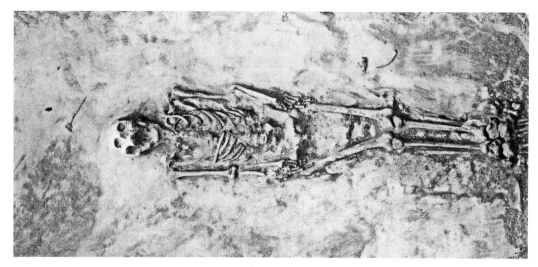

上・M65

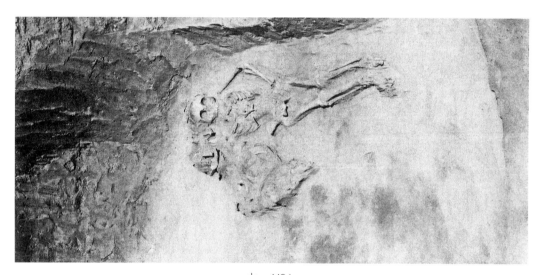

中・M31

下・M3

1・M2：1

2・M54A：1

3・M6：2

4・M58A：1

5・M62：1

6・M19B：1

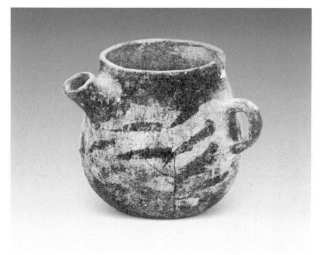

1・M26B：1

2・M56：1

3・M12B：1

4・M77C：1

5・M33：3

6・M26A：1

1・M24：2

2・M25：1

3・M45：3

4・M30：2

1·M12C：1

2·M75：2

3·M6：5

4·M79：1

5·M24：2

6·M56：5

1·M56:6

2·M6:4

3·M58:3

4·M77A:1

5·M33:2

6·M74:1

图版一七六
别特巴斯陶墓地墓葬出土陶钵

1・M30：1

2・M49：1

3・M45：4

4・M47：1

5・M25：2

6・M6：6

1·M56：3

2·M49：1

3·M56：2

4·M58：2

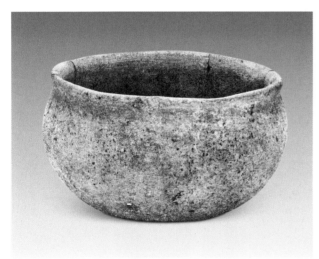

5·M33：1

6·M45：2

图版一七八
别特巴斯陶墓地墓葬出土铜匙、铜簪

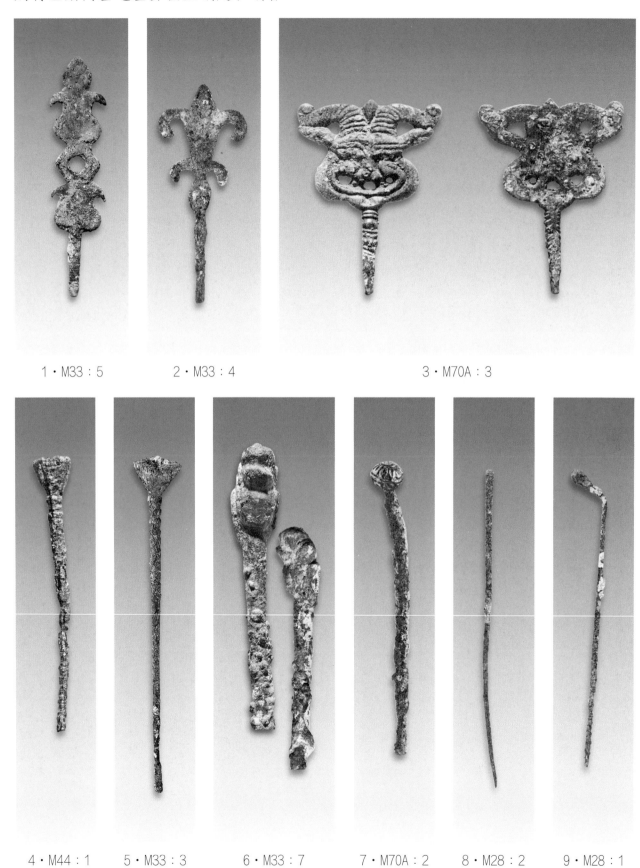

1・M33：5   2・M33：4   3・M70A：3

4・M44：1   5・M33：3   6・M33：7   7・M70A：2   8・M28：2   9・M28：1

1·M57：1

2·M33：5

4·M33：7

3·M58A：1

5·M53B：1

1·M38：2

2·M54A：6

3·M54A：7

1・M56：10

2・石圈祭坛：1

3・M56：3-1

4・M31：1

5・M32：1

6・M56：3-2

7・M21：1

8・M50：4

1·M33：7-1

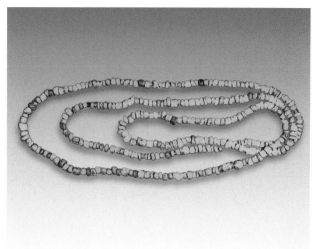

2·M33：7-4

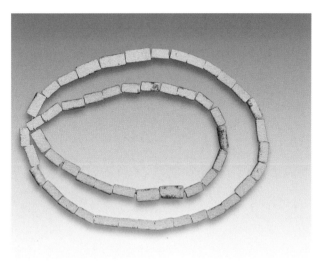

3·M33：7-2

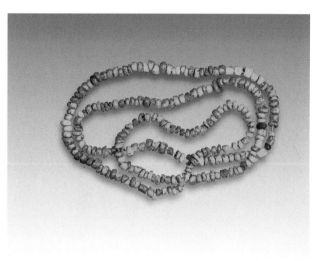

4·M33：7-6

5·M33：7-3

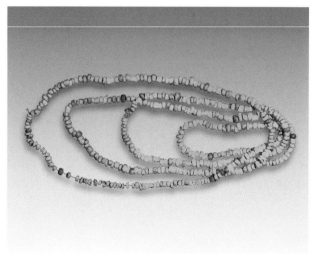

6·M33：7-9

1 · M33 : 7-7

2 · M33 : 7-8

3 · M39 : 1

上·B区人工修筑的台地

下·B区M1远视

上·B区M1墓室发掘中

下·B区M1斜坡墓道填土剖面

上·M4人骨架

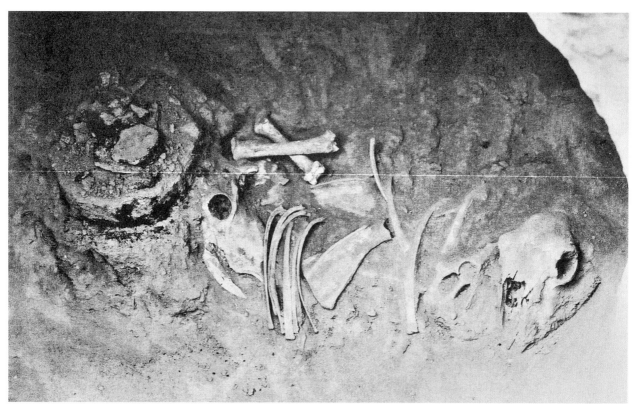

下·M4墓室羊骨架

1·M4：7

2·M7：2

3·M5：1

4·M4：4

5·M10：1

6·M7：5

左·正面　右·侧面

上·M12地表封土堆

下·M13地表石圈石堆

上·M3地表石圈石堆

下·M5地表石圈石堆

上·M5地表石堆

下·M7地表石堆

上·M3墓坑口铺石

下·M11地表石堆

上·M8地表石圈

下·M9地表石圈

上·M7墓坑填石

下·M7墓室口石圈

上·M13墓壁工具痕

下·M8墓壁工具痕

上·M8墓葬偏室

下·M12墓葬B室偏室口封石

上·M10地表石圈石堆

下·M16地表石堆

上·M11地表石圈和墓坑填石

下·M9墓坑铺木

上·M25尸床榫卯

中·M25墓坑填木

下·M25墓葬清理中

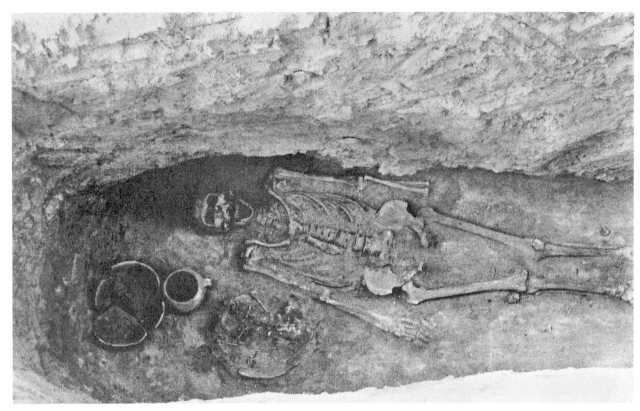

上·M3

下·M21

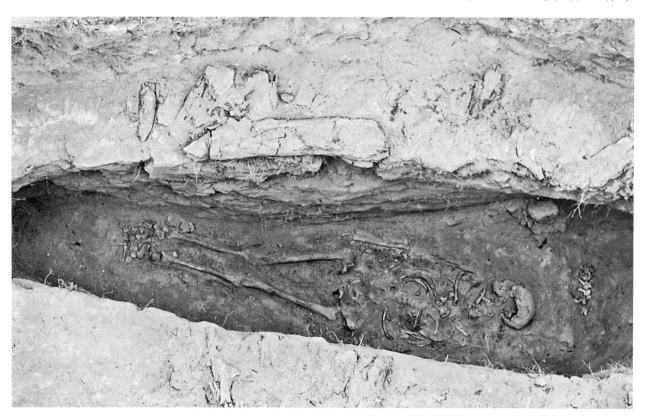

上·M5

下·M25

图版二〇二
铁木里克沟口墓地墓葬人骨架

上·M7

下·M4

上·M12A室

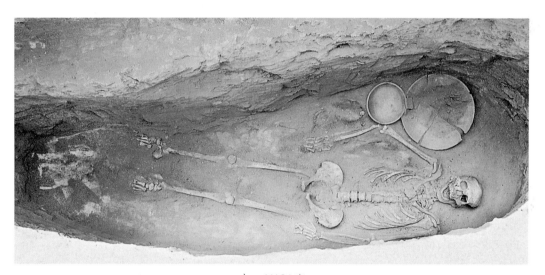

中·M13A室

下·M13B室

上·M11

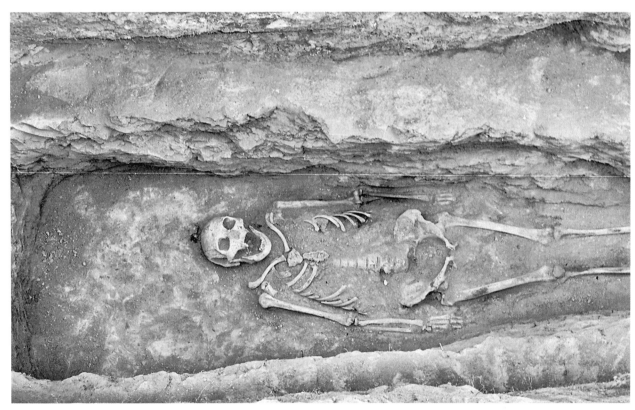

下·M15

上·M24

下·M17

上·M23

下·M19人头与狗骨架

上・M19

下・M9

上·M8

下·M8局部

上·M18

下·M16

上·祭坛结构

下·祭坛结构（局部）

1·墓地地表景观

2·墓葬地表

3·M6骨架

4·M4骨架

1·M4:1

2·M25:1

3·M22:2

4·M8:2

5·M4:3

6·M10:1

1·石圈祭坛铜马具出土情况

2·石圈祭坛：1

3·M8：1

4·M6：4

1·M26：2

2·M18：1   3·M26：3   4·M4：5

上·M86地表石圈石堆

下·M85地表石圈石堆

上·M83地表石圈石堆

下·M77地表石圈石堆

上·M184地表石圈

中·M135地表石圈

下·M132地表石圈石堆

上·M72地表石圈

下·M69地表石圈

上·M62地表石圈石堆

下·M47地表石圈石堆

上·M54地表石堆

下·M51地表石圈石堆

上·M26地表石圈石堆

下·M31地表石圈石堆

上·M35地表石围

下·M37地表石围

上·M24地表石圈石堆

下·M38地表石圈

M6地表石圈石堆

上·M129地表石圈

下·M121地表石圈石堆

上·M17地表石圈石堆

下·M87地表石圈

上·M123

中·M46

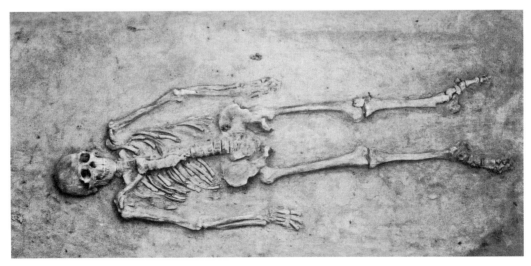

下·M176

上·M62

中·M121

下·M72

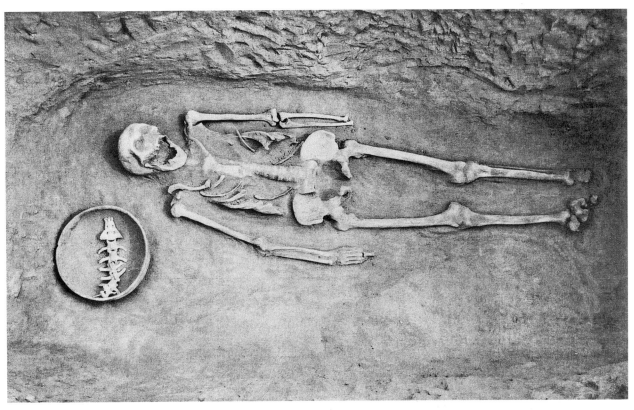

上·M130B室

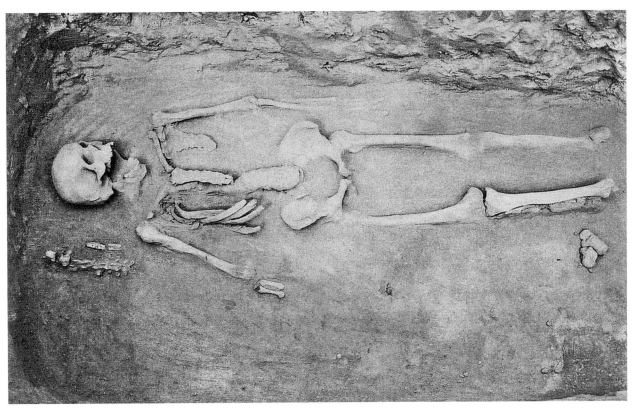

下·M130A室

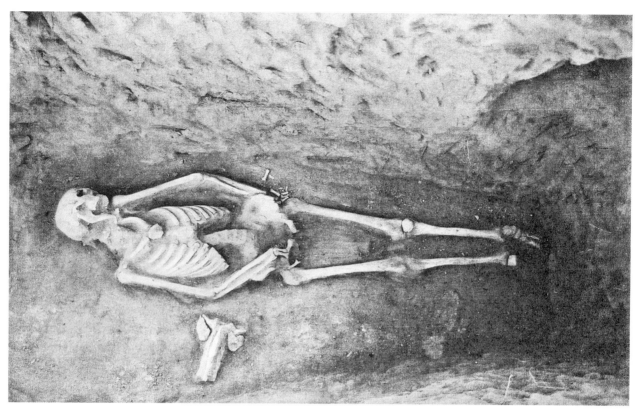

上·M143

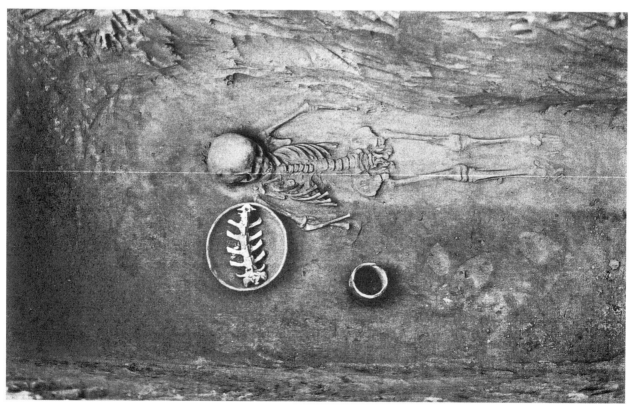

下·M132

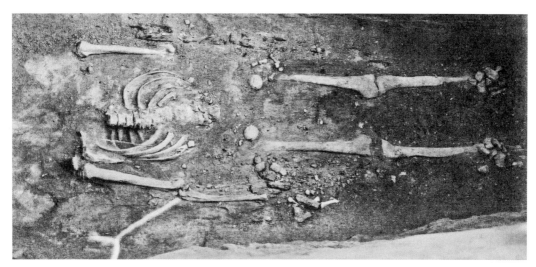

上·M114

中·M77A室

下·M135

图版二三二
奇仁托海墓地墓葬人骨架

上・M69

下・M75

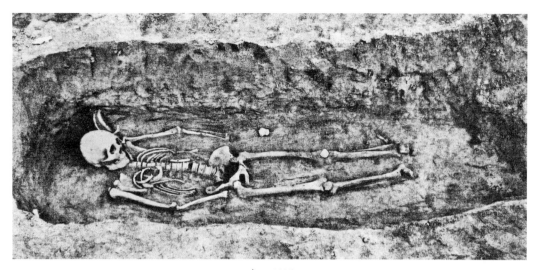

上・M23

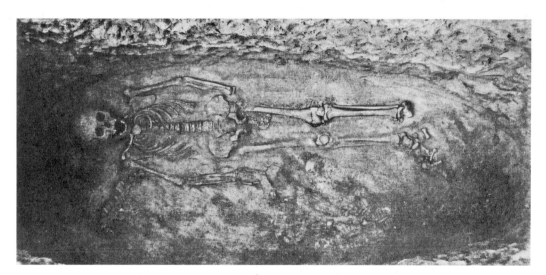

中・M31

下・M35

上·M10

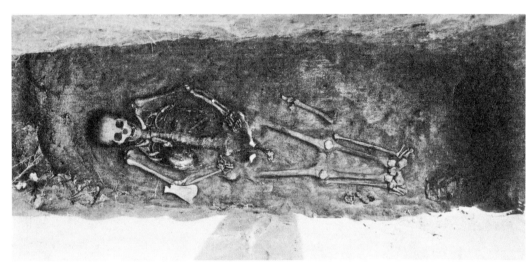

中·M47

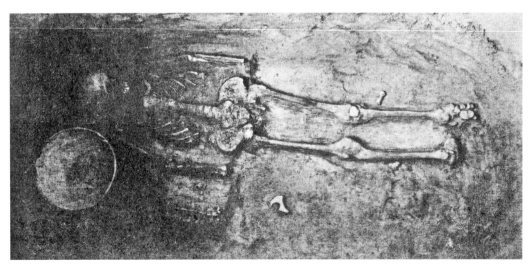

下·M39

上·M83

中·M129

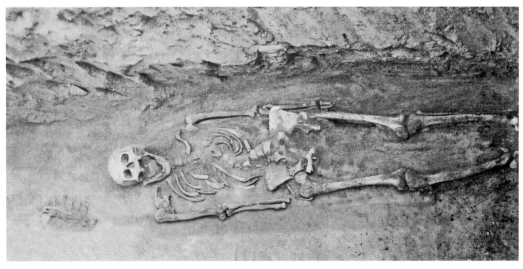

下·M85

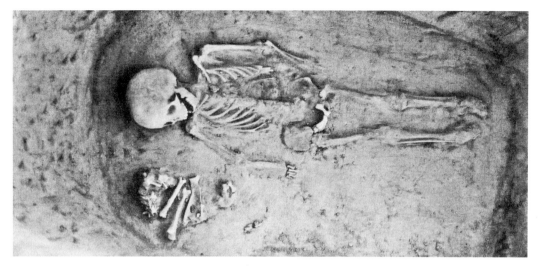

上·M153

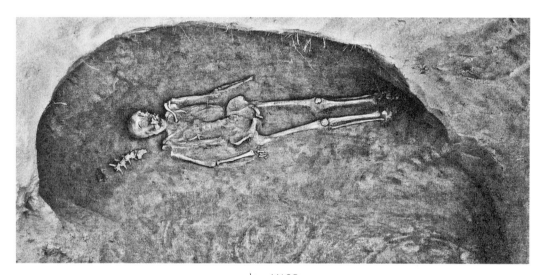

中·M163

下·M127

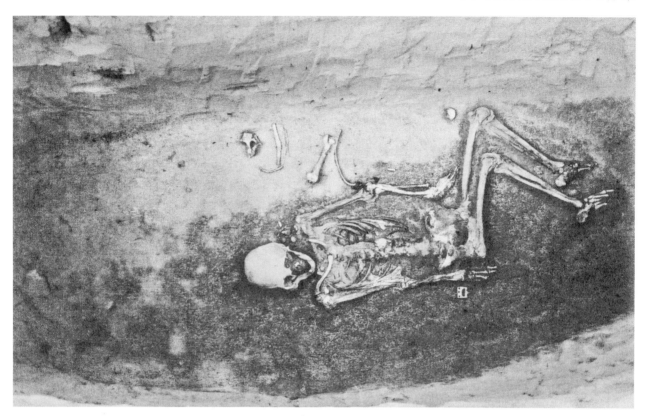

上・M168

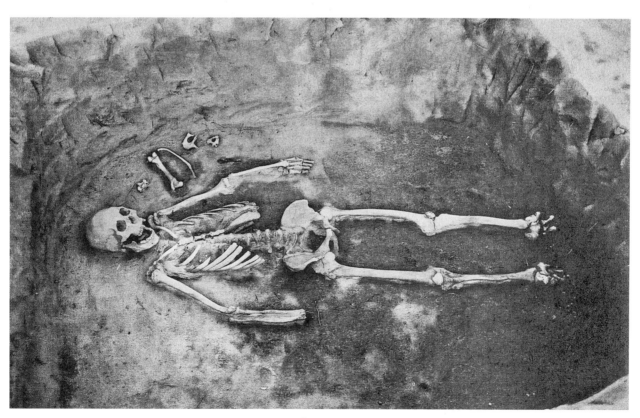

下・M171

上·M167A室

中·M167B室

下·M106

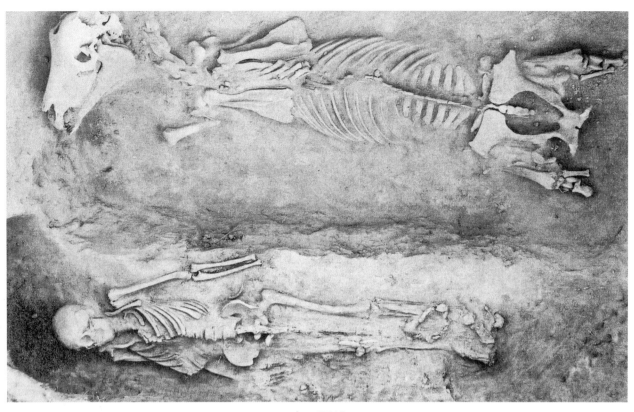

上·M116

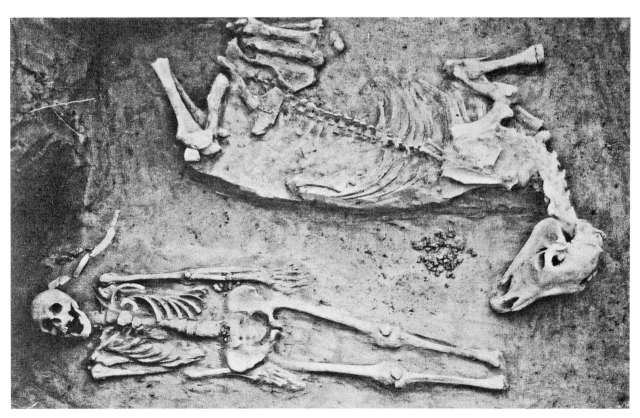

下·M179

上·M29

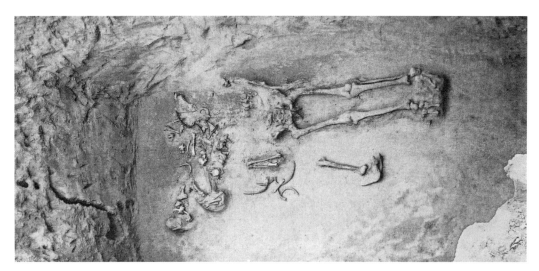

中·M86

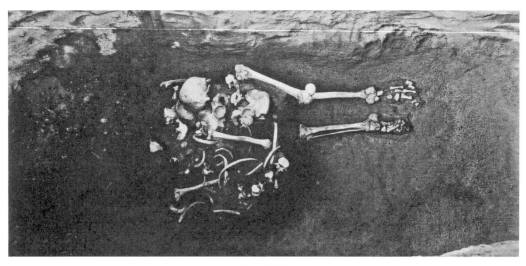

下·M17

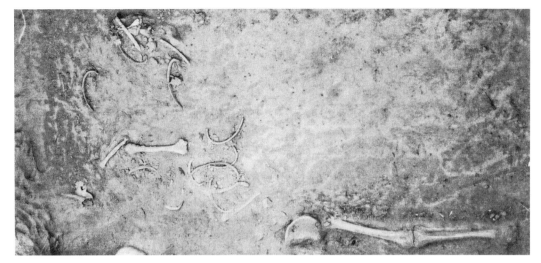

上・M108

中・M52

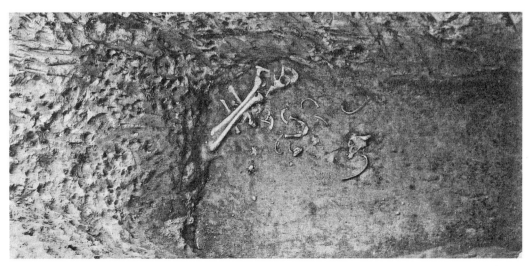

下・M87

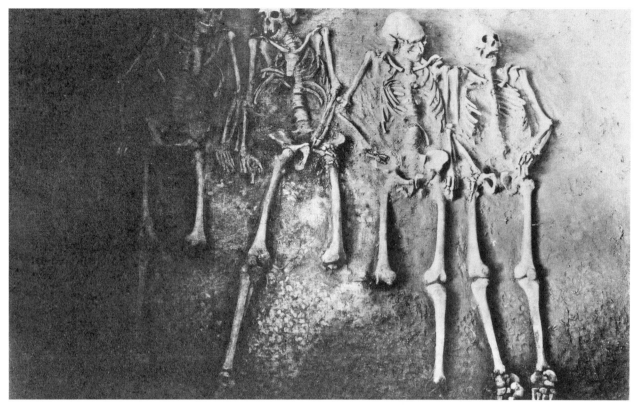

上·M12

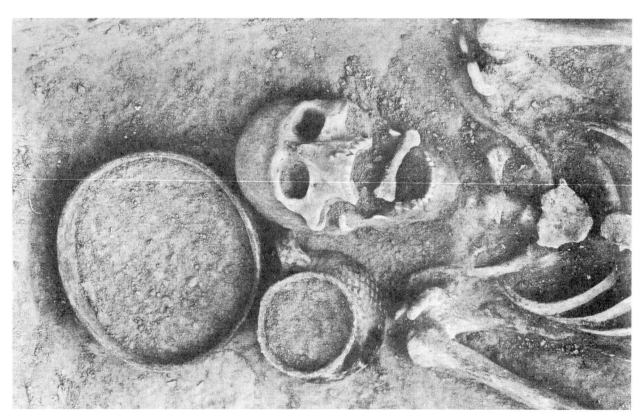

下·M13

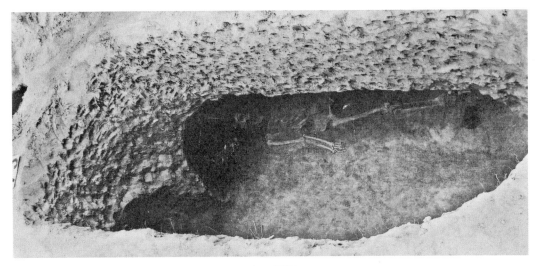

上·M73

中·M18

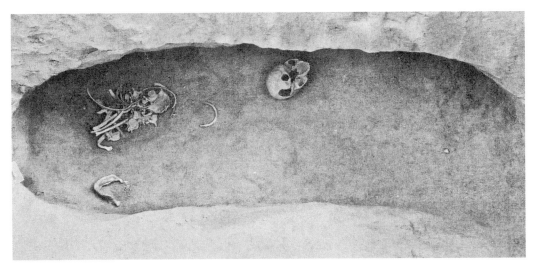

下·M21

上·M55

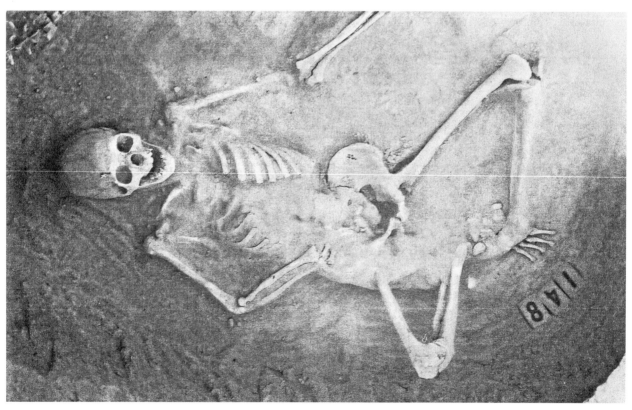

下·M148

上·M16

中·M149

下·M128B

上·M54

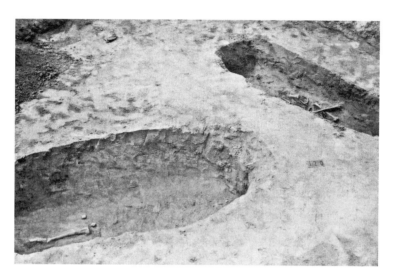

中·M120

下·M184

1·M29：1

2·M135：1

3·M75：1

4·M135：2

5·M123：2

6·M145：1

1·M119：1

2·M62：1

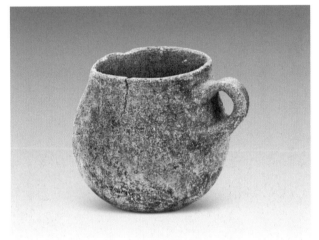

3·M6A：1

4·M14：1

5·M132：1

6·M92：1

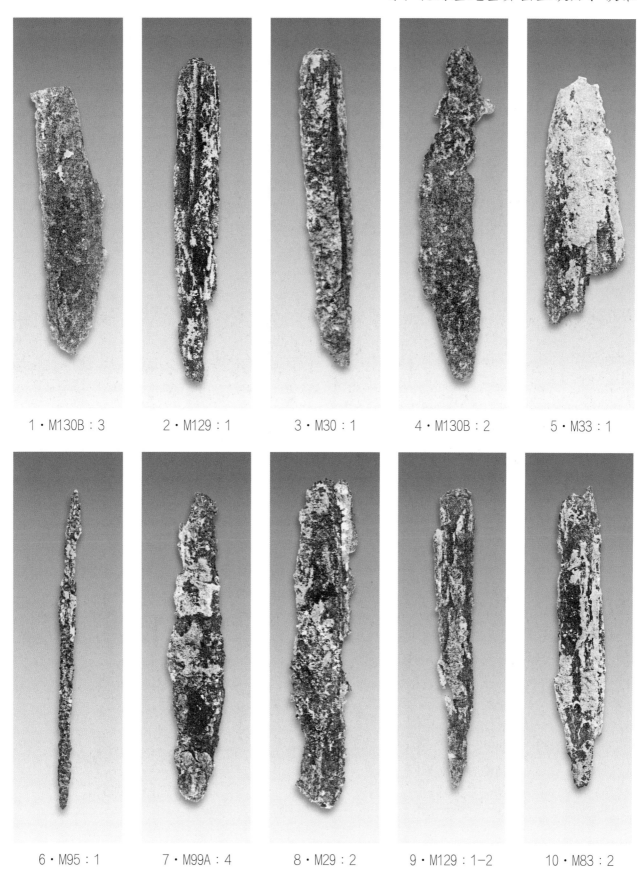

1·M130B：3　　2·M129：1　　3·M30：1　　4·M130B：2　　5·M33：1

6·M95：1　　7·M99A：4　　8·M29：2　　9·M129：1-2　　10·M83：2

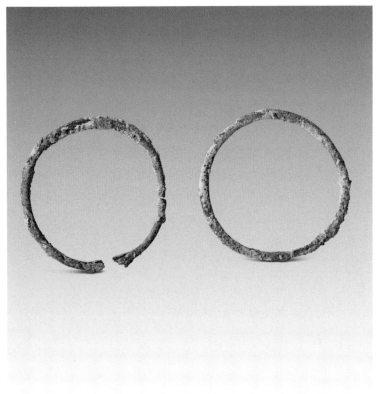

1·M108：1

2·M8：3

3·M99A：1

4·M115：1

1・M72：1

2・M2：2

3・M83：3

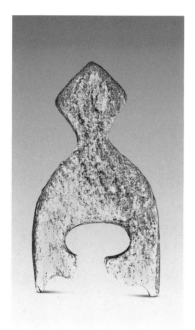

4・M179：1

5・M29：4

6・M58：1

7・M5：1

8・M105：1

9・M5：1-2

1 · M127：1

2 · M127：1-3

3 · M3：1

4 · M29：1

5 · M167A：1

6 · M92：2

7 · M168：1

8 · M46：1

9 · M88：1

上·M63地表石圈石堆

下·M58地表石圈

上·M62地表石圈石堆

下·M60地表封堆

M63地表石圈石堆

上·M60地表封堆

下·M60地表石圈

上·M65地表石堆

下·M57地表石圈

上·M56地表石圈

下·M60地表石圈

上·M65地表石圈

下·M64地表石圈

上·M75封堆

下·M70地表石圈

上·M62

中·M63

下·M64

上·M66

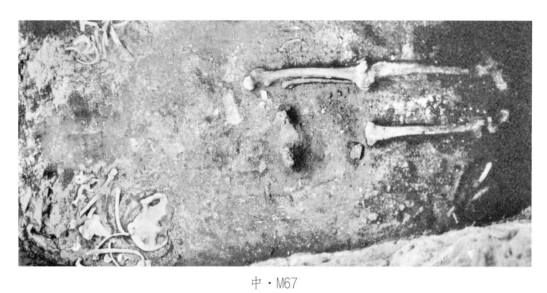

中·M67

下·M68

上·M72 人骨架

下·M73鹰骨架

上·M74

中·M75

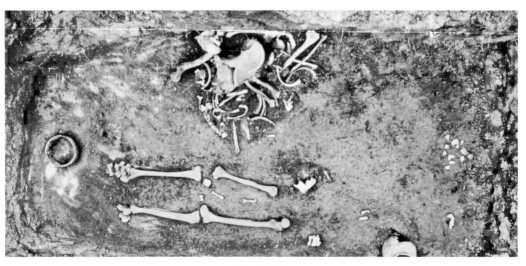

下·M76

上·M78

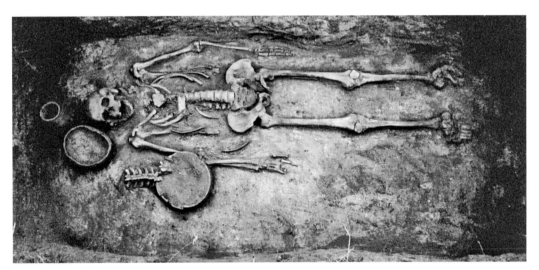

中·M80

下·M82

上·M56

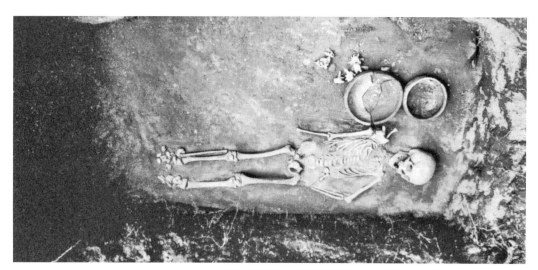

中·M83

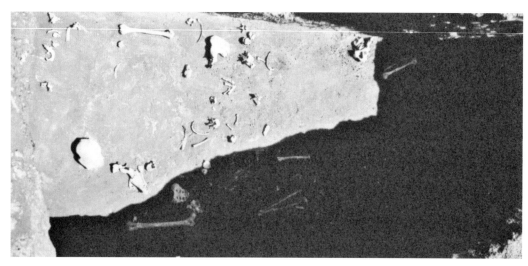

下·M84

上·M52人骨架

下·M57地表封堆

1·M52：1

2·M68A：1

3·M68B：2

4·M72：3

5·M68A：2

6·M62：1

1·M66：1

2·M68B：3

3·M71：2

4·M61：6

5·M68B：4

6·M76：1

1·M72：2

2·M83：2

3·M80：2

4·M80：3

1·铜镜、石磨盘出土位置

2·铜镜·M64：1

3·石磨盘M64：2

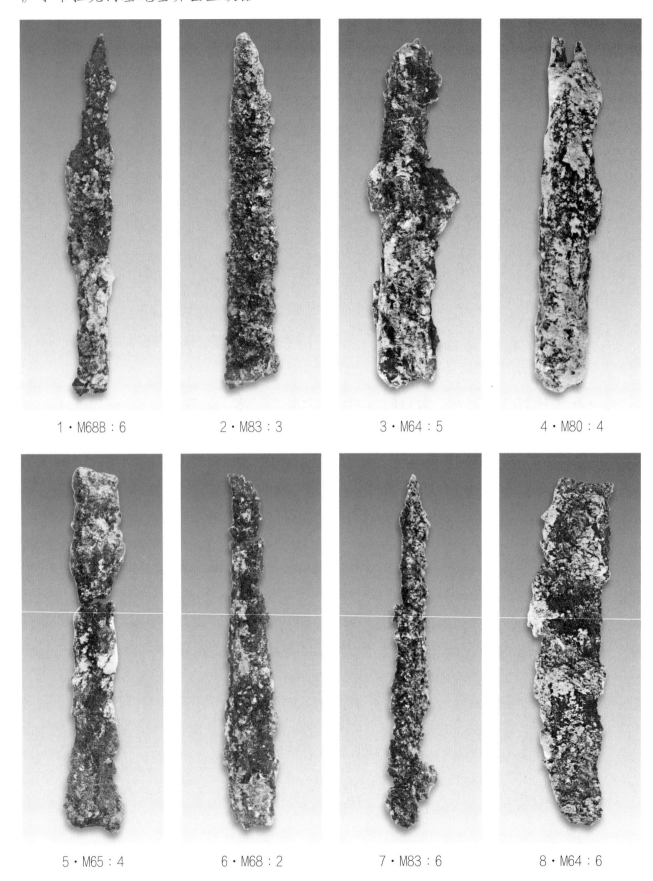

1·M68B：6   2·M83：3   3·M64：5   4·M80：4

5·M65：4   6·M68：2   7·M83：6   8·M64：6

1·M57：1

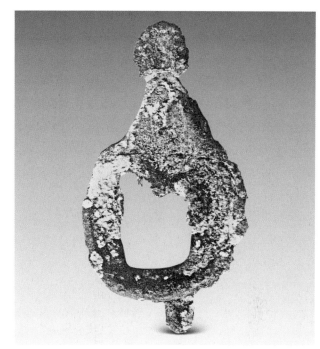

2·M53：1

3·M53：3

4·M68A：6

5·M60：2

1·M36：3

3·M72：1

2·M81：5

4·M9：1

5·M65：1

6·M49：1

7·M57：2

1·M68A：5

2·M68A：7

3·M68A：6

4·M16：1

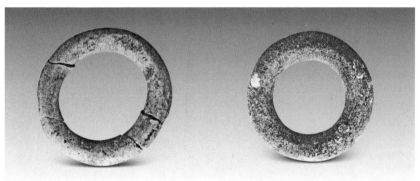

5·M68A：3、4

6·M74：2

7·M68A：3

8·M74：3

9·M56：4

10·M53：2

2·M70：3

1·M53：1

3·M80：4

4·M68B：7

5·M68B：9

6·M60：9

1・M60：1

2・M63：2

3・M64：4

上·阿克布早沟墓地远景

中·M17地表石圈

下·M19地表石堆石圈

上·M11地表石圈

中·M24地表石圈

下·M12地表石堆

上·M51

中·M36

下·M27

上·M24

中·M12

下·M52

上·M30

中·M11

下·M35

上·M33

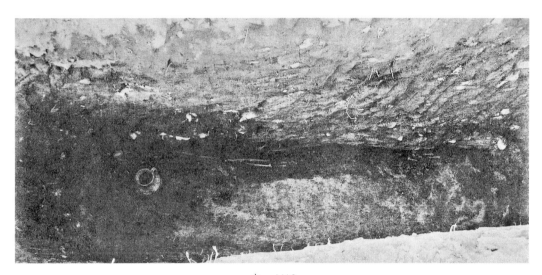

中·M19

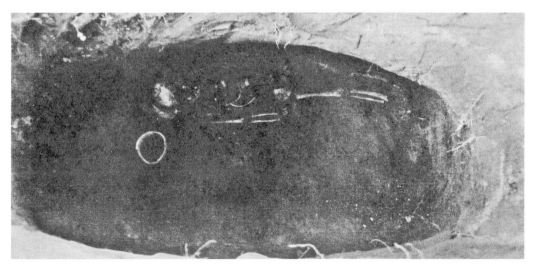

下·M37B室

上·M50

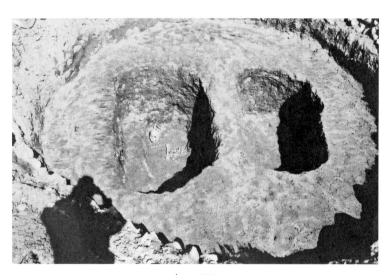

中·M21

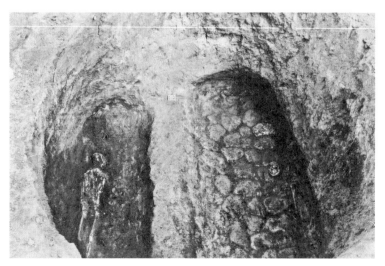

下·M23

上·M46A室

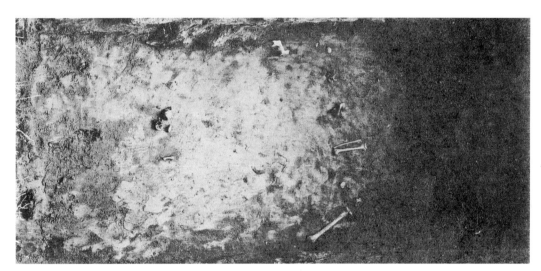

中·M46B室

下·M49

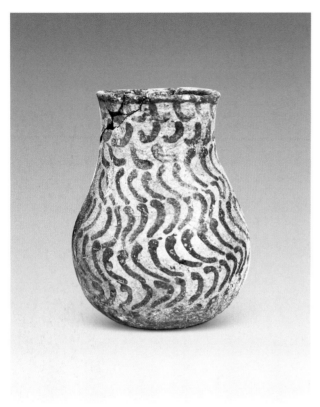

1·M25：1

2·M36：1

3·M29：1

4·M19：1

1·M18：1

2·M38：1

3·M26：1

4·M52：1

5·M43A：2

6·M11：1

1・M20：1

2・M16：1

3・M24：1

4・M44：1

5・M37B：1

6・M32：1

1·M34：1

2·M12：1

3·M43A：1

4·M37A：1

5·M18：1

6·M27：1

1·M52：1

2·M2：1

3·M53：1

4·M38：2

1·M3:1

2·M57:6

3·M2A:2

4·M52:2

5·M5:1

6·M12:2

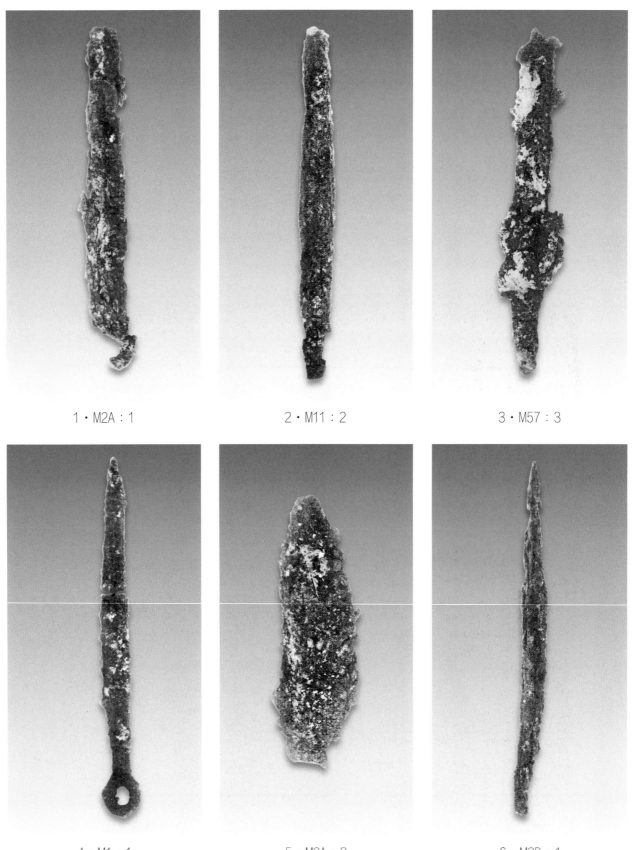

1·M2A∶1   2·M11∶2   3·M57∶3

4·M1∶1   5·M2A∶3   6·M2B∶1

上·M8地表石圈

中·M6地表石圈石堆

下·M5地表石堆

上·M7地表石圈

中·M10地表石圈

下·M4地表石圈石堆

上·M2墓坑填石

下·M2人骨架

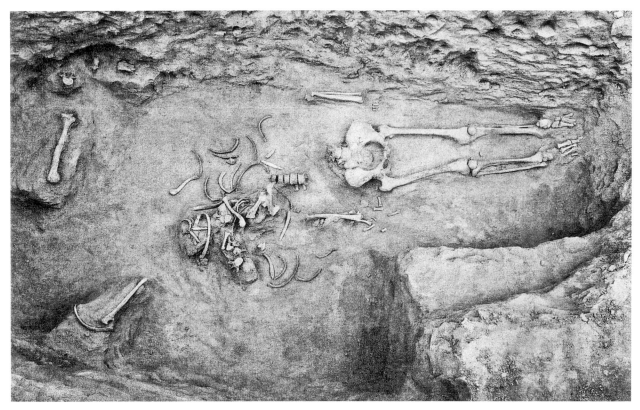

上·M3人骨架

下·M3随葬的马头和牛头

上·M4人骨架

中·M5墓坑填石

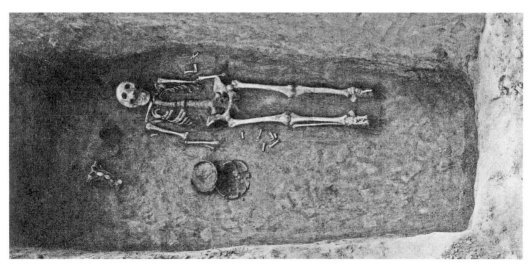

下·M5人骨架

上·M7

中·M6

下·M8

上·M10

中·M11

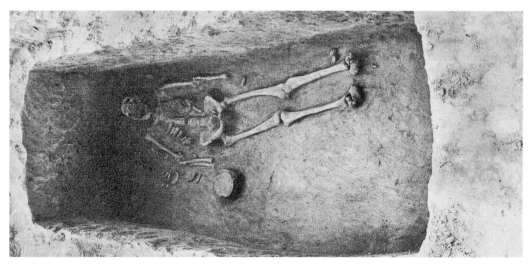

下·M9

1·M1：1

2·M11：2

3·M1：3

4·M5：3

5·M6：1

6·M9：1

1・M1：2

2・M5：1

3・M11：1

4・M1：3

5・M11：3

6・M10：1

7・M11：7

8・M6：6

9・M11：9

10・M14：4

上·01M1地表封堆

下·01M1地表石圈石堆

上·01M3地表石堆

中·01M1墓坑填石

下·01M2地表石圈

上·06M2A室骨架

中·01M3A室偏室封石

下·01M1骨架

上·01M4

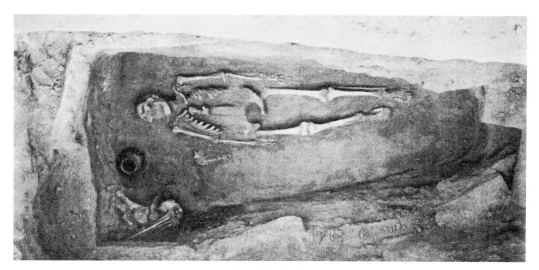

中·01M3A室

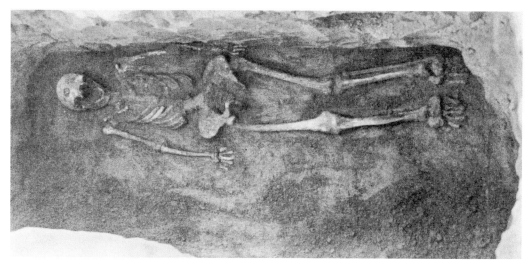

下·01M3B室

上 · M2A室

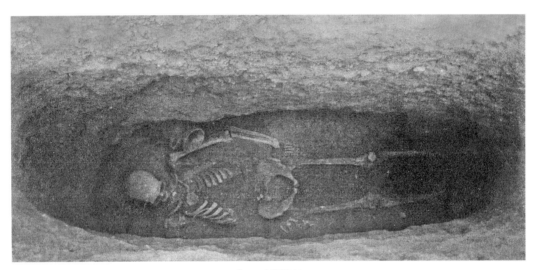

中 · M2B室

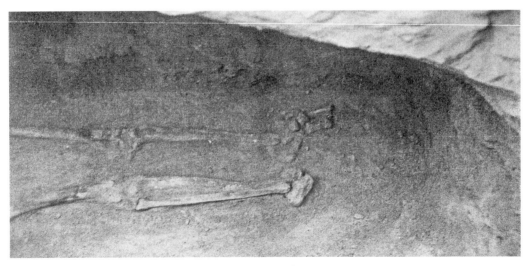

下 · 01M2室

1·01M2：2

2·06M2A：1

3·01M3：1

4·01M1：1

5·06M3：1

6·01M4：1

上·M1地表石堆

下·M4人骨架

1·M4：18

2·M4：1、2

3·M4：5

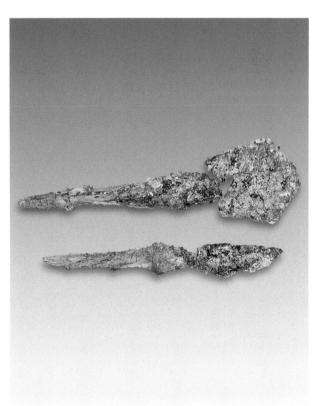

4·M4：3、4

上·穷科克遗址发掘中

中·二层地表石圈

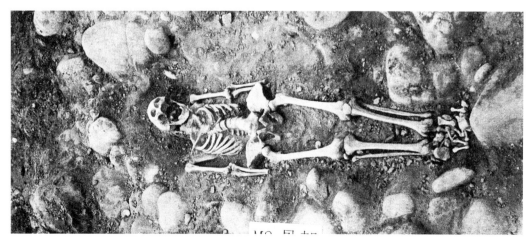

下·M2骨架

上·M1墓葬结构墓坑填石

中·人骨架

下·墓室旁卵石堆

图版三一二
穷科克遗址 T8 第②层石建筑遗址

上·石围

中·石墙

下·石围

1·T1②：25

2·T8H2：4

3·T2②：174

4·T4②：2

5·T3②：42

6·T1③：1

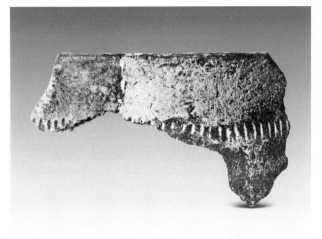

1・T11②：7

2・T8③：5

3・T3②：56

4・T2②：285

5・T8③：1

6・T1②：1

上·墩麦里墓地远景

中·M1地表封堆

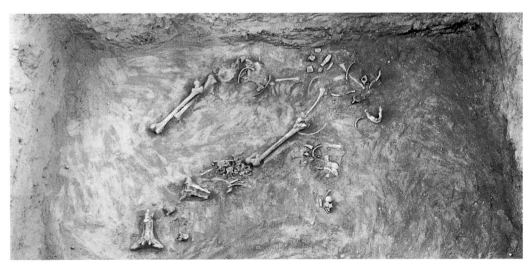

下·M1人骨架

图版三一六
铁厂沟墓地墓葬

上·M1地表

中·M2地表

下·封堆旁立条石的墓葬

上・M2

下・M1

上·M1骨架（上层）

下·M1骨架（下层）

1·M3人骨架

2·M7骨架

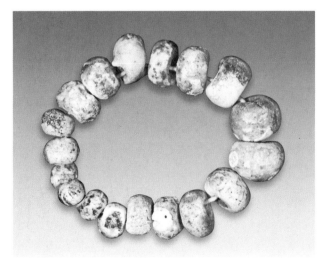

3·项珠M1∶9

4·铜镜M2∶1

彩版

喀什河上游两岸

上·穷科克一号墓地一号祭祀坛

下·M36地表石圈石堆

上·M26地表石圈石堆

中·M30地表石圈石堆

下·M34地表石圈石堆

彩版四
穷科克一号墓地 M45 墓葬结构

上·地表石圈石堆

中·墓口外石圈

下·墓口外石圈

上·M13地表石圈石堆

下·M32地表石圈石堆

上·M18地表石圈石堆

下·M55地表石圈石堆

上·M15地表石圈石堆

下·M51地表石圈石堆

上·M24地表石堆

下·M28地表石圈

上·M12墓坑填石

中·M3墓坑填石

下·M1骨架

上·M2石棺

下·M2骨架

上·M13A室

中·M13A室头骨

下·M13B

上·M8A室

下·M56B室

上·M56A室

中·M6

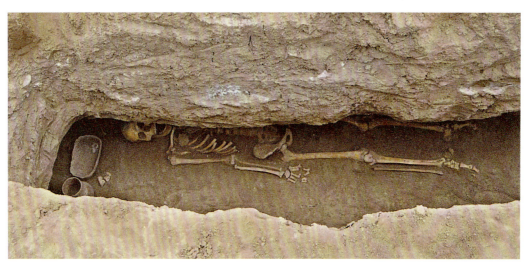

下·M7

M44：1

1·M16A：2

2·M46B：1

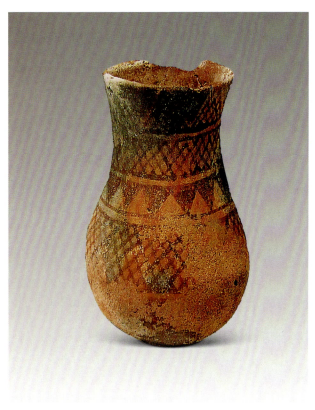

1·M40：1

2·M5：1

3·M7：1

4·M7：2

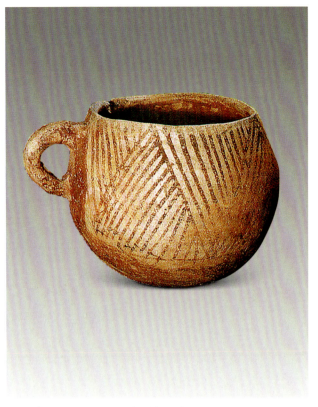

1 · M4：1

2 · M15B：1

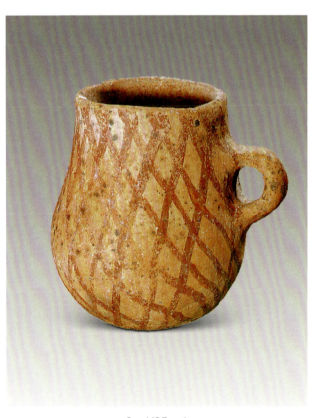

3 · M35：1

4 · M11：1

二号祭祀坛：1

上·地表

下·石圈石堆

上·M5地表石堆

下·M7地表石堆

上·M11地表封堆

下·M12地表石圈石堆

上·M3墓坑填石

下·M17墓坑填石

上·M5墓坑填石

下·M6墓坑填石

上·M29

M30骨架

上·M10

下·M22

上·M34墓坑填石间骨架

下·M4

上·M5

中·M3

下·M16

彩版二八
穷科克二号墓地墓葬殉狗和人骨架

上左·M12殉狗

上右·M19人骨架

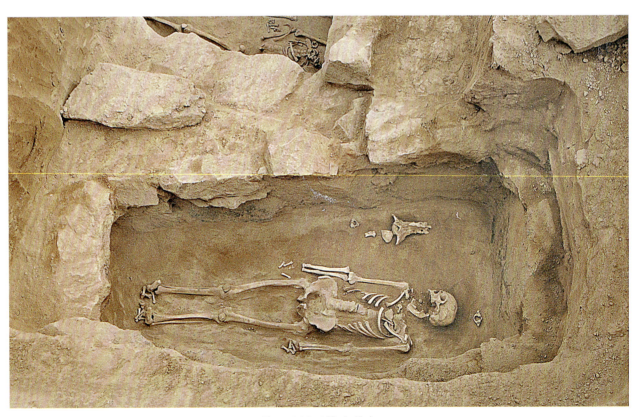

下·M26A石棺人骨架

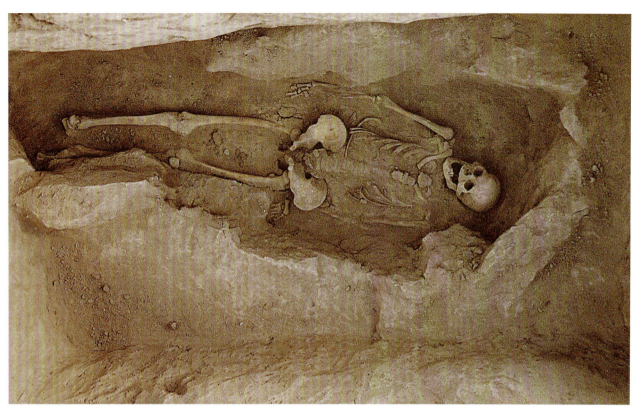

上·M24

下·M26A、B石棺

上·加勒克斯卡茵特一号墓地远景

下·M36地表石圈石堆

上·M41地表石圈石堆

下·M38地表石圈石堆

上·M34地表石圈石堆

下·M45地表石圈石堆

上·M49地表石圈石堆

中·M193地表石圈石堆

下·M187地表石圈石堆

上·M54墓口石圈

下·M57墓口石圈

上·M20地表石堆

下·M173偏室封土坯块

上·M42

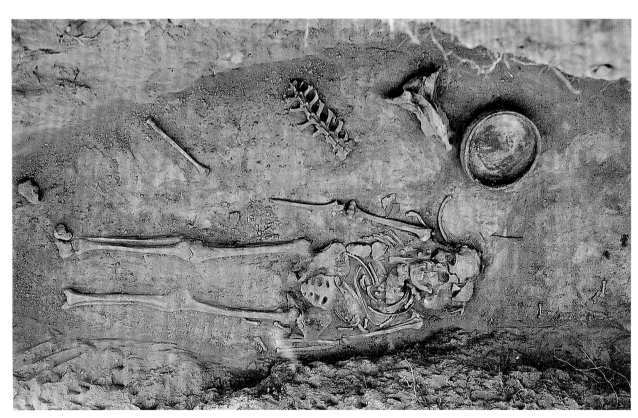

下·M109B

上·M29

中·M29

下·M87

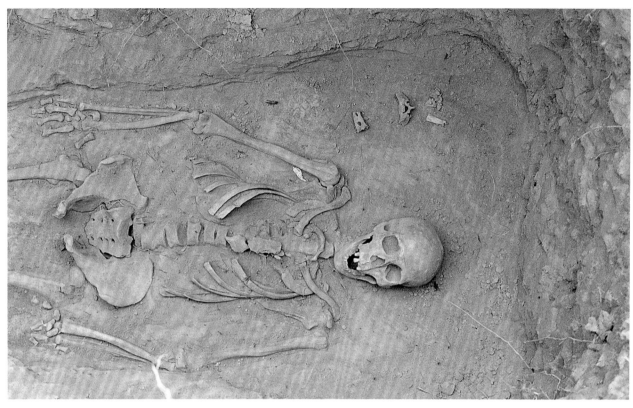

上·M44A

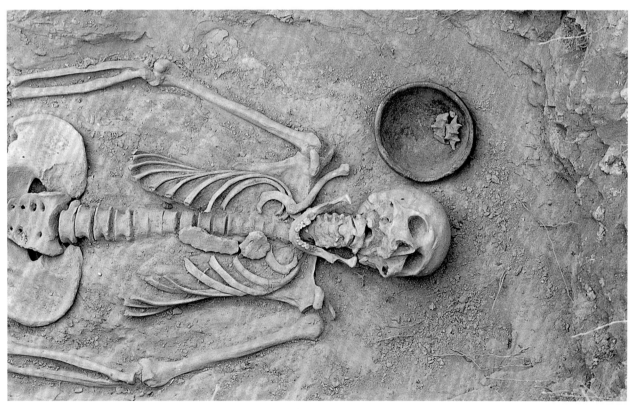

下·M44B

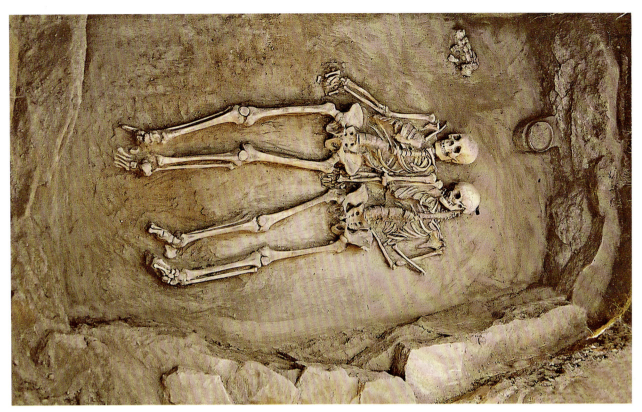

上·M115

下·M89

彩版四〇
加勒克斯卡茵特一号墓地墓葬人骨架

上·M9

中·M53

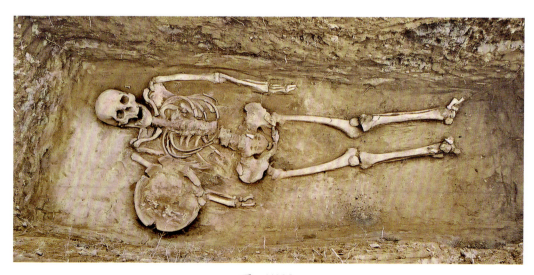

下·M126

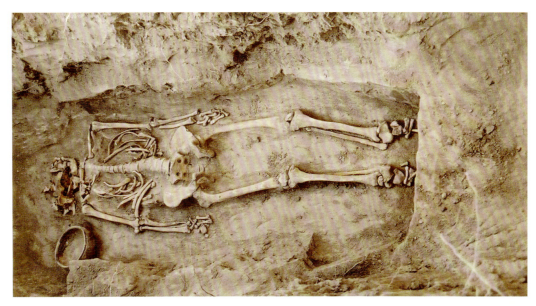

上・M77

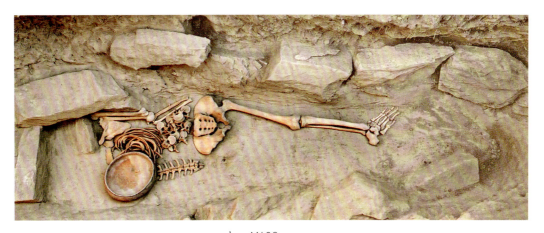

上・M106

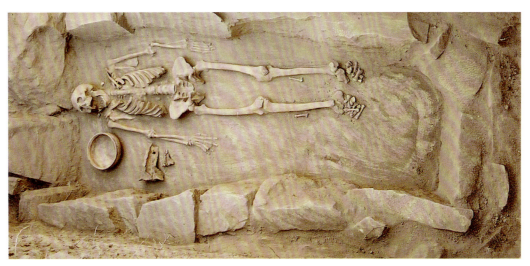

下・M85

上·M30

下·M56

上·M113

下·M104

上·M174

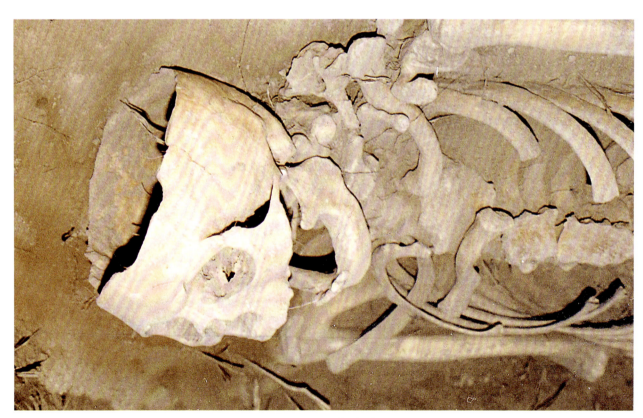

下·M177锯颅头骨

1·M38：1

2·M57：2

彩版四六
加勒克斯卡茵特一号墓地墓葬出土彩陶罐

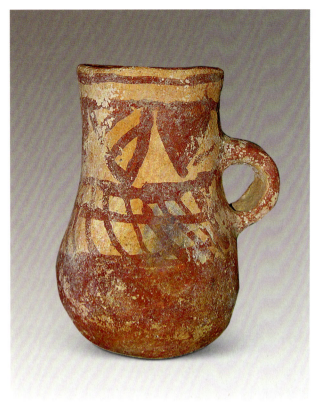

1·M34：4

2·M68：1

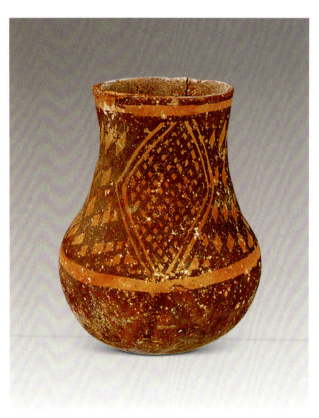

3·M139：2

1·M70：1

2·M15：2

3·M51：1

1、2·M128：1（前后）

M60：6

上·M76：2-1

下·M76：2-2

上·M6:9（正反）

下·M6:2

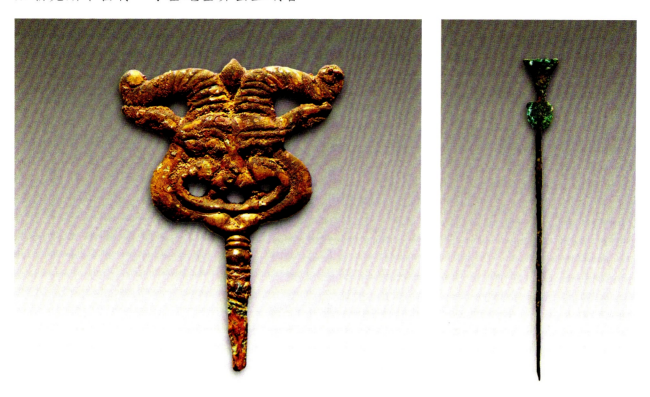

1·M6:5   2·M107:4

3·M109B:3   4·M29:1   5·M6:2

1 · M147 : 1

2 · M55 : 6

上·地表石圈

下·墓底铺石

上·M7石圈石堆

下·M9石圈石堆

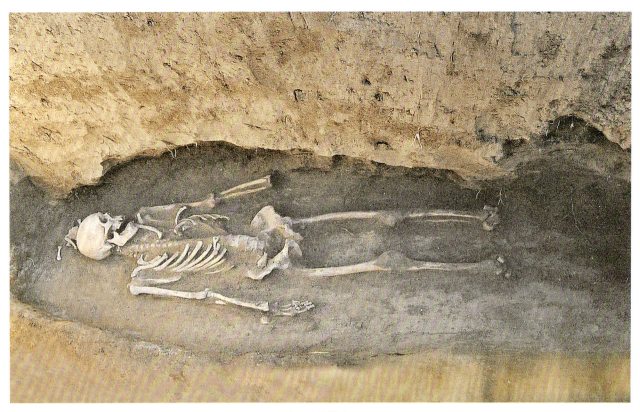

上·M5骨架

下·M12骨架

上·地表石圈

下·地表

M56石圈

上·地表燎祭现象

下·墓葬发掘中

上·M61祭坛中的乱葬坑

下·M53墓室盗洞

上・M56

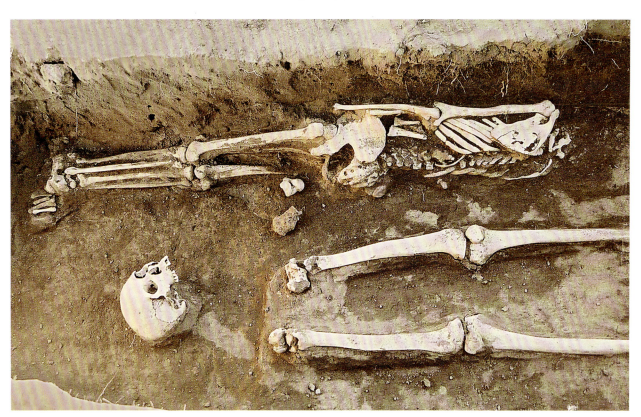

下・M71D室

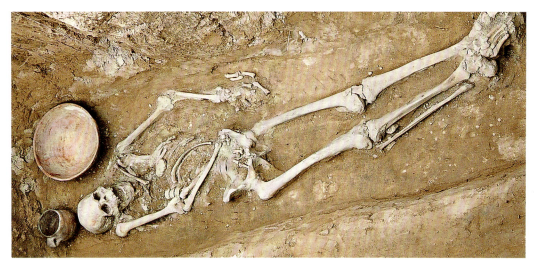

上 · M77C室

中 · M35A室

下 · M60

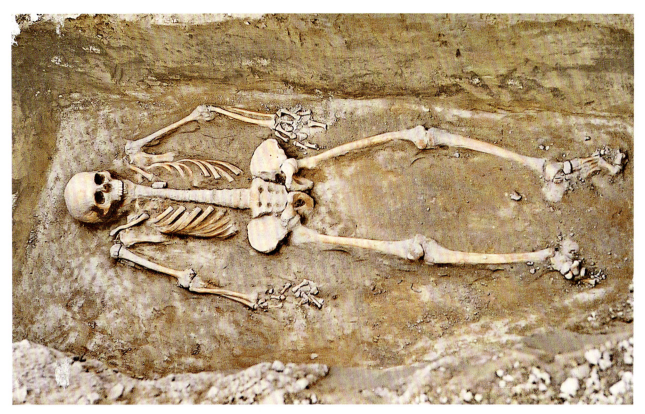

上·M34

下·M30

1·M26B：1

2·M33：3

3·M63：1

4·M63：1

1·M38：2

2·M38：5

1·M54A：6

2·M54A：7

1・M50：1

2・M58：1

1・M33：4

2・M33：5

3・M6：8

4・M44：1

5・M33：7

6・70A：3

1·羊首状饰（土墙祭坛：1）

2·石祖（石圈祭坛：1）

3·铜手镯（M33：11）

4·带柄铜镜（M58A：1）

1・M33:7-1

2・M33:7-2

3・M53:4

彩版七二
一棵树墓地贵族墓葬 B 区 M1 墓葬结构

上·墓坑填土

下·地表燎祭坛

彩版七六
铁木里克沟墓地祭坛和墓葬结构

上·铁木里克沟口石圈祭坛

下·M5地表石圈石堆

上·M5

下·M25

上·M6

下·M4

1·彩桥门墓地M1：1

2·彩桥门墓地M4：1

3·铁木里克沟墓地M4：1

4·铁木里克沟墓地M25：1

1·M26:2

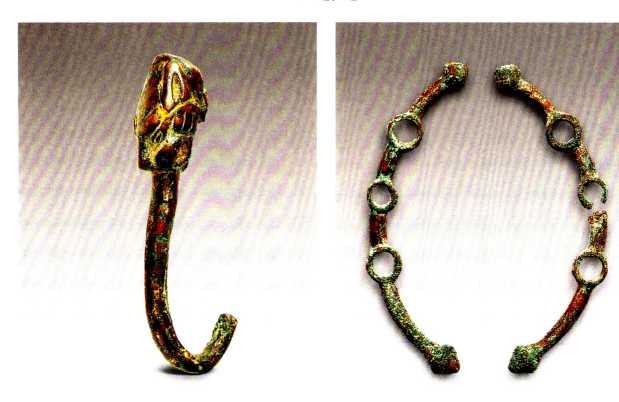

2·M26:3   3·石圈祭坛:1

上·M23地表石圈石堆

下·M22地表石圈石堆

上·M72地表石圈石堆

下·M26地表石圈石堆

上·M86地表石圈石堆

下·M47地表石圈石堆

上·M18地表石圈

下·M135地表石圈

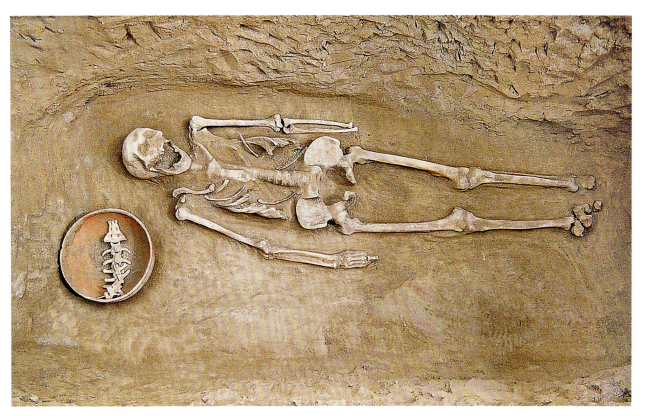

上·M130B室

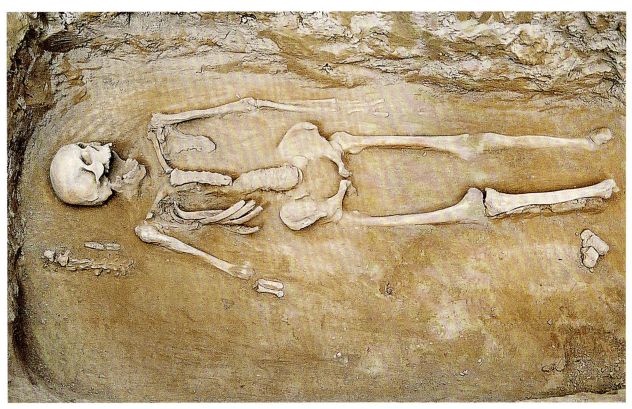

下·M130A室

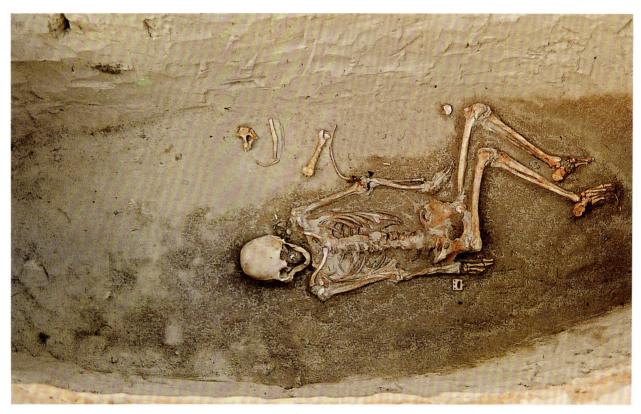

上·M168

下·M171

1・M135：2

2・M145：1

3・M135：1

1·M168：1

2·M58：1

3·M72：1

4·M88：1

5·M108：1

上·萨尔布拉克沟墓地远景

下·M60封堆结构

上·M63地表石圈和石磨出土情况

下·M64随葬品出土情况

上·M70地表石圈

下·M62地表石圈石堆

上·动物骨架出土情况

下·M73墓葬鹰的骨架

上・M68

下・M83

1·M72：2

2·M72：3

3·M70：4

4·M68A：1

1·M64:1

2·M16:1

3·M70:3

4·M68:3、4

5·M68A:5、6

1·M39：1

2·M36：1

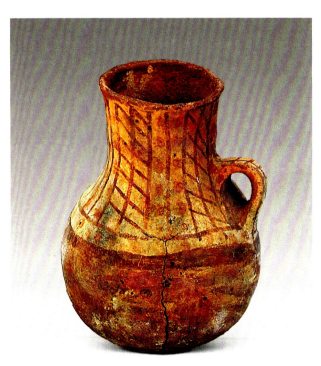

3·M29：1

4·M19：1

1・M24：1

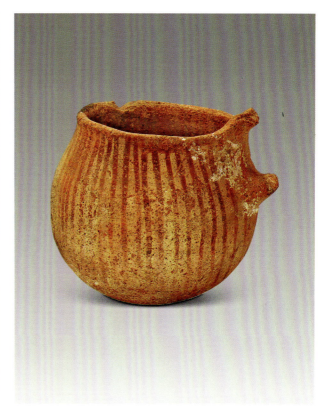

2・M17A：1

3・M8：4

4・M17A：4

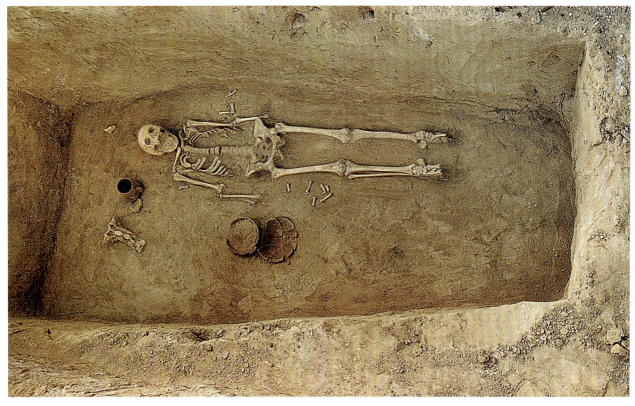

上·M5骨架

下·M6骨架

上·乌图兰墓地外景

中·01M1地表石圈石堆

下·02M2B骨架

1·卡拉苏M2：1

2·乌图兰01M3：1

3·乌图兰06M2A：1

4·乌图兰06M3：1

1 · T11① : 25

2 · T7② : 1

3 · T2② : 1

4 · T2② : 16

1・T11② : 7

2・T8H2 : 4

4・T2② : 285

3・T8③ : 1

5・T8③ : 5

1 · T10② : 1

2 · T10② : 2

3 · T7③ : 1

4 · T7③ : 2

1 · T2② : 3

2 · T11② : 3

3 · T4② : 1

4 · T2M1 : 2

上·M2发掘过程中

2·M2墓中二层台

1·M1:1

2·M5:1

3·M4:1

1·铜镜（M1：3）

2·石扣（M1：8）

3·残铜马镳（M1：5）

4·残铜马衔（M1：7、6）

后　记

　　参加新疆吉林台考古发掘项目的有新疆文物考古研究所刘学堂（现新疆师范大学历史学院）、阮秋荣、吴勇、张铁男、于建军、王宗磊、托呼提、阿里甫、刘玉生、于英俊、伊力夏提，西北大学文博学院的王建新、陈洪海、钱耀鹏、陈新儒及2000级考古学班的部分同学，伊犁州文物局的李溯源、康萍、郭林平、赵红，哈密博物馆的周小明、木拉提，乌鲁木齐市文物局的梁勇，尼勒克县文物管所的关巴及尼勒克县军马场六连和附近的民工40多名。领队刘学堂。刘学堂负责资料整理，阮秋荣、李溯源、刘玉生负责摄影，尼加提等负责器物修复，何晓等负责器物线图，康萍负责伊犁哈萨克自治州博物馆借展文物的整理。文字部分由刘学堂、阮秋荣、李溯源承担，刘学堂统稿。另外，吉林台墓群发掘过程中由刘学堂领队进行的伊宁县墩麦里、额敏县铁厂沟墓地的发掘资料，作为附录，也收入本报告。